Herod's Gate
St Mary Magdelene
Damascus Gate

后浪出版公司

The 战争的试炼 CRUSADES

[英] 托马斯·阿斯布里奇 著

马千 译

民主与建设出版社
·北京·

目　录

第三部　战士的考验

第四部　为生存而战

第五部　东方的胜利

地图列表

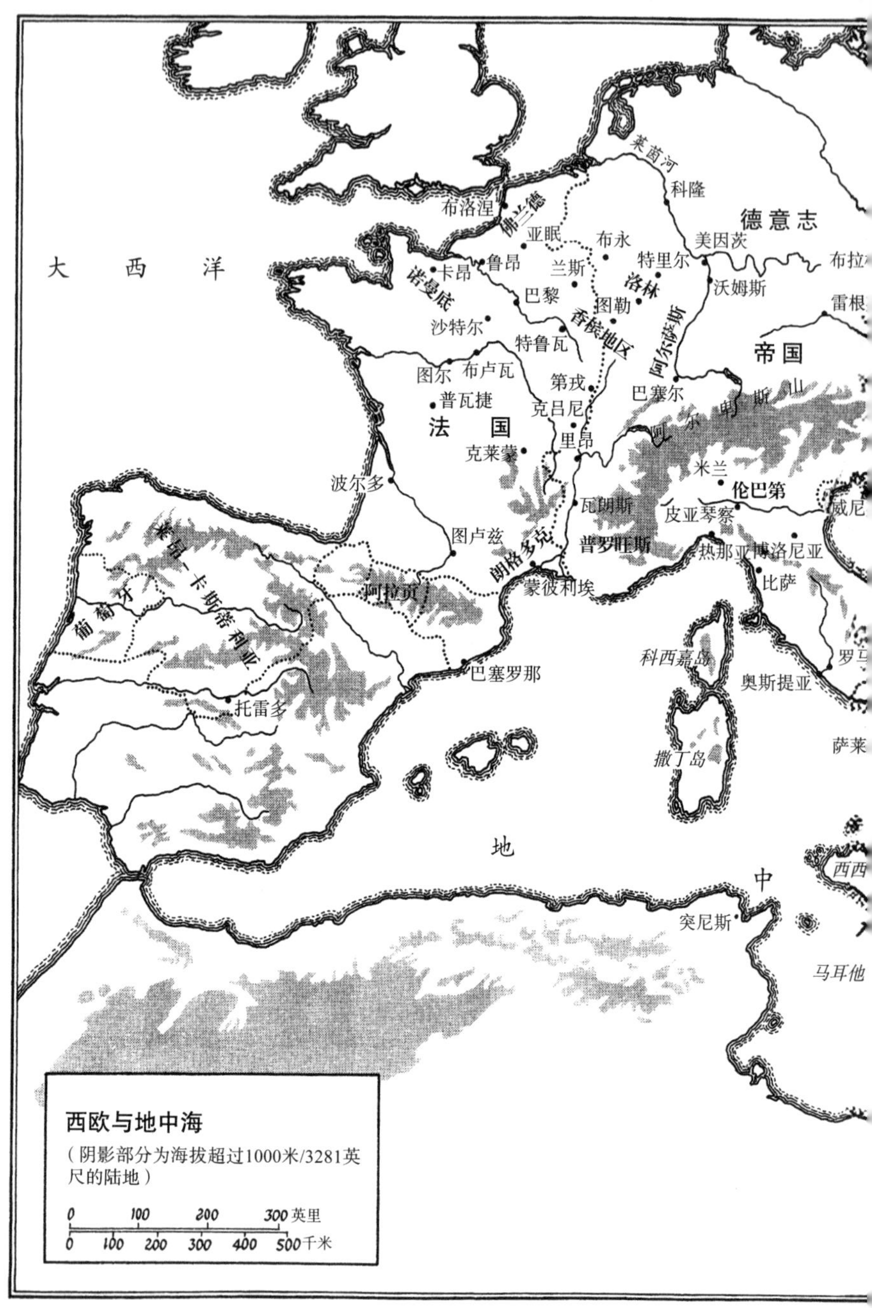
大西洋
莱茵河
科隆
布洛涅
佛兰德
德意志
亚眠
布永
美因茨
卡昂
鲁昂
兰斯
特里尔
布拉
诺曼底
洛林
沃姆斯
巴黎
图勒
雷根
沙特尔
香槟地区
阿尔萨斯
特鲁瓦
帝国
图尔
布卢瓦
第戎
巴塞尔
普瓦捷
克吕尼
阿尔卑斯山
法国
里昂
克莱蒙
米兰
波尔多
伦巴第
瓦朗斯
皮亚琴察
威尼
图卢兹
普罗旺斯
热那亚
博洛尼亚
朗格多克
蒙彼利埃
比萨
阿拉贡
莱昂－卡斯蒂利亚
葡萄牙
科西嘉岛
罗马
巴塞罗那
奥斯提亚
托雷多
撒丁岛
萨莱
地中海
西西
突尼斯
马耳他
西欧与地中海
（阴影部分为海拔超过1000米/3281英尺的陆地）
0 100 200 300 英里
0 100 200 300 400 500 千米

* 此书中地图系原书地图。

基 辅 罗 斯
波 兰
也纳
匈牙利
贝尔格莱德
黑 海
尼什
巴尔干
达尔马提亚
拜
古
庭
帝
国
阿德里安堡
君士坦丁堡
尼科米底亚
茨维托
尼西亚
多里莱乌姆
都拉斯
巴里
代沃尔
塞萨洛尼基
布林迪西
阿夫洛纳
塔兰托
奥特朗托
伊科尼乌姆
以弗所
安条克
的黎
波里
塞浦路斯岛
海
耶路撒冷
杜姆亚特
埃 及

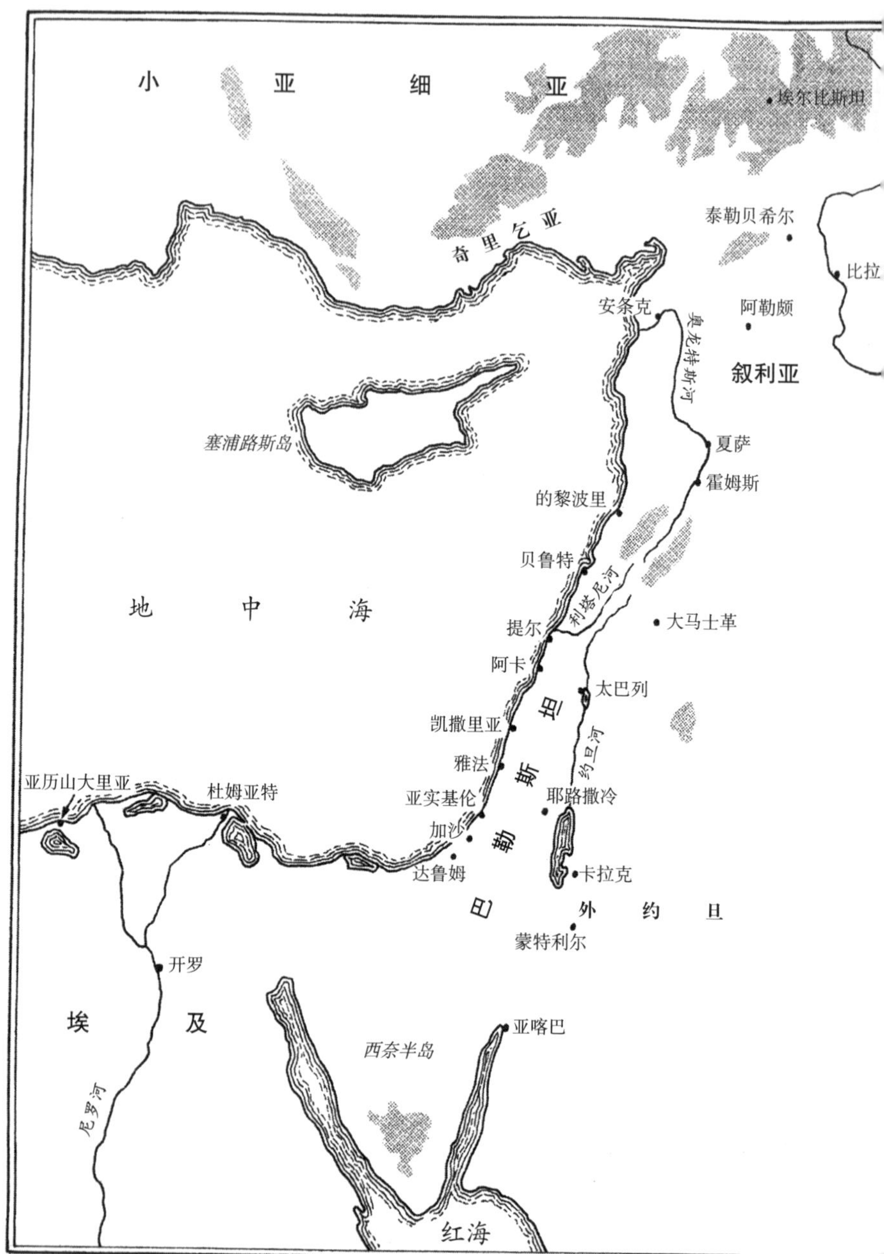

小亚细亚
埃尔比斯坦
泰勒贝希尔
奇里乞亚
比拉
安条克
阿勒颇
奥龙特斯河
叙利亚
塞浦路斯岛
夏萨
霍姆斯
的黎波里
贝鲁特
利塔尼河
地中海
大马士革
提尔
阿卡
太巴列
凯撒里亚
约旦河
雅法
巴勒斯坦
亚历山大里亚
杜姆亚特
亚实基伦
耶路撒冷
加沙
达鲁姆
卡拉克
外约旦
蒙特利尔
开罗
埃及
亚喀巴
西奈半岛
尼罗河
红海

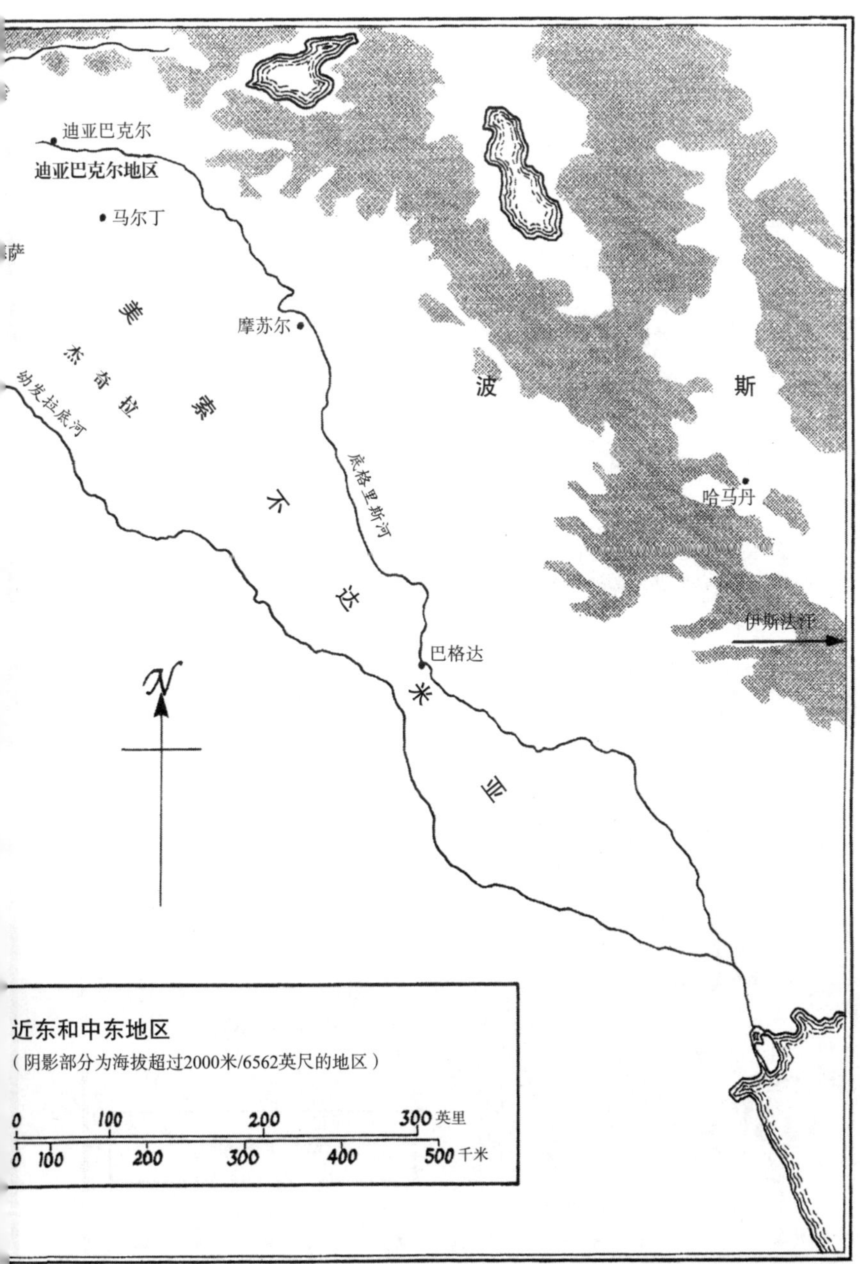
迪亚巴克尔
迪亚巴克尔地区
马尔丁
萨
美
索
不
达
米
亚
杰
奇
拉
幼发拉底河
摩苏尔
底格里斯河
巴格达
波
斯
哈马丹
伊斯法罕
N
近东和中东地区
（阴影部分为海拔超过2000米/6562英尺的地区）
0
100
200
300 英里
0
100
200
300
400
500 千米

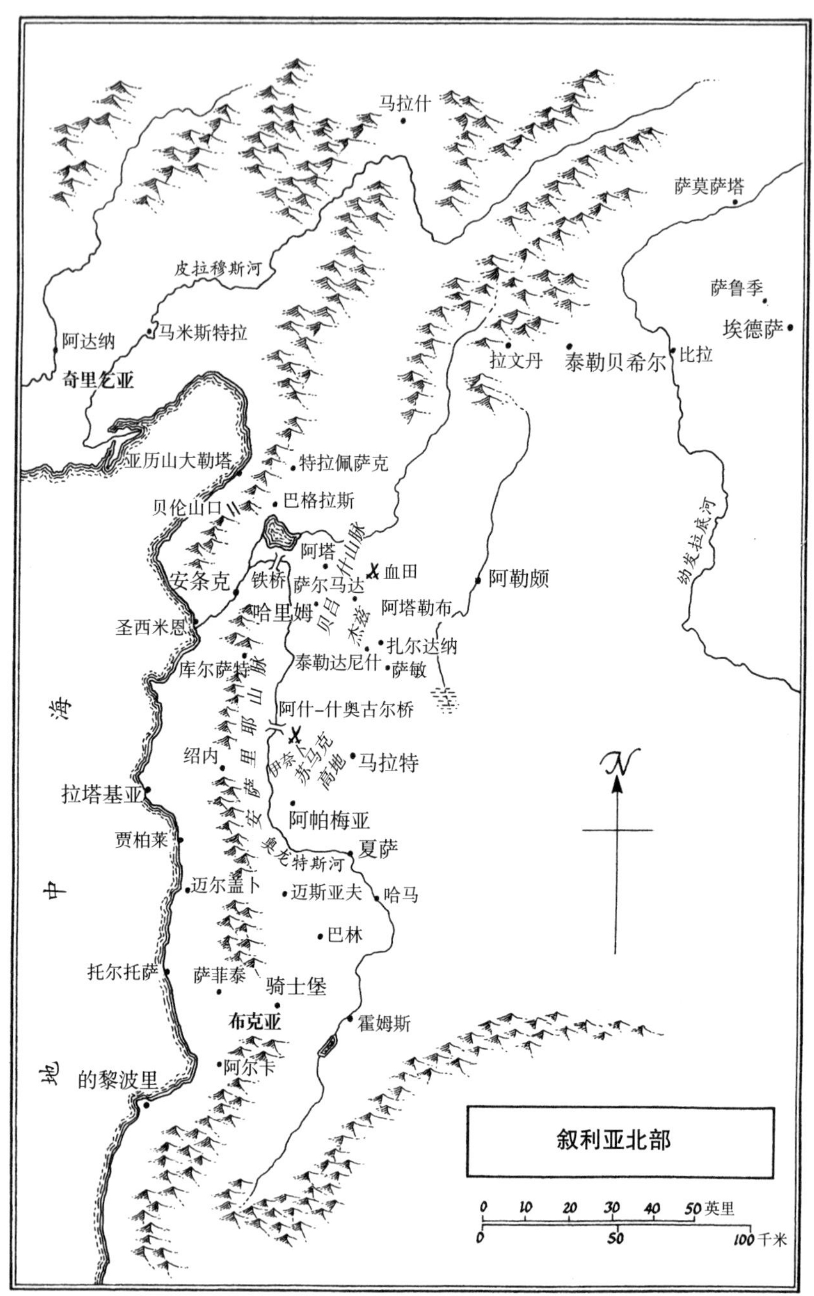

马拉什
萨莫萨塔
皮拉穆斯河
萨鲁季
阿达纳
马米斯特拉
埃德萨
拉文丹
泰勒贝希尔
比拉
奇里乞亚
亚历山大勒塔
特拉佩萨克
贝伦山口
巴格拉斯
幼发拉底河
阿塔
贝吕什山脉
血田
安条克
铁桥
萨尔马达
阿勒颇
哈里姆
杰兹
阿塔勒布
圣西米恩
扎尔达纳
泰勒达尼什
萨敏
库尔萨特
安萨里耶山脉
阿什-什奥古尔桥
海
绍内
伊奈卜
苏马克高地
马拉特
拉塔基亚
阿帕梅亚
贾柏莱
奥龙特斯河
夏萨
迈尔盖卜
迈斯亚夫
哈马
中
巴林
托尔托萨
萨菲泰
骑士堡
布克亚
霍姆斯
地
阿尔卡
的黎波里
叙利亚北部
0 10 20 30 40 50 英里
0 50 100 千米
N

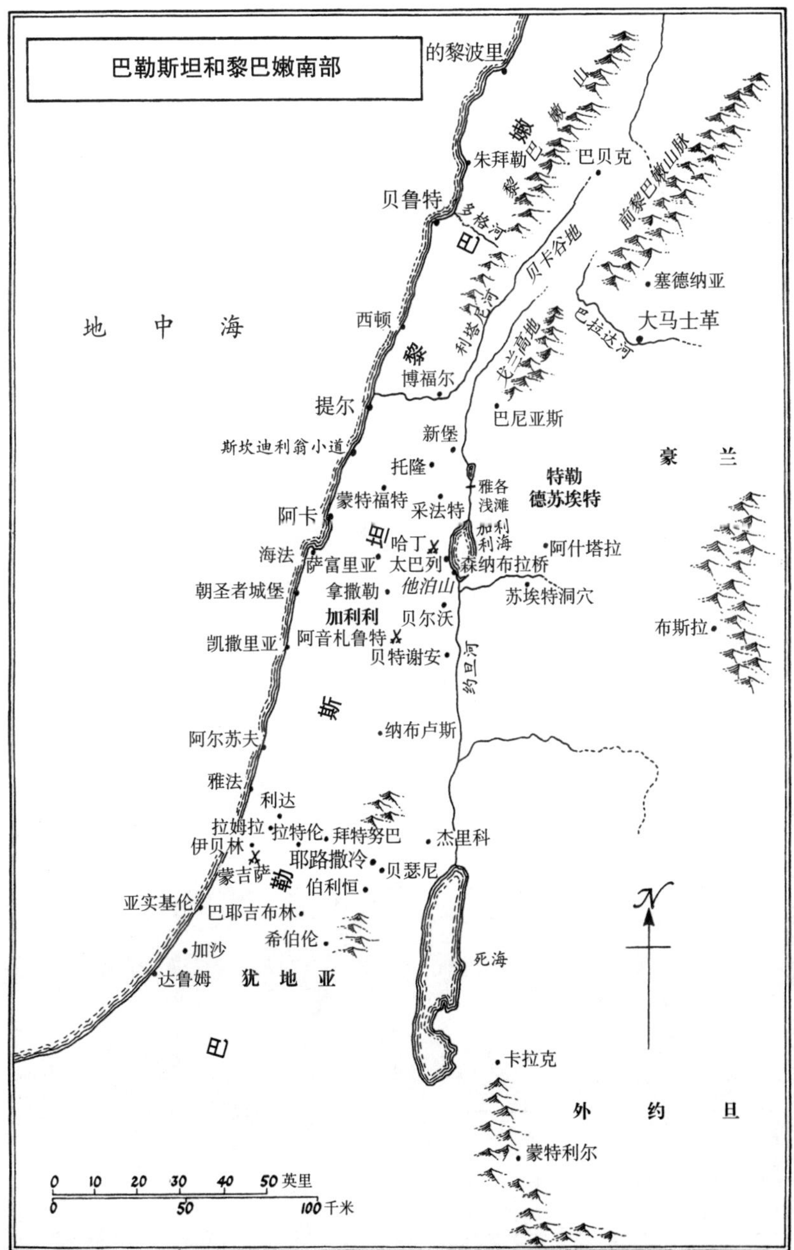
巴勒斯坦和黎巴嫩南部
的黎波里
朱拜勒
巴贝克
贝鲁特
多格河
贝卡谷地
前黎巴嫩山脉
塞德纳亚
大马士革
巴拉达河
地 中 海
西顿
利塔尼河
戈兰高地
博福尔
提尔
巴尼亚斯
新堡
斯坎迪利翁小道
托隆
豪 兰
特勒
德苏埃特
雅各
浅滩
蒙特福特
采法特
阿卡
加利
利海
哈丁
阿什塔拉
海法
萨富里亚
太巴列
森纳布拉桥
朝圣者城堡
拿撒勒
他泊山
苏埃特洞穴
加利利
贝尔沃
布斯拉
凯撒里亚
阿音札鲁特
贝特谢安
约旦河
纳布卢斯
阿尔苏夫
雅法
利达
拉姆拉
拉特伦
拜特努巴
杰里科
伊贝林
耶路撒冷
贝瑟尼
蒙吉萨
伯利恒
亚实基伦
巴耶吉布林
希伯伦
加沙
死海
达鲁姆
犹 地 亚
卡拉克
外 约 旦
蒙特利尔
N
0 10 20 30 40 50 英里
0 50 100 千米

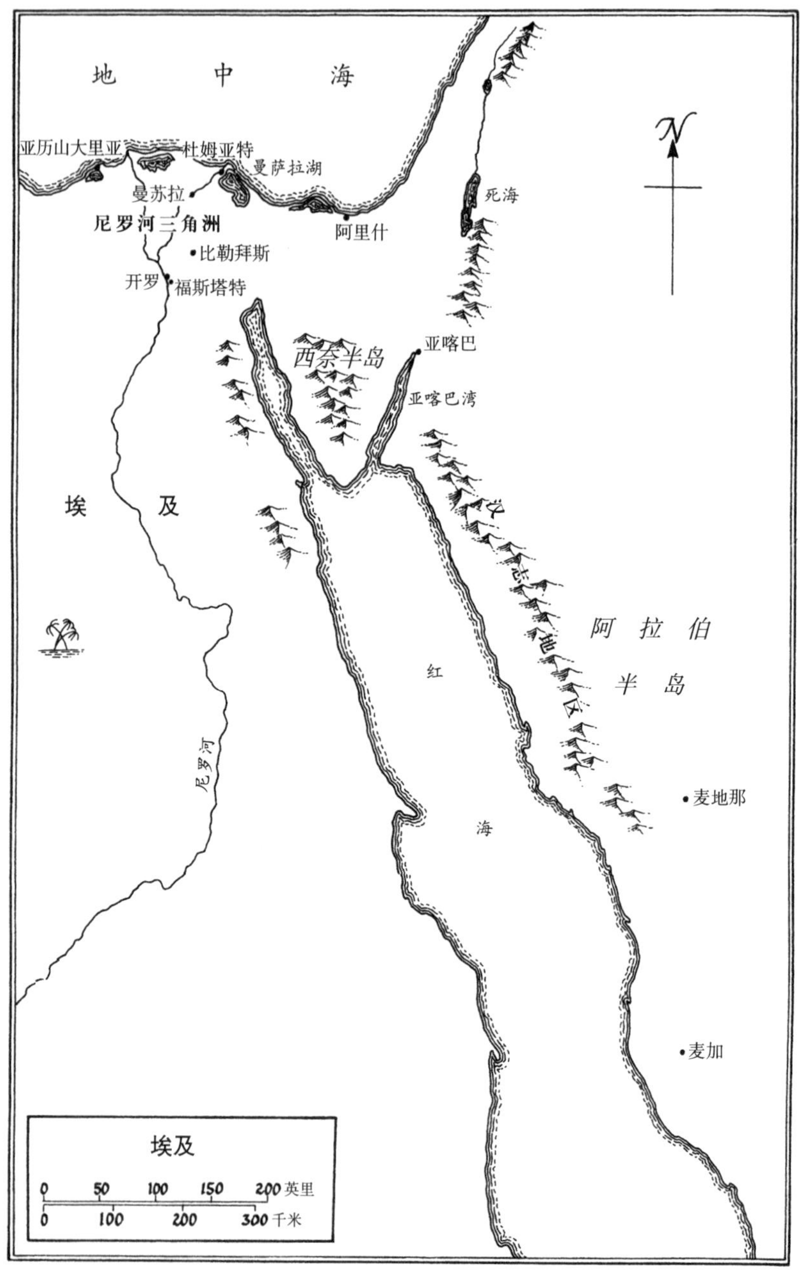
地中海
亚历山大里亚
杜姆亚特
曼萨拉湖
曼苏拉
尼罗河三角洲
阿里什
死海
比勒拜斯
开罗
福斯塔特
西奈半岛
亚喀巴
亚喀巴湾
埃及
汉志地区
阿拉伯半岛
红海
尼罗河
麦地那
麦加
N
埃及
0 50 100 150 200 英里
0 100 200 300 千米

前　言

由于英国广播公司要以本书为蓝本拍摄一套纪录片，在最近的几个月中，我有幸开启了一段旅程，穿越了欧洲、近东、中东。虽然有几处地方我是初次前往，但借由我对十字军历史数十年的研究，大多都曾到访，因而颇为熟悉。然而每到一处，我都有一种强烈的感觉——我所参与的事务，对我而言是新奇、有趣并发人深省的。我试图传递自己对十字军东征历史的热忱——在这曾上演过历史大戏（有时是惨剧）之地讲述关于圣战的故事。

这些年来，我参加过数不尽的讲座与课程，以探究那激起第一次十字军东征的混杂着信仰与暴力的狂热，但站在耶路撒冷圣墓教堂中描述1099年十字军士兵浴血奋战后踏入这座基督教圣坛时虔诚的喜悦，感觉却大不相同。1192年7月3日，伟大的苏丹萨拉丁率领信众于阿克萨清真寺进行周五礼拜时，因对自己险些放弃圣城深感自责而流下了泪水——当我在寺内讲述此事时，心中同样颇受触动。

我并不是说上述体验在某种程度上能赋予自己对十字军时代的真知灼见，抑或令我顿时对其中的主角有更好的理解。一处孤立的地点（它与其中世纪的形态已不尽相同）只能令你浅尝辄止，最终还是要回归历史材料，无论它是文字的还是实物的。但我的想象被点燃，对十字军历史的热情（我对它的热衷已持续了超过半生）也被再次唤醒。我尤其受到了触动，去思索我们重拾或有时遗忘历史事件的方式。

数周前，我曾于破晓前一小时步入巴黎圣礼拜堂（Sainte-Chapelle，由路易九世兴建于巴黎的核心区的高耸圣祠）。这座建筑可谓当年的工程奇迹，被用以珍藏路易收集的宝贵的耶稣受难圣髑（其中包括耶稣的荆冠），其精美的石柱与高耸的拱顶难以置信地撑起了夺目的巨幅彩色玻璃。通常这里簇拥着被其哥特式华美所打动的参观者，但此时礼拜堂黑暗笼罩，空无一人。当太阳升起，晨光透过闪亮的窗扉倾泻而入，我被这一非同寻常的事实——路易国王（他曾于 700 多年前投身于圣地之战）曾经恰恰在同一地点漫步——所震撼。巴黎圣礼拜堂被作为路易记忆的瑰宝得以保存，并用于彰显他坚贞不屈的宗教热忱；它亦是法国历史与民族身份的纪念物。但还有许多与这位十字军君主生涯息息相关的地点，今天已几乎被彻底遗忘。

13 世纪时，为了控制埃及，路易国王曾在位于尼罗河三角洲的曼苏拉（Mansoura）发动了一场史诗般的战役，如今该地已成为一座杂乱的工业城市。难以置信的是，路易的十字军在尼罗河畔扎营之处如今依旧是一块孤立、破败的农田，3 座喷吐着有毒黄烟的烟囱俯瞰着它。基督教军队曾在这里被马穆鲁克所压倒，而国王因深受痢疾之苦不得不在马裤上割开了一个口子——如今此地罕有访客，更遑论拍摄电影了。1250 年 4 月 4 日黄昏，当穆斯林攻破大营时，被遗弃的十字军伤兵拼命地试图爬上在河畔停泊的少数船只，最终还是难逃被残酷屠戮的命运——站在此处面对镜头讲述他们的故事，这种独特的体验令人不胜唏嘘。

当我讲述发生在以色列城市阿卡（Acre）以北沙地平原的另一场由十字军主导的屠杀时，这段尘封已久的往事唤起了我同样的感受。在花费多年时光通过第一手资料对此事件展开深入研究后，我对狮心王理查于第三次十字军东征期间将 2700 名穆斯林俘虏强行驱赶出城并冷血杀戮殆尽一事或许称得上了如指掌。至少对我来说，不可能不去回想，在十字军“用剑劈刺”（正如一位目击者记载的那样）对他们下手之前，这些囚徒临死前充满了恐惧与困惑。

当然，本书的一个重要目标是强调十字军东征并非无休无止的战斗、战役之集合。通过引用有选择性的证据，人们很容易认为这是一个伊斯兰世界与西方之间展开“全面战争”的时代，一个由根深蒂固的仇恨与以暴易暴的循环浇灌的充满痛苦冲突的时代。这无疑是十字军的视角，它曾经很自然地促生了以下观念：欧洲与伊斯兰世界之间的文明冲突是无法避免的。然而，在争夺圣地之战的过程中，客观现实与政治、军事、商业上的利益意味着十字军移民实际上与黎凡特当地人民存在紧密联系，其中也包括穆斯林。由是，十字军在边疆营造了一种令欧洲得以借鉴“东方”文化并与之交流的环境。它并非那么惬意和谐，但鉴于更广阔世界的普遍现实，也不应对此感到惊诧。在中世纪，西方自身也饱受基督徒内部的敌对以及没完没了的武装冲突的折磨；各地也出现了社会和宗教上的不宽容现象。按照以上标准，“十字军的”黎凡特显然不稳定地混杂着互相交往与一触即发的冲突，这并非令人不可思议。

从事电视系列片的拍摄最大的好处之一是能够有特别的机会接近十字军时代的遗址（或曰“物质文化”），其中很多体现出跨文化交流的理念。作为一名过去通常依靠文本证据了解历史的学者，能够实际触摸那个年代留存的遗物（尤其是源自日常生活的遗物）令人十分兴奋。在以色列，我检视了一系列西方基督教近东移民铸造的“十字军”钱币，从相当粗糙的铜币（一枚或许只能购买几片面包）到珍贵的金币。其中最引人注目的是一批一眼看去充满伊斯兰风情的硬币，上面刻满了阿拉伯铭文，声称它们由埃及哈里发阿米尔（al-Amir，1101—1130 年在位）铸造。实际上，它们是基督教统治者打造的“赝品”，后者通过有意模仿穆斯林金币（同时略微降低其重量）以便让移民能够迅速、轻易地将自己融入黎凡特的商业体系中。十字军时代中期西方移民在铸造的钱币上镌刻伊斯兰文本（其中一部分甚至包含先知穆罕默德的名字），这一事实有力地说明了跨文化贸易的重要性及现实的要求有能力战胜意识形态。

我亦曾获大英图书馆的允许有幸拜读它最珍贵的收藏之一——《梅丽桑德圣咏经》（Melisende Psalter）。这本小巧精致的圣咏经大概是耶路撒冷国王富尔克（Fulk）于 12 世纪 30 年代送给妻子梅丽桑德（Melisende）王后的礼物。实际上，它很可能是被设计用来修补夫妻二人紧张关系的，他们的纷争甚至几乎以一场全面内战告终。这一异常华美的艺术品体现出十字军国家在文化融合方面的能力。它由 7 位不同的匠人制作，展现出英国、法国、东方基督徒，甚至伊斯兰教的影响。最引人注目的恐怕是其象牙封面，现在与圣咏经分离单独保藏。它雕工精细并镶嵌着宝石，匠人们描绘了关于王权和基督教之虔诚的场景：其中一个封面取材于大卫王的生涯，包括他对抗歌利亚之战；而在另一面上，一位君主（貌似富尔克本人）身披拜占庭皇袍（以增添其威仪），正在施行从为穷人穿衣到照顾病患的各种善举。后一封面精良的复制品也出现在书中的插图部分。此书的迷人之处在于，它让我们得以探究梅丽桑德与富尔克共治期间的私人生活，但它也展现了他们生活于其中的更广阔的世界的某些元素。

英国广播公司这套纪录片的目的之一是回答一个最基本的问题：我们是怎么知道这些的？为了回答这个问题，我回到了一系列中世纪手稿（通常是世间最早的幸存抄本）以揭示我们用于重建十字军时代的历史资料。其中最意外的惊喜或许是我获得了耶路撒冷阿克萨清真寺档案馆的许可，得以阅读巴哈丁（Baha ad-din）所作萨拉丁传记的一个13世纪早期的版本。这是一份内容极为详尽的文献，它清晰勾勒出萨拉丁的个性以及他于第三次十字军东征期间对抗狮心王理查的过程，作者对萨拉丁十分熟悉并亲历了书中记载的大部分事件。阿克萨手抄本的独特之处在于，不像其他大多数中世纪文本，它几乎可以肯定不是后世的抄本，而是巴哈丁本人亲手书写的版本。手捧此书，心知它为萨拉丁密友之一的作品，这种感觉简直棒极了。

系列片中最后一部分的证据材料来自考古发现。就在4天前，顶着沙漠烈日，我拜访了乌艾拉（al-Wu'ayra）城堡的遗址（西方称为摩西山谷），它是古城佩特拉（Petra，位于约旦）城外的一座不大的12世纪“十字军”要塞。在西方移民的早期，欧洲基督徒尝试着拓殖这一荒凉闭塞的区域，但要适应如此陌生的环境并非易事。通过对要塞中16座岩凿墓穴的挖掘、分析，其中残存的骸骨表明移民缺乏足够的果蔬以平衡饮食，他们相对白皙的皮肤也导致了叶酸的匮乏。我在乌艾拉检视了一位数世纪前去世的约6至9个月大的幼儿的头盖骨残片。这些骸骨成了因严重的维生素C不足（或曰败血症）而对身体构成损害（骨骼几乎呈海绵状）的有力证据。

将本书改编为系列纪录片是一大喜讯，我对能参与如此非凡的项目感到十分荣幸。当然，此番经历加深了我对十字军东征的理解并令我更加深爱我们历史中的这段时期。我希望，凭借对此地及来自文本、物质文化和考古的证据的理解，通过展示居住过十字军将士与穆斯林（他们在中世纪曾为了圣地发起战争）的世界之现状，本电视系列片能够恰当处理这一发人深省、引人入胜的课题。

托马斯·阿斯布里奇

2011 年 11 月 6 日

西萨塞克斯郡

导　论

十字军东征的世界

900 年前，欧洲的基督徒发起了一系列对抗伊斯兰世界的圣战（即“十字军东征”），以争夺一块对二者信仰来说皆为神圣地区——“圣地”——的统治权。这场血腥的斗争持续了两个世纪，重新塑造了伊斯兰世界与西方的历史。在这些意义深远的远征中，无数十字军将士跨越已知世界的地表前去征服（后来是保卫）以圣城耶路撒冷为中心的一长条孤立的地域。在诸如骁勇的英国国王狮心王理查、圣洁的法国君主路易九世等人的领导下，他们经历了艰苦的围城与可怕的战役，穿越了葱郁的森林与不毛的荒漠，忍受着饥馑与疾病，邂逅了具有传奇色彩的拜占庭皇帝，并与令人生畏的圣殿骑士一起行军。牺牲者被认为是殉道者，而幸存者则相信，在战斗的风暴与朝圣的试炼下，他们的灵魂受到了罪恶的责罚。

这些十字军远征激起伊斯兰世界做出回应，为吉哈德（jihad，圣战）事业献身的精神再度苏醒。在无情的军阀赞吉（Zangi）、强大的萨拉丁（Saladin）的支持下，在马穆鲁克苏丹拜巴尔（Baybars，亦拼写为 Baibars）及其奴隶兵的兴起的推动下，有时还获得了桀骜不驯的阿萨辛派刺客团的阴谋诡计的援助，来自叙利亚、埃及、伊朗的穆斯林奋力为将基督徒逐出圣地而战。长年的冲突不可避免地让双方更为熟悉，通过休战协定和贸易，有时甚至孕育出了勉强的互相尊重和和平共处。但是随着几十年过去，冲突之火还在燃烧而胜负天平却渐渐转向了穆斯林一方。虽然基督徒仍然梦想着赢取胜利，但伊斯兰世界笑到了最后——圣城与近东长久地掌控在了后者的手里。

这个颇具戏剧性的故事总是能够引发遐想和争论。数百年来，有关十字军运动的阐释多得惊人：有人认为它证明了宗教信仰的愚蠢和人性之卑劣野蛮，有人将它升格为骑士精神与开明殖民主义的光荣表现。十字军东征时而被呈现为欧洲历史中的一段黑暗插曲——成群结队、贪得无厌的西方野蛮人对文雅而无辜的伊斯兰文明无端地发起了攻击，时而又被辩护为由穆斯林的侵犯引起的、收复基督徒故土的正义战争。十字军战士既被描述为急于攫取土地的野兽，又被形容为狂热而虔诚的朝圣士兵。而他们的穆斯林对手，有时被刻画为凶残暴虐的压迫者、宗教狂，有时却成为仁慈而光荣的贤人化身。

中世纪的十字军东征也常被当作一面映射现代世界的镜子来使用，或者通过在近来的事件和遥远的过去之间建立牵强的联系，或者通过在历史中寻找可疑的相似性。于是19世纪的法国人与英国人便挪用关于十字军东征的记忆来印证自己继承帝国遗产的正当性；而20、21世纪的部分伊斯兰国家也越来越倾向于将自己面临的政治、宗教纷争与900年前的十字军东征相提并论。

本书将从基督徒与穆斯林双方的视角来探究十字军东征的历史（尤其聚焦于双方为争夺圣地的控制权而发生的对抗），并检视同时代人对十字军东征的体验和印象。① 大量可利用的中世纪书面证据（即“第一手资料”）令本书获益匪浅，其中包括编年史、信件、法律文书、诗词歌谣等，它们使用的语言则包括拉丁语、古法语、阿拉伯语、希伯来语、亚美尼亚语、叙利亚语及希腊语。除了这些文本，物质遗存——从壮观的城堡到精美的手抄本和各式小钱币——方面的研究成果也为十字军东征时期的研究提供了新的洞见。自始至终，原创研究都仰赖过去 50 年来该领域所取得的源源不断的现代学术成果。[1]

将 1095—1291 年间十字军东征圣地的历史纳入通俗易懂的一卷本著作是个巨大的挑战。但它确实提供了巨大的机遇：追溯那些通过悲痛和狂喜、恐惧和欢欣揭示人类经验内在现实的宏大历史事件；记述伊斯兰世界与基督教国家的命运与观念的变迁。这也为探讨关于这些划时代的圣战的一系列关键且互相关联的首要问题提供了可能。

关于圣战起源、成因的问题是十分重要的。为何来自两个世界的伟大宗教均以上帝（真主）之名鼓吹暴力，并令追随者们相信为信仰而战将打开天堂之门？为何成千上万的基督徒和穆斯林明知他们将要面对剧烈的痛苦，甚至死亡，却还会前赴后继地响应圣战（或吉哈德）的号召？ 11 世纪末期发动的第一次十字军东

---

① 甚至直到现代，很多西方历史学家撰写的十字军著作由于大多站在基督教的角度，依旧体现出一定程度的偏见（不论有意或无意）。这种固有的偏向通过将一场战斗描述为胜利或失败、定性为凯旋或灾难表现出来，相对不易察觉。在本书的各个主要部分（共分为 5 个部分），我通过有意识地分别展现西方基督徒视角与东方穆斯林视角，试图保持不偏不倚。在本书的核心部分（第三次十字军时期）中，将分别从它的两位主角（萨拉丁与狮心王理查）的角度予以描述。

征是否为基督徒的侵略行为，此后200年间近东的宗教战争为何肆虐不止，这些也是急需厘清的问题。

圣战的后果与影响也同样重要。十字军时代究竟是彻底充满了纷争（即不可避免的“文明冲突”的产物）还是体现出基督教世界与伊斯兰世界有可能跨文化交流与共存的一个时期？我们固然关切谁最终赢得了对圣地的争夺及其获胜的原因，但更迫切的问题还是这段冲突的岁月如何影响了历史，以及这些古老的争斗为什么似乎仍然对当今世界产生着影响。

中世纪的欧洲

公元1000年时，安茹（Anjou，位于法国中西部）伯国由一位野蛮贪婪的军阀富尔克·内拉（Fulk Nerra，987—1040，即安茹伯爵富尔克三世）统治。在53年的人生里，他掌权的大部分时间都处于不间断的争斗之中：在各前线作战以维系对自己那难以掌控的伯国的统治，机关算尽地从虚弱的法国王室手中赢得独立的地位，并劫掠邻国以获取土地和战利品。无论在战场上还是生活中，他都是习惯了使用暴力的人——他曾经因为妻子通奸而将她送上火刑柱并曾精心策划残忍地谋杀一位朝臣。

尽管双手沾满鲜血，但富尔克依旧是一名虔诚的基督徒。他意识到，根据基督教教义，他的残忍行为在本质上是有罪的，而这有可能使他永远堕入地狱。在一封书信中，伯爵承认自己“在战场上杀戮甚多”，因此“受到对地狱的恐惧的惊吓”。为了净化自己的灵魂，他先后3次踏上远赴2000英里之外的耶路撒冷的朝圣之旅。在最后一次朝圣中（此时伯爵已是一位老人），据说富尔克赤身裸体地被带到圣墓教堂（耶稣下葬、复活之地）向耶稣祈求宽恕时，脖子上套着一条狗绳，被他的仆人拳打脚踢。[2]

是什么驱使富尔克·内拉做出如此过激的赎罪之举？为何他的事迹充满了野蛮的骚动？甚至11世纪的人也对伯爵那放纵的施虐倾向和古怪的虔诚举措感到错愕不已，因此，他的生涯显然只能算作中世纪生活的极端个例。但其经历和心态依旧折射出塑造中世纪并催生十字军的那股力量。日后，与富尔克相似的后来者（包括他本人的后裔）将站在圣战的最前线。

11世纪的西欧

许多与富尔克·内拉一样生活在11世纪早期的人都担心自己将要目睹人类那黑暗而绝望的末世。11世纪30年代初，人们对世界末日的恐惧达到了顶峰，因为他们认为耶稣受难的千年纪念日将预示着最后审判的降临。一位编年史家这样描述这个时代："那些支配世界的规则将被混乱统治。他们那时知道［末日］已经到来。"单是这种明显的焦虑就可以解释富尔克赎罪的心态。但就伯爵与他同时代的人而言，情况并非总是如此。他们怀揣着一个有关和平繁盛的过去的集体记忆，在那个黄金时代里，基督教皇帝以上帝之名实施统治，遵照他的神圣意志给世界带来了秩序。这种想象出来的相当模糊的典范绝非对欧洲历史的真实回忆，但其中也不乏一些真实的成分。

直至公元4世纪末，罗马帝国的统治给西欧带来了稳定与财富。在东方，罗马帝国以君士坦丁大帝（首位皈依基督教的罗马皇帝）兴建的君士坦丁堡为中心进行统治，国祚延续至1453年。今天的历史学家将这个未中断的国家称作拜占庭帝国。在5

至7世纪的西欧，权力转移至一系列令人眼花缭乱的“蛮族”部落手中。而在公元500年前后，其中的法兰克人获得了高卢东北部的统治权，这促成了法兰克王国（Francia）的兴起（现代法国沿用了这一名字）。[①] 公元800年，一位法兰克人的后裔查理曼（Charlemagne）统一了大片领土，包括大部分现代法国、德国、意大利及低地国家，因此他对尘封已久的“西方皇帝”这一头衔提出了主张。查理曼与他的加洛林继承者们一度重新带来了一段和平稳定的时期，但他们的帝国很快便因为继承人的纷争及斯堪的纳维亚半岛的维京人、东欧马扎尔人的入侵而分崩离析。9世纪50年代以后，欧洲再次被政治分裂、战争、动乱撕裂。枕戈待旦的德意志诸王试图对皇帝头衔提出主张，法国的王室受到钳制，苟延残喘。到了11世纪，君士坦丁与查理曼已成为传奇、一段遥远往昔的化身。在欧洲中世纪的历史轨迹中，许多基督教国王想要效仿先贤，成就他们二人在假想中完成的伟业，其中的一些人将成为十字军的成员。

在富尔克·内拉的时代，西欧逐步从“后加洛林时期”的衰退中熬了过来（尽管存在关于世界末日的预言）。但在政治军事力量、社会经济组织方面，大部分地区依然是高度分裂的。欧洲并未分割为我们今天意义上的民族国家。与之相反，诸如德意志、西班牙、意大利、法兰西等地分割为许多由武士–领主统治着的较小的政治体，他们大多数仅与君主保持着松散的联系，忠诚度

① 当圣战于1095年开启后，法国被证明是十字军狂热与招募的中心。即便如此，并非所有十字军将士都是法国人。但同时代的作家（尤其是穆斯林作家，他们站在西欧视角以外看待这一问题）倾向于将所有参与圣战的基督徒称为“法兰克人”（阿拉伯语称Ifranj）。于是把十字军和定居于近东的西欧人称作“法兰克人”成了一种惯例。

也颇为可疑。和富尔克一样，这些人顶着可上溯至罗马帝国及加洛林王朝时代的公爵（dux）、伯爵（comes）头衔，他们来自一个新兴的军事贵族等级，这些装备精良的半职业化战士阶层逐渐占据主导地位，成为我们熟知的“骑士”。

11 世纪的欧洲并非完全处于彻底的无政府状态，但因封地或家族仇杀而掀起的腥风血雨屡见不鲜，不法行为极为普遍。社会是高度地方化的。西欧仍未摆脱自然条件的束缚，大片的土地仍然覆盖着森林抑或空旷而尚未开垦，多数的主要道路系统修建于罗马帝国时代。在这样的世界里，某人一生中从未到过距离其出生地超过 50 英里的地方是司空见惯的，这个事实令富尔克·内拉多次前往耶路撒冷的旅程以及之后在遥远的圣地流行的十字军运动显得格外异乎寻常。当时也不存在我们今天理解的“大众传播”，因为多数民众目不识丁，并且印刷术亦尚未被发明出来。

尽管如此，在中世纪中期（1000—1300），西方文明开始显现出发展与扩张的明确迹象。城市化进程在缓慢地加快步伐，城市人口的增长促成了经济复苏和货币基础型经济的复兴。其中引领长途贸易中兴的是以阿马尔菲、比萨、热那亚、威尼斯这些城市为基地的意大利海商团体。另一些则表现出对军事征服的明显偏爱。法国北方的诺曼人（Normans，维京定居者的后裔）在 11 世纪中期表现得尤为活跃：他们殖民盎格鲁－撒克逊英格兰，并从拜占庭人和北非阿拉伯人手中夺取了南意大利和西西里。与此同时，在伊比利亚半岛，一些基督教王国开始向南推进它们的边界，从西班牙穆斯林手中收复失地。

当西欧人开始打破中世纪早期的藩篱眺望远方时，其商业与征服力量使他们与更广阔的世界以及地中海的伟大文明（古老的

“东罗马”拜占庭帝国与四处扩张的阿拉伯－伊斯兰世界）产生了更密切的联系。这些老牌“强权”在历史上是财富、文化、军事力量的中心。因此，它们倾向于仅仅将西欧视作落后的蛮夷之地——未开化部落民凄凉的家园，这些人或许可算作骁勇的战士，但实质上仅仅为一群乌合之众，因此不会造成真正的威胁。即将到来的十字军将打破这个局势，即使它也证实了许多这类偏见。[3]

拉丁基督教世界

古罗马的统治无疑对西方历史的方方面面都产生了深远影响，但帝国最重要而持久的遗产是欧洲的基督教化。312 年，君士坦丁大帝在经历了一次“异象”后决心皈依基督教（那时是一个较小的东方教派），基督教因此突然登上了世界舞台。不到一个世纪，基督教已经取代异教成为帝国的官方信仰，并以罗马的影响力为中介，将“基督的启示”传遍欧洲。即使给予它动力的政治力量有所衰退，基督教的势力仍在增长。欧洲新一代“蛮族”首领纷纷皈依，很快，他们开始提出主张，认为自己拥有作为国王统治部落的神授权利。强大的统一者查理曼自封“神圣的”（sacral）统治者，他有权并有责任捍卫和支持基督教信仰。到了 11 世纪，拉丁基督教（因为其经文及宗教礼仪采用拉丁语而得名）已经几乎渗透至西方的各个角落。①

在这个进程中，一个重要角色是在罗马的教皇。按照基督教传统，遍布地中海世界的教会在罗马、君士坦丁堡、安条克、耶路撒冷、亚历山大里亚拥有 5 位地位崇高的神父（即宗主教）。而

① 基督教这一拉丁分支——今天更多地被称为罗马天主教——的信徒在中世纪的背景下更准确的称谓是“拉丁人”。

渐渐自称“教皇”（pope,来源于拉丁语papa一词，即“父亲”）的罗马主教力图在他们中间享有突出的地位。在整个中世纪，教廷不仅奋力主张自己拥有普世“权利”，还力图掌握凌驾“西方拉丁世界”（Latin West）的教阶体制的实质性权威。罗马帝国与加洛林王朝的衰颓破坏了教会内的权力框架，一如世俗层面发生的情况。欧洲各地的主教们在数个世纪里脱离了教皇的控制，享受着独立与自主，大多数高级神职人员首先向地方当政者和西方“神圣的”国王效忠。至11世纪早期，教皇只能努力在意大利中部得到支持响应，在随后的几十年里，他们甚至几度被逐出罗马。

即便如此，发起十字军、鼓动成千上万拉丁人以基督教之名拿起武器并战斗的人依旧将是一位教皇。这一壮举就其本身而言的确扩大并加强了教皇的权势，但不能将有关圣战的布道视为一种纯粹犬儒的、自私自利的行为。教皇作为十字军发起人的角色的确有助于加强罗马教会在法国等地的权威，并且至少在起初时，十字军看上去似乎遵从教皇的指挥，几乎可算作教皇的军队。尽管如此，更为利他的冲动可能也在其中起了作用。很多中世纪教皇似乎诚挚地相信他们肩负着更广泛的保护基督教世界的职责。他们还期待在死后面对上帝时，能够对自己关照的灵魂的命运负责。通过构筑一个基督教圣战的理念，教廷为它的拉丁“羊群”开辟了一条救赎的新道路。

实际上，在从11世纪中期起的所谓的“改革运动”中，十字军东征只是由罗马倡导的一场广泛得多的复兴西方基督教世界的运动的一种表现。对教廷而言，教会的任何缺陷不过是一种更深层的痼疾——世俗世界的腐蚀性影响，长久以来内嵌于神职人员与世俗统治者的联系中——的征候。皇帝和国王们乐于为教会套上枷锁，而对教皇来说，打破它的唯一方法是践行自己神授的最高权威。格里高利七世（Gregory Ⅶ，1073—1085 年在位）是这些观点最直言不讳的极端支持者。格里高利热诚地相信，他负有通过掌握拉丁教会事务的绝对控制权来改变基督教世界的职责。为了实现这样的雄心，他几乎愿意不择手段，甚至不排除动用他所谓的“基督的战士”来诉诸武力。虽然格里高利七世有些走极端，操之过急，并且他的教皇职务是在南意大利的可耻流亡中终结的，但他大胆的举措有力地推进了改革与教皇享有更大权力这对双生的事业。这为他日后的继任者（也是其曾经的顾问）乌尔班二世（Urban Ⅱ，1088—1099 年在位）煽动发起第一次十字军东征建立了一个平台。[4]

乌尔班二世对发动一场圣战的号召在全欧洲获得了不少自愿的听众，这很大程度上是因为拉丁世界有浓厚的宗教气氛。在西方，基督教是被普遍接受的信仰，与现代世俗化的欧洲社会相反，11 世纪是一个高度宗教化的时代。在那样的环境里，从出生和死亡到睡眠和饮食、婚娶和健康，基督教的信条深刻影响着人们生活的各个方面。对所有人来说，表现上帝的全能的迹象是清晰可见的，它们就通过种种“神奇”的治愈、神启以及地上和天上的预兆显现。爱、慈悲、责任、传统等观念均有助于形塑中世纪人的宗教虔诚，但其中最有力的调节性影响可能是恐惧；正是这种恐惧令富尔克·内拉相信他的灵魂面临危险。11 世纪的拉丁教会训诫说：每个人都将面临审判——即所谓的“灵魂称重”（weighing of souls）。灵魂纯洁者将得到永恒的奖赏——得到天堂的救赎，而罪人将遭受天谴并堕入地狱永受折磨。通过在表现那些被认为是不洁之人所受之惩罚——悲惨的罪人被魔鬼扼住脖子、受诅咒之人被可怕的恶魔赶进地下的烈火之中——的宗教艺术品及雕塑那里获得的视觉印象，当时的信徒深刻地认识到，上述危险乃是震撼心灵的现实。

在这种环境下，中世纪的大多数拉丁基督徒痴迷于罪孽、不洁和即将到来的来世，也就不足为怪了。急切追求纯洁、完美的基督徒生活的一个极端表现是修道院制度——修士修女们在那里许下“三愿”（即“安贫”“禁欲”“听命”），过着秩序井然的集体生活，将自己奉献给上帝。11 世纪最盛行的修道院生活方式之一是由法国东部勃艮第的克吕尼隐修院（Abbey of Cluny）提倡的。从英格兰至意大利，克吕尼运动拥有大约 2000 座从属修道院，影响深远，尤其在发展并推动教会改革的理念方面贡献良多。在 11 世纪 90 年代，当曾经的克吕尼修士乌尔班二世成为教皇后，它的势力达到了顶峰。

当然，修道院生活的要求远远高于大多数中世纪基督徒的标准。对普通俗人而言，通往上帝之路充满了犯罪的危险，因为诸如虚荣、暴食、色欲、暴力等许多看起来属于不可避免的人类属性均被视为有罪的。但一些互相联系的赎罪“药方”也被认为是有效的（尽管它们的理论或神学基础还有待完善）。拉丁人受到鼓励向教士承认罪行，后者将指派他们以某种合适的苦行赎罪，这种举动被认为能够洗清罪愆。最常见的忏悔方式为祷告，但救济穷人或向修道院捐献以及踏上虔敬的赎罪之旅（朝圣之旅）也很流行。在常规的忏悔类型之外也会有上述善举，或者作为一种精神上的预付金，或者是为了向上帝或他的某位圣徒祈求援助。

当富尔克在 11 世纪早期寻求救赎时，他正是在这套既定的信仰架构中活动的。其中一项赎罪措施是在他的安茹伯国内的博略（Beaulieu）兴建了一所修道院。据富尔克本人声称，他此举的目的是“为了让修士们聚集在一起夜以继日地为拯救［我的］灵魂而祷告”。这种俗人通过赞助而获得修道院产生的精神能量的想法在1091年依旧存在——法国南部贵族贝阿恩的加斯东四世（Gaston Ⅳ of Béarn）决定将自己的部分财产捐献给加斯科涅莫尔拉斯（Morlaàs）的圣福伊（St Foi）克吕尼修道院。加斯东是教皇改革的公开支持者，1087年曾在伊比利亚半岛参与对摩尔人的作战，后来成了一名十字军战士。记录他对圣福伊修道院捐赠的法律文书写道，此举令他本人及妻子儿女的灵魂获益，他希望“上帝会在世上给予我们各种所需援助，并在将来赐予我们永生”。实际上，在加斯东的时代，西方基督教世界的世俗贵族乐于同修道院建立类似的紧密联系，这对1095年以后十字军热潮在欧洲的迅速传播产生了显著影响。部分原因是，骑士许下的投身圣战的誓言与修士许下的类似，这似乎确定了为上帝而战的效力。更重要的仍是如下事实：与克吕尼修道院之类的隐修院保持联系的教廷依赖拉丁西方各地的修道院传播、支持发起十字军东征的号召。

富尔克·内拉采用的第二种救赎之道是朝圣。通过多次前往耶路撒冷，他明显发现这种特别的赎罪方式尤其有效果——后世的著作记载说，他体验到的净化力量让他“神采飞扬［而］感到狂喜”。拉丁朝圣者通常去没那么远的朝圣地——主要中心包括罗马和圣地亚哥－德孔波斯特拉（Santiago de Compostela），甚至是本地的教堂和圣所。但圣城很快成了最受尊崇的目的地。耶路撒冷具有无可匹敌的神圣性，这一点也通过中世纪描绘世界的地图通常将它置于中心反映了出来。这一切都与十字军东征的布道为何能够一呼百应直接相关——因为圣战被当成一种“武装朝圣”，而耶路撒冷正是它的终极目标。[5]

拉丁欧洲的战争与暴力

在发动十字军的过程中，教廷优先征召一个社会群体的成员：拉丁欧洲的骑士。11 世纪时，这个军事阶层尚处于它的发轫期。中世纪骑士的基本特征是具有骑马作战的能力。① 骑士身边几乎总有至少 4 至 5 名扈从伴随左右，他们照顾主人的坐骑、武器和起居，亦可作为步兵参与战斗。十字军东征开始后，这些人并不属于专职的正规军。大部分的骑士是武士，但其中亦不乏领土或诸侯、地主和农夫——一年中他们只愿意抽出几个月的时间用于征战，即便如此通常也不是作为训练有素的成建制团队参与战斗。

对几乎全体骑士而言，11 世纪标准的作战模式是短距离劫掠、小规模战斗——通常非常不雅，典型特征是混乱的短兵相接——以及对散布全西欧的众多木质、石砌城堡的围攻。甚少有拉丁士兵具备大型会战的经验，因为这样的战斗结果非常难料，因此通常会竭力避免。实际上，无人经历过类似十字军东征这样旷日持久且需长途跋涉的战争。因此，东方的圣战也要求来自拉

① 按照现代的标准，中世纪的战马相当矮小——实际上，其平均高度仅有 12 掌（hand，作为长度单位约合 10.16 厘米），现今大部分会被归入略大的矮种马行列。即便如此，购买和供养它们依然花费甚巨（需要食物、马蹄铁和专职马夫）。大部分骑士还需要至少一匹较轻型的马用于平日行军。虽然它们较为矮小，但战马还是赋予战士们在近战中巨大的优势（包括高度、攻击范围、速度、机动性等方面）。随着装备、作战技术及训练水平的提高，配备马镫与马鞍（因此更加稳固）的骑士能够平端重型长枪或长矛并学会了集群冲锋。这股强悍的攻击力量足以彻底击垮一支猝不及防的敌军。

丁基督教世界的武士们调整、改进他们的军事技艺。[6]

在第一次十字军布道开始前，大部分拉丁骑士依旧认为杀戮之举本身就是有罪的，但他们也习惯了这种理念，即在上帝的眼里，某些战争类型更为合理。还有观点认为教廷能够批准使用暴力。

初看上去，基督教确实像是一种奉行和平主义的信仰。《新约》的福音书中多次记载耶稣似乎拒绝或禁止使用暴力：他曾警告说施武力者必死于武力，亦曾在登山训众时劝诫众人当遭掌掴时应送上另一边面颊。《旧约》在“摩西十诫”中仿佛对使用暴力的问题也给出了明确的指引：“不可杀人。”然而在公元后的第一个千年间，那些谋求将自身信仰与军事化的罗马帝国合一的基督教神学家开始对《圣经》是否真的如此坚决谴责暴力提出质疑。《旧约》无疑显得有些模棱两可，因为它作为犹太人为生存而殊死斗争的历史的记载，描述了一系列经上帝批准的圣战。这意味着，在适当的条件下，报复性的甚至侵略性的战争也是被允许的。而在《新约》中，耶稣曾说“我来并不是叫地上太平，乃是叫地上动刀兵”，还曾经用绳鞭将放债者逐出圣殿。

在设法解决这些问题的早期基督教思想家中，最有影响力的当属北非主教希波的圣奥古斯丁（St Augustine of Hippo，354—430）。他的著作为教廷最终创立十字军观念奠定了基础。圣奥古斯丁主张，在严格的条件下，战争可以是既合法又正当的。其复杂的理论稍后被简化归纳为正义战争（Just War）的三个先决条件：由一个“合法的权威”（如国王或主教）发动、有一个“正当理由”（如抵御敌人进攻或收复失土）、带有“正当的意图”（就是说使用最低限度的暴力）。奥古斯丁的三项原则支撑起了十字军东征的理念，但它们与提倡将战争神圣化还相去甚远。

在中世纪早期，奥古斯丁的著作被用于证明某些无可避免的军事冲突或许是“正当的”，因而在上帝眼中是可以被接受的。但满足这些条件的征战依然有罪。相反，像十字军运动这样的基督教圣战被认为得到了上帝的积极支持，并能为其参与者带来精神上的裨益。通过未来几个世纪中的零星但渐增的神学实验，横亘在二者之间的鸿沟才渐渐消弭。欧洲后罗马时代的“蛮族”统治者的尚武精神加快了这一进程。他们皈依基督教后，将“日耳曼式的”对战争及武士生涯的接受注入了拉丁信仰。例如，在加洛林王朝的统治下，主教们开始发起甚至指挥征服东欧异教徒或令其改宗的血腥战役。至千禧年之交，基督教教士为武器盔甲祝福已变得相对常见，各种“武士圣徒”也受到纪念。

11 世纪的后半叶，拉丁基督教开始越来越倾向于接受圣战。在改革运动的早期，教廷开始意识到需要有一支实现其决议和表达其意志的武装队伍。这促使一连串教皇尝试着发起战争，号召基督徒支持者保卫教会，以换取语焉不详的精神奖赏。在格里高利七世的强力指引下，关于“神圣暴力”的教义与应用有了突飞猛进的发展。由于决心召集一支忠于罗马的教皇军队，他开始重新诠释基督教的传统。数百年来，神学家已将“基督的战争”定义为基督徒为对抗罪孽而进行的精神上的内在斗争，而修士们有时会被描绘为“基督的战士”。格里高利为了自己的目的扭曲了这一观念，他宣告全体世俗社会有一项高于一切的义务：作为“基督的战士”以实际的战争保卫拉丁教会。

在他任职的初期，格里高利便制订了一项大规模军事计划，可谓十字军运动的真正原型。1074 年，他试图在地中海东部发起一场圣战以援救拜占庭帝国的希腊东正教基督徒，据他声称，小亚细亚的穆斯林“每天像杀牲口一样屠戮他们”。在这场战役中奋战的拉丁人被许诺将得到“来自天国的犒赏”。他的宏伟计划完全失败，应者寥寥，或许是因为格里高利冒失地宣布了希望亲自领导这场战役的意图。在教皇1074年的构想中，为上帝而战与最终获得的精神报偿之间的关联仍然缺乏特异性。然而在11世纪80年代初期，随着格里高利与德意志皇帝爆发了连绵不绝的冲突，格里高利做出了关键的澄清。他写道：他的支持者应与皇帝作战并直面“接下来的战斗中的危险从而洗清所有的罪孽”。这似乎表明，参与这样的神圣争斗具备与其他苦修同样的净化灵魂的效力，因为它肯定将与朝圣一样艰难而危险。到那时为止，这种对神圣暴力所具有的救赎特质做出的更合逻辑的诠释尚未固定下来，但它为后续的教皇们提供了重要的先例。事实上，恰恰是格里高利在拉丁基督教世界军事化方面的激进创新引发了某些同时代人的非难，在教会内部他也因其“数百年来闻所未闻、过于新奇”的做法而受到了指责。他的想法如此极端，以至于相形之下，当其继任者乌尔班二世提出更加小心谨慎的构想时，竟然显得有些保守并因此而较少受到抨击。[7]

格里高利七世将拉丁神学引向了圣战的边缘，声称教皇有召集军队为上帝和拉丁教会而战的毋庸置疑的权利。在将神圣暴力的概念固着在赎罪的框架内这件事上，他也迈出了一大步，而该构想是十字军运动的核心实质的一部分。虽然如此，格里高利并不能被视为十字军运动的主要缔造者，因为在建构一个令欧洲基督徒响应的引人注目且令人信服的圣战理念这件事上，他显然失败了。乌尔班二世将完成他未竟的事业。

伊斯兰世界

11 世纪末期以来，十字军东征令西欧的法兰克人与地中海东部的穆斯林势如水火。这并非由于发动圣战的首要目的是毁灭伊斯兰世界，或甚至迫使穆斯林皈依基督教。相反，这是穆斯林占有圣地与圣城耶路撒冷引发的后果。

伊斯兰教的早期历史

根据伊斯兰教传统，伊斯兰教诞生于公元 610 年，是年一位不识字的 40 岁麦加（位于现今的沙特阿拉伯）阿拉伯居民穆罕默德通过大天使哲布勒伊莱（Gabriel，即基督教中的加百列）经历了一系列来自安拉的启示。这些启示被视为真主神圣而永恒的箴言，稍后被记录成文，即《古兰经》。在其一生中，穆罕默德致力于促使麦加及其周围汉志（Hijaz，位于阿拉伯半岛西海岸）地区信奉多神异教的阿拉伯人皈依伊斯兰一神教。事实证明这并不轻松。622 年先知被迫流亡至邻近城市麦地那（这一旅程被视为伊斯兰历法的开端），随后他针对麦加发动了长期而血腥的宗教战争，最终在他去世前不久于 632 年征服了这座城市。

穆罕默德创立的伊斯兰教（意为服从真主的旨意）与犹太教、基督教系出同源。终其一生，先知（即穆罕默德）与阿拉伯、东罗马帝国的上述两类信徒保持着来往，他所获得的“神启”被视为对先前这些宗教的提炼与改良。因此，穆罕默德认可诸如摩西、亚伯拉罕甚至耶稣的先知身份，《古兰经》中有整整一章（即“苏拉”，sura）被献给了圣母玛利亚。

穆罕默德在世及他死后的短短几年内，彼此敌对的阿拉伯半岛部落就被统一于伊斯兰教的旗帜之下。随后的数十年中，在几任能干而雄心勃勃的哈里发（意为先知的继承人）领导下，这些阿拉伯穆斯林几乎势不可挡。他们将军事上的惊人活力与永不知足的征服欲——这种不满足来自《古兰经》明确要求将穆斯林的信仰和伊斯兰律法的统治不断地在世间传播扩散——结合起来。阿拉伯－伊斯兰式的征服新领土的手段也为阿拉伯穆斯林呈指数增长铺平了道路。穆斯林不要求“有经人”（Peoples of the Book，例如犹太人和基督徒）彻底臣服并立即皈依伊斯兰教，而是允许他们在缴纳人头税的前提下保留自己的信仰。

在 7 世纪 30 年代中期，具备高度机动性的阿拉伯部落骑兵劲旅开始向阿拉伯半岛以外大肆扩张。至 650 年他们已取得了惊人的战果。风驰电掣之间，巴勒斯坦、叙利亚、伊拉克、伊朗和埃及被纳入了新兴的阿拉伯伊斯兰国家版图。在下个世纪中，其扩张的脚步相对有所放缓，但仍在持续开疆拓土，到 8 世纪中期，伊斯兰世界已东达印度河与中国边界，横跨北非，西至西班牙与法国南部。

在十字军东征的历史背景中，这个进程中发生的决定性一幕为耶路撒冷于 638 年被从拜占庭帝国的希腊基督徒手中夺走。该古老城市被尊崇为伊斯兰教中仅次于麦加、麦地那的第三大圣地。这部分是因为伊斯兰教继承了对亚伯拉罕的敬仰，但也因为人们相信这里是穆罕默德“夜行登霄”之处，以及将圣城定位为即将到来的“审判日”焦点的相关传统。

在穆斯林两度败于君士坦丁堡坚城之下（673 年和 718 年）以及在普瓦捷被“铁锤查理”（Charles Martel，查理曼的法兰克裔祖父）击退（732 年）之前，人们一度普遍认为伊斯兰世界将横扫欧洲。实际上，上述逆转固然重要，但伊斯兰势力内部根深蒂固的局限性已经凸显：宗教上纷争不断、政治上分崩离析。这些问题的核心与关于穆罕默德继承人（哈里发）合法性的争议以及对他的“神启”的诠释相关。

早在 661 年，随着阿里（Ali，601—661，先知的堂弟和女婿）之死，“四大哈里发”（Rashidun Caliphate，又称“正统哈里发”）的统治宣告终结，敌对的阿拉伯宗族（即倭马亚家族）崛起，难题就已经开始浮出水面。倭马亚哈里发第一次将首都从阿拉伯疆域内迁出，定于伟大的叙利亚都市大马士革，并统治伊斯兰世界直到 8 世纪中叶。然而，这一时期也见证了什叶派（Shi‘a，字面含义为“党派”“宗派”）的兴起，他们坚称只有阿里与他的妻子法蒂玛（Fatima，穆罕默德之女）的后代才能合法地继承哈里发之位。最初什叶派穆斯林致力于反抗占据主流的逊尼派的政治权威，但随着时间的推移，因什叶派在神学、宗教仪式、律法方面走上了不同道路，二者的分歧也上升至教义的层面。[8]

伊斯兰世界的分裂

此后的 4 个世纪中，伊斯兰世界的分裂不断加剧、扩散。750 年，通过一场血腥的政变，倭马亚王朝遭到倾覆，另一阿拉伯王朝（即阿拔斯王朝）掌权。他们将逊尼派的中心进一步迁离阿拉伯故土，于伊拉克特意打造了一座壮观的新都——巴格达。这一富有远见的举措产生了深远的影响。它宣告了逊尼派统治精英在政治、文化、经济上发生全面转向，离开黎凡特近东转向美索不达米亚——浩荡的幼发拉底河与底格里斯河之间的古文明的摇篮，有时被称作“新月沃地”——并向东直至波斯人的伊朗乃至更远。阿拔斯王朝的资助亦令巴格达成功跻身世界伟大科学、哲学学术中心之列。接下来的500年中，逊尼派的中心不再是叙利亚或圣地，而是伊拉克与伊朗。

然而，阿拔斯王朝的掌权却伴随着一个统一的伊斯兰国家逐步走向解体和分裂。伊比利亚半岛的穆斯林统治者（有时被称作“摩尔人”）于8世纪脱离控制并建立了自己的独立王国；而且，在过去几十年中，逊尼派与什叶派之间的裂痕也日益加深。什叶派团体大致和平地继续生活在近东、中东的逊尼派中或其边远地区。但在969年，一支踌躇满志的什叶派别夺取了北非的统治权。在法蒂玛家族（因为他们宣称自己为穆罕默德之女法蒂玛的后裔而得名）的倡导下，他们拥立了自己的对立哈里发，拒绝承认巴格达逊尼派的权威。通过从阿拔斯王朝手中征服大片近东土地（包括耶路撒冷、大马士革和地中海东部沿岸部分地区），法蒂玛王朝被证明是阿拔斯王朝的劲敌。至11世纪末，阿拔斯王朝与法蒂玛王朝已经势同水火。因此，到了十字军东征时期，伊斯兰教深受分裂的折磨，这阻止了埃及和伊拉克的穆斯林统治者同仇敌忾地联手对抗基督徒的入侵。

尽管逊尼派与什叶派间的敌意加深了，阿拔斯王朝与法蒂玛王朝哈里发具备的影响力却缩小了。他们依旧是名义上的领袖，理论上拥有宗教与政治上的绝对控制权力，但实际上行政权力却被其世俗的副手所把持：在巴格达是苏丹（sultan），在开罗是维齐（vizier）。

11世纪时突厥人的到来给伊斯兰世界带来了更深远和更剧烈的变化。大约从1040年起，这些以尚武和骑射著称的来自中亚的游牧部落民开始渗入中东。特别是其中的塞尔柱人（Seljuqs，来自咸海以外的俄罗斯大草原）部落，乃是突厥人迁徙的先锋。在皈依逊尼派伊斯兰教后，这批令人生畏的塞尔柱人宣布将对阿拔斯王朝哈里发忠贞不贰，并很快取代了伊拉克、伊朗如今已不谙武功的阿拉伯和波斯贵族的统治。1055 年，塞尔柱军阀图格鲁尔贝伊被封为巴格达的苏丹，从而得以对逊尼派发号施令；他的王朝继任者将世袭这一权力超过百年之久。塞尔柱突厥人的到来为阿拔斯世界带来了勃勃生机与统一。其旺盛的精力与强大的武力令他们很快横扫六合。在南方，法蒂玛王朝被击退，大马士革和耶路撒冷再度被夺回；在小亚细亚，他们对拜占庭帝国也取得了显著的胜利；一支塞尔柱人在安纳托利亚最终建立了他们自己的独立苏丹国。

至 11 世纪 90 年代初，塞尔柱人已经令逊尼派穆斯林的世界焕然一新。图格鲁尔贝伊锐意图治的孙子马利克沙阿（Malik Shah）接过了苏丹的头衔，与他的兄弟突突什（Tutush）共同享有美索不达米亚及黎凡特大部的相对太平。这一新生的突厥帝国（有时也被称作巴格达的大塞尔柱苏丹国）一方面依赖冷酷的专制，一方面仰仗“为对抗危险的什叶派异端敌人必须团结逊尼派”这套说辞进行统治。然而当马利克沙阿于 1092 年驾崩后，他强大的帝国迅速在继承危机和内战中土崩瓦解。他的两个年轻的儿子为了苏丹之名而争斗，竞相夺取对伊朗和伊拉克的统治权；与此同时在叙利亚，突突什则试图为自己攫取权力。当他于 1095 年离世后，其子里德万（Ridwan）与杜卡克（Duqaq）同样就继承权陷入纷争，并各自占领了阿勒颇与大马士革。同时期什叶派治下埃及的处境稍好一些。但随着法蒂玛哈里发与他的维齐于 1094 年和 1095 年相继猝然去世，形势突然变化，直到具有亚美尼亚血统的阿夫达尔（al-Afdal）崛起成为新任维齐。于是，恰好在发动十字军的同一年，逊尼派陷入了一片混乱，而埃及法蒂玛王朝的新任统治者刚刚立稳脚跟。没有证据表示西方的基督徒知晓这些困局，因此不能将它们视为即将到来的圣战的明确触发因素。即便如此，第一次十字军东征依旧占据了显著的天时。[9]

11 世纪末的近东

11 世纪末困扰伊斯兰世界的普遍分裂将对十字军东征的进程产生深远影响，近东独特的文化、民族、政治构造亦是如此。实际上，这一区域（争夺圣地的战场）并不能被说成是穆斯林的世界。早期阿拉伯 – 伊斯兰征服采取了相对宽容的征服方式，这意味着即使历经了数百年，本地基督徒人口——从希腊人、亚美尼亚人到叙利亚人以及科普特人——仍然在黎凡特占据非常高的比例，此外还有少量犹太人。贝都因游牧民仍然广泛地散布在东方的土地上，他们是四处迁徙的操阿拉伯语的穆斯林，很少对谁保持忠心。在这长期形成的定居构成之上的是少量次级穆斯林统治精英，由阿拉伯人、一些波斯人及新到的突厥人组成。因此近东绝非天然的伊斯兰教大本营，而不过是一块由属于不同信仰、不同社会的族群构建的破碎拼合物。

就伊斯兰世界主要强权而言，黎凡特也是某种“化外之地”，虽然诸如耶路撒冷、大马士革这样的城市在政治、宗教上依然重要。对逊尼派的塞尔柱帝国与什叶派的法蒂玛王朝而言，其政府机关、经济财富、文化认同上的中心分别是美索不达米亚与埃及。近东实质上位于两大强权影响力的交界处，虽然它有时也被双方争夺，但几乎总是处于次要的地位。即便在马利克沙阿统治时期，他也未曾下定决心收服叙利亚并将其纳入自己的版图，这一区域的大部分都陷入了野心勃勃的若干半独立军阀之手。

因此，拉丁十字军抵达近东后的军事行动实质上仅为边境战争，他们并未侵犯伊斯兰世界的心脏地带。相反，他们争夺的土地在某种程度上亦是穆斯林的边疆，这里混居着基督徒、犹太人与穆斯林。数百年来，他们已经适应了被外来势力征服，无论后者是拜占庭人、波斯人，还是阿拉伯人、突厥人。

伊斯兰世界的战争与圣战（吉哈德）

11 世纪末，穆斯林的战争在风格与实践上都发生着变化。传统上突厥武装力量的支柱是轻装骑兵，他们骑乘快速的矮种马，以强力复合弓为武器，能够在马背上施放阵阵箭雨。骑兵或许也会装备轻型骑士枪、单刃剑、斧头或匕首。这样的军队仰仗移动速度与机动性击败对手。

突厥人传统上采用两种战术：包围——敌军被高速盘旋的骑兵从四面八方围困，并遭受无尽箭雨的袭击；佯败——在战场上使用突然后撤的技巧，以诱使敌人狂乱追击，因此产生的混乱无序导致敌军阵形被破坏，从而令他们在突然的反攻面前毫无抵御之力。小亚细亚的塞尔柱人依旧偏爱这种作战方式，但叙利亚与巴勒斯坦的突厥人开始采用波斯人、阿拉伯人更丰富多样的军事技术，以适应对重甲枪骑兵和更大规模步兵的运用以及攻城战的需要。直到这个时期，近东最常见的战争形式是为了争夺权力、土地、财富而进行的劫掠战、前哨战和小规模的血腥战斗。[10]然而在理论上，穆斯林军队也可以为更崇高的目的而战，那就是圣战。

伊斯兰教从最早的时期开始便不排斥战争。穆罕默德本人在征服麦加时便发动了一系列战役，7—8 世纪时伊斯兰世界的极速扩张也是由公开作为扩大伊斯兰教统治的宗教义务推动的。因此，在伊斯兰教中，信仰与暴力的结合要远比拉丁基督教来得自然、迅速，这种结合在后者那里是渐进式的。

为了明确战争在伊斯兰教中的角色，穆斯林学者们求助于《古兰经》与“圣训”（hadith，记载了穆罕默德的“传统”或言论）。这些文本提供了大量关于先知主张“为真主而战”的实例。在伊斯兰教的早期，穆斯林们曾探讨过这种“战斗”（或称“吉哈德”，字面意思为“斗争”）的确切内涵（直到今日还在引起争论）。其中的一些人，如伊斯兰神秘主义者（苏非派）主张最重要的斗争（或称“高级圣战”）是洗涤罪孽和过错的内在修行。但在 8 世纪晚期，逊尼派法学家发展出一套正式的理论，声称斗争应该是“拿起武器”用战争手段对抗异教徒（有时也被称作“初级圣战”）。为了证明这种观点，他们引经据典，例如《古兰经》第 9 章中的诗篇，包括：“以物配主的人群起而进攻你们，你们也就应当群起而抵抗他们。”（9:36）还有“圣训”，如穆罕默德所说的那样：“无论早晚，为真主而战胜过世间万物；对个人来说，身处前线胜过祈祷六十载。”

早期的法律著作声称吉哈德是所有体格健全的穆斯林应尽的义务，虽然它主要被视作集体而非个人的职责，并且最终领导权被归于哈里发。根据圣训中类似“天堂的大门在刀光剑影之下”这样的话，此类著述亦坚称参与吉哈德之战将获得通往天园的捷径。法学家们正式将世界划分为两部分——“伊斯兰之境”（Dar al-Islam，即穆斯林统治和实施伊斯兰律法的地区）与“战争之境”（Dar al-harb，世界其余地区）。吉哈德的明确宗旨是通过对战争之境发动不懈的圣战使全人类皈依伊斯兰教或服从穆斯林的统治。不能与异教敌人缔结永久的和约，而且任何临时停战协定的时间都不能超过10年。

数百年过去后，潜藏在吉哈德古典理论中的扩张冲动逐渐变得低落。阿拉伯部落民开始过上了定居生活并与非穆斯林（例如拜占庭人）从事贸易。对抗基督徒的圣战仍在持续，但已不再频繁，并常常由穆斯林埃米尔们推动发起，而未获哈里发的准许。到了11世纪前，巴格达的逊尼派统治者便更热衷于利用吉哈德讨伐什叶派“异端”以捍卫伊斯兰教正统，而非向基督教世界发动圣战。那种建议穆斯林发动永无止境的战争以扩张边界、征服非穆斯林的想法已不再时兴，摒弃前嫌、团结一致保卫伊斯兰信仰和国土的观念亦成过往云烟。因此，当基督徒的十字军东征启动时，宗教战争的意识形态冲动在伊斯兰教内部处于休眠状态，但其基本框架仍然存在。[11]

十字军东征前夕的伊斯兰世界与基督教欧洲

这里依然有一个敏感而麻烦的问题：究竟是伊斯兰世界挑起了十字军东征，还是这些拉丁人的圣战实为侵略之举？要回答这个根本问题需要对11世纪伊斯兰教为基督教西方带来的威胁做出全盘考量。从某种意义上说，穆斯林正在威胁欧洲边界。在东部，小亚细亚多年来已沦为伊斯兰国家与拜占庭帝国间的战场；穆斯林军队一再尝试着要夺取基督教世界最伟大的大都会——君士坦丁堡。在西南方向，穆斯林在伊比利亚半岛继续统治着广袤的土地，并可能有朝一日越过比利牛斯山再度北侵。然而实际上，在十字军运动的前夕，欧洲并未处于关乎生死存亡的战争之中。虽然伊比利亚的摩尔人与小亚细亚的突厥人在宗教上系出同源，但他们却从未同心同德，所谓泛地中海的攻击威胁纯属子虚乌有。

事实上，在伊斯兰教的第一波扩张浪潮之后，邻近的基督教政体与伊斯兰教政体没有较大规模的互动；其特征正如任何潜在的对手间那样，表现为阶段性的冲突和共存。很少或根本没有证据表明两大世界性宗教以某种方式陷入了一种必然而永久的“文明冲突”。例如，从 10 世纪起，伊斯兰世界与拜占庭建立了一种互相尊重的关系，虽然偶有龃龉，但与希腊人同其西方的斯拉夫、拉丁邻居间的冲突相较，二者的矛盾并不突出。

这并非暗示着那是一个充满乌托邦式的和平与和谐的世界。拜占庭人特别喜欢对穆斯林乘虚而入。因此在 969 年，当阿拔斯王朝陷入分裂时，希腊军队便向东挺近，夺回了小亚细亚大片领土及战略重镇安条克。随着塞尔柱突厥人的出现，拜占庭再度面临军事威胁。1071 年，塞尔柱人在曼奇克特（Manzikert, 位于小亚细亚东部）会战中击溃了一支帝国军队；虽然历史学家已不再认为它对希腊人而言意味着天翻地覆，但它依旧是一场惨痛的挫败并预示着突厥人将在安纳托利亚大有斩获。15 年后，塞尔柱人亦收复了安条克。

与此同时，在西班牙与葡萄牙，基督徒开始从摩尔人手中夺回故土，1085 年伊比利亚拉丁人赢得了一场深具象征性的胜利——攻占托莱多（Toledo，基督教西班牙的古都）。尽管如此，这个阶段的拉丁人逐步南下扩张看上去是受政治与经济因素的刺激而非宗教意识形态。1086 年以后，随着一支狂热的伊斯兰教派阿尔摩拉维德（Almoravids）入侵西班牙，并取代了半岛尚存的本地摩尔人势力，伊比利亚的冲突有愈演愈烈之势。这支新兴的政权为穆斯林的抵抗注入了活力，并在同北方基督徒交锋时取得了许多重大胜利。但阿尔摩拉维德王朝的进犯并未真正引发十字军，因为拉丁人于 11 世纪末发动的圣战直指黎凡特而非伊比利亚。

究竟是什么点燃了基督徒与穆斯林在圣地的战火？有一种观点认为十字军是对伊斯兰侵略的回应——穆斯林攻占了神圣的耶路撒冷——但这发生于 638 年，因此并非新近的冒犯。11 世纪初，圣墓教堂（Church of the Holy Sepulchre，被认为建于基督殉难、复活之处）被法蒂玛王朝反复无常的统治者（史称“疯王”哈基姆）部分损毁。他随后对本地基督徒持续施加迫害超过了 10 年，仅仅当他因封自己为神并攻击自己的穆斯林臣民后方告终止。1027 年，据传穆斯林向圣墓教堂院内投掷石块，局势似乎看起来已经变得紧张。其后，那时仍然为数众多的试图前往黎凡特朝圣的拉丁基督教徒报告说造访圣地时遇到了阻碍，并四处传播东方基督徒在穆斯林治下的巴勒斯坦遭受压迫的消息。

两份阿拉伯文献对此提供了重要但迥异的看法。一位 1092 年前往圣地的西班牙穆斯林朝圣者伊本·阿拉比（Ibn al-‘Arabi）将耶路撒冷描述为对穆斯林、基督徒、犹太人来说一样繁荣的宗教中心。他记载说，基督徒的教堂得到了妥善的维护，也没有任何迹象表明朝圣者（无论是希腊人还是拉丁人）遭受了虐待或干涉。相形之下，12 世纪中期的阿勒颇编年史家阿齐米（al-‘Azimi）却写道：“叙利亚港口居民阻止法兰克和拜占庭的朝圣者由此进入耶路撒冷。其幸存者将此消息传回了国内。因此他们准备军事入侵。”

显然，阿齐米至少相信是穆斯林的刁难引发了十字军东征。[12]

实际上，以现存所有证据为基础，两种看法都说得通。至1095年，穆斯林与基督徒间的战争已进行了数百年之久；无论年代多么久远，伊斯兰教徒的确夺取了包括耶路撒冷在内的基督徒领土；定居或造访圣地的基督徒也许受到了迫害。另一方面，从十字军发动的直接背景来看，没有迹象表明一场规模巨大的跨国宗教战争已经迫在眉睫或无可避免。伊斯兰世界无意大举入侵西方。近东的穆斯林统治者也无意施行类似种族清洗的行为，或持续而广泛地压迫宗教上的少数族群。或许基督徒与其穆斯林邻居间时有失和，或许在黎凡特也存在突发的宗教迫害，但实际上，它们与那个时代的地方性政治、军事、社会冲突没什么不同。

第一部

十字军东征的发起

I

圣战，圣地

1095 年 11 月末的一个早晨，教皇乌尔班二世做了一次将改变欧洲历史的布道。他激昂的话语震惊了聚集在法国南部小城克莱蒙（Clermont）外一小块原野上的人群，此后的数月中，其信息在西方四处回荡，点燃了即将持续数百年的苦涩圣战。

乌尔班声称，基督徒因外敌入侵和骇人的迫害而身处危难之中。圣城耶路撒冷如今陷入穆斯林——“不信上帝的……一群人”——之手，他们正致力于酷刑与难以言状的亵渎。他号召拉丁欧洲以“基督的战士”的名义起来反抗这些据说十分野蛮的敌人，光复圣地并解放遭受“奴役”的东方基督徒。在第一次十字军东征中，受到投身这一正义之战将会被赦免灵魂罪愆承诺的吸引，数以万计的男人、女人和儿童离开西方踏上了讨伐伊斯兰世界的征途。[1]

教皇乌尔班与十字军运动的构想

当乌尔班二世于 1095 年发起第一次十字军东征时，他大约 60 岁。这位法国北方贵族之子曾是一名教士及克吕尼修会修士，

1088 年成为教皇，当时教廷因长期陷入与德意志皇帝充满敌意的权力斗争已处于被颠覆的边缘。乌尔班的地位非常不稳，以至于他花费了 6 年光阴才重新获得了对罗马拉特兰宫（Lateran Palace，传统上教皇权威的所在地）的控制。然而，通过谨慎的外交手腕及适度而非激进的改革政策，这位新教皇看到教廷的声望与影响力得到了逐步的回升。至 1095 年，上述缓慢的复兴已初见端倪，但教皇理论上拥有作为拉丁教会之首及西欧每个基督徒精神世界的统治者的权利还远未兑现。

在此局部复兴的背景下，第一次十字军东征的构想诞生了。1095 年 3 月，当拜占庭使节抵达时，乌尔班正于意大利北部城市皮亚琴察（Piacenza）主持一场宗教会议。使节带来了希腊基督教皇帝阿莱克修斯一世·科穆宁（Alexius Ⅰ Comnenus）的请求，这位统治者依靠自己的机敏与独断的治理遏制住了这个伟大东部帝国内部数十年来的衰败势头。过重的税收令君士坦丁堡的国库再度充盈，并恢复了拜占庭所拥有的权威和慷慨的光晕，但阿莱克修斯依旧要面对一系列外敌，其中包括小亚细亚的突厥穆斯林。因此他向皮亚琴察会议发出军事援救的请求，力促乌尔班派遣一支拉丁军队助其抵御穆斯林敌人的威胁。阿莱克修斯可能希望得到的仅仅是一小支容易召集和指挥的法兰克佣兵部队，用来装点门面。而实际上，接下来的两年中，他的帝国将被滚滚人潮所淹没。

希腊皇帝的请求似乎与乌尔班二世心中酝酿已久的想法不谋而合，经过接下来的春天和夏天，教皇完善和发展了他的构想，设想了一种可能实现他的一系列雄心壮志的尝试：某种形式的如今被冠以“十字军东征”之名的前往东方的武装朝圣。历史学家们有时将乌尔班描绘为是在无意中煽动发起了这次意义深远的冒险，认为他仅仅期望数百名骑士响应他的参战号召。但事实上，他似乎对这项事业潜在的规模和范围有着极其敏锐的认识，并勤勉地打下了大规模招募的基础。

乌尔班意识到，发展援助拜占庭的远征的构想，不仅为保卫东部基督教国家和改善他与希腊教会之关系提供了一个契机，而且能重申、扩展罗马的权威并使西方拉丁世界基督徒富有破坏性的尚武精神得到管控和疏导。这一宏伟计划被视为将教皇影响力自意大利中部延伸至其故乡法国的更大规模行动的组成部分。从 1095 年 7 月起，他在阿尔卑斯山以北开启了一段漫长的布道之旅——首次这样的教皇出访已发生于近半个世纪前——并宣布一场重要的教会会议将于 11 月在克莱蒙（位于法国中部奥弗涅地区）举行。从夏天至初秋，乌尔班拜访了一系列知名的修道院（包括他之前所在的克吕尼隐修院），以培养对罗马的支持并为他公布“十字军运动”的构想做准备。他也事先物色了将在未来远征中扮演重要角色的两个人：勒皮主教阿德马尔（Adhémar, bishop of Le Puy），一位重要的普罗旺斯教士，亦是教皇的热忱支持者；图卢兹伯爵雷蒙（Count Raymond of Toulouse），法国南部最富裕、最有权势的世俗领主。

到了 11 月，教皇对揭示其计划已经做好了准备。12 位总主教、80 位主教以及 90 位修道院长齐聚克莱蒙以参加乌尔班履职以来最大规模的宗教会议。在历时 9 天的普通教会事务讨论后，教皇宣布他将举行一场特别的布道。11 月 27 日，成百上千的观众云集在城外一片旷野上，聆听他的演讲。[2]

在克莱蒙的布道

乌尔班在克莱蒙号召西方拉丁世界为两个密不可分的目标拿起武器。首先，他宣称保护基督教世界在拜占庭的东部边界实属必要，强调了与希腊人保持基督徒间的友爱团结及穆斯林入侵所造成的假定中的紧迫威胁。据一份文献的记载，他督促其听众“争分夺秒地奔赴东海岸去援助居住在那里的兄弟们”，因为“突厥人已经在整个地中海蹂躏他们”。但乌尔班口中这番宏伟事业绝不仅局限于为君士坦丁堡提供军事援助。相反，作为富有远见的神来之笔，他为自己的诉求增加了一个必然能打动法兰克人的额外目标。将战争与朝圣的理念合二为一后，他宣布发起一场远征，向圣地开辟一条道路，以夺回基督教的宇宙中最神圣的场所——耶路撒冷。乌尔班重申这座城市无与伦比的神圣地位，说它是“世界之脐”“基督教教义之［源］”，是“基督生活与殉难”之地。[3]

尽管上述两个相关的目标足以令人产生共鸣，但和每位试图为战争募兵的统治者一样，教皇依旧需要给他的事业赋予一圈光晕，使它拥有合理的理由并显得万分火急，但在这一点上他面临着难题。近期历史中并无显著的事件能够激起人们狂热的复仇怒火。诚然，耶路撒冷正由穆斯林统治着，但自 7 世纪以来便是如此。而且，尽管拜占庭帝国面临着突厥人日益加深的侵犯威胁，但西方基督教世界并未濒临入侵或处于被近东伊斯兰势力毁灭的边缘。由于缺乏骇人听闻的暴行或直接的威胁，乌尔班选择刻意营造出一种临场感，并通过丑化其打算发动的“十字军东征”的敌人来煽动人们的愤怒，使他们渴望报复。

因此，穆斯林被描绘为衣冠禽兽，一心想要野蛮地侵害基督教世界。乌尔班描述了突厥人如何“屠杀、俘获了许多［希腊人］，摧毁教堂并糟蹋上帝的国度”。他亦断言，前往圣地的基督教朝圣者遭到了穆斯林的盘剥虐待——富人被课以非法的重税，穷人则备受折磨：

> 这些不敬之徒竟如此暴虐：思忖那些不幸之人可能吞下金银，这些人或在饮料中掺入旋花草以迫使他们呕吐或排泄，或——这简直令人无法描述——在用利刃剖开他们的胃后，拉碎肠衣，以这样可怕的伤害来“揭示”自然隐藏的秘密。

据说，穆斯林治下的黎凡特基督徒已经在“刀剑、劫掠和焚烧”下沦为“奴隶”。在持续的迫害折磨中，这些可怜的人或被强制施行割礼，或遭缓慢剖腹之刑，或被活活献祭。“关于对妇女的侵犯，”据说教皇仔细考虑后说，“鉴于它是如此骇人听闻，还是保持缄默为好。”乌尔班似乎大量使用了这种形象而富有煽动性的意象，类似今天那些可能会和战争罪或种族屠杀联系到一起的意象。他对穆斯林在近东统治的指控夸大其词，甚至无中生有；但教皇究竟是相信其自身的宣传还是故意发起了一场操纵与歪曲的运动，我们已经无从得知。无论如何，他对伊斯兰世界不加掩饰的妖魔化为十字军东征事业提供了至关重要的催化剂，同时也令他得以进一步主张基督徒与“不相容”的他者作战要好过在欧洲同室操戈。[4]

乌尔班做出谴责伊斯兰教的决定，在未来的岁月中将产生负面的持久影响。但重要的是需要认清，与伊斯兰世界发生冲突的观念并非是十字军东征与生俱来的。乌尔班设想的是一场罗马首肯的虔诚的远征，当务之急是保卫或收复圣地。从某种意义上说，他选择伊斯兰教为敌几乎是附带的，很少有迹象表明，拉丁人与其希腊盟友在 1095 年前真的将伊斯兰世界视作公开的敌人。①

向被妖魔化的穆斯林犯下的“累累罪行”复仇的观念可能令乌尔班在克莱蒙的听众血脉偾张，但他关于十字军的信息还包含着更深沉、更强烈的诱惑；它直抵中世纪基督徒生活的本性。由于在宗教信仰上强调罪孽与天罚的压倒性威胁，西方拉丁人毕生陷入了为净化灵魂中的腐化污点而进行的一场罔顾一切的精神斗争之中。主要是为了寻求救赎，当教皇宣称前往东方的远征是神圣的、参与者将能“洗清全部罪愆”时，他们被迷住了。以往，即便是正义战争（即被上帝认可的必须使用的暴力）依然被认为天然是有罪的。然而现今乌尔班谈论的这场征战超越了这些传统界限。他的事业将具备圣洁的品质——将是一场圣战，不仅仅是被上帝所宽恕的，而且得到了其积极的推动和赞许。据一位目击者所说，教皇甚至断言是“基督要求”信徒们从军出征。

乌尔班的天才之处是在固有的宗教实践框架内创建“十字军运动”的构想，这确保了，至少以 11 世纪的标准来看，他在战争与救赎间确立的联系清晰而合理。在 1095 年，拉丁基督徒熟悉的观念是，罪孽带来的惩罚可通过忏悔及苦修（包括祈祷、斋戒、朝圣等）一笔勾销。在克莱蒙，乌尔班把更加大胆的“为上帝而战”的观念融入了救赎之旅的熟悉概念中，他敦促“每一个人，无论等级……无论骑士或步卒，富人或穷人”加入一场实质上的“武装朝圣”。这一充满危险和强烈痛苦威胁的伟大壮举将引

① 一个普遍的误解是，十字军是一种使用武力的福音派。事实上，至少从一开始，宗教皈依并不是十字军东征意识形态的一个基本要素。

领其参与者直抵基督徒最首要的朝圣地——耶路撒冷——的门外。如此，它承诺自身将成为一段具有无上救赎力量的经历，其效果如同“超级”忏悔，足以洗涤灵魂中的任何罪恶。

从异教敌人对圣城的洗劫到承诺一条新的救赎之路，教皇在听众头脑中唤起了支撑其征兵的图像和观念，既感人又具有说服力。受此影响，其听众群情激昂，“有的涕泗横流，[有的]战栗不止”。想必是提前设计好的步骤，勒皮主教阿德马尔第一个上前表态将投身此项大业。第二天，主教被任命为未来远征中的教皇特使（乌尔班的官方代表）。作为远征的精神领袖，他被寄望于推进教皇的议程，尤其是在有关缓和与拜占庭希腊教会关系方面的政策上。与此同时，图卢兹伯爵雷蒙的信使抵达并宣布了伯爵本人对该事业的支持。乌尔班的布道获得了巨大的成功，在接下来的 7 个月中他继续着传道之旅，其信息遍布了整个法兰西。[5]

可是，尽管克莱蒙必须被认为是第一次十字军东征的源头，乌尔班二世却并非“十字军理想”的唯一设计师。以前的历史学家便正确地强调了他对过去的继承，尤其是与教皇格里高利七世开创性的圣战理论探索的关联。但同样重要的是，我们要认识到，在整个远征中，第一次十字军东征的理念——它的本质、意图和奖赏——不断经历着较大的有机发展。事实上，在相关事件结束后，当世界试图理解诠释这一划时代的插曲时，该进程甚至仍在继续运行。我们很容易将第一次十字军想象为在乌尔班动人布道的驱动下前往耶路撒冷的一支秩序井然的军队。实际上，1095 年 11 月之后的岁月里，几拨出发的队伍是相互脱节的。甚至我们通常所说的十字军“主力军”在启程的最初阶段也并非一支单一的部队，而更像是由小股分队凑成的乌合之众，渐渐地才摸索出共享的目标和指挥制度。

在教皇首次布道后的一个月中，民间（通常未获批准的）传道者便开始穿越欧洲各地发起十字军号召。在他们煽动性的影响下，某些与远征联系在一起的精神犒赏的精髓（接下来以十字军“大赦”之名被人熟知）似乎已经变质。乌尔班很可能本打算让赦免仅适用于悔罪后该得的世俗惩罚，这是一套符合教会法的精密之处的相当复杂的方案。此后的事件表明，许多十字军成员以为他们得到了天国救赎的确凿保证，并且相信在战役中阵亡将会成为殉道者。这类观念充斥在未来数百年间人们对十字军经验的认识中，在官方与民间制造了一道关于圣战认知的痛苦鸿沟。

值得注意的是，教皇乌尔班二世并未发明十字军东征这一术语。他在克莱蒙发动的这场远征史无前例，在某种程度上说尚处于构想上的萌芽期，以至于找不到一个用于描述它的词汇。同时代的人通常简单地将十字军东征称为“旅程”（iter）或“朝圣”（peregrinatio）。直到 12 世纪末才发展出一个更专门的术语 crucesignatus（佩戴十字架的人）指称“十字军战士”，并最终形成了法语术语 croisade（大意为“十字架之路”）。出于约定俗成和清晰易懂的缘故，历史学家们采用 crusade 一词指代 1095 年开始发起的基督徒圣战，但我们应该注意到这会在早期“十字军东征”的一致性、连贯性方面形成一定的误导。[6]

十字架的召唤

克莱蒙会议后的几个月中，十字军的信息传遍了西欧，并激起了前所未有的波澜。当乌尔班教皇在法国四处宣传时，参加过他最初的布道的来自拉丁世界各地的主教们亦将其召唤带回了自己的教区。

那些广受欢迎的蛊惑人心的布道者也响应了该事业，他们大多数人并未得到教会的认证与管理。隐士彼得（Peter the Hermit）是当中最知名和最值得注意的人物。隐士彼得很可能出身于亚眠（位于法国东北部）的贫苦阶层，除了云游四方、安贫乐道的生活方式，臼头深目的相貌，还有异于常人的饮食习惯——同时代人曾如此记载："他以鱼和葡萄酒为食，极少甚至从不食用面包。"——使他闻名四方。以现代标准来看，他可能会被当作一名流浪者，但在11世纪的法国穷人中，却被尊为先知。他是如此圣洁以至于其追随者甚至收集他骡子的毛发作为圣髑。一位同时代希腊人记载道："仿佛令所有人醍醐灌顶，隐士彼得激励各地法兰克人携带武器、马匹和其他军事装备聚集了起来。"他想必的确是一位善于鼓舞人心的演讲家，在克莱蒙的6个月中，他成功招募了一支军队（大部分是贫民），人数超过了1.5万人。这支武装以及一些其他来自德意志的部队在历史上被称作"人民十字军"。受十字军狂热的驱使，鱼龙混杂的该部队于1096年春向圣地开拔（早于其他部队数月），军纪败坏地朝着君士坦丁堡前行。途中部分十字军战士认定也应与邻近家园的"基督的敌人"作战，于是便恐怖地屠杀了莱茵兰的犹太人。"人民十字军"几乎刚一踏上穆斯林的领土便被歼灭，尽管隐士彼得得以逃生。[7]

第一拨十字军或许以失败告终，但在欧洲，更大规模的军队正在集结。大型公共集会以动人的言辞让聚集起来的听众激情澎湃，纷纷应征；对于十字军运动的热情似乎也同样通过亲族、教皇拥护者的关系网及修道院团体与贵族间的联系这些非正式渠道得到了传播。一直以来，历史学家对其中涉及的人数存在争议，主要是由于同时代的估计过于浮夸而显得不可信（其中一些甚至超过了50万人）。最佳的估计是，参与第一次十字军东征的拉丁基督徒人数介于6万至10万之间，其中7000至1万人为骑士，可能包含3.5万至5万的步兵，剩余的则是数以万计的非战斗人员、妇女和儿童。确凿无疑的是，十字军的号召引发了非同寻常的反应，其规模震撼了中世纪的世界。自昔日辉煌的罗马时代以来，从未有过规模如此庞大的一支军队被征集起来。[8]

这批军队的核心是贵族骑士——中世纪涌现的军事精英。[①]这些基督教武士陷身于充满暴力的世俗生涯，并被教会训诫说罪恶的战争将使他们堕入地狱，教皇乌尔班实在是太了解他们心中的焦虑了。一位同时代人曾评论道：

> 上帝在我们的时代创立了圣战，使骑士与平民阶层得以追随……或许找到了一条救赎的新路。他们不用再像以往那样，被迫放弃世俗事务而选择修道院生活或其他宗教职业，而是可以保留自由和惯用的服装，继续追求自己的事业，同时获得一定程度的上帝的恩典。

精神上的进退维谷令贵族骑士们夜不能寐，教皇构建的武装

① 第一次十字军东征中的骑士按照当时标准通常身披重甲：附带锁子头巾（mail coif）的圆形钢盔，长抵大腿的锁子甲（外加一件短外套）——以上装备有望对侧击产生抵御力，但无法抵挡强力的砍刺。为此，通常也装备一面包裹金属的大型木盾。标准的近战武器是骑士枪（横握或用于投掷）以及大约长2英尺、双面开刃的单手长剑。沉重而精巧平衡的剑身作为钝击武器的效果好于作为锋利的劈砍武器。虽然某些人使用早期十字弓，但骑士和步兵通常也使用长弓——长达6英尺并能将箭射出300码。

朝圣的理念至少在一定程度上提供了解决办法；他也明白，将贵族纳入麾下后，骑士扈从与步兵将紧随其后，因为即使十字军要求自愿献身，家庭纽带与封建义务的错综复杂的关系网也会使各社会群体投入到共同的事业中去。实际上，教皇触发了一个连锁反应，加入十字军的每一位贵族都能引发一大波征兵。

虽然并无国王参与远征（他们大部分都忙于国内政治上的钩心斗角），西方基督教世界的贵族精英还是投身于这场冒险。来自法国、西德意志、低地国家和意大利的高阶贵族（其地位仅次于王室）通常拥有公爵或伯爵头衔并能挑战王权，有的甚至令国王黯然失色。他们显然具有相当程度的自主权，因此作为一个群体，大部分可被称作“王公”。每一个这样的领导人物都指挥着自己的军队，但也以领主和家庭的纽带或同文同种吸引着更加松散、更有流动性的跟随者。

法国东南部最有权势的世俗领主图卢兹伯爵雷蒙是第一个投身十字军东征的王公。作为改革教会的公开支持者和勒皮主教阿德马尔的盟友，乌尔班二世几乎肯定甚至在克莱蒙布道之前便已经让伯爵做好了准备。雷蒙时年50来岁，可谓远征中较年长的政治家；他自大、执拗，以其财富和广泛的权势、影响力而感到骄傲，他承担了法国南部普罗旺斯地区军队的指挥职务。后世传说声称他曾与伊比利亚的摩尔人作战，甚至在前往耶路撒冷朝圣时，他因为拒绝支付穆斯林对拉丁朝圣者征收的过高税款而受罚被挖出一目。事实上，据说伯爵返回西方时口袋里揣着自己的眼珠，把它当作寄托对伊斯兰教徒仇恨的护身符。虽然这些传说可能带有幻想成分，但雷蒙拥有竞争十字军东征的世俗总领导权的经验和资源（这一点更为重要）。[9]

对于这一职位，伯爵最明显的竞争对手是一位 40 岁的南意大利诺曼人塔兰托的博希蒙德（Bohemond of Taranto）。作为 11 世纪时征服了意大利南部的诺曼冒险家罗贝尔·吉斯卡尔（Robert ‘Guiscard’，“狡猾的”罗贝尔）之子，博希蒙德获得了宝贵的军事教育。11 世纪 80 年代时，博希蒙德跟随父亲参加了一场为期 4 年的在巴尔干对抗希腊人的战役，学会了战场指挥与围城战。第一次十字军东征时期，他在军事方面的背景别人难以企及，这令一位差不多同时代的人如此形容他：“在英勇和对战争艺术的了解方面均无出其右者。”甚至他的拜占庭敌人也承认他外表不凡：

> 博希蒙德的外貌，简而言之，在当时的罗马世界中，无论是希腊人的还是蛮族的世界中，都与众不同。看见他的人会为之倾慕，而他的名字却令人恐惧。……他的身高超过最高的男人几乎一肘。他腰侧纤细，但肩、胸宽广，手臂强健有力……除了脸部肤色白中带红，其全身皮肤十分白皙。他的头发是浅褐色，并不像其他蛮族那样长发披肩……他的眼睛为浅蓝色，炯炯有神，透露出高贵的气质……他无疑富有魅力，[但] 其外表亦给人粗鄙之感，我猜测这是由于他异于常人的身高和眼睛；甚至其笑声令他人听上去也是一种威胁。

即便他有雄狮般的身材，博希蒙德财力不足，他在 1085 年被他贪婪的同父异母弟弟剥夺了继承权。受贪婪的野心驱使，至少部分为了个人前途，他怀揣在黎凡特获得新爵位的梦想于 1096 年夏领取了十字。十字军东征路上，博希蒙德刚至弱冠之年的外甥欧特维尔的坦克雷德（Tancred of Hauteville）追随着他，虽然欠缺实战经验，但这位小王公精力充沛（而且似乎会讲阿拉伯语），很快便在随同博希蒙德进军东方的那支规模不大但令人敬畏的南意大利诺曼军队中获得了副帅的地位。假以时日，坦克雷德将跻身十字军东征运动的名将之列。[10]

法国南部与意大利诺曼十字军的领军人物都是改革教廷的盟友，然而在1095年之后，甚至教皇最憎恨的一些敌人也加入了对耶路撒冷的远征。其中一位是来自洛林（Lorraine）的布永的戈弗雷（Godfrey of Bouillon）。他出生于1060年左右，是布洛涅伯爵的第二子，其家系可上溯至查理曼（后世甚至有传说称他是天鹅所生），据说他“较常人高大壮硕……钢筋铁骨，虎背熊腰，仪表堂堂，有着淡金色的发须”。戈弗雷拥有下洛林公爵头衔，但事实证明他无法真正掌控这一以反复无常著称的地区，他领取十字很可能是为了在圣地开始一段新的生涯。尽管他曾有着夺取教会财产的恶名并且军事背景有限，但在未来的岁月里戈弗雷将证明自己献身十字军理念的决心永不动摇，同时亦是一位头脑清醒的指挥官。

戈弗雷身后是来自洛林、洛泰尔尼亚（Lotharingia）、德意志的聚集在一起的松散军队，他的弟弟布洛涅的鲍德温（Baldwin of Boulogne）也加入了队伍。据说鲍德温比戈弗雷发色更深、肤色更白，目光犀利。与坦克雷德类似，十字军东征期间他将从相对籍籍无名中脱颖而出，并证明自己在战场上如公牛般坚韧，同时也雄心勃勃。

这5位王公——图卢兹的雷蒙、塔兰托的博希蒙德、布永的戈弗雷、欧特维尔的坦克雷德、布洛涅的鲍德温——在收复耶路撒冷的远征中扮演了关键角色，领导着3支法兰克主力部队，并塑造了十字军的早期历史。加入这场征战的第四支（也是最后一支）部队由北方法国人组建。它受3位具有紧密亲缘关系的贵族支配：血统高贵的诺曼底公爵罗贝尔（Robert, duke of Normandy），他是征服者威廉的长子、英王威廉·鲁弗斯（William Rufus，即威廉二世）之兄；罗贝尔的妹夫，布卢瓦伯爵艾蒂安二世（Étienne Ⅱ de Blois）；罗贝尔的同名表弟佛兰德伯爵罗贝尔二世（Robert Ⅱ, Count of Flanders）。

对这些权贵、其追随者以及或许甚至更贫困的阶层而言，加入十字军的过程包含着一种充满戏剧性且情绪激昂的仪式。每个前往耶路撒冷的人都要许下十字军之誓，与那些朝圣者的誓言类似，随后在衣服上缝上十字架标记以表明身份。当塔兰托的博希蒙德听闻战争的号令，他似乎立即做出了反应："受圣灵的鼓舞，[他]订购了一件最昂贵的斗篷，毫不犹豫地将它割开用以制作十字，[在场的]大部分骑士立刻开始加入他，因为他们满怀热情。"在其他地方，一些人将这种仪式引向了极端，他们在血肉之躯上烙上十字架标记，或用鲜血往身体、衣物上涂画。

通过醒目标志进行认证的过程，势必有助于区分并明确十字军乃是一个群体，而其中朝圣的誓言则为十字军将士的财产和人身安全带来一系列法律保障。同时代对此献身时刻的记载倾向于强调其精神上的动机。鉴于它们几乎总是由教会人士提供的，我们或许会质疑这些证据，但它们得到了大量法律文书的支持，这些文书是人们在前往耶路撒冷前为了将自身事务安排妥当而制作（或委托制作）的。上述材料似乎证实了许多十字军将士确实是在宗教虔诚的背景下看待他们的所作所为的。一位名叫蒙孔图尔的贝特朗（Bertrand of Moncontour）的十字军战士受此感化，决定放弃他从旺多姆（Vendôme）一所修道院非法获得的土地，因为“他相信当他手握不义之财时，‘上帝之路’［即十字军东征］便不可能使自己受益”。

文献证据也反映出一种恐惧和自我牺牲的氛围。未来的十字军将士们似乎深深地对自己将要踏上的这段漫长而危险的旅程感到不安，但与此同时又愿意出售几乎全部财产为其投身的事业筹措资金。甚至诺曼底的罗贝尔也被迫将他的公爵领地抵押给了弟弟。那种一度流行的不实之词——十字军是由一群被剥夺继承权、自私自利、渴望攫取土地的非长子组成的——必须被抛弃了。相反，十字军东征可以带来精神与物质上的犒赏，但首先它是一项令人生畏且花销不菲的活动。宗教虔诚激励欧洲发起十字军东征，在未来的漫长岁月中，第一次十字军屡次证明了他们最有力的武器乃是共同的目标感和不可摧毁的决心。[11]

拜占庭

从 1096 年 11 月起，十字军主力开始抵达拜占庭首都、古老的通向东方之门户、伟大的君士坦丁堡（伊斯坦布尔）。随后的 6 个月中，各路远征部队通过拜占庭进入小亚细亚的伊斯兰国家边境。考虑到君士坦丁堡位于传统通向圣地的朝圣路线上并且法兰克人东征的公开意图是援助其希腊兄弟，它成了多股十字军的天然集结地。

阿莱克修斯的野心

拜占庭皇帝阿莱克修斯一世已经见证了人民十字军的一溃千

里，他是否对十字军主力的到来心怀轻蔑与猜疑历来存有争议。他的女儿（也是其传记作者）安娜·科穆宁娜（Anna Comnena）记载道，阿莱克修斯“［对法兰克人的到来］感到担心，因为他知道他们爱逞匹夫之勇、性格古怪、反复无常，遑论其贪得无厌了”。在书中的别处她描述说十字军“皆为西方蛮族”，她对博希蒙德的描述尤为尖刻，称他是“老恶棍”“天生的骗子”。依据她如此负面的言辞，历史学家们在描绘1096—1097年希腊人与拉丁人的相遇时，常常认为二者之间充斥着根深蒂固的猜忌与敌意。实际上，安娜·科穆宁娜的记载完成于事件的数十年后，已被其后见之明严重扭曲。诚然，在十字军－拜占庭关系的表面之下，涌动着提防猜忌（甚至憎恶）的暗流，偶尔还会爆发弃性尚气的冲突。但至少在起初时，它们被双方的精诚合作掩盖了。[12]

要真正理解十字军通过拜占庭及以后的这段旅程，必须要还原法兰克人与希腊人之间的种种偏见。许多人想当然地认为，以财富、权势和文化而论，欧洲历史历来由西部支配。但在11世纪时，文明的中心位于东部拜占庭帝国——希腊罗马权力与荣耀的传人——它亦是已知世界上国祚最长的帝国之继承者。阿莱克修斯可将其皇室继承权追溯至奥古斯都·恺撒和君士坦丁大帝，对法兰克人而言，这为皇帝及其帝国增添了一道近乎神话般的威严光环。

十字军在抵达君士坦丁堡后进一步加深了这种印象。站在它巨大的城墙（长4英里，厚达15英尺，高60英尺）前，他们深信自己看到的正是基督教欧洲的超级强权的中心。对那些被准许进入首都的幸运儿来说，更有大开眼界之感。这座大都会拥有约50万人口，相形之下，拉丁欧洲最大的城市仅为它的十分之一。

到访者或许会对基督教世界最壮观的教堂——有穹顶的圣索菲亚大教堂——啧啧称奇，在阿莱克修斯传奇的前辈们巨大的凯旋雕像前流连忘返。君士坦丁堡在圣物收藏方面也堪称无与伦比，包括基督的荆冠、几绺圣母玛利亚的头发、至少两块施洗者圣约翰的头骨以及实际上全部使徒的圣髑。

很自然地，不足为奇的是，大部分十字军将士期盼着他们的远征能为皇帝效力。就阿莱克修斯而言，他给予了法兰克军队谨慎的欢迎，指引他们在监视下通过其帝国边境抵达首都。他将十字军视作保卫自己帝国的军事工具。在1095年向教皇乌尔班祈求援助后，如今他面对着一大批拉丁十字军队伍。即便他们据说蛮化未开、桀骜不驯，他认为法兰克人的粗野活力可能被用于帝国的利益。只要加以悉心操控，十字军或许能成为他在从塞尔柱突厥人手中夺回小亚细亚的斗争中的制胜武器。希腊人与拉丁人均准备团结合作，但尽管如此，不和的种子已然萌芽。多数法兰克人期望皇帝亲自指挥他们的军队，引领他们作为一支伟大联军的一部分直抵耶路撒冷的城门。阿莱克修斯没有这样的计划。对他而言，拜占庭的需要永远是最重要的，而非十字军的。他会为拉丁人提供帮助，并愉快地利用他们获得的任何成功，尤其是倘若他们能使他消除伊斯兰势力的威胁，甚至或许能让他光复叙利亚的战略重镇安条克。但他绝不愿因为收复圣地而劳师远征，将自己的王朝置于倾覆边缘，或令其帝国面临外敌进犯。事实证明，这种目标及期望上的错位迟早将会引发悲剧性的后果。

为皇帝效力

由于决心在法兰克人中树立权威，阿莱克修斯充分利用了十字军头领各自为政的天性，分别处理每一个抵达君士坦丁堡的王公。他还利用其伟大首都的壮丽华美来对拉丁人施压。1097 年 1 月 20 日首位到达的王公布永的戈弗雷与他的主要贵族受邀前往豪华的布雷契耐（Blachernae）皇宫谒见阿莱克修斯。据说戈弗雷发现皇帝“按例端坐于宝座之上，看上去充满帝王的威仪，并没有起身亲吻［表示欢迎］公爵或其他任何人”。在此皇家气派下，阿莱克修斯要求戈弗雷庄重起誓：“未来他征服的任何城市、乡村或要塞，只要最初属于罗马帝国，便需将其转交皇帝委任的官员。”这意味着于小亚细亚（甚至更远）获得的任何领土都会被交给拜占庭人。公爵随后起誓奉皇帝为宗主，确认了阿莱克修斯对十字军的指挥权，但也获得了要求帝国提供援助和建议的权利，从而令双方缔结了同盟的纽带。在一场典型的对拜占庭式的慷慨的展示中，皇帝通过赠送这位法兰克王公大量金银、珍贵的紫色布料和价值不菲的马匹，让这实际上的屈服看起来更容易接受。随着协议的达成，阿莱克修斯迅速驱使戈弗雷及其部队穿过博斯普鲁斯海峡（划分欧洲和亚洲并连接地中海与黑海的狭窄水道）以令这批似乎并不可靠的拉丁军队远离君士坦丁堡。

接下来的数月中，几乎所有十字军领袖都步了戈弗雷公爵的后尘。1097 年 4 月，塔兰托的博希蒙德似乎与昔日的希腊敌手化干戈为玉帛，并欣然同意许下盟约。他得到了一整屋财宝的丰厚回报，据安娜·科穆宁娜记载，他的眼珠子几乎都要冒了出来。3 位法兰克贵族试图逃出阿莱克修斯的“罗网”。颇有野心的次要王公——欧特维尔的坦克雷德与布洛涅的鲍德温——均迅速穿越了博斯普鲁斯海峡以避免立誓，但随后也被迫妥协了。唯有图卢兹

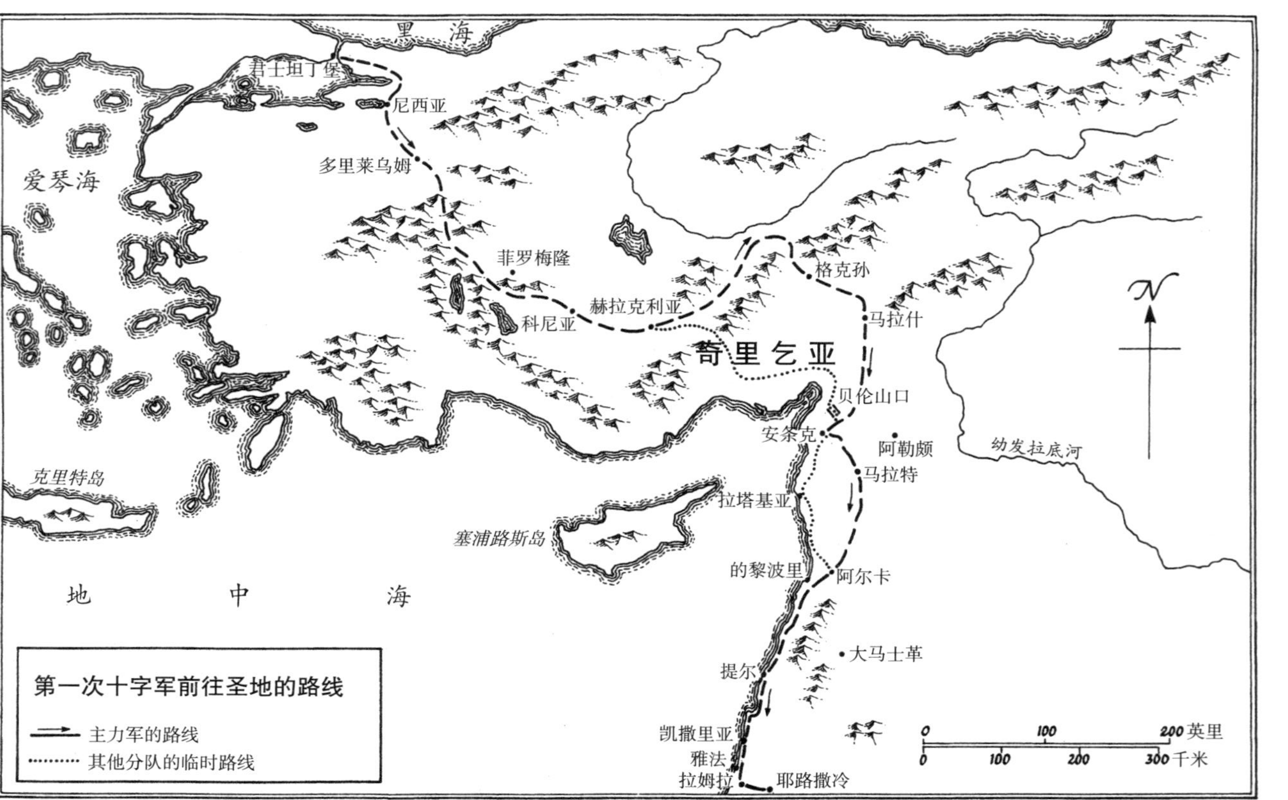
黑海
君士坦丁堡
尼西亚
多里莱乌姆
爱琴海
菲罗梅隆
赫拉克利亚
科尼亚
格克孙
马拉什
奇里乞亚
贝伦山口
安条克
阿勒颇
马拉特
幼发拉底河
克里特岛
拉塔基亚
塞浦路斯岛
的黎波里
阿尔卡
地中海
大马士革
提尔
凯撒里亚
雅法
拉姆拉
耶路撒冷
N
0 100 200 英里
0 100 200 300 千米
第一次十字军前往圣地的路线
主力军的路线
其他分队的临时路线

伯爵雷蒙执拗地抗拒皇帝的提议，最终仅同意了一份修改后的协定——他承诺不会威胁阿莱克修斯的政权和属地。[13]

围攻尼西亚

1097年2月，第一次十字军东征主力开始集结于小亚细亚之滨，接下来的数月中，他们的数量逐步增加至7.5万人左右，包括约7500名全副武装的骑士以及3.5万名轻装步兵。他们到达伊斯兰世界“门阶”的时机可谓千载难逢。数月前，当地塞尔柱突厥苏丹基利吉·阿尔斯兰（Kilij Arslan）比较轻松地击败了人民十字军。他认为第二拨法兰克人只能造成相似的有限威胁，于是启程前往遥远的东部处埋一场小规模领土纠纷。这一失策导致基督徒在整个春季得以不受阻碍地自由穿越博斯普鲁斯海峡并建立滩头堡。

拉丁人的首个穆斯林目标是由他们与希腊人的同盟关系决定的，阿莱克修斯的主要目标是尼西亚（Nicaea），该城位于博斯普鲁斯海峡一侧内陆，基利吉·阿尔斯兰公然宣布这是他的首都。这座突厥人位于小亚细亚西部的据点威胁到了君士坦丁堡的安全，而它顽强地挫败了皇帝收复它的最大努力。现在阿莱克修斯部署了他的新武器：“野蛮的”法兰克人。5月6日他们抵达了尼西亚，这是一座宏伟的要塞。一位拉丁目击者形容说：“能工巧匠用高耸的城墙围住了城池，它无惧敌军或攻城器械的攻击。”30英尺高的城墙周长近3英里，并包含超过100座的塔楼。更令人烦恼的是，城市西缘是沿巨大的阿斯卡尼亚湖的湖岸而建的，因此，即便突厥守军（可能人数不超过数千）在陆上遭到包围，他们仍能接收给养和援军。

围攻伊始，基督徒便险遭破坏性的逆转。基利吉·阿尔斯兰如今已意识到首都面临的威胁，于晚春从小亚细亚东部回师救援。5 月 16 日，他试图从城市南面树木繁茂的陡峭山丘对尼西亚城外敌军发动一次奇袭。法兰克人很幸运，他们在营地俘获了一名突厥间谍，严刑逼供后，他交代了塞尔柱人的计划。当穆斯林开始突击时，拉丁人已经严阵以待并利用数量上的绝对优势迅速迫使基利吉·阿尔斯兰撤退。他与大部分部队安然无恙地逃脱了，但其军事威望以及尼西亚守军的士气却一落千丈。十字军希望令敌人更加绝望，便斩下了数百具突厥尸体的头颅，扎在矛尖上于城外展示，甚至将一些头颅投入城墙内以“制造恐慌”。这类野蛮的心理战在中世纪围城中可谓司空见惯，绝非基督徒所专有。接下来的数周里，突厥人顽强地以牙还牙，他们用系在绳子上的铁钩拖曳战斗后遗留在城墙附近的法兰克人尸体，悬挂在城墙上直至腐烂，以“触怒基督徒”。[14]

挫败基利吉·阿尔斯兰的进攻后，十字军同时采用了两种围城手段，用复合式的围攻策略来打破尼西亚的防御。一方面，他们从北、东、南三面对城市的陆墙进行严密封锁，希望能切断尼西亚与外界的联系，用物质上与精神上的孤立无援折磨守军，逐渐迫使他们屈服。然而，到目前为止，法兰克人无法切断城西湖泊上的交通线，因此，他们也积极推行更有侵略性的攻城战术。最初使用攻城梯强攻城市的尝试以失败告终，于是焦点便集中于努力在城墙上打开一道豁口。十字军制造了一批投石机（Mangonel），但其威力有限，难以发射足够大的石弹对坚固的防卫墙造成重大破坏。于是，十字军投射轻型石弹骚扰守军，掩护士兵用手破坏尼西亚的城墙。

这是一项可能送命的工作。为了抵达城墙，部队不得不穿越穆斯林致命的箭林弹雨，一旦到达那里，还会遭受头顶倾泻而下的燃烧的沥青与滚油的攻击。法兰克人试着随身携带一系列便携掩体抵御袭击，并多少取得了一些成功。其中一件用橡木横梁做成的被自豪地称作“狐狸”的精巧装置很快便崩塌了，导致20名十字军战士遇难。城南的法国人则幸运得多，他们建造了一具顶部倾斜的更坚固的掩体，从而得以进抵城墙并开始围城坑道作业。工兵在南侧防卫墙下挖掘了一条地道，在用木头支架小心地支撑起隧道后，在其中填入树枝和引燃物。1097年6月1日左右傍晚，他们引燃了木柴，令整个地道塌陷，使上方的城墙也有小部分损毁。对法兰克人而言不幸的是，突厥守军设法连夜修复了受损城墙，使他们前功尽弃。

至6月中旬，十字军仍未取得显著进展，扭转局势的责任落在了拜占庭人身上。阿莱克修斯驻扎在北方约一日路程处，与围攻保持着谨慎但又能引起警惕的距离，同时派出军队和军事顾问援助拉丁人。其中最著名的当属泰提修斯（Taticius），他是一位来自皇室家族的沉着冷静的老兵，具有一半阿拉伯一半希腊的血统，以对皇帝忠心耿耿闻名。[①] 直到6月中旬，阿莱克修斯才对围攻尼西亚做出关键的贡献。作为对十字军王公的请求的回应，他派出一支希腊战船组成的小型舰队经20英里的陆路运输进入阿斯卡尼亚湖。6月18日拂晓，这支小船队鼓号喧天地驶向尼西亚西墙，同时法兰克人也在陆地上发动了协同攻击。城内的塞尔柱军队因陷入天罗地网而惊慌失措，据说他们“几乎魂飞魄散，开

---

① 泰提修斯既是干练的将领也是一名宦官，据说在其早年的征战生涯中，他的鼻子被削掉，如今便用黄金的假鼻代替。

始号啕大哭”。几小时内他们便乞求停战，泰提修斯与拜占庭人夺取了这座城市。

夺取尼西亚标志着第一次十字军东征期间希腊 - 法兰克合作的顶点。普通拉丁士兵最初因不能洗劫城市而有些许怨言，但在阿莱克修斯决定犒赏其盟友大量金钱后，很快得到了平息。后世的西方编年史家夸大了尼西亚陷落后的紧张氛围，但一封由十字军领袖布卢瓦的艾蒂安于同年夏天晚些时候撰写的家书表明，两军仍处于友善合作的气氛之中。此刻皇帝接见了法兰克王公们以讨论下一步作战方略。双方可能对十字军横穿小亚细亚的路线达成了共识，安条克城被确定为下一个目标。阿莱克修斯的计划是尾随远征军，肃清它征服的任何领土，并指示泰提修斯作为其官方代表率领小股拜占庭军队伴随拉丁人左右，期望能借此维持事态的控制权。

整个春天和夏天，阿莱克修斯一直在为拉丁人提供有价值的忠告和情报。安娜·科穆宁娜指出：“阿莱克修斯提醒他们征途中可能会发生什么意外情况，并给予有益的建议。他们被告知了突厥人在战场上惯用的手段，被指导如何布阵、如何设伏，被告诫敌人逃跑时不要追得太远。”他也奉劝十字军领导层除了直接的进攻还可以运用务实的外交手腕。他们听从了他的建议，派出使节经海路前往埃及法蒂玛王朝，试图利用穆斯林间政治与宗教上的不和，与之探讨签署和约的可能性。[15]

当十字军于 1097 年 6 月最后一周从尼西亚开拔时，阿莱克修斯回顾此前数月，感到了些许满足。这群法兰克人通过其帝国而并未横生枝节，还给了塞尔柱苏丹基利吉·阿尔斯兰沉重一击。尽管偶有龃龉，但在皇帝近在咫尺的督阵下，拉丁人证明自己能够合作而恭顺。问题是，十字军现已向圣地开拔并远离了拜占庭的权力中心，这一切还能维持多久呢？

穿越小亚细亚

没有阿莱克修斯的领导，十字军不得不竭力克服指挥与组织上的各种问题。实质上，他们的军队是一支复合力量，由许多较小的部分组成，仅仅因共同的信仰——拉丁公教——而团结在一起。很多人出征前还曾互为仇敌。他们甚至要面对沟通上的严重障碍——“谁曾在一支军队中听到过如此多种混杂的语言？”来自法国北部的十字军成员沙特尔的富尔彻（Fulcher of Chartres）评论道。

这个混杂的群体需要坚决的领导。的确，从军事指挥的考量上来说，倘若缺乏清晰明确的个人领导，十字军无疑会走向崩溃覆灭。然而从1097年夏天起，远征军便缺乏单一的领袖。教皇特使勒皮的阿德马尔可以要求精神层面的主导权，希腊人泰提修斯也的确提供了指导，但他们实际上均无法指挥整支部队。事实上，十字军将士严重依赖他们共同的宗教目标所产生的凝聚力，被迫自行通过一系列实验和创新摸索出了一套组织架构。出乎意料的是，他们获得了显著的成功。集体讨论是他们最宝贵的决策手段（这通常在军事计划中是遭到排斥的）。从这时起，一个由主要法兰克贵族（诸如图卢兹的雷蒙、塔兰托的博希蒙德）组成的“委员会”通过开会来讨论并通过决策。在此之前，他们创建了一项“共同基金”，将全部劫掠所得纳入其中并统一分配。他们也不得不决定如何以最好的方式协商出横穿小亚细亚的路线。

由于规模庞大，十字军实质上无法作为一支单一军队行进。沿着前方的罗马道路及朝圣者路线，一支 7 万人的队伍或许需要数日才能通过一处指定地点。前去搜寻粮草补给的部队也会如蝗灾般地肆虐周围的乡村。然而，像前往君士坦丁堡途中那样将部队分割为数支分队各自行军的做法，也有这些基督徒承担不起的风险，因为基利吉·阿尔斯兰与塞尔柱突厥人的威胁仍然非常真实地存在。王公们最终选择将部队分为两股，并在行军时保持紧密的联系。[16]

多里莱乌姆之战

1097 年 6 月 29 日，博希蒙德麾下之南意大利诺曼人与诺曼底的罗贝尔的部队开拔了，布永的戈弗雷、佛兰德的罗贝尔及南方法国人各部尾随其后，与之保持一定距离。他们的计划是通过约 4 天的行军，在东南方的多里莱乌姆（一座被荒弃的拜占庭营寨）会师。然而，基利吉·阿尔斯兰自有韬略。在尼西亚受辱后他召集了一支满员的部队，现在希望当十字军穿越其国土时对其实行伏击。兵分两路的十字军给了他可乘之机。7 月 1 日晨，在多里莱乌姆附近两个山谷交界处的一片开阔地上，他对博希蒙德与罗贝尔的主力部队发起了攻击。一位博希蒙德帐下的士兵如此回忆当时的恐惧：突厥人突然出现并“突然叽里咕噜地又喊又叫，用他们自己的语言大声喊着我无法理解的邪恶字眼……听上去有如魔鬼驾临”。基利吉·阿尔斯兰随着众多敏捷的轻装塞尔柱骑兵前来，他们如旋风般包围了十字军，不断向对方倾泻箭雨，破坏了十字军的阵列。拉丁人无疑对敌手的战术感到震惊。一位处于酣战中的目击者写道：“突厥人像狼一样嚎叫，并发射一阵阵箭雨。我们被震惊了。由于我们面临死亡并且许多人已经挂彩，我们很快逃之夭夭；这也没什么奇怪的，因为对我们全体而言这种战争闻所未闻。”

一些人或许逃跑了，然而，令人吃惊的是，博希蒙德与罗贝尔能够重整部队并在一处沼泽旁设立了一个临时营地。他们不仅没有杂乱无章地撤退，反而建立了防御阵形固守待援。在半天时间里，他们仰仗人数和装甲上的优势抵挡着突厥人持续不断的进犯。为了在蜂拥而至的敌人面前加强决心，十字军的战线里流传着鼓舞士气的口号：“迅速靠拢，相信基督与圣十字架的胜利。今天我们将得到丰厚的战利品。”但偶尔，敌军也的确突破了防线：

> 大批突厥人冲入了营地，用他们的角弓向朝圣的步兵、老弱妇孺射箭，格杀勿论。受此最凶恶的杀戮暴行的惊吓，娇弱而出身非常高贵的女孩们急忙打扮自己，向突厥人投怀送抱，以便突厥人因垂涎其美色而至少对她们学会手下留情。

即便如此，十字军的阵线依旧屹立不倒。在中世纪，有效的指挥严重仰仗人格力量，也就是令他人服从的能力，而博希蒙德与罗贝尔在这方面享有盛誉，因此他们得以在面对如此的攻势时能够掌控自己的军队。经过了骇人的 5 个小时，十字军主力抵达战场，基利吉·阿尔斯兰被迫撤退。大约有 4000 名基督徒与 3000 名穆斯林阵亡，伤亡可谓惨重，但将十字军一举击溃的尝试却失败了。从现在开始，基利吉·阿尔斯兰避开了他们。小亚细亚的游牧民塞尔柱人并未被击败，但他们的抵抗已然失败，穿越小亚细亚的路线已畅通无阻。[17]

打交道与征服

多里莱乌姆之战后，在向安条克进军的3个月中，十字军面临的是另外一种敌人。整个1097年夏天，当他们经过一系列被突厥人放弃的居民点时，饥渴和疾病折磨着他们。据一位编年史家记载，缺水一度非常严重，以至于：

> 不少于500人因缺水而死。此外，大量马、驴、骆驼、骡、牛等牲畜同样因为严重缺水而倒毙。很多人因劳累和炎热而日渐虚弱，他们张大着嘴，试图捕捉最稀薄的一丝水汽以缓解干渴。如今，当每个人都饱受折磨时，他们发现了一条渴望并搜寻已久的河流。所有人都争先恐后地冲向它，毫无限制地开怀畅饮，直到许多早已虚弱不堪的人和驮兽因喝水过量而死。

对牲畜的死亡的描写与对人的殒命的描写几乎同样详细，这可能看上去有些非比寻常，但所有同时代史料都表现出了对马匹和驮兽的高度关注。军队依赖它们运送装备与补给，同时骑士也依靠他们的坐骑参战。过去，历史学家强调十字军骑士享有军事优势是因为他们拥有体型更大、更强壮的欧洲战马，然而实际上，其中的大部分甚至在抵达叙利亚前便已经死去了。一位法兰克见证者后来指出，因为上述原因“我们的许多骑士不得不作为步兵行军，而由于缺乏战马我们只好用牛代为坐骑”。[18]

十字军成员偶尔还会碰上更为不寻常的危险。例如，布永的戈弗雷在打猎时遭到了熊的攻击，多处受伤，侥幸生还。这些艰难险阻似乎促生了更为谨慎的下一步的旅途规划。一到达小亚细亚丰饶的东南角，十字军便开始与当时尚处于突厥人统治下的本地亚美尼亚基督徒结盟。在赫拉克利亚（Heraclea），坦克雷德与布洛涅的鲍德温被派遣南下奇里乞亚（Cilicia），同时主力部队从北路途经格克孙（Coxon，现拼写为Göksun）与马拉什（Marash，现名卡赫拉曼马拉什）进军。两路人马均与当地亚美尼亚基督徒取得了联系，但坦克雷德与鲍德温却更进一步，他们建立了一座联合物资中心以便在未来的数月中为整支十字军提供补给，并且为法兰克人期望与之在安条克会师的援军扫清了通向叙利亚的捷径。

奇里乞亚的远征之后，鲍德温决定脱离十字军主力前往叙利亚与美索不达米亚间的东部边陲碰运气。他察觉到在黎凡特建立自己独立统治的机会，率领麾下仅仅百名骑士组成的小部队，开启了一场充斥着野蛮征服与无尽个人野心的战役，并令他兼具军事指挥官和狡猾政客的才能彰显无遗。鲍德温标榜自己为将亚美尼亚基督徒从突厥统治枷锁下拯救出来的“解放者”，很快便控制了一块东抵幼发拉底河的狭长领土。他声望日隆，因此收到了年迈的亚美尼亚埃德萨（Edessa，一座位于幼发拉底河外的新月沃土中的城市）统治者托罗斯（Thoros）结盟的邀请。二人实际上通过一场奇特的公开仪式结成了养父养子关系：两人脱去了上衣，托罗斯抱住鲍德温，“将其揽入赤裸的怀中”，人们将一件长袍披在他们身上以示礼成。对托罗斯而言不幸的是，这场仪式丝毫也无法满足鲍德温那无情的野心。几个月内，很可能出自鲍德温的默许，他的亚美尼亚“父亲”便被谋害了。这个法兰克人于是控制了这座城市及其周边地区，建立了近东的第一个十字军国家——埃德萨伯国（the county of Edessa）。[19]

与此同时，1097 年 10 月初，第一次十字军在叙利亚北部边界重新集结；尽管蒙受了巨大损失，但他们还是成功穿越了小亚细亚。随后一个世纪中发生的事件将会证明，这本身就是非同小可的成就，因为后继的多次十字军将在这里折戟沉沙。但一项令这些磨难黯然失色的艰巨任务此时横亘在他们面前，那就是安条克围城战。

2

叙利亚的苦难

1097年初秋，第一次十字军进入叙利亚北部，抵达东方最伟大的城市之一——拥有坚固城防的安条克。他们终于来到了圣地的边界，就在南方大约3周路程之外，耶路撒冷正在召唤着他们。然而最直接的前往圣城的的路线（亦是古代朝圣之路）在沿地中海海岸进入黎巴嫩和巴勒斯坦前途经安条克，沿路还有一系列穆斯林控制的潜在敌对的城池与堡垒。

历史学家们总是坚持认为，法兰克人在继续其南下征程前除了攻占安条克别无他选，也就是说，该城是他们远征道路上的一个绕不过去的障碍。这并不完全正确。后来的事件证明十字军理论上可以绕过这座城市。假如只在意尽快赶到耶路撒冷，他们本可以与安条克守军通过谈判临时休战使其中立，从而几乎不受阻碍地自由推进。拉丁人反而选择围攻安条克的事实充分展现了他们的计划、战略和动机。[20]

安条克城

首先，安条克似乎是十字军－拜占庭联盟的核心目标。该城于公元前300年由亚历山大麾下伟大将领之一的塞琉古

（Seleucus）修建，理想地位于跨地中海贸易的要冲之地。安条克以作为充满活力的东西方“十字路口”闻名，曾为罗马世界第三大城市，是一个经济与文化的中心。但在公元 7 世纪伊斯兰教的第一波急速扩张中，这座东部帝国的堡垒陷入阿拉伯人之手。复兴后的拜占庭帝国于 969 年收复了安条克，但在 1085 年随着横冲直撞的塞尔柱突厥人的来临，基督徒再次失去了对它的掌控。阿莱克修斯一世深谙这段复杂的历史，对安条克垂涎已久，他梦想着有朝一日能将小亚细亚收入希腊人囊中，而安条克则是这个新时代的基石。因此，他才在 1097 年整个夏天及以后持续支持法兰克人，希望能驾驭这股空前的十字军洪流并收回安条克这份战利品。

因此，以该城为目标的决定体现了希腊人与拉丁人持续的合作；然而，十字军并不单纯遵从盟友的意旨行事。安条克与耶路撒冷一样，在宗教上具有根深蒂固的意义。传统认为第一座由圣彼得（十二门徒之首）建立的教堂就坐落于此，城中仍有一座宏伟的长方形教堂献给这位圣徒。它亦是五大宗主教（他们是基督教世界的领导力量）之一的驻跸之地。它的解放正与本次远征的精神目标相契合。不过，一段时间后，诸如博希蒙德以及图卢兹的雷蒙这样的十字军领袖对安条克怀揣个人世俗野心一事也变得昭然若揭了，这样的雄心壮志将会与拜占庭人的期待发生冲突。

在拉丁－希腊人关系和征服领土的考量外，围攻安条克的尝试也揭示出了十字军的真谛。他们并非中世纪和现代某些评论家所说的那样是一群有勇无谋的涌向耶路撒冷的乌合之众。1097 年的事件证明其所作所为至少蕴含着战略上的规划。他们为攻略安条克做了精心准备，夺取了一批“卫星居民点”作为后勤补给中心并建立海上联络以确保海军的增援，其中一些似乎提前数月便已布局。在西方后续到来的十字军之外，法兰克人也十分期盼在安条克能得到阿莱克修斯麾下的希腊援军，并由此肃清这条从小亚细亚穿过贝伦山口（Belen Pass）进入叙利亚的最安全、最直接的路线。1097 年秋，法兰克人的一切作为显示他们已决心征服安条克，虽然他们也认识到这并非唾手可得。

即便如此，当十字军于 10 月末抵达城墙前时，防御工事的庞大规模就令他们心生惧意。一位法兰克人在写给欧洲的信中说，一眼看去，城市的“城防极为牢固，几乎坚不可摧”。安条克位于奥龙特斯河（Orontes River）与两座山——希尔皮乌斯（Silpius）山、斯陶林（Staurin）山——的山脚之间。6 世纪时，罗马人沿着奥龙特斯河河岸、跨越斯陶林山并依希尔皮乌斯山的陡坡修建了一圈包含约 60 座塔楼的宏伟封闭城墙（长 3 英里，高 60 英尺），从而强化了上述天险。在城市主体上方数百英尺靠近希尔皮乌斯山山顶处，还有一座位于防御工事最顶端的令人敬畏的城堡。至 11 世纪末，这套城防系统已经受到了岁月的侵蚀和地震的破坏，但对任何来犯之敌而言，它仍是可怕的障碍。的确，一位法兰克见证者触物兴怀地写道：“就算全人类聚集起来围攻这座城市，它也既不怕攻城器械也无惧人的袭击。”[21]

但十字军也有一项优势：穆斯林掌控的叙利亚正处于政庞土裂的困境中。自 11 世纪 90 年代塞尔柱帝国的统一不复存在后，这个地区便饱受权力斗争的折磨，突厥统治者们忙于小规模内斗，伊斯兰势力无力对不期而至的拉丁人入侵做出任何形式的快速协同反应。两位长期结怨的年轻兄弟里德万与杜卡克分别统治着主

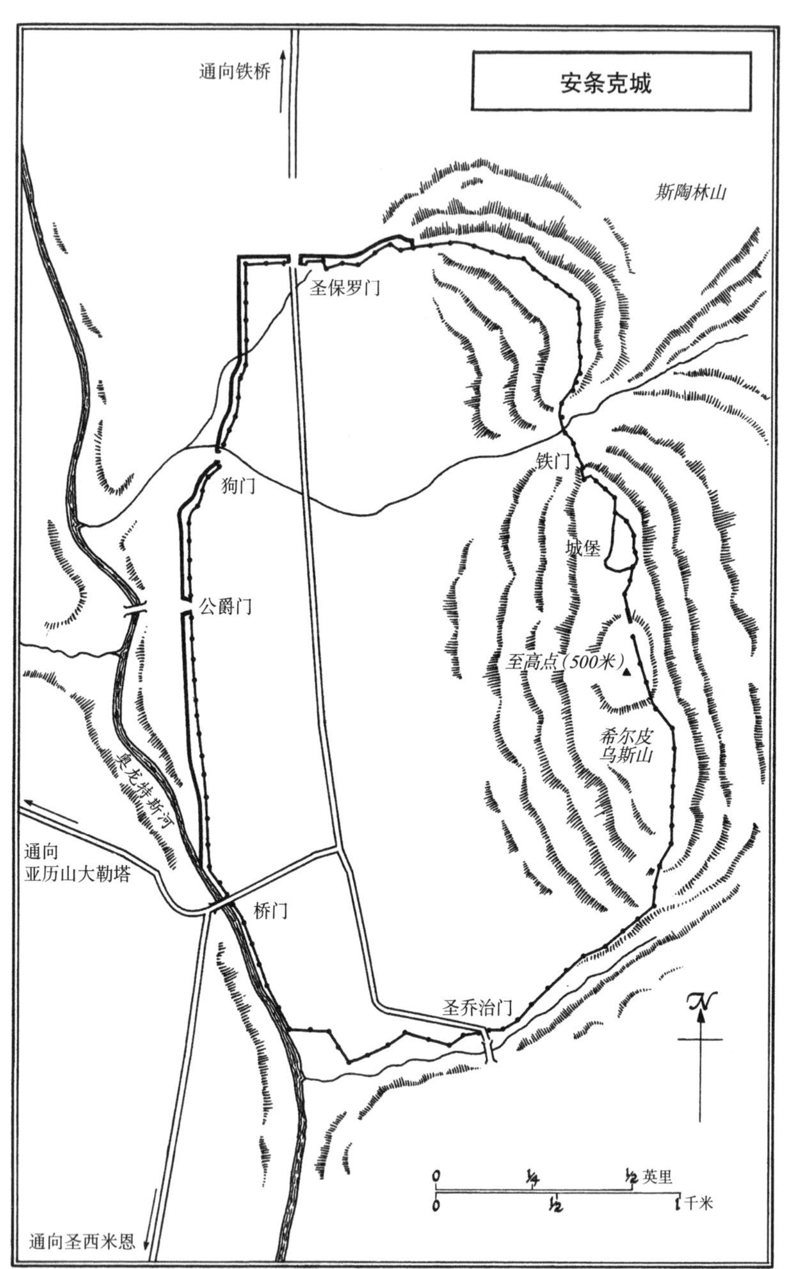
安条克城
通向铁桥
斯陶林山
圣保罗门
铁门
狗门
城堡
公爵门
至高点（500米）
希尔皮
乌斯山
奥龙特斯河
通向
亚历山大勒塔
桥门
圣乔治门
N
0
¼
½ 英里
0
½
1 千米
通向圣西米恩

要城市阿勒颇与大马士革，却因内战无暇他顾。安条克本身作为一个在巴格达的已摇摇欲坠的塞尔柱苏丹国的一座半自治边境城市，由一位白发苍苍、诡计多端的突厥军阀亚吉·西彦（Yaghi Siyan）统治。他指挥着一支约5000人的给养充足的守军，虽无力在野战中击退十字军，但守城绰绰有余。他唯一的选择是信赖安条克的防御工事并希望从十字军的来袭中幸存下来。当法兰克人逼近时，他向巴格达及自己的穆斯林邻居——阿勒颇与大马士革——求援，希望能得到援兵。他还对安条克来自各地的居民中为数不少的希腊、亚美尼亚、叙利亚基督徒保持警惕，唯恐内部生变。

消耗战

拉丁人抵达后，他们必须制订出一个战略。由于安条克规模庞大的防御工事令人气馁，而且缺乏工匠和所需材料制作攻城器械——云梯、投石机、攻城塔——他们很快认识到他们无法对城垛发起强攻。但是，如同在尼西亚时那样，围城消耗战同样困难重重。安条克城墙的绝对长度、周围山脉的崎岖地形以及通向城外的至少6座城门，使彻底包围城市实际上变得几乎不可能。事实上，一次王公召开的会议决定实行局部封锁的战略，10月的最后几天，军队被部署于城市西北方的3座城门外。随着时间推移，十字军试图掌控城市南部的两个入口。他们在奥龙特斯河上架起了一座临时桥梁以便接近城南，此外还修建了一系列临时围城工事以收紧绞索。但有一座位于希尔皮乌斯山和斯陶林山之间的岩石峡谷中的铁门（Iron Gate）依旧畅通，十字军力不能及。无意间，在未来的数月中，它为亚吉·西彦及其部下提供了一条通往外界的重要生命线。

从 1097 年秋季起，法兰克人便投入了一场磨人的中世纪围城战。这种形式的战争日常包括频繁的小规模冲突，但它本质上并不取决于某场武装战斗，而是取决于一场对生理、心理忍耐力的考验。对拉丁人与穆斯林双方而言，士气都是至关重要的，每一方均毫不犹豫地采用一系列可怕的战术去削弱对手的心理承受力。在 1098 年初的一场大战中获胜后，十字军砍下了超过 100 具穆斯林尸体的首级，将它们插在矛尖上于安条克城墙外耀武扬威地游行，以“在突厥人伤口上撒盐”。在另一场小规模冲突后，穆斯林于黎明时分潜出城池埋葬了本方死者，但是，根据一名拉丁目击者的记载，当基督徒发现这一切后：

> 他们下令将尸体挖出、捣毁坟墓，死者被拖出了墓穴。他们把全部尸体扔进一个深坑，砍下其头颅带回营地。当突厥人目睹这一切，他们感到痛不欲生，接下来每天除了哭泣和号叫什么也不做。

亚吉·西彦则下令公开迫害安条克的本地基督徒。希腊牧首已在城中和平生活了多年，此时却被绑住脚踝倒吊在城垛上并遭铁棍殴打。一位拉丁人回忆说：“许多居住在城内的希腊人、叙利亚人、亚美尼亚人都是被发狂的突厥人屠杀的。在法兰克人的注视下，他们用投石机将遇难者的头颅射出城外。这使我们的人民哀恸不已。”十字军俘虏也常常受到类似的虐待。在城市附近的一个果园里，梅茨（Metz）副主教被发现正与一名年轻女子玩掷骰子。他当场被斩首，而女子被带回安条克遭到奸杀。第二天早晨，他俩的头颅被投石机射入了拉丁人营地。

在双方恶毒的互相报复之外，围攻还围绕着争夺资源展开。这是一场可怕的“等待游戏”（每一方都期望自己能坚持得更久），它取决于人力、物资，以及最根本的食物的供应。从后勤来看，十字军处于劣势。局部封锁意味着穆斯林守军仍可获得外部资源与援助。然而，规模更加庞大的十字军迅速消耗了军中的资源，因此不得不深入敌境去搜寻粮草。随着时间推移，严冬的天气使局势更加恶化。法兰克王公布卢瓦的艾蒂安在给妻子的一封信中抱怨道：“在安条克城外，整个冬季我们都为了我主基督忍受着极度严寒和倾盆暴雨。有人说叙利亚全境酷热难耐，这并非实情。这里的冬天与我们西方十分相似。”一个同时代的亚美尼亚基督徒后来回忆说，在那个可怕冬天最冷的时候，“由于食物短缺，法兰克军队遭受着极大的死亡率和痛苦，每五人中就有一人死亡，剩余的人感觉自己远离故土，已遭抛弃”。[22]

1098 年 1 月，法兰克营地中的苦难达到了顶峰。数百（甚至数千）人因营养不良和疾病虚弱不堪，最终死去。据说穷人只能吃“狗、老鼠……兽皮和肥料中的谷籽”。受此绝境的打击，很多人开始质疑为何上帝会抛弃十字军，放弃他的神圣事业。在日益增长的猜疑、互相指责的恶毒气氛中，拉丁教士给出了一份答案：远征因罪恶遭到了玷污。为了与之对抗，教皇特使勒皮的阿德马尔制定了一系列赎罪仪式——斋戒、祈祷、施舍、列队游行。作为假定的罪恶之源，女人同时被逐出了营地。尽管有这些举措，很多基督徒还是逃离了北叙利亚，宁可踏上前途未卜的归程也不愿忍受围城的恶劣条件。甚至曾是十字军东征的狂热喉舌的煽动家隐士彼得也设法逃跑。在试图趁着夜色逃亡被发现后，他被坦克雷德毫不客气地拖了回去。大约在同时，十字军的希腊向导泰提修斯离开了远征队伍，据说是为了去小亚细亚寻觅援军和粮食。他从此一去不返，但塞浦路斯的拜占庭人确实为安条克城外的法兰克人送来了一些补给。

一群坚强的十字军战士在那个严冬的各种匮乏中幸存了下来，随着春天来到，围攻的天平开始缓缓向他们倾斜。法兰克人建立的粮草征集制度对缓解安条克的形势发挥了作用：物资从远至奇里乞亚的地方送来，稍后还从布洛涅的鲍德温治下的埃德萨运抵。更重要的援助横跨地中海，通过拉丁人现今占据的叙利亚北部港口拉塔基亚（Latakia）和圣西米恩（St Simeon）输入。3月4日，一支小型英格兰舰队抵达圣西米恩港，带来了食物、建材和工匠。几天后，面对安条克穆斯林军队的重重阻挠，博希蒙德与图卢兹的雷蒙成功将这批宝贵的货物从海岸护送回营地。由此注入的物资使十字军得以堵上其封锁的一个关键漏洞。

到目前为止，亚吉·西彦的部下尚能相对不受干扰地使用城市的桥门（Bridge Gate），从而控制住了通往圣西米恩与亚历山大勒塔（Alexandretta）的道路。此时基督徒加固了该入口外平原上的一座废弃的清真寺，兴建了一座初级的围城要塞并将其命名为“圣母玛利亚”（La Mahomerie），他们通过它可以管控周边区域。雷蒙伯爵提出愿意承担巨额花销以驻守该前哨，但他的动机未必是全然无私的。自围攻伊始，南意大利的诺曼军队便占据了圣保罗门（St Paul Gate）前的地盘，因此，一旦城市陷落，他们就准备迅速侵入城内。这给了博希蒙德一个很好的机会要求拥有城市的所有权，因为，在远征之初，王公们便同意遵守“通过征服获得权利”——财产由先占者先得——这一规则。通过将自己的部下部署于安条克另一主要入口桥门前，雷蒙现在处于挑战他的竞争者的理想地位。

不到一个月，十字军就通过加固安条克最后一个入口圣乔治门（St George Gate）附近的一座修道院临时搭建了另一个围城要塞。坦克雷德同意在此配备人手，但条件是以巨额的400银马克作为交换。坦克雷德参加十字军时仅位居二流贵族之列，并笼罩在其舅舅博希蒙德的名望之下，现在才开始凭借自身成为一位重要人物。继他在奇里乞亚的历险之后，该指挥权带来的荣誉和财富既提高了他的地位，又赋予了他一定程度的自主权。[23]

背 叛

至1098年4月，十字军已收紧安条克四周的封锁线。亚吉·西彦尚能通过铁门获得一些补给，但他袭扰法兰克人的能力已被严重削弱。现在轮到穆斯林面临孤立、物资匮乏和对战败的恐惧了。然而，在整个围攻期间，一种令人痛苦的恐惧一直萦绕在十字军心头：穆斯林联军有朝一日可能会驰援安条克，使他们陷入腹背受敌的窘境。

拉丁人已经从困扰着叙利亚穆斯林的党同伐异中受益。面对亚吉·西彦的求援，由于不愿抛开分歧——而且可能误将十字军认为拜占庭帝国的雇佣兵——大马士革的杜卡克与阿勒颇的里德万分别于1097年12月和1098年2月派来两股无协作的军队与法兰克人作战。如果这两个大城市在那个冬天联合起来，他们很可能在安条克城外重创第一次十字军。事实上，拉丁人成功击退了他们的两支部队，虽然也付出了不小的代价。

十字军对近东伊斯兰教徒间更主要的分裂——逊尼派与什叶派之争——也了然于胸。在阿莱克修斯·科穆宁的建议下，早在1097年夏天，他们便已试图通过与北非的什叶派法蒂玛王朝建立联系来利用这种分裂。1098年2月初，这一尝试获得了回应：由埃及维齐阿夫达尔派出的使团抵达了安条克城外的基督徒营地，与第一次十字军探讨达成某种协定的可能。这些穆斯林使节的访问既不是短暂的，也不是秘密的。他们在十字军的营地中至少逗留了一个月，很多拉丁目击者报告了这次来访。接待这个使团似乎几乎没有引发任何批评。例如，布卢瓦的艾蒂安在写给妻子的一封信中说，法蒂玛王朝“已经与我们建立了和睦的关系”，并没有表现出任何尴尬。十字军与埃及人在安条克并未达成最终协定，但后者确实承诺将会给予“友谊和优待”。为了达成这样一种协议，拉丁特使被派往北非，负责“缔结一项友好条约”。

至1098年夏初，第一次十字军已成功地通过外交手腕和先发制人的军事干预阻止了穆斯林的直接反攻。然而，5月末，一则令人恐惧的传言开始四处传播：一支新敌军已被派来。似乎巴格达的苏丹终于响应了安条克的绝望呼吁，筹集了一支庞大的援军。5月28日，侦察兵返回法兰克人的营地，确认他们看到一支“[穆斯林]军队像海里的沙子一样从山峦和不同道路蜂拥而至”。领军的是令人生畏的伊拉克将军摩苏尔的凯尔波加（Kerbogha），他身后是大约4万人的叙利亚、美索不达米亚部队。他距离安条克只有不到一周的路程了。[24]

逊尼派穆斯林终于联合起来对抗十字军的消息震惊了拉丁王公。为了不让部队知道这些可怕的消息，以免引起恐慌和开小差，他们召开了一场紧急会议讨论对策。虽然对城市的包围已收紧，亚吉·西彦的抵抗正在减弱，但还看不到围城将迅速终结的迹象。法兰克人无法在一场大规模战斗中迎击凯尔波加——他们在人数上只有对方一半，而且发动骑兵进攻所需的马匹严重短缺。在经历了前几个月的艰苦斗争和牺牲后，基督教军队现在看起来将被即将到来的穆斯林大军击倒在安条克的城墙下。

在十字军濒临覆灭的危急时刻，博希蒙德挺身而出。他主张，根据目前的困境来看，施计使安条克陷落之人有权拥有这座城市，经过反复辩论后，大多数人同意了，但附加条件是，倘若阿莱克修斯皇帝宣称对它拥有所有权则必须将其归还于他。随着协议达成，狡黠的博希蒙德露出了他的底牌。据披露，他已经与安条克城内一个变节者取得了联系，这个名叫菲鲁兹（Firuz）的亚美尼亚人是塔楼指挥官，准备背叛这座城市。

几天后，在6月2日至3日夜间，博希蒙德手下一小队人马用牛皮绳梯登上了城市东南方城墙的一处孤立地段，菲鲁兹已在此恭候。即使有叛徒的帮助，这次出击也是非常危险的，博希蒙德本人选择在城墙下等候，因为如果警报响起，这支先遣孤军必然会遭受屠戮。事实上，最近的3座塔楼的守军被悄无声息地迅速杀掉了，城墙下的一扇小小的偏门也被打开了。到目前为止，隐秘行动是必不可少的，但随着第一个突破口被打开，博希蒙德吹响号角，对安条克的城堡再次发起协同攻击。法兰克人喊出的战斗口号打破了夜空的寂静："上帝的旨意！上帝的旨意！"随着骚乱在夜色下蔓延，城市守军陷入了茫然无措的境地，一些仍然居住在安条克的东方基督徒背叛了他们的穆斯林统治者，匆忙打开了剩余的城门。

随着抵抗的瓦解，十字军涌入安条克，尽情释放着被压抑了8个月的怒火与攻击欲望。在黎明即将来临前的昏暗中，混乱的屠杀开始了。一位同时代拉丁人记载说："他们不放过任何年龄或性别的穆斯林，遍地鲜血与尸体，其中一些是希腊、叙利亚、亚美尼亚基督徒的。因为（在黑暗中），难怪他们完全不知道该放过谁，该杀谁。"后来，一位十字军战士描述道："城市四面八方的街道上都堆满了尸体，以至于无人能够忍受那里的恶臭，除非踏着尸体，否则城中的狭窄街道无法通行。"在脱缰的杀戮与随后的劫掠中，博希蒙德确保他的血红色旗帜飘扬在城市上空，这是对夺来的财产宣称拥有所有权的惯常做法。与此同时，图卢兹的雷蒙冲过桥门，占领了这一带的所有建筑（包括安条克宫殿），在城市中建立了普罗旺斯人的重要据点。只有高高耸立在希尔庇斯山顶的城堡在亚吉·西彦之子的指挥下，仍然掌握在穆斯林手中。总督本人在恐惧中出逃，却被一名当地农夫抓获并斩首。[25]

博希蒙德的狡猾计谋成功了，它结束了第一次安条克围城。但几乎没有庆祝的机会。6月4日，城陷仅一天后，凯尔波加的前锋部队抵达。随着穆斯林军队潮水般涌来，安条克很快就被包围了，第一次十字军被困在了城内。

围　城

1098年6月的第二次安条克之围是第一次十字军最大的危机。拉丁人已避开了两线作战，但他们却被困在安条克的城墙之内。由于在第一次封锁中物资损耗严重，城市能提供的食物与军事补给只是杯水车薪。并且，由于城堡尚在敌手，安条克强大的城防也大为削弱。整支远征军处于毁灭的边缘。

十字军心怀一丝渺茫的希望：期盼已久的拜占庭援军可能会在阿莱克修斯·科穆宁的指挥下前来搭救。然而，法兰克人一无所知的是，甚至是这个获得援军的黯淡前景也已经因为一些事情而破灭。6 月 2 日，就在安条克落入法兰克人之手前，十字军王公布卢瓦的艾蒂安判断基督徒已无生存的机会，决心逃亡。他佯装患病，向北而逃并再次穿越小亚细亚。他的离去想必沉重打击了士气，但艾蒂安对远征的前途以及整个十字军运动造成的损害可谓更加深重。

在小亚细亚中部，他遇到了在菲罗梅隆城（Philomelium，今名阿克谢希尔）扎营的阿莱克修斯皇帝与其军队。在整个安条克围攻期间十字军都对希腊援军翘首以盼，但阿莱克修斯一直专注于收复小亚细亚海岸地区。当艾蒂安汇报说法兰克人很可能已经战败时，皇帝选择了撤退到君士坦丁堡。在此生死关头，拜占庭有负于十字军，希腊人再也未被彻底原谅。艾蒂安回到了法国，结果被他的妻子称为懦夫。

因此，第一次十字军遭到抛弃，只能独自面对凯尔波加的大军。事实证明，这位摩苏尔将军是一个可怕的对手。十字军视他为官方任命的“巴格达苏丹军队的主帅”，但如果认为他仅仅是阿拔斯王朝的臣仆那就大错特错了。他心怀扩张野心，认为在安条克对抗法兰克人的战争为自己带来了控制叙利亚的天赐良机。为了这场战役，凯尔波加花费了整整 6 个月的时间周密地进行军事和外交部署，组成了一支极其可怕的穆斯林联军。来自叙利亚和美索不达米亚各地的军队致力于这一事业，包括一支来自大马士革的部队，但多数部队并非出于对基督徒的痛恨或宗教热忱，而是对凯尔波加的惧怕，后者现在看上去已注定将要统治整个塞尔柱世界了。

1098 年 6 月初，凯尔波加小心谨慎而又果断坚毅地发动了围攻，安条克第二次受围。他在城市以北数英里处建立了自己的大本营，并与把守城堡的穆斯林取得了联络，同时开始在希尔庇斯山不那么陡峭的东坡上的堡垒四周聚集兵力。他还派兵封锁了城北的圣保罗门。凯尔波加最初的策略是通过安条克的城堡及其周围地区发动一次正面的主动突袭。至 6 月 10 日，他做好了猛攻的准备。接下来的 4 天中，他发动了一波又一波攻击，博希蒙德带领法兰克人通过孤注一掷的白刃战才保住了对城市东部城墙的控制权。这是十字军从未经历过的最激烈、最无情的战斗。从清晨至黄昏，战斗无休无止，用一位亲历者的话说："一个有食物的人无暇吃东西，一个有水的人没空喝水。"一些拉丁人几近精疲力竭，完全吓呆了，已经到了崩溃的地步。一位十字军战士后来回忆道："很多人放弃了希望，急忙从城墙上垂下绳索逃之夭夭；城内，从［战斗中］归来的士兵们广泛散布着一则传言，说大批守军将被斩首。"一天又一天，逃亡率在不断上升，很快，甚至诸如博希蒙德的连襟这样的知名骑士也加入了"垂绳者"的行列。一度有传言称甚至王公们自己也准备出逃，博希蒙德与勒皮的阿德马尔被迫封锁城门，以避免一场全面溃败。

剩下的人痛下决心，设法坚守自己的岗位。6 月 13、14 日夜间，一颗流星似乎从天空坠入穆斯林营地。十字军将它视为吉兆，因为就在第二天，有人看到凯尔波加的部队从希尔庇斯山的山坡上撤退了。然而，穆斯林军队的重新部署很可能是出于冷酷无情的战略。由于未能正面突破法兰克人的防线，凯尔波加转而采取了迂回的方式。小规模战斗每日还在持续，但从6月14日起，穆斯林围攻者便集中精力围困安条克。阿拔斯王朝军队的大部依旧驻守在北大营中，但有大批分遣部队封锁了桥门和圣乔治门。通过收紧封锁线切断拉丁人与外界的联系，凯尔波加希望用饥饿迫使十字军屈服。

自法兰克人进入安条克以来粮食便处于短缺之中。然而现今其匮乏程度进一步加重，拉丁人很快开始遭受前所未有的痛苦。一位同时代基督徒描述了这些恐怖的日子：

> 随着城市被四面封锁，穆斯林阻断了所有出路，基督徒全都陷入严重的饥馑。他们没有面包……甚至咀嚼房屋中发现的已经硬化或腐烂了3年或6年的皮革。由于饥饿所迫，普通民众被迫吞下他们的皮鞋。事实上，有些人将带刺荨麻和其他林地植物的根加热烹制后果腹，他们因此患病，每天都有人死亡，人数在减少。

随着士气低落，第一次十字军由于恐惧与饥馑而动弹不得，看上去他们没有逃跑的出路，生存下去的希望也微乎其微。在这最凄惨的日子里，大多数人相信失败在即。[26]

历史学家长期以来认为，就在这个时刻，第二次安条克围城战的进程，实际上是整个十字军的命运被一个单一的戏剧性事件改变了。6月14日，一小群法兰克人在一个名叫彼得·巴塞洛缪（Peter Bartholomew）的农民“预言家”的带领下，开始在圣彼得教堂中进行挖掘。巴塞洛缪声称使徒安德鲁曾向他显灵，告诉了他一件超凡的宗教武器——刺入十字架上的耶稣的体侧的那支长枪——的所在之处。一位参与搜寻“圣枪”的亲历者阿吉莱尔的雷蒙（Raymond of Aguilers）如此记述道：

> 我们一直挖到晚上，一些人已放弃了挖出圣枪的希望……然而年轻的彼得·巴塞洛缪目睹我们的工人精疲力竭后，脱掉外衣，仅穿着一间衬衫赤足跳入坑中。然后，他恳求我们祈求上帝把他的长枪还给［十字军］，以便为他的子民带来力量和胜利。承蒙其仁慈，上帝最终为我们显现了他的长枪；我，雷蒙，本书的作者，在枪尖堪堪露出地面时亲吻了它。整座城市都沉浸在欢悦之中。

这块貌似基督殉难遗物的金属小碎片的发现，长期以来被认为对十字军的精神状态产生了令人振奋的影响。它被诠释为一个无可辩驳的上帝再度垂青的标志，是胜利的保障，据说鼓舞了拉丁人拿起武器与凯尔波加正面作战。另一位法兰克见证人如此描述圣枪产生的影响：“如他［彼得］预言的那样，他发现了长枪，他们怀着极大的喜悦和敬畏举起了它，整座城市为之沸腾。从那时起，我们制定了一个进攻计划，我们的全体领导人立即举行了会议。”[27]

事实上，上述说法给人的印象是，基督徒突然因狂热信仰的感染而精神大振，并立即采取行动与他们的敌人交战，这是极具误导性的。从发现长枪到最终与凯尔波加作战，中间隔了整整两周。

彼得·巴塞洛缪的“发现”无疑对十字军的士气产生了一些

影响。以现代人的眼光来看，他看到异象的故事可能是离奇的，他宣称发掘出耶稣本人的真实遗物是个谎言，甚至荒诞不经。但对 11 世纪的法兰克人而言，他们对圣徒、圣髑和奇迹般的干预习以为常，彼得的经历听上去真实可靠。在他们井然有序的信仰体系中，去世的圣徒扮演着上帝的代祷者的角色，通过圣髑彰显上帝的力量，受此影响，大多数人愿意相信圣枪是真的。在十字军领导人中，仅有勒皮的阿德马尔似乎表示怀疑，但可能是由于彼得的社会地位低下。但是，尽管在精神上或许受到了圣髑出现的鼓舞，在整个 6 月下半月，拉丁人依旧因恐惧和半信半疑而按兵不动。圣枪的出土并非令其采取行动的关键催化剂，更不是第一次十字军时运的转折点。[28]

至 6 月 24 日，十字军已处于崩溃的边缘，于是便派遣了两名使节前去与凯尔波加谈判。历史学家倾向于不加批判地接受拉丁人自身对该使团的解释，将其描述为一种强势的表现。实际上，它更可能是一次试图协商投降条件的希望渺茫的尝试。一份中立的东方基督徒的史料描述："法兰克人受饥馑的威胁［并因此］决心从凯尔波加那里获得赦免的承诺，条件是他们将这座城市交到他手中并返回自己的国家。"一部稍晚的阿拉伯编年史似乎证实了这一说法，声称十字军王公"写信向凯尔波加乞求一条穿过其领土的生路，但他拒绝说：'你们只能自己杀出一条血路。'"

至此，一切逃离安条克的机会皆已烟消云散。认识到他们现在唯一的希望就是正面交锋后，无论胜算多么渺茫，拉丁王公们还是着手准备发起最后的自杀式对决。用一位同时期的拉丁人的话来说，他们认为"死在战场上要好过死于如此残酷的饥荒，在饥荒下，身体日渐虚弱，最终丧命"。[29]

在那些最后的日子里，基督徒做了视死如归的准备。作为净化灵魂的手段，他们举行了宗教游行、忏悔和圣餐仪式。与此同时，此时被选为部队主帅的博希蒙德开始制订作战方略。在纸面上，法兰克人仅有 2 万人（含非战斗人员），无可救药地处于劣势。他们的精锐部队重装骑兵也因战马的死亡而被削弱，大部分人现在被迫要骑着驮兽作战或徒步作战。来自德意志的伯爵迪林根的哈特曼（Hartmann of Dillingen）曾是一位骄傲而富有的十字军战士，即使是他如今也只好骑着一头小毛驴，让他的靴子都沾上了泥土。因此，博希蒙德不得不制定一套以步兵为基础的战略，以最快的速度猛烈反击敌人。

尽管人数占优，但凯尔波加的军队还是有两个潜在的弱点。由于他的部队主力依旧谨慎地在北边扎营，围困安条克的部队相对分散而薄弱。与此同时，凯尔波加的手下不像拉丁人那样拥有一项为之孤注一掷的共同事业，只受到最薄弱的团结的外表的束缚。倘若穆斯林对他们的将领失去了信心，军队就有可能分崩离析。

1098 年 6 月 28 日，十字军已做好战斗准备。拂晓时分，他们开拔出城，同时教士们列队在城墙上向上帝祈祷。大部分人相信他们将一去不返。博希蒙德选择从桥门出击，越过奥龙特斯河对阵守卫对面平原的穆斯林军队。如果他们想要避免被阻止和歼灭，迅速而齐心协力的部署是必不可少的。当城门开启，一支拉丁弓箭手先遣队齐射出一阵箭雨击退了敌人，清出桥上的通路。随后，由博希蒙德殿后，法兰克人分为秩序井然的 4 队向前进军，呈扇形散开，大体形成一个半圆形向穆斯林靠拢并与之交战。

桥门刚一打开，穆斯林控制的城堡上方就升起了一面黑旗，在北面扎营的凯尔波加收到了该警报。此时他本可派出其主力部队，有望在十字军出城时予以痛击，打乱他们的阵形。结果，他犹豫了。这并非如稍后的传言所说的那样，是因为他正轻浮地忙于下棋。相反，凯尔波加希望任凭法兰克人在城外布阵以便将其全歼，通过致命一击为安条克围攻迅速画上圆满的句号。这一策略有可取之处，但它需要冷静的头脑。正当主将本应按兵不动以便让十字军前进至他满意的地点作战时，他却有些仓皇失措。察觉到拉丁人在城外的厮杀中略占上风后，他命令全军慌乱地向前进军。

他选择的时机糟糕透顶。法兰克人已顶住了围困安条克的穆斯林发起的一系列猛烈反攻，包括来自后方由防备南部圣乔治门的军队发动的一次本可致命的突袭。基督徒的伤亡在增加，但博希蒙德依旧奋勇向前以抢占先机，穆斯林的抵抗开始崩溃了。就在战场局势发生转变的时候，凯尔波加的主力部队方才抵达。由于未能迅速击退据称狼狈不堪的拉丁军队，在桥门附近作战的穆斯林惊慌地逃跑了。他们径直冲入了行进中的友军的整齐队列，造成了一片混乱。在这个关键时刻，凯尔波加未能重整部队。他们的阵形已支离破碎，各路阿拔斯王朝军队为了避免受到严重损失纷纷撤离战场。十字军不屈的决心所带来的沉重打击暴露了穆斯林军队的内部裂痕。一位愤怒的穆斯林编年史家后来写道：“法兰克人困兽犹斗，摆开阵势与实力、人数处于巅峰的伊斯兰军队交手。他们击破了穆斯林的阵列，令他们溃不成军。”[30]

凯尔波加的大军仅有一小部分人被杀，然而他还是被迫耻辱地撤退。丢弃了营地中的财富后，他颜面无光地逃往美索不达米亚。战斗结束后，安条克城堡中的穆斯林守军也投降了。这座大城市终于落入了拉丁人之手。安条克之战是一场令人震惊的胜利。

十字军此前从未如此濒临覆灭，然而出乎所有人的预料，基督教世界取得了胜利。不足为奇的是，很多人目睹了上帝的干预，一系列壮观的奇迹被记录下来。一支由幽灵般的基督教殉道者组成的军队全都穿着白衣，在圣徒的率领下，从山峦里冒出来援助法兰克人。在其他地方，阿吉莱尔的雷蒙亲自手持圣枪出现在由阿德马尔主教统领的法国南部军团中。后来有人说，凯尔波加看到这件圣髑后惊呆了，动弹不得。无论有没有这些神圣的干预，宗教虔诚在上述事件中都起到了核心作用。十字军无疑是在狂热的信仰氛围中作战的，同行的神父们通过吟唱、背诵祷文为他们鼓舞士气。最重要的是，共同的神圣使命感与困兽犹斗式的绝望感融合在一起，令拉丁人在这场骇人的对决中上下齐心，并使他们得以挡住甚至击退其可怕的敌人。

延宕与涣散

这一非凡成功的直接后果是，人们对十字军东征迅速画上圆满句号寄予了希望。而事实上，由于领袖们为叙利亚的战利品争吵不休，远征已迷失了方向与动力。仲夏的炎热引发了瘟疫，许多熬过了此前数月物资的极度匮乏的军人现在病故了。甚至连贵族也不能幸免——8 月 1 日，勒皮的阿德马尔（他作为教皇特使扮演了理性的调解人的角色）也去世了。

在这段时期里，远征陷入了对安条克未来归属的纷争，这阻碍了所有针对巴勒斯坦的进一步行动。博希蒙德渴望将城市据为己有，如今强硬地提出声索。在十字军需要的时候，是他以巧计夺取了安条克；6 月 3 日黎明，是他的旗帜飘扬在城墙之上。尽管图卢兹的雷蒙竭力抢占他的风头，但他依旧于凯尔波加战败后数小时内通过攫取城堡的个人控制权巩固了自身的地位。现在，博希蒙德要求王公同伴明确承认他的合法占有权，尽管他们此前曾向拜占庭皇帝许下过诺言。考虑到阿莱克修斯在菲罗梅隆抛弃他们的事实，多数人默许了，但雷蒙又一次提出反对，鼓吹远征军对希腊人的义务尚未履行。一位使节被派往君士坦丁堡恳请皇帝亲自对安条克提出主张，但在后者未露面时，事情陷入了僵局。

在这段插曲中，博希蒙德常常被塑造为反派人物，他的贪婪与野心和雷蒙对公义及十字军事业的无私奉献形成了鲜明对比。虽然博希蒙德无疑怀有私心，但形势并非如此黑白分明。在没有希腊援军的情况下，需要有一位法兰克王公留在叙利亚统治、驻守安条克，以免法兰克人徒然为这次征服洒下鲜血。从某个角度看，可以说博希蒙德愿意为挑此重担而放弃立即完成他的耶路撒冷朝圣之旅对十字军而言是一件幸事。与此同时，图卢兹的雷蒙纯粹利他的声誉经不起推敲。他或许的确愿意将安条克交与拜占庭，但他也怀揣着对权力的渴望。在十字军东征剩余的旅途中，伯爵的行为受到两种相互交织、有时又相互矛盾的抱负——在黎凡特为自己获得新的领土，以及与之相伴的希望被承认为十字军领袖的愿望——的支配。

由于心怀后一目标，雷蒙与预言家彼得·巴塞洛缪过从甚密，积极参与对圣枪的崇拜。似乎是出于对圣髑发自肺腑的虔诚，普罗旺斯伯爵将彼得置于自己的庇护之下，并成为圣枪的主要支持者。在接下来的数月中，当十字军回顾安条克第二次围攻中的戏剧性事件以及他们对凯尔波加取得的看似奇迹般的胜利时，雷蒙及其拥护者帮助宣传着一个观点：圣枪在令他们转危为安中扮演了关键角色。与此同时，彼得继续报告一系列幻象，很快便自称上帝的代言人。据这位“农民先知”所言，圣安德鲁曾向他显灵说“上帝将圣枪赐予伯爵”，从而突出雷蒙作为第一次十字军领袖的地位。[31]

8 月，对圣枪的崇拜的发展以及随之而来的雷蒙政治生涯的提升发生了相当可怕的转折。勒皮的阿德马尔健在时曾对圣枪的真实性表示怀疑。但就在教皇特使去世两天后，彼得·巴塞洛缪便声称首次与阿德马尔的鬼魂通灵并开始冒用他的记忆。主教被葬于圣彼得教堂，就埋在发现圣枪的地穴内。两个崇拜对象就这样合二为一，但当彼得开始在墓穴外传递阿德马尔的“话语”——后者现在承认圣枪是真的，他的灵魂因曾经质疑这件圣髑的真实性的罪恶而遭受了鞭笞与火刑的严厉惩罚——时，这种融合——操纵的高招——得到了加强。除了对圣枪态度的明显转变，主教的灵魂还开始支持雷蒙伯爵的政治野心。事实上，阿德马尔很快“宣布”其昔日的下属应转而向伯爵效忠，并且雷蒙应被授权亲自挑选远征的新任精神领袖。

当第一次十字军在叙利亚那个漫长的夏天无所事事时，对圣枪的崇拜立稳了脚跟，图卢兹的雷蒙与彼得·巴塞洛缪的名望和影响力随之与日俱增。即便如此，到了初秋时分，伯爵依然无法将博希蒙德逐出安条克，也未能获得宣称自己是十字军的直接领导的地位。雷蒙需要更大的影响力。从 9 月下旬起，他领导了一系列深入东南方富饶的苏马克（Summaq）高地的战役。这些行动常常被误传为搜寻粮草的远征，甚至被当作对巴勒斯坦进军的初步尝试，但实际上雷蒙的目标是要建立自己的领地以对抗和威胁博希蒙德对安条克的掌控。

这一进程的一部分是对该地区主要城镇马拉特（Marrat）的征服。在经过一个冬季的艰苦围困后，它投降了，雷蒙迅速开展了基督教化和殖民计划，改造了清真寺，建立了一支驻军。但不久后，拉丁人的补给线陷入了困境，伯爵的一些最贫穷的追随者开始挨饿。此刻发生了十字军最骇人的暴行之一。据一位法兰克人说：

> 我们的人饥肠辘辘。我怀着恐惧说，很多被饥饿折磨得发疯的人从萨拉森人尸体的臀部上割下几块肉。他们将人肉匆匆炙烤后便野蛮地狼吞虎咽起来。

一位拉丁目击者指出，“这一景象令十字军和外人都感到厌恶”。虽然可能令人不舒服，但要承认，这些令人不寒而栗的野蛮暴行——甚至法兰克编年史家也认为应该予以谴责——的确为拉丁人带来了一些短期的好处。在叙利亚穆斯林中，十字军野蛮残暴的名声如今不胫而走。在接下来的数月里，许多当地埃米尔寻求与他们可怕的新敌人谈判，而非冒着被消灭的危险与之对垒。[32]

与此同时，伴随着数月的争吵和延宕，拉丁王公们的一系列会议也被证明无力解决关于安条克的争端，普通十字军战士开始表达不满的情绪。要求王公们抛开分歧并把注意力放在整个远征的利益上的压力越来越大。随着 1099 年 1 月初马拉特发生严重内乱，事态到了危急关头。由于认识到圣枪的拥护者雷蒙也更醉心于争夺叙利亚的控制权而非向耶路撒冷进军，一群沮丧的法兰克穷苦暴民开始徒手破坏马拉特的城防工事与城墙。面对这一抗议，雷蒙最终认识到他无法既领导十字军又统治安条克。1 月 13 日，雷蒙以象征性的姿态打扮成一个悔过自新的朝圣者，赤足离开城镇南行，将这个城镇和他征服的希望抛在脑后。与此同时，博希蒙德仍在安条克。他独自控制该城的美梦终于成真，但他的野心导致了十字军数月之久的无谓延宕，更重要的是，它在拉丁人与拜占庭帝国的关系间造成了严重、持久的损害。

由于似乎优先考虑圣战，雷蒙得到了广泛的拥戴，并一度看起来成了十字军公认的领袖。他处心积虑地用现金来确保他对巴勒斯坦新的进军能得到其他王公的支持。并非所有人都能被收买，比如布永的戈弗雷便不为所动。但诺曼底的罗贝尔，甚至坦克雷德，在分别收取 1 万、5000 金币后转而投向了普罗旺斯人的阵营。他们与很多其他基督徒一道加入了南下黎巴嫩的行军。

图卢兹的雷蒙的领袖地位现在看上去已非常安稳，如果他继续只专注于抵达耶路撒冷的使命，这种局面也许还将保持下去。然而，事实上，在单纯的宗教热忱的表象之下，伯爵依旧渴望在东方建立自己的领地。1099 年 2 月中旬，他令十字军对黎巴嫩的小要塞阿尔卡（Arqa）发动最终徒劳无益的不必要的围攻，并试图以此震慑邻近的穆斯林城市的黎波里（Tripoli），迫使它屈服。雷蒙的官方借口是，远征需要暂停以便让仍驻守在安条克及其附近的十字军（包括布永的戈弗雷）赶上队伍。但即便实现了这一点，伯爵依然拒绝向南推进。在对阿尔卡发起无谓的围攻两个月后，当雷蒙的威望遭受灾难性的打击时，部队大部分人已经躁动不安了。

伯爵与彼得·巴塞洛缪及圣枪的密切关系曾有助于确保他作为十字军指挥官的地位得到承认。然而，几个月过去后，鉴于一些极端、难以捉摸的幻象经历，彼得被证明是一位越来越变化无常的盟友。到了1099年春天，他的胡言乱语变得越来越离奇，4月初，他报告称基督指示他监督立即处决数千名“有罪的”十字军战士，魔咒就此打破。不出意料，对这位自封的先知和他声称发现的圣髑，人们现在公开表达了怀疑，诺曼教士绍克的阿努尔夫（Arnulf of Chocques）率先提出了批评，他渴望重申法国北方的影响力。

彼得显然确信自己的经历是真实的，他自愿接受可能致命的火焰神裁以证明自己的诚实和圣枪的真实性。举行神裁前，他斋戒了4日以净化灵魂。然后，在受难节（Good Friday）当天，彼得身穿一件简单的束腰外衣，携带圣枪在一群十字军战士面前欣然走入了“火狱”之中，那是燃烧着的“两堆橄榄枝，高4英尺，间隔有1英尺，长13英尺”。

之后发生的事情有不同的说法。彼得的支持者坚称他通过了神裁，毫发未损，却被一群狂热的围观群众挤成了重伤。其他持怀疑态度的目击者则如此描述：

> 应其要求，圣枪的发现者快步从燃烧的火堆中跑过以证明自己的诚实。当此人穿过火焰走出来时，他们看到他是有罪的，因为他的皮肤烧伤了，人们知道他的内心受了致命伤。结果证明了这一点：到了第12天，由于良心被罪恶感灼伤，他去世了。

不管伤害是怎么造成的，彼得·巴塞洛缪因那天的神裁受伤而死。他的离世击碎了人们对他的预言的信念，令圣枪的功效也遭到了严重怀疑。它对雷蒙伯爵的声望也是沉重一击。雷蒙试图保住权力，但到了5月初，甚至连他来自法国南方的支持者也呼吁继续南下巴勒斯坦，他被迫让步，放弃了阿尔卡与他的黎巴嫩计划。1099年5月16日，随着法兰克人离开的黎波里，普罗旺斯人主宰十字军的时期结束了；从此时起，雷蒙最多只能与他的王公同伴分享权力。最终，在超过10个月的延宕以及理想幻灭之后，第一次十字军踏上了前往圣城耶路撒冷的最后一段路程。[33]

3

圣　城

当向耶路撒冷进军的最后阶段开启时，第一次十字军被一种新的紧迫感所左右。法兰克人放弃了一切沿途征服其他黎巴嫩、巴勒斯坦城市或港口的念头，他们急切渴望完成通往圣城的朝圣之旅，卷甲倍道，长驱直入。驱动法兰克人前进的不仅仅是宗教热情，还有战略上的需要。早在春天围攻阿尔卡期间，十字军与埃及的外交关系重新出现了问题，那时一年前派往大维齐阿夫达尔处的使节在法蒂玛的代表的陪同下重新加入了远征队伍。在这一年期间，许多事情发生了变化。利用逊尼派塞尔柱世界在凯尔波加兵败安条克后的惊慌失措，阿夫达尔于 1098 年 8 月从突厥人手中夺取了耶路撒冷。这个根本变化打破了近东的力量平衡，促使十字军王公们寻求与法蒂玛王朝协商解决办法，提出通过割让征服的领土换取圣城。但当埃及人直截了当地拒绝放弃耶路撒冷时，谈判破裂了。这导致法兰克人在巴勒斯坦有了新的敌人并不得不与时间赛跑。在阿夫达尔能够召集一支军队拦截他们或妥善组织耶路撒冷的防御工作之前，十字军现在必须以最快速度走完剩下的 200 英里的朝圣之路。

当他们顺着地中海海岸南下时，当地半独立的穆斯林统治者愿意与十字军签署短期停战协议，有时甚至让他们在当地市场购买食物和补给，这使行军变得容易。这些埃米尔被十字军在安条克和马拉特赢得的凶残、战无不胜的名声吓倒，因此乐意与之相安无事。在通过诸如提尔（Tyre）、阿卡、凯撒里亚（Caesarea）等主要定居点时，法兰克人仅遭到了轻微抵抗，并因为觅得了一系列狭窄而不设防的沿海通道而感到如释重负。5月末，远征军在阿尔苏夫（Arsuf）转向内陆，直线穿过平原，翻越了犹太丘陵（Judean hills）。他们只在接近拉姆拉（Ramla，通往圣城路上的最后一座真正的堡垒）时短暂停留了一下，却发现它已被法蒂玛王朝放弃。最终，在1099年6月7日，耶路撒冷映入眼帘。一位同时代拉丁人如此描述道："所有人都幸福得泪如泉涌，因为他们魂牵梦绕的圣城已近在咫尺，他们曾为之出生入死、忍受危险与饥荒。"阿夫达尔的无所作为令远征军从黎巴嫩南下仅用了不足一个月的时间。[34]

在天堂，在尘世

历时近3年，历程约2000英里后，十字军抵达了耶路撒冷。这座古城，这颗基督教世界的神圣心脏，因宗教信仰而搏动。对法兰克人来说，它是世界最圣洁之地，基督即在此殉难。在其高墙之内矗立着圣墓教堂，它是公元4世纪时由罗马皇帝君士坦丁下令围绕假定的各各他（Golgotha）和耶稣墓穴兴建的。这个圣所浓缩了基督教的精髓：受难、赎罪和复活。成千上万的十字军战士从欧洲向东进军以光复这座教堂——很多人相信若能夺回现世中的耶路撒冷，它将变身为神圣的耶路撒冷、基督徒的天国。

大量狂热的预言表示圣城将成为末日审判来临之地，这为拉丁人的远征抹上了一层天启的色彩。

但在超过3000年的历史中，耶路撒冷与另外两种世界宗教——犹太教和伊斯兰教——永远地交织在了一起。这些信仰也珍视该城，尤其崇拜被称作“圣殿山”（Temple Mount）或“哈拉姆谢里夫”（Haram as-Sharif）的区域，该区域在城市东端，竖起的围墙内有圆顶清真寺、阿克萨清真寺，并紧邻“哭墙”（Wailing Wall）。对穆斯林而言，该城是穆罕默德夜行登霄之处，它也成了伊斯兰世界的第三圣地。但它亦是以色列人的中心，亚伯拉罕曾在这里献祭他的儿子，两座圣殿也先后建于该处。

正如今天一样，耶路撒冷之所以在中世纪成为冲突的焦点，正因为它有着无可比拟的神圣性。它对3种不同宗教的信徒都具有至关重要的宗教意义，每一方都相信历史让他们对这座城市拥有不可剥夺的权利，这意味着它几乎注定成为战争的场所。

面前的任务

第一次十字军如今面临着一个看似不可能完成的任务——征服世界上防御最坚固的城市之一。即使在今天，经历现代城市扩张后的耶路撒冷依旧能显露出昔日的雄伟壮丽，因为，位于其中心的“旧城”由奥斯曼城墙环绕，与11世纪的那些城墙极为相似。若从东方的橄榄山望去，除去21世纪的杂乱和喧嚣，1099年法兰克人面前的伟大城市就尽收眼底。

这座城市位于犹太丘陵间的一块高地上，孑然独立，东侧、东南与西侧环绕着深谷，其令人生畏的城墙周长2.5英里，高60英尺，厚达10英尺。实际上，只能从北方和西南方向上较平坦的地段向城市发起进攻，然而这里的城墙得到了第二道幕墙及一系列干壕沟的加固。这一大体呈矩形的防御系统有 5 个主要城门，每个均有两座塔楼护卫。耶路撒冷还拥有两处主要要塞。在西北角矗立着四方塔（ Quadrangular Tower），西侧城墙的中部则是大卫塔（Tower of David）。一位拉丁编年史家描述这一可怕的城堡是“由熔铅密封的巨型方石建造的”，指出“倘若补给充足，15 或 20 人便可抵御任何进攻”。[35]

十字军刚一抵达耶路撒冷，军队内部就出现了令人担忧的裂痕，他们的军队一分为二。自围攻阿尔卡以来，图卢兹的雷蒙的声望一直在下降，他被诺曼底的罗贝尔抛弃，甚至维持南部法国人的忠诚都殊为不易。雷蒙将他的剩余军队部署在城市西南方的锡安山（Mount Zion）上以威胁锡安门（Zion Gate）。与此同时，战役中涌现出来的新领袖布永的戈弗雷移师城北，在四方塔与大马士革门（Damascus Gate）之间攻城。得益于阿努尔夫（他曾促使圣枪名声扫地）的支持，罗贝尔与坦克雷德加入了戈弗雷的阵营。从战略上看，分兵有分兵的好处——令耶路撒冷遭受两路攻击，但这也是令人痛苦的不和的产物。

雪上加霜的是，法兰克人难以像在安条克那样长期围攻耶路撒冷。这座城市的围墙很长，这意味着在人力有限的情况下，实施有效的封锁是不可能的。更急迫的问题是时间。十字军从黎巴嫩急行军是一场豪赌（如果说这是有必要的话），他们没有肃清后方或建立可靠的补给网络。他们现在距离最近的盟友也有数百英里之遥，几乎被断绝了获得增援、补给和逃跑的可能性。他们始终知道阿夫达尔正在全面备战，一心要增援圣城并击溃基督徒的入侵。拉丁人近乎自杀的鲁莽推进只给他们留下了一个选项：在

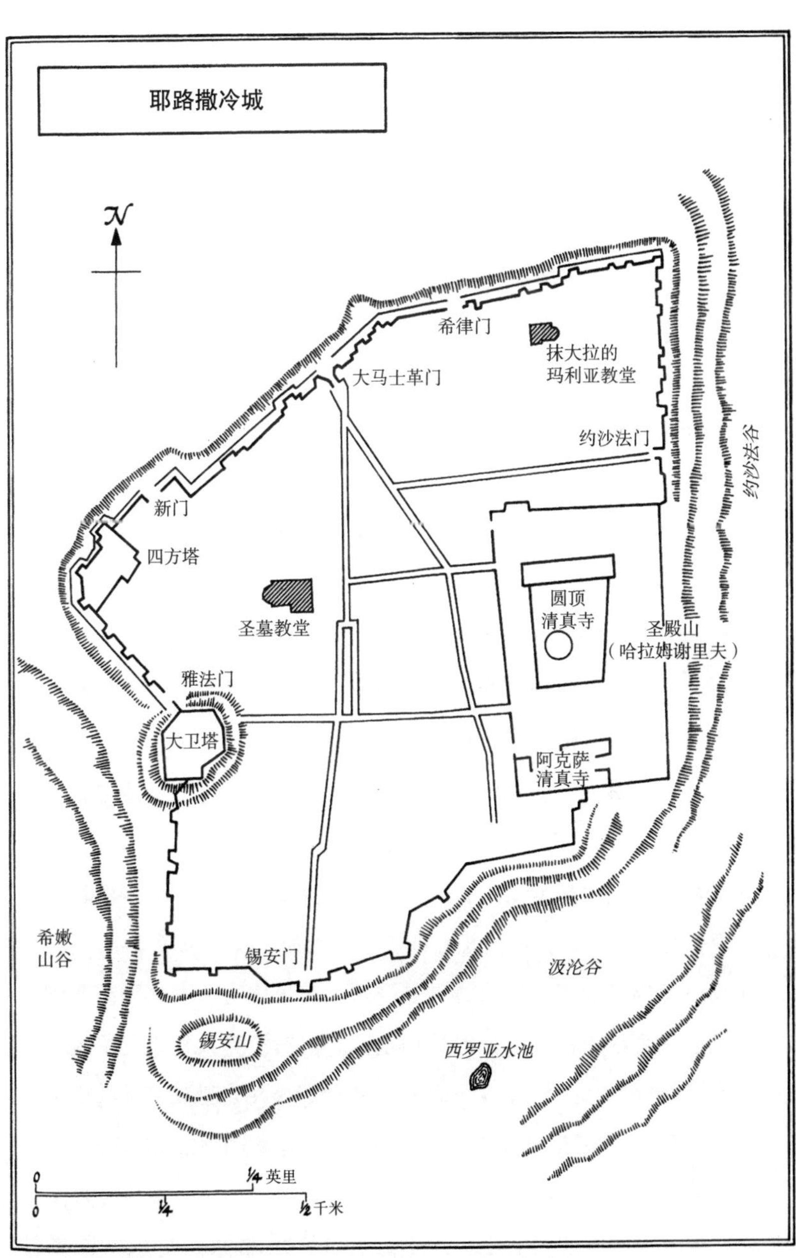
耶路撒冷城
N
希律门
抹大拉的
玛利亚教堂
大马士革门
约沙法门
约沙法谷
新门
四方塔
圆顶
清真寺
圣墓教堂
圣殿山
（哈拉姆谢里夫）
雅法门
大卫塔
阿克萨
清真寺
希嫩
山谷
锡安门
汲沦谷
锡安山
西罗亚水池
0
1/4 英里
0
1/4
1/2 千米

埃及军队到达前，击破耶路撒冷城墙，攻入城中。

在远征这一令人焦虑的最终阶段，法兰克人能召集大约 1.5 万名久经沙场的士兵（其中包括约 1300 位骑士），但军队严重缺乏发动一场强攻所需的物资。他们面对的守军规模无人知晓，但想必有数千之众，其中确定包含由至少 400 名埃及骑兵组成的精英部队。耶路撒冷的法蒂玛王朝总督伊夫蒂哈尔·道莱（Iftikhar ad-Daulah）此时正殚精竭虑地准备迎敌，他通过在周边区域的水井投毒和砍伐树木来坚壁清野，并放逐了大批城内东方基督徒以防内部生变。6 月 13 日，在十字军抵达仅 6 天后，他们发动了第一场直接进攻，穆斯林防御者进行了顽强抵抗。眼下法兰克人的军械库十分寒酸，仅拥有一具云梯，但绝望与一位在橄榄山附近游荡的隐士的预言鼓舞他们放手一搏。实际上，坦克雷德领军对城墙西北角发起了猛攻，几乎形成突破。成功升起他们唯一的云梯后，拉丁军队迅速攀爬而上试图登上墙头，但第一个抓住胸墙的人很快被穆斯林用剑砍断了手，强攻失败了。

这一沮丧的逆转令法兰克王公们重新考虑了他们的战略，决定在适当的武器装备制造完毕前暂缓进攻。当忙碌的原料搜集工作开启时，十字军开始感受到巴勒斯坦夏季的灼热。至少就目前而言，食物并非他们主要担心的因素，因为从拉姆拉运来了谷物。相反，削弱了拉丁人的决心的是缺水。由于周边所有水坑都遭到污染，基督徒被迫四处搜寻饮用水。一位法兰克人相当凄惨地回忆道："形势如此严峻，以至于任何携带罐装污水进入营地的人都能开出任何他想要的价格，倘若有人想要获得净水，花费 5 或 6 第纳尔也无法买到足够一天的水量。此外，酒几乎未被提及过。"一些穷人一度因饮用了被水蛭污染的污秽的沼泽水而死去。[36]

对十字军而言幸运的是，正当物资短缺开始成为常态时，援助从一个似乎从未预想到的地方而来。6月中旬，一支由6艘船只组成的热那亚舰队在雅法（Jaffa，距离耶路撒冷最近的一座地中海小型天然港口）下锚。船员中包含一批能工巧匠，他们带来了包括“绳索、锤子、钉子、斧子、鹤嘴锄、短柄小斧”在内的一系列装备，加入了对圣城的围攻。与此同时，法兰克王公们通过当地基督徒提供的情报找到了附近的一些树林，很快开始用驼队载运木材。这两项进展改变了拉丁人的前景，使他们得以建造攻城器械。接下来的3周里，他们紧锣密鼓地投身于建造攻城塔、投石机、攻城锤和云梯之中，但也毫不放松对阿夫达尔率援兵到来的警惕。与此同时，在耶路撒冷城内，尽管伊夫蒂哈尔·道来监督着自己的几十台投石机的打造以及城墙、塔楼的加固，他也期待着主人的到来。

只有在采取野蛮手段打击对方士气时，守城者与围城者才会暂时停下他们意志坚定的准备工作。在愤怒的十字军眼前，守军常常将木质十字架拖上城墙，并用吐唾沫甚至撒尿的方式达到亵渎的目的。在法兰克人一方，他们则特意将任何俘获的穆斯林在耶路撒冷守军面前处决（通常是斩首）。在一段特别令人毛骨悚然的插曲中，十字军将这一策略推向了新的极致。在逮捕一名穆斯林间谍后，基督徒又一次试图像在昔日围攻中对待其他受害者那样，将他抛射回城以震慑敌人。但根据一位同时期拉丁人的记载，这一次这位不幸的俘虏还活着：“他被放入了投石机，可投石机被其身躯的重量压得过低而无法将这可怜虫抛得太远。他很快坠在城墙附近的尖石上，粉身碎骨，当即毙命。”[37]

7月初，随着攻城武器的建造接近完工，法兰克人得到消息说一支法蒂玛王朝的援军正在集结，迅速取得胜利的需要变得更加急迫。在这孤注一掷的时刻，神启再次起到了鼓舞士气的作用，并赋予远征军一种得到神意支持的感觉。一位普罗旺斯的神父－灵视者彼得·德西迪里厄斯（Peter Desiderius）现在预言说，倘若十字军能首先斋戒 3 天，圣城将会一击拿下。就像在安条克一样，随之而来的是一系列布道、公开忏悔和弥撒。军队甚至拿着棕榈叶围绕城墙举行了一场庄严的赤足游行，然而法蒂玛王朝守军对这场仪式完全没有表示出尊重，当十字军进入射程后便向其倾泻阵阵箭雨。到了 7 月的第二个周末，随着攻城器械建造完毕和精神上得到了宗教热忱的鼓舞，十字军已准备好发起进攻。

进攻耶路撒冷

1099 年 7 月 14 日黎明时分，十字军开始进攻耶路撒冷。在西南方，图卢兹的雷蒙与他剩余的普罗旺斯支持者被部署于锡安山，戈弗雷公爵、坦克雷德与其余拉丁人则占据了城北高地。当号角骤然吹响，法兰克人由两条战线投入了战斗，穆斯林军从北面胸墙凝视晦暗的曙光，突然意识到自己中了计。此前戈弗雷与他的部下花费 3 周在四方塔正前方建造了一座巨型攻城塔。看着这个 3 层的庞然大物一天天增高直至约 60 英尺，法蒂玛王朝守军自然着手加强城市西北角的防御。而这正中戈弗雷下怀。他的攻城塔实际上采用了一种秘密的改良技术：它能够被分解为一系列可移动的部件，随后再迅速地予以重装。在 7 月 13 日至 14 日的晚间，公爵趁着夜色将这个巨型建筑向东移动了超过半英里以上，越过了大马士革门，从而对全新的一段城墙造成了威胁。据一位十字军战士说：

> 第二天早晨，看到我方攻城器械与营帐位置的变化，萨拉森人大吃一惊……促使阵地转移的因素有两个。平坦的地面能让我们的攻城器械更容易接近城墙，北部地区的偏远与不利之处导致萨拉森人对它未做防备。

成功欺敌之后，戈弗雷的首要任务是突破保护耶路撒冷北部主城墙的低矮外墙，因为若无法打开缺口，其大攻城塔将不能面对城市展开部署。法兰克人此前制造了一具大型包铁的攻城锤以突破外层防御工事，如今数十名十字军战士冒着穆斯林守军的箭雨，在拉丁人投石机火力的掩护下，奋力推动着它前进。即使被放置在平板车上，攻城锤还是极其笨重，但经过数小时的努力，它终于成功到位了。通过最后一次猛烈的冲锋，法兰克人将它撞入了外墙，制造了一条巨大的裂缝；实际上，攻城锤冲击得如此之远，以至于胸墙上的法蒂玛军队甚至担心它会危及主城墙，因此用倾泻而下的“燃烧着的硫黄、沥青、蜡”将这可怕的武器点燃。起初十字军冲过去灭火，但戈弗雷很快意识到攻城锤的烧焦残骸将阻碍其攻城塔的前进。于是，战术出现了令人啼笑皆非的反转，拉丁人返回去点燃他们自己的武器，而穆斯林则徒劳地从胸墙上浇水，试图保住这个“路障”。最终，基督徒占了上风，到这一天结束时，北面的法兰克人成功地突破了第一道防线，为正面进攻主城墙开辟了道路。

在城市西南方的锡安山，普罗旺斯人没有获得多大的进展。耶路撒冷的这段城墙得到了一段干壕沟而非幕墙的巩固，因此在之前的数周里，图卢兹的雷蒙规定每向壕沟填充 3 块石头便能领到 1 第纳尔的固定报偿，以确保能迅速跨越该障碍。与此同时，他也在督造自己的移动攻城塔，7 月 14 日，与戈弗雷的攻势遥相呼应，这座巨型战争机器也展开了部署。南方法国人的军队缓慢地朝着城墙移动，进入了敌人的射程，遭遇了一阵飞矢的洪流。由于相信法兰克人主力的攻势将来自锡安山，伊夫蒂哈尔·道莱在这一区域集中了守军的火力，他的部下开始尽情地倾泻火力。一位拉丁目击者形容道："[投石机]射出的石弹划过长空，弓箭像冰雹一般袭来。"此刻前进中的攻城塔也成了敌方凶猛而有效的燃烧弹——"包裹着点燃的沥青、蜡、硫黄、麻屑、破布，[并]附有钉子，以便能钉在它们击中的任何地方"——的靶子。由于未能到达城墙，随着黄昏的来临，雷蒙下令屈辱地撤退。[38]

攻守双方都度过了一个不眠之夜后，战斗重新打响了。南方法国人再度开始推动其攻城塔前进，但数小时后，穆斯林持续的轰击令它遭受重创，并开始崩塌燃烧。随着进攻受挫，雷蒙的部下在一种"疲劳和绝望"的状态下退回了锡安山。然而，不言而喻的是，耶路撒冷守军在两条战线上都面临攻击，这分散了法蒂玛王朝部队的资源，导致北部城墙有机可乘。因此，战斗第二天，戈弗雷与其下属取得了重大进展。由于已突破外墙，他们现在朝向这个豁口及其后的主城墙推动移动攻城塔。在双方蔽日的箭雨下，这座高大的塔楼装载着法兰克人无情地前进着。伤亡是惊人的。一位拉丁编年史家回忆说："死亡突如其来地降临在双方很多人的身上。"戈弗雷本人坐在攻城塔顶层指挥战斗，因此彻底暴露在危险中。一发投石机射出的石弹一度差点轰掉站在他身旁的一名十字军士兵的脑袋。

投石机向法兰克人的攻城塔倾泻着燃烧弹，然而攻城塔由于得到光滑的包裹着兽皮的屏护层的保护，它们无法点燃它，攻城塔依旧坚挺，持续缓缓地前进着。最终，接近正午时，它通过了外层工事的裂缝直抵主城墙。十字军现在距离城墙仅有几码之遥，双方用更轻型的投射武器向对方疯狂地投射，法蒂玛王朝士兵做了最后一次阻止进攻的尝试，动用了他们自己的“秘密”武器。他们准备了一根浸在可燃材料——类似于“希腊火”（一种以石脑油为主要成分的混合燃烧剂），遇水也不会熄灭——中的硕大圆木柱。这根木柱在点燃后被举过城墙抛掷于戈弗雷的攻城塔前方，成为一道“火焰路障”。对拉丁人而言幸运的是，当地基督徒向他们透露了这种可怕、不怕水的火焰的弱点：它能被醋扑灭。于是，戈弗雷在攻城塔中堆满了装满醋的酒囊，现在用它们扑灭了熊熊火焰。当地面上的法兰克人冲过去推开余烟袅袅的木柱时，通往城墙的道路终于打开了。

拉丁人进攻的成败现在取决于能否在城墙上站稳脚跟。攻城塔可观的高度为法兰克人带来了一个重大优势，由于这一地段的主城墙高约 50 英尺，戈弗雷与在塔顶的部下得以居高临下用火力压制守军。在激战中，十字军突然发现附近的一座塔楼及部分城墙着火了。无论是借助了投石机发射的燃烧弹还是火箭，法兰克人成功地点燃了主城墙的木质底层构造。熊熊火焰“产生了大量烟雾和火焰，守卫的城民没有一个能留在附近”。在恐慌和混乱中，面对十字军攻城塔的守军突然撤退了。意识到机会可能转瞬即逝，戈弗雷匆匆砍下一块保护攻城塔的屏护层，令它形成了一座临时的通往城墙的桥梁。当第一批十字军涌上城头时，几十名攻城塔下的法兰克人举着云梯向前冲，开始爬上城墙巩固其阵地。

一旦戈弗雷与部下戏剧性地实现了第一处突破，耶路撒冷的穆斯林守军便在惊恐中迅速溃散了。看见城头出现了法兰克人，震慑于他们野蛮残酷的名声，北部城墙的驻军吓得抱头鼠窜。很快，整个守军陷入了混乱。当令人难以置信的突破消息传来时，图卢兹的雷蒙还在锡安山上挣扎，他的部队似乎正处于失利的边缘。忽然，刚刚还在凶狠战斗的南部前线的穆斯林守军开始放弃阵地。其中一些人甚至被看到惊恐地跳下了城墙。普罗旺斯人分秒必争地冲入城内与十字军同伴会合，劫掠开始了。[39]

“解放”的恐怖

1099 年 7 月 15 日正午刚过，第一次十字军实现了他们长久以来的梦想——征服耶路撒冷。他们怀揣嗜血和贪婪的渴望涌过街道，在圣城肆虐。穆斯林的抵抗力量在他们面前瓦解，但多数法兰克人无心俘虏他们。相反，三年来的冲突、苦难和期盼交织在一起，引发了一场肆无忌惮的野蛮屠杀。一位十字军欣喜地报告说：

> 随着耶路撒冷及其塔楼的陷落，人们能目睹以下杰作。一些异教徒被仁慈地斩首，其余的则被从塔楼射出的箭穿透，还有一些人被折磨了很长时间，葬身于烈火之中。房屋内、街道上，到处是一堆堆的头颅、手足，士兵与骑士们就在尸体上跑来跑去。

许多穆斯林逃往了哈拉姆谢里夫，其中一些在那里集结并进行了徒劳的抵抗。一位拉丁目击者称：“全体守军沿着城墙撤退，穿过城市，我们的人紧追不舍，一路砍杀直至［阿克萨清真寺］，那里发生了大屠杀，敌人的鲜血淹没了我军士兵的脚踝。”坦克雷德将自己的旗帜赠给了一群蜷缩在阿克萨清真寺屋顶的难民，表示他们已成为自己的俘虏，但即使是他们也在稍后被其他冷血的法兰克人杀害了。据一位拉丁人记载，大屠杀如此恐怖以至于“正在执行杀戮的士兵也难以忍受从热血中升起的血雾”。另外一些十字军战士在城内随意游荡，屠杀男人、妇女和孩童，既有穆斯林亦有犹太人，同时一直在贪婪地洗劫。[40]

拉丁语与阿拉伯语的史料对这场洗劫的极度恐怖均不讳言，一方为胜利而自豪，另一方则震惊于它赤裸裸的野蛮。随后的数十年中，近东伊斯兰教徒逐渐将拉丁人在耶路撒冷的暴行视为十字军的野蛮和玷污之举，急切要求进行报复。至 13 世纪，伊拉克穆斯林伊本・阿西尔（Ibn al-Athir）估计穆斯林死难人数为 7 万。现代历史学家长期认为这是夸大之词，但通常认为拉丁人估计的超过 1 万人可能是准确的。然而，近期的研究发现了差不多同时代的希伯来语的证言，它声称遇难者可能不超过 3000 人，而耶路撒冷陷落时被抓获的俘虏很多。这说明，即使在中世纪，1099 年十字军暴虐凶残的形象也被双方夸大和歪曲了。

虽然如此，我们仍然必须承认十字军屠杀的惨无人道。当然，一些耶路撒冷的居民逃过了一劫；例如伊夫蒂哈尔・道莱躲入大卫塔避难，稍后便与图卢兹的雷蒙谈妥条件获得了自由。但法兰克人的屠戮并非仅是一场狂怒的野性爆发；它是一场持续了至少两天的漫长而冷酷的杀戮运动，令城市化为一片血海，到处都是尸体。盛夏的酷热很快让尸臭变得难以忍受，死者被拖出城外，“堆成了房屋大小的座座小山”，随后被火化了。甚至在 6 个月后，一位首次到访巴勒斯坦的拉丁人还评论说圣城依旧散发着腐败的尸臭。

关于耶路撒冷的征服，另一个无可辩驳的事实是，十字军并非仅仅受嗜血与劫掠的欲望所驱动，他们也受到宗教虔诚的鼓舞，真诚地相信自己在为上帝效力。因此，充满可怕的洗劫和杀戮的第一天以一场礼拜仪式收尾。1099 年 7 月 15 日黄昏，这是一个完美体现十字军将暴力与信仰非同寻常地融为一体的时刻——拉丁人聚集在一起共同含泪感谢上帝。一位同时代拉丁人欣喜地写道："教士与俗人共同走向耶稣的墓地与显赫的圣殿，他们满怀喜悦地高唱一首新的弥撒曲，献上祭品与谦恭的祈祷，美梦成真，他们终于拜访了圣地。"在多年的令人绝望的苦难与斗争之后，第一次十字军完成了惊人的盛举：耶路撒冷落入了基督徒之手。[41]

余 波

十字军很快转而开始考虑他们新获战利品的未来。在跋涉 2000 英里为拉丁基督教世界声索耶路撒冷后，所有人都清楚，这座城市现在必须得到治理与防卫。教士们主张，如此圣洁之地不应服从于世俗君主的统治，而是认为应建立一个由教会掌控的神权国家，而圣城是它的首都。但由于耶路撒冷的希腊牧首近期在流亡中死于塞浦路斯岛，因此没有公认的候选人支持这一事业。图卢兹的雷蒙觊觎着拉丁人国王的地位，但他自阿尔卡以来声望大跌；1099 年 7 月 22 日，十字军胜利的主要缔造者布永的戈弗雷获得了统治权。作为对教士们的安抚，他接受了"圣墓守护者"（Advocate of the Holy Sepulchre）的头衔，这意味着他只会充当耶路撒冷的保护者。[42]

雷蒙的野心再度受挫，狂怒的伯爵试图占据大卫塔，但失败了，随后他愤怒地放弃了圣城。在他缺席的情况下，圣枪的批评者、法国诺曼十字军战士绍克的阿努尔夫被选为新的候任宗主教。任命一名拉丁人担任此圣职的想法粗暴地侵犯了希腊教会的权利，这清晰地表明与拜占庭合作的政策已被放弃。到目前为止，阿努尔夫的当选仍未得到确认，它需要获得罗马的批准，但这并不能阻止他制造一种相当可耻的宗教上的偏执气氛。在数月中，法兰克人曾经于圣战期间负责保护的同一批东方基督教“教友”遭到了迫害，亚美尼亚人、科普特人、雅各派（Jacobites）、聂斯托利派（Nestorians）纷纷被逐出圣墓教堂。

新秩序通过培育它自己的圣髑崇拜而得到巩固，有关圣枪的颜面丢尽的记忆注定要被驱逐。大约在 8 月 5 日，一具真十字架（True Cross）重现于世。这件圣髑（很可能是一个相当破旧的镶裹金银的十字架）被认为包含一块来自钉死耶稣的十字架的木料。它显然在穆斯林统治耶路撒冷期间由当地基督徒隐藏了数代人之久。在阿努尔夫及其支持者的操弄下，这件所谓的耶稣遗物很快成了耶路撒冷新拉丁王国的图腾，象征着法兰克人的胜利与十字军理想的功绩。

最后的战斗

宗主教和布永的戈弗雷都没有太多的机会去享受他们新获得的地位。8 月初，有消息传来称阿夫达尔已经召集了一支由约 2 万名凶悍的北非人组成的军队在巴勒斯坦南部港口亚实基伦（Ascalon）登陆。再过几天，维齐就会为伊斯兰教夺回耶路撒冷。

在经历了所有的考验和苦难之后，饱受派系之苦、寡不敌众的法兰克人现在面临着一种十分现实的前景——全军覆没，其非凡的成就烟消云散。

与其坐等被围困，戈弗雷决定冒着一切风险先发制人地打击法蒂玛王朝军队。8 月 9 日，他离开圣城，其部队赤足行进，犹如忏悔的基督士兵，随军的还有宗主教阿努尔夫与真十字架圣髑。在之后的几天里，戈弗雷还是勉强拼凑出一个誓死一搏的拉丁人联盟，图卢兹的雷蒙也重返战斗。曾经庞大但龙蛇混杂的法兰克军队如今已缩减为一支由十字军幸存者组成的坚毅而精锐的劲旅，大约共计 1200 名骑士和 9000 名步兵。8 月 11 日，部队南下向亚实基伦开拔，但在这天快结束时，他们捕获了一群埃及间谍，后者透露了阿夫达尔的作战计划及其部队规模和部署计划。在意识到兵力只有对方一半的劣势后，十字军选择出奇制胜。第二天拂晓，他们对驻扎在亚实基伦城前的仍在睡梦中的法蒂玛军队发动了突袭。由于过于自信，阿夫达尔并未安排足够的瞭望哨，这使法兰克人在震惊的穆斯林军中如入无人之境。当拉丁骑士长驱直入，来到营地中心虏获了阿夫达尔本人的旗帜及他的大部分私财时，战斗很快演变为一场溃败：

> 在巨大的惊骇中，[法蒂玛士兵]爬到树上躲藏起来，在被我军用弓箭射穿他们、投掷长矛杀死他们后，他们如鸟儿一般从枝头坠下。稍后基督徒徒劳无益地用剑砍下了他们的首级。另一些异教徒则出于恐惧匍匐在基督徒脚下。然后我军就像屠夫宰牛一般将他们千刀万剐了。[43]

六神无主之下，阿夫达尔逃往亚实基伦并立即乘船返回了埃及，任由十字军粉碎一切残存的抵抗、获取大量战利品，其中包括阿夫达尔本人的宝剑。第一次十字军通过了最终考验，但其领导层长期以来因为意气用事而造成的分裂如今令它付出了高昂的代价。遭到抛弃、惴惴不安的亚实基伦守军在那个 8 月原本准备投降，但他们要求与图卢兹的雷蒙谈判，因为后者在耶路撒冷的浩劫中信守了诺言。由于担心这位普罗旺斯伯爵借此建立他的独立海滨领地，戈弗雷进行了干预，谈判也破裂了。在十字军浪掷这一机会后，亚实基伦落入了穆斯林之手。未来的数十年里，一支复苏的法蒂玛王朝海军证明自己能够保卫这一巴勒斯坦据点，令新生的耶路撒冷王国面临埃及进犯的危险。

返回欧洲

在亚实基伦取得胜利后，大部分十字军战士认为已经完成了使命。他们不顾一切困难，出人意料地从前往圣地的艰苦朝圣之旅中幸存下来，“奇迹般地”收复了耶路撒冷并击败了强大的埃及法蒂玛王朝军队。几年前领取十字的数万大军中生还的仅是少数，如今他们大多归心似箭。至夏末，他们加入了诺曼底的罗贝尔与佛兰德的罗贝尔，从叙利亚登船返航，留给戈弗雷保卫巴勒斯坦的只有 300 名骑士和大约 2000 名步兵。坦克雷德是十字军主要王公中唯一留下的，因为他期待着在东方建立自己的独立统治。

极少数（如果真有的话）十字军战士带着财富回到了欧洲。在耶路撒冷与亚实基伦获得的战利品似乎很快作为路费被消耗殆尽，很多人返回家乡时接近赤贫，并且疲惫不堪，备受病痛的折磨。许多人随身携带着一种形式不同的“财富”——宗教“财富”：

圣徒的圣髑、圣枪和真十字架的残片，抑或仅仅是一片耶路撒冷的棕榈叶（这是他们完成朝圣的标志）。例如，隐士彼得将施洗者约翰与圣墓的圣髑带回了法国，并为纪念它们而在列日（Liège）附近正式建立了一座奥古斯丁会修道院。几乎所有人的功绩都得到了一定程度的肯定，十字军们被普遍冠以“耶路撒冷旅行者”（Hierosolymitani）的荣誉称号。

当然，有数以百计（甚至数以千计）的法兰克人并没有享受“英雄归来”的待遇；他们（例如布卢瓦的艾蒂安）在远征结束前开了小差，因此未能履行朝圣的誓言。这些“逃兵”招来了一股毁灭性的公众责难。艾蒂安遭到了妻子阿德拉（Adela）的公开训斥。他和许多人一样，试图通过参加一次新的冒险（1101 年的十字军东征）来抹除这一耻辱的污点。教皇乌尔班二世自 1096 年起就一直鼓动拉丁人驰援黎凡特。1099 年夏天，就在攻占耶路撒冷的消息传至罗马前，乌尔班溘然长逝了，但他的继承者帕斯夏二世（Paschal Ⅱ）很快接过其衣钵，发起了一场对新生的法兰克东方殖民地的大规模军事支援。受第一次十字军胜利的故事的鼓舞，战役的招募工作异常顺利，吸引了各种声名狼藉的人和数千名新的狂热分子。与 1096—1097 年聚集的兵力不相上下的军队开往君士坦丁堡，图卢兹的雷蒙最近恰好抵达拜占庭以恢复与阿莱克修斯皇帝的盟约，在那里他与他们合兵一处。

尽管表面上兵强马壮，但事实证明，1101 年的十字军东征是一次令人震惊的惨败。远征军置艾蒂安与雷蒙的忠告于不顾，忽视了联合行动的必要性。相反，不少于 3 支的军队各自穿越小亚细亚进军，每一支都被当地塞尔柱突厥统治者的强大联军剿灭，后者现在意识到了十字军入侵带来的威胁。由于过分低估敌人的抵抗力度，1101 年的十字军在一系列毁灭性的军事交锋中被消灭。幸存的人寥寥无几（其中包括艾蒂安和雷蒙），他们踉跄地逃到了叙利亚和巴勒斯坦，尽管如此他们依旧没有取得任何实质性的成果。[44]

或许出人意料的是，上述逆转并没有抑制拉丁欧洲对“十字军运动”观念的热情。事实上，很多同时代人认为，据说由于罪孽深重的傲慢而惨吞败果的 1101 年战役，只不过起到了加强第一次十字军成就的奇迹色彩的作用。然而，尽管教皇企图试验这种新式的圣战，并将第一次十字军东征的记忆与不同的冲突联系起来，但 12 世纪初期却并没有掀起十字军运动的热潮。事实上，几十年过去之后，法兰克人的西方才发动了规模能和 1095、1101 年相提并论的捍卫圣地的远征。这导致征服耶路撒冷后留在黎凡特的拉丁人陷入了孤立无援的境地。

记忆与想象中的第一次十字军东征

第一次十字军东征的成功令拉丁基督教世界感到震惊。对很多人来说，只有用上帝的力量才能解释十字军在安条克的幸免于难和在耶路撒冷的最终奏凯。倘若远征折戟近东，十字军运动这一理念很可能就会被丢在一旁。结果，在随后的几个世纪中，该胜利激起了人们对这种新式宗教战争的热忱，而第一次十字军东征成了或许是中世纪最被广泛记载的历史事件。

有关十字军东征的记忆在拉丁欧洲的形成

纪念十字军东征的工作几乎立即就开始了，因为在 12 世纪的头几年里，一些亲历者试图记录、歌颂这场战役。其中最具影响力的当数《法兰克人的功绩》（*Gesta Francorum*），它于1100年左右在耶路撒冷完成，很可能出自一位具有一定文化水平的南意大利诺曼贵族十字军战士之手。虽然这部文献看似以佚名作者的亲身经历编撰而成，但它不能被当作类似日记的纯粹的目击者记录。相反，《法兰克人的功绩》的作者采用了一种在中世纪欧洲刚刚出现的与传统编年史迥异的新方法来记录过往。通过将成千上万的亲历者的经历提炼为一个单一的总体叙事，他创作了十字军东征的第一部历史叙事，讲述了一个史诗般的英雄故事。其他十字军老兵，包括阿吉莱尔的雷蒙、沙特尔的富尔彻与彼得·图德博德（Peter Tudebode），都把《法兰克人的功绩》作为构建自己的叙事记述的蓝本，这是一种在这个时代常见的剽窃形式。现代学者求助于以上大量历史证据和十字军战士的战时书信来重建拉丁人对远征的看法。通过交叉比对来自非法兰克人的史料（由穆斯林、希腊人、黎凡特基督徒和犹太人撰写）的相关证据，他们试图构建出第一次十字军东征中真正发生的事件的最准确的画面——这可被称作经验主义式的重建。[45]

然而，在12世纪的头10年里，一些生活在欧洲的拉丁人开始撰写（或者更准确地说是改写）十字军东征史。其中的3位——兰斯的罗贝尔（Robert of Rheims）、诺让的吉贝尔（Guibert of Nogent）与布尔格伊的巴尔德里克（Baldric of Bourgueil）尤其重要，因为他们撰写的作品广受欢迎、意义重大。三人均是居住于法国北方受过高等教育的本笃会修士，都没有在欧洲之外经历圣战的亲身体验。他们彼此素昧平生，却几乎同时以《法兰克人的功绩》为基础开始撰写第一次十字军东征的新作。用他们自己的话说，他们之所以从事这项工作，是因为《法兰克人的功绩》“文辞粗鲁”，使用的是“不优雅、粗俗的语言”。但是罗贝尔、吉贝尔和巴尔德里克绝不仅仅是为《法兰克人的功绩》使用的中古拉丁文进行润色。他们在故事中添加了新的细节，有时是从其他“见证人”（例如沙特尔的富尔彻）的文本中收集这些信息，另外的则来自亲历者的口头证词或可能来自他们自己的想象。关键在于，三人基本上重新诠释了第一次十字军东征。

例如，与《法兰克人的功绩》相比，兰斯的罗贝尔博学地大量引用圣经典故。他用这些来自（或类似于）《旧约》和《新约》的引文将十字军东征置于一个更明确的基督教语境之中。罗贝尔还强调远征的奇迹性，主张它的成功并非人力所致，而是源自上帝意志的神力。此外，罗贝尔改写了整个十字军东征的故事。《法兰克人的功绩》仅仅间接地提到了乌尔班二世为战役所作的布道，以便将安条克的围攻与夺取设定为征途的顶峰，在耶路撒冷发生的事件几乎像是后来添加上去的。相反，罗贝尔以对教皇在克莱蒙布道的长篇记载作为其历史著作的开端（罗贝尔声称自己曾亲临现场），并远为强调对圣城的攻克。通过这种方式，他将远征刻画为由教皇发起、指导并赋予合法性的一次冒险，并申明十字军东征的终极目标正是为基督教世界光复耶路撒冷。

当然，罗贝尔的历史叙述并未篡改十字军东征的史实，吉贝尔与巴尔德里克的记述亦是如此。但他们的作品对于把握十字军东征的全貌十分重要，因为与诸如《法兰克人的功绩》这样的文本相比，它们在中世纪同时代人中得到了远为广泛的阅读。同样地，这些本笃会修士的重写作品塑造了 12—13 世纪的人们回忆和思考十字军运动的方式。兰斯的罗贝尔的历史著作尤其受到赞誉——相当于一部在中世纪知识精英中流传的畅销书。它亦成为有关本次远征最负盛名的事功歌（chanson de geste）《安条克之歌》（*Chanson d'Antioche*）的资料来源，这首长达1万行的古法语作品将十字军刻画为基督教的传奇英雄。《安条克之歌》采用了流行的歌谣（chanson）——很快成了西欧重述“历史”事件广泛采用的方式——形式，用俗人听众熟悉的俗语撰写，便于公开诵读。如此一来，它在很大程度上塑造了拉丁基督教世界对第一次十字军东征的主流印象。

从第一批“亲历者”文献到诸如罗贝尔的历史叙述与《安条克之歌》，纪念十字军东征的过程逐渐深远地影响了对事件的想象：将布永的戈弗雷拔高为远征的唯一领袖；嵌入有关“圣枪”的奇迹作用的记忆；巩固“殉道的”十字军战士必然能得到天国的奖赏的理念。或许在历史上最引发争议的是对1099年7月15日及之后耶路撒冷事件的重构和操弄。拉丁人对圣城的劫掠很快被同时代基督徒诠释为一场被神认可的胜利，而在穆斯林看来这一彻底的野蛮行径体现出法兰克人与生俱来的暴虐。基督徒史料从不试图低估耶路撒冷陷落时死亡的“异教徒”人数，相反，他们以此为荣——这无疑让人感到震惊。他们还沉醉于在阿克萨清真寺的屠杀场面。《法兰克人的功绩》记载十字军在屠戮中被鲜血淹没了脚踝。然而，另一位“见证人”阿吉莱尔的雷蒙放大了这一意象。借用一段《新约·启示录》中的经文，他声称法兰克人“策马前行时敌人的鲜血淹至了膝盖和缰绳处”。12世纪中，这一更为极端的意象被广为接受，并被大量西欧历史学家和编年史家一再引用。[46]

第一次十字军东征与伊斯兰世界

面对第一次十字军的暴力征服，伊斯兰世界却报以惊人的沉默。与拉丁基督徒在作品中做出的大量评论相比，从这场战役中并没有涌现出与之匹配的阿拉伯语证词。事实上，流传至今的第一批详细描述十字军东征的阿拉伯编年史是在12世纪50年代左右写成的。即使是这些作品（由阿勒颇人阿齐米和大马士革人伊本·加拉尼西［Ibn al-Qalanisi］撰写），其内容也相对简略——只不过是一部叙事大纲，涉及穿越小亚细亚及发生于安条克、马拉特和耶路撒冷的事件，并不时对法兰克人的暴行予以谴责。其中包括对1098年6月初安条克陷落时大量市民"被杀、被俘、沦为奴隶"的评论，以及对十字军洗劫圣城期间"大量［耶路撒冷平民］遭到屠戮"的观察。

到了13世纪20年代，伊拉克历史学家伊本·阿西尔的谴责有了更多的细节，他写道："在阿克萨清真寺，法兰克人杀死了超过7万人，其中许多是伊玛目、宗教学者、义人和苦行者，这些穆斯林背井离乡来到圣地以便过上圣洁的生活。"接下来他描述了法兰克人是如何洗劫圆顶清真寺的。伊本·阿西尔补充道：一个叙利亚穆斯林代表团于1099年夏末觐见在巴格达的阿拔斯王朝哈里发，乞求援助以抵御法兰克人。据说他们详述了在拉丁人治下的苦难，"这令人们眼含泪水，心如刀割"；他们还在聚礼日（Friday prayer）上公开表达了抗议。然而，其请求收效甚微，编年史家的结论是："统治者们离心离德……因此法兰克人征服了这些土地。"[47]

伊斯兰世界明显对第一次十字军东征缺乏历史兴趣，这应当如何解释？在西欧，这次远征被视为一场惊天动地的胜利广受称颂，而在 12 世纪早期的伊斯兰世界，它似乎没怎么被当成一件大事。在某种程度上，这可能可以被归结于伊斯兰编年史家想要尽量少地提及穆斯林的战败，或伊斯兰宗教学者对军事事件普遍不感兴趣。尽管如此，多数同时代阿拉伯文献并未明显地向拉丁人大张挞伐或疾呼报仇雪恨，还是令人感到意外。

在耶路撒冷失陷后的几年里，的确有为数不多的穆斯林呼吁对第一次十字军东征采取联合回击，其中包括一些诗人，他们的阿拉伯语诗歌在以后的文集中一再出现。阿比瓦尔迪（Al-Abiwardi，定居巴格达，于 1113 年去世）将十字军东征描述为“一个灾难的时代”并声称“这是一场战争，异教徒亮出手中长剑，准备以人们的脖子和头颅为鞘将之封存”。大约在同时期，大马士革诗人伊本·哈亚特（Ibn al-Khayyat，此前曾居住在的黎波里）记述了法兰克军队如何“掀起了一阵腥风血雨”。其诗作悲叹穆斯林乐于接受基督徒的贿赂并因同室操戈而虚弱不堪。他还敦促读者们采取暴力行动：“多神论者的头颅已经熟了，只待你们像收葡萄、割庄稼一样去采摘！”最引人关注的回应来自阿里·伊本·塔希尔·苏拉米（Ali ibn Tahir al-Sulami，一位供职于大马士革的倭马亚大清真寺的穆斯林法学家）。1105 年左右，他似乎就圣战（吉哈德）的益处以及伊斯兰世界急需联合起来对第一次十字军果断发起反击做了一系列公开演讲。他的观点被记录在一篇名叫《圣战之书》（*Kitab al-Jihad*）的文章中，其中的片段留存至今。然而，尽管苏拉米对法兰克人构成的威胁不乏先见之明，但和那些诗人一样，他对采取行动的号召没有得到重视。[48]

伊斯兰世界对十字军的到来显然缺乏协调一致的反应，这可以从几个方面加以解释。总的来说，近东与中东的穆斯林似乎对第一次十字军的身份和他们来到圣地的原因一知半解。多数人猜想拉丁人实际上是拜占庭的雇佣军，他们仅从事短期的军事入侵，而非投身于征服并殖民黎凡特的战士。这些误解促使伊斯兰世界对1097—1099年事件没能迅速做出回应。倘若穆斯林认识到了十字军的真实规模与实质，他们或许会受此激励而至少暂时搁置内斗，一致御敌。结果，根本性的分歧依旧如昔。叙利亚、伊拉克的逊尼派与埃及法蒂玛王朝的什叶派之间仍有一条无法逾越的鸿沟。大马士革与阿勒颇的突厥统治者之间的对立也从未消退。在巴格达，塞尔柱苏丹与阿拔斯王朝哈里发都全神贯注于他们自己在美索不达米亚的权力斗争。

在接下来的一个世纪中，上述问题中的某些得到了解决，发动吉哈德对抗法兰克入侵者的热情传遍了地中海东部的伊斯兰世界。然而，在一开始，入侵黎凡特的拉丁人并未面临坚决的泛伊斯兰反击。这给了西方基督教世界一个巩固其对圣地的控制的重要机会。

4

十字军诸国的建立

第一次十字军东征令拉丁基督教世界掌控了耶路撒冷与两座伟大的叙利亚城市——安条克和埃德萨。随着这些惊人的成就，当法兰克人扩张、巩固了他们在黎凡特的领地时，一处西欧世界新的前哨便在近东诞生了。在中世纪，这片地区有时被称作“海外之地”（法语：Outremer），而在今天，12 世纪最初几十年出现了 4 个主要的殖民地——耶路撒冷王国、安条克公国、埃德萨伯国和的黎波里伯国——通常被称为“十字军诸国”。[49]

接下来的几个世纪中，十字军运动的核心任务是保卫西方基督教世界这片孤悬海外的东方领地。事后看来，人们太容易忘记，在第一次十字军东征之后的几年里，十字军国家前途未卜。远征成就了不可能之事——光复圣城，但十字军在朝向这个单一目标狂喜迈进时，很大程度上忽略了系统性征服的必要性。因此，海外之地第一代法兰克定居者继承的是由若干资源匮乏的城镇组成的松散拼盘，其脆弱的“新世界”摇摇欲坠，濒临灭绝。1100 年时，十字军诸国看上去岌岌可危，十字军所有浴血奋战取得的胜利似乎都将被抹去。[50]

圣城的守护者

耶路撒冷第一任法兰克统治者布永的戈弗雷很快看清了这一难题。由于他只有微薄的兵力、巴勒斯坦大部分地区仍未被征服、阿拔斯王朝与法蒂玛王朝的伊斯兰军队虽受到震慑但远未覆灭，他最初的前景黯淡无光。戈弗雷的第一要务是扩张拉丁人在圣地的根据地并保障与西方海路的畅通。为了实现这两点，他选择了阿尔苏夫（一座位于雅法以北由穆斯林控制的设防小型港口）为目标，然而，尽管在1099年秋季进行了一次艰苦的围攻，他却未能攻占该地。

戈弗雷只好在12月初返回圣城以应对新的危险——内战。鉴于他的晋升引发的争议以及他放弃君主头衔的明确决定，戈弗雷在巴勒斯坦法兰克领地中的权威面临着挑战。坦克雷德的持续驻留已经造成了一些难题，但随着一支显赫的拉丁"朝圣者"代表团在1099年12月21日到来，内部颠覆的可能性增加了。塔兰托的博希蒙德与布洛涅的鲍德温分别从安条克和埃德萨南下，通过朝拜圣地来实现自己的十字军誓言。随行的还有黎凡特的新任教皇使节、大主教比萨的戴贝尔特（Daimbert of Pisa），此人颇具个人野心，并笃信教会权力。以上每一位显贵都怀揣着统治耶路撒冷的愿望（无论将它变为世俗国家还是神权国家），他们的出现意味着不言而喻的明显的威胁。然而，借助政治上的实用主义，戈弗雷设法将他们的抵达变得对己有利。在伯利恒（Bethlehem）庆祝主降生节（Feast of the Nativity）后，他选择反对绍克的阿努尔夫，转而站在了戴贝尔特一边。通过支持大主教对宗主教之位的候选资格，戈弗雷化解了博希蒙德与鲍德温的直接威胁，并且确保得到了急需的比萨舰队从海上的支持（由 120 艘船组成，随戴贝尔特来到近东）。这份新协定并非没有代价——圣城的一部分被献给了宗主教，比萨人则被允许在雅法港获得一块居住区。

1100 年 1 月，鲍德温和博希蒙德返回了他们的北方领地，在接下来的 6 个月中，后者驱逐了安条克的希腊牧首，用拉丁宗主教取而代之，通过损害拜占庭的利益来巩固法兰克人在叙利亚的权威。然而，1100 年 7 月，在其公国北部边界之外的一场相当轻率的战斗中，博希蒙德受到了一支安纳托利亚突厥军队的袭击，沦为阶下囚。接下来的 3 年，这位伟大的十字军将领将在囹圄中度过，后来有传言说，为了打发时间，他一面追求一位迷人的名叫梅拉兹（Melaz）的穆斯林公主，一面祈祷圣伦纳德（St Leonard，基督徒囚犯的主保圣人）显灵搭救。

1100 年初，在巴勒斯坦，戈弗雷调度比萨舰队，在威慑穆斯林控制的阿尔苏夫、阿卡、凯撒里亚、亚实基伦方面取得了一定成功，上述每个沿海居民点均同意向法兰克人纳贡。与此同时，坦克雷德正忙于在加利利（Galilee）建立自己的半独立领地，并相对轻松地从穆斯林手中夺取了太巴列（Tiberias）。随着比萨舰队于春季离去而新的威尼斯舰队在 6 月中旬抵达圣地，戈弗雷对戴贝尔特宗主教的依赖减弱了。但在他能够利用新的机会行使君权前，公爵患了病，这似乎发生在享用了凯撒里亚穆斯林埃米尔用来待客的柑橘之后。尽管存在些许下毒的怀疑，但最有可能的是，在那个炎炎夏日（即使按照黎凡特的标准也是如此），戈弗雷感染了类似伤寒的疾病。7 月 18 日，他做了临终告解，并最后一次参加圣餐仪式，据一位同时代的拉丁人说，“在一面灵盾的保护下”，这位耶路撒冷的十字军征服者（刚刚年过 40）“被这束光带走了”。5 天后，为了表示对其地位与成就的尊重，戈弗雷的尸体被葬在了圣墓教堂的入口处。[51]

上帝之国

1100 年 7 月，布永的戈弗雷之死令初生的法兰克耶路撒冷王国陷入混乱。戈弗雷似乎希望将圣城的统治权传给弟弟布洛涅的鲍德温（第一代埃德萨伯爵）。但戴贝尔特宗主教依旧对耶路撒冷心存幻想：这座城市将成为上帝之国在尘世的化身，并成为以宗主教为首脑的神权国家的首都。倘若他于戈弗雷临终之际守候在其身旁，这一幻想或许还有成真的可能。然而，戴贝尔特当时正随同坦克雷德围攻港口城镇海法（Haifa）。支持戈弗雷亲族的人（包括绍克的阿努尔夫与格尔德玛尔·卡尔皮内［Geldemar Carpinel］）抓住机会采取行动，他们占据了大卫塔（统治耶路撒冷的战略关键地点）并派遣信使北上召唤鲍德温。

大约在 9 月中旬，噩耗传至了埃德萨。此时伯爵大约 35 岁，据说他“个子很高［且］肤色白皙，长着深棕色的须发，［还有一个］鹰钩鼻”，仅仅因为凸出的上唇和稍稍后缩的下颚使其面貌略显瑕疵。考虑到鲍德温的品质与天性（他野心勃勃，并且天生具有冷酷无情的进取心），来自巴勒斯坦的邀请意味着一个惊人的机会。即便是他的随军神父、第一次十字军东征的老兵沙特尔的富尔彻也不得不承认鲍德温“为兄长的死略感悲伤，但更多的是为他继承的遗产感到高兴”。接下来的几周里，鲍德温迅速地处理了伯国内的事务。为了确保他在黎凡特的第一处领地依旧由法兰克人掌控并服从自己的权威，鲍德温安排他的同名表亲布尔克的鲍德温（Baldwin of Bourcq，一位默默无闻的第一次十字军东征参加者）成为新任埃德萨伯爵。此时他似乎已承认了布洛涅的鲍德温的宗主权。[52]

10月初，鲍德温仅仅率领200名骑士和700名步兵从叙利亚北部出发，途经安条克，之后在黎巴嫩的多格河（Dog River）附近击退了大马士革的杜卡克领导的一支庞大的穆斯林部队。一旦进入巴勒斯坦，鲍德温便迅速采取行动，智胜坦克雷德和戴贝尔特：他提前派遣自己最信赖的骑士之一福康贝格的于格（Hugh of Falchenberg）前往大卫塔与戈弗雷的支持者们取得联系，并精心安排一场适当的进入圣城的欢迎仪式。当鲍德温于11月9日最终到达耶路撒冷时，迎接他的是隆重（很可能受到了指挥）的庆祝活动，站满了欢呼的拉丁、希腊和叙利亚基督徒。面对如此明显的公众支持，戴贝尔特无计可施。当鲍德温在11月11日被正式宣布成为耶路撒冷的新任统治者时，宗主教在城外锡安山小修道院中躲了起来。

然而，鲍德温目前还无法索求国王头衔；他必须先接受加冕礼。在这一具有数百年历史的典礼上，会有一个人戴上王冠，然而这并非人们想象的那样是仪式的核心部分。这项殊荣属于涂油礼，那时圣油将经上帝在人间的一位代表（例如一位大主教、宗主教或教皇）之手倾倒在统治者头顶。此举令一位君主卓尔不群，并使他获得天赋王权。为实现这一擢升，鲍德温需要与教会达成某种形式的和解。

他通过显示强硬态度来开启统治：在王国南部、东部边境进行长达一个月的突袭行动，保护朝圣之路的安全并骚扰亚实基伦的埃及驻军。对他的臣民及邻居们来说，鲍德温显然为这个拉丁王国带来了一种新的使命感和一股力量。戴贝尔特正确地认识到，在这个新政权下，他最好继续留任，而不是冒险失去宗主教之位。1100 年 12 月 25 日，在伯利恒的圣诞教堂（时间、地点都富有象征意义），宗主教为布洛涅的鲍德温加冕涂油，后者成了第一任耶路撒冷的法兰克国王。通过此举，戴贝尔特实际上断绝了一切认为十字军国家应以神权国家形态存在的想法。他的屈服也避免了一场潜在的惨烈内战。

然而，宗主教并未从这次让步中获得长期的自保。在接下来的几年中，鲍德温一世处心积虑地展开有效行动，扑灭了任何残存的对其权威发起的挑战，并改组拉丁教会，使之对自己有利。对国王而言幸运的是，他最重要的世俗竞争对手坦克雷德于 1101 年春离开巴勒斯坦，在博希蒙德被囚期间担任安条克公国摄政。当年晚些时候，当戴贝尔特被发现挪用了来自普利亚（Apulia）用于圣城防务的资金后，他遭到了罢免。在 1102 年短暂地恢复权势后，戴贝尔特的好运走到了头，此后宗主教之位由一系列得到教皇批准的人选担任，最终在 1112 年，鲍德温的长期盟友绍克的阿努尔夫恢复了原职。这些宗主教从未完全屈服于国王，而在当国王寻求巩固法兰克人对巴勒斯坦的掌控时，他们愿意与之密切合作。

这种协作的一个关键特征是培植、管控与耶路撒冷圣髑真十字架（发现于 1099 年第一次十字军东征期间）相关的宗教崇拜。在 12 世纪最初的那些年中，该十字架成了黎凡特拉丁国家的一个图腾。它由宗主教或他的一个主要神职人员携带着参与了一系列与伊斯兰教徒的战斗，并迅速获得了彰显神迹的名声；不久之后，据传只要上帝的十字架在场，法兰克人就是不可战胜的。[53]

王国的创立

在确保即位后，鲍德温一世面临着一个巨大的难题。事实上，他所统治的王国几乎仅相当于一个由分散的前哨组成的松散网络。法兰克人领有耶路撒冷以及伯利恒、拉姆拉、太巴列等城市，但在1100年，它们依旧只是孤立的拉丁人殖民地。即便在这里，法兰克统治者在人数上也远逊于本地穆斯林、东方基督徒和犹太人。巴勒斯坦的大部分仍未被征服，并处于半自治的穆斯林权贵的统治之下。雪上加霜的是，拉丁人才刚刚开始控制黎凡特的海岸，他们仅仅控制了雅法和海法，二者皆非天然良港。唯有通过占据巴勒斯坦的港口，鲍德温才能指望保障与西欧间的交通顺畅，对基督教朝圣者与殖民者敞开大门，并开发东西方之间前景远大的贸易渠道。因此，保境安民成了当务之急。

一位拉丁见证者沙特尔的富尔彻描述了当时的形势：

> 在鲍德温统治的初期，他仅拥有很少的城市和人民……直到那时，对我们的朝圣者而言［通往巴勒斯坦］的陆路是完全被封锁的，［只有一些法兰克人能够］小心翼翼地乘坐一艘船，或结成三四艘船的小队，穿越海盗的虎口，驶过萨拉森人的海港……有一些人留在了圣地，其余的则返回了故国。由于这个原因，耶路撒冷土地上的人口一直持续减少，我们没有300名以上的骑士和同样多的步兵来保卫［王国］。

上述问题带来的危险在抵达近东的早期基督徒朝圣者的证言中有所体现。朝圣者赛武尔夫（Saewulf，很可能来自不列颠）记载了他于12世纪初前往耶路撒冷的旅程，他以令人不安的细节描述了犹太丘陵普遍存在的不受法律制约的情形。他指出，雅法与圣城之间的道路“十分危险……因为萨拉森人一直在筹划着伏击……夜以继日，我们时刻防备着有人进攻”。一路上，他目睹了“数不尽的尸体”任由腐烂或“被野兽撕碎”，因为无人敢冒险停留去安排适当的葬礼。在1107年左右，当另一位名为“修道院长”丹尼尔（Daniel the Abbot）的俄罗斯朝圣者造访圣地时，情况已稍有改善。但他依旧痛苦地抱怨说，倘若没有士兵的保护，穿越加利利将难于登天。

1103年夏天，在凯撒里亚附近例行的外出狩猎途中，鲍德温一世遭到了一支貌似可随意进入拉丁人领土的法蒂玛王朝小部队的袭击，这可能是关于圣地尚未被真正征服的最引人注目的例子。战斗正酣时，国王被敌军长枪刺中，虽然其确切的伤势不明（一份文献记载他“被刺中了背部靠近心脏的地方”，另一份则说“刺穿了他的大腿和肾脏”），但无疑相当严重。一位拉丁同时代人如此描述道：“伤口顿时不祥地血如泉涌……他脸色变得苍白，最终坠马，像死人一般倒在地上。”幸亏得到了医师的悉心照料，经过漫长的疗伤后鲍德温终于康复了，但此次受伤在其余生中留下了后遗症。[54]

最终，鲍德温一世被迫将12世纪头10年中的大部分时间用于巩固他对巴勒斯坦的控制，在与圣地的穆斯林居民打交道时，他既采用了务实的灵活手腕，又怀着冷酷的决心。就在1101年复活节前夕，一支抵达雅法的热那亚舰队（可能还有来自比萨的船只）让他获得了最初的振奋。这批水手大概是为了帮助巩固和保卫黎凡特以及开辟新商路而来到东方。他们带来了鲍德温的征战所急需的海军，作为回报，他给予其优厚的条件：获得三分之一的战利品，在任何意大利人援助下夺取的殖民地中设立半独立、“世袭罔替”的商业飞地。随着协议的达成，鲍德温已经做好了进攻的准备。

他的首个目标阿尔苏夫曾在1099年12月顽强抗击了戈弗雷的陆上攻击。如今鲍德温能够从海上发动围攻，仅仅3天后，城内的穆斯林居民便在1101年4月29日签署了城下之盟。国王宽宏大量，他保障他们的人身安全，让他们带着财产迁往亚实基伦。他没有牺牲一名基督徒的性命就取得了这场胜利。

鲍德温随后将注意力转向位于北部20多英里外的凯撒里亚。这座曾经繁华的希腊－罗马殖民地在穆斯林几个世纪的统治下已经衰败；它古老的城墙仍然屹立，但该城著名的港口荒废已久，只剩下一个寒酸的浅水港。鲍德温向凯撒里亚埃米尔派出了一个使节，敦促他投降，否则就要面对无情的围攻；然而，由于抱着法蒂玛王朝驰援的希望，这座城市的穆斯林居民坚决拒绝一切通过谈判投降的念头。在阿尔苏夫，拉丁国王已经向归顺的敌人表现出仁慈；在这里，面对如此的执迷不悟，他试图杀一儆百。1101年5月2日左右，他开始用投石机轰击凯撒里亚。守军顽强抵抗了15天，但法兰克军队最终借助攻城梯突破了城市防线。鲍德温此刻放纵其军队对凯撒里亚惊恐的民众恣意妄为。基督教军队逐街逐屋地横扫城市，不放过一个角落，杀死了大部分男人，将妇女儿童虏为奴隶，洗劫他们所能找到的任何战利品。一位拉丁目击者写道：

> 难以说清在那里发现了多少各式各样的财物，而我们很多穷人变得富有了。我看到许多萨拉森人在那里被杀，堆成

一堆并被付之一炬。尸体散发的臭味令我们苦不堪言。烧死这些可怜虫是为了找出一些人吞下的金币。

自 1099 年洗劫圣城以来，黎凡特还未发生过如此贪婪的野蛮行径。缴获的财富相当可观——在收到分配给他们的三分之一的战利品后，每个热那亚人（总数 8000 人）就能得到 48 苏勒德斯、2 磅名贵香料——国库想必也收获颇丰。此外，意大利人被赠予了一只翠绿色的碗，他们一度相信这就是圣杯（意大利语：Sacro Catino），直到今天热那亚圣罗伦佐主教座堂（Cathedral of San Lorenzo）还收藏着它。与此同时，鲍德温一世特意赦免了凯撒里亚的埃米尔与卡迪（qadi，伊斯兰教法执行官）以换取巨额赎金。一位与鲍德温同名的教士（第一次十字军东征之初因在自己额头上烙十字架印记而闻名）被任命为凯撒里亚新任拉丁大主教。[55]

这场征服向巴勒斯坦剩余的穆斯林居民点发送了一条清晰的信息：负隅顽抗将招致毁灭。不久之后，这一观念将为鲍德温的早期统治中最重要的征服铺平道路。1104 年 4 月，他对港口城市阿卡（约在海法以北 12 英里处，是巴勒斯坦最大、防护状况最好的海港）发动了围攻。在由 70 艘船组成的热那亚舰队的协助下，国王开始了强攻，穆斯林守军被断绝了一切获得法蒂玛王朝援助的可能，很快就投降了，他们要求获得与阿尔苏夫同样的投降条件。鲍德温欣然应允；实际上，他甚至准许穆斯林市民在缴纳某种人头税后继续留在阿卡。他仅付出了很少的伤亡，就获得了一份珍贵的战利品——一座在任何季节都能提供相对安全的泊地的港口，它能够充当与西欧间的海上交通及商贸的重要渠道。[56]不久后，阿卡成了拉丁王国的贸易中心。

接下来的数年中，鲍德温继续逐步扩大、巩固他对地中海沿岸地区的控制。在热那亚和比萨舰队的援助下，贝鲁特于1110年5月被攻克。同年晚些时候，鲍德温剑指西顿（Sidon），一段时间以来，它通过向法兰克国王进贡巨额黄金的方式确保自身免于被征服。在一支新近抵达的由年轻国王西居尔（Sigurd）率领的挪威十字军（亦是朝圣者）大部队的有力支援下，鲍德温于10月展开了对西顿的围攻并迫使它在12月初投降。投降条件依然是安全通行的许可以及同意部分穆斯林人口安全留在城内，在拉丁人治下耕种土地。

在第一个10年中，鲍德温一世为他初生的王国带来了一定程度上的真正的领土安全，并打通了一条通往基督教西方的重要的生命线。尽管如此，还有两座城市不在他手中。作为穆斯林的一处顽固据点，北方固若金汤的港口提尔将阿卡与西顿、贝鲁特分割开来；它挺过了法兰克人1111年的联合进犯，这主要因为其埃米尔将效忠对象从埃及转向了大马士革，从而得到了有效的支援。由于无法占领它，鲍德温通过修建托隆（Toron，位于内陆）和斯坎迪利翁（Scandelion，位于南部海岸一条狭窄的绝壁小道上）的堡垒对提尔进行封锁。

在南方，亚实基伦同样从鲍德温的指缝中溜走了。1111年春，他威胁要包围这座城市，末代埃米尔沙姆斯·哈里法（Shams al-Khilafa）受到惊吓，做了重大的政治政策调整。这位埃米尔起初许诺以7000第纳尔的贡金购买和平。埃及法蒂玛王朝维齐阿夫达尔在开罗坚决表示反对，哈里法于是决定将其政治生命的延续寄托在改换门庭上。他与法蒂玛王朝断绝关系，前往耶路撒冷向鲍德温一世提出新协议，在发誓效忠拉丁王国后，他得以作为半独立的委任统治者保留权力。不久后，一支 300 人的基督教卫戍部队进入亚实基伦，在数月中，看起来鲍德温的实用主义最终令埃及与巴勒斯坦间的门户闭合了。不幸的沙姆斯·哈里法在那个夏天后不久就死了。亚什基伦的一群依旧忠于法蒂玛王朝的柏柏尔人在他策马外出时袭击了他。他身负重伤逃回宅邸，却被捉捕并处决了。在鲍德温国王能够施援之前，基督教驻军也同样遭此厄运。收到哈里法项上人头后，阿夫达尔很快恢复了法蒂玛王朝对亚实基伦的控制。[57]

国王之仆

鲍德温一世展示了作为一个扩张中的王国的君主实施强力统治的天赋。在他上任的最初阶段，他便竭尽所能地确保拉丁巴勒斯坦的大权归于国王而非贵族。与西方的君主同侪相比，至少相对而言，他拥有独特的优势——其王国乃属初创，白纸一张。相较于西欧那些深植于数百年来形成的领主身份与土地所有权制度之中的贵族阶层，鲍德温不必费心与之周旋，这样就能按照对自己有利的方式打造新耶路撒冷王国。

其手段的主要特点是维持强大的王室领地，由国王拥有并直接管理。欧洲的国王可能会继承一个其中许多最富庶强大的领地长久以来已被分封给贵族们的王国，它们作为封地名义上受国王的统治，但实际上是半自治的。鲍德温一世将许多巴勒斯坦最重要的居民点纳入他的领土，包括耶路撒冷、雅法和阿卡，只设立了非常少的新领地。贵族阶层不断受到战火纷飞的黎凡特的高死亡率的削弱，甚少有机会保住封地的世袭权利。国王亦常采用“金钱分封”的方式，以现金代替土地进行犒赏。

两块领地——海法与太巴列——的早期历史尤其能说明鲍德温对待主要封臣的手腕和态度。1101 年坦克雷德刚一前往安条克，鲍德温就将过于强大的加利利公国一分为二。1101 年 3 月，曾为布永的戈弗雷效力的法国南方十字军战士格尔德马尔·卡尔皮内获得了海法，可能这是他支持鲍德温索取王位的回报。仅仅 6 个月后，格尔德马尔在战场上阵亡，接下来的 15 年里，海法领地被相继封给 3 位毫无亲缘关系的男性。如此一来，国王对这座港口的权力一直不曾旁落，而且鲍德温每次都能将该领地分封给自己心仪的人选。

与此同时，太巴列则被赐予了国王最亲近的追随者之一——福康贝格的于格，这位来自佛兰德的骑士可能是在第一次十字军东征期间便投在了鲍德温帐下。于格为王国鞠躬尽瘁，但很快卷入了该地的军事危局里，于 1106 年在一次伏击中中箭身亡。太巴列旋即被转交给了一位北方法国人巴佐什的热尔韦（Gervase of Bazoches），他成了鲍德温的宠臣之一并被任命为王室总管（royal seneschal，负责财政管理及司法）。然而，不出两年，热尔韦就被突袭加利利的一支大马士革穆斯林军队俘获。

当然，并非鲍德温一世所有的封臣皆不得善终。沿着巴勒斯坦北部海岸，国王在与黎巴嫩接壤的边界上远离耶路撒冷的区域设立了一些新领地。他将其中之一的西顿赐给了在他统治期间冉冉升起的新星——厄斯塔斯·格勒尼耶（Eustace Grenier）。厄斯塔斯可能具有诺曼人的血统，这位骑士或许在鲍德温尚在埃德萨时便已为后者效力，1105 年曾为鲍德温同埃及人作战。厄斯塔斯很快从相对默默无闻的状态晋升为坐拥大片领地——包括凯撒里亚，还有通过与出身名门的阿努尔夫宗主教之女埃玛（Emma）

的联姻获得的杰里科（Jericho）——的领主。然而，厄斯塔斯是个特例。总的来说，鲍德温似乎创造了一个忠诚、有用，迄今为止对国王大体毕恭毕敬的贵族阶级。[58]

面对穆斯林

当然，在鲍德温一世统治之初，他无法将全部精力倾注于巩固其巴勒斯坦领土上；他依然警惕地关注着他的穆斯林邻居们，尤其是什叶派埃及法蒂玛王朝。维齐阿夫达尔在第一次十字军东征中铩羽而归，但巴勒斯坦与埃及之间的跳板亚实基伦港仍在法蒂玛王朝手中——面对反击，耶路撒冷王国门户大开。

拉姆拉诸战

1101 年 5 月，在鲍德温残暴征服凯撒里亚不久之后，传来了埃及入侵的消息。阿夫达尔派遣了一支大军正朝圣城进发，领军的是他主要将领之一、前贝鲁特总督萨阿德·道莱（Sa‘ad al-Daulah）。鲍德温匆匆南下，但他并不寻求野战，而是选择在相对安全的拉姆拉坚守，静候法蒂玛王朝的下一步行动。接下来的 3 个月，双方陷入了紧张的僵局，萨阿德在亚实基伦等待进攻时机，而鲍德温则焦灼地巡查雅法、耶路撒冷之间的地带。最后，在 9 月的第一周，随着作战季将要逝去，埃及人迈出了决定性的一步。

鲍德温避免了采取被动的防御策略，决心正面迎敌，他下令在雅法立即动员集结。考虑到他手上的兵力严重不足，这是一个勇敢的决定。即便召集了全国的军队并将每一位合格的骑士扈从晋升为骑士，他也仅拥有 260 名骑士和 900 名步兵。拉丁人对此刻穆斯林的兵力的估计——从 3.1 万人至 20 万人不等——差别很大，数字似乎被严重夸大了。虽然没有可信的阿拉伯语史料存世，但很可能那个秋天法兰克人在数量上处于绝对劣势。9 月 6 日，为了在拉姆拉以南的平原上拦截法蒂玛军队，基督徒从雅法开拔，这看上去俨然是铤而走险，孤注一掷。国王的随军神父沙特尔的富尔彻也在军中，他后来写道，“我们诚挚地做好了为［基督］的爱献身的准备”，随军携带的真十字架圣髑给他带来了一些慰藉。

第二天黎明时的气氛与第一次十字军时的非常相似。随着萨阿德·道莱的军队“闪着光芒远远地出现在平原上”，据说国王在真十字架前下跪，忏悔罪恶并做了弥撒。富尔彻回忆了君主当时所做的鼓舞人心的战场演讲：

> 来吧，基督的战士们，要欢呼，不要惧怕，我恳求你们，为了灵魂的救赎而战……倘若你们战死疆场，必会得到神的祝福。天国之门已为你们打开。倘若你们得胜归来，必将在基督徒中享有无上的荣耀。然而，假如你们想要逃之夭夭，记住，法兰西远在千里之外。

法兰克人接着开始快速进军，分为 5 或 6 队向埃及人发起进攻。鲍德温坐在他恰如其分的名叫“加塞利”（Gazelle，意为“羚羊”）的千里马上领导着一支预备队，准备当战局明朗后便投入进攻。在战场上始终策马伴随国王左右的富尔彻之后回忆战斗的可怕混乱时道：“敌人数量惊人，顷刻便蜂拥而至，以至于任何人都很难看清或认出其他人。”拉丁人的前锋很快覆灭，格尔德玛尔·卡尔皮内也阵亡了，整支军队迅速陷入了重围。

基督徒濒临战败，鲍德温投入了预备队，他本人策马与真十字架一道前行。在他的攻击之下，一排排法蒂玛军队被冲乱。富尔彻亲眼看到国王亲手用长枪刺穿了一位埃及重要的埃米尔的腹部，很大一部分穆斯林部队开始逃窜。萨阿德·道莱很可能就是在这次突袭中阵亡的。一位同时代拉丁人坚信胜利来自真十字架显现的奇迹——就在一名穆斯林指挥官准备攻击携带这件圣髑的主教时，他当场窒息而死。这个故事似乎传遍了全军，它无疑有助于催生对真十字架的崇拜，但事实上，整个会战战况激烈，充满不确定性。富尔彻证实战场上堆满了武器、盔甲和双方尸体，他估计敌人损失了 5000 人，但也承认有 80 名骑士和更多的步兵阵亡。尽管鲍德温掌控了平原上的局势，对法蒂玛部队中向亚实基伦方向溃逃的残余部队进行追击，但与此同时，幸存的拉丁人前锋部队正在穆斯林军队（他们相信本方获得了胜利）的紧追下惊惶地拥向雅法。

局面极度混乱，以至于两名法兰克逃兵在抵达雅法时竟宣告己方战败，“说国王与他的将士已经全军覆没”。随着大约 500 名法蒂玛骑兵出现在这座港口，鲍德温的王后（当时驻在雅法）惊慌失措，急忙派出信使乘船北上安条克向坦克雷德求援。对法兰克人而言幸运的是，雅法人民丝毫也没有立即投降的想法。鲍德温国王为了彰显胜利特意在战场宿营，第二天他抵达了海滨。留在雅法城外的法蒂玛王朝士兵猛一看以为到来的是本方军队，他们愉悦地策马前去迎接；意识到自己的错误和时运的逆转后，他们便逃之夭夭了。第二位信使立即被派往北方宣布国王健在及获胜的消息。[59]

凭借战略上的决心和好运，鲍德温战胜了困难，然而，认为彻底取胜或高枕无忧还为时过早。埃及有充裕的财富，这意味着阿夫达尔有立即对巴勒斯坦发动第二次入侵的资源。随着 1102 年春季到来，新的作战季开启，另一支法蒂玛王朝军队在亚实基伦集结，这次的指挥官是阿夫达尔之子沙拉夫·马阿里（Sharaf al-Ma'ali）。5月，埃及人再度向拉姆拉进军，他们与在当地小型塔楼驻守的 15 名骑士发生了小规模冲突，并洗劫了附近利达（Lydda）的圣乔治教堂。

当时鲍德温一世正在雅法为命运多舛的 1101 年十字军的最后一批成员（他们刚在耶路撒冷度过了复活节）送行。阿基坦的威廉（William of Aquitaine）设法乘船回到了西方，但布卢瓦的艾蒂安、勃艮第伯爵艾蒂安（Count Stephen of Burgundy）和许多其他人就没有这么幸运了：启程后，他们遭遇了逆风，被迫返航。因此，当埃及人最近这次进犯的消息在 5 月 17 日左右传来时，他们正伴随在国王左右。鲍德温此刻做了他一生中最具灾难性的决定。由于相信了来自拉姆拉的消息——来犯的是一支小型法蒂玛王朝远征队而非满员的野战军，他鲁莽地选择发动一次快速的报复性反击。他看似充满信心地从雅法出发，随同的有他自己的家臣和一群十字军战士——包括两位艾蒂安、吕西尼昂的于格（Hugh of Lusignan）和德意志人统帅（constable）康拉德（Conrad）。他的军队仅有 200 名骑士，没有步兵。

一旦来到拉姆拉平原，埃及全军就映入眼底了，鲍德温意识到自己错估了这可怕的现实。面对成千上万的穆斯林士兵（有人估计他们有 2 万人），法兰克人获胜无望，生存的概率也十分渺茫。沙拉夫·马阿里在国王的小部队被发现的那一刻就扑了过来。

鲍德温尝试着发起一次英勇的冲锋，但胜算渺茫；很快他们就遭到包围，屠杀开始了。几分钟内他的部队便几乎全军覆没。阵亡者包括戈弗雷曾经的侍从、第一次十字军东征参与者施塔贝洛（Stabelo）和1101年十字军参与者温德克的热尔博（Gerbod of Windeke）。混乱中，另一位第一次十字军东征老兵罗祖瓦的罗歇（Roger of Rozoy）设法带领一小部分人冲出重围并逃回了雅法。与此同时，随着敌军收紧绞索，鲍德温与几位幸存者杀出了一条血路，退回了拉姆拉，在其城楼内勉强觅得了避难所。

当晚，鲍德温发现自己身陷绝境。他深知黎明时分法蒂玛军队将发动毁灭性的攻击，自己要么战死要么被俘，于是便做出了一个想必十分痛苦的决定：抛弃其军队，趁着夜色逃亡。他潜出重围中的堡垒（大概是在乔装后通过了一扇小型边门），伴随左右的是5名最忠心耿耿、令人生畏的侍从，但他很快遭遇了穆斯林军队。在黑暗中，一场血腥的混战爆发了。根据一位同时代法兰克骑士罗贝尔的记载，“（他们）仗剑上前，击倒了左右的[敌人]”，可他的武器瞬间脱手，他很快被制服了。当另两名同伴倒下后，鲍德温骑着他的快马“加塞列”逃走了。如今追随他的仅余一名幸存者——布吕的于格（Hugh of Brulis，关于他并未留下更多的记载）。

埃及人迅速对逃亡中的君主发起了疯狂的搜捕。意识到自己距被俘仅一步之遥，国王在一片杂草丛生的藤蔓中寻找避难所和藏身之处，但追兵们点燃了灌木丛。鲍德温勉强设法逃脱，在此过程中受了轻度烧伤。接下来的两天里，他提心吊胆，四处逃命。他晕头转向，又饥又渴，起初尝试着寻觅一条穿越犹太丘陵荒野直抵耶路撒冷的通路，但在看到无数法蒂玛巡逻队在此地区巡逻后被迫打消了念头。1102 年 5 月 19 日，他转向西北到达海岸，终于找到了去阿尔苏夫的路，安全形势稍有改观。在这段时期里，鲍德温想必备受耻辱感和自我怀疑的折磨；他对被自己抛弃在拉姆拉的战友的命运一无所知，也不清楚雅法，甚至圣城是否在自己在外期间已然投降。一到阿尔苏夫，他最先考虑的是吃、喝与睡觉，可见之前数日他在身心两方面遭受了创伤。正如一位拉丁同时代人评论的那样，“这都是他的人类天性使然”。

第二天，时来运转。太巴列领主福康贝格的于格听闻埃及人的袭击后，率领 80 名骑士抵达了阿尔苏夫。国王征用了一艘在附近停泊的英国海盗船，向南朝着雅法驶去，于格同时沿着海岸线南行。鲍德温发现雅法已危如累卵，陆上遭受沙拉夫・马阿里军队的围攻，海上则是从亚实基伦北上、由 30 艘船组成的埃及舰队。国王大胆地在座舰上升起王旗以鼓舞雅法守军的士气，随后惊险地避开了法蒂玛王朝的小船队驶入码头。他一登陆就听到了相当严峻的消息。

雅法已快要投降。由于不清楚国王的下落以及他在拉姆拉的军队的命运，并且遭到四面包围，这座港口的民众陷入了绝境。然而此时沙拉夫・马阿里采用了一条阴损的计策。温德克的热尔博生前的相貌与国王十分相似。穆斯林损毁了他的遗体，切下其头颅和双腿，并为可怕的残尸穿上皇家紫袍，把它们放在雅法城墙前展示，宣称鲍德温已死，要求守军立即献出城池。包括王后（她又一次身居雅法）在内的许多人都中了计，他们开始计划乘船逃离港口。就在此时，鲍德温的座舰在北方出现了。国王的及时抵达鼓舞了士气并似乎动摇了沙拉夫的决心。法蒂玛军的大部队此刻朝亚实基伦方向后撤了一段距离，显然是为了准备攻城器械发动总攻，但这给了法兰克人宝贵的喘息之机以便重整旗鼓。

鲍德温及时赶来拯救了雅法，但他已经来不及扭转拉姆拉的形势了。在他逃跑后的那个早晨，穆斯林军攻破了拉姆拉城墙，移师围困由鲍德温残部驻守的城楼。法蒂玛士兵对这座简陋的防御工事发起猛攻，挖掘地道破坏其外墙，并点火烟熏其守军。5月 19 日，被困的法兰克人已山穷水尽；用同时代一位拉丁人的话来说，被国王遗弃的他们面对失败选择“光荣地守卫直至战死，而非可怜地被烟熏死”。他们从塔楼冲了出来，发动了最后一次自杀式的出击，很快便几乎全军覆灭。极少数幸存者中包括德意志的康拉德，他勇猛作战，刀剑所及无人能免，以至于最后他被一堆尸体和垂死之人所环绕。法蒂玛军队敬畏不已，给了他投降的机会，许诺保障其安全并将他作为战俘带回埃及。与康拉德相比，很多人就没有那么幸运了，其中包括布卢瓦的艾蒂安，他在拉姆拉的殒命终于洗刷了 4 年前他在安条克怯懦畏战的耻辱。

拉姆拉的灾难是该年法兰克人时运的低谷。1102 年 6 月初，鲍德温从王国各地召集了军队，其中包括一支来自耶路撒冷携带真十字架的部队。一支庞大的朝圣者舰队的到来也增强了他的部队。鲍德温如今指挥着一支人员齐整的野战军，他立即对准备不足的埃及人发动了反击。沙拉夫指挥上的优柔寡断已经在法蒂玛军中播下了不满的种子，面对法兰克人的突然袭击，他们很快便溃不成军。穆斯林的死亡人数有限，战利品——一些骆驼和毛驴——也相当微不足道，尽管如此，十字军王国还是绝处逢生了。[60]

埃及与大马士革之间

耶路撒冷的拉丁人在这段脆弱的成长期里十分幸运，因为什叶派的埃及与大马士革的逊尼派叙利亚强权间不存在同盟。假如在1101或1102年鲍德温面临的是这样的联盟的威胁，其资源匮乏的王国恐怕已经倾覆。事实上，大马士革的杜卡克在其余生中一直对法兰克人的巴勒斯坦采取怀柔政策。杜卡克对多格河的战败记忆犹新，对基督徒在圣地遏制法蒂玛王朝的野心感到满足，因此保持着中立姿态。但随着他于1104年英年早逝（年仅21岁），大马士革将采取新的政策。

经过一场短暂而丑陋的内斗，杜卡克的主要副手、阿塔贝伊（Atabeg）[①]图格特金（Tughtegin）获得了城市的控制权。图格特金是杜卡克父亲死后其心机颇深的母亲萨夫瓦特（Safwat）的第二任丈夫，他已在一旁伺机良久；实际上，甚至有传言称杜卡克的早逝正是图格特金本人安排投毒的结果。现在，凭借善使狡猾的政治阴谋的天赋，以及对残暴的漫不经心、有时令人胆寒的反复无常的态度，阿塔贝伊攫取了权力。1105年，阿塔贝伊接受了埃及重新提出的军事合作建议。然而，对法兰克人而言，幸运的是这个史无前例的逊尼－什叶派联盟有其自身的局限性。或许图格特金对他的新盟友仍然心怀疑虑，因此他并未组织大马士革对巴勒斯坦发动全面入侵。取而代之的是，当阿夫达尔在1105年夏派遣另一名儿子领军出击亚实基伦以北时，他提供了一支1500名弓箭手组成的部队。

随着一支埃及舰队袭扰雅法，鲍德温一世意识到这个港口很快将被围困，他的王国将再度陷入动荡。为了占据主动，他招来了耶路撒冷宗主教和真十字架，并移师拉姆拉附近与法蒂玛王朝

① 阿塔贝伊一般被授予王子的监护人（相当于“太傅”），但也经常赐给地方总督和军队统帅。

军队正面交锋。这一次他指挥着大约 500 名骑士和 2000 名步兵，但即便如此，他们在人数上也必定处于明显劣势。然而，由于埃及人军纪涣散，鲍德温在 4 年中第三次击退了敌人，赢得了一场险胜。双方伤亡大体相当，然而这场遭遇战还是给法蒂玛王朝的士气带来了毁灭性的影响。亚实基伦的穆斯林统治者也在此役中阵亡了。鲍德温下令将这位埃米尔斩首，然后把他的首级送去了雅法，让人拿着在埃及舰队前挥舞，以促使后者匆忙撤军。

埃及继续威胁着法兰克人的巴勒斯坦，但阿夫达尔没有发动进一步的大规模进攻，当然，他也从未取得大胜。目前，大马士革保持着部分中立。图格特金在与耶路撒冷打交道时采取了一种更加微妙、以非攻击性为主的方式。当他认为大马士革的利益受到威胁时，他当然不反对动用武力加以维护；他还经常对基督徒领地实施惩罚性的劫掠。但与此同时，他与鲍德温达成了一系列有期限的和约，主要着眼于确保叙利亚、巴勒斯坦之间互惠互利的商路保持通畅。

这些交易最持久的后果便是在大约 1109 年时达成了局部休战的局面（经书面协议确认）。这一引人注目的协议涉及加利利海（Sea of Galilee）以东区域（法兰克人通常因其黑色的玄武岩土壤而称之为“黑土”）——以肥沃的豪兰（Hauran）为中心，向北延伸至戈兰高地（Golan Heights），向南至雅莫科河（Yarmouk River）。鲍德温与图格特金同意在该地带建立一个实质上的局部非军事区，允许穆斯林和基督徒农夫共同开垦这片土地。“黑土”的农作物被分为 3 份，一份归当地农民所有，剩余的则在耶路撒冷与大马士革间平分。这种安排在 12 世纪大部分时间里得到了保留。[61]

然而，在鲍德温国王统治的最初 5 年里，他自己及其整个王国是否能生存下去依旧是值得怀疑的。仅仅凭借天才领袖的灵光一现、穆斯林的分裂带来的好运以及法蒂玛王朝在军事上的无能，拉丁人才占了上风。

危机中的拉丁叙利亚（1101—1108）

在1105年初寒冷的数月中，第一次十字军东征的著名老兵坦克雷德有充分的理由感到绝望。他发现每当这个新生的安条克公国似乎处于垂死边缘时，自己便临危受命。6个月前，安条克军队在伊斯兰教徒手中尝到了一场可怕而羞辱的败仗，法兰克人不可战胜的威名就此被打破了。作为回应，坦克雷德著名的舅舅、安条克所谓的亲王博希蒙德逃离了黎凡特，甚至在匆匆乘船驶向西方之时还卷走了这座城市的钱财。公国四面八方都备受叛乱与入侵的困扰，已经摇摇欲坠，坦克雷德面临着亡国之虞。7年前，他亲眼看见了安条克之围的恐怖以及十字军为夺取它付出的可怕代价。如今，由那次征服创建的这块法兰克飞地似乎注定要垮掉了。

很难将这场危机归咎于坦克雷德。1101年春，他曾从巴勒斯坦北上，在博希蒙德沦为阶下囚后担任安条克摄政。接下来的两年里，坦克雷德迅速为公国恢复了稳定、安全之感，展示出了他的活力与能力。在博希蒙德被俘前不久，安条克西北方肥沃的奇里乞亚平原脱离了他的掌控。该地区的亚美尼亚基督徒渴望更大的自主权，转而向拜占庭帝国投诚，但坦克雷德用一场短促而凶残的战斗迫使他们再度臣服。坦克雷德不满足于仅仅收复舅舅的失地，还试图为公国开疆拓土。与耶路撒冷王国一样，安条克需要控制地中海东部沿岸的港口；但是，尽管博希蒙德断断续续做出努力，叙利亚最佳天然港口拉塔基亚依旧在希腊人手中。然而，经过漫长的围攻，这座城市于 1103 年被坦克雷德攻克。

坦克雷德似乎很享受他的职位带来的新机遇和权威，他自然不愿促成舅舅的尽快释放。这一使命便转由博希蒙德最近任命的宗主教伯纳德（Bernard）以及新任埃德萨伯爵布尔克的鲍德温承担。他们开始一道筹集俘获了博希蒙德的达尼什曼德王朝（Danishmends）埃米尔索要的巨额赎金——10 万金币。在幼发拉底河上游拥有两座城池的亚美尼亚领主科格・瓦西尔（Kogh Vasil）在得到结盟的承诺后，贡献了十分之一的款项；然而，正如一位愤懑的同时代东方基督徒所说："坦克雷德一毛不拔。" 1103 年 5 月，博希蒙德最终获释。坦克雷德颇为难堪；他不仅必须交出安条克的统治权，也不得不让渡自己的战果——奇里乞亚与拉塔基亚。[62]

哈兰之战（1104）

在恢复了个人的自由、权力之后，博希蒙德试图与埃德萨伯爵鲍德温二世建立友谊。在之后的 12 个月中，两人携手发动了一系列战役，旨在征服安条克、埃德萨之间的领土，并孤立、袭扰阿勒颇。很可能是为了后一个目标，1104 年春，他们发起了一场幼发拉底河以东的远征。统治这一区域能够确保埃德萨伯国南部边界的安全，同时能阻断阿勒颇与美索不达米亚间的联系。事实上，他们遭到了一支由摩苏尔与马尔丁（Mardin）的塞尔柱突厥统治者率领的穆斯林大军的猛烈抵抗。

战斗大约于 5 月 7 日在哈兰南部平原爆发。博希蒙德与坦克雷德负责右翼，鲍德温二世在左翼指挥埃德萨军队，旁边是他的表弟库特奈的乔斯林（Joscelin of Courtenay，出身名门的法国北方贵族，1101 年后来到黎凡特，并获得了以泰勒贝希尔［Tell Bashir］堡垒为中心的封地）。在随后的战斗中，埃德萨军队脱离了其他部队——过于轻率地发起了一次冲锋，结果遭到猛烈反击而被击溃。鲍德温与乔斯林的数千同胞被杀或被俘，他们二人也沦为了阶下囚。博希蒙德和坦克雷德在懊悔中撤回了埃德萨，后者被留下来负责该城的防御。

对法兰克人而言，哈兰是一场可怕的逆转。伤亡、被俘带来的战场损失固然不小，但最大的创伤是心理上的。这一失利改变了黎凡特北部地区的力量和信心的平衡；如今叙利亚本地居民开始明白拉丁人终究不是不可战胜的。一位差不多同时代的穆斯林在大马士革写道："［哈兰］是一场空前伟大的胜利……它令法兰克人丧胆，削减了他们的数量，削弱了他们的进攻能力，与此同时穆斯林的信心与日俱增。"实际上，穆斯林、希腊人和亚美尼亚人均抓住这个机会让时局对自己有利，蒙受了最大损失的是安条克，而非埃德萨。拜占庭人收复了奇里乞亚与拉塔基亚，虽然后者的城堡尚在法兰克人手中。在东南方，苏马克地区的城镇驱逐了它们的拉丁驻军，转而服从阿勒颇的领导。作为最后的羞辱，具有关键战略地位的城镇阿塔（Artah）也紧随其后。阿塔位于安条克东北方，仅隔一天的路程，扼守着内陆的一条主要罗马道路，被同代人视为安条克的"盾牌"。至 1104 年夏末，公国已经奄奄一息；这个曾经蓬勃发展的王国仅剩安条克自身周围的一小片核心领土。[63]

初秋时分，博希蒙德做了一个出人意料的决定。从埃德萨召回坦克雷德后，他于圣彼得教堂召开会议，宣布自己打算离开黎凡特。这一举动背后的真实动机不为人知。博希蒙德公开宣称，为了拯救拉丁叙利亚，他将在西欧招募一支新的法兰克军队。身陷囹圄时，他曾向圣伦纳德许诺日后将前往供奉其圣髑的法国诺布拉（Noblat）圣坛朝圣，此刻他或许也表达了兑现承诺的决心。然而，私下里他似乎无意尽快重返东方，相反，他酝酿着召集一支军队在巴尔干与拜占庭帝国正面对垒。阿莱克修斯·科穆宁可能正准备先发制人直取安条克，这或许有围魏救赵的效果，但博希蒙德的战略更可能是基于他渴望在亚得里亚海、爱琴海地区展土开疆的野心，他还怀揣着坐上君士坦丁堡的皇位的梦想。

博希蒙德在启程之前便蓄意挪用了安条克剩余的财富和人力，这进一步证实了他对这座势如危卵的城市不再抱有幻想。甚至同时代的拉丁作家卡昂的拉尔夫（Ralph of Caen，他通常是博希蒙德事业的推动者）也评论说："他带走了金银珠宝和衣物，［将这座城留给］坦克雷德，后者缺乏防护、薪俸和佣兵。"博希蒙德大约于 1104 年 9 月从叙利亚海岸起航。第一次十字军东征期间，他把他的军事天赋和贪婪诡计全部倾注在了对安条克的征服上。如今，当他离开黎凡特的时候，他必定知道他昔日的战利品将要面对不确定的未来，前景令人绝望地凄凉。[64]

命悬一线

就这样，坦克雷德作为一个注定走向毁灭的王国的摄政王，在穷困潦倒中迎来了 1105 年。在这场对他的职业生涯构成决定性挑战的危机中，他证明了自己的英勇。恩威并施之下，他令安条克本地居民同意支付一项紧急赋税，以充实国库、招募新的佣兵。他还试图充分利用哈兰惨败带来的一个积极后果——安条克对埃德萨伯国名义上的宗主权，以便进一步补充他的资源。至早春时节，通过号召叙利亚北部“所有基督徒男子从军”，调拨埃德萨、马拉什、泰勒贝希尔除象征性守军外的全部兵力，他募集了一支由大约1000名骑士和9000名步兵组成的军队。坦克雷德的坚忍不拔与敏锐的战略洞察力现在已经表现了出来。

面对如此庞大的敌人，他意识到既不能四面出击也不能消极死守。相反，他采取了有针对性的、先发制人的攻击，极其小心地挑选他的猎物。4月中旬，他向阿塔进军，计划与阿勒颇的里德万一决雌雄。这是一场大胆的赌博。通过鏖战击败敌人或许能让坦克雷德夺回主动权并重振法兰克人军事上的威名，但他必然知道阿勒颇人在数量上远超自己的军队（可能多出两倍），任何闪失都将会让拉丁人在叙利亚的统治终结。

在离开安条克前，基督徒举行了包括为期3天的斋戒在内的赎罪仪式，准备为十字军运动舍生取义来洗涤罪孽。坦克雷德随后从铁桥穿越奥龙特斯河，前去围攻阿塔。率领着据说有3万人的部队迎敌的里德万甫一上钩，坦克雷德便撤退了。其策略的精髓是利用他对当地地形的熟悉以及对穆斯林战术越来越深的理解。从阿塔至铁桥的路线穿过了一片平坦但岩石密布的区域，在抵达旷野前，马匹很难疾驰而过。这是坦克雷德再度撤退之处，1105年4月20日，里德万开始追击。一位同时代拉丁人描述了随后的战斗：

> 基督徒看似木然地据守着阵地……接着，当突厥人经过这片崎岖之地时，坦克雷德犹如睡狮初醒，冲入他们的中军。突厥人立即后撤，按照他们的习惯，希望且战且退，回

> 旋射击。然而，他们的希望和计策落空了。[法兰克人]的长矛击中了他们的背部，这里的道路令他们难以飞奔。他们的马匹失去了用武之地。

在随后的战斗中，拉丁人突入穆斯林军队惊恐、拥挤的阵列中，阿勒颇人的抵抗崩溃了，他们沦为了待宰羔羊。里德万吓坏了，落荒而逃，途中失去了他的帅旗，坦克雷德成为战场的胜利者，获得了战利品和荣耀。

阿塔之战成了北方十字军国家历史的分水岭。随后的几年中，坦克雷德轻而易举地弥补了哈兰战败的损失。阿塔当即被收复，亦马克高地紧随其后。里德万乞求和平，竭力将自己定位为恭顺的盟友，而且，随着安条克与阿勒颇之间的边境地带获得安全，坦克雷德得以将注意力转向其他地方。至1110年，他从希腊人手中夺走奇里乞亚与拉塔基亚，实现了安条克对它们的长期统治。与此同时，针对另一个可能进犯的穆斯林邻居——夏萨（Shaizar）城，他通过夺取附近的古罗马居民点阿帕梅亚（Apamea）巩固了公国的南部防线。在个人方面，1105年的胜利也为坦克雷德的地位赋予了合法性。不久后，他便不再以博希蒙德摄政而是以名副其实的安条克亲王的身份开始统治。然而，在这方面，他著名的舅舅同时期的时运不济也成就了他。[65]

博希蒙德的十字军东征

塔兰托的博希蒙德于1104年秋扬帆驶向欧洲。后来希腊人传言说，为了免遭拜占庭的代理人俘获，他在横渡地中海期间采用了一种奇诡的计策。据说博希蒙德假装自己已经死了，躺在留有隐蔽的透气孔的棺材里西渡。为了让此计天衣无缝，他还让人在他身旁放置了一只被勒死的小公鸡的腐尸，以确保让他自己的“尸体”相应地散发出一种令人作呕的腐烂气味。事实上，阿莱克修斯皇帝之女安娜·科穆宁娜甚至对博希蒙德不屈不挠的“蛮族”精神表示钦佩，她写道：“我想知道他究竟是怎样让鼻子在忍受了这样的折磨后还活下来的。”

不管博希蒙德是怎么渡海的，当他于1105年初抵达意大利时，受到了热烈的欢迎和追捧。这位自封的第一次十字军英雄回来了。他很快获得了教皇乌尔班的继任者帕斯夏二世对发动新十字军远征的支持，随后两年，博希蒙德在意大利与法国推动这项事业。在此过程中，他履行了自己的誓言，造访了诺布拉的圣伦纳德圣所，他进献了一具银质镣铐，作为感谢1103年摆脱牢狱之灾的礼物。他似乎还出资让人抄写和传播一部与《法兰克人传奇》类似的令人振奋的关于第一次十字军东征的记事文献，其中夸大了他的成就，还抹黑希腊人的名声。随着他声望日隆，其征兵集会吸引了大量狂热的人群，博希蒙德则通过政治联姻让自己跻身法兰克贵族的顶层。1106年春，他迎娶了法国公主康斯坦丝（Constance）；大约与此同时，国王的私生女之一塞西莉娅（Cecilia）与坦克雷德订婚。博希蒙德利用在沙特尔举行婚礼的机会宣扬他的新十字军事业：对他宣布的敌人阿莱克修斯·科穆宁发动狠狠一击——据说后者在1098年和1101年背叛了十字军，并入侵了安条克。

1106年末，博希蒙德返回意大利南部，监督十字军舰队的建造工作，他已经为他的事业招募了成千上万的人。然而，尽管一年后聚集在普利亚的军队达到了由200艘船运载3万人的规模，历史学家仍长时间围绕这次远征的性质争论不休。目前的共识是，这场剑指拜占庭希腊基督徒帝国的战役不能被视为一次成熟的十字军东征，或者至少应被视为对十字军理念的一种歪曲。这次远征显然与第一次十字军东征有一些惊人的相似之处——参与者许下誓言，配搭十字标记并期望洗清罪孽。然而争议的焦点在于教皇的参与。无疑，有人认为教皇绝不会特意授予一支十字军远征基督徒兄弟的特权地位；相反，帕斯夏二世受到了被野心和仇恨扭曲了的博希蒙德的蒙骗，后者佯装其军队将远赴黎凡特作战。

这种对事件的看法大有问题。大量同时代证据表明，教皇对博希蒙德的意图了然于胸并依旧支持他，甚至派遣了一位教皇特使陪同他在法国、意大利做宣传，并为之背书。即便在不太可能的情况下教皇受到了误导，大批俗人新兵无疑接受了加入十字军对抗希腊人的理念。实际上，这种将博希蒙德的远征排斥为十字军运动的异类的倾向，表明了一种更为根本的误解：相信十字军的理念和实践已达到了统一的完美境地。对 12 世纪早期大部分生活在西欧的人而言，这一新式的信仰之战并无明晰的界定，尚在持续、有机地发展。在他们看来，十字军没有必要必须针对穆斯林，一旦阿莱克修斯·科穆宁被认为是拉丁基督教世界的敌人，许多人就欣然接受了发动一场反对他的圣战的想法。

无论怎么看待 1107—1108 年针对拜占庭的十字军的背景，远征本身都被证明是一场混乱的灾难。在 1107 年 10 月渡过亚得里亚海后，拉丁人对被同时代人称为“[希腊] 帝国西部门户”的都拉斯（Durazzo，位于现代的阿尔巴尼亚）展开围攻。然而，尽管博希蒙德为将门之后，他却被阿莱克修斯以智取胜，后者调遣部队切断了入侵者的补给线，同时小心谨慎地避免正面交锋。拉丁人备受饥馑之苦，又无法突破都拉斯的防御，于 1108 年 9 月承认战败。博希蒙德被迫接受了一项耻辱的和平条约——《代沃尔条约》(Treaty of Devol)。根据这项协议的条款，博希蒙德在余生中将以皇帝臣属的身份领有安条克，但希腊牧首将重返该城掌权，而公国本身也将奇里乞亚和拉塔基亚割让拜占庭而遭到削弱。

事实上，由于博希蒙德从未返回黎凡特，这项协议因此没有得到落实，对未来事件也影响不大。1108 年秋乘船回到南意大利后，历史文献中只有关于他的零星记录，他的声誉受损，雄心壮志也破灭了。大约在 1109 年，康斯坦丝为他生育一子，亦取名博希蒙德；然而，1111 年时，这位第一次十字军东征中的名帅身染疾病，于 3 月 7 日在普利亚去世。在安条克，坦克雷德仍旧掌握着大权，也许名义上仍然是摄政，但他在法兰克人中具有无可争议的权威。从海外之地的角度来看，博希蒙德的后期生涯也有积极的一面：他的巴尔干战役转移了希腊在黎凡特的资源，这将令坦克雷德得以长期维持对奇里乞亚和拉塔基亚的控制。[66]

神圣王国的统治

1108 年后，坦克雷德加速了扩张安条克公国、增进其财富与国际影响的步伐，为了实现上述抱负，他显得不择手段，甚至不惜与穆斯林结盟对抗拉丁同胞。接下来的 5 年中，他不知疲惫地工作，拿出了看似永不枯竭的精力用于发动近乎无休无止的征战。通过混合使用领土征服、政治威逼和经济盘剥等手段袭扰邻国与对手，坦克雷德近乎打造了一个黎凡特的安条克帝国。

埃德萨与的黎波里伯国

1104—1108 年间，安条克是埃德萨伯国实际上的宗主。1104 年秋，坦克雷德刚一执掌公国大权，便委任其连襟和挚友、参与了第一次十字军东征的南意大利诺曼人萨莱诺的理查（Richard of Salerno）为埃德萨摄政。虽然理查不得人心，但在鲍德温二世伯爵依旧身陷囹圄期间，安条克施加的影响还是不受遏制地增长了。

安条克无疑没有努力促进伯爵的获释。1104 年夏，当俘获鲍德温之人试图安排其赎金条款时，甚至博希蒙德也予以回绝。亲王宁愿继续掌控埃德萨可观的土地和商业资源（估计每年超过 4 万东方金币），而不是像鲍德温在 1103 年那样为了博希蒙德重获自由而殚精竭虑。一旦获得了法兰克叙利亚的领导权，坦克雷德便继续享有上述收益，并对鲍德温的境况置若罔闻。

至 1107 年，伯爵的难友泰勒贝希尔领主库特奈的乔斯林被其领地的人民赎回，第二年，乔斯林成功地就鲍德温的获释与摩苏尔进行协商。摩苏尔统治者突厥军阀沙夫利（Chavli）最终同意了条款；不过，考虑到自身地位的脆弱以及近东伊斯兰世界不间断的内斗，沙夫利不仅要求获得赎金和人质，还要求缔结军事同盟。

当鲍德温于 1108 年夏试图收回埃德萨时，紧张的对峙局势接踵而至。坦克雷德已经享有伯国的财富和资源达 4 年之久，无意将他曾从覆灭中拯救的领土拱手让人，他现在设法迫使鲍德温宣誓服从；他争辩说，毕竟埃德萨在历史上就是拜占庭安条克公爵领的藩属。伯爵表示拒绝，尤其是因为他在 1100 年业已宣誓拥戴布洛涅的鲍德温。双方都不肯让步，冲突看似已不可避免。

9 月初，双方都召集了军队。在征服耶路撒冷不到 10 年后，鲍德温和坦克雷德——拉丁同胞和第一次十字军战友——如今准备好兵戎相见。更令人震惊的是，与鲍德温一道向北进军的新盟友是摩苏尔的沙夫利及其约 7000 人的穆斯林部队。当战斗打响（可能在泰勒贝希尔附近）时，虽然坦克雷德在人数上居于劣势，但他设法守住了阵地。然而，随着双方共计约 2000 名基督徒阵亡，宗主教伯纳德（安条克与埃德萨的教会最高领袖）介入，平息了双方的火气并做出仲裁。证人们公开证明，坦克雷德实际上曾于 1104 年向博希蒙德承诺，在鲍德温获释后他将归还埃德萨的控制权，安条克的统治者不情愿地被迫让步。埃德萨城自身或许已被归还，但根深蒂固的仇恨与敌对仍未消散。坦克雷德固执地拒绝交出伯国北部区域的领土，不久后还逼迫鲍德温为了与安条克维持和平而缴纳贡赋。[67]

争端依旧一触即发，而坦克雷德已把贪婪的目光转向初生的的黎波里伯国。第一次十字军东征结束后，他的老对手图卢兹的雷蒙试图以今日的黎巴嫩北部地区为中心打造自己的黎凡特领地。雷蒙面临着艰巨的挑战，因为他不像其他拉丁殖民地的创立者一样拥有可以仰仗的十字军征服地，而且该地区的中心城市的黎波里尚在穆斯林手中。

尽管如此，雷蒙还是取得了一些进展，他在一支热那亚舰队和 1101 年十字军残部的帮助下于 1102 年攻占了港口托尔托萨（Tortosa）。两年后，他向南征服了第二座港口朱拜勒（Jubail，那里有壮丽的罗马遗迹）。与此同时，在的黎波里城外的一座小山上，雷蒙修建了一个坚固的堡垒，取名“朝圣者山”，从而有效掌控了周边区域。然而，纵使竭尽全力，当伯爵于 1105 年 2 月 28 日去世时（享年 64 岁），的黎波里本身依旧未被攻克。

随后的数年中，两名男子对雷蒙的遗产展开了争夺。他的外甥威廉·若尔丹（William Jordan）最早抵达海外之地，在攻占附近的城镇阿尔卡的同时持续对的黎波里施压。然而，1109 年 3 月，雷蒙之子图卢兹的贝特朗（Bertrand of Toulouse）来到了圣地，决心捍卫自己的继承权。当他带来一支庞大的舰队支援对的黎波里的围攻时，两位声索者就这座城市的所有权争吵了起来，即便它仍尚未被攻陷，威廉·若尔丹离开了朝圣者山，前往北方。新诞生的的黎波里伯国看上去恐怕会因同室操戈而倾覆。

然而，最终，争夺的黎波里的控制权牵涉的绝不仅仅是继承权问题；它成了更广泛的争夺十字军诸国统治权的斗争的焦点。威廉·若尔丹意识到，如果他想夺取的黎波里，他就需要一位盟友，于是他便转投坦克雷德，提议做他的下属。不出所料，坦克雷德抓住这突如其来的机会向南扩张安条克的影响力；假如的黎波里落入他的手中并且他对埃德萨的计划亦能实现，届时公国将能名正言顺地要求成为海外之地的主导力量。现代的历史分析总是低估这段插曲的重要性，认为耶路撒冷王国在 12 世纪初自动、立即地被尊为法兰克东方的宗主。诚然，圣城是第一次十字军东征的焦点，布洛涅的鲍德温是黎凡特的拉丁统治者中唯一拥有“国王”头衔之人，但他的王国限于巴勒斯坦境内，并不包含整个近东。4 个十字军国家均为独立政权，耶路撒冷在它们中的突出地位从未得到正式认可。影响鲍德温与坦克雷德关系的对抗可上溯至 1097 年二人争夺奇里乞亚之时；在 1109 年，坦克雷德的傲慢自大对鲍德温的权威形成了挑战，这将打破拉丁黎凡特的权力平衡。

在接下来的 12 个月中，耶路撒冷的君主以高超的手腕化解了这一危机，全面击败了他的老对手。令人称道的是，鲍德温并未试图直接用武力回击安条克的野心，而宁愿发扬、利用法兰克人面对穆斯林外敌应精诚团结的观念。他运用外交计谋，在改善海外之地防御状况的同时确认了耶路撒冷至高无上的地位。

1109 年夏，鲍德温召唤拉丁东方的统治者们援助图卢兹的贝特朗围攻的黎波里。表面上看，这将是一个为了征服一处顽固的穆斯林据点而结成的广泛的法兰克同盟。国王本人率领约 500 名骑士向北进军；坦克雷德带着 700 名骑士在他的新盟友威廉·若尔丹的陪同下抵达；埃德萨的鲍德温二世与乔斯林也带来了一支大军。再加上贝特朗的普罗旺斯海军和一支热那亚舰队，阵容可谓强大。可是，表面的团结之下，根深蒂固的仇恨与充满火药味的猜忌正暗流涌动。

当然，整个事件的背后是法兰克人间的权力斗争问题，所有关键人物想必都心知肚明。鲍德温一世会允许安条克的影响力不受遏制地急剧增长吗？如果不会，国王将采取何种反制措施？集结完毕后，国王施展了其精明的计谋。在将贝特朗置于自己的羽翼之下后（后者宣誓效忠以换取耶路撒冷的支持），他如今召开了一次全体大会来解决关于的黎波里未来的纷争。鲍德温一世的高明之处在于他并未表现得像一个愤怒专横的君主或坦克雷德的阴险敌人，而是一个公正的仲裁人。用一位同时代的拉丁人的话说，国王与一个由“忠于他的人士”组成的陪审团一道聆听了“双方受到的所有伤害”，随后进行了调解。图卢兹的雷蒙的后人们冰释前嫌，贝特朗获得了伯国的大部分所有权（包括的黎波里、朝圣者山和朱拜勒），威廉则因获得托尔托萨与阿尔卡而受到了安抚。此外，鲍德温二世和坦克雷德据说通过达成安条克放弃所有埃德萨剩余领土控制权的共识而实现了“和解”。作为补偿，坦克雷德再度成为海法、加利利的领主。

国王似乎已经公正地解决了问题，让海外之地恢复了和睦。重获活力的联军无疑能够继续封锁的黎波里，并于 1109 年 7 月 12 日迫使穆斯林守军投降。然而，坦克雷德事实上受到了遏制和屈辱。他不再妄想声索耶路撒冷王国的统治权，特别是因为他已对鲍德温一世许下誓言表示恭顺。与此同时，国王尽管还维持着表面的不偏不倚，但已经实现了他的个人私利——他与埃德萨的关系得到了维护，他还让自己喜爱的人成了的黎波里伯国的新任统治者。的黎波里投降后不久，“威廉·若尔丹遭到偷袭被刺穿心脏而亡”，这使贝特朗获得了无可争议的权威地位，当他听闻这一切时想必不会过于沮丧。

1110 年 5 月，鲍德温一世抓住了一个机会，进一步巩固了他在拉丁黎凡特的宗主之位。那年春天，巴格达的塞尔柱苏丹穆罕默德终于对法兰克人在近东的征服做出了回应。他派遣一支美索不达米亚军队在一位干练的突厥将领莫杜（Maudud，最近刚刚在摩苏尔掌权）的率领下开启了收复叙利亚的工作。首当其冲的是埃德萨伯国。面对这一威胁，拉丁人团结了起来，迅速抵达的来自耶路撒冷、的黎波里、安条克的庞大联军迫使莫杜中断其对埃德萨的短暂围攻。鲍德温一世国王利用法兰克统治精英云集的机会，召开了第二次仲裁会议，这一次唯一的关键议题是处理坦克雷德与布尔克的鲍德温之间正在发生的争端。根据一位同时代基督徒的记述，这将通过“一场公平的审判或贵族会议达成的共识”来解决。坦克雷德知道自己不太可能获得任何接近“公平”的待遇，在他最亲密的顾问的说服下，他不得不参加了会议，一旦会议开始，他的担忧很快得到了证实。鲍德温国王主持了审判，坦克雷德被指控煽动摩苏尔的莫杜进犯埃德萨、与穆斯林结盟。这些指控几乎纯属捏造，尤其是完全未提及布尔克的鲍德温自己于1108年曾与摩苏尔结盟或鲍德温一世与大马士革的交易。面对会议上的群起而攻以及逐出法兰克人群体的威胁，坦克雷德再度被迫让步。从此往后，他似乎停止了从埃德萨索取贡赋。

安条克的屈服并未板上钉钉，在未来的岁月里，公国将再次试图获得独立。12世纪初的数十年中，安条克的与耶路撒冷的拉丁宗主教就教会管辖权发生的漫长而痛苦的争执也折射出了这段世俗权力的斗争。虽然如此，在1110年，鲍德温国王至少暂时树立了其个人权威并确立了耶路撒冷是海外之地最重要的世俗权力的地位。[68]

坦克雷德的遗产

虽然在1109、1110年遭受了政治上的挫折，坦克雷德的暮年依旧取得了成功。他以旺盛的精力连续数月投入战斗，将公国的边界推至极限并压制了其穆斯林邻居。在这一时期，坦克雷德面临着一个战略上的重大难题，而现代历史学家在很大程度上忽视了这一点。对坦克雷德而言，和所有中世纪军事指挥官一样，地形是他需要考虑的一个关键要素。至1100年，公国的边境已扩张至两条天然分界线。在东部安条克与阿勒颇的边界，法兰克人政权如今延伸至贝吕什山（Belus Hills）山脚，这是一片荒芜的低海拔崎岖山脊。在南方，面朝穆斯林的夏萨，公国延伸到了苏马克高地边缘及奥龙特斯河谷。就目前的情况而言，贯穿两处边境地区的有形屏障为拉丁人的安条克与其穆斯林邻居共同提供了相对平等的权力平衡和安全保障。[69]

坦克雷德本可对这一情形感到满足，容许维持现状，营造长期共存的可能性。相反，他选择了冒险与存在于持续扩张中的潜在利益。1110 年 10 月，他越过了贝吕什山，发动了一场艰苦的冬季远征以便攻占杰兹（Jazr，位于贝吕什山东部）地区的一系列居民点，包括阿塔勒布（al-Atharib）和扎尔达纳（Zardana）。这使公国与阿勒颇之间只留下了一片 20 英里宽的不设防的开阔平原。随后，在 1111 年春，他向南施加了同等程度的压力，开始在临近夏萨的小山上修筑一座新的堡垒。至少在最初，阿勒颇的里德万与蒙基德（Munqidh）家族的夏萨统治者采取了温和妥协的回应，以总计 3 万金第纳尔年贡的代价换取和平。

这种形式的财政剥削有一个成熟的先例。在 11 世纪的伊比利亚半岛，北部的基督教政权逐步统治了南部四分五裂的穆斯林城邦，建立了复杂的年贡体系。这一制度因为在 1085 年促使半岛失陷已久的首都托莱多（Toledo，位于西班牙中部）得以和平收复而闻名。

坦克雷德很可能怀揣着将阿勒颇和夏萨削弱至瓦解的地步的类似计划，但他的政策有些铤而走险。施加过多的压力、索取过高的贡金，可能会迫使"猎物"冒险采取打击报复。就阿勒颇而言，恫吓与盘剥相结合的方法被证明行之有效，最终促成了阿勒颇在一段时期内的屈服。然而在 1111 年，坦克雷德对夏萨逼迫过度，当摩苏尔的莫杜率领第二支阿拔斯王朝军队于 9 月进入叙利亚时，蒙基德家族很快与之结盟。面临苏马克地区将被入侵，坦克雷德动员了安条克的一切人力。他亦向自己的拉丁同伴请求援助，尽管最近因龃龉而产生隔阂，耶路撒冷、埃德萨、的黎波里的军队还是再度集结了起来。这支联军在阿帕梅亚设立了防御阵地，通过耐心地坚守阵地消磨了莫杜挑起决战的企图，并最终迫使他撤兵。

坦克雷德再次令公国化险为夷，然而，多年无休止的征战让他在36岁时便健康状况恶化，征服阿勒颇或夏萨的希望随之落空。12世纪早期亚美尼亚基督教历史学家埃德萨的马修（Matthew of Edessa）在记录他于1112年12月去世时不吝赞美之词："他是一个高尚、虔诚的人，拥有宽厚、慈悲的天性，表现出了对所有基督徒的关怀；此外，在与民众相处时他表现得十分谦逊。"这种泛泛之词掩盖了坦克雷德的阴暗面：他对飞黄腾达难以抑制地饥渴，他在政治权术方面颇有天赋，并且愿意为了追求权力而背叛或打击身边所有的竞争者。正是这些特质，加上旺盛的精力，令坦克雷德获得了非凡的力量并在叙利亚北部打造了一个持久的法兰克王国。公正地说，在历史上被视为安条克公国奠基人的应是坦克雷德，而非他声名狼藉的舅舅博希蒙德。[70]

海外霸主（1113—1118）

坦克雷德去世时，正值近东的局势和权力平衡在王朝继位与政治阴谋综合作用下发生全面变化的时期。在安条克本身，权力传给了坦克雷德的外甥、第一次十字军战士萨莱诺的理查之子萨莱诺的罗歇（Roger of Salerno）。罗歇很快通过一系列将海外之地统治精英连为一体的高层联姻融入了法兰克人的社会结构。这一复杂的家族关系网开启了十字军诸国之间高度相互依赖的新时期。罗歇本人娶了埃德萨伯爵布尔克的鲍德温之妹，同时，泰勒贝希尔领主库特奈的乔斯林与罗歇的妹妹结为了夫妻。图卢兹的贝特朗死于 1112 年初，其幼子庞斯（Pons）继位为的黎波里伯爵。他很快与亲善拜占庭、敌视安条克的传统图卢兹政策保持了距离，在 1113—1115 年间的某个时候，迎娶了坦克雷德的遗孀法国的塞西莉娅。的黎波里依旧是耶路撒冷的藩属，但塞西莉娅的嫁妆为庞斯带来了安条克在鲁杰山谷（Ruj valley）的重要的统治权，这是安条克自身仅有的两条南下通道之一。上述人事、效忠上的变化具有更广泛的双重意义：一方面，它们促使法兰克人创造了一个在面对外敌时精诚合作的新时代；另一方面，它们重新提出了关于海外之地权力平衡的老问题，其中最显著的是安条克与埃德萨之间的关系。

团结的力量

拉丁人的团结很快受到了伊拉克持续入侵的考验。1113 年 5 月，摩苏尔的莫杜（如今已是巴格达最重要的军事指挥官）统领第三支阿拔斯王朝军队进入近东，这一次他放过叙利亚转而入侵巴勒斯坦。法兰克人劫掠加利利以北、以东的大马士革领土的频率和残暴程度似乎已令图格特金确信，他现在必须背弃与耶路撒冷间的任何形式的长期交好。5 月的最后一周，他带领一支大部队加入了莫杜，他们共同朝着加利利进军。

当这一威胁的消息传来时，鲍德温一世正身处阿卡，他紧急向其新邻居罗歇与庞斯求援。国王如今面临艰难的抉择。他应该静候法兰克盟友的军队集结完毕，任凭莫杜与图格特金蹂躏王国的东北地带，还是冒险以有限的军事资源立即反击他们的入侵？6 月中下旬，他决定采用第二种行动方案。鲍德温的鲁莽之举受到了同时代人的广泛批评——事实上，甚至他的随军神父也指出，国王被其盟友指责“在没有等待他们的建议和援助的情况下，贸然无序地对敌人发起进攻”——在现代历史学家中，鲍德温受到了类似的谴责。站在为国王辩护的角度来看，他似乎并未像1102年那样表现出破坏性的冲动。关于1113年夏季事件的细节并不多，但看似鲍德温从阿卡开拔后建立了一处前进基地，并在那里巡视保护加利利，而并未表露出与敌人决一死战的明确意图。

对国王而言不幸的是，他的军队在6月28日遭到了一次突然袭击。通常情况下，鲍德温在使用斥候和收集情报上非常勤勉，但他似乎于森纳布拉桥（al-Sennabra bridge，它横跨加利利海以南的约旦河）近旁扎营，没有意识到他的敌人到了对面东部河岸。当搜集粮草的穆斯林发现了他的位置后，莫杜与图格特金发动了一次闪电突袭。他们如潮水般涌过大桥，迅速压倒了震惊的法兰克人，杀死了1000—2000人，包括约30位骑士。鲍德温本人仓皇而逃，丢弃了其帝王威仪的重要象征——王旗和营帐。

吃了亏的鲍德温撤退到了太巴列附近他泊山（Mount Tabor）的山坡上，不久，安条克与的黎波里的军队与之会合。他现在采取了一种谨慎得多的策略，在这个防御地点按兵不动，维持该地区的安全但避免直接对抗。在将近4周的时间里，双方于本区域内对峙，考验着彼此的决心，然而面对如此庞大的拉丁军队，莫杜与图格特金无法一同南下耶路撒冷，只能发动一系列大范围的劫掠。8月，穆斯林联军跨过约旦河撤军，用一位大马士革编年史家的话说，留下了“一败涂地、肝胆俱裂的敌人”。作为凯旋的证据，他们将劫掠之物、法兰克俘虏及基督徒死者的头颅作为礼物进献给巴格达的苏丹。鲍德温的名誉虽然受到了相当大的损害，但躲过了一劫。[71]

如同命中注定一般，莫杜选择在大马士革度过初秋。1113 年 10 月 2 日，在大清真寺与图格特金共同参加了聚礼日礼拜后，摩苏尔指挥官穿过一个庭院时遭到独身一人的袭击者的攻击并受了致命伤。刺客被立即斩首，其尸体稍后被火化，但其确切身份和动机一直是个谜。有人怀疑他是一个秘密尼扎里派（Nizari）的信徒。这个什叶派伊斯玛仪派的分支源自波斯东北部，12 世纪初开始在近东政治中扮演重要角色。在有限的资源下，他们通过谋杀敌人来获取权力和影响力，而且，由于有传言说其信徒沉迷于大麻（hashish），因此出现了一个形容他们的新词汇——“阿萨辛”（Assassins）。里德万・伊本・突突什（Ridwan ibn Tutush，即阿勒颇的里德万）在世期间，他们于阿勒颇获得了一个重要的据点，但当他在 1113 年去世后，他们被逐出了城市。阿萨辛派随后与图格特金结成了新同盟，因此这位阿塔贝伊被怀疑是莫杜遇刺的同谋。图格特金到底在多大程度上参与了此事并不清楚，但光是流言便足以让他与巴格达心生嫌隙，并促使大马士革和耶路撒冷达成新的和睦关系。[72]

对法兰克人而言，1113 年的危机无疑证明了团结一致抵御穆斯林入侵的必要性；它也再度肯定了谨慎防御策略的明智之处。1111 年与 1113 年的事件共同确立了一种拉丁人在 12 世纪大部分时间中采用的军事行动模式：面对强敌入侵时，法兰克人将团结一致；他们将集结在一处防御阵地，维持受威胁区域的安全并破坏敌人的行动自由，同时坚决避免结果难以预料的野战。

安条克亲王罗歇在 1115 年面临其统治生涯第一次现实威胁时最初采取的正是这一策略。这回唯一的区别在于，他不仅获得了拉丁同胞的支持，还获得了叙利亚穆斯林统治者的援助。由于阿勒颇现在处于某种混乱状态，巴格达苏丹看到了夺取该城控制权并从而重新确立自己在近东的权威的机会。为此，他发起了一场横跨幼发拉底河的新远征，这一次由波斯指挥官哈马丹的布尔苏格（Bursuq of Hamadan）领军。

这种直接干预的前景激起了叙利亚长期不和的众多穆斯林统治者的空前回应。图格特金与他的女婿马尔丁的伊尔加齐（Il-ghazi of Mardin）结为同盟，后者是被称作阿尔图格（Artuqid）的土库曼王朝的主要成员，控制着底格里斯河上游的迪亚巴克尔（Diyar Bakr）地区。图格特金与伊尔加齐一起暂时控制了阿勒颇，并派出使节前往安条克要求和平会谈。起初，罗歇对此心存疑虑，但可能是在他的一位重要封臣“麻风病人”罗贝尔·菲茨富尔克（Robert fitz-Fulk the Leper）的游说下，他很快被说服。罗贝尔在公国东部边境拥有一块重要领地，并与图格特金私交甚笃。一份军事合作协约在初夏适时达成，防御布尔苏格入侵的准备工作开始了。

在抵达叙利亚并发现阿勒颇难以染指后，布尔苏格效仿 1111 年摩苏尔的莫杜，为了攻击安条克南部边界而寻求夏萨的支持。与此同时，罗歇做出了回应，派出 2000 人的军队驻守阿帕梅亚阵地，随行的可能也有埃德萨的鲍德温二世。非同寻常的泛黎凡特联盟在那里集结。图格特金信守诺言，派出 1 万人加入了罗歇的队伍，而鲍德温一世与的黎波里的庞斯于 8 月末抵达。这批展开部署的军队（他们自身常常互相交战）在整个夏天坚守着阵地，成功地混编了拉丁人与穆斯林的军队，没有碰到明显的困难。

面对一支如此庞大、防守严密的敌军，布尔苏格竭力挑起野战，他派出小部队骚扰联军营地并亲自领兵劫掠苏马克高地。面对这样的挑衅，罗歇威胁说要刺瞎破坏秩序者的双眼，这足以证明维持纪律是困难的。拉丁人与其大马士革战友一道守住了阵地。受挫的布尔苏格从夏萨班师回国，随着叙利亚的危险眼下已经明显消除，大联盟随之解散了。

罗歇返回了安条克，但在9月的头几天，布尔苏格的撤退被证实是一种诡计。在向哈马（Hama）撤退以待守军解散之后，他兜转回来，蹂躏了苏马克北部地区。公国面临倾覆之虞，罗歇发觉自己与盟友隔绝，身处困境。只有埃德萨的鲍德温留了下来，整个夏天都像安条克的附庸统治者一样在公国内驻军。罗歇是应该尽职尽责地等候拉丁－穆斯林联盟重组，任由布尔苏格在叙利亚乡间闲逛，还是应该冒险迅速采取独立行动？实质上，他的进退两难与两年前鲍德温面临的境况如出一辙，不顾上次会战的前车之鉴，1115年9月12日，安条克亲王在鲁贾（Rugia）集结部队并出发拦截敌军。这是相当鲁莽的冒险行为。他麾下共约500至700名骑士以及大概2000至3000名步兵，敌军的人数至少比他多一倍。拉丁人似乎将希望寄托于在他们中间的贾柏莱（Jabala）主教携带的一块真十字架安条克残片，以及举行的一系列精神净化仪式，但即便如此，罗歇想必也知道他是在以法兰克叙利亚的未来下赌注。

这一次，基督徒享有好运及军事情报上的极大优势。罗歇穿过鲁杰山谷，在哈布（Hab）扎营，始终寻找着布尔苏格军的踪迹。9月14日清晨，斥候们带回了消息：敌军在附近的萨敏山谷宿营，没有察觉他们正在接近。罗歇发动了一次奇袭，令穆斯林惊慌失措地撤退至附近一座名叫泰勒达尼什（Tell Danith）的小山的侧翼，在那里他们很快就被彻底击溃了。布尔苏格仓皇逃跑，罗歇尝到了一场大胜。从穆斯林营地中获得的战利品非常丰富，以至于这位得胜的王公花了 3 天时间把它们分给手下。罗歇打破了交战的规则并赢得了胜利，但此举开启了令人担忧的逞血气之勇的先例。[73]

布洛涅的鲍德温最后的岁月

那年晚秋，鲍德温一世国王再度显现出对鲁莽甚至不切实际的冒险行动的偏爱。在东边，约旦河岸以外，死海与红海之间，有一片干旱、荒凉、人口稀少的区域。今天它大体在约旦境内，12 世纪时它被称为“外约旦”（Transjordan）。尽管它可能是荒凉的，却成了叙利亚与埃及、阿拉伯城市间的贸易和交通要道。鲍德温在 1107 年和 1113 年已经冒险对该地发动了试探性的局部战役。如今，在接近 1115 年岁末时，他大胆地尝试对这片区域发起法兰克人的殖民，借此迈出控制跨黎凡特交通的第一步。他与仅仅 200 名骑士和 400 名步兵行军至像山一样的被当地人称作“舒巴克”的露出地面的岩层处，修建了一座命名为蒙特利尔（Montreal，或曰“王山”）的临时城堡。第二年，他重返该地以便在红海亚喀巴湾（Aqaba）岸边设立一座小型前哨站。通过上述步骤，鲍德温开启了一段领土扩张进程，这将使王国在未来几年中获益。

在 1116 年至 1117 年的冬天一度身染沉疴后，鲍德温花费数月方才康复，但到了 1118 年初他又开始准备计划新的军事行动。那年 3 月，他发动了一场野心勃勃、深入埃及的突击战役，直抵尼罗河东岸。在奏凯之际，他突然病入膏肓；1103 年的旧伤（从未完全康复）现在又裂开了。深处敌境的伟大国王非常痛苦，甚至无法骑马，因此，人们用一具临时制成的担架抬着他返回巴勒斯坦，他一路上饱受折磨。几天后，他于1118年4月2日抵达小型边境居民点阿里什（al-Arish），却无法继续前行，在那里，他在忏悔罪孽后就去世了。

国王已立志不让自己的遗体留在埃及，故而他仔细对御厨阿多下的指示（有些令人毛骨悚然）在其死后得到了一丝不苟的执行，以防止他的遗体在高温中腐烂。

> 正如他坚决要求的那样，其腹部被剖［开］，他的内脏被取出并埋葬，尸体被里外用盐腌制，眼、口、鼻、耳内也用香料、香油防腐，随后它被缝入皮革、裹上毛毯，紧紧地绑在马背上。

携带其遗体的出殡队伍于棕枝主日（Palm Sunday）抵达耶路撒冷，遵照他的遗愿，国王鲍德温一世被埋葬在圣墓教堂，就在其兄布永的戈弗雷的身旁。[74]

虽然第一次十字军将士最初入侵了黎凡特，但征服近东、创建十字军诸国的任务实际上是由海外之地的第一代定居者完成的。其中，做出最大贡献的个人无疑是国王鲍德温一世和他的竞争对手安条克的坦克雷德。两位统治者一起带领拉丁东方度过了极度脆弱的时代，在此期间，法兰克人战场无敌的神话已经破灭，穆斯林发动第一波间歇性反击的迹象已然浮现。1100—1118年间，与第一次十字军东征时期相比，伊斯兰势力间的不团结的真正意义可能变得更加明显。因为在建立叙利亚、巴勒斯坦的西欧殖民

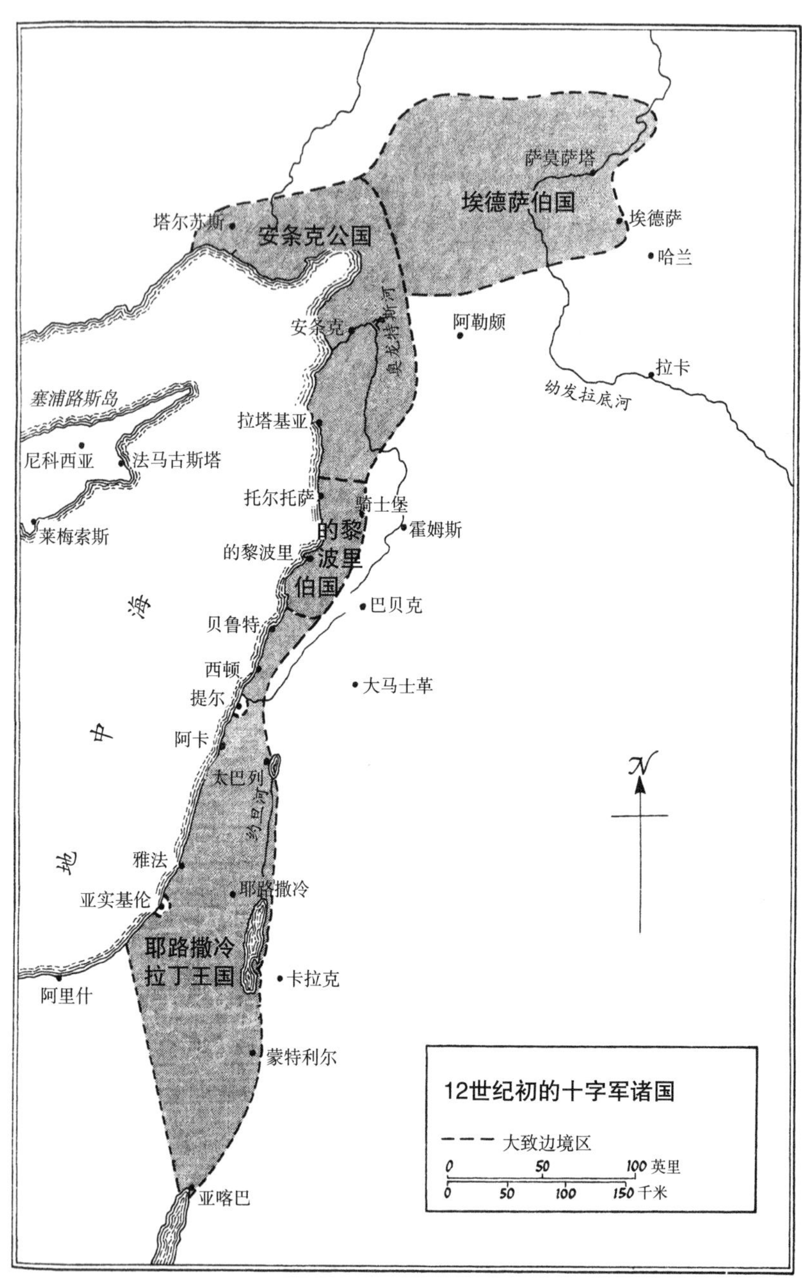

萨莫萨塔
埃德萨伯国
塔尔苏斯
安条克公国
埃德萨
哈兰
奥龙特斯河
安条克
阿勒颇
拉卡
幼发拉底河
塞浦路斯岛
拉塔基亚
尼科西亚
法马古斯塔
托尔托萨
骑士堡
霍姆斯
莱梅索斯
的黎波里伯国
的黎波里
巴贝克
贝鲁特
海
西顿
大马士革
提尔
中
阿卡
太巴列
约旦河
地
雅法
亚实基伦
耶路撒冷
耶路撒冷拉丁王国
阿里什
卡拉克
蒙特利尔
亚喀巴
N
12世纪初的十字军诸国
大致边境区
0 50 100 英里
0 50 100 150 千米

地的这些年中，它们原本极有可能被穆斯林坚决、一致的攻击所绞杀。

鲍德温与坦克雷德的成功依赖于一种混合了冷酷与务实的灵活手腕。因此，巩固与征服的工作并非仅仅通过直接的军事征伐，还通过外交、金钱盘剥和将本地的非拉丁人口纳入法兰克人国家体系来实现。拉丁人的生存同样取决于鲍德温、坦克雷德与他们的同时代人是否愿意在面对外部威胁时进行合作，以缓和自相残杀的竞争和对抗。在保卫圣地的斗争中出现了某些呼应“十字军东征”思想的活动，尤其是在战前举行赎罪仪式，以及对真十字架的崇拜的兴起。但与此同时，早期拉丁定居者表露出了明显的融入近东世界的意愿，寻求与他们的穆斯林邻居达成贸易协议、短期休战和约，甚至缔结军事联盟。当然，以上各种手段不过是反映和扩展了第一次十字军东征期间经历的圣战现实。法兰克人一边在更广泛的层面依照法兰克社会正常习俗与黎凡特本地居民交流相处，一边继续将穆斯林甚至希腊人视作公开的敌人。

5

海外之地

1119年6月28日天刚亮的时候，安条克亲王罗歇已集合军队，做好了战斗的准备。他的部下簇拥在一起，聆听布道，参与弥撒并礼拜安条克的真十字架碎片，以使他们的灵魂为眼前的战斗做好准备。在这之前的几天里，罗歇面对穆斯林入侵迫在眉睫的消息采取了果断的应对措施。多年来，阿勒颇忍受着安条克的扩张和反复索取的高额贡赋，现在突然转向了主动出击。在召集了一支人数可能过万的军队后，这座城市的新任埃米尔阿尔图格突厥人伊尔加齐进军至阿勒颇与法兰克安条克接壤处。面对威胁，罗歇本可等候拉丁邻居们（包括于1118年继承耶路撒冷王位的布尔克的鲍德温）的援军。相反，亲王集结了大约700名骑士、3000名步兵与一队土科波（Turcopole，具有突厥血统的皈依基督教的雇佣兵）横越至贝吕什山东侧。罗歇在临近小居民点萨尔马达（Sarmada）的一个山谷中扎营——他相信此处周围的多岩山丘提供了良好的保护——并准备于清晨快速出击，希望能出其不意地俘虏敌人，重现1115年他取得的成功。然而，前一天夜间，斥候们已向伊尔加齐禀报了基督徒的位置，亲王对此尚一无所知。根据对当地周围地形的了解，阿尔图格王朝指挥官派遣军队从 3 个不同方向接近罗歇的营地。正如一位阿拉伯编年史家所证实的:“破晓时分,[法兰克人]发现穆斯林的旌旗正在将他们彻底包围。”[75]

“血田”

随着军中响起紧急集合的军号声,罗歇匆忙地组织部队投入战斗,一位教士携带着真十字架伴随其左右。当伊尔加齐的部下逼近时,拉丁人刚刚在营地外集结完毕。怀着赢回主动权的渺茫希望,罗歇命令右翼的法兰克骑士全力冲锋,起初,他们似乎遏制住了阿勒颇人的进攻。但随着战斗沿着这条线进行,一队部署在左翼的土科波被压垮了,他们的溃退破坏了拉丁人的阵形。由于寡不敌众且陷入包围,安条克人渐渐不支。

身陷混乱中心,罗歇亲王完全失去了遮蔽,然而“尽管他的部下尸横四处……他却绝不后退或后顾”。一位拉丁目击者形容了“[亲王]是如何英勇作战……被一把[穆斯林的]剑从鼻子中间刺入大脑,在真十字架[下],他的身躯留在了大地,灵魂升入了天堂,死亡洗清了其罪孽”。携带真十字架的不幸的神父也被砍倒,尽管后来有人说,这件圣髑为此施展了奇迹般的复仇——它令周围全体穆斯林“被贪婪迷了心窍”,想要夺取它上面的“黄金和宝石”,并因此自相残杀起来。

随着抵抗力量分崩离析,大部分法兰克人遭到屠戮,只有少数向西逃入了贝吕什山。一位生活在大马士革的穆斯林将它描绘为“[伊斯兰教]最杰出的胜利之一”,他还提到散布在战场上的敌方死去的战马如同刺猬,“因为它们身上插满了箭矢”。这场失利如此骇人听闻，基督徒的阵亡数目又如此庞大，以至于安条克人后来将此地称为“血田”（Ager Sanguinis）。

这个拉丁公国失去了它的统治者和军队，面对进一步的袭击已是门户洞开。然而，伊尔加齐并未真的尝试征服安条克本身。传统上，他因未抓住这个理想的机会攻下法兰克人之都而广受批评。然而，安条克固然已被削弱，但远非孤立无助。安条克的防御工事极其令人生畏，这意味着即使人力有限，该城也能抵御外敌的征服。伊尔加齐既无时间去发动令人煎熬的围城，如果该城陷落的话，也无人手驻守这座城市。伊尔加齐意识到来自南方的法兰克援军可能会在几周内抵达，同时因为在他心中最重要的是阿勒颇的战略利益，他选择将重点放在贝吕什山脉以东的杰兹边境区，收复了阿塔勒布和扎尔达纳。至 8 月初，他已经夺回了这一缓冲区，保障了作为一个穆斯林政权的阿勒颇的生存。

与此同时，来自耶路撒冷和的黎波里的拉丁军队抵达了安条克，鲍德温二世国王也在筹划着反击。征集了公国的残余战斗人员后，1119 年 8 月 14 日在扎尔达纳附近，他与伊尔加齐爆发了一场非决定性的战役。穆斯林部队（最近得到了大马士革军的增援）被逐出了战场，由于势头受挫，伊尔加齐的征战也随之告一段落。基督徒损失甚巨，被俘的人中有扎尔达纳领主“麻风病人”罗贝尔·菲茨富尔克。他被带至大马士革，可能希望得到其朋友和前盟友图格特金的宽恕，然而，当罗贝尔拒绝放弃他的信仰后，阿塔贝伊勃然大怒，“一挥手中的剑”斩下他的头颅。有传言说，图格特金将罗贝尔的头盖骨制成了一只华丽的镶嵌珠宝的镀金酒杯。[76]

国王鲍德温二世抵达叙利亚北部确保了这个法兰克公国当

下的生存，但海外之地作为整体将不得不面对“血田”留下的可怕后果。领土的损失很严重——除了伊尔加齐的征服，夏萨穆斯林乘虚而入占领了整个苏马克高地，仅有边境居民点阿帕梅亚幸免——但安条克从这甚至比 1104 年哈兰战败后更加惨淡的处境中恢复了过来。1119 年真正重要的是亲王之死。此前从未有过在任的拉丁统治者殒命战场，雪上加霜的是，罗歇死后无嗣，这导致了安条克陷入严重的继承危机。眼前只有很少的选择，鲍德温介入了这场危局。塔兰托的博希蒙德 9 岁的同名儿子博希蒙德二世当时在意大利，他的权利重获认可，而且国王同意在年轻的候任亲王达到 15 岁成人前担任摄政。

从更广泛的意义上说，“血田”对拉丁基督教世界造成了使人不安的沉重打击。这并非法兰克人首度遭逢的厄运。在“奇迹般”的第一次十字军东征的余辉中，早期的挫折已现端倪：1101 年十字军的瓦解；鲍德温一世在第二次拉姆拉之战中战败；哈兰的惨剧。然而，紧随着 1119 年（它被称作“最大的哀恸”，“带走了喜悦，留下的痛苦无法衡量”）而来的是一个无法回避、令人烦恼的问题，它切中了支撑十字军运动和海外殖民的信仰体系的要害。倘若圣战真的是上帝要做的事，并且获得了其神圣意志的认可与支持，那么该如何解释战败？答案是罪孽。伊斯兰教在争夺黎凡特统治权的战争中的胜利乃是一种来自天堂的惩罚，以惩戒基督徒的罪过。在“血田”中，罪人（或替罪羊）被认为是罗歇亲王，如今他被打上了通奸者和篡位者的烙印。在未来，这种视罪孽为战败原因的观念将广为流行，其他个人和团体将成为靶子，用来解释战争的变幻莫测。[77]

向厄运反击

在某种意义上，“血田”引发的警报是毫无根据的。阿勒颇带来的威胁很快消退，伊尔加齐在1122年去世前未能再次大胜法兰克人。此后的20年中，近东的伊斯兰势力依旧四分五裂，深陷内部权力斗争的泥潭，因此，无法形成针对法兰克人发动吉哈德的共识。事实上，拉丁人在这一时期取得了许多重大的胜利。鲍德温二世收复了安条克在苏马克和贝吕什山脉以东的失地。法兰克人占据了位于约旦河上游东部的设防城镇巴尼亚斯（Banyas，它守卫着特勒德苏埃特［Terre de Sueth］），从而在另一重要的战略边境地区（这次位于耶路撒冷和大马士革之间）获得了一个据点。1142年，耶路撒冷王国也支持了在外约旦修建一座主要的新城堡。卡拉克（Kerak）城堡坐落于约旦沙漠中一道狭长的山脊上，它渐渐演变为黎凡特重要的“十字军”要塞之一，并被指定为这一区域的行政管理中心。

尽管如此，十字军国家在“血田”后的若干年中依旧如履薄冰。这主要源自厄运而非穆斯林持续不断的进犯。被俘或早逝使拉丁人失去了一系列领导人，点燃了继位危机并引发了内斗。鲍德温二世国王在穆斯林于1123年4月发动的一次袭击中被俘，在被赎回前，他在监禁中度过了16个月，巴勒斯坦在此期间勉强避免了一场政变。博希蒙德二世于1126年抵达，接管了安条克的控制权并迎娶了鲍德温二世的女儿艾丽斯（Alice），但年轻的亲王在4年后对奇里乞亚的一场突袭中阵亡，留下了一个女婴康斯坦丝作为继承人。艾丽斯在12世纪30年代初密谋攫取公国的权力。鲍德温二世本人在1131年病逝，紧随他离世的是其盟友和继承人埃德萨伯爵库特奈的乔斯林，这也宣告海外之地老一辈守护者皆已作古。在衰弱初现端倪的背景下，对注入一剂强心针的需要变得尤其紧迫。[78]

骑士团

在支撑法兰克人的黎凡特方面，两个融合了骑士与隐修理念的骑士团出现了，它们扮演了至关重要的角色。大约在1119年，一小群由法国贵族帕英的于格（Hugh of Payns）领导的骑士投身于保护前往圣地的基督教朝圣者的慈善工作。实际上，这首先意味着要在从雅法到耶路撒冷的路上巡逻，但是于格的团体迅速赢得了更广泛的认可和资助。拉丁宗主教很快承认了他们作为一个宗教修士会的地位，而当国王本人赠予他们耶路撒冷的阿克萨清真寺（法兰克人称之为“所罗门圣殿”）为驻地后，他们从该地得名为“所罗门圣殿骑士团”，或曰“圣殿骑士团”。如同修士一样，他们许下了清贫、贞洁、听命三愿，然而，他们没有选择隐修生活，而是拿起宝剑、盾牌和盔甲，为基督教世界和保卫圣地而战。

作为圣殿骑士团的领导人（或称大团长），帕英的于格于1127年前往欧洲，为他的新修士会寻求批准和支持。1129年1月，在特鲁瓦（Troyes，位于法国香槟地区）举行的一场重要的宗教会议上，该修士会得到了拉丁教会的正式承认。在接下来的岁月里，除了官方批准，它还得到了教皇的支持以及更广泛的特权和豁免权。圣殿骑士还赢得了拉丁世界最杰出的宗教人物之一明谷的伯尔纳（Bernard of Clairvaux）的支持。作为一位西多会修道院长，伯尔纳以睿智著称，并作为顾问得到了西方各国宫廷的信赖。他在政治与宗教上均具有空前的权势，但身体有恙，不得不在其教堂的座位旁挖凿厕坑，以便能减轻他可怕的慢性肠炎带来的痛苦。

大约在 1130 年，伯尔纳撰写了一篇名为《赞美新骑士》的论文，文中赞美了圣殿骑士生活方式的美德。修道院长声称骑士团是“最值得敬佩的”，称赞其修士是“基督的真正骑士，为上帝而战”，坚信他们愿为光荣殉教而赴汤蹈火。这篇充满抒情色彩的赞美文章在将圣殿骑士团运动向整个拉丁欧洲推广方面扮演了核心角色，使人们接受这个十字军理念的创新性分支。从很多方面来说，十字军理念都是基督教圣战的最终升华和表达。

圣殿骑士树立的榜样激励了另一个拉丁人于近东发起的宗教慈善运动转向军事化。自 11 世纪末，耶路撒冷的基督徒区便已拥有了一座致力于照顾朝圣者和病人的医院，是由意大利商人资助建立的。随着圣城在第一次十字军东征中被征服以及随之而来大量朝圣者的涌入，这一机构（因献给了施洗者约翰而被称作“圣约翰医院”）的权力和影响力大增。教皇于 1113 年承认了该骑士团的身份，“医院骑士”（人们后来如此称呼他们）开始吸引了普遍的国际赞助。在大团长雷蒙·杜·皮伊（Raymond du Puy，1120—1160）的领导下，除了一直以来具有的医疗职能，该组织还增添了军事成分，至 12 世纪中期它成了第二大骑士团。

从 12 世纪到 13 世纪，圣殿骑士团和医院骑士团处于十字军历史的中心，在圣地的战争中扮演了领导角色。中世纪中期，拉丁世俗贵族普遍地通过为宗教运动捐献（常常以土地所有权或税收权利的形式）来证明他们对上帝的虔诚。骑士团的名声大噪为他们在海外之地与整个欧洲带来了丰厚的捐献。尽管他们相对出身低微——这一点被圣殿骑士团的印章所铭记，那上面描绘了两位贫苦骑士共骑一马的形象——二者很快通过捐助获得了大笔财富。他们也源源不断地吸引到了兵员，其中的很多人成了训练有素、装备精良的武装修士（作为骑士或低阶的军士）。大多数中世纪欧洲军队十分业余，仅习惯于在短期的作战季中打仗，主要由训练不足的轻装非正规军组成。相比之下，圣殿骑士团与医院骑士团能够征集专业的全职常备军：事实上，这是拉丁基督教世界的第一支职业军队。

骑士团成了跨国界的运动。虽然主要专注于保卫十字军诸国，他们也另外在欧洲发展了大量军事、宗教、财政上的利益，包括在伊比利亚半岛对抗穆斯林的边界战争中发挥了重大作用。他们在黎凡特拥有的空前的军事和经济实力给他们带来了相应的政治影响力。两大骑士团均享受教皇的庇护，不受当地的世俗政权及教会的管辖，这使他们具有了动摇拉丁东方君主政体的潜在可能。作为不受控制的势力，他们可以质疑甚至否认君主权威，或罔顾宗主教的谕令和主教的指示。然而，就目前而言，这种危险被他们参与海外之地的防御所带来的益处所抵消。

圣殿骑士团与医院骑士团一道为急需军事资源的十字军诸国带来了其渴求的兵员和军事技能。至关重要的是，他们还拥有维持并及时扩展海外之地的城堡、要塞网络所需的财富。从12世纪30年代起，拉丁东方的世俗领主开始将设防之地让与骑士团，常常允许他们在边境区发展半独立的飞地。控制巴格拉斯（Baghras）城堡令圣殿骑士团在安条克公国北部地区占据了主导位置。占有加利利的采法特（Safad）和巴勒斯坦南部加沙（Gaza）为骑士团带来了类似的权利与义务。与此同时，医院骑士团在骑士堡（Krak des Chevaliers）获得了据点，它位于安条克与的黎波里间的布克亚（Bouqia）谷地上；还有巴耶吉布林（Bethgibelin），它是巴勒斯坦南部用于保卫耶路撒冷和对穆斯林占据的亚实基伦施加军事压力的3座城堡之一。[79]

求助于基督教世界

1119年后，黎凡特的法兰克人也开始向国外寻求帮助。至少在理论上，东方基督徒本应是显而易见的求助对象。① 远离西欧且被伊斯兰教徒环绕，海外之地若想长期生存就需要周边的盟友。但是，虽然十字军诸国与拜占庭帝国（伊斯兰世界敬畏的地中海超级大国）都信奉基督教，自耶路撒冷被征服以来，希腊人对圣战的贡献微乎其微。围绕安条克产生的充满愤恨的争议是无法得到帝国支持的核心因素，如果得不到解决，这一问题看上去将在未来数十年中使法兰克人的黎凡特受到伤害。1137年，在多年来忙于拜占庭帝国其他地区事务后，阿莱克修斯一世的儿子和继承人约翰二世（John Ⅱ Comnenus）皇帝向叙利亚进军，想要重申希腊人在被他认为属于帝国东部边陲的地区的影响力。约翰设法把理论上的宗主权强加于安条克，由此，公国与其他海外之地的十字军国家间的关系总是受到它与君士坦丁堡的关系的平衡。但在军事方面，随着远征阿勒颇与夏萨最终失败，帝国的贡献令人失望。1142年夏末，约翰重返东方，很可能计划在安条克设立

① 在这一时期，崛起的亚美尼亚基督教鲁本王朝（Roupenid dynasty）以托罗斯山脉（Taurus Mountains）为中心开始扩张。他们最终将成为黎凡特的强权之一，尽管与埃德萨保持了大体亲密的关系，鲁本王朝在奇里乞亚建立王国的渴望却导致了其与安条克的冲突。

一个由自己的小儿子曼努埃尔（Manuel）直接统治的新拜占庭政体。可事实上，1143年4月，约翰在奇里乞亚因一场狩猎中的意外事故身亡，这场飞来横祸导致希腊人的远征戛然而止。[80]

实际上，血田战役后，海外之地最频繁求助的还是西方基督教世界。1120年1月，在纳布卢斯（Nablus，位于圣城以北）举行的由耶路撒冷王国世俗、教会领导人参加的大会上，十字军国家面临的危机得到了讨论。其结果是首先直接呼吁教皇卡利克斯特二世（Calixtus Ⅱ）向圣地派来一支新的十字军，并进一步恳求威尼斯。这个意大利商业共和国的回应是以十字军的旗号在1122年秋向东派出了一支至少由70艘船组成的舰队。在威尼斯人的帮助下，耶路撒冷的法兰克人于1124年攻占了城防坚固的提尔——巴勒斯坦最后一批穆斯林掌控的港口之一，亦是地中海的一个主要航运、商业中心。[①] 1129年，鲍德温二世国王试图召集另一次十字军，计划进攻大马士革，然而尽管征募了一大批西方骑士，战役本身却是一场惨败。

为了与拉丁西方建立更紧密的联系，并渴望解决其自身的继承危机，黎凡特的法兰克人也想为一些海外之地的女继承人寻觅合适的欧洲夫君。与中世纪基督教世界的许多国家一样，在十字军国家中，人们认为需要男性进行统治；从国王到伯爵的世俗领

① 作为对这次援助的回报，威尼斯人从耶路撒冷王国获得了惊人的各种特权。包括：提尔（城市及周边领地）的三分之一，外加从阿卡的岁入中抽出300金币作为年金；完全免税，除非是运送朝圣者至圣地所欠的税款；在贸易中使用威尼斯度量衡的权利；在王国每个城镇获得一块永久地产（由一条街道、广场加上教堂、面包房和公共浴室组成）。稍后，鲍德温二世设法对这份协议做了一些修订——最值得注意的是，提尔领地中的土地将作为威尼斯人的采邑而对王室承担军事义务——虽然如此，这项交易还是让威尼斯跻身法兰克黎凡特的经济强权之列。

主被寄予战时领导（或至少指导）军队的厚望，而军事指挥通常被认为是男人的专有权。理想的情况是，婚姻候选人应该是出身高贵的贵族——他们愿意致力于保卫圣地，并拥有为东方带来新的财富和人力的社会地位。其中的一位是普瓦捷的雷蒙，他是阿基坦公爵的次子、法国卡佩王朝国王的亲属。1136 年，他迎娶了安条克的康斯坦丝，结束了叙利亚北部长时间的政治动荡。一段更具影响力的联姻在 12 世纪 20 年代末得到了精心安排。鲍德温二世国王与他的亚美尼亚妻子摩菲娅（Morphia）有 4 个女儿，但膝下无子，因此他要为自己的长女梅丽桑德寻找丈夫以确保王位继承。经过漫长的协商，公主于 1129 年与安茹伯爵富尔克五世（Count Fulk Ⅴ of Anjou）结为连理，后者是法国最著名的权贵之一，并与英法两国君主沾亲带故。

鲍德温二世驾崩后，富尔克和梅丽桑德于 1131 年 9 月 14 日被圣化并加冕。新任女王大概 22 岁，是耶路撒冷第一位混血（拉丁－亚美尼亚）的统治者。因此，她也是一个新的东方法兰克社会的活化身。然而在 1134 年前后，拉丁巴勒斯坦被一场关于王权的争执带到了内战的边缘。耶路撒冷的老资格法兰克贵族对新国王任用自己挑选的支持者担任有油水和影响力的职位愤恨不已，并且后者与梅丽桑德也日渐疏远，他们于是便开始通过强迫他与女王共治来限制其权力。国王显然发觉自己“在女王的亲族和支持者间几乎没有一处完全安全的容身之地”，在经历了这段“寒冰期”后，这对王室伉俪和好如初。从那时起，梅丽桑德开始在对王国的统治中发挥关键作用，1143 年富尔克去世后，她被任命为年幼的儿子鲍德温三世（Baldwin Ⅲ）的共治者，其地位更加巩固。

从长远来看，上述事件有助于重塑巴勒斯坦王权的性质与范围。鲍德温一世和二世经常以近乎独裁者的身份进行统治，然而，随着 12 世纪向前发展，拉丁贵族变得明显能够限制君主的绝对权力了。随着时间的推移，法兰克耶路撒冷的国王更多地与其贵族互相协商，由王国最重要的领主与神职人员参加的政务会议被称作高庭（法语：Haute Cour，英语：High Court），它成了巴勒斯坦最重要的法律、政治、军事议事机构。[81]

一个十字军社会？

从十字军时代幸存至今的最稀有、最美丽的珍宝之一是一本小祈祷书，据信它是于 12 世纪 30 年代在耶路撒冷王国制造的，如今被收藏在伦敦的大英图书馆里。书的前后是两片装饰着无比精美的雕刻图案的华美象牙封皮，其内页包含一系列华美、充满情感的插图，刻画了耶稣的生平。这是许多巨匠的心血，是登峰造极之作。此书被设计为一本基督徒生活及宗教仪式的个人指南——详述了圣徒纪念日、列举了祷文——学术上它被称作圣咏经。仅仅就其自身而言，它实乃中世纪艺术的杰作。

然而，令这件遥远时代的遗物与众不同的是它的由来。因为这本圣咏经被认为是耶路撒冷国王富尔克作为给妻子梅丽桑德的礼物而委托制作的，甚至可能是一份弥合 1134 年撕裂的伤口的赔罪礼物。因此，它为我们提供了一个与海外之地和梅丽桑德的世界之间的奇特的有形联系。能够目睹甚至触摸一件曾属于女王的物品，尤其是与她的日常生活紧密相关的一件物品，光这样的念头就足够令人激动了。

但《梅丽桑德圣咏经》能告知我们的远不止这些；事实上，仅仅是它的存在本身便开启了一场直指十字军东征历史核心的激烈争论。该书的制作装帧似乎表现出了一种艺术文化，在其中，拉丁、希腊、东方基督徒，甚至伊斯兰的风格交织在一起，融合创造了一种新的独特形式；它或许能被称为“十字军艺术”。这部圣咏经至少是由 7 位工匠在圣墓教堂的作坊里合力完成的（包括一位在拜占庭接受训练的工匠，他在一张内页插图中签上了自己的名字“巴西利厄斯”，这明显是个希腊名字）。它的象牙封套上雕刻的图案从形式上看基本是拜占庭式的，但周围密集的几何图形饰边却带有伊斯兰风格的陶染。手抄本的其他部分展现出不同的影响：文本被认为是法国人的作品；许多页首花体大写字母是西欧的构思；内含的详尽日历使用的则是英语。[82]

这本圣咏经反映了法兰克黎凡特更广阔的生活的真相了吗？梅丽桑德与她同时代人所处的社会本身具有与众不同的特性吗？这个“十字军”世界究竟是战火连天——一个在宗教、种族上不宽容的封闭社会——还是一个不同文化融会交流的熔炉？上述思辨有可能揭示中世纪生活的根本实质。这也是整个十字军东征历史的热点问题之一。过去两百年中，历史学家就法兰克基督徒与近东原住民间的关系提出了迥然不同的看法，一些人强调融合、适应、文化互渗的力量，另一些则将十字军国家描绘为压迫成性、不宽容的殖民政权。

鉴于尚存的中世纪材料对海外之地的社会、文化、经济背景的揭示相对匮乏，人们对十字军诸国的刻画常常更多地体现的是我们自己当今世界的期待和偏见，而非中世纪本身的心态和习俗，这不足为奇。就那些相信“文明冲突”、伊斯兰世界与西方之间的全球战争不可避免的人而言，十字军东征及其产生的社会可被视为冷酷的证据，证明人类对待敌人“他者”天生具有野蛮、偏执、专制镇压的倾向。另一些人则认为，海外之地的跨文化融合与和平共处是可被用于支持“共存”（convivencia）理念的证据，表明不同种族和宗教背景的人可以相对和谐地生活在一起。[83]

不管多么错综复杂，海外之地都需要密切细致地加以审视，因为它与十字军东征史中的根本议题息息相关。它提出了两个迫切的问题：法兰克人对近东的征服和殖民因其圣战背景而显得非比寻常吗？还是说实际上相当平常？十字军国家的建立是否改变了西欧历史——加速了跨文化交际，传播了知识，并充当了在拉丁基督徒与穆斯林之间增进亲密与理解的温床？

海外之地的生活

一些基本的事实决定了十字军国家生活的本质。海外之地的建立并未致使大量黎凡特本地居民流离失所。相反，法兰克移民政权治下的人口反映了该地区的历史多样性——混合居住着穆斯林、犹太人和东方基督徒。后一群体包括数量惊人的基督教派，其中有亚美尼亚人、希腊人、雅各派、聂斯托利派、科普特派以及“叙利亚”（或“麦勒卡”）基督徒（他们说阿拉伯语但信奉希腊东正教）。由于既有的定居情况，十字军诸国中不同民族的分布与关系也不尽相同：亚美尼亚人在埃德萨伯国中占绝大多数，在安条克公国中则是希腊人，而耶路撒冷王国中穆斯林的比例可能更高。

拉丁人是统治这些本地臣民的精英，数量上居于绝对劣势。语言差异似乎依旧是一个界定和划分的要素。拉丁人使用的通用语为古法语（在正式文件上使用拉丁语），虽然一些定居者的确学习了阿拉伯语和其他东方语言（诸如希腊语、亚美尼亚语、叙利亚语、希伯来语），大部分人并未这么做。许多法兰克人居住于都市和（或）沿海的社区，因此与本地农业人口相对隔绝。在内陆乡村地区，来自西方的领主们通常居住于单独的庄园宅邸内，基本上与他们的臣民没有联系，但分享稀缺资源（例如水资源）的实际需要有时会促使人们增加联系。通常而言，小型乡村居民点倾向于保持一致的宗教身份，因此一个村庄可能由穆斯林组成，另一个则是希腊人（在部分近东地区至今仍是如此）。然而大型城镇的文化却更加多元。

因此，法兰克人显然统治着各式各样的“东方”人民，在某些情况下还混居其中。拉丁人是远离还是把自己融入了这个斑驳多彩的环境中？根据鲍德温一世国王的随军神父沙特尔的富尔彻于 12 世纪 20 年代的记载，他们似乎很快就适应了高度的文化互渗：

> 我祈求，思忖一下在我们的时代上帝是如何将西方转化为东方的吧。因为我们西方人已经变成了东方人。这片土地上的罗马人或法兰克人成了加利利人或巴勒斯坦人。兰斯人或沙特尔人成了提尔或安条克的市民。我们已经淡忘了自己的出生地。

诚然，富尔彻这些话相当于征兵宣言，试图吸引新的拉丁移民到东方来。但即使考虑到这一点，他的证词似乎表明，他对同化持开放态度。富尔彻接着描述了另一种跨文化交际的模式——联姻。法兰克人与东方希腊基督徒、亚美尼亚人之间的结合是比较常见的，有时还起到巩固政治联盟的作用。耶路撒冷的梅丽桑德女王本人就是这种联姻的产物。法兰克男子也可以迎娶改信基督教的穆斯林女子。但拉丁人与穆斯林间的通婚似乎十分罕见。1120年，在血田危机后不久于纳布卢斯举行的一次会议上，法兰克统治集团制订了一系列明确禁止不伦情感的法律。基督徒与穆斯林间若发生性行为会受到严厉的惩罚：男人会被阉割，女人将遭劓刑。这是拉丁世界第一批成文的此类禁令。同样还有法律禁止穆斯林“按照法兰克人的习俗”穿衣打扮。这些裁决的意义是有争议的，部分是因为任何法律都可从正面或负面的角度来解读。纳布卢斯法令究竟是反映了存在一个种族隔离的世界（在那里上述行为是不可想象的）？还是被用于约束人们已经习以为常的行为？当然，没有证据表明这些法令被付诸实践，它们也没有被写进海外之地13世纪的法典中。

当拉丁人首先攻占了诸如安条克、耶路撒冷这样的城市并决定移民近东时，他们不得不通过建立行政机构来发展其统治新领地的手段。通常而言，他们虽修改、采用了某些黎凡特模式，但还是引入了大量西方惯例。推动这一进程的可能是迅速设立一套运作良好的制度的实际需要，而非因为他们特别渴望接受新的统治形式。地区性考量也影响着决策。在安条克公国，由于其希腊统治的历史，主要的城市官员为一名“督军”（dux，模仿拜占庭官制的一个官职）；在耶路撒冷王国，类似的角色由法兰克式的“地方副官”（viscount）扮演。

东方基督徒无疑在本地甚至地区政府中担任了一定职务，有时也有穆斯林。大部分穆斯林村庄的代表似乎是一位头人（ra’is），这与他们在突厥人或法蒂玛王朝治下并无区别。据一份文献记载，1181 年提尔的穆斯林市民也有一位自己的头人，名叫萨迪（Sadi）。一份类似的孤立证据表明，1188 年，拉丁人占据的叙利亚港口贾柏莱拥有一位穆斯林卡迪。想要准确估算实行这种代表制的地区的真实范围是不可能的。[84]

关于海外之地生活的真实情况，最引人入胜的资料来源恐怕是乌萨马·伊本·蒙基德（Usama ibn Munqidh）的《沉思之书》。这是一部由一位目睹了 12 世纪圣地战争的叙利亚北部阿拉伯贵族撰写的故事和逸闻集。乌萨马的书中充满了对与法兰克人打交道以及十字军国家的生活的直接评论（附带相关细节）。他的兴趣几乎总在奇闻逸事上，因此，必须谨慎使用他记载的材料；虽然如此，其著作依旧是一座信息宝库。关于东方化的拉丁人，他写道："有一些法兰克人已入乡随俗，并常和穆斯林交往。他们好过刚从家乡来的那些人，但他们只是特例，不能被视为典型。"在其一生中，乌萨马遇到过热衷黎凡特食物的法兰克人，以及常常光顾同时对拉丁人和穆斯林开放的公共浴室（hammam）的法兰克人。

乌萨马的著作揭露出来的最令人吃惊的一点是，他几乎天天与法兰克人接触，此乃常态。虽然有一些是双方交战，但许多会面是友好、礼貌的。这很可能是乌萨马的尊贵身份起到的作用，但毋庸置疑的是，拉丁人和穆斯林建立了友谊。例如在一个地方，乌萨马记述了"一位［富尔克国王军中］受尊敬的骑士渐渐喜欢上与我相处并成了我亲密的朋友，称我为'我的兄弟'。我们二人情同手足"。尽管如此，这个故事和《沉思之书》的许多相关故事一样都共有一个基调：穆斯林在文化和才智上天然更优越。在他的骑士朋友的例子中，当法兰克人提出把乌萨马 14 岁的儿子带回欧洲以便让男孩接受适当的教育并“获得理性”时，这一点就显得尤为突出。乌萨马认为该提议荒诞不经，它表明“法兰克人”缺乏智慧。

在乌萨马·伊本·蒙基德与圣殿骑士团之间，还享有另一段看似不太可能的友好关系。据乌萨马说：

> 当我拜访耶路撒冷的圣地时，我将前往阿克萨清真寺，它的旁边矗立着一座小清真寺，已经被法兰克人改建为教堂。当我步入阿克萨清真寺，我在那里的圣殿骑士团友人将对小清真寺清场，以便让我能在里面祈祷。

在前往圣城朝圣或寻觅一座法兰克人领地中的清真寺以完成其教义规定的日常祷告方面，乌萨马显然未遇到任何阻碍。这种礼拜的权利是否扩展到了拉丁人治下的穆斯林？海外之地的非法兰克人口作为一个整体是否得到了公正对待？还是遭到了欺压凌辱？有一个事实是清楚的：在拉丁东方，主要的区分不在基督徒与穆斯林之间，而在法兰克人（即拉丁基督徒）和非法兰克人（东方基督徒、犹太人或穆斯林）之间。后面这组被统治的本地人大部分由农民组成，还包括一些商人。[85]

从法律上讲，非法兰克人通常被视为一个单独的类别：对于严重的违法行为，他们要接受“市民”法庭审理（同拉丁平民一样），在这里穆斯林被允许对着《古兰经》起誓；但民事案件则被提交给专为非法兰克人设立的“市场法庭”（Cour de la Fonde）。这一机构的章程偏向东方基督徒，因为它由2名法兰克人、4名叙利亚人（没有穆斯林代表）组成的陪审团操控。海外之地的拉丁法典似乎也对穆斯林罪犯给予了更严厉的惩罚。

关于穆斯林臣民所遭受的待遇的历史争论大多集中在礼拜权利和经济盘剥的日常问题上。在这方面，伊比利亚穆斯林旅行家、朝圣者伊本·朱拜尔（Ibn Jubayr）提供的证据令人颇受启发。在12世纪80年代初的伟大旅行中（途经北非、阿拉伯、伊拉克、叙利亚），伊本·朱拜尔穿越耶路撒冷王国，在乘船前往西西里前游访了阿卡、提尔。在途经加利利西部的旅程中，他写道：

> 沿途是连绵的农田和井然有序的定居点，其居民皆为穆斯林，他们与法兰克人和谐共处。真主让我们抵住了诱惑。在收获季节他们将一半收成上缴法兰克人，并支付1第纳尔又5齐拉特（qirat）作为人头税。除此以外，他们未受到过多干预（除了一笔较轻的果树税）。他们能够完全支配自己的房屋和财产。

这份文献似乎表明，一大批穆斯林定居人口在缴纳人均税（就像伊斯兰统治者对他们的非穆斯林臣民征收的人头税）和农业税后，相对和睦地居住在拉丁巴勒斯坦。现存的关于同时期伊斯兰政体的税收水平的证据表明，法兰克人治下穆斯林农民的处境并不更糟。实际上，伊本·朱拜尔甚至暗示，穆斯林更有可能受到一个“法兰克地主”的“公正”对待，而在“一个［与他们］信奉同一信仰的地主”那儿遭受“不公”。这并不意味着他赞成和平共存或向拉丁人的统治卑躬屈膝。他一度写道：“在真主的注视下，穆斯林没有任何借口在异教徒的国度滞留，除非只是路过。”但这种基于原则提出的异议让他选择记载的颇为正面的观察更加可信。[86]

伊本·朱拜尔还报告说，在阿卡和提尔，穆斯林臣民拥有使用清真寺和礼拜的权利。根据如此片段性的证据，我们不能说生活在海外之地的全体穆斯林均享有类似的宗教自由。大体而言，我们最多可以说，让本地臣民感到满足、待在原处，对人数相对较少的法兰克移民有好处，而当地东方基督徒和穆斯林的生活条件也没有糟到引起大规模内乱与迁徙的地步。以同时代西欧或伊斯兰东方的标准来看，生活在十字军国家的非法兰克人可能没有遭受特别的压迫、剥削或凌辱。[87]

贸易无疑是把黎凡特法兰克人与穆斯林联系在一起的一种接触方式。在拉丁人移民的头 100 年，这里确实有活跃的商业活动的迹象。来自威尼斯、比萨、热那亚的意大利商人在此过程中发挥了主导作用，他们在海外之地的主要港口和沿岸城市建立了飞地，并创造了跨地中海的复杂贸易网络。这些把近东和西方联系起来的商业动脉，使黎凡特的物产（例如甘蔗、橄榄油）和来自中东、亚洲的珍贵货物得以抵达欧洲市场。到目前为止，埃及仍然是源于东方的大部分贸易的通路，但即便如此，海外之地的经济发展格外有利可图：它为诸如威尼斯这样的城市演变为中世纪商业强权铺平了道路；通过关税和征税，安条克、的黎波里、耶路撒冷的国库得到了充实。这并不意味着东方的拉丁居民点应被视为剥削性的欧洲殖民地。它们的建立与生存或许在一定程度上仰仗诸如热那亚这样的国家；但它们最初并不是经济冒险的产物。它们也不是为“西方故土”服务的，因为这些“国家”积累的财政收入往往留在了东方。

从伊斯兰世界到法兰克黎凡特的地中海港口间的货物通道不

仅仅对拉丁人是至关重要的。它也成了更广阔的近东经济中的关键一环：与经营东方商业的穆斯林商人的生计息息相关；对伊斯兰大城阿勒颇、大马士革的收入非常重要。这些共同利益产生了相互依存关系并促成了谨慎而节制（因此基本上是“和平”的）的交流，甚至在政治、军事冲突加剧时也是如此。最后，即便正处于圣战中，贸易也因过于重要而无法被中断。

历史学家们常常将 1120 年描述为黎凡特的危机、紧张之年。毕竟，血田战役记忆犹新，同年的纳布卢斯会议规定严惩跨文化的亲善行为。然而，同样是在 1120 年，鲍德温二世着手大幅削减耶路撒冷的商业税。据沙特尔的富尔彻（他当时正住在耶路撒冷）记载，国王宣称：“基督徒和萨拉森人将拥有来去自如、在任何时间向任何人贩卖商品的自由。”依据穆斯林方面的证词，大约在同一时期，血田战役的胜利者伊尔加齐废除了阿勒颇的过境税并与法兰克人缔结了停战协定。我们无法确认这两位料想中的敌人在多大程度上是协调合作的，但双方显然都在竭力试图刺激贸易。实际上，拉丁人与穆斯林商业往来的进程与范围似乎很大程度上未受到伊斯兰世界中高涨的吉哈德热潮的影响。甚至连圣战“捍卫者”萨拉丁在成为穆斯林埃及的统治者后，也与意大利海商建立了密切的联系。为了促进利润丰厚的贸易并保障造船木材（这在北非是稀缺资源）的供给，萨拉丁于 1173 年在亚历山大里亚赠予比萨人一块受保护的商业飞地。[88]

知识与文化

12 世纪时，海外之地还发生了另一种形式的交流：在拉丁知识精英中传播穆斯林与东方基督徒的知识与文化。耶路撒冷关于这种形式的“对话”的证据较少，然而在安条克，由于它拥有根深蒂固的经院哲学传统，情况相当不同。[89]在十字军东征之前，这座城市及其周边地区就密布着东方基督徒的修道院，被誉为知识生活的中心。在这里，一些基督教世界最有才智的人聚在一起钻研、翻译用希腊语、阿拉伯语、古叙利亚语、亚美尼亚语之类的语言撰写的神学、哲学、医学和科学著作。随着十字军国家的建立，拉丁学者自然开始聚集在城市及其周围。大约在1114年，著名哲学家、翻译家巴斯的阿德拉德（Adelard of Bath）来访，可能在此逗留了2年。10年后，比萨的斯特凡诺（Stephen of Pisa）——圣保罗教堂的拉丁司库——进行了开创性的研究。在12世纪20年代，他用拉丁文翻译了一些最重要的黎凡特地区的著作。斯特凡诺尤其以翻译了阿里·阿巴斯（Haly Abbas）的《皇家之书》（*Royal Book*）——这是一部非凡的医学知识纲要——闻名，其译本此后推动了西欧学术的进步。[90]

这些医学知识在多大程度上影响了拉丁黎凡特的实际操作值得商榷。乌萨马·伊本·蒙基德津津乐道地记载了法兰克医生所使用的古怪的技术，有时甚至明显令人震惊。有一次，一位女病人被诊断出“头里有个恶魔”。乌萨马显然看着这位拉丁主治医师首先剃光了她的头发，接着“用剃刀在其头上切出了一个十字。他剥开皮肤以便露出头盖骨，并用盐揉搓。那女人立即死去了”。乌萨马最后干巴巴地说：“在见识了闻所未闻的医术后，我离开了。”十字军国家中的拉丁移民似乎承认穆斯林与东方基督徒拥有更先进的医学知识；一些人（例如12世纪后半叶耶路撒冷的法兰克王族）一直聘请非拉丁人的医生。但也有一些西方基督徒经营的优良医学中心，其中包括耶路撒冷的献给圣约翰的大型医院

（由医院骑士团管理）。

《梅丽桑德圣咏经》表现出来的艺术融合在大约同一时期的十字军国家建筑中亦有体现，最著名的当属富尔克与梅丽桑德统治期间对耶路撒冷圣墓教堂的大规模重建工作。当法兰克人首次征服巴勒斯坦时，这座教堂有些凋败。从12世纪30年代至40年代，拉丁人让这个最神圣的地方焕然一新，他们做了相配的宏伟规划，有史以来第一次将各个与耶稣受难相关的圣地围了起来：包括骷髅地教堂（Calvary chapel，位于假定的耶稣被钉十字架之处）以及他的坟墓（即圣墓教堂）。到了这时，该教堂也与耶路撒冷的法兰克统治者密切联系在一起，成了国王们加冕和下葬的场所。

在整体构造上，圣墓教堂的新规划追随了中世纪早期西欧的“罗马式”（Romanesque）建筑风格，并与其他西方主要拉丁朝圣教堂（包括建在西班牙西北部圣地亚哥－德孔波斯特拉的教堂）有一些相似之处。“十字军”教堂的确拥有某些特色——包括一个圆形拱顶大厅——但其中许多特色源于这座建筑独一无二的背景以及其建筑师希望将众多的“圣地”合在一处的野心。大体而言，今天矗立着的圣墓教堂仍是12世纪的建筑，但几乎全部内部的“十字军”装潢已荡然无存（王室墓地亦是如此）。大量拉丁人的马赛克镶嵌画中仅有一块以拜占庭风格描绘基督的幸存，它几乎隐匿在骷髅地教堂天花板的一片昏暗区域内。建筑主入口是南耳堂的一对门户，顶上的石质门楣有华丽的雕刻图案：左边的展现了耶稣最后的日子，包括“最后的晚餐”；另一边，交织的弯曲藤蔓构成了一道复杂的几何网，上面点缀着凡人和神话人物的形象。直到20世纪20年代，这些门楣还保留在原处，随后它们被移送至附近的一家博物馆保藏。建筑南面的全部雕塑都体现出了法兰克、希腊、叙利亚和伊斯兰风格的共同影响。

1149年7月15日，恰好在光复耶路撒冷后50周年，新的“十字军”教堂被祝圣。这座建筑被用来显示、尊崇圣墓（基督教世界的精神中心）的独特神圣性。它亦是拉丁人信心的大胆宣言，肯定了法兰克人的永久统治及其王朝的力量；它还是第一次十字军东征所取得的成就的纪念碑，即使它本身体现着海外之地的文化多样性。[91]

信仰与虔诚的上帝之国

圣墓的“十字军”教堂仅仅是表现人们对耶路撒冷（以及作为一个整体的圣地）热烈的宗教崇敬的一个例子。对法兰克人而言，黎凡特世界——基督本人也曾漫步在这片土地上——本身就是一处圣迹，这里的空气和大地沐浴着上帝神圣的光辉。不可避免的是，在这片神圣土地上修建的宗教纪念建筑以及其间许多地点对信仰的表达都染上了一缕特别狂热虔诚的色彩。许多近东的本地居民（包括东方基督徒、穆斯林和犹太人）都热忱敬神，这对拉丁人的宗教生活也产生了影响。

在整个12世纪，前往海外之地的造访者最常见的并非十字军将士，而是朝圣者。与从东方用船运往西方的珍贵货物相映成趣的是成千上万来自拉丁基督教世界在类似阿卡这样的港口登陆的人，另一些则来自俄罗斯、希腊这样的地方。一些人留下来成为世俗移民，或变为修士、修女或隐士。只有少数宗教建筑建在完全未开发之地，但许多被废弃的地方又焕发了生机（例如耶路撒冷本笃会的圣安妮女修道院），而十字军东征前的拉丁修道院，诸如约沙法的圣母院（Notre-Dame de Josaphat，就在圣城外），在人气和赞助方面得到了巨大的提升。

宗教行为也令法兰克人与黎凡特本地居民产生了联系。一些拉丁人试图通过在荒野（例如挨着海法的迦密山和安条克附近的"黑山"）过与世隔绝的苦修生活来接近上帝；他们和希腊东正教隐士们松散地混居在那里。宗教融合最引人注目的例子之一发生在塞德纳亚（Saidnaya，位于大马士革以北约 15 英里）的圣母修道院。这座位于穆斯林领土深处的希腊东正教宗教建筑拥有一幅"奇迹"般的圣母像，已经从绘画变成了真人。据说从圣像乳房流淌出来的油具有令人难以置信的疗愈特性，因此备受珍视。塞德纳亚是一处久负盛名的朝圣地，深受东方基督徒和穆斯林（他们也崇拜作为先知耶稣之母的玛利亚）的欢迎。从 12 世纪后半叶起，它也成了一些拉丁朝圣者的访地——其中一些人用小药瓶将圣母的"奇迹"之油带回了欧洲，而此处圣地格外受到圣殿骑士的青睐。

正如法兰克人被允许经由伊斯兰国境抵达塞德纳亚一样，穆斯林朝圣者偶尔也能进入海外之地的圣地。12 世纪 40 年代早期，大马士革的乌努尔（Unur of Damascus）与乌萨马・伊本・蒙基德被允许访问耶路撒冷的圆顶清真寺。大约与此同时，乌萨马还旅行至法兰克城镇塞巴斯特（Sebaste, 靠近纳布卢斯）参观施洗者约翰的墓穴（并且如前文所说，他声称自己经常造访阿克萨清真寺）。在 12 世纪 80 年代早期，穆斯林学者阿里・赫拉维（Ali al-Harawi）能够彻底地游历耶路撒冷王国的伊斯兰宗教场所，并于稍后撰写了一部关于该地区的阿拉伯语旅行指南。然而，依据这几起可能是孤立的事件，无法准确衡量实际的穆斯林朝圣者的人流量。

尽管有这些不同形式的宗教互动，但根本的宗教氛围仍然具有明显的不宽容的特点。法兰克人与穆斯林的作家通常以异教、多神教、偶像崇拜的指控继续诋毁对方的信仰。由于彼此的不信任和紧张不安，拉丁人与黎凡特基督徒间的关系也受到了影响。十字军对近东的征服有效地（如果说还不是永久的）终结了这一区域已确立的希腊东正教教阶体制。安条克与耶路撒冷任命了新的拉丁宗主教，并且拉丁枢机主教、主教在整个海外之地纷纷就职。拉丁教会的领导人竭力捍卫其教会管辖权并减少被他们视为危险的西方、东方基督教仪式的交叉污染，尤其是在隐修方面。[92]

法兰克东方——闭关自守还是门户开放？

十字军诸国并非孤立于周边近东世界的封闭社会，亦非一成不变的压迫成性、巧取豪夺的欧洲殖民地。然而出于同样的原因，海外之地也不能被描绘为一个多种文化共融的乌托邦——一处基督徒、穆斯林、犹太人学着和谐共处的宽容的避风港。在拉丁东方的大部分区域，在 12 世纪的大部分时间里，真实情况处于这两极之间的某处。

居于统治地位的少数西欧人表现出一些务实的意愿，愿意迎合、包容非法兰克人，将他们纳入海外之地的法律、社会、文化、信仰体系之中。经济上的迫切需要——从维持臣服的本地劳动力到促进商贸——也增进了一定程度上的公平交流。理论上，人们认为两种相互冲突的范式可能会塑造“十字军”社会：一方面，随着时间推移，双方因日渐亲密而使最初的憎恶有所淡化；另一方面，伊斯兰世界中日益高涨的发动圣战的热情可能会产生反作用。事实上，这两种趋势都不是那么明显。从一开始，法兰克人与穆斯林便进行着外交对话、商谈条约、打造商路；随着 12 世纪向前推进，他们接着这么做。而即便数十年已经过去，各教派的作家们依旧坚持用传统的刻板印象来表达对“他者”的怀疑和厌恶，这看起来是永恒不变的。[93]

居住在近东的法兰克人、东方基督徒和穆斯林也许在 12 世纪中略微加深了对彼此的了解，但这并未带来真正的理解或持续的和睦。从更广阔世界的普遍现实情况来看，这不应令人惊讶。中世纪的西方本身便饱受拉丁人的内部争斗与无休止的军事冲突之苦，地方上的社会、宗教的偏执之风也在高涨。以这些标准来看，在黎凡特，务实的交往与一触即发的冲突令人不安地共存着，也并不那么特别。虽然圣战的思潮或许影响了法兰克社会的本性，但海外之地似乎并不是由十字军的理念所限定的。

尽管如此，拉丁人对近东的殖民的确打造了一个引人注目（虽然并非完全独特）的社会，一个由一系列各不相同的力量和影响塑造的社会。海外之地的生活模式显现出某些文化互渗的迹象，现存的艺术、知识创作具有文化融合的特征。但这似乎是自然发展的结果，而非有意为之。

赞吉——东方的暴君

曾经有一种流行的说法：随着 1128 年突厥暴君赞吉的崛起，穆斯林对海外之地的态度发生了重大改变。那一年的确是近东政治发生变化的一年。它始于大马士革统治者图格特金去世，随后接替他的是一系列无能的布里迪王朝（Burid dynasty）埃米尔，将大马士革引向了内部的腐朽和衰落。是年6月，摩苏尔的阿塔贝伊赞吉利用困扰叙利亚北部的派系之争，夺取了阿勒颇的控制权，开启了一段充满活力、稳固的新统治时代。

据说，赞吉"相貌英俊，有着棕色皮肤，双目迷人"，他的确不是泛泛之辈。即便在那个野蛮残酷、冲突不断的年月，他施暴的才能亦可谓传奇，对权力的贪欲无出其右。一位穆斯林编年史家对阿塔贝伊的描述令人毛骨悚然："他的个性犹如豹子，像一头愤怒的狮子，不放弃严苛，不心怀怜悯……其突袭令人恐惧，其粗野令人避之不及；好斗、无礼，将死亡带给他的敌人和臣民。"赞吉大约出生于1084年，是一位著名突厥军阀之子，他在内战的乱世中长大，在几乎无休无止的战争中生存，经历了背叛和谋杀的锤炼，学会了诡计多端、心狠手辣。他在12世纪20年代声名鹊起，获得了巴格达的塞尔柱苏丹的支持，至1127年，他已被任命为摩苏尔的统治者并成为苏丹两位儿子的军事顾问和指挥官。

赞吉残忍、冷酷，甚至专横、暴虐的名声可谓当之无愧，并且无疑是他精心培育的。为了确保臣民忠心耿耿，为了让敌人望风而降，他笃信极致恐怖的力量。一位阿拉伯编年史家承认，这位阿塔贝伊利用恐怖来控制军队，指出他"残暴［而且］不分青红皂白地肆无忌惮地攻击"。他评论说："当他对一个埃米尔感到不满时，会杀死或流放他，虽然饶过其孩子但是会阉割他们。"[94]

考虑到他令人生畏的品质，我们或许将期待赞吉会扭转伊斯兰世界在圣地战争中的颓势。在过去，他无疑被描述为十字军东征历史上的一个关键人物——第一位对法兰克人发起决定性反击的穆斯林领导人，重燃圣战火焰的伊斯兰“反十字军”先驱，杰出的“圣战者”（mujahid）和这个新时期的斗士。然而，尽管如此，在赞吉的整个生涯中，他对十字军的世界的真正影响和兴趣是无足轻重的。在某种程度上，这可由简单的地缘政治加以解释。阿塔贝伊像一个巨人一般立于近东和中东之上，一只脚踏在摩苏尔，另一只踏在幼发拉底河以西的阿勒颇。他别无选择，被迫在两大势力范围——美索不达米亚和叙利亚——之间分配时间、精力和资源，因此从未能真正集中精力打击法兰克人。但即便是这个常被用来替赞吉的圣战资格辩护的理由，也带有一定的误导性，因为它根植于两个错误的假定。

对赞吉这样的突厥军阀而言，近东（包括叙利亚和巴勒斯坦）与中东（特别是伊拉克和伊朗）并非具有同等的政治价值及重要性。阿塔贝伊的生涯表明，在 12 世纪上半叶，逊尼派伊斯兰世界的心脏地带依旧是美索不达米亚。那里的城市（诸如巴格达、摩苏尔）才具有值得赢取的最大财富与权势。就赞吉以及许多同时代人来说，在西方对抗法兰克人的战斗几乎近似于边境战争，故而仅具有间歇、次要的利益。

此外，当阿塔贝伊的确关注起黎凡特事务时，他的主要目标并非消灭十字军国家，而是征服大马士革。整个 12 世纪 30 年代，在他离开美索不达米亚的很长一段时期内，为了达到这一目标，赞吉一再尝试将阿勒颇的势力范围向南推进，企图吞并已成为大马士革藩属的哈马、霍姆斯（Homs）、巴贝克（Baalbek）等穆斯林定居点。从始至终，为了追寻自己的目标，赞吉随时准备违背承诺、背叛盟友、恐吓仇敌。1139 年，古罗马城市巴贝克（位于黎巴嫩肥沃的贝卡谷地）遭到突然袭击，在得到守军将被饶恕的许诺后，它签署了城下之盟。赞吉一心想向反抗其权威的叙利亚穆斯林传达一个令人毛骨悚然的明确信息，他背弃了上述条件，将巴贝克全体守军钉上了十字架。随后，为了确保这座城市继续效忠，他任命了随从中另一个前途无量的成员库尔德战士阿尤布·伊本·沙迪（Ayyub ibn Shadi）担任总督，后者的家族在12世纪中将会变得越来越重要。

在同一时期处理与大马士革相关的事务时，赞吉混合使用了外交诡计和公开的军事施压，希望策动这座首都屈服并最终占领它。仅仅由于该城在12世纪30年代的大部分时间里都笼罩着混乱、血腥的内斗，他的事业才有所进展。尽管布里迪王朝仍以一系列软弱的傀儡在位的方式苟延残喘，大马士革的实权还是渐渐旁落于乌努尔（一位土库曼军事指挥官，曾为图格特金麾下的马穆鲁克）之手。如今不得不面对赞吉入侵的恐惧的正是他。紧随着对巴贝克的野蛮征服，赞吉在1139年12月对大马士革发动了围攻，在接下来的6个月中维持了一道松散的封锁线并断断续续地发动攻击。即便是阿塔贝伊也不愿向这座对伊斯兰教具有如此深远的历史意义的城市发起猛攻，而是希望慢慢迫使大马士革屈服。

然而，当绞索在1140年收紧之时，乌努尔拒绝了投降的要求。他没有臣服于赞吉的统治，而是转向非穆斯林政权求援，派出一位使节到耶路撒冷缔结新的反阿勒颇联盟。在觐见富尔克国王时，赞吉被描绘为“一个残暴的敌人，对双方［拉丁巴勒斯坦和大马士革］同样危险”，并且承诺以每月多达2万金币的贡赋回报法兰克人对抗这一威胁的援助。此外，巴尼亚斯（它在1132年被穆斯林夺回）将被割让给耶路撒冷。

富尔克明白如此丰厚的条件的价值以及预先阻止赞吉征服叙利亚的益处，他率领一支军队北上驰援大马士革。由于阿塔贝伊攻打这座城市的行动陷入停顿，这一威胁足以促使他撤兵。他返回了摩苏尔，再一次把注意力转向了美索不达米亚的事务。[95]

赞吉对抗法兰克人

整个 12 世纪 30 年代，赞吉对发起一场反法兰克人的圣战几乎没有兴趣，该时期任何向拉丁人发起的攻击要么几乎是偶然的，要么与他向叙利亚南部推进有关联。阿塔贝伊针对海外之地发起唯一一次显著攻势是在 1137 年 7 月，当时他的目标为巴林（Barin）城堡（位于哈马及奥龙特斯河以西）。但即便是这场战役也不应被曲解，因为赞吉的主要意图是将巴林打造为入侵穆斯林治下霍姆斯的备用补给站。阿塔贝伊首要考虑的是朝着大马士革向南扩张，而不是对十字军诸国造成致命打击。

在 12 世纪 40 年代初，赞吉几乎完全专注于美索不达米亚东部的事件，寻求扩大他在伊拉克的权力基础以及巩固他与巴格达塞尔柱苏丹的关系。从 1143 年起，阿塔贝伊尤其醉心于降服北方迪亚巴克尔的阿尔图格王公们和各库尔德小军阀。面对入侵，一位阿尔图格王公希森卡伊法（Hisn Kaifa）的卡拉·阿尔斯兰（Qara Arslan）与埃德萨的乔斯林二世（于 1131 年继承了父亲之位）达成了协议，以领土换取法兰克人的援助。1144 年秋，乔斯林自忖他的公国不会受到攻击，便及时率领一支庞大的埃德萨军队驰援卡拉·阿尔斯兰。他由于不够了解赞吉的野心和能力而做出的这一举动将对海外之地的历史产生深远的影响。

伯爵启程后不久，赞吉就兵临城下，留在埃德萨的少量守军及它的拉丁宗主教大吃一惊。长期以来，阿塔贝伊一直重视最新的准确情报，他欣然拿出一小笔钱财于近东、中东打造了一张庞大的间谍、斥候网络。因此他几乎立刻了解到乔斯林已经离去以及埃德萨的守军人数有所减少。赞吉感觉这是一个难得的（很可能也是意料之外）的机会，便将目标从迪亚巴克尔移至法兰克人的这座首都。他的军队已装备了攻城武器，通过急行军于 11 月末抵达城市外并立即发动了可怕的围攻。接下来的 4 周中，城内基督徒在攻城塔无休止的轰炸和坑道兵反复的突袭中苦苦支撑，然而守军的情势已岌岌可危。

得知这次袭击后，乔斯林试图在泰勒贝希尔组织一支援军。梅丽桑德立即响应了他的求援要求派兵北上，然而，出于未知的原因，安条克的雷蒙却虚与委蛇。当伯爵还在竭力准备反击时，却传来了埃德萨陷落的噩耗。1144 年 12 月 24 日，赞吉的工兵摧毁了城市一大段高耸的防御工事。随着穆斯林军拥入豁口，基督徒惊恐地逃往城堡。在由此产生的恐慌中，数百人被挤踏而死（包括拉丁宗主教），而此时阿塔贝伊的士兵们也开始了可怕的屠戮。一位该城的亚美尼亚本地人士写道，穆斯林“无情地让血流成河，既不尊重老人，也不同情无辜的、像羊羔一样的儿童”。少数到达城堡的人又坚守了两天，不过至 12 月 26 日整座城市还是落入了穆斯林手中。

赞吉对埃德萨的征服也许很大程度上是趁机而为，但它对法兰克人而言依旧是一场浩劫。仅战略后果本身便让人深感震惊。随着主要城市的陷落，周边的拉丁伯国处于彻底毁灭的边缘。倘若这个最北边的十字军国家倾覆，美索不达米亚与叙利亚的穆斯林政权间的联系和交通将变得更加顺畅、安全。在这样的背景下，安条克公国看上去实在是前途黯淡：其北方邻国和朋友变成了敌人，其对手阿勒颇再度复兴。多米诺骨牌效应会产生显而易见的危险：衰落、脆弱向南方蔓延，令剩余的每一个拉丁政体相继瓦解。法兰克编年史家提尔的威廉（William of Tyre）思忆1144年的“不祥灾难”时评论说，伊斯兰世界“不受遏制地占领整个东方”如今可能就要成真了。①

这一事件在心理上的冲击恐怕更为显著。此前，海外之地4座主要都市从未陷入穆斯林之手。十字军夺取的第一座东方城市埃德萨已有几乎半个世纪未受侵犯。其毫无征兆的猝然失守为整个拉丁黎凡特带来了恐惧和忧虑，严重地打击了信心与士气。任何残留的基督徒不败的印象也就此烟消云散；海外之地——在圣地的一处永恒的、神赐的移民地点——的梦想被击得粉碎。而且，雪上加霜的是，长久以来构成迫在眉睫的威胁的赞吉有望利用他的胜利，激励伊斯兰教徒在争夺近东统治权的战争中付出更大的努力。

在这个可怕的消息传回西方后，著名的修道院长明谷的伯尔纳也在一封信中回应了这些忧虑，他承认：“大地在震颤，因为上帝正在失去他的土地……十字架的敌人开始扬起渎圣的头颅用刀剑蹂躏神佑之土、应许之地。”伯尔纳警告说，“上帝栖居之地”神圣的耶路撒冷本身可能将被攻陷。对拉丁东方乃至整个西方基督教世界而言，唯一的答案是发起新一轮十字军东征。[96]

---

① 提尔的威廉1130年前后出生于黎凡特，后成为耶路撒冷王国书记长以及提尔大主教。大约在1174—1184年，威廉撰写了一部关于第一次十字军东征以来海外之地历史的极其重要的史书。

6

十字军再起

埃德萨的陷落震惊了黎凡特。1145 年，法兰克与亚美尼亚的使节前往欧洲，传播这一灾难性的消息，并阐明近东所有基督徒身上现在笼罩着毁灭的威胁。作为回应，拉丁世界发起了一场被称为“第二次十字军东征”的大规模军事探险。[97] 西方的国王们首次参与战斗，征兵数量也急剧增长，共约 6 万人的军队向东方开拔以拯救海外之地。与此同时，十字军的战争也进入了伊比利亚和波罗的海的新斗争舞台。这是十字军狂热空前巨大的爆发，甚至超过了 1095 年后的盛况。这种热情能保证成功吗？基督教圣战的再起将如何影响十字军东征未来的历史？

12 世纪初期的十字军运动

拉丁欧洲对第二次十字军东征布道的热烈反应，只有在 12 世纪早期十字军东征发展的背景下才能得到恰当的理解。第一次十字军的将士们在 1099 年“奇迹般地”征服了圣地，在黎凡特建立了一个脆弱的拉丁前哨站，并似乎提供了确凿的证据，证明上帝认可了将朝圣与战争新颖地融合起来。在此情况下，人们或许会认为，随着西方人欣然接受基督教圣战规模的扩大并争相前去保卫海外之地，12 世纪的最初数十年中会充满“十字军东征”活动。事实并非如此。第一次十字军东征的记忆当然还历历在目，但随后直到 1144 年只零星出现了几次小规模的十字军东征。这部分是因为很多人将第一次十字军东征视为一起格外令人震惊的事件，认为它基本上是不可重复的。根据几个世纪后的后见之明，后世的历史学家认为 1095 年乌尔班二世教皇唤起的大规模武装朝圣是持续进行的一系列十字军东征中的第一次，因此是一场十字军运动的开端。但这段“前景”在 12 世纪初期尚不明了，十字军东征的理念还没有统一起来。

热情相对欠缺、观念的提炼很有限，这在某种程度上可以通过一些因素得到解释。教皇驾驭、发展十字军运动的能力遭到一系列严重的动荡事件的限制：1124—1138 年教廷开始分裂，导致一些对立教皇的出现；北方的德意志帝国与南方初现的西西里诺曼王国等敌对政权对罗马施加越来越大的压力。一些上述问题延续到了第二次十字军东征时期，教皇在 1145 年甚至无法进入罗马城。类似的动乱同样折磨着普通信徒。德意志正饱受内乱之苦，两大王朝（霍亨斯陶芬王朝与韦尔夫王朝）争权夺利。与此同时，英格兰在斯蒂芬国王（Stephen，1135—1154 年在位，第一次十字军战士布卢瓦伯爵艾蒂安之子）的统治时期正被内战搅得动荡不安。在卡佩王朝治下，法兰西王国更加稳定，但此刻它刚刚开始将自己的权威延伸至以巴黎为中心的王室领地以外。

十字军思想的一个特征可能也限制了招募。第一次十字军东征的布道者们也许利用了一种重返圣地的精神觉悟或社会义务，但在一个重要的层面上，1095 年的远征之所以引起了拉丁基督徒的共鸣，是因为它被视为一种极度个人的宗教事业。成千上万的人戴着十字，通过参与圣战寻求赎罪。十字军东征受到了宗教信仰的驱动，但这是一种自利的信仰形式。鉴于前往东方的武装朝圣特别艰险、可怖、耗资甚巨，参与十字军代表着一条极致的救赎之路。对许多人而言，更直接、明显的赎罪行为——祷告、施舍、本地化的朝圣——往往更可取。一般而言，在未来的数十年乃至数百年中，只有令人震惊的灾难连同强力的布道、上层贵族的积极参与相结合，才能发起大规模的十字军东征。

这不应使我们认为1101—1145年间不存在十字军东征。一些教会成员和普通信徒无疑在此时期做出了复制或模仿第一次十字军东征的零星尝试，其宣扬或参与的冒险活动包含了部分或全部十字军运动特征（这些特征最终将成为构成十字军东征的更加稳定的元素）：教皇颁布的谕令；立下明确的誓言和以领取十字为象征；许诺以精神上的犒赏（或赎罪）回报军事上的服务。然而，与此同时，十字军东征的基本性质仍然是相对不固定和不明确的。诸如谁有权发起十字军、参与者能得到怎样的奖励以及可能对谁发动这种圣战之类的问题，基本上都尚未厘清。

12世纪20年代发动了两次针对圣地的十字军东征，尽管威尼斯十字军（1122—1124）肯定是由教皇卡利克斯特二世拟定的，但1129年的大马士革远征似乎是帕英的于格在欧洲鼓动的，教皇几乎没有参与。同一时期，在黎凡特以外的地理区域也发起了十字军运动，对抗近东穆斯林以外的敌人。长期以来，伊比利亚一直是一座穆斯林－基督徒冲突的舞台，很快便见证了类似十字军东征的运动。进攻巴利阿里群岛（Balearic Islands，战役发生于1113—1115年）的加泰罗尼亚、比萨联军领导人在肩头绣上了十字，与此同时教皇完全赦免了1118年阿拉贡攻击萨拉戈萨时全体阵亡者的罪孽。卡利克斯特二世曾担任教皇派往西班牙的特使，因此熟悉伊比利亚事务，他向促进半岛十字军的角色的正规化迈出了重要一步。1123年4月，他发出一封教皇信函，鼓励新兵们以“在衣服上缝十字标记”的方式宣誓于加泰罗尼亚作战，作为回报，他们将“与东方的教会的保卫者一样获得我们承认的赎罪权”。

非穆斯林同样也成了目标。塔兰托的博希蒙德的十字军东征（1106—1108）是向基督教的拜占庭发动的。1135年，教皇英诺森二世甚至试图将十字军特权延伸至那些与其政敌作战的人，申明他的盟友将得到“和乌尔班教皇在克莱蒙会议上授予前往耶路撒冷解放基督徒的所有人同样的赎罪权”。

对于所有上述提到的授予第一次十字军的“赎罪权”，其作为精神犒赏的实际内容仍然是含糊不明的。那些可能会困扰神学家甚至战士们的问题——参与圣战将赦免所有的罪孽还是只赦免已坦白的那些？所有十字军东征中的阵亡者都能保证获得殉道者的身份吗？——还没有得到明确的回答。明谷修道院长、圣殿骑士的支持者伯尔纳解决了十字军东征引发的最棘手的神学推论之一。随着第一次十字军东征的布道，教皇在某种意义上无意中打开了潘多拉魔盒。为了显现上帝在人间的神圣意志而召唤一支十字军，可能暗示着上帝事实上需要人类，因此他不可能真的是全能的——这种思路显然具有引发极大争议的潜力。伯尔纳以典型的知识分子的机敏反驳了这个问题。他认为，作为一种慈爱的举动，上帝只是假装需要帮助，故意使圣地面临威胁，以便基督徒能够获得另一次利用这种新的精神净化模式的机会。修道院长一步到位地捍卫了十字军理念并提升了它在信仰上的效力。在第二次十字军东征的宣传上，伯尔纳将扮演核心角色，但最初发起远征的工作却是由他人完成的。[98]

第二次十字军东征的发起

1145 年，黎凡特基督徒恳请欧洲伸出援手的对象既有教会领袖，也有世俗领袖。其中一位是教皇尤金三世（Eugenius Ⅲ），他曾是西多会僧侣，还是（明谷的）伯尔纳的门徒，该年 2 月刚登上教皇之位。尤金的处境并不理想。从他就任起，这位新教皇就和罗马人民对城市的世俗统治权产生了长期的纷争，他被迫流亡在外。正当尤金计划发起一次新的大规模的十字军东征时，他却不得不在维泰博（Viterbo，位于拉特兰宫以北约 50 英里处）度过 1145 年的大部分时间。

来自海外之地的使者也觐见了法国——十字军热潮的心脏地带之一——卡佩王朝君主路易七世。路易于 1137 年加冕登基，如今正值 25 岁上下，为王座带来了一股青春活力。人们经常轻描淡写地把他描绘为虔诚之人。实际上，在路易的早期统治中，他与罗马就法国教会任免权发生了激烈的争执，并与香槟伯爵发生了激烈争吵。尤金教皇的前任实际上暂停了卡佩王朝国土上的教权（相当于暂时的绝罚）。1143 年，在与香槟冲突的顶点，路易的军队残忍地将维特里（Vitry）一座内有超过 1000 人的教堂烧成了平地，国王似乎也对这一暴行表示了悔恨。至 1145 年，年轻的国王已经与教廷修好，其狂热的宗教信仰增添了赎罪的倾向。受埃德萨命运的消息的触动，他满腔热血地接受了领军救援十字军诸国的想法。

尤金三世与路易七世似乎已经制定了发动十字军东征的共同计划，但一开始这些计划落空了。1145 年 12 月 1 日，罗马教廷（papal curia）起草了一份教皇通谕，宣布新的战争号召，但这并未及时送达路易位于布尔日（Bourges，在法国中部）的圣诞宫廷。当国王宣布他有意领取十字在圣地作战时，却应者寥寥。3 个月后，尤金三世再度发布了一份几乎一模一样的通谕，它的消息在卡佩王朝 1146 年复活节于韦兹莱（Vézelay）召开的第二次大会上得到了更大规模的传播。从那一刻起，十字军热情之火复燃了，到了第二年（或更长时间），它在欧洲已成燎原烈火。教皇的通谕——通常被称为《吾等之前辈》（*Quantum praedecessores*，标题取自通谕开篇使用的拉丁词语）——在这一进程中发挥了关键作用。它在 1146—1147 年于拉丁西方广泛流传，在大量公开集会上被多次朗读，成了在欧洲各地宣传第二次十字军东征的样板。通谕着手实现两个互相关联的目标：界定教廷官方对远征的想法，特别是说明什么人将参加这次远征，以及他们将获得何种特权、犒赏；其次，通过明确十字军运动的起因和诉求来促进招募工作。

半个世纪前，教皇乌尔班二世曾以在克莱蒙的布道发起了第一次十字军东征，但由于这次演讲没有确切的记录存世，对其理念及意图的还原难免含有推想的成分。相形之下，虽然第二次十字军东征的缘起不能归于一份重大的演说，但《吾等之前辈》现存的抄本的确令我们得以更精准地探寻远征背后的思想以及它被鼓动的方式。

从尤金的通谕中能够明显看出一个引人注目的事实——在他对这次新战役的展望中，第一次十字军东征的记忆极为重要。为了给自己的战争号召提供合法性与授权，教皇再三提及 1095 年的远征。尤金说，“对吾等之前辈乌尔班教皇的幸福记忆”启发了自己号召第二次十字军东征，并且明确表示，如今精神上的犒赏与“我们上述前辈所提供的奖励”完全相同。一些乌尔班在克莱蒙的构想也被重申。尤金小心地反复强调他被神明授意——“上帝赋予我们的权力”——发动这场圣战。他同时将十字军东征描述为对穆斯林入侵的公正回应：他申明埃德萨“已被基督十字架的敌人夺取”；描绘了教士们如何被屠戮和圣髑“遭到异教徒践踏”的情景。这些事件据说“[对] 全体基督徒都构成极大的危险”。

与此同时，追忆往事和过去的先例的主题以一种创新而非常有效的方式编排在《吾等之前辈》中。教皇宣称，基督徒在回顾先辈们洒下“他们自己的热血”将耶路撒冷从“污秽的异教徒”手中解救出来的事迹后，应该去领取十字。“你们 [应该] 竭力保卫父辈努力获得的那些东西，”他告诫说，若非如此，“儿子们将有损父辈勇武的英名。”这一形象而令人信服的描述发掘了第一次十字军东征的共同记忆，并试图利用荣誉和家族义务的观念。

虽然明确将新的战役规划为第一次十字军东征的重现，尤金的通谕事实上调整或发展了乌尔班二世的许多理念。从一开始，征募数量足够的正确类型（换言之，有作战能力的人）的十字军战士就是一个显而易见的难题。1095 年的远征被视为一种朝圣形式，但由于这种赎罪行为传统上是出于自愿并对所有人开放的，教廷发觉很难限制非战斗人员——从妇女、儿童到僧侣、贫民——的数量。与此同时，12 世纪初期的十字军一直在努力吸引大量的新兵。到了 12 世纪 40 年代，在十字军运动中民众的、痴狂的一面与它日益被推向规定的面貌和教皇的掌控之间，出现了明显的紧张关系。教会将在未来的数十年中与该难题角力，在不熄灭热情的情况下试图遏制、引导这份热情。《吾等之前辈》半心半意地尝试着解决这个问题，建议“那些站在上帝一边的人，特别是那些更有权势的人和贵族”，应当加入十字军，但平衡有所选择与广泛吸引的难题在很大程度上仍未得到解决。

尤金还极大地改善了为领取十字者提供的一系列庇护和特权。他的通谕宣称，当一位十字军战士奔赴海外时，教会将保护“其妻儿、货物和财产”，同时禁止有关十字军战士财产的法律诉讼，“直到确定他们已回归或死亡”。同样，十字军战士的债务的利息也被取消。

最大的进展是关于十字军免罪的。这一点在 1095 年乌尔班二世的构想中还有些模糊不清，《吾等之前辈》则更加具体，肯定了教皇将宽恕、赦免参与者的罪孽，并解释说：“任何虔诚地完成如此神圣之旅或为之牺牲的人将被免除他诚心实意告解的罪过。”尤金并没有确保全面的救赎，但他提供了一项保证：即使并未马革裹尸，也能享有十字军的精神犒赏。

通过其精确的表述和广泛的传播，《吾等之前辈》塑造了第二次十字军东征，并有助于确保宣传在更大程度上具有统一性，以及对一个观念——一场合法的十字军须由教皇发动——的巩固。由于在后世产生的影响，这份文件可能对十字军东征历史具有更根本的重要性。中世纪的教廷以其性质而言，是一个重视回顾的机构。当希望做出决定或起草声明时，罗马官方总是要参照先例。在这样的背景下，《吾等之前辈》成了十字军运动的标杆，它提供了一份对教皇乌尔班二世据说在 1095 年所做的布道的官方回忆，并把关于第一次十字军东征自身本质的某些想法奉为圭臬。进入

12 世纪后半叶及以后，这份通谕界定了十字军东征的范围、身份与实践，因为未来的教皇们把它当成范例来使用。许多教皇借鉴了它的风格、格式和实质内容；有些则仅仅是原封不动地重新发布了它。

尽管如此，尤金的通谕在一个关键问题上令人意外地模糊：第二次十字军东征的明确目标。埃德萨的命运得到了强调，但没有明确要求夺回这座城市，赞吉也没有被称为敌人。相反，十字军被劝诫去“保卫……东方教会”和解放如今在穆斯林手中的“成千上万被俘的兄弟们”。1145、1146 年中实际战略目标的不明可能导致了这种语焉不详，这将致使远征在未来围绕其方向、焦点产生争端。[9]

《吾等之前辈》的这一缺陷也反映出一个存在于十字军与十字军国家间的关系中的深刻问题。事实上，二者不幸地貌合神离。十字军本质上在精神层面是自私的，它是为期不久的宗教远征，由一群各怀野心、议程或目标（尤其是前往圣地朝圣）的个人领导。然而为了生存，东方的法兰克移民地实际上需要的是可靠、听从指挥的援军，后者应乐于遵循海外之地统治者的意愿。

圣人之言——明谷的伯尔纳与第二次十字军东征

教皇尤金三世的通谕《吾等之前辈》宣布了发起第二次十字军东征。其文本被刻意打造为一种布道工具，以便能迅速地被从拉丁文翻译为中世纪西方通行各地的俗语，并成为 1146、1147 年传播的十字军东征信息的核心。然而，教皇甚至不能掌控意大利中部，因此无法将布道运动扩展至阿尔卑斯山以北。他因此转而向明谷修道院院长伯尔纳求助。

伯尔纳是第二次十字军东征中最有能力、影响力的布道者。他在传播、推广《吾等之前辈》所包含的信息方面的功绩超过了所有其他教士。他在1090年前后出生于勃艮第，23岁时加入了在西多（Cîteaux）刚成立的一个本笃会修士团体并开始崭露头角。仅仅两年后，他便奉命在明谷建立了一座新的西多会修道院（遵循在西多建立的信条），并很快在拉丁西方声名远播。伯尔纳以擅长演讲和热爱通信著称，他与那个时代许多伟大的政治、教会人士频繁通信，最终成了12世纪最杰出的人物之一。

这位修道院长与其所属的西多会的影响力一并获得了增长。发端于1098年的这场新的隐修运动传遍了欧洲，它主张全守本笃会严规（即指导隐修生活的章程），带来了一种安贫、简朴的新氛围。西多会的分院从1113年的两所激增至1151年的353所。到了12世纪中期，它在影响力上已经能和更成熟的隐修形式（如克吕尼的）一较长短，甚至有后来居上之势。这一变化在教皇的个人出身上展露无遗——乌尔班二世拥有克吕尼背景，而尤金三世在被选为教皇前是一名西多会修士。[100]

伯尔纳于1146年韦兹莱举办的盛大复活节集会上做了首次十字军东征布道。集会地点由教廷和法国君主为了唤起远征共同商定，这绝非偶然。韦兹莱位于克吕尼修会、西多会在勃艮第的中心地带，非常适合举办招募大会。作为前往圣地亚哥－德孔波斯特拉朝圣的出发地之一，它已经与朝圣活动密切相关，此外它还是一座献给抹大拉的玛利亚的壮丽的修道院教堂的所在地。

韦兹莱大会的规模是空前的。1095年的克莱蒙会议在很大程度上是教会事件，但在1146年，欧洲西北部的贵族精英聚集了起来。国王路易七世与他美丽、任性的年轻妻子埃莉诺（Eleanor，无比强大的阿基坦公国之女继承人）于 1137 年喜结连理，是年她 15 岁，即将登上王位的路易 17 岁，但随着国王越发虔诚，他们最初的婚姻热情有所减弱。埃莉诺对生活充满渴望，她将陪同路易踏上十字军征程，尽管后来关于她率领着一支阿玛宗军队的传说纯属虚构。

国王的弟弟德勒伯爵罗贝尔（Robert, count of Dreux）与一众法国贵族也来到了韦兹莱，他们很多人都与十字军运动有历史渊源。其中包括佛兰德伯爵蒂埃里（Thierry，他可能已于 12 世纪 30 年代末前往耶路撒冷朝圣）以及图卢兹伯爵阿尔方斯 - 若尔丹（Alphonse-Jordan，他是十字军领袖雷蒙之子、的黎波里拉丁统治者的亲属）。参会的贵族如此之多，以至于集会不得不在修道院教堂外举行。路易与伯尔纳站在一座临时搭建的木质讲坛上，发表了振奋人心、慷慨激昂的复活节演说。法王的衣服上已经佩戴了教皇钦赐的十字，一位亲历者回忆说，当修道院长结束热情澎湃的讲演后："周围的每个人都高声索求十字。当［伯尔纳］把提前准备的十字分发——我们甚至或许可以说是在抛撒——干净后，他不得不撕碎衣服抛给他们。"群情激昂之下，木质讲坛崩塌了，所幸无人受伤（这本身被解释为上帝眷顾的征兆）。

韦兹莱大会激起、传播了人们的热情和兴奋感，极为成功，但即便如此，为了让十字军达到其极致，还需要向更多的听众传播征兵的信息。出于这种考虑，伯尔纳采取了一系列措施：更多的布道者被派往法兰西各地传道，同时，大量赞扬十字军东征优点的信函被送到其他地区，包括英格兰、意大利北部和布列塔尼（Brittany）。在这些信件中，修道院长几乎采用了"推销员"的语式来宣扬十字军运动。在一封信里，远征被描绘为克服罪孽的独一无二的机会："这个时代不同以往；神的怜悯从天而降；在这一年，在这赎罪之年活着蒙上帝喜悦的人是有福的……我告诉你们，上帝从未对以往任何一代人行过如此善举。"另一封信件鼓舞基督徒为上帝而战，"机不可失"，借此挣取"免除罪过并获得永恒荣光的报酬"。[101]

与此同时，尽管已年近花甲且身体虚弱，伯尔纳本人还是大范围地巡游了法国东北部、佛兰德、德意志，每到一地，便掀起了征兵的热潮。1146 年 11 月，修道院长拜会了罗马人民的国王康拉德三世（Conrad Ⅲ，他可被视为拉丁基督教世界最有权势的世俗君主）。康拉德大约 50 岁，尚未被教皇加冕，因此无法声称自己继承了前任的皇帝头衔，但这似乎只是时间问题，这项荣誉终将被授予。在第一次十字军东征期间，罗马与德意志卷入了一场严重的纠纷，这断绝了神圣罗马帝国直接加入远征的一切希望。但在 12 世纪中期，两大政权的关系已有了很大改善。康拉德已经证明自己是教皇有价值的真正盟友，尤其是在意大利抵挡了西西里诺曼人的入侵；他也表现出对圣地的向往，可能在 12 世纪 20 年代造访了黎凡特。尽管如此，康拉德最初对领取十字还有些勉强，他心知肚明，当自己离开后，像巴伐利亚公爵韦尔夫（Welf）这样的政敌可能会攫取权力。因此，当伯尔纳在法兰克福与他初次相见并建议他应征时，国王没有同意。

作为回应，修道院长投身于一场轰轰烈烈的冬季布道运动，在弗赖堡、苏黎世、巴塞尔等地讲道。据说，一路上伴随着大量奇迹——超过 200 名跛子明显被治愈、魔鬼被驱逐，甚至还有一人死而复生。而且，尽管伯尔纳不会说德语，不得不在译员的帮助下演讲，但他的话语依旧能让其听众“泪如泉涌”。从 11 月到 12 月，成百上千的人投身了这项事业。绝非偶然的是，修道院长来到了德意志南部邻近巴伐利亚的韦尔夫的领土，并最终使韦尔夫公爵本人加入十字军。

受此成就的鼓舞，12 月 24 日，伯尔纳于施派尔（Speyer）再次拜会了康拉德。那年圣诞期间，修道院长做了一次公开布道，并在 12 月 27 日被允许私下面见国王。第二天，康拉德终于领取了十字。对于伯尔纳在这关键时刻施加影响的程度，学者们长期存在争论，有的人主张他有力地改变了国王的意愿，另一些人则认为康拉德早就有了这样的决定。而同时代人记述了修道院长如何混合以他“惯常的温和”和有关末日即将到来的可怕警告来赢得国王的，但很可能，巴伐利亚的韦尔夫的招募才是决定性的因素。

虽然存在上述争论，明谷的伯尔纳仍然必须被视为第二次十字军东征的主要推手。修道院长自己表示，通过其努力，拉丁军队已经“人数成倍增长”，他所经之处男人都被招募，只剩女性人数的七分之一。尽管如此，这一时期中还有其他个人与影响发挥了作用。《吾等之前辈》中强调的往日记忆与家族遗产的观念显然对招募有明显的影响。路易七世与第一次十字军东征在血缘上有关联——他的叔祖父韦芒杜瓦的于格（Hugh of Vermandois）曾参加了这场远征。对其他已知加入第二次十字军东征的人士的分析研究显示，许多人都具有类似的十字军血统。[102]

由于中世纪文字证据的性质（通常是教士撰写的文献），保留至今的十字军主流印象往往天然会受到教会看法的浸染。总的来说，学者们若想重建这一时期的历史，就不可避免地要仰仗教士、僧侣撰写的材料。这些史料明显存在偏见和缺失。然而，十字军运动涉及教会和普通信徒，那么，如何才能评估骑士、战士们的世俗观点呢？一个有益的方法是研究用俗语（而非拉丁语）创作的流行歌谣。几乎可以肯定，这类歌谣从十字军东征时代伊始便在促进招募、提升士气方面发挥了作用，但现存最早的真实歌词来自 12 世纪 40 年代。其中一首为古法语歌谣《骑士，你会得到很多》，在韦兹莱大会后的数月中，有宫廷诗人（或曰“游吟诗人”）吟诵了它。其开场第一部分如下：

追随国王路易之人
将永远不惧地狱，
其灵魂将抵达天堂，
上帝的天使栖居的地方。

如你所知，埃德萨沦陷，
基督徒长期陷入了苦痛哀伤。
如今教堂空空荡荡
弥撒亦不再回响。
哦，骑士，你们应该思量，
身着戎装的你们名声如此响亮，
那么将你们的身体献给
那曾为你们戴上荆冠之人。

这段珍稀的材料表现了平民对十字军运动的颂扬和鼓动，它们和教士的布道中所蕴含的一些信息是一致的：精神犒赏的许诺；

东方基督教世界的苦难；为服务和仿效基督而战。但其语言更为直白并存在微妙的差异。路易七世被认定为主要领袖，而对教皇只字未提。赎罪问题的复杂性被直截了当地保证在“天堂”中获得一席之地所取代。另外，在后面的一段诗文里，赞吉被视为这项事业的主要敌人。正如教会发布了《吾等之前辈》而修道院长伯尔纳传播了征募消息，普通信徒显然有能力塑造他们自己对第二次十字军东征的看法。[103]

拓展构想

埃德萨的沦陷点燃了第二次十字军东征，1147 年，主力部队在法国的路易七世与德意志的康拉德三世率领下启程前往黎凡特作战。然而，12 世纪 40 年代末期的十字军活动的范围并不局限于近东，因为这一时期拉丁军队还在伊比利亚和波罗的海从事类似的圣战。在某些人看来，整个西方似乎都拿起了武器参加了一场泛欧的十字军。教皇尤金三世本人在 1147 年 4 月写道：“来自不同地区的众多信徒队伍正准备与异教徒作战……几乎整个欧洲都被动员了起来去执行如此重大的任务。”20 年后，拉丁编年史家博绍的黑尔莫尔德（Helmold of Bosau，博绍位于德意志北部波罗的海沿岸）似乎强化了这种观点，他写道：“就远征的发起人来说，军队的一部分似乎应该被派往［圣地］，另一部分去西班牙，第三部分则去对抗生活在我们附近的斯拉夫人。”一些同时代人因此将第二次十字军东征描绘为一项单一的宏大事业，由其富有远见的“发起人”尤金以及明谷修道院长塑造和指挥。在最近数十年中，利用上述观点，现代历史学家们提出：1147—1149 年范围异乎广泛的十字军行动是罗马教会有意识的积极规划所致。在对事件的这番渲染中，教廷拥有塑造和定义十字军运动的力量，而第二次十字军东征的宣传中所蕴含的纯粹根本力量——字斟句酌的《吾等之前辈》中的信息与伯尔纳鼓舞人心的能力——促使十字军运动在 1146 年后登上了空前广阔的舞台。

伊比利亚与波罗的海的战斗只是调走了一些人力与资源，或许并没有直接影响到争夺圣地的战争。但是，这种对第二次十字军东征的阐释具有深远而重要的后果，因为它影响了未来基督徒圣战的规模与性质。有两个问题需要澄清。罗马教会究竟是有预谋地极为主动地扩张十字军，还是这一发展更多地属于偶然？以及，教皇真的在 12 世纪中期掌控了十字军运动吗？

在黎凡特以外发动的战争也可以被神圣化，这种观念当然不是史无前例的，在 1147—1149 年间，其他冲突地区无疑被纳入了第二次十字军的范畴。整个 1147 年夏天，在欧洲东北部波罗的海地区，撒克森与丹麦的基督徒作为十字军与他们的异教徒邻居——被称作文德人——进行了战斗。伊比利亚受到了第二次十字军甚至更为强烈的影响。1147 年 5 月，一支约 200 艘船组成的舰队搭载着来自英格兰、佛兰德、莱茵兰的十字军将士从达特茅斯（Dartmouth）起锚驶向黎凡特。这些船中途在葡萄牙停留，并于 10 月 24 日协助那里的基督教国王阿方索·恩里克斯（Afonso Henriques）攻占了穆斯林控制的里斯本。莱昂 – 卡斯蒂利亚国王阿方索七世（Alfonso Ⅶ）在热那亚人的援助下发起了另一场享有十字军地位的基督教攻势。最终于 1147 年 10 月占领了阿尔梅里亚（Almería，位于西班牙东南端），1148 年 12 月占领了托尔托萨（位于西班牙东北部）。

12 世纪 40 年代末，基督教军队在十字军旗帜下于多条前线作战，但认为这些不同的部队在完成同一项单一的事业并成为一个深思熟虑的总体计划的一部分的想法是错误的。当仔细审视上述事件时，很明显会发现起作用的是偶然性和无序发展。第二次十字军的波罗的海分支实际上是教会将十字军观念附加在早已存在的冲突之上的结果。在 1147 年 3 月的法兰克福大会上，一支撒克森代表团向明谷的伯尔纳表示，他们十分不愿前往圣地。相反，这些战士更热衷于在家乡附近对抗其邻居异教徒文德人。修道院长意识到无法说服撒克森人加入主要的近东远征，但伯尔纳仍然渴望在东欧事务上扩大教皇的权力和影响。因此他将波罗的海战役纳入了十字军范畴，承诺其参与者将获得“与前去耶路撒冷的人同样的精神特权”；1147 年 4 月，尤金发布了一封通谕确认了这一点。

第二次十字军中的伊比利亚要素同样需重新评估。几乎可以确定，十字军对攻占里斯本的贡献是在葡萄牙临时起意的结果。针对阿尔梅里亚、托尔托萨的战役看起来与十字军的事业相符。加泰罗尼亚、法国南部、热那亚的参与者显然认为自己从事的是与第一次十字军东征相仿的圣战。然而，没有确凿的存世证据表明教皇参与策划或煽动了这些战争，而且很有可能，它们是由基督教伊比利亚的世俗统治者们构想、推动的。教皇对上述努力的认可于 1148 年 4 月方才到来，几乎是事后的想法，旨在将西班牙的战事置于十字军运动的羽翼之下。

现代学术界过于轻易地接受了如下观念：第二次十字军体现了教廷拓展、指引十字军运动的能力。实际上，12 世纪 40 年代末的事件表明，即便尤金、伯尔纳与教廷试图维护罗马在拉丁基督教世界中占有至高无上的地位，他们仍在努力掌控这种形式的圣战。[104]

国王的工作

第二次十字军东征的开端在另一个方面尤其值得注意。于此之前，十字军远征一直由来自拉丁社会上层的显赫贵族——伯爵、公爵与亲王——领导，但并无西方君主领取十字。① 因此，法王路易七世与罗马人民的国王康拉德三世响应《吾等之前辈》从军号召的决定开创了一个重要的先例，并长久地为十字军运动增添了新的色彩。其结果可谓立竿见影。它刺激了士兵的招募，部分是因为王室牵头支持的力量，也是由于中世纪社会等级制的特性促发了入伍的连锁反应。王权的参与至少在某种程度上也令以十字架之名募集的物资有所增加。最近西欧接二连三地歉收，这意味着即便像路易、康拉德这样有名望的人，为了满足如此漫长、需竭力投入的战役的花销也得大费周章。两人似乎都无法在各自国内征收一般税，遂转而向城镇、教堂收税，但这只获得了部分成功。法国君主才启程数周就缺钱了。

王室的参与代价不菲。过去，大部分十字军战士在出征前便已设法将个人事务安排妥当，然而，一位国王几乎放弃自己的王国长达数月，甚至数年，这涉及多方面的复杂情况，可能会大大延长筹备的时间、扩大筹备的范围。1147 年，两个国家任命了摄政以保护王权并监督从法律、秩序到经济的日常治理：在法

---

① 1110 年在黎凡特作战的西居尔（挪威的）是一位国王，但他与两位兄弟共享挪威王座。

国，圣但尼修道院长叙热（Abbot Suger of St Denis）被委以重任，他是卡佩王朝长期的支持者以及路易幼时的老师；在德意志，康拉德10岁的儿子亨利被指定为继承人，而王国则被委托给了一位重要的教士——科魏堡与斯塔沃洛修道院长维巴尔德（Abbot Wibald of Corvey and Stavelot）。

中世纪的欧洲政治充满了火药味，这也意味着王室参与十字军可能会加剧各部队间的具有破坏性的敌意。单单是法国南北方的紧张关系就几乎让第一次十字军陷入泥潭。尽管两国都尚未形成根深蒂固的国家认同感，但在1147年，来自法国与德意志的军队的确是在各自君主的率领下分别向圣地进军。国家间的敌对、猜疑存在已久，可能会轻易地破坏这场远征。起初，这两个国家至少表现出令人欣慰的合作、协同和沟通的迹象。1147年2月2日，在马恩沙隆（Châlons-sur-Marne）举行的会议上，路易在明谷的伯尔纳的陪伴下接见了康拉德的代表，共商准备事宜。法国人和德意志人随后分别于埃唐普（Étampes）、法兰克福举行了各自进一步的筹划会议。

双王加入十字军同样有可能破坏12世纪中期拉丁基督教世界微妙的外交平衡。这个问题尤其与西西里的鲁杰罗二世有关，后者是令人生畏的意大利南部诺曼王国（它正迅速成为地中海的强权之一）的领袖。在12世纪40年代，教廷与拜占庭皆受到鲁杰罗扩张政策的直接威胁，因此希望它们共同的盟友德意志对抗西西里人的入侵。康拉德加入十字军东征的决定有可能破坏这个相互依存的网络，使罗马与君士坦丁堡遭受攻击。路易七世与国王鲁杰罗的关系相对较为亲密，使情况变得更加复杂，这一事实令尤金三世感到不安、令希腊人谨防西西里–法国联合侵略的阴谋。

曼努埃尔·科穆宁（Manuel Comnenus）如今控制着拜占庭帝国，他向路易七世和康拉德三世派出使节，试图铺平与十字军精诚合作的道路，但皇帝仍心存疑虑，而教皇可能也不愿看到康拉德离开欧洲。

国王的外交对远征的路线也产生了实际影响。鉴于12世纪40年代西方海军技术的水平，将整支十字军用船只运到黎凡特恐怕不切实际。尽管如此，鲁杰罗二世还是提出运载法国军队东行，但该提议最终由于西西里、拜占庭间的紧张关系而遭到了否决。与第一次十字军东征如出一辙，1147年远征军的主体从陆路途经君士坦丁堡，横穿小亚细亚，前往近东。这将产生严重的后果。

还有另一个问题仍然存在：两位拉丁基督教世界最强大的领导人将如何与十字军诸国的统治者通力合作？路易和康拉德愿意听从安条克亲王、埃德萨伯爵，甚至耶路撒冷国王的指挥吗？还是法国、德意志君主将会追求各自独立的、可能相互冲突的野心和议程？

尽管路易、康拉德加入1146—1149年远征值得注意，但其产生的直接和短期的影响，与十字军运动和中世纪王权之间的联合所具有的更广泛的历史意义相比，就显得较为一般了。在接下来的漫长岁月中，十字军运动和中世纪王权将被这种亲密的、经常令人不安的关系所改变。海外之地和西方基督教世界开始期望欧洲君主捍卫十字军事业，但在未来，有拉丁君主参与的远征依然受到财力、物力、人力因素的制约，仍然因为不能同心协力、缺乏共同的目标而受到阻碍。事实证明，有国王参与的十字军活动缓慢而不灵活，甚至对近东的需求毫无反应，而且总是能够破坏欧洲政治的稳定。与此同时，圣战的理想开始在实践层面上影响整个拉丁西方王权的面貌。投身十字军事业成了基督教统治者的一项基本责任和有助于确认其军事素质的虔诚义务，但也不能因为它而抛开政府管理事务，必须一道处理。[105]

前往圣地之路

现在罗马更安全了一些，教皇尤金三世遂于 1147 年复活节前往巴黎监督第二次十字军东征最后的备战工作。那年 4 月，大约 100 名圣殿骑士也加入了法国十字军。1147 年 6 月 11 日，教皇和他的导师修道院长伯尔纳一起于宏伟的王室教堂圣但尼教堂（Church of St Denis，位于巴黎以北数英里处）主持了一场精心安排的公开典礼，路易从这里以充满戏剧性、仪式感的方式启程前往圣地。该集会包含了十字军运动新增的王室色彩，但年轻国王与日俱增的虔诚由此亦可见一斑。在前往圣但尼集会的途中，路易决定花两个小时“即兴”造访当地的麻风村，以展示他对上帝的顺从，这令他迷人的妻子阿基坦的埃莉诺与教皇在祭坛旁苦候。据说，王后因为“情绪激动和炎热而几乎昏厥过去”。

当路易最终抵达圣但尼时，一群安静的贵族挤在过道里，敬畏地看着“他谦卑地拜倒在地，向其主保圣人但尼表达敬慕”。教皇钦赐国王朝圣之杖和行囊，随后，路易举起了古老的战旗（Oriflamme，被认为是查理曼的战旗、法国君主制的真正象征）。在那一刻，这充满激情的表现有力地传递出一系列紧密联系的信息：十字军东征是一种出自基督徒宗教热忱的举动；路易是一位真正的君主；罗马教会位于十字军运动的中心。[106]

第二次十字军东征主力于1147年夏初向黎凡特开拔。他们意图从陆路向东穿越拜占庭与小亚细亚，重铸第一次十字军东征的辉煌。在圣但尼典礼之后，路易率领法国人从梅斯（Metz）出发；康拉德在雷根斯堡（Regensburg）集合德意志军队后，已于5月启程。上述错开的开拔时间似乎经过了有意协调，这可能是在马恩沙隆筹划的结果，目的是在不耗尽当地资源的情况下，让两支军队依照同一路线——途经德意志和匈牙利——前往君士坦丁堡。然而，尽管早先做出了合作的承诺并憧憬着重现昔日的功绩，这次抵达圣地的尝试仍被证明几乎是一场十足的灾难。

很大程度上这要归咎于他们未能同拜占庭帝国通力合作。半个世纪前，阿莱克修斯一世曾帮助发起了第一次十字军东征，稍后又成功地利用其力量夺回了小亚细亚西部。1147年，他的孙子曼努埃尔皇帝的立场和观点却截然不同。曼努埃尔对召集这次新的拉丁远征毫无兴趣，而且，随着远征启动，他实际上会失去权力和影响力。在西方，康拉德三世的离开令西西里的鲁杰罗得以进犯希腊领土，而两支庞大的法兰克军队横穿帝国并途经君士坦丁堡的前景让曼努埃尔心中充满恐惧。与此同时，在东方，新十字军东征似乎将重振海外之地，从而削弱拜占庭在叙利亚北部近来恢复的权威；路易七世国王与安条克亲王雷蒙之间的血缘关系加深了这一担忧。对曼努埃尔来说，第二次十字军东征是一个令人担忧的威胁。当法兰克军队接近帝国时，皇帝忧心忡忡，以至于他决定与安纳托利亚的塞尔柱苏丹马苏德（Ma‘sud）缔结一份临时停战协定以确保其东部边境的安全。对希腊人而言，此举合乎逻辑，能让曼努埃尔专注于逼近西部边界的有成千上万人的拉丁军队。但是，当十字军将士听说了这份交易后，很多人将它视为一种背叛。

问题几乎在法兰克人跨过多瑙河进入帝国境内时就开始出现了。康拉德庞大、臃肿的军队纪律涣散地通过菲利普波利斯（Philippopolis）与阿德里安堡（Adrianople）向东南方行军，不时因劫掠和与希腊军队发生小规模冲突而延宕。曼努埃尔急于保障首都的安全，便匆匆将德意志人送过了博斯普鲁斯海峡。起初，规模较小的法军的行军更为平和，然而，一旦法兰克人在君士坦丁堡城外扎营，他们就变得越来越咄咄逼人。曼努埃尔与马苏德媾和的消息招来了恐惧、嘲讽和根深蒂固的不信任。十字军教士领袖之一朗格勒主教戈弗雷甚至试图鼓动对君士坦丁堡发起直接攻击，但这一计划遭路易国王否决。皇帝确实为十字军提供了向导，但他们似乎只提供了有限的帮助。

由于缺乏拜占庭的全力支持，拉丁人的当务之急是一旦进入小亚细亚就需要合兵一处对抗伊斯兰教徒。不幸的是，1147 年秋，法国、德意志军队间的协作破裂了。10 月下旬，康拉德不明智地选择与路易分道扬镳，他离开了尼西亚的补给站，进入了一片希腊人松散控制的干旱、荒凉之地。计划是再度循着第一次十字军东征的路线前进，但与 1097 年相比，安纳托利亚的塞尔柱人已做了更好的准备。德意志部队不习惯穆斯林的战术，很快就遭遇了难以捉摸、行动迅速的突厥骑兵部队一再发动的猛烈攻击。十字军的损失与日俱增，补给开始枯竭，他们跌跌撞撞地向东抵达多里莱乌姆后，终于决定撤退。到他们于 11 月初沿原路返回尼西亚时，已有数千人阵亡，甚至康拉德国王也负了伤。士气一落千丈。许多狼狈不堪的幸存者为了减少损失踏上了返回德意志的归途。

历经磨难的康拉德与已渡过博斯普鲁斯海峡的法国人合兵一处，试图再次进军。他们沿着另一条不同的路线向南成功到达古罗马重镇以弗所（Ephesus），在那里德意志国王因疾病发作不得不留在后方。路易离开了海岸，领军沿着米安德尔河谷（Meander valley）前往安纳托利亚高地。起先，军纪尚佳，塞尔柱人初期的攻势被击退，然而在1148年1月6日前后，当十字军竭力越过卡德摩斯山（Mount Cadmus）这座天堑时，他们失去了队形，遭到塞尔柱人痛击。损失十分惨重，路易本人陷入了包围，他躲到了一棵树上才勉强逃过了被俘的厄运。受此刺激，国王请求圣殿骑士团部队（在法国便加入了他的队伍）率领幸存者在严格约束下向东南方希腊人控制的港口阿达利亚（Adalia）进军——这一决定体现了十字军的艰难处境，亦说明圣殿骑士团已经树立了自己的军事声望。路易后来在写给圣但尼修道院长的信件中回忆这段惨淡的岁月说："持续不断地遭到土匪伏击，行军举步维艰，与突厥人日复一日地战斗……我们常常身处险境；但感谢上帝的恩典，我们总算逃出生天。"法国人精疲力竭、饥肠辘辘地于1月20日左右抵达了海岸。有人认为应继续挺进，但最终路易决定与部分军队一道乘船驶向叙利亚。拜占庭人承诺支援留下的部队，但大部分人死于饥饿或突厥人的攻击。1148年3月，法王抵达了安条克。与此同时，康拉德在君士坦丁堡康复后也决定由海路完成他的东方之行并驶往阿卡。

通过陆路开往近东的第二次十字军自豪地期望效仿他们祖辈的"英雄事迹"，终遭重创；成千上万的人在战斗、饥馑和逃亡中丧生。远征甚至在抵达圣地前便已破产。许多人将可怕的失利归咎于希腊人，指控他们背信弃义。然而，虽然曼努埃尔的确未能全心全意地支持路易和康拉德，灾难却是由拉丁人面对突厥人强悍进攻时的漫不经心造成的。随着德意志人与法国人均蒙受惨败，提尔的威廉断言，十字军曾经拥有的“光荣的英勇名声”现在已荡然无存了。“从此以后，”他写道，“在那些不洁之人眼中，它仅仅成了个笑话，而对他们来说，这曾经是梦魇。”路易与康拉德最终抵达了黎凡特；如今的问题是，已被严重削弱的部队是否有希望实现任何实质性的目标并重燃十字军的火焰。[107]

第二部

伊斯兰世界的回应

7

穆斯林的复苏

自第一次十字军东征以来的半个世纪里，很少见到伊斯兰世界对基督徒征服圣地做出一致或坚决回应的迹象。耶路撒冷——伊斯兰世界中仅次于麦加、麦地那排第三位的神圣城市，依旧在拉丁人手中。逊尼派伊拉克、叙利亚与什叶派埃及之间仍存在着基本分歧。除了穆斯林偶尔取得的胜利（最著名的是 1119 年在“血田”），12 世纪初期主要还是法兰克人在扩张和进攻。但在 12 世纪 40 年代，当摩苏尔的阿塔贝伊赞吉与其家族（赞吉王朝）高举吉哈德的火炬时，形势似乎发生了变化。

赞吉——伊斯兰教的斗士

对伊斯兰世界而言，1144 年赞吉攻占埃德萨是一项巨大的成就：一位穆斯林编年史家将它形容为“胜利中的胜利”。当他的军队于 12 月 24 日攻占城市时，阿塔贝伊起初允许他们肆意劫掠和屠杀。但在第一轮暴行之后，他采取了一种相对温和的手段（至少按照他的标准来看）。法兰克人遭受了苦难——男人被屠戮殆尽而全体妇女则沦为了奴隶——但幸存的东方基督徒获得了宽恕并被允许待在自己家中。同样地，拉丁教堂遭到摧毁，但亚美尼亚人和叙利亚人的教堂则未受损害。他还采取了类似的措施，限制了对埃德萨城防系统的破坏，并立即启动重建计划以修复受损的城墙。赞吉意识到新战利品的战略意义，希望它依旧是一座适宜居住、固若金汤的城市。

随着埃德萨被收入囊中，阿塔贝伊可以期望统一从阿勒颇至摩苏尔的叙利亚与美索不达米亚间的广袤领土。对中东、近东的伊斯兰世界而言，其惊人的成就似乎预示着一个新纪元（法兰克人或许将被逐出黎凡特）的到来。毫无疑问，1144 年标志着伊斯兰世界圣地之战的一个转折点。同样，赞吉显然竭力将他的成功宣传为一名圣战者以所有穆斯林的名义发动的雷霆一击。

在伊斯兰文化中，阿拉伯语诗歌长期以来在影响、反映公众舆论方面扮演着重要角色。穆斯林诗人常常创作用于公开诵读的作品（有时会在簇集的人群前），它们把报道与宣传融为一体，对时事加以评论。赞吉的宫廷诗人中有一些是逃离拉丁人统治的叙利亚流亡者，他们创作了庆贺阿塔贝伊的成就的作品，在其中将他塑造为一场更广泛的吉哈德运动的斗士。伊本·盖萨拉尼（Ibn al-Qaysarani，来自凯撒里亚）强调赞吉需要收复整个叙利亚海岸（Sahil），认为这应该是圣战的主要目标。他写道："让异教徒统治者交出……所有的领土，因为那是［赞吉的］国家。"与此同时，这个泛黎凡特的征服概念与一个更确切的目标结合在了一起，后者是虔诚之士最关切的焦点——耶路撒冷。埃德萨位于巴勒斯坦以北数百英里处，但对它的攻占仍被视为收复圣城的第一步。"如果对埃德萨的征服是远海，"伊本·盖萨拉尼肯定地说，"那耶路撒冷与叙利亚沿岸就是海岸。"

许多同时代穆斯林似乎已接受了阿塔贝伊是一名圣战勇士的设想。巴格达的阿拔斯王朝哈里发授予他如下显赫头衔：真主护佑的君王、穆民的长官之手。鉴于赞吉家族在某种程度上依旧是局外人——突厥军阀新贵，并无统治东方由来已久的阿拉伯、波斯各阶层的与生俱来的权利——哈里发的这种支持令其地位合法化。认为阿塔贝伊的事业是建立在这一单一的成就上的想法也开始流行。甚至一位住在大马士革（赞吉的对手）的编年史家也声称“赞吉一直觊觎着埃德萨，并等待着实现野心的机会。他一直惦记着埃德萨”。依据他在1144年的胜利，后世的伊斯兰编年史家称他为“舍希德”（shahid），这是授予那些参加圣战的殉道者的特有荣誉。

这并不是说，赞吉仅仅是在他于埃德萨突然取得成功后方才意识到拥护圣战原则所具有的政治价值。在大马士革的一座伊斯兰学校（madrasa，由阿塔贝伊赞助）里，一段来自1138年的铭文已经将他描绘为“吉哈德战士、边境保卫者、多神论者的驯服人、异教徒的毁灭者”，而在阿勒颇的一段4年后的铭文中，再次使用了这些头衔。1144年的事件让赞吉得以强调、拓展其生涯中的这一面，但即便如此，对抗法兰克人的吉哈德依旧只是众多事务中的一件。终其一生，阿塔贝伊优先寻求的是成为整个伊斯兰世界的统治者；这种抱负体现在他为了适应美索不达米亚、叙利亚及迪亚巴克尔不同的需求和语言而决定采用的一系列尊贵头衔上。在阿拉伯语中，他常常被称作“宗教的栋梁，赞吉”（Imad al-Din Zangi），但在波斯语中，他可能将自己称为“世界的守护者”或“伊朗伟主”，而在游牧民族突厥人的语言中则是“捕鹰君主”。[1]

几乎没有证据显示赞吉在1144年以前（甚至之后）将吉哈德

置于所有其他关切之上。他确实在1145年初采取措施巩固了他对埃德萨伯国的掌控，从法兰克人手中夺取了萨鲁季（Saruj）并击败了一支集结在安条克的拉丁援军。但不久之后，他再一次于伊朗同穆斯林同胞兵戎相见。至1146年初，有传言说赞吉正在筹备对叙利亚发动新一轮攻势。攻城武器的建造开始了，虽然官方说辞称这是为了吉哈德，但一位阿勒颇编年史家承认，“有人认为他打算攻打大马士革”。

赞吉现已62岁，身体依旧十分强健。然而，1146年9月14日夜，在围攻穆斯林要塞杰巴堡（Qalat Ja‘bar，位于幼发拉底河畔）期间，他遭到了意想不到的突然袭击。袭击细节不清楚。据说赞吉为了防备刺客布置了大量岗哨，但不知为何他们被绕开了，阿塔贝伊在自己卧榻上遇刺。关于刺客身份的说法五花八门：一名受宠信的太监、奴隶或士兵。不足为奇的是，也有传言称这桩暴行是大马士革策动的。真相可能永远无法知晓。一位发现赞吉身负重伤的随从回忆道：

> 我走向他，他还没有咽气。当他看到我时，以为我想要对他下手。他用食指做手势向我求饶。我出于对他的敬畏停下了脚步并问：“主公，是谁这样对你？”然而，他已无法说话并在那一刻去世了（愿真主保佑他）。[2]

尽管活力充沛、野心勃勃，阿塔贝伊跌宕起伏的生涯却戛然而止。赞吉这位摩苏尔与阿勒颇的统治者、埃德萨的征服者，就此薨殂。

努尔丁登台

赞吉的离世是一桩卑劣、野蛮、可耻的事件。震惊之余，甚至连其亲属也无心为他风光大葬；没有仪式，阿塔贝伊的尸体被草草掩埋了，“他的金银财宝则被瓜分一空”。人们的注意力转向了权力、继承的问题。

赞吉的后裔迅速展开行动：他的长子赛法丁（Saif al-Din）夺取了摩苏尔，这一步确认了美索不达米亚仍被视为逊尼派的真正摇篮；与此同时，阿塔贝伊的次子努尔丁·马哈茂德奔赴西方，接管了父亲的叙利亚领地。赞吉领土的分裂影响重大。努尔丁在伊拉克并无直接利益，这位新任阿勒颇埃米尔将专注于黎凡特事务，因此或许能更好地推动吉哈德。然而，他同时也无法使用新月沃土的财富及资源，其王国的力量可能会受到削弱。

努尔丁掌权时大约 28 岁。据说他“是一个身材颀长、皮肤黝黑的男人，留着络腮胡（但没有髭须），相貌英俊，有着漂亮的前额，双目炯炯有神”。假以时日，他将获取超过他父亲的权力，成为拉丁基督教世界在近东最可怕、最令人敬重的对手——一位扶持、重振伊斯兰圣战事业的统治者。甚至提尔的威廉后来也动容地将他描绘为“一个睿智审慎的人、一个敬神的人（根据其人民的迷信传统）”。然而在 1146 年，这位埃米尔的地位尚岌岌可危，摆在他面前的任务几乎是不可逾越的。[3]

在赞吉遇刺后，叙利亚陷入了一片混乱。随着穆斯林的黎凡特大片地区不法之徒横行，阿塔贝伊的残酷统治引发的后果显现了出来。甚至一位大马士革的同时代人也承认，“在享有一段愉快舒适的时光后，所有城镇陷入了无序中，道路变得不再安全”。由于努尔丁的权利和统治能力尚未得到证实，一些赞吉忠心耿耿的部下改换了门庭。在大马士革的实际统治者乌努尔的压力下，库尔德将领阿尤布·伊本·沙迪献出了巴贝克并迁往叙利亚南部的首府。努尔丁仍拥有赞吉的阿勒颇总督萨瓦（Sawar）与阿尤布的兄弟谢尔库赫（Shirkuh）的支持，但总的说来，这位年轻的埃米尔依旧前途未卜，甚至其生存都得不到保障。

作为阿勒颇的埃米尔，努尔丁明白自己控制着近东最伟大的城市之一。至 12 世纪，阿勒颇已经具有了令人难以想象的古老历史——至少 7000 年前便已有人在此定居。从外形上看，这座努尔丁从 1146 年起开始统治的大都市由一座壮观的带有围墙的城堡统治，它矗立在市中心高达 200 英尺的陡峭天然山丘上。一位大约同时代的访客记录道："这座要塞以其固若金汤闻名，从远处便能目睹其惊人的高度，没有其他城堡能与之匹敌。"甚至到了今天，它依然俯瞰着这座现代城市。阿勒颇大清真寺在西面不远处，它由倭马亚王朝建于 715 年，塞尔柱王朝在 11 世纪末增建了一座醒目的方尖塔。该城还是著名的商业中心，拥有一个室内苏克（souq，即"市场"）的网络。在 12 世纪，阿勒颇可能算不上叙利亚的头号城市，但它是一个政治、军事、经济中心，因此，它为努尔丁铸造自己的宏图大业提供了重要的平台。[4]

1146 年，在赞吉被刺后混乱的权力真空中，努尔丁需要维护自己的权威。当一桩突发危机的消息传来时，机会不请自来了。埃德萨的法兰克伯爵乔斯林二世孤注一掷地试图夺回其首都。1146 年 10 月，他率领一支迅速征集的部队向这座城市进军，城中基督徒与之里应外合，在夜间破坏了埃德萨的外部城防。穆斯林守军逃入了防守严密的城堡，被紧密围困起来。

努尔丁当机立断，决定防止埃德萨落入法兰克人之手，并要先发制人地阻止哥哥赛法丁向西扩张。这位埃米尔召集了数千阿勒颇士兵和土库曼战士，日夜兼程地闪电行军，速度是如此之快，以至于“[穆斯林的]战马因精疲力竭而倒在了路边”。这样的速度获得了回报。当努尔丁抵达时，乔斯林的军队因缺乏人力和攻城器械还在外城踟蹰。伯爵陷入了两股军队之间，便立刻放弃城市逃跑，损失了大量拉丁军队。随着埃德萨重回手中，埃米尔选择直截了当地展示他的无情。两年前，赞吉放过了城中的东方基督徒；如今，由于他们与法兰克人的“共谋”，他的儿子和继承人严惩了他们。男人被屠戮殆尽，妇女儿童变卖为奴。一位穆斯林编年史家评论说，“利剑杀光了所有的基督徒”，而一位震惊的叙利亚基督徒描绘道，这座城市在大屠杀后“荒无人烟：黑云遮日，血流成河，遍地是其子民的尸骸，景象令人震惊”。在接下来的几个世纪里，这座一度生机勃勃的都市将一直是一片废墟。[5]

虽然在埃德萨的暴行骇人听闻，但努尔丁的力量展示有助于巩固他对阿勒颇的统治。这一次，埃米尔效仿父亲，用残暴的武力和恐惧来强加自己的权威。然而，随着时间的推移，努尔丁证明他同时具有坚定的决心并能运用更微妙的治理模式——从共识政治到操控公共舆论。和赞吉一样，他憧憬着一统阿勒颇与大马士革，但至少在一开始，埃米尔营造了一种与其南部叙利亚邻居重新合作的氛围。努尔丁安排了政治联姻，娶了大马士革乌努尔之女伊斯马特（Ismat）。这位阿勒颇埃米尔还做出了宽容大量的姿态，释放了一位赞吉在1138年于巴贝克俘获的女奴（她曾是乌努尔的情人）。按照一位穆斯林编年史家的观点，“这是[努尔丁与大马士革人]达成友谊的最重要原因”。

随着赞吉死后势力重新恢复平衡，阿勒颇与大马士革感觉它们的关系正在揭开新的一页。乌努尔不再担忧赞吉王朝的入侵，其权势得到了恢复，他开始拒绝充当法兰克人的代理统治者。当他的一位属下布斯拉的阿尔通塔什（Altuntash of Bosra）在1147年春试图单独与耶路撒冷王国结盟时，乌努尔进行了干预。努尔丁南下施以援手，两人合力挫败了拉丁人占据布斯拉的尝试。这场令人瞩目的胜利让乌努尔获得了巴格达与开罗互相敌对的哈里发的承认，二人均送来了荣耀之袍和册封文书。在此背景下，大马士革（而非阿勒颇）似乎成了1147年叙利亚最重要的穆斯林政权。

那个夏天，努尔丁巩固了自己在北方的地位，并于西部边境同安条克交战。令人不寒而栗的消息让埃米尔采取了守势。根据传闻，一支"数不胜数"的拉丁军队正在"向伊斯兰的领地进发"；加入大军的基督徒是如此之多，以至于西方世界几乎沦为不设防的空巢。被这些消息震惊后，阿勒颇及其全体穆斯林邻居试图为第二次十字军东征和一场新战争的到来做好准备。[6]

反抗十字军

在接下来的6个月中，关于德意志和法国十字军的经历的报道渐渐传回了近东。一位大马士革人听说，在小亚细亚，由于"杀戮、疾病和饥饿"，"他们中的许多人死去了"，而到了1148年初，安纳托利亚的塞尔柱苏丹马苏德显然重创了法兰克人。对正在阿勒颇与大马士革焦虑等待的努尔丁、乌努尔而言，上述消息想必令人欣喜又出乎意料，让他们松了一口气。他们西北方的突厥邻居（最近数十年中通常是敌非友）甚至在基督教十字军抵达黎凡特之前便已削弱了他们。

即便如此，危险尚未过去。那年春天，幸存的拉丁人（依然有数千之众）开始抵达叙利亚和巴勒斯坦的港口。如今的问题是，他们将攻打何方？努尔丁在阿勒颇备战，他的哥哥赛法丁随后在夏天从摩苏尔带来了援军。然而，与预期相反，1148 年 7 月当法兰克人终于来临时，他们却向南部的大马士革发起了进攻。

法国国王路易七世于这年 3 月抵达安条克，与安条克的雷蒙发生了争执。埃德萨近期的毁灭让任何延宕至今的试图即刻收复它的计划沦为空谈，雷蒙主张改为对阿勒颇和夏萨发动战役。这个计划极为可取，努尔丁此时仍在巩固他对叙利亚北部的控制，这为打击赞吉王朝势力提供了一个良机。然而法王拒绝了这一方案并迅速南下巴勒斯坦。路易做出此番决定的动机长期以来存在争论。他可能缺乏经费，担忧德意志国王康拉德在拉丁王国的所作所为，并急于完成他自己的耶路撒冷朝圣之旅。不过，核心问题很可能是一桩桃色丑闻。到达安条克后，路易年轻迷人的妻子阿基坦的埃莉诺花费了大量时间陪伴在其叔叔雷蒙亲王左右。关于他们之间的不伦之恋的流言蜚语开始不胫而走。羞愧惊恐之下，法国君主被迫在违背妻子的意愿下将她强制带离了城市，这一行为给他们的关系造成了难以弥补的伤害并使安条克与十字军通力合作的一切希望都破灭了。

随着康拉德于 4 月到达圣地，法国与德意志军团夏初在巴勒斯坦北部合兵一处。6 月 24 日，十字军领袖与耶路撒冷高庭在阿卡附近召开了一次拉丁联合会议，商讨未来的行动路线，大马士革被选定为新目标。考虑到这座伊斯兰城市最近与法兰克人的巴勒斯坦结盟并抵抗着赞吉的支配，该决定一度被学者们视为近乎疯狂的举动。然而，由于1146年的赞吉之死改变了叙利亚穆斯林政权的权力平衡，这种观点有理由受到正当的质疑。一旦耶路撒冷像个听话的卒子进犯阿勒颇，至1148年大马士革就会变成更具威胁性、侵略性的邻居。因此，对其的遏制与征服是一个合理的目标，并且攻占该城可能会改善海外之地长期生存的前景。[7]

1148年仲夏，欧洲与耶路撒冷的基督教国王们移至巴尼亚斯，随后向大马士革开拔。乌努尔竭力为城市备战，他强化了城防，组织起军队和民兵。他向其穆斯林邻居，包括赞吉王朝，发出了求援请求。7月24日，法兰克人接近了大马士革西南灌溉良好的茂密果园。这片密密麻麻的小树林被低矮的泥墙围着，从市郊绵延约5英里。由于只能通过几条羊肠小道穿越，它们一直是第一道天然防线。穆斯林竭尽全力地阻止拉丁人推进，他们发动了多次小规模袭扰，从瞭望塔和树林里的隐蔽位置倾泻箭雨，但敌人并未停下脚步。

到这一天结束时，法兰克人已经在城市前方的空地上设立了营地，从那里他们能够获得巴拉达河（Barada River）的饮水。与诸如安条克、耶路撒冷这样的城市不同，大马士革没有坚固的城防工事环绕，充其量得到了低矮外墙以及拥挤而杂乱无章的郊区的庇护。基督徒在它的市郊枕戈待旦，这座大都市看上去岌岌可危。乌努尔下令用巨型木梁和一堆堆碎石封锁了街道，为了提升士气，还在倭马亚大清真寺举行了一次大规模集会。这座清真寺是大马士革的明珠之一，是对《古兰经》充满敬畏的临摹，一度为哈里发奥斯曼（Uthman，穆罕默德的早期继承者）所有——如今它对大众敞开了怀抱，“而人们一面在头顶撒灰，一面涕泪横流地祈祷着”。

在接下来的 3 天里，双方展开了一场生死对决，穆斯林击退了法兰克人，双方在短兵相接中都蒙受了惨重伤亡。来自贝卡谷地的援军增强了穆斯林的抵抗，由于期待着努尔丁、赛法丁到来，乌努尔故意拖延时间。他似乎许诺重新上缴贡赋来为敌对关系画上句号。意识到基督徒表面的协作之下暗藏着敌对关系，乌努尔也相当狡猾地试图散布猜疑的种子。显然，一条警告赞吉军队正在逼近的信息被传送给十字军诸王，同时另一使节联络了黎凡特法兰克人，指出他们与西方人的联盟最终只会在东方催生出新的对手，因为“你们心知肚明，如果他们夺取了大马士革，将会攫取原本在你们手中的沿海地区”。基督徒军队的确看似受到了内部紧张关系的困扰，因为有拉丁史料证实，法兰克人开始为谁应当拥有占据这座城市（假设它陷落了）的权利而争执不休。

由于进展甚微而猜忌日盛，法兰克人于 7 月 27 日晚召开了一次作战会议。人们慌乱地做了一个决定——移师城市东侧，据信那里更易于发动直接攻击。事实上，大马士革的这片区域得到了同样有力的防护，而基督徒如今扎营的地方毫无遮掩、缺乏水源。在炎炎夏日下，士气崩溃了。据一位穆斯林目击者称：“法兰克人从四面八方收到参与反抗他们的圣战的伊斯兰军队正快速赶来的消息，他们确信大难将至，马上就会遭受灭顶之灾。”拉丁史料则抱怨军中的变节行为、乌努尔的贿赂和各方激烈的互相指责。7 月 28 日，十字军与黎凡特法兰克人的联军开启了一场令人震惊的耻辱撤退，逃离时还蒙受了大马士革散兵的袭扰。康拉德国王后来写道，基督徒“随着围攻失利悲伤地撤退了”，而提尔的威廉则记述十字军“笼罩在惶恐之中”。法国与德意志的国王们谈论着对大马士革发动第二次准备更充分的突袭，抑或可能针对法蒂玛王朝的亚实基伦发起战役，但全都没有采取任何行动。康拉德于9月扬帆返回欧洲，造访圣地之后，路易在1149年春也追随他而去。一位穆斯林编年史家如释重负地宣称："真主拯救了［大马士革的］信徒，使他们避开了法兰克人的邪恶。"[8]

就法兰克人而言，第二次十字军东征在黎凡特的主要战役以惨败告终。在如此盛大、有王室参与的备战情况下，基督徒的计划还是沦为泡影，拉丁圣战的概念如今受到了质疑。这一重挫对十字军运动的普及和实践产生的后果将在今后很长一段时间内都感受得到。尽管历史学家们为法兰克人决定围攻大马士革是否明智争论不休，他们往往低估了十字军对近东伊斯兰世界的影响。表面上看，权力的平衡似乎并未改变——乌努尔依旧掌控着大马士革；基督徒被击退了。但在危险的关键时刻，大马士革人被迫向阿勒颇和摩苏尔求援。12世纪40年代中期，乌努尔看似一度能够抗拒赞吉的支配；如今，在第二次十字军东征之后，他不得不接受对努尔丁日益恭顺的关系。

1148年拉丁人对大马士革的进犯也加剧了更广泛的大马士革民众中的反法兰克人情绪。不久，乌努尔与布里迪统治精英重开了与耶路撒冷王国的外交渠道，然而当地对与巴勒斯坦结盟政策的支持已走向了穷途末路。

埃德萨伯国的肢解

阿勒颇在第二次十字军东征中秋毫未损，拉丁人的远征反而巩固了努尔丁在叙利亚北部的地位。当然，十字军并没有扭转赞吉在埃德萨伯国所取得的成就。在接下来的几年里，第一个十字军国家的残山剩水将逐渐被伊斯兰教徒攫取。面对3条战线——

努尔丁、科尼亚的马苏德、迪亚巴克尔的阿尔图格王朝竞相夺取埃德萨人的国土——的压力，乔斯林二世伯爵试图通过与阿勒颇签署恭顺的停战协议来买得一定程度的安全。但是，当伯爵于1150年被俘后，努尔丁不再将他视为假定中的藩属；这位法兰克人被投入了大狱（可能被刺瞎双眼），到9年后去世为止一直被监禁着。

赞吉王朝的拥护者们最大限度地利用了乔斯林的垮台。他们形容他为“一个顽固的恶魔，生性残酷，极端敌视穆斯林”，一位穆斯林编年史家指出，“[伯爵的]被俘是对整个基督教世界的打击”。诗人伊本·盖萨拉尼（如今已是努尔丁宫廷中的一员）进一步阐释了这个主题，声称耶路撒冷本身将很快得到“净化”。[9]

乔斯林被俘后，他的妻子比阿特丽斯（Beatrice）将拉丁伯国的残余部分售予了拜占庭人，这促使大批法兰克人、东方基督徒难民逃往安条克。伯爵夫人在巴勒斯坦定居，她的子女——乔斯林三世与阿格尼丝（Agnes）——后来成了重要的政治人物。甚至希腊人也无法保卫这些孤立据点，泰勒贝希尔于1151年落入努尔丁手中，埃德萨伯国彻底终结。赞吉王朝已灭亡了4个十字军国家中的一个。

8

信仰之光

第二次十字军东征后，努尔丁成了近东最重要的穆斯林领袖。在其生涯中，努尔丁将一统叙利亚，把赞吉王朝势力拓展至埃及并对法兰克基督徒赢得一系列胜利。他成了中世纪伊斯兰世界最伟大的杰出人物之一，被誉为逊尼派正统思想的坚定拥护者和对抗拉丁海外之地的圣战斗士。实际上，他载入史册的名号“努尔丁”的字面意思为“信仰之光”。

那个时代的穆斯林编年史家普遍将努尔丁塑造为一个完美的伊斯兰统治者的真正典型——心虔志诚，仁慈公正；谦逊简朴，温文尔雅；在战场上英勇老练，并投身于圣地之战中。著名伊拉克历史学家伊本·阿西尔（13 世纪初在摩苏尔写作，当时该城仍由努尔丁赞吉王朝的成员统治，1233 年去世）将这种看法表达得淋漓尽致。在伊本·阿西尔的大量作品中，有一部卷帙浩繁、起于创世的人类史，甚至在这部编年史中，努尔丁也被当成了重要的主角。“他的卓越统治和公正”据说“已誉满天下”，“他的优秀品质和美德数不胜数，本书无法一一枚举”。[10]

现代历史学家试图超越这种溢美之词重建努尔丁的真实形象，取得了不同程度的成功，创造出了迥然不同的形象。这一过程的核心是尝试查明埃米尔生活中发生转变或精神顿悟的时刻，在那之后，他便承担了圣战者的角色。[11] 在十字军东征背景下，有两个互相关联的问题亟须解决。努尔丁一生中有相当一部分时间都在与穆斯林同胞作战——但他是在为更大的利益（为了圣战而统一伊斯兰世界）服务，还是把圣战仅仅当作打造赞吉帝国的一个方便的借口？努尔丁是不是最初就是一名野心勃勃、自私自利的突厥军阀，仅仅（在某一时刻）才经历了宗教信念的深化并促使他渴望发动圣战？在某种程度上，通过追踪努尔丁的生涯——审视他与拉丁人作战的时间和原因；评估他与叙利亚的逊尼派穆斯林、埃及的什叶派法蒂玛王朝以及拜占庭希腊人的交往——可以解答上述问题。

伊奈卜之战

1149 年夏，努尔丁对基督徒的安条克公国发动了攻势，试图巩固他于叙利亚北部迅速崛起的权势。从 1148 年末起，他的军队便已同安条克军发生过多次小规模冲突，但战果无足轻重。1149 年 6 月，努尔丁利用近来与大马士革的乌努尔的和解，要求后者增援，集结了一支强大的入侵军队，由 6000 名骑兵作为前锋。历史学家们很少努力去理解阿勒颇统治者的动机，以为他不过是寻求与安条克亲王雷蒙对垒。但正如他的前辈伊尔加齐在 1119 年那样，努尔丁的行动很可能具有更明确的战略意图。

1149 年，努尔丁启程去征服两座拉丁前哨——哈里姆（Harim）和阿帕梅亚。要塞城镇哈里姆位于贝吕什山的西部边陲，居高临下地俯瞰着安条克平原。哈里姆距离安条克仅 12 英里，自第一次十字军东征以来便掌控在拉丁人手中。在阿勒颇与公国间的争斗中，贝吕什山脉一直扮演着重要的角色。12 世纪初，当安条克如日中天时，法兰克人占据了这些崎岖山岭以东的领土，直接威胁到阿勒颇的安全。伊尔加齐与赞吉先后将他们逼退，倚靠贝吕什天堑重建了边界。但努尔丁不满足于这种均势。他试图占据哈里姆，获得一个贝吕什山脉屏障以外的据点，从而破坏安条克东部边境防线的完整性。

努尔丁也锁定了苏马克高地南部边缘的阿帕梅亚。过去，安条克对苏马克的统治威胁到了阿勒颇与大马士革间的主要交通路线，但赞吉已在 12 世纪 30 年代后期夺回了该地区的许多土地。至 1149 年，法兰克人仅保留着一条狭长地带，围绕着奥龙特斯河谷，向南直至逐步孤立的阿帕梅亚前哨。努尔丁 1149 年的主要目标似乎是征服这处设防居民点，以铲除仍在苏马克地区出现的法兰克人。最近直接占领阿帕梅亚（位于一座古老高耸的土丘上）的尝试失败了，努尔丁改变了策略，如今试图孤立这座城镇——通过控制横跨奥龙特斯河的阿什 – 什奥古尔（ash-Shogur）桥来切断它与安条克的主要交通线。

6 月，他推进到了这一地区，开始借助围攻小型堡垒伊奈卜来展开行动。当消息传至安条克后，雷蒙亲王甚至可能有些急躁地迅速做出了反应。按照后来拉丁人的传统说法，雷蒙立即启程前去援助伊奈卜，“没有等待他的骑兵卫队便［匆忙］向那个地方赶去”，但这恐怕有些夸张，因为一名同时代大马士革的穆斯林估计抵达的法兰克人有 4000 名骑士和 1000 名步兵。雷蒙军中还包括一支阿萨辛部队，由他的库尔德穆斯林盟友阿里・伊本・瓦法（Ali ibn Wafa）率领。6 月 28 日，努尔丁谨慎地对待安条克人的逼近，他撤出了伊奈卜以评估敌人的实力，但他一直在细心静候一切发动反击的机会，这样的机会很快便出现了。

到达伊奈卜近郊后，雷蒙相当乐观地认为他已经吓退了努尔丁的军队，成功确保了该地的安全。他选择当晚在旷野扎营而非撤退到一个安全的地方——这是致命的失误。努尔丁实际上只撤出了一小段距离，在获得了法兰克人数量以及他们宿营位置易受攻击的情报后，他立即在夜色掩护下返回。1149 年 6 月 29 日拂晓，拉丁人醒来后发觉自己陷入了包围。阿勒颇统治者自忖一场大胜唾手可得，便毫不犹豫地利用优势，正如一位基督徒所说："他向营地猛攻，仿佛在围攻一座城市。"根据《大马士革编年史》的记载，雷蒙亲王徒劳地试图集合部下并进行抵抗，"但穆斯林分兵几路从多个方向攻击他们，淹没了他们"。凶险的白刃战接踵而至，随着狂风骤起，乌云蔽日，战场变得更加混乱。由于寡不敌众又陷入重围，法兰克人很快崩溃了，但即便大批部队逃离了战场，雷蒙仍坚守阵地，战斗至最后时刻。一份同时代阿拉伯文献记述道："伊斯兰之剑最终主宰了一切，当烟尘散去，[基督徒们]沾满泥垢地倒在了地上。"

穆斯林获胜了，当努尔丁的手下开始清点战场时，他们才明白自己取得了何等的胜利。安条克的统治者雷蒙"被发现躺在其护卫和骑士之间；他被认出，其头颅被砍下送予努尔丁，后者奖励了进献者一份丰厚的礼物"。有传言称，亲王是被库尔德军阀谢尔库赫挥剑砍倒的。据说，努尔丁将这位法兰克人的头颅装入一只银质战利品匣中送往巴格达以庆祝击败仇敌，按照穆斯林的说法，他"通过其引发的恐惧、十足的严厉和极端残暴，赢得了特别的声誉"。拉丁文献证实雷蒙的尸体遭到斩首，还补充了一条可怕而实际的观察——当安条克人最终返回寻找其残缺的尸体时，它只能通过“某些疤痕”来辨认。[12]

1149 年伊奈卜之战的意义可与 30 年前血田之战相提并论。法兰克人的公国再度失去了一位强力领袖，并且由于没有成年男性继承人，它陷入了群龙无首、岌岌可危的境地。努尔丁现在处于支配地位，但他在伊奈卜之战后的行动意味深长。关键的是，他并没有坚决地尝试征服安条克本身，而是派出大部分军队南下阿帕梅亚。努尔丁率领剩余部队向公国的首都前进，但经过短暂围攻后便同意不再侵犯这座城市，以换取大量金银财宝的贡赋。移师至海岸后，他做了一个象征性的举动——在地中海里沐浴，这一姿态表明伊斯兰势力现在已西抵地中海。

真正的征服工作始于 7 月中旬左右对哈里姆发动的攻击。由于拉丁守军在伊奈卜之战后遭到削弱，这座城镇很快陷落，努尔丁立即采取措施加固了其城防。接近当月月底时，努尔丁南下阿帕梅亚。法兰克驻军被切断了与安条克的联系，毫无获救的希望，在得到性命无忧的承诺后放下了武器。

与 1119 年的伊尔加齐相仿，努尔丁利用他击败安条克人去实现核心的战略目标——这一次是使安条克中立与声称阿勒颇对奥龙特斯河东岸的领土拥有主权。他还放弃了夺取安条克的潜在机会，可能部分是因为他缺乏攻克那座城市强大的防御工事的人力物力，并且得知法兰克人的援军很快将从巴勒斯坦赶来。无疑，在 1119 年和 1149 年，征服安条克都不是优先考虑的目标。

虽然存在这些明显的相似之处，但伊奈卜之战并非血田战役的简单重现。1119 年，耶路撒冷国王鲍德温二世紧急驰援公国，在接下来的几年中收复了它失去的领土。他的孙子鲍德温三世国王同样于1149年夏北上叙利亚，但无法完全重振安条克的国运。阿帕梅亚从未被收复，夺回哈里姆的一次短暂尝试也宣告失败。由于努尔丁的士兵在公国首都的攻击范围内驻扎下来，公国威胁阿勒颇的能力严重受到限制。夏天的晚些时候，拉丁人被迫与努尔丁签署了耻辱的条约，承认阿勒颇对苏马克高地和贝吕什山东部领土的权利——默许了安条克被"阉割"。

努尔丁在1149年的根本动机与意图也与伊尔加齐的截然不同，其本身就揭示出叙利亚的权力平衡已发生变化这个更深层次的真相。血田战役体现的是安条克人与阿勒颇人的对抗，是组织法兰克人向东扩张领土的最后一搏。与之形成鲜明对比的是（不论最初表象如何），这场以伊奈卜之战为顶点的战役，实际上是由穆斯林内部的敌意推动的。努尔丁着手占领阿帕梅亚并非为了遏制法兰克人的入侵，而是为了从阿勒颇向南打通一条顺畅、安全的路线，抵达其真正的目标——布里迪治下的大马士革。在被从奥龙特斯河击退后，安条克人将无法干涉这场更大的博弈。

几代现代历史学家误解了伊奈卜之战的动机和意义，一些人甚至坚持认为这场胜利标志着一个重要时刻——努尔丁转变为一名圣战斗士。诚然，阿勒颇之主庆祝了他对抗基督徒取得的胜利。一位穆斯林编年史家评论说："诗人们对努尔丁赞不绝口，以祝贺这场胜利，因为［雷蒙亲王］的阵亡对双方均产生了重大影响。"他进而引用伊本·盖萨拉尼的诗句：

你们的剑在法兰克人中响起一声惊雷
令罗马的心脏加速跳动。
你痛击了敌酋

摧毁其脊梁，放倒了十字架。
你用敌人的鲜血洗涤其领土
在净化中每把剑都饮足了血。

然而，接受这种表面宣传将忽略 1149 年努尔丁的真实战略焦点：大马士革。未来的事件将证明，他完全满足于让法兰克人勉强控制安条克，因为在黎凡特的斗争舞台上，这个拉丁公国不再是个威胁，而是充当了阿勒颇与希腊人的拜占庭之间的一个有用的缓冲国。实际上，在努尔丁统治的初期，他优先关注的是征服大马士革。

1149 年 8 月的事件最初似乎为努尔丁提供了一个绝佳的机会，以增强他在叙利亚的影响力。在一次暴饮暴食后，与他亦敌亦友的大马士革的乌努尔患上了腹泻，后来发展为令人虚弱的痢疾。该月月底，乌努尔去世了，大马士革陷入了一场混乱的权力斗争。然而，一切利用这桩不幸事件的希望随着 9 月 6 日传来的第二个噩耗化为了泡影，这次是努尔丁的兄长赛法丁。努尔丁奔赴伊拉克，一度试图索取摩苏尔，但最终不得不与他的弟弟、指定继承人库特卜丁·毛杜德（Qutb al-Din Maudud）和解。如今，夺取大马士革的机会已然逝去。布里迪王朝如履薄冰地继续统治着这座城市，但不久之后，努尔丁就再度把目光转向了阿勒颇的南方。[13]

大马士革之路

1150 年，拉丁海外之地备受厄运困扰。可以说，对近东的伊斯兰领主们（尤其是努尔丁）而言，这是前所未有的直捣十字军诸国黄龙、将法兰克人赶回地中海的良机。基督徒接连遭受了第二次十字军东征和伊奈卜之战的失利，以及埃德萨伯国的解体。1149 年后，他们的困难加重了。人们惊慌失措地向西欧发出呼吁，要求发动新的十字军东征，但由于最近的耻辱记忆犹新，他们没有得到任何回应。在安条克，雷蒙亲王的骤然离世引发了另一场继承危机，因为他的儿子和继承人博希蒙德三世（Bohemond Ⅲ）年仅 5 岁，其遗孀康斯坦丝强硬地拒绝了表兄耶路撒冷国王鲍德温三世让她嫁给自己选中的求婚者的计划。如同她母亲艾丽斯之前那样，康斯坦丝试图掌控自己的命运，但这令公国在 4 年中没有一位可靠的男性军事指挥官，并迫使鲍德温三世背负起对安条克的监管职责。1152 年，的黎波里的雷蒙二世被一群阿萨辛刺客谋杀，这更加重了年轻国王的负担。由于伯爵同名的儿子雷蒙三世（Raymond Ⅲ）年仅 12 岁，鲍德温又一次被迫充当摄政。

耶路撒冷的鲍德温三世还不过 20 出头，如今要负责统治全部 3 个幸存的十字军国家。雪上加霜的是，他与母亲梅丽桑德的关系破裂了。自 1145 年起（国王达到亲政年龄 15 岁），两人便共同治理着耶路撒冷，起初，女王的睿智与经验保障了安全和统治的连续性，这使她颇受欢迎。但随着鲍德温长大成人，母亲的伴随左右开始令他感到闷闷不乐，而非安心。至于梅丽桑德，她无意放弃权力并依然在国内享有广泛的支持。从 1149 年起，两位共治者的关系开始恶化，到了 1152 年，拉丁巴勒斯坦几乎要因内战而四分五裂。最终，鲍德温被迫将梅丽桑德逐出她在纳布卢斯的封地，随后竟围攻圣城，迫使城中的女王退位，从而确保他独立统治的权利。

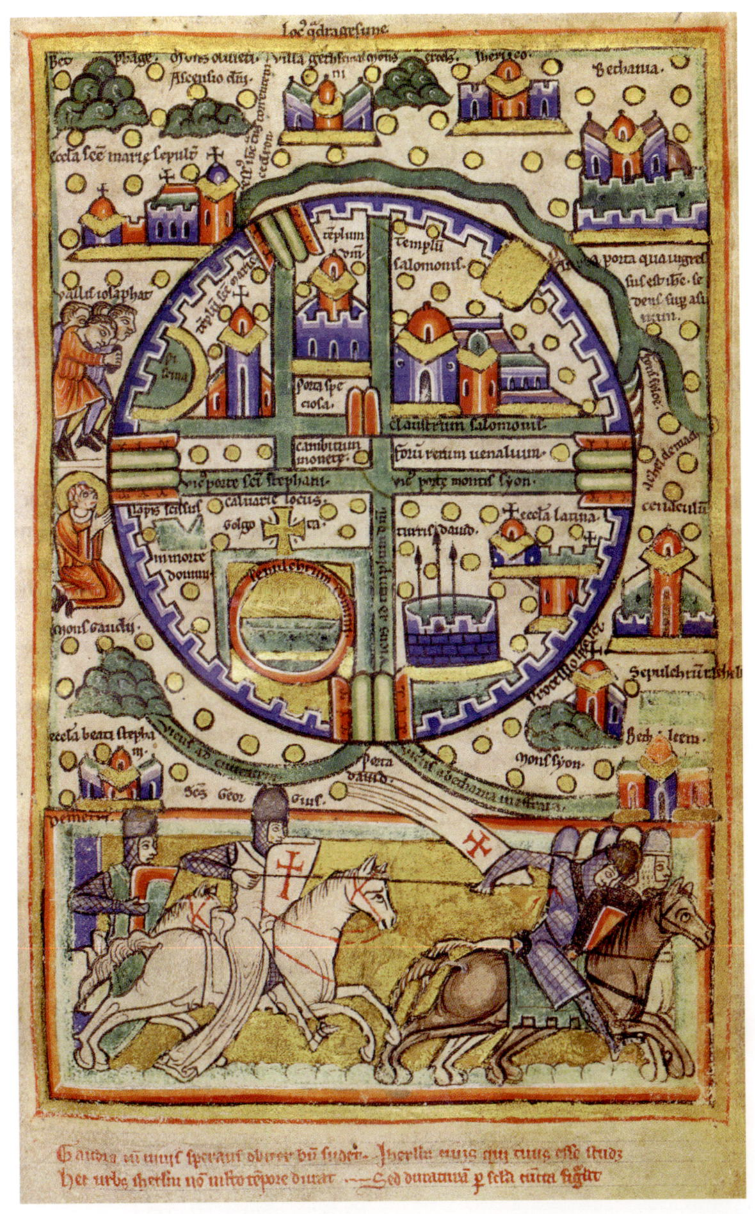

在中世纪，就和今天一样，耶路撒冷被基督徒、穆斯林和犹太人尊崇为一处深具宗教意义之地，这座圣城的命运注定要与十字军东征的历史密不可分。这幅12世纪末的地图描绘了这座城墙环绕的大城及其最神圣的圣祠——圆顶清真寺、阿克萨清真寺和圣墓教堂。

教皇乌尔班二世1095年时发动第一次十字军东征。

大约10万人参加了第一次十字军东征，其中包括布永的戈弗雷公爵和勒皮的阿德马尔。这里画的是大军动身前往圣地。

明谷的圣伯尔纳：12世纪时最著名的宗教人物，圣殿骑士团的支持者和第二次十字军东征的布道者。

这个装饰华丽的木刻讲道坛是努尔丁委托制作的，萨拉丁于1187年将之安置在耶路撒冷的阿克萨清真寺内。它在1969年时被一名狂热的澳大利亚人焚毁了。

《梅丽桑德圣咏经》两个象牙封面中的一个。这本小巧但装饰华丽的祈祷书被认为是耶路撒冷国王富尔克在1135年左右送给他的妻子梅丽桑德王后的。这里描绘的是一个穿着希腊皇家服饰的国王在行善举：为穷人披上衣服；照顾病人。

阿勒颇的壮观城堡。

大马士革的倭马亚大清真寺。

1124年，耶路撒冷王国的拉丁基督徒在威尼斯海员（在图中右侧）的援助下攻克提尔城，该城拥有黎凡特最好的港口之一。威尼斯、比萨和热那亚这样的势力提供的海军援助对十字军国家的建立至关重要。这幅彩图来自一份于13世纪下半叶制作的提尔的威廉的《海外之地的历史》手稿。

圆顶清真寺，位于哈拉姆谢里夫（或圣殿山建筑群）内。

圣墓教堂，被认为建在了耶稣基督殉难、复活之地上。1099年7月15日第一次十字军战士洗劫了耶路撒冷后在此感谢上帝。

耶路撒冷的城堡，大卫塔。

伟大的安条克城，建在希尔皮乌斯山山脚下，被3英里长的高墙围住。

1098年6月3日黎明攻破安条克后，第一次十字军战士展开了恣意的屠杀。这幅13世纪的彩绘手稿描绘的就是此事。

虽然我们假想中的努尔丁的敌人国内虚弱，但努尔丁没有直接致力于发动对抗基督徒的吉哈德。相反，他继续花费大量精力和资源夺取大马士革。那些试图将努尔丁提升为伊斯兰圣战英雄的人（从中世纪穆斯林编年史家到现代历史学家）辩解说：如此执拗地专注于征服叙利亚仅仅是为达到目的使用的一种手段；只有阻止大马士革落入基督徒手中并统一伊斯兰世界，阿勒颇之主才有望在对抗法兰克人的更大的博弈中赢得胜利。[14] 赞吉对大马士革觊觎已久，但常常因美索不达米亚事务而分身乏术。接下来的 5 年中，努尔丁使用了各种微妙的招数，以更大的决心追求这一目标。他父亲使用的主要武器一直是威吓与恐惧。在许诺如果投降就饶恕其性命后，赞吉屠杀了巴贝克人，徒劳地希冀借此恐吓大马士革屈服。努尔丁可能已经从这次失败中吸取了教训。他采取了一种新的手段，在使用武力的同时也使用心理战。

大马士革政权如今掌握在摇摇欲坠的布里迪王朝另一成员阿巴克（Abaq）及其核心顾问团手中，但他们对城市的把控远远谈不上牢靠。1150 年 4 月，传来了拉丁人入侵豪兰（位于耶路撒冷和大马士革间的边境区域）的消息，作为回应，努尔丁号召阿巴克与他一道反击法兰克人。努尔丁随后带领其军队越过巴贝克进入叙利亚南部。不出他所料，阿巴克以“诡辩和装糊涂”搪塞，同时派出使节与鲍德温三世国王达成新的协议。

努尔丁如今驻扎在大马士革以北，即便他加大了对阿巴克的外交压力，仍小心翼翼地确保军队纪律，阻止他们“为祸乡里”。责怪布里迪王朝统治者求助于法兰克人并用从“［大马士革的］贫苦大众中”偷来的财富支付其贡金的消息传到了大马士革。努尔丁向阿巴克保证他无意攻击这座城市，而是他被安拉赋予了权力和资源，“以便帮助穆斯林，并参与针对多神教徒的圣战”——对此，阿巴克直截了当地回复道：“你我之间唯有兵戎相见。”尽管如此，努尔丁坚决而克制的手段似乎已取得了成效，因为大马士革城内的公众舆论已经倒向了他。一位穆斯林居民甚至记载说：“大马士革人不断地为他祈祷。”

努尔丁从最初的针锋相对中后退了一步，只获得了少量好处。尽管阿巴克做出了勇敢姿态，他最终还是同意与阿勒颇重新休战，正式承认努尔丁为宗主，下令让人在聚礼日的讲道坛上吟诵后者的名字，并在大马士革的钱币上铸上努尔丁的名字。尽管这些姿态具有象征意义，但以最少的流血牺牲征服大马士革的零敲碎打的工作已经开始了。随后的数年中，努尔丁在继续对布里迪王朝施加外交、军事压力的同时，仍试图避免对他们的城市直接发动攻击。在大马士革居住的人继续记录说他“发自肺腑地厌恶杀害穆斯林”，到了1151年，许多人拒绝响应阿巴克对抗阿勒颇人的号召。

大约在此时，谢尔库赫·伊本·沙迪的兄弟阿尤布开始充当努尔丁在城内的代理人。1146年，阿尤布曾转投布里迪王朝麾下，但如今他展现了我们熟悉的政治上的灵活性，决定重回赞吉王朝怀抱，他成了在大马士革宫廷中有分量的（努尔丁）支持者，还赢得了当地民兵的拥护。努尔丁缓慢地将大马士革变为一个附庸国。实际上，1151年10月，阿巴克北上阿勒颇表示了忠心，默认臣服以期望能避免被彻底吞并。努尔丁以此为契机展开了更加狡猾的分裂宣传——他再三以忧心忡忡的宗主姿态给阿巴克写信，警告后者许多大马士革宫廷成员正与阿勒颇暗通款曲，密谋令大马士革投降。

1153年至1154年冬，努尔丁最终收紧了绞索，切断了北方到大马士革的粮食运输。粮食很快开始短缺。春季，随着大马士革内部不满情绪的高涨，他派遣谢尔库赫率领前锋部队南下，并随后于1154年4月末亲临城外。最终，没有必要进行真正的攻击。据说一位犹太妇女从城墙上垂下一根绳子，让一些阿勒颇军队登上了东部的城垛并升起了努尔丁的旗帜。当阿巴克惊恐地遁入城堡时，大马士革人民打开了城门，无条件地投降了。

耐心与克制令努尔丁掌控了这个历史上的穆斯林权力的所在地——他现在小心翼翼地维护着上述原则。虽然心怀畏惧，但阿巴克得到了善待，为了补偿他放弃对大马士革的控制，霍姆斯被奖给他作为封地；他后来去了伊拉克。丰富的食物开始进入城市，努尔丁废除了"瓜果蔬菜市场的赋税"，从而证明了他的慷慨。

努尔丁1154年对大马士革的征服是一项惊人的成就。通过这一行动，他在赞吉屡次失败的地方取得了成功，开始摆脱父亲的阴影。努尔丁现在可以宣称对几乎整个叙利亚的穆斯林统治区拥有统治权；自十字军东征开始以来，阿勒颇与大马士革第一次实现了统一。而所有这一切都是在避免了穆斯林间的无谓流血的情况下实现的。

大马士革的征服常常被描绘为努尔丁生涯的最高荣耀之一。在意识到其中的意义后，他开始广泛使用"公正君主"（al-Malik al 'Adil）这一头衔。一种观念也开始流行：他颠覆另一伊斯兰政权是对法兰克人发动圣战的必要先行步骤。一位阿勒颇编年史家后来写道："从现在起，努尔丁致力于吉哈德。"

这种对事件的看法经不起推敲。努尔丁可能的确厌恶穆斯林间手足相残，但他似乎也深谙其宽厚仁慈在实践和宣传上所具有的价值。更重要的是，尽管努尔丁利用反拉丁人的情绪为其对布里迪王朝战役赋予正当性并助其取胜，但 1154 年后他并没有发动新的圣战。有一种言论表明，埃米尔对横亘身前的耶路撒冷王国将掀起一波波犀利的反法兰克人攻势。事实上，同时代阿拉伯语的证言显示，努尔丁事实上在占领大马士革后与拉丁巴勒斯坦达成了新的和平条约。1155 年 5 月 28 日，他与耶路撒冷“商定了休战条件”，为期一年。1156 年 11 月，协定又延期一年，这一次规定“大马士革付给［法兰克人］的贡赋应为 8000 提尔第纳尔”。1154 年后，努尔丁不但没有专注于圣战，反而把大部分时间都花在了夺取更多的穆斯林控制的领土上——征服了巴贝克并利用安纳托利亚塞尔柱苏丹马苏德之死在北部开疆拓土。与基督徒缔结条约并支付贡金，过去多年一直受到诋毁，如今被用于确保努尔丁的大马士革领土的安全。[15]

大马士革——“东方的天堂”

努尔丁夺取大马士革或许并没有预示着吉哈德立即复兴，但它的确是赞吉王朝历史中的一个分水岭。王朝如今统治着叙利亚最大的城市——一位 12 世纪穆斯林朝圣者将它描述为“东方的天堂……伊斯兰世界之印”。大马士革为世界上最古老的定居点之一，其历史可上溯至公元前 9000 年左右。

大马士革的心脏地带矗立着倭马亚大清真寺，它可能是那个年代最令人惊叹的伊斯兰建筑。大清真寺改建自一座供奉施洗者约翰的罗马教堂（它本身就取代了一座宏伟的朱庇特神庙），由哈里发瓦利德（al-Walid）于 8 世纪初下令修建，耗费了大马士革整整 7 年的岁入。装饰华丽的礼拜堂坐落在长约 525 英尺、宽约 320 英尺的有围墙环绕的巨大矩形区域中，经过一个宽敞的庭院可以抵达这里，庭院墙壁上展现的精美马赛克画拥有无与伦比的规模，极其宏伟：为了制作它们使用了 40 吨玻璃。虽然历经数世纪的破坏和重建（尤其是在 1893 年遭受了重大火灾的破坏），游客今天依然可以游览这座大清真寺。12 世纪伊比利亚穆斯林朝圣者伊本·朱拜尔以很长的篇幅深情地描写了它“建筑上的完美无瑕，装饰上的绝美华丽”，声称它的米哈拉布（ Mihrab，圣龛）“因其罕见的艺术和优美冠绝伊斯兰世界”。

作为这座惊人的清真寺的家园，大马士革在伊斯兰世界中被奉为一处具有特殊宗教意义的地方。由于城市附近有一些洞窟圣所——包括一处据称亚伯拉罕的出生地以及另一处据说摩西、耶稣、罗得、约伯到访过的洞窟（他们在伊斯兰教中均被视为先知），它的神圣性进一步增强了。穆罕默德的家庭成员和亲信也被埋葬在大马士革，此外，一些人相信，审判日到来之时，弥赛亚（救世主）将会降临在城市东门附近的“白色宣礼塔”处。

由于大马士革在历史和宗教上的重要性，它于 1154 年被努尔丁征服后急需复兴。埃米尔开始着手强化大清真寺以西的塞尔柱城堡（始建于 11 世纪晚期）的工事并修复和加固了城墙。随着赞吉王朝的统治趋于稳固，已经下降到大约 4 万人的大马士革人口很快开始增长。商业也受到刺激，阿拉伯游客伊德里西（al-Idrisi）如今评论道：

> 大马士革美好的东西应有尽有，街道里栖居着各类能工巧匠，[商人们出售] 各式稀有、巧夺天工的丝绸和织锦……它的出产经陆路、海路被运往四面八方……这座城市

本身在整个叙利亚可谓最可爱、最美丽的城市。[16]

不足为奇的是，随着时间的推移，努尔丁逐渐将权力中心从阿勒颇移到了大马士革。尽管谢尔库赫最初被任命为总督，但在1157年后，大马士革被确立为努尔丁扩张中的王国的新都，并荣升为阿拔斯王朝逊尼派正统思想的一座核心城市。

挑 战

12世纪50年代，对伊斯兰世界来说，对抗法兰克人的吉哈德几乎没有实质进展。就在努尔丁设法征服了大马士革的时候，拉丁人也正享受着时来运转。如今鲍德温三世国王被确认为唯一的统治者，他很快为耶路撒冷赢得了一场意义深远的胜利。过去的半个世纪中，亚实基伦港一直被法蒂玛王朝控制，这为埃及的穆斯林统治者在巴勒斯坦南部提供了一个战略和经济上的立足点。1150年，鲍德温在亚实基伦以南的加沙古代居民点的废墟上督造了一座要塞，由此切断了该穆斯林港口与开罗间的陆上交通。1153年1月，年轻的国王召集所有军队兵临亚实基伦城下，经过8个月艰苦围攻后，终于迫使它投降。它曾是法蒂玛王朝通往圣地的门户，如今变成了拉丁人进一步向南方的埃及扩张的野心的一块重要垫脚石。这场胜利的后果将在今后几年中被深切地感受到。

安条克公国也恢复了生机。在经历4年的独自统治后，年轻的安条克女亲王康斯坦丝最终选定了一位丈夫，虽然她相中的配偶并未给这段婚姻带来财富或权力。1153年春，她与沙蒂永的雷纳德（Reynald of Châtillon）成婚，雷纳德是一位年轻英俊的法国十字军骑士，出身贵族阶层，但没什么钱。在围攻亚实基伦的早期阶段，他曾与鲍德温三世并肩战斗，获得了国王（亦是其领主及康斯坦丝的监护人）对婚事的首肯。安条克的新任亲王很快显示了其反复无常的天性。他首先在奇里乞亚对抗新兴势力鲁本王朝军阀托罗斯（Thoros，莱翁一世之子），进而维护了拜占庭的利益，之后很快迅速与托罗斯结盟并发起了一场对希腊人掌控的塞浦路斯岛的凶狠侵袭。由于他鲁莽而野心勃勃、缺乏外交手段以及凶残暴虐，雷纳德常常受到同时代人和现代历史学家的批评，但事实证明，他是一位令人生畏的勇士，迟早会坚定地对抗伊斯兰世界。

耶路撒冷与安条克的复兴意味着努尔丁在两处关键的边境区域都面临压力。在北方，哈里姆成了事件的中心。努尔丁自 1149 年起控制着这座前哨，它距离安条克仅有一日路程，因此几乎完全化解了这个法兰克公国对阿勒颇的威胁。1156 年，拉丁人开始袭扰它的郊区，不过迄今为止，他们均被成功击退。努尔丁甚至有一种可怕的乐趣，那就是在大马士革街道上炫耀地展示在这些战斗中割下的基督徒的头颅。与此同时，在南方，鲍德温三世撕毁了 1157 年他与努尔丁签署的停战协定，希望将耶路撒冷的权势拓展至特勒德苏埃特。此后爆发了一系列大体上无关紧要的战斗，尤其是在法兰克人领有的巴尼亚斯地区，尽管这位拉丁国王在 1157 年 6 月遭遇伏击时险些没能逃脱。

然而，大约在这个时候，一些事件合起来削弱了努尔丁的力量。叙利亚一直为地震高发区，如今（12 世纪 50 年代末），该地区爆发了一系列剧烈地震，很多阿勒颇至霍姆斯间的穆斯林治下的居民点受到严重破坏。一位同时代的大马士革编年史家描述说："接连不断的地震和冲击……摧毁了［穆斯林统治的］区域及其边境的堡垒、要塞和住宅。"在这段可怕的时期里，努尔丁被迫将他的大部分资源用于重建工作，但因周而复始的地震，大多都被毁掉，令人沮丧。

然后，在1157年10月，当努尔丁驻跸在苏马克高地时，他被一场重病击倒。这种疾病的确切性质尚不清楚，但极为猛烈，这位伟大的埃米尔很快开始担心自己命不久矣。在被人用担架抬回阿勒颇后，他很快安排了遗嘱，指定其兄弟努斯拉特丁（Nusrat al-Din）为继承人和阿勒颇领主，而谢尔库赫则将作为封臣领有大马士革。尽管做了上述准备，叙利亚的穆斯林统治地区很快就遭受了内乱之苦，整个秋季，努尔丁的健康情况不断恶化。虽然他躲过了一劫，但其身体似乎依旧虚弱，1158年末，他再度因一场急病而卧床数月，这次是在大马士革。不幸的是，我们缺乏努尔丁身边人的证言来准确评估与死神擦肩而过对他的精神状态的影响。据说，他在那些年中经历了一次灵魂开悟，从此过上了一种更清心寡欲的生活方式，装扮亦更加朴素。毫无疑问的是，尽管黎凡特的局势持续紧张，他依然挤出时间于1161年末完成了麦加朝觐（Hajj）。[17]

外部威胁

间谍们很快从敌方带回了努尔丁奄奄一息的消息，甚至有传言说他可能已经去世，法兰克人立即试图利用混乱局面去攫取这位埃米尔的土地。他们的实力因佛兰德伯爵蒂埃里（一位强大的西方贵族、第二次十字军老兵）的驾临而得到了增强，后者第二次领取了十字并前往东方。1157年秋，其部队加入了一股剑指夏萨的基督教联军（包括来自安条克、的黎波里、耶路撒冷的军队以及托罗斯麾下的亚美尼亚人）。在短暂的围攻之后，外城被攻陷了，联军似乎马上也要攻下城堡，但此时爆发了一场令人不快的争吵。鲍德温三世希望能利用蒂埃里的财富与资源加强海外之地的防御，他向伯爵许诺将册封其为夏萨的世袭领主。然而，沙蒂永的雷纳德对该计划的合法性提出质疑，声称这座城镇属于安条克所有。由于双方均不愿让步，基督徒暂停了攻势，在彼此的攻讦声中，联军最终放弃了围城，从而与法兰克人重新在奥龙特斯河南部确立权威的罕有机会失之交臂。尽管出现了这种逆转，拉丁人还是设法于1158年初重新联合起来。他们在安条克聚集，目标是哈里姆，经过一番猛烈的围攻，最终迫使其城堡投降。这一次没有爆发关于权利的争吵，城镇被归还公国，这在一定程度上恢复了其东部边界的安全。

这一时期，拜占庭也再度成为近东的一股势力。自1143年约翰·科穆宁皇帝驾崩以来，希腊人对该地区的影响一直陷于停滞。权力已移交给他的儿子曼努埃尔，在第二次十字军东征失利后，曼努埃尔将意大利、巴尔干事务置于优先地位。经历了1147—1148年的龃龉后，曼努埃尔在12世纪50年代末试图重建与法兰克人的关系——重申帝国对安条克和奇里乞亚的权威，并与法兰克巴勒斯坦建立了更密切的关系。在这一进程中，联姻是一切的基础。1158年9月，国王鲍德温三世与一位科穆宁王朝的高级皇室成员、曼努埃尔的侄女狄奥多拉（Theodora）喜结连理。她带来了丰厚的黄金嫁妆。皇帝稍后更进一步，1161年12月，他迎娶了博希蒙德三世的妹妹安条克的玛利亚（Maria of

Antioch)。

对努尔丁而言，上述联姻的含意不言自明，令人担忧：伊斯兰教徒的东方基督教老对手——拜占庭——将再次把它的传奇般的力量投入黎凡特。虽然拉丁人是横亘于他的抱负之前的威胁与麻烦，阿勒颇与大马士革之主似乎仍然把希腊人视为更持久和更棘手的威胁。当曼努埃尔·科穆宁于1158年10月率领大军逼近叙利亚北境时，努尔丁在惊惧、忧虑和坚毅的心境之下做出了回应。

那年秋天，皇帝获取了沙蒂永的雷纳德的归顺，接受了他对最近侵犯塞浦路斯的忏悔，并令渐趋独立的鲁本王朝称臣。1159年4月，曼努埃尔桀骜不驯的臣民已俯首帖耳，他充满皇家威仪地策马通过了安条克城门，身边簇拥着引人瞩目的瓦兰吉卫队（Varangian Guard），其臣仆雷纳德亲王侍奉在左右。甚至鲍德温国王也表现出谦卑的姿态：他骑着马隔着一段距离跟在皇帝身后，身上没有佩戴任何权力象征。其中含义不言自明：作为地中海东部基督教超级大国的统治者，曼努埃尔的显赫地位是无与伦比的。倘若愿意，他或许能荡平叙利亚。

努尔丁直到1159年春天刚从他的第二次患病中恢复，为上述威胁忧心忡忡，他召集了远至摩苏尔的部队在吉哈德的旗帜下战斗，并加固了阿勒颇城防。即便如此，当基督教军队在曼努埃尔领导下于5月在安条克集结，并准备直接攻击阿勒颇时，穆斯林在人数上想必处于明显劣势。眼见就要发生一场可怕的对抗，一位像赞吉那样的直率好斗的塞尔柱君主或许只会傲慢、轻蔑地迎接即将到来的斗争，并很可能一败涂地。然而，在处理大马士革的事务上，努尔丁已经展示了外交上的天赋。如今他开始考验曼努埃尔为遥远的拜占庭东部边境发动代价不菲的战役的承诺。努尔丁派出了使节，提出一份休战协定，条件为释放在第二次十字军东征中被俘的约 6000 名拉丁囚犯，并支持希腊帝国对抗安纳托利亚的塞尔柱人。令法兰克盟友沮丧的是，皇帝很快同意了这些条款，下旨立刻收兵。

这一惊人转折发人深省。曼努埃尔的做法或许是可预料得到的——拜占庭的利益再一次被置于海外之地之上。而努尔丁的行为表明，他并非不妥协让步的吉哈德空想家、一心要与基督教世界开战。相反，他以实用主义来化解与伊斯兰世界的全球竞争对手之一的对抗。在努尔丁与曼努埃尔的交易中，十字军诸国几乎沦为了无关紧要的看客。

在这些年里，努尔丁的所作所为表明，尽管表面上他已“灵魂开悟”并积极赞助吉哈德宣传活动，但依旧仅仅把拉丁海外之地视作近东、中东错综复杂的权力游戏中的诸多对手之一。在 12 世纪 60 年代初期，他并没有协同一致地试图直接对法兰克人施加军事或外交上的压力——实际上，埃米尔放过了两次行动的机会。1160 年，一名努尔丁麾下的将领俘虏了沙蒂永的雷纳德并将他囚禁在阿勒颇（他将度过 15 年的囚徒生涯）。然而，努尔丁没有利用年轻的博希蒙德三世上台期间乘虚而入，而是选择与耶路撒冷新签署了一份为期两年的停战协定。随后，在 1163 年初，鲍德温三世国王因病去世，年仅 33 岁，努尔丁再次毫无反应。一位拉丁编年史家将这归结于埃米尔天生的荣誉感，他写道：

> 当有人向［他］谏言，在我们忙于葬礼仪式之时，他应该入侵并摧毁敌人的土地，据说他回应道：“我们应当同情

他们的伤痛，对其心怀怜悯，因为他们失去了一位当今世上难觅的明君。”

提尔的威廉引用的这番话体现出这位大主教对鲍德温三世深深的敬仰，但在这一点上，没有阿拉伯文献资料表明努尔丁是出于同情而做的决定。在某种程度上，他的不作为是由于他开始把注意力转向南方的埃及，我们稍后就会看到这一点。但这也是由于他一直专注于小亚细亚和美索不达米亚，以及他未能优先考虑发动反法兰克人的圣战。[18]

考验与凯旋

然而，从 1163 年春季起，努尔丁对自己在圣地之战中所扮演角色的看法发生了改变，这促使他更深地投入到这项事业中来。5 月，埃米尔率领一支突袭部队进入的黎波里伯国北部边境，在布克亚谷地（位于北部的安萨里耶山脉［Ansariyah Mountains］和南部黎巴嫩山之间的宽阔平原上）扎营。努尔丁现身于此的消息传来后，安条克的法兰克人最近得到了一批来自阿基坦的朝圣者与希腊战士的增援，决定在圣殿骑士拉西的吉尔贝（Gilbert of Lacy）的指挥下发动攻击。

赞吉的前锋部队没有意识到这一威胁，在看到一支基督教大军从安萨里耶山麓走出来后，他们感到无比震惊。短促交战后，他们便逃向努尔丁的大营，敌军在其身后猛烈追击。一位穆斯林编年史家稍后描述了两军是如何“相遇”，在被奇袭压倒后，“穆斯林在法兰克人冲入阵中前来不及拿起武器上马迎战，许多人被杀或被俘”。一个同时代拉丁人记录说：“[努尔丁的]部队几乎全军覆没，[而]君主本人担心自己的性命，仓皇而逃。所有辎重，甚至包括他的宝剑都被抛弃。他赤脚跨上一匹驮兽，勉强摆脱了被俘的厄运。”穆斯林文献确认了这场失利的程度以及努尔丁的败退之耻，并补充说，情急之下，他骑上了一匹双腿仍被缚住的马，全靠麾下一名勇敢的库尔德人冲上前割断了绳索才得以逃生，而后者为此付出了生命。

努尔丁遭受痛击，颜面尽失，带着几个幸存者逃回霍姆斯。出人意料的灾难带来的恐怖似乎在他的心灵上留下了一道伤疤，他在接下来数月中的反应的性质说明了这一点。据说，他心中充满愤怒，以热切的决心许下誓言：“真主在上，在替自己和伊斯兰报仇雪恨前，我不会躲在任何屋檐下。”我们兴许会怀疑这不过是逞口舌之快，但他言出必行。努尔丁斥巨资更换了武器、装备与战马（通常穆斯林军阀并不需要承担这份责任），以至于“军队完全恢复了，仿佛不曾战败一般”。他还下令将任何阵亡战士的土地留予其家人，而非收归己有。最引人注目的是，当法兰克人于该年晚些时候寻求签署休战协定时，埃米尔断然拒绝了。[19]

努尔丁现在试图与伊拉克与杰奇拉（Jazira）的穆斯林建立同盟，集结一支强大的军队对拉丁人发动报复性攻击。关于他潜心“斋戒和祈祷”的故事传遍了近东，他还开始积极地寻求叙利亚与美索不达米亚的苦行者和圣人的支持，鼓动他们去宣扬拉丁人对伊斯兰教犯下的种种罪行。吉哈德的车轮快速旋转起来了。

第二年夏天，努尔丁准备发动攻击，他拟定的战略目标十分大胆。其军队估计人数没有留下数据，但据我们所知，除了来自他叙利亚领土的军队，还包括来自东部摩苏尔、迪亚巴克尔、希森基夫（Hisn Kifr）和马尔丁的部队。他想必对自己军队的实力很有信心，因为他既着手开疆拓土，又试图引诱基督徒决一死战。努尔丁挺进至哈里姆（自 1158 年起落入安条克人之手），开始以攻城器械围攻其城堡。正如他所预料的那样，法兰克人很快企图发起反击。1164 年 8 月初，博希蒙德三世亲王、的黎波里伯爵雷蒙三世与库特奈的乔斯林三世指挥着可能超过 1 万人的军队（包括约 600 名骑士）从安条克开拔，随行的还包括亚美尼亚的托罗斯以及奇里乞亚的希腊总督。

听闻他们逼近的消息后，努尔丁率部开拔至附近安条克平原上拉丁人掌控的阿塔定居点，希望能将敌人从安条克的安全地带引至更远的地方。随后，在 8 月 11 日，当基督教联军紧张地对哈里姆发动佯攻时，他与他们进行了野战。战斗开始时，努尔丁的右翼故意后撤，诱使拉丁骑士们发动了一次鲁莽的冲锋。基督教步兵陷入了孤立无援的脆弱境地，在强大的攻势下迅速被压倒了。随着战局转而对穆斯林有利，法兰克精锐骑兵调头回撤，却发觉自己被包围了，因为努尔丁的右翼停下了佯败的脚步，“转身紧跟着他们”，而他的中军也与之近距离短兵相接。一位阿拉伯编年史家描述了“[基督徒]士气低落，他们发现自己与大部队脱离，被四周的穆斯林围在了中间”。一名同时代拉丁人惊恐地承认：“[法兰克人]被敌人的刀剑砍得粉碎，如同祭坛前待宰的牺牲般被可耻地屠戮……他们颜面尽失地扔掉武器，不光彩地乞求活命。”托罗斯逃离了战场，但博希蒙德、雷蒙与乔斯林“以受到羞辱和谴责为代价来保命”，都投降了；“他们如最低贱的奴隶一般被锁在一起、押往阿勒颇，在那里被投入监狱并沦为异教徒嘲弄的对象”。

努尔丁获得了彻头彻尾的胜利，酣畅淋漓地报了布克亚一役的仇。他痛击了叙利亚法兰克人，俘获了空前的高阶战俘。几天内，他重返哈里姆，那里现在已完全失去了获得援助的希望，便迅速地开门出降。从这时起，该城便一直在穆斯林手中，导致安条克公国只能蜷缩在奥龙特斯河以西，其东部边界已被推回到了这条河。如同1149年伊奈卜之战的胜利，努尔丁选择不以安条克本身为目标。编年史家伊本·阿西尔后来解释说，埃米尔忌惮其城堡的防御力，更明显的一点是，他也不愿引发安条克的宗主曼努埃尔皇帝的反击，他引用努尔丁的话说："让博希蒙德成为我的邻居，我觉得比做君士坦丁堡统治者的邻居更可取。"心怀此念，他很快同意在获得大笔赎金后释放年轻的安条克亲王；然而，他拒绝释放的黎波里的雷蒙、库特奈的乔斯林或另一位高贵的囚徒——沙蒂永的雷纳德。[20]

1164年10月，努尔丁将注意力转向与耶路撒冷接壤的南部边界。这里的关键城镇巴尼亚斯岌岌可危，因为其领主、统帅托隆的汉弗莱（Humphrey of Toron）正与耶路撒冷国王身处埃及。埃米尔携带重型攻城武器至此，开始无休止的轰炸、在城堡下开凿地道并打击其小规模守军的意志，可能还对巴尼亚斯指挥官进行了收买贿赂。几天后，以人身安全为条件，守军投降了，努尔丁补给充足的军队进驻城中。与哈里姆如出一辙，巴尼亚斯永久性地归穆斯林所有。这个转折点在地区权力平衡中的重要意义体现在努尔丁对加利利法兰克人实行的惩罚性条款上——太巴列岁入的分成外加一份年贡。3年后，埃米尔乘胜追击，摧毁了拉丁人的新堡（Chastel Neuf）。此举打开了一条穿越迈尔季欧云（Marj Ayun，位于利塔尼河谷与约旦河上游之间）丘陵地区进入法兰克巴勒斯坦的走廊。努尔丁对海外之地构成了真正的威胁，这已是毋庸置疑的了。

耶路撒冷之梦

努尔丁在 12 世纪 60 年代的行动表明，他在与法兰克人打交道时采取了更加坚决和好斗的立场，支持并推动了一场活跃的吉哈德来对抗他们。自 1154 年占据大马士革以来，努尔丁在城中大兴土木，令它再度成为近东的权力、文化中心之一。随着一座新医院（Bimaristan，它很快成了世界领先的医学、治疗中心）的建设，以及一所豪华公共浴池（“努尔丁浴场”，至今尚存）的落成，这几乎是立竿见影的。

然而，从 12 世纪 50 年代末起，这些公共工程似乎渐渐充满了宗教色彩；它们是受努尔丁个人虔诚意识及其对逊尼派正统教义的专注的启发而建的，并 / 或为了表现它们而建。1163 年他拨款修建了一所新的正义院（House of Justice）。后来他每周会花上两天时间在那里聆听臣民的冤情。他随后建造了“圣训研习学校”（Dar al-hadith al-Nuriyya，用于研究穆罕默德的生平和传统的新中枢机构），由努尔丁的密友、著名学者伊本·阿萨基尔（Ibn ’Asakir）主持，埃米尔也会亲自参与。

为了推动大马士革成为逊尼派伊斯兰教中心，努尔丁在城市西部郊区新建了一片住宅，以容纳前往麦加的朝圣者。1159 年他在北面距离仅一英里处建立了城镇萨利希耶（al-Salihiyya），以安置巴勒斯坦难民。努尔丁的大马士革宫廷很快吸引了来自整个伊斯兰世界的内政、法律、战争方面的专家。其中包括波斯知识分子伊马德丁·伊斯法哈尼（Imad al-Din al-Isfahani），以后他将写出那个时代最具启发性和抒情色彩的阿拉伯历史著作。他在巴格达接受教育，1167 年作为一名文书、学者（katib）投奔了埃米尔，稍后他将这位新赞助人形容为“最朴素、虔诚、睿智、纯洁和高尚的国王”。

在这一时期，努尔丁将自己塑造为一名虔诚的穆斯林、逊尼派律法及正统教义的复兴者。值得注意的是，努尔丁使用的最有力、最轻便的宣传工具是他发行的钱币，上面铭刻着“公正的君主”的字样。然而，从 12 世纪 60 年代初开始，他似乎更加重视圣战在其统治中的作用，在装饰公共纪念建筑的铭文中宣扬自己作为一名英勇的圣战者的美德。耶路撒冷在圣战意识形态框架内的突出地位也在这一时期开始变得清晰。埃米尔的同僚伊本·阿萨基尔辅助着重振了文字著作中颂扬耶路撒冷的传统，并开始在大马士革的大型公开集会上诵读这些作品。努尔丁的宫廷诗人们创作了广为传播的诗作，他们在诗中强调不仅要攻打拉丁人，还需收复伊斯兰世界的“第三城”。其中一位鼓励其主公对法兰克人发动战争——“直至你目睹耶稣从耶路撒冷逃之夭夭”。伊本·盖萨拉尼（他亦曾为赞吉效力）宣布，他希望“耶路撒冷被溢出的鲜血所净化”，并声称“努尔丁一如既往的强大，其长枪直指阿克萨清真寺”。而埃米尔在写给巴格达哈里发的信件中阐述自己的心愿是“将十字架崇拜者逐出阿克萨清真寺”。

一项进一步的证据表明，不仅在努尔丁宣传的意识形态中，或许还在他个人的抱负里，耶路撒冷都变得日益重要。1168—1169 年，他委托杰出的木匠阿哈里尼（al-Akharini）雕刻了一个华美的木质讲道坛（minbar），埃米尔希望在圣城被夺回后将它放置在阿克萨清真寺内。若干年后，伊比利亚穆斯林旅行家伊本·朱拜尔途经黎凡特时，谈到了这个讲道坛的非凡之美，并声称它的富丽堂皇在整个中世纪是无与伦比的。这个讲道坛无疑强有力地、公开地声明了埃米尔的意向，其上的铭文将其颂扬为"真主路上的吉哈德战士，对抗真主信仰之敌、保卫［边疆］的人，公正的国王，努尔丁，伊斯兰教和穆斯林的柱石，公义的施予者"。然而，在某些方面，它必定还被视为一份完全属于个人的、近乎谦逊的对真主的奉献，因为上面也铭刻着一个简朴、诚挚的诉求："愿真主亲手将胜利赐予努尔丁。"讲道坛完工后，埃米尔将它放置于阿勒颇大清真寺内，据伊马德丁记载，它像"入鞘的刀剑一样被封护着"，静候着努尔丁实现光复耶路撒冷之梦那一天的到来。[21]

那么，应该如何看待努尔丁？在布克亚蒙羞后，攻打法兰克人以及传播吉哈德理念能够证明他已明确承诺要投身圣战了吗？《大马士革编年史》中记载的埃米尔的原话能够按字面进行理解吗？据说他曾宣布：

> 我所做的一切皆是为了穆斯林的利益以及对抗法兰克人……［倘若］我们在圣战中互帮互助、和谐妥善安排事项、共同专注于一个目标，我的心愿将彻底得以实现。[22]

努尔丁在12世纪60年代时的手段和焦点与40年代时的截然不同。与父亲赞吉的手段和成就相比，二者的差异是惊人的。但问题和令人惊讶之处依旧存在。考虑到时代背景及人类天性的复杂，期待对努尔丁究竟是完全投身于吉哈德抑或纯属自私自利这个问题给出一个单一的答案，显然是有问题的。如同基督徒的第一次十字军东征似乎是由虔诚与贪婪所推动的一样，努尔丁完全可能已经认识到支持一项宗教事业所具有的政治和军事价值，同时仍然受到了真挚的宗教热忱的驱动。作为一个在仍以阿拉伯、波斯精英为基础的近东和中东地区中的突厥新贵，赞吉王朝对社会、宗教、政治上的合法性的需求肯定一直很迫切。

在 12 世纪中，复兴伊斯兰圣战的观念已在黎凡特深入人心，这一进程在努尔丁统治期间得到了飞速发展。1105 年，当大马士革传道者苏拉米（al-Sulami）颂扬圣战之美时，应者寥寥。到了 12 世纪 60 年代末期，大马士革与阿勒颇的氛围已然转变。努尔丁很可能培育并激发了这种热情，至少，他认识到，在精神层面上强调对抗逊尼派的敌人的信息现在已不乏知音了。

9
埃及的财富

12 世纪 60 年代的大部分时间里，赞吉王朝的穆斯林与黎凡特法兰克人之间的冲突集中在埃及，双方都竭力试图控制尼罗河流域。从战略上看，统治埃及将让努尔丁有效地包围海外之地，随着对阿勒颇和大马士革的掌控趋于稳固，掌握开罗能够一劳永逸地令近东的权力平衡转而对努尔丁有利。长期以来，逊尼派叙利亚与什叶派埃及的分歧断送了齐心协力击败拉丁人的所有希望。倘若上述分裂得以克服，伊斯兰世界将自十字军到来起首次团结一致。

尼罗河惊人的富饶同样令人神往。这条大河每年 8 月的泛滥为尼罗河三角洲两岸带来沃土。在好的年景，埃及享有大量的农业盈余以及随之而来的巨额税收。这一地区也从快速增长的印度洋、地中海贸易中获益匪浅，因为连通二者的关键陆上商路穿越埃及。尼罗河区域颇受意大利和拜占庭商人的青睐，成了重要的商业中心之一。

中世纪埃及

埃及在十字军东征时代常常被描述为穆斯林的领地，但这是一种简单化的描述，容易产生误导。该地区在公元 641 年阿拉伯的第一波伊斯兰扩张中被征服，但大多数阿拉伯统治精英聚居在两个中心城市：亚历山大大帝 1500 年前建立的港口城市亚历山大里亚，以及阿拉伯人于尼罗河三角洲北部新建的城市福斯塔特（Fustat）。在其他地方，埃及本土的科普特基督徒人口占多数。数百年来，科普特人在文化意义上已经阿拉伯化了（例如，他们使用阿拉伯语），但他们是逐步改信伊斯兰教的，过程缓慢得多。即便到了 12 世纪，这个下层的科普特基督徒农村贫困阶层也依然存在。

自 969 年起，埃及便挣脱了巴格达逊尼派阿拔斯王朝君主的桎梏，由什叶派法蒂玛王朝统治。法蒂玛王朝打造了一支强大的海军，借此他们开始支配地中海的航运。他们还在福斯塔特以北另建新都，取名“开罗”（意思是“征服者”），并拥立了一位什叶派对立哈里发（穆斯林先知穆罕默德的“继承人”），挑战巴格达逊尼派哈里发的普遍权威。至 12 世纪，城墙环绕的开罗成为埃及的政治中心。这里矗立着两座富丽堂皇、迷宫般的哈里发皇宫，证明了法蒂玛王朝拥有无尽财富——里面豢养着异国动物，还有成群的宦官。10 世纪建成的艾资哈尔清真寺（al-Azhar mosque）也位于该城，它作为伊斯兰经院哲学和神学研究的中心驰名于世；而在通往尼罗河的一条运河尽头的小岛罗达（Roda）上建有尼罗河水位计（Nilometer），这是一种被细心校准的建筑物，能够精确测量这条大河的洪水，从而预估农作物收成。

开罗成为法蒂玛王朝的权力中心，但古老的亚历山大里亚在十字军东征时代依然保持着埃及经济中心的地位。它位于尼罗河三角洲以西的地中海沿岸，拥有七大奇迹之一的法罗斯灯塔

（Pharos’ Lighthouse），这座港口地理位置极其优越，便于开拓从亚洲经红海至欧洲的奢侈品（诸如香料、丝绸）贸易。一位当时居住在巴勒斯坦的拉丁人评论说：“东西方的人们云集亚历山大里亚，它是两个世界共同的市场。”

到了十字军东征时期，法蒂玛哈里发在尼罗河区域的统治力已经衰落，并且多数情况下，埃及是由哈里发的主要大臣维齐来管理。然而在1121年维齐阿夫达尔去世后，这一政治制度开始摇摇欲坠，开罗很快充斥着钩心斗角。放肆的阴谋、谋杀与暴行构成的恶性循环令法蒂玛埃及濒临崩溃。正如一位穆斯林编年史家评论的那样，“在埃及，维齐一职是最强之人的奖赏。哈里发被隐藏在幕后，维齐是实际的统治者……很少有人能不通过战斗、杀戮或类似手段来获取职位”。尼罗河流域深受政治不稳定的困扰，陷入了衰落，一度强盛的法蒂玛舰队也已凋零。在埃及普遍虚弱的背景下，叙利亚和巴勒斯坦的统治势力开始将它视为主要目标，也就不足为奇了。[23]

新的战场

12世纪60年代初，埃及陷入了前所未有的混乱中。至1163年，大权名义上归于11岁的哈里发阿迪德（al-Adid，1160—1171年在位），维齐一职则由前上埃及总督沙瓦尔（Shawar）担任。他于1163年初获得了权力，但不超过8个月便被其阿拉伯下属迪尔加姆（Dirgham）推翻。沙瓦尔逃往叙利亚，迪尔加姆同许多昔日的篡位者一样“杀死了大量埃及埃米尔以清除竞争对手”。经过数十年的内斗，这个国家的统治精英如今几乎被一扫而空。埃及元气大伤，面对穆斯林、基督徒邻居的虎视眈眈，已沦落至“人为刀俎，我为鱼肉”的境地。

多年来，耶路撒冷王国对该地区表现出越来越大的兴趣。1153 年亚实基伦的征服打通了经巴勒斯坦南下的沿海商路（被称作维亚马里斯［Via Maris］）；1160 年，鲍德温三世国王威胁要发动入侵，但在获得一笔 16 万金第纳尔的巨额年贡的承诺后暂停了计划。后来，鲍德温于 1163 年英年早逝（并未留下后裔），他的弟弟阿马尔里克（Amalric）继承了王位。海外之地伟大的拉丁编年史家提尔的威廉（他在阿马尔里克的赞助下而获得名誉）对这位新君做了有趣而直率的描述。阿马尔里克时年 27 岁，据说内心真诚、沉默寡言，“是一个谨慎而考虑周到的人”。他缺乏前任从容的魅力与雄辩的口才，部分是因为他有轻微的口吃。在体格上，阿马尔里克“个子很高”，“双目炯炯有神”，“蓄着浓密的络腮胡”，金发的发际线略微有些后退。威廉称赞他具有王家“风范”，但也承认，尽管他的饮食相当节制，但国王“过于肥胖，其胸部如有些妇女一般垂至腰际”。[24]

阿马尔里克作为国王的首要目标之一是通过围攻位于尼罗河一条支流河岸的比勒拜斯（Bilbais）城来重申耶路撒冷对埃及的统治，但未获成功。虽然拉丁人被迫撤退，但在未来数年里，法兰克国王将投入大量精力与资源用于寻求他在埃及的权力。

谢尔库赫·伊本·沙迪的埃及战役

努尔丁的注意力也被吸引到了南方。1163 年底，被废黜的维齐沙瓦尔抵达大马士革，希望能为反戈一击获取政治、军事上的支援。历史学家们有时盛赞努尔丁的决策，并以此作为其深谋远虑的佐证，认为他迅速抓住了这个在埃及土地上对拉丁人发动代理人战争的机会，同时憧憬着阿勒颇、大马士革、埃及的统治者会联合起来包围法兰克人的巴勒斯坦。

实际上，起初努尔丁对此有所保留。他明白，在自己正试图巩固对叙利亚的统治时，旷日持久地陷入北非的泥潭将消耗大量资源；他也怀疑沙瓦尔作为盟友的可靠性（尽管沙瓦尔许诺为了答谢努尔丁的援助将提供埃及三分之一的粮食收入）。然而，数月后，埃米尔被说服并采取了行动。努尔丁的选择部分是出于战略需要，因为倘若听之任之，耶路撒冷的法兰克人也许会在尼罗河区域获得一处坚不可摧的据点，从而给黎凡特的整体权力平衡带来灾难性后果。不过，他也是在应对长期支持他的库尔德将领谢尔库赫的野心，后者作为一名饱经风霜的老兵，自 12 世纪 30 年代起便为赞吉效力，后来效忠于努尔丁。即便一位同时代拉丁人也承认，尽管谢尔库赫因为白内障而一目失明、“身材矮胖［且］年事已高”，他作为“一名干练、精力充沛、渴望荣誉、久经沙场的战士”，依然令人敬畏。这位足智多谋的老将已于努尔丁的核心权力圈子中拥有一席之地，但在埃及他看到了更大的晋升机会。穆斯林编年史家记述说，他“非常渴望”领兵进入北非，在未来的几年里，他在促成赞吉王朝卷入该地区事务中扮演了关键角色。[25]

1164 年 4 月，努尔丁交给谢尔库赫一支规模庞大、装备精良的部队，指示他“让沙瓦尔复位”。起初战事进展顺利。联军拥入埃及，夺取了开罗以南的福斯塔特。5 月末，迪尔加姆在一场小规模战斗中死于自己部下射出的流矢，哈里发将沙瓦尔官复原职。但在最初的成功之后，联军间的关系出现了裂痕。沙瓦尔试图以

3 万金第纳尔收买谢尔库赫，让后者离开埃及，但库尔德指挥官拒绝了。

这位重新就职的维齐如今证明自己恰恰是努尔丁担心的那种见风使舵之徒，他以重金承诺邀请耶路撒冷的阿马尔里克前来拯救埃及。法兰克国王欣然应允，1164 年仲夏，他与沙瓦尔合兵一处，并对正躲避于比勒拜斯的谢尔库赫发动围攻。这座城市城防薄弱、城墙低矮，且没有护城河，但谢尔库赫组织起严密的防御，维持了 3 个月的僵局。随后，阿马尔里克在 10 月收到了努尔丁于哈里姆和巴尼亚斯获胜的消息，他急忙协商在埃及停战——这样拉丁人与叙利亚人都可以和平地撤回故土，而沙瓦尔保住了对开罗的控制。

此后的数年中，谢尔库赫据说“继续提及入侵［埃及］的计划”。到了 1167 年，这位库尔德将领已集结了一支入侵军队，想要推翻沙瓦尔。谢尔库赫现在的行动越来越独立，尽管努尔丁派遣了几位将军伴随他左右，但对于攻打埃及，埃米尔显然“并不喜欢这个计划”。一位大马士革宫廷新星、谢尔库赫 29 岁的侄子优素福·伊本·阿尤布也加入了这场战役。作为努尔丁最喜欢的马球球伴之一，尤素福可能经历了 1164 年的哈里姆之战并在第二年被任命为大马士革的“谢赫纳”（shihna，相当于警察首长），在任上他赢得了严格执法的名声，但亦有传言说他敲诈娼妓（此说不太可信）。

1167 年 1 月，谢尔库赫率军越过西奈半岛。这一威胁促使沙瓦尔再度向巴勒斯坦求援，他孤注一掷地向法兰克人开出了 40 万金第纳尔的天价。2 月，阿马尔里克正式进军埃及，北非又一次成了叙利亚与海外之地间更广泛的斗争中的代理人战场。3 月，双方在开罗以南较远处的沙漠中的巴贝恩（al-Babayn）爆发了一场难分胜负的战役；后来，尤素福在对亚历山大里亚令人精疲力竭的围攻中展现了自己作为军事指挥官的才能。但无论是法兰克人还是叙利亚人都无法赢得决定性胜利。

与1164年如出一辙，谢尔库赫两手空空，蹒跚地撤回了叙利亚。沙瓦尔依旧掌权，最近的事件只是增加了法兰克人在该地的影响——阿马尔里克与维齐达成了一份后者上供10万第纳尔年金的新协议，并在开罗派驻了一位拉丁长官及军队。埃及如今已成为耶路撒冷王国的附庸。然而努尔丁非但未因这次失败而惩罚谢尔库赫，反而授予他霍姆斯的控制权，并将阿勒颇周边的土地赐给尤素福·伊本·阿尤布。至少就目前而言，大马士革领主显然热衷于将两位库尔德指挥官的精力引向叙利亚事务，把他们留在身边，以遏制任何自立门户的倾向。

倘若阿马尔里克没有过分高估自身力量的话，上述情形或许会持续下去，直到谢尔库赫对埃及的野心严重受挫。多年来，国王一直试图加强与拜占庭的联系，部分原因是为了确保让希腊人联合入侵北非，这一外交策略在1167年8月末结出了第一批果实：他迎娶了曼努埃尔皇帝的侄孙女玛利亚·科穆宁娜（Maria Komnene）。双方讨论了发动联合远征的详细计划，提尔的威廉作为王室特使被派往君士坦丁堡以敲定条款。然而，等到他于1168年秋返回时，阿马尔里克已经采取了行动。国王赌自己能在没有希腊人援助的情况下获胜，从而避免与曼努埃尔分享埃及的财富。阿马尔里克不满足于埃及的藩属地位，他试图征服尼罗河。在医院骑士团的大力援助下，他于10月末发动了一次奇袭，从亚实基伦出发进攻比勒拜斯。这座城市仅仅在几天后便陷落了（11月4

日），法兰克人进行了血腥而贪婪的劫掠，仅饶过了少数平民并纵情洗劫。

但在开门红之后，拉丁人的进攻被瓦解了。阿马尔里克可能希望用一次凶猛的袭击粉碎埃及人的抵抗，但事实上，他对停战协定的背弃以及法兰克人在比勒拜斯肆无忌惮的暴行所引发的震惊令尼罗河区域穆斯林的抵抗越发坚定。更糟糕的是，国王现在放慢了入侵的步伐，或许是因为相信沙瓦尔维齐将很快投降，国王被新提出的贡赋条件以及讨价还价拖延了时间。事实上，国王在 1168 年末实施的整个战略是建立在一个可怕的错误估计上的。他以为 1167 年的事件已在开罗与大马士革之间造成了裂痕，思忖沙瓦尔将孤立无援、岌岌可危，但他低估了维齐的外交手腕以及赞吉王朝的野心。

重返尼罗河

当法兰克人攻击埃及时，沙瓦尔向努尔丁发出了一系列消息，乞求援助。尽管此前对卷入北非事务心存疑虑，此时埃米尔却予以了坚决迅速的回应。到 1168 年 12 月初，一支满员的叙利亚远征军（包括 7000 名骑兵和更多的步兵）已在大马士革以南集结完毕。谢尔库赫获得了完全的指挥权、20 万第纳尔的军费以及装备他的军队的充足国库资金。但是为了削弱这位库尔德人自行其是、谋私的能力，努尔丁也小心翼翼地派遣了另外一些他信任的将领，其中包括突厥人阿因・道莱（Ayn al-Daulah）。尽管有血缘关系，但努尔丁还是颇为信赖谢尔库赫的侄子尤素福・伊本・阿尤布，围攻亚历山大里亚的苦涩回忆在后者心头萦绕不去，让他重返尼罗河显然需要费一番口舌。

当阿马尔里克获悉谢尔库赫率领“一支数不清人数的大军”正在穿越西奈半岛的消息时，这位拉丁国王惊骇莫名。阿马尔里克在比勒拜斯紧急召集军队，于12月末领兵向东进入沙漠，希望能赶在叙利亚人与沙瓦尔会师前予以拦截。但他来得太晚了。斥候回报说，谢尔库赫已经渡过了尼罗河，由于自己在人数上处于巨大劣势，阿马尔里克做出了一个艰难而耻辱的决定——两手空空地撤回巴勒斯坦。[26]

最终，埃及对谢尔库赫敞开了大门，他抓紧时间巩固自己的优势。1169年1月的最初几天，沙瓦尔绝望地尝试着谈判，但他在政治、军事上的根基已经动摇了。他与法兰克人结盟的政策（其中包括不得人心甚至可耻地允许拉丁士兵在开罗驻军）已经破产。谢尔库赫代表着逊尼派的叙利亚，传统上是什叶派法蒂玛王朝的敌人，但在埃及首都，相较于耶路撒冷基督徒，他还是更受欢迎；1月10日，哈里发阿迪德似乎私下表达了他对这位库尔德人的支持。8天后，在一个浓雾笼罩的清晨，沙瓦尔毫无防备地骑马前往谢尔库赫大营与之继续商谈，却遭到了尤素福·伊本·阿尤布与另一位叙利亚人尤迪克（Jurdik）的攻击而落马。几个小时后，维齐被处决，其首级被放在了哈里发面前。然而，即便如此，叙利亚人的成功亦尚未板上钉钉。谢尔库赫在策马前去开罗接受阿迪德新维齐的任命时遭遇了一群愤怒的暴民。他被围堵在老城狭窄的街道上，据说“一度担忧性命不保”，但他思维敏捷地引导这群乌合之众转而劫掠已故的沙瓦尔的宅邸，从而设法安全地抵达了哈里发的宫殿。

理论上，谢尔库赫被提拔为法蒂玛王朝维齐证实了赞吉王朝在尼罗河区域的权势，这宣告了一个新时代（阿勒颇、大马士革与开罗的穆斯林将可能联合起来对法兰克人发动吉哈德）的到来。同时代穆斯林史料指出，虽然埃米尔对部下未来的忠诚心怀忧虑，但至少在公开场合，努尔丁对谢尔库赫的成就表示祝贺，下令在叙利亚全境宣扬其“对埃及的征服”。实际上，谢尔库赫真实的意图从未表露出来，因为仅仅两个月后，他便因暴食劣质肉类引发的急性喉部感染化脓而去世了。

有关谢尔库赫继任者（既是叙利亚远征军指挥官亦是维齐）上位的详细记载含混而自相矛盾。他去世后留下了其库尔德血统的侄子尤素福，作为一名巴贝恩与亚历山大里亚之战的老兵，后者想必得到了叔父大部分亲兵（askar，由 500 名马穆鲁克奴隶兵组成）的支持。但这里还有其他可能更显赫的权力觊觎者，包括拥护赞吉王朝的突厥人阿因·道莱与谢尔库赫另一位干练的部将，颇有才华的库尔德战士马什图卜（al-Mashtub）。经过数天的钩心斗角，尤素福笑到了最后。谢尔库赫的侄子显露出在宫廷政治上拥有异于常人的天赋，通过旁敲侧击，他挑动其余两位候选人鹬蚌相争，自己则渔翁得利。在整个过程中，其代言人与拥护者是一位巧舌如簧的库尔德法学家、伊玛目伊萨（Isa）。只有阿因·道莱仍拒绝和解，他返回了大马士革，发誓绝不侍奉那样的一位“暴发户”。与此同时，尤素福向哈里发及其核心埃及顾问圈子展现出一副截然不同的面孔——他诱使他们相信，作为首席大臣，他将是个缺乏主见、难以胜任的局外人，在未来法蒂玛王朝的复兴中能被轻易推翻。1169 年 3 月末，他的“[叙利亚]军队指挥权以及被任命为阿迪德的维齐”得到了正式确认。[27]

无论埃及哈里发的期望是什么，尤素福·伊本·阿尤布很快暴露出他的真实品性，在上任后的数月中，他挫败了一场未遂的宫廷政变并残酷镇压了一次军事暴动。实际上，在随后数年中，其野心远超叔父谢尔库赫已是尽人皆知了。尤素福既能有原则地宽宏大量，又能冷酷无情，在政治、军事方面极其敏锐，未来他的成就甚至令其宗主努尔丁也相形见绌。一段时日后，他获得了一个令他名垂青史的伟大称号——萨拉赫丁（Salah al-Din，意为“信仰之善”），在西方的语言中则是“Saladin”。

萨拉丁，埃及之主（1169—1174）

尽管萨拉丁将在历史及圣地之战中留下浓墨重彩的一笔，但却没有关于他外貌特征的描述存世。1169 年，几乎无人能预计这位 31 岁的库尔德战士会建立伊斯兰世界的一个新兴政权——阿尤布王朝（以其父阿尤布命名）。一些中世纪编年史家和许多现代历史学家提出，萨拉丁与其叙利亚主君努尔丁的关系几乎在前者接受埃及维齐职务的一刻起便恶化了，开罗与大马士革即将发生冲突的阴影也立即显现出来。实际上，尽管在最初的调整期中双方略有龃龉，还是有大量证据表明他们仍在继续合作，而几乎没有证据显示萨拉丁一方及早采取了主张独立的行动。两拨权贵（分别拥护赞吉王朝和阿尤布王朝）之间的权力平衡与忠诚的相互影响迟早会成为一个紧迫的问题，但在 1169 年，这并非萨拉丁的当务之急。[28]

挑　战

继叔父成为法蒂玛哈里发阿迪德的维齐后，萨拉丁的生存前景有些不容乐观。在之前的 15 年中，维齐人选更换了不下 8 次；

党同伐异、背盟败约、自相鱼肉已屡见不鲜，并深入开罗政治的骨髓。萨拉丁作为一个孤立的外人（什叶派世界中的一个逊尼派库尔德人），身后的军力、财力都相当有限，步入了这个如此凶险、无常的泥沼。没人指望他能渡过难关。

1169 年春，萨拉丁的第一反应是迅速在身边聚集一批忠诚、干练的核心拥护者。终其一生，他似乎都对亲族的忠心深信不疑；由于在埃及几乎孑然一身，他便转向自己的家族，恳求努尔丁允许阿尤布家族成员离开叙利亚前往尼罗河。数月内，萨拉丁之兄图兰 – 沙阿（Turan-Shah）与侄子塔基丁（Taqi al-Din）赶来与之会合。后来还有其他一批人追寻他们的脚步，包括萨拉丁的父亲阿尤布和弟弟阿迪勒（Al-Adil，他注定将声名卓著）。作为维齐，萨拉丁将许多埃及的关键职位交给自己的亲属，但他也赢得了已故叔父谢尔库赫许多昔日亲兵的鼎力支持，这些亲兵被称作阿萨迪亚（Asadiyya），来自谢尔库赫的全名：阿萨德丁・谢尔库赫・伊本・沙迪（Asad al-Din Shirkuh ibn-Shadi）。

这其中还包括库尔德同袍马什图卜，他曾经争夺维齐一职；强悍、直率的马穆鲁克"胖子"阿布・海贾（Abu'l Haija the Fat），他晚年时极度肥胖，以至于站立都很吃力；精明但相当粗野的高加索宦官加拉古什（Qaragush）。在未来的岁月里，这些人将证明自己位居萨拉丁最忠心耿耿的部将之列。他也开始召集自己的亲兵队伍——萨拉希亚（Salahiyya）。萨拉丁甚至在桀骜不驯的法蒂玛宫廷内部找到了一些盟友。一位生于亚实基伦，曾为多名维齐效力的书记员、诗人、官员法迪勒（al-Fadil）如今为萨拉丁所用，成了他的秘书和心腹。法迪勒热衷于通信，其信件副本现在已是重要的历史证据集。

在萨拉丁担任维齐几个月后，他就需要这些值得信赖的盟友的支持，因为他的地位遭到了一系列攻击。在应对这些威胁时，他亦展现了微妙的政治手腕，这将是其职业生涯的一个标志性特征。必要时，萨拉丁能够心如铁石，但他也能谨慎地使用外交手段。1169 年夏初，哈里发宫廷首席宦官穆塔敏（Mutamin）试图策划一场针对萨拉丁的政变，他与耶路撒冷王国暗通款曲，希望能促成法兰克人再度入侵埃及以推翻阿尤布政权。一位密使乔装为乞丐从开罗出发，但在途经比勒拜斯附近时，一个叙利亚突厥人发现他脚上穿的高级新凉鞋与其寒酸的外表不相称。由于引发了怀疑，这位密使遭到逮捕，缝在他鞋子内衬中给法兰克人的信件被发现，阴谋败露。萨拉丁削弱了法蒂玛宫廷的独立性，于 8 月处死了穆塔敏并用加拉古什取而代之——他从这时起开始掌管所有宫廷事务。[29]

萨拉丁的严厉干预在开罗守军中引发了一场骚乱。城里大约有 5 万名苏丹黑人士兵，他们对哈里发的忠心使之成为阿尤布当局的危险分子。他们在街上暴动了两天，并朝着萨拉丁的维齐宫进军。“胖子”阿布·海贾被派去阻止他们前进，但萨拉丁明白他缺乏人手难以在正面对垒中获胜，便很快采取了更迂回的战术。大部分苏丹人与家眷居住在开罗的曼苏拉（al-Mansura）区。萨拉丁下令在整个区域纵火，据一位同时代穆斯林记载，“[叛军的]财产、妻子、儿女都陷入了火海”。苏丹人的士气因这无情的暴行一落千丈，他们同意休战，条件是允许他们安全地渡过尼罗河。然而，一旦他们出城并分散为零星的、无组织的小队向南进发，便沦为了图兰－沙阿背信弃义的攻击的牺牲品，几乎全军覆没。

当萨拉丁认为形势有需要时，他继续采用冷血的报复手段，不过他常常采取更巧妙、渐进的方法应付其对手。一旦成为法蒂玛王朝的维齐，萨拉丁便多次面临来自巴格达的哈里发与大马士革的努尔丁的压力，他们要求废黜埃及的什叶派哈里发（在逊尼正统派看来是异端）。但是萨拉丁拒绝了，没有做出推翻阿迪德的鲁莽举动，而是与这位年轻的统治者建立了一种互利的联盟关系，甚至在此以外还有一定程度的真正的友谊。萨拉丁在尼罗河区域的地位远远谈不上稳固，不能冒险直接改朝换代。作为维齐他意识到，至少在起步阶段，他需要一定程度的稳定，更重要的是，需要哈里发慷慨的财政捐助支持。

这一政策在 1169 年夏末证明了它的价值。耶路撒冷国王阿马尔里克还在为上个冬天从埃及撤退的耻辱痛心不已，此刻他选择再次发动进攻，这次的目标是位于尼罗河三角洲东部流域的港口城市杜姆亚特（Damietta），并得到了一支庞大的拜占庭舰队的协助。这次袭击对萨拉丁造成了很大威胁，然而事实证明，他完全有能力应付这一挑战。利用阿迪德国库中的巨额资金——100 万金第纳尔，他召集、装备了一支大军。为了防止埃及陷入叛乱，萨拉丁没有亲自领兵救援杜姆亚特，而是明智地委任侄子塔基丁在他留在首都期间指挥军队。当该部队与努尔丁派出的叙利亚军队合兵一处，阿马尔里克发觉己方人数处于劣势，此外，他无法充分地协调拉丁－希腊的军事行动，其攻势被挫败了。穆斯林的这场胜利为整个 12 世纪 60 年代与拉丁人争夺埃及控制权的战争画上了句号。法兰克人继续梦想着征服尼罗河，但目前而言，这一地区依然掌控在伊斯兰教徒和萨拉丁的手中。[30]

在他作为维齐的第一年中经受住了挑战后，萨拉丁效仿努尔丁行使权力的手段，发起了内政与宗教复兴的计划。亚历山大里亚的城防得到了加固，而在开罗及其南郊的福斯塔特，建立了逊尼派伊斯兰律法的新中枢。萨拉丁后来废除了埃及贸易中针对非穆斯林的赋税（虽然他为了弥补国家收入的损失的确提高了其他种类的税收）。1170 年 11 月，他似乎还担负起了圣战者的职责，领导了他对法兰克巴勒斯坦发起的首次入侵。萨拉丁亲率大军蹂躏了加沙以南的小型拉丁城堡达鲁姆（Darum），并在赶赴红海海岸占据亚喀巴港前与阿马尔里克国王仓促集结的援军爆发了小规模战斗。虽然在这场战役中的确打击了基督徒，但萨拉丁的主要目标可能是维系尼罗河地区与大马士革间的陆上交通，如果把这次冒险视为他投身圣战的精神的初次绽放，可能并不正确。

一人之下还是大权独揽

随着萨拉丁对埃及的控制得到巩固，他继续缺乏独立的状态成为人们关注的焦点。他是一位拥有日益增长的权力、资源的逊尼派军阀，却依旧只是什叶派哈里发的副手，并被努尔丁的宗主权束缚了手脚。萨拉丁谨小慎微地应对着这种局面，但到了 1171 年夏末，随着他在开罗站稳了脚跟，他已经做好了推翻法蒂玛王朝的准备。然而，即便如此，他行事仍相当克制，很大程度上摈弃了埃及政治的传统陋习——血腥的政变与大规模的杀戮。之所以如此，部分是因为年轻的哈里发阿迪德健康状况不佳。大约在 8 月底，他染上了恶疾，虽然年仅 20 岁，却很快就病入膏肓了。[31]

1171 年 9 月 10 日星期五，萨拉丁向独立自主小心翼翼地迈出了第一步。几百年以来，在全埃及清真寺的聚礼日祷告中，人们吟诵什叶派哈里发的名字以彰显法蒂玛王朝的权威。但在这一天的福斯塔特，阿迪德的名字被巴格达的逊尼派阿拔斯王朝哈里发的名字所取代。在向开罗伸手前，萨拉丁先试了试水，想看看是否会出现公开的叛乱，但没有发生起义。第二天，他在首都主持了一场盛大的阅兵，当他的整支部队通过街道时，其秘书法迪勒记载道："伊斯兰世界从未有君主曾手握一支可与之匹敌的军队。"对埃及臣民和此时正巧造访开罗的拉丁、希腊使节们来说，其中的含义是不言而喻的。萨拉丁如今已是埃及的主人。这些事件的消息传到垂死的阿迪德那里后，他恳请萨拉丁（名义上还是他的维齐）来到他的病榻前，希望能求他放过自己的家人。由于害怕有诈，萨拉丁拒绝了，尽管据说他后来为这个冷酷无情的决定感到后悔。9 月 13 日，哈里发驾崩了。萨拉丁在世人面前亲自为他扶灵并对哈里发的后裔秋毫无犯。他们被安置在哈里发宫殿中得到照料，但禁止生儿育女，这样他们的血统就会断绝。尽管这场革命是断断续续完成的，但它产生了巨大的后果。法蒂玛王朝被画上了休止符；从 10 世纪起将埃及与其余近东地区的穆斯林割裂的宗教、政治分歧已经消失，这让萨拉丁充当了逊尼派正统教义的捍卫者。

考虑到哈里发以拥有惊人的财富而享有近乎传奇的声誉，阿迪德之死对萨拉丁立竿见影的好处之一本应是大量现金的注入。但在进驻法蒂玛宫殿后，萨拉丁吃惊地发现金钱的储备并不多，大部分积蓄已经被前任维齐沙瓦尔用来支付给耶路撒冷、大马士革过于高昂的贡赋，以及萨拉丁自己于 1169 年用在对杜姆亚特的防御上了。他找到的财宝包括"堆积如山"的红宝石、一块巨型翡翠和各式各样的硕大珍珠，它们很快就被拍卖掉了。

1171年萨拉丁征服埃及、废黜法蒂玛王朝哈里发至少从理论上看，不仅仅是他个人，亦是其宗主努尔丁的胜利；后者的王国现在可谓从埃及延伸到了叙利亚乃至更远方。的确，那年秋天，两人都收到了巴格达哈里发赠送的华丽的胜利礼袍。但在逊尼派表面的团结和强大背后，这位君主与他越来越强大的部下之间的紧张开始显露迹象。随着统一阿勒颇、大马士革、开罗并最终包围了法兰克人的耶路撒冷王国，努尔丁或许期盼着利用尼罗河的财富、资源以及萨拉丁的军事支持，对巴勒斯坦发动总攻。然而，从1171年秋开始，萨拉丁作为埃及的新君，开始凭借自身力量独立进行统治。自谢尔库赫在北非冒险之日起，阿尤布对这一地区的涉入便暗藏私心，并且最终埃及的征服主要仰仗的是萨拉丁的个人才能：他敏锐的政治、军事远见，他的耐心、狡诈以及冷酷无情。如今，他无疑可以说是努尔丁的平等盟友，而非其臣仆。

在一定程度上，由于努尔丁专注于国内其他地区，公开的冲突得以避免。12世纪70年代初，叙利亚与巴勒斯坦再度遭受了一系列破坏性地震的打击，这迫使资源被转移到大量的重建工作中。在伊拉克，他的兄弟和阿拔斯王朝哈里发相继去世，促使努尔丁再次卷入美索不达米亚的事务，而在杰奇拉与安纳托利亚，扩张领土的新契机同样吸引了他的目光。随后，在1172年，一场与法兰克人围绕叙利亚海岸贸易权的争端引发了他对安条克和的黎波里伯国发起一系列惩罚性攻击。

虽然有这些干扰，但努尔丁还是在一个重要的冲突地区寻求萨拉丁的援助，那是拉丁人掌握的约旦河以东沙漠区域，被称作外约旦。该地区显然拥有重大价值：法兰克人在12世纪初通过修建蒙特利尔城堡和卡拉克城堡吞并了它，这令拉丁人起码部分控制了从大马士革至埃及或麦加、麦地那（阿拉伯半岛的圣城）的主要陆路。一些中世纪编年史家和现代学者均指责萨拉丁在12世纪70年初对该边境地区的两次征服尝试中未能通力合作。这种“背叛”行为据称体现了萨拉丁将个人野心置于伊斯兰世界的广泛利益之上。但他真的是背弃了努尔丁，破坏了在圣地之战中取得胜利的机会吗？

1171年9月下旬，在法蒂玛王朝哈里发去世后不久，萨拉丁便朝着外约旦进军，这显然是为了与努尔丁发起联合行动。当后者从大马士革南下时，萨拉丁则围攻蒙特利尔城堡，但不久后他突然决定撤回埃及，两支穆斯林部队从未会师。摩苏尔历史学家伊本·阿西尔（他支持努尔丁的赞吉王朝）将上述事件视为萨拉丁与其宗主决裂的决定性时刻，断言二者间出现了“巨大分歧”。他继续写道，在抵达蒙特利尔城堡后，萨拉丁的谋臣向他警告征服外约旦将引发的真正战略、政治后果。他们告诫说，打通从大马士革至埃及的安全路线会导致努尔丁占领尼罗河地区——“如果努尔丁来到你处，你将不得不与之见面，随后他会按他的意愿对你行使他的权力”。于是萨拉丁撤退了。

伊本·阿西尔的说法的问题在于，它依赖这样一种观点：萨拉丁是缺乏远见的一介武夫。然而，萨拉丁在埃及取得的惊人成功表明，他并不懵懂，而是一个有远见、有智谋的人。在实际到达蒙特利尔城堡之前，他想必早就认识到了推进外约旦计划将会产生的深远影响。令人沮丧的是，其他存世资料并没有就这些事件给出额外的信息：根据一份文献，萨拉丁为自己辩解的理由是埃及正酝酿着叛乱，而另一位同时代阿拉伯作家则仅仅评论说“突发事件”令他急不可耐地返回了开罗。

伊本·阿西尔继续指控萨拉丁在1173年夏初对卡拉克城堡的联合进攻中又一次于努尔丁到来前抽身而去。虽然这一次萨拉丁确实围攻了那座城堡，但他的所作所为很可能与大马士革无关，因为努尔丁正忙于叙利亚北部的事务，不可能领兵进入外约旦。[32]

总的来说，1171—1173年间对萨拉丁不利的证据是不确定的。不能断然认为他已背叛了努尔丁，也不应单独让他为吉哈德的受挫负责。在1171年终结了法蒂玛王朝统治之后，至少在公开场合，萨拉丁坚称自己将继续对赞吉王朝效忠。聚礼日祷文中依然提到了努尔丁，他和阿拔斯王朝哈里发的名字并列出现在埃及铸造的钱币上。

事实上，大马士革与开罗之间在12世纪70年代初产生的任何敌意可能与联合军事行动问题并无太大关联，而是与现金问题有关。更重要的是，努尔丁想要染指埃及的财富，并开始要求该地上缴年供。为此，1173年末他从大马士革派遣了一名官员全面审核埃及的岁入。当1174年头几个月财务调查在埃及快速展开时，紧张局势加剧了。努尔丁与萨拉丁都做了军队动员，尽管人们不清楚这是为了准备兵戎相见还是重新尝试合作。很有可能，双方人马均在外交上的纷争前展示肌肉，并明白未来这可能会演变为公开冲突。空气中的确弥漫着火药味，甚至萨拉丁本人后来也向其传记作者承认道："我们已听闻努尔丁可能将攻打埃及。几位我们的同伴建议，如果他真的采取敌对行动，他将遭到公开抵抗，其权威将被否认，我们将与其军队兵戎相见以击退它。"他显然不那么令人信服地补充说："我自己并不赞同他们，劝诫说这类言论是大逆不道的。"[33]

天意的介入阻止了可能会造成巨大破坏的逊尼派内战。在等待审计员从开罗汇报时，1174 年晚春，努尔丁患上了疾病。5 月 6 日，他在大马士革城外打马球时突然感到头昏目眩，等到他返回城堡，显然感到身体不适。他可能是受心绞痛的折磨，起初还倔强地拒绝召唤医师。等到御医拉赫比（al-Rahbi）赶来时，努尔丁蜷缩在城堡深处的一间小祈祷室内，“奄奄一息……声若蚊蝇”。当有人建议用放血的方法治疗他时，努尔丁直接拒绝了，他说：“你不能给一个 60 岁的男人放血。”面对这位伟大的统治者，无人敢多说什么。

1174 年 5 月 15 日，努尔丁驾崩了，其遗体后来被埋葬在他于大马士革兴建的一所宗教学校内。即便在他的敌人法兰克人中，努尔丁也被尊奉为“基督之名及信仰的强大迫害者……一位正直、英勇的君主”。他是自十字军出现以来首位统一阿勒颇与大马士革的穆斯林领袖。他的远见卓识和宗教热忱开创了逊尼派世界宗教复兴的新时代，使针对伊斯兰敌人的吉哈德概念重新成为一项具有象征意义和迫切需要的事业。然而，在他去世时，法兰克人仍未被征服，圣城耶路撒冷依旧掌握在基督徒手中。[34]

10

继承人或篡位者

努尔丁于1174年5月去世，这似乎为萨拉丁摆脱叙利亚赞吉王朝宗主权的阴影提供了契机，让这位副手成为领袖，宣告了其完全独立的统治权并使之肩负起了发动反抗法兰克人圣战的责任。我们很容易将12世纪近东伊斯兰世界的历史想象为一个线性发展的时代——在赞吉、努尔丁、萨拉丁的先后领导下，吉哈德的复兴浪潮加速前进，指挥棒几乎不可避免地从一位穆斯林“英雄”平稳递给另一个。这无疑是一些同时代穆斯林竭力宣传的结果。

这一相当诱人的假象的主要缺陷是，1174年，萨拉丁并非努尔丁的继承人。相反，努尔丁留下了一个11岁的儿子萨利赫（al-Salih），希望他能够掌握大权。这个伟大的叙利亚君主还留下了一些其他亲族，他们或许也试图保护和延续赞吉王朝在近东、中东的统治地位。因此，1174年萨拉丁实际上并没有飞黄腾达的天然捷径。相反，他面临着抉择：是优先保住尼罗河区域，建立一个基本独立的埃及王国，还是效法努尔丁（甚至超越努尔丁），成为黎凡特的首要穆斯林领导人。

伊斯兰世界的英雄

萨拉丁以非凡的奉献精神和精力接受了后一目标。最基本的问题——与对努尔丁的提问类似——是，为什么？萨拉丁是在为实现自己的私利和个人野心而追求权力并打造一个泛黎凡特的专制伊斯兰帝国吗？还是说他被更崇高的事业所驱使，把追求穆斯林的统一视为达到目的的一种手段，即在反抗基督教法兰克人的吉哈德中取得胜利的先决条件？我们有必要对萨拉丁的动机和心态探究一番，尤其是因为他作为历史人物，特别是在伊斯兰文化中具有深远的重要性。在现代世界中，萨拉丁已被当作十字军时代最杰出的穆斯林卫士、昔日伊斯兰的一道灵符，许多人将他视为可敬的英雄。因此，剥去一层层的传奇、宣传和偏见还他以本来面目的工作是一项特别敏感的任务，需要小心谨慎。

相对而言，关于萨拉丁生平的同时代资料较为丰富，但它们也是有问题的。一些穆斯林见证者记下了其非凡成就，包括他的两位最亲密的拥护者——秘书（从 1174 年起）伊马德丁·伊斯法哈尼和谋臣（从 1188 年起）巴哈丁·伊本·沙达德（Baha ad-Din ibn Shaddad）——但两人均为尊者讳。他们的作品建立在一种观念上，即萨拉丁是在真挚的宗教热忱的驱使下为伊斯兰教服务和与法兰克人做斗争的。根据巴哈丁的记载，萨拉丁 1169 年在埃及掌权后，其精神信仰越发坚定，放弃了“饮酒并远离了轻浮之举”，从这一刻起，据称“热情、忠贞”令他心虔志诚。据说他对圣战的承诺是确凿无疑的：

> 为了吉哈德，萨拉丁可谓殚精竭虑。如果有人要发誓

> 说，自从投身吉哈德以来，萨拉丁没有在吉哈德（或支持吉哈德）以外花费一个第纳尔或迪拉姆（dirham），那么他讲的就是实话，信守了誓言。萨拉丁对圣战心向往之，这占据了他的身心，以至于除了实现它的手段他什么都不谈，什么都不想。

这种对萨拉丁高度有利的描述在某种程度上得到了其他证据的平衡。伊拉克编年史家伊本·阿西尔（敌对的赞吉王朝的支持者）为萨拉丁提供了一个更加中性的视角。萨拉丁的书记员和心腹法迪勒为他撰写的公开或私密的信件的手稿抄本也保存了下来。上述重要原始资料（但仍未得到充分利用）令我们得以深入了解萨拉丁的思想、他对宣传的广泛运用以及对形象塑造的偏好。[35]

此外，必须要把关于萨拉丁的个性、生涯的任何评判都放在具体的语境里进行研究。作为一名中世纪的统治者，他在充满暴力和仇恨的政治环境中活动——为了生存和发展，他事实上不可能总是纯粹高尚、富有荣誉感、公正仁慈地行事。事实上，历史上的伟大统治者中很少有人能够声称自己拥有上述品质，无论他身处什么时代。

事实上，萨拉丁显然不能被简单地当成一个嗜血的暴君。在试图从努尔丁后嗣手中夺取权力的过程里，他本可以追寻赞吉的脚步，仰仗恐惧和残暴去攫取、维持权势。相反，萨拉丁选择效仿昔日宗主努尔丁的政策——至少在这一点上，他确实可被称作努尔丁真正的继承人。萨拉丁在1174年的工作基本上是重现赞吉王朝的成就，但是反向的——征服大马士革、阿勒颇和摩苏尔。为此，他谨慎地一手动用军事力量，一手施展老练的政治操纵手腕。并且自始至终，他都高度重视合法性和正义事业的观念。这种对合法性的需求因萨拉丁的社会、民族背景而增强了。在赞吉王朝突厥人眼中的真理对阿尤布王朝（作为库尔德族雇佣军将领）而言则更是如此——在历史上由阿拉伯、波斯穆斯林统治精英支配的近东、中东，他们都太容易被描绘为局外人、暴发户了。

从 12 世纪 70 年代起，通过强调自己是伊斯兰教、逊尼派正统教义的保卫者以及巴格达阿拔斯王朝哈里发所谓的臣仆，萨拉丁将他获得的权力和声望合法化。他还用吉哈德的观念来证明将伊斯兰世界团结在一位统治者旗下的必要性。正如教皇乌尔班二世利用可怕的穆斯林敌人的力量来联合西欧支持第一次十字军东征，萨拉丁也十分乐意将黎凡特法兰克人塑造为无与伦比的凶险敌人。

与此同时，他显然渴望扩大自己的权力并建立一个持久的王朝。在 12 世纪 70 年代，他开始自称“苏丹”（国王或统治者），该头衔体现出自主性的权力。他也忙于生育新一代潜在的继承人。关于为他生儿育女的大量妻妾的详情少有存世，但在 1174 年时，36 岁的萨拉丁已经有了 5 个儿子，其中的长子阿夫达尔出生于 1170 年。

努尔丁死后

从 1174 年夏天起，试图利用努尔丁的去世所造成的近东权力真空的不止萨拉丁一人。来自已故埃米尔的宫廷及庞大家族（赞吉王朝）的成员或者试图维护他们自己的独立，或者寻求维护他们实际上作为继承人的权利。数月中，历经 28 年的耐心建设的赞吉王国变得面目全非，一系列主角走马灯似的登上了舞台。

在美索不达米亚东部，努尔丁的两个侄子掌握了权力——赛法丁在摩苏尔，而伊马德丁·赞吉在附近的辛贾尔（Sinjar）。两人如今为了西朝幼发拉底河的领土展开了争夺。在叙利亚，由于各个派系都声称他们是努尔丁幼子萨利赫的“保护者”，后者已沦为政治棋子。男孩最终被诱拐至阿勒颇，在那里，太监居米什特金（Gumushtegin）通过血腥的阴谋主导了权力。同时，在大马士革，一群以军事指挥官伊本·穆卡达姆（Ibn al-Muqaddam）为首的埃米尔攫取了大权。不出意料的是，那个夏天拉丁人也看到了动手的机会。阿马尔里克国王的主要目标是夺回巴尼亚斯（10 年前被大马士革攻占的边境定居点）。他对该城发动了两周的围攻，但因身体状况不佳而未能取得进展，他与穆卡达姆签署了停战协定，作为回报，获得了一笔现金赔款以及一些基督徒俘虏。

叙利亚发生着这一系列紧迫的活动，但在埃及，萨拉丁静候着时机。仲夏时，一支西西里舰队袭击了亚历山大里亚，而在上埃及幸存的法蒂玛王朝埃米尔们试图煽动叛乱。上述威胁很快得以平息，但萨拉丁依旧非常谨慎地对待努尔丁王国的继承问题。面对使用暴力篡权的指控，萨拉丁显然意识到有必要予以反驳，于是便放弃了入侵、暴力镇压这些生硬的手段，采取了依托大力宣传的狡猾的外交手腕。他最初的行动之一是向萨利赫写信表露忠心，确认这位年轻统治者的名字已在聚礼日祷告中取代了努尔丁的，并且自己时刻准备着愿意作为“臣仆”保护萨利赫不受对手的攻击。在另一封信中，苏丹宣称他将成为“一柄打击［萨利赫的］敌人的宝剑”，警告说叙利亚被法兰克这样的必须与之战斗的敌人“从四面八方”包围了起来。

这两份文件显示，在努尔丁去世后的几周里，萨拉丁公布了他在12世纪70年代大部分时间里的官方议程。在未来数年中，他几乎是坚忍不拔地寻求着在努尔丁支离破碎的王国中扩张个人的权势。但是，这份对权力的贪婪渴求总是隐藏在公开宣称的两个紧密相连的原则之下：作为萨利赫指定的保护人，萨拉丁毫不利己、任劳任怨地维护着赞吉王朝的权威；推动穆斯林的统一至关重要，因为伊斯兰世界正在与势不两立的基督徒敌人进行历史性的斗争，后者甚至现在依然掌控着圣城耶路撒冷。[36]

当然，许多苏丹同时代的反对者都非常清楚，萨拉丁实际上是在试图建立自己的帝国，哪怕这个帝国是为了吉哈德而建，他们常常愿意公开自己的担忧和控诉。在此情形下，萨拉丁依赖恐惧的政治助力他的矫饰计划。如果叙利亚风平浪静，苏丹便没有干涉的口实——有些讽刺的是，1174年，萨拉丁因此希望他的对手们会忤逆萨利赫，而法兰克人将继续展开攻势。

占领大马士革

鉴于萨拉丁的大本营在埃及，他寻求将努尔丁的领土重新纳入其个人统治的首个目标必然是大马士革。利用伊本·穆卡达姆在巴尼亚斯向耶路撒冷王国赎买和平的决定，苏丹如今对大马士革宫廷的软弱提出指控，并将它未能推动圣战作为干涉叙利亚事务的一个可能的理由。努尔丁的前秘书、波斯书记员、学者伊马德丁·伊斯法哈尼记载了此后双方的通信。伊本·穆卡达姆痛斥萨拉丁道："勿让世人议论你对曾经成就你的家族图谋不轨，[因为]这有损你的英名。"苏丹在回信中有力地阐述了他的意图：

> 我们的抉择都是为了团结伊斯兰教及其人民，为了维护

> ［赞吉］家族的根基和枝叶……那些认为我邪恶的人，我与之道不同不相为谋……倘若我们倾向于任何其他方式，便不会选择这种磋商和通信的方式了。

这正是萨拉丁希望在叙利亚全境传播的信息，但是，尽管他的话可能令人激动，它们自身不太可能左右政策。多半是因为惧怕摩苏尔与阿勒颇可能结盟，到了夏末，伊本·穆卡达姆向萨拉丁靠拢，邀请他前来援助大马士革。这正中苏丹下怀。1174 年 10 月，萨拉丁留下弟弟阿迪勒统治埃及，启程进入叙利亚，他拥有两件武器：一支足以粉碎任何抵抗的军队，还有（可能是更重要的）可以用来收买人心的数万金第纳尔。10 月 28 日，他和平地进入了这座古城。

一位同时代的萨拉丁的传记作家描述了这一天，着意强调了苏丹个人与大马士革的关联（萨拉丁青年时代的家园），他写道："他径直走向自己的宅邸，人们都欢欣鼓舞地向他簇拥而来。"他的慷慨馈赠也被大书特书："在同一天里，他向人群分发了大量金钱，并表现出对大马士革人的喜爱，就和他们对他一样。他进入了城堡，其权势已经牢固建立起来了。"为了强调他的统治符合正统和宽宏大量，萨拉丁步入倭马亚大清真寺祈祷，并下令立即取消非穆斯林的赋税，同时严禁抢劫。他后来为占据该城辩解说，这是为夺回耶路撒冷迈出的一步，声称"阻碍圣战是一种不可原谅的罪行"。但许多人依旧对萨拉丁的言论表示怀疑——举例来说，他在埃及的前盟友尤迪克便投靠了阿勒颇。甚至巴勒斯坦的法兰克人也察觉到了这最初的权力斗争，一位同时代拉丁人指出，萨拉丁对大马士革的占领违背了"他对其主人［萨利赫］的忠诚”。[37]

尽管如此，在1174年的最后几个月，一批叙利亚穆斯林权贵决定支持萨拉丁，认定这是活命的最佳机会，而苏丹能够通过一系列兵不血刃的战役向北拓展势力，占据了霍姆斯、哈马、巴贝克（作为犒赏，伊本·穆卡达姆因支持萨拉丁而获得了该地的控制权）。萨拉丁再次小心翼翼地为这些征服辩护。占领霍姆斯后，他在送回埃及的一封公开信中说：“我们的行动不是为自己夺取一个王国，而是为了竖起圣战的大旗。”他辩称，其叙利亚的对手“阻碍我们在这场战争中实现我们的目标，已成为敌人”。他还强调，他刻意避免了破坏霍姆斯城，“知道它距离异教徒有多么近”。然而，一封大约同时期写给其侄子法鲁克–沙阿（Farrukh-Shah，一位日益显赫的副将）的私人信件似乎提供了对该事件更少矫饰的看法。萨拉丁在信中直言不讳地批评霍姆斯人“意志薄弱”，并承认培植自己公正、仁慈的名声是“通往这片土地的钥匙”。他甚至对自己的未来前景开起了玩笑。其现今的主要目标是阿勒颇，阿勒颇在阿拉伯语中还有“牛奶”的含义。萨拉丁预计该城将很快陷落，写道：“我们只需挤挤奶，阿勒颇就是我们的了。”[38]

逼近阿勒颇

到了1175年初，萨拉丁无疑能够威胁到阿勒颇了，然而尽管他做出了大胆预测，但事实证明这座城市是一个难以克服的障碍，在未来数年中延缓了他将权力扩展到叙利亚全境的步伐。阿勒颇有令人生畏的城堡和强大的守军，这意味着发动任何进攻包围的企图均需要耐性以及大量军事资源。但即使获得了成功，这种直接的方式将可能导致旷日持久的流血冲突——这样的征服与萨拉丁所偏爱的伊斯兰教谦逊的保护人形象不符。苏丹想必期待他的敌手能给予其攻城的口实，或许是虐待甚至谋杀萨利赫，但居米什特金太过狡猾，不会犯下如此大错。年幼的赞吉王朝合法继承人活着作为阿勒颇的傀儡统治者更有价值。事实上，居米什特金甚至说服这位男孩对市民发表了一场声情并茂、涕泪横流的演说，请求他们保护自己，对抗萨拉丁的暴政。

让萨拉丁感到更加棘手的是，阿勒颇与摩苏尔的统治者摒弃前嫌，携手应对阿尤布统治的威胁。接下来的一年半中，萨拉丁仍留在了叙利亚，对阿勒颇及其周边居民点发起了一系列有限且大体上非决定性的围攻。1175 年 4 月以及一年后的 1176 年 4 月，他两度与阿勒颇 – 摩苏尔联军鏖战，并两度大获全胜。这两次对抗进一步提高了苏丹作为伊斯兰世界第一将领的声望，也证明了他麾下作战经验日益丰富的埃及、大马士革军队具有显著的优势。但实际上，它们也不是决定性的战役。萨拉丁坚信，沾染上穆斯林的鲜血就无法实现对叙利亚的长久统治，他因此试图限制这场实际上的穆斯林内战的规模，仰仗军队纪律而非凶猛进攻去获胜，并在敌人被赶出战场后要求自己的手下不要猛追。其对手因此得以恢复元气，重振旗鼓。

到了 1176 年夏，有节制的军事进攻与不间断的宣传似乎告一段落。居米什特金依旧与萨利赫一道控制着阿勒颇，而赛法丁继续统治摩苏尔，但该联盟被迫同意逐步做出了某些退让。1175 年 5 月，萨拉丁统治其掌控的叙利亚领土（直抵阿勒颇南部）的权利得到承认，这一地位随后经由巴格达发出的哈里发授权书而得到确认。当 1176 年 7 月和平到来时，萨拉丁认识到他不能再要求成为萨利赫唯一的合法监护人（虽然苏丹继续自称赞吉的臣仆）

了，但此刻阿勒颇已同意为圣战提供军队，尽管措辞相当模糊。

在整个这段时期里，萨拉丁一再指控居米什特金、赛法丁与拉丁人谈判，试图破坏他们的名声，并获得了一定的成功。萨拉丁时常写信向哈里发抱怨他们与基督徒签署了背叛性的协议，交换了战俘。这与他在1174年诘难伊本·穆卡达姆卑躬屈膝地与耶路撒冷媾和如出一辙。苏丹试图将自己的叙利亚战役包装为一场发自肺腑的意识形态斗争，目的是团结伊斯兰世界对抗不祥的法兰克敌人。实际上，这纯属诋毁，因为萨拉丁本人也曾在这段时期中两次与拉丁人媾和。[39]

山中老人

12世纪70年代中期，萨拉丁征服叙利亚的尝试随着阿萨辛派的介入而变得复杂。那时，这个秘密组织的叙利亚分支已在安萨里耶山脉中安稳地牢牢扎根，在可怕的伊拉克人拉希德丁·锡南（Rashid al-Din Sinan，通常被称作“山中老人”）的领导下发展壮大。在12世纪后期，他执掌该组织近30载，其“聪明而有智慧”的美誉在穆斯林和基督徒中广为流传。提尔的威廉认为锡南拥有属下绝对的忠诚与服从，他记载道：“他们认为没有什么事是办不到的，急切地执行他给予的哪怕最危险的任务。”[40]

阿萨辛派是一股深植于近东事务的不受约束、基本上不可预测的力量；他们的主要武器——政治暗杀——一直十分有效。萨拉丁支配叙利亚的企图，尤其是他针对阿勒颇的战役，使他成了阿萨辛派的眼中钉。1175年初，或许至少部分是因为阿勒颇统治者居米什特金的鼓动，锡南决定以萨拉丁为目标。苏丹驻扎于阿勒颇城外时，13名手持匕首的刺客设法潜入其大营的中心并发动了袭击。当一名刺客跃起扑向苏丹本人时，萨拉丁的亲兵们赶来砍倒了他。虽然阴谋被挫败，但萨拉希亚（萨拉丁的卫队）亦有死伤。随后，萨拉丁写信警告侄子法鲁克－沙阿要时刻保持警惕，不久后，将苏丹本人的营帐与营地其余部分隔绝并以重兵保护成了惯例。

尽管采取了这些预防措施，1176 年 5 月，阿萨辛派又一次设法发动了袭击。当萨拉丁拜访他的一位埃米尔的帐篷时，4 名刺客攻击了他，这次他们险些得手。在猝然发起的第一击中，苏丹凭借盔甲的保护才免受重伤。他的部下再度扑向杀手，只留下了一个活口，而萨拉丁脸颊被刺，血流不止，惊魂未定。从这时起，他开除了侍从中所有不熟悉的人。

1176 年 8 月，萨拉丁决定解决这一棘手的威胁。他围攻了阿萨辛派的主要城堡迈斯亚夫（Masyaf），但不到一周后，便解除封锁撤回了哈马。苏丹离开的动机以及与锡南交涉的细节依然是个谜。一些穆斯林文献一再重复这个故事：由于阿尤布家族成员受到锲而不舍的刺杀行动威胁，萨拉丁同意与“山中老人”签署互不侵犯协定。一位阿勒颇的编年史家提供了一种更加令人毛骨悚然的解释，他描述了苏丹接见锡南使节的情形。在被搜查武器之后，这位使者得到了谒见萨拉丁的许可，但他坚持要求密谈。苏丹最终同意解散了大部分护卫，只留下两名自己最信赖、武艺最高超的亲兵——他对二人“视如己出”。

> 随后使节对这两个卫兵说：“倘若我以我主人之名要求你们杀死苏丹，你们会遵命吗？”他们回答会，并拔剑说：“任凭您差遣。”萨拉丁大为震惊，使节则带着两人翩然而

去。从那以后，萨拉丁便倾向于［同锡南］修好。[41]

这一传说的真实性可能值得怀疑——假如阿萨辛派真有如此接近萨拉丁的间谍，他们肯定在1175年或1176年时就已经成功刺杀了他——但这个故事隐含的信息是正确的。要永久地确保自己不被暗杀几乎是不可能的。无论以何种方式，萨拉丁与锡南显然在1176年达成了某种形式的和解，因为苏丹再也没有攻击过该组织在山区的飞地，他的生命也再没受过这样的威胁。

萨拉丁的阿尤布王国

1176年夏末，萨拉丁结束了耗时两年的阿勒颇战役。停战协议确保了他对大马士革及大部分叙利亚的占有，他也愿意维持对萨利赫效忠的假象。在萨拉丁的领土内，这位年轻统治者的名字继续出现在钱币上及聚礼日祷告中。但苏丹的确试图通过迎娶努尔丁的遗孀伊斯马特（去世多年的布里迪王朝统治者乌努尔之女）使自己的权力进一步合法化。这首先是一桩政治联姻，因为借她之手萨拉丁得以将自己与这座城市历史上的两个统治王朝联系起来，但此后两人间萌生了真正的友谊，或许甚至还有爱情。① 到了这时，苏丹已另辟蹊径地将赞吉王朝的政府机关为己所用。努尔丁的秘书伊马德丁·伊斯法哈尼开始替他效命，与法迪勒一道很快成了苏丹最亲近的心腹。

1176年9月，萨拉丁返回了埃及。此举令他从最近数月的腥

① 伊斯马特于1186年1月去世，当时萨拉丁本人亦身患重病。苏丹的近臣对他隐瞒妻子的死讯达两个月之久，因为担心这会让他痛不欲生。

风血雨中得到了某种解脱。1177 年 3 月，他和 6 岁大的儿子阿夫达尔在亚历山大里亚逗留了 3 天，聆听关于先知穆罕默德生平的故事，但这也反映出苏丹生活新的一面。他统治着从尼罗河到叙利亚奥龙特斯河之间的王国，如今面临着中世纪治理广袤王国的所有现实困难。其中最关键的问题是通信联络。面对同样的难题，努尔丁扩充了邮驿网络并大量使用信鸽，萨拉丁现在也如法炮制。他还在叙利亚、巴勒斯坦保留着间谍、斥候以搜集情报。即便如此，无论采用何种传递方式，信息总有可能被敌方拦截，有时候苏丹会借助密码来写信。对这一时期的穆斯林和基督徒而言，一个重要的事实是，即便在盟友间通信也是相当不精确的，而对敌人意图、动向的了解往往是基于纯粹的猜测。无知、错误和假情报均影响了决策，在未来的岁月里，萨拉丁总是竭力掌握关于整个伊斯兰世界的事件的情报，甚至保持着对法兰克人的计划、行动的部分了解。在此情形下，法迪勒与伊马德丁作为通讯员、宣传员的角色显得尤为重要。

开罗与大马士革在阿尤布王朝统治下的统一也迫使萨拉丁在本人缺席时起用副手进行治理。在他的整个生涯中，苏丹首先仰仗其血亲去担任上述职务，这套依赖他庞大家族的机制有时非常奏效。1176 年秋他返回时，发现弟弟阿迪勒和侄子法鲁克 – 沙阿非常细心谨慎地统治着埃及。然而，在叙利亚，这种安排就不那么令人满意了。作为大马士革的代理统治者，萨拉丁之兄图兰 – 沙阿被证明是不胜任的。由于习惯了花钱如流水，图兰 – 阿沙死后可耻地留下了约 20 万金第纳尔的个人债务，此外他的生活还非常放荡。随着叙利亚于 12 世纪 70 年代末遭受了长期的干旱，图兰 – 沙阿将不得不被替换，这一点已逐渐变得明确。到了 1178

年，萨拉丁绝望地承认："一个人可以不计小过、对小事保持沉默，但当整片土地陷入了荒芜……这动摇了伊斯兰世界的支柱。"

在试图于他控制的土地上均衡运用物力、财力方面，苏丹享有更大的成功。1177 年，他将尼罗河地区置于优先地位，加强了亚历山大里亚与杜姆亚特的防御，并开始修建一道巨大的城墙，把开罗及其南郊的福斯塔特围了起来。他还做出了一个耗资巨大但富有远见的决定：重建埃及曾经显赫的舰队。一些造船原料及水手是从利比亚引进的，但萨拉丁对顶级木材的追求令他很快与比萨、热那亚建立了商业联系。这仅仅是阿尤布伊斯兰世界与西方之间增加军事物资、技术乃至武器的国际贸易的一个案例，它甚至在圣战战况加剧时也未停歇。苏丹的投资收到了战略上的显著成效，几年时间里，他便掌握了一支由 60 艘桨帆船（galley）与 20 艘运输船组成的舰队。很长一段时间里，近东伊斯兰教徒失去了地中海的商业、军事制海权，如今他们可以再度争霸海洋了。[42]

麻风国王

当萨拉丁巩固其对埃及和大马士革的掌控之时，一位新的耶路撒冷拉丁国王正在站稳脚跟。1174 年，阿马尔里克国王因病从巴尼亚斯撤围而去。实际上，他罹患了严重的痢疾，到了 7 月，这位 38 岁的君主去世了。他的儿子鲍德温四世（Baldwin Ⅳ）继承了王位，年轻国王的统治将笼罩着悲剧色彩，充满不断加深的危机。鲍德温在陡然登上王位时的地位有些奇特。1163 年，在高庭的坚持下，阿马尔里克在继承耶路撒冷王位前同妻子库特奈的阿格尼丝（埃德萨伯爵乔斯林二世之女）离婚。官方给出的废除婚姻的理由是近亲通婚——他们是第三代表兄妹，但背后的原因可能是担心阿格尼丝会以在位贵族的利益为代价，替在巴勒斯坦大体上已没有土地的库特奈家族谋取好处。阿马尔里克与阿格尼丝育有两个孩子——鲍德温与他的姐姐西比拉（Sibylla），虽然阿马尔里克很快另娶了拜占庭公主玛利亚·科穆宁娜，但他们的合法身份得到了保留。

鲍德温四世的童年、少年时代

1163年鲍德温年仅两岁，在一个混乱的家庭环境中长大。其生母阿格尼丝也几乎是立即改嫁了，她很大程度上远离了宫廷，几乎没有抚养过鲍德温，而继母玛利亚对他十分冷淡，更关心自己与阿马尔里克的亲生后代的利益。甚至婴儿期的西比拉对年幼的王子也实际上是一个陌生人，她是由祖姨母伊芙塔（Yvetta）在与世隔绝的贝瑟尼（Bethany）修道院的高墙内养大的。

最终，神职人员、宫廷历史学家提尔的威廉成了鲍德温童年时代最亲密的陪护人之一。1170年左右，威廉被任命为年轻王子的老师，其任务是“训练［指定继承人］形成性格，并指导他掌握文字知识”以及一系列学术研究。威廉所著的拉丁东方的历史为孩童时代的鲍德温提供了一份亲密而令人心酸的性格速写。王子的相貌（甚至包括步姿、嗓音）酷似其父，他被描绘为“一个这个年龄长得好看的孩子”，聪明伶俐，记忆力超群，酷爱学习和骑马。然而，威廉也用令人心碎的坦诚记录了鲍德温人生中可怕的那一面浮现的时刻。

当王子9岁住在威廉家中时的一天，他正与一群贵族子弟嬉戏。他们玩着一种受欢迎的比试毅力的游戏，“像孩子们经常做的那样，用指甲掐彼此的胳膊和手”，看谁会因痛苦而哭泣。尽管尽了最大的努力，也无人能让鲍德温显露丝毫不适的迹象。起初，这仅仅被当作他拥有王室所具有的忍耐力的表现，但威廉写道：

> 当这种事发生了几次后我被告知了情况……我开始询问他，[并]意识到他的半个右臂、右手已经麻木，以至于无法感觉到被掐甚至被咬。我开始心神不宁……他的父亲得知情况后询问了医生，之后就尝试用敷药、药膏甚至符咒治疗他，但皆徒劳无功。随着时间的流逝，我们开始越发清楚地明白这标志着一种更加严重的不治之症的征兆。谈及这一祸事时，人们忍不住潸然泪下。[43]

鲍德温实际上正经历着早期麻风病（leprosy）的折磨。此时还不太可能做出明确的诊断。最好的医师被请来照料王子，其中包括阿拉伯裔基督徒阿布·苏莱曼·达乌德（Abu Sulaiman Dawud）——他的健康状况似乎暂时并没有恶化。于是鲍德温能够继续学习典型的骑士马上作战技艺，而苏莱曼的兄弟被任命为男孩的骑术教师。经过训练，王子可以仅凭膝盖控制坐骑，这样就能让他正常的左臂可以自由挥舞武器，他成了一名技艺精湛的骑手。

在整个12世纪70年代初期，阿马尔里克一直试图为西比拉公主寻觅一位合适的丈夫，希望一旦事实证明鲍德温需要一个替代人选时能确保王位顺利继承。但到了1174年国王本人意外去世时，还没有为西比拉找到，而他与玛利亚·科穆宁娜留下的唯一的孩子又是个女孩——婴儿伊莎贝拉（Isabella）。在1174年7月时，鲍德温王子远远称不上王位的理想候选人。他的父母已经离异，本人年仅 13 岁（距离王国法律规定的成人期尚有两年），并且众所周知，他患有某种导致身体虚弱的疾病。尽管如此，高庭依然同意让他继位，7 月 15 日（第一次十字军占领耶路撒冷的吉祥纪念日），他在圣墓教堂经耶路撒冷宗主教正式涂油加冕。

历史学家过去常常认为，鲍德温四世的统治对拉丁东方而言几乎是一场彻头彻尾的灾难。那时适逢萨拉丁崛起并从埃及开始一统伊斯兰世界，因此有人认为，一位衰弱多病的君主让法兰克巴勒斯坦屈服了。人们批评鲍德温自私地占据王位，认为他早就该退位，并指责他因海外之地贵族觊觎权势而引发了一个充满痛苦和伤害的党同伐异的时代。

随着人们将目光聚焦于年轻国王因健康恶化而肩负的重担、其统治早期显现出来的相对的活力以及为了保卫王国和寻觅称职继承人而付出的不懈努力，最近几年他的声望有所恢复。然而，有一点仍然不曾改变。十字军国家常常遭受继承危机的困扰，当一位统治者因战斗、受伤或健康问题猝然离世时尤其如此。鲍德温的情况有所不同，恰恰由于他并未去世，其统治期间造成的伤害更深。麻风国王占据着王位，在他发病期间常常需要某种形式的摄政代行职权，其步履蹒跚的统治实际上让耶路撒冷陷入岌岌可危、脆弱的不稳定状态。[44]

在鲍德温统治的最初两年里，他尚未成年，许多政务被交给其担任摄政的表叔的黎波里伯爵雷蒙三世打理。雷蒙刚过而立之年，经历了 9 年囹圄生涯后，最近才被穆斯林释放，因此算得上某种“未知数”。伯爵身材纤细，甚至有些瘦小，皮肤黝黑，眼神犀利，行为举止有些拘谨甚至近乎冷漠。虽然天性谨慎，他仍然受到野心的驱使，而与王国内最有资格的女继承人之一——加利利女亲王埃丝基瓦（Princess Eschiva of Galilee）——的联姻使他成为耶路撒冷最强大的封臣。作为摄政，他以温和的手段与高庭打交道，并避免与萨拉丁直接对垒。1175 年当苏丹向阿勒颇进军时，他接受了一份停战协定。

这几年中，由于鲍德温四世在加冕后很快健康每况愈下，雷蒙最关心的是继承权问题。也许是由于青春期的开始，鲍德温的麻风恶化为最严重的瘤型麻风（Lepromatous leprosy），很快，这种疾病的症状就变得再明显不过了，他的“四肢和脸庞病情尤其严重，以至于其忠心耿耿的下属每当目睹他时都满怀怜悯之情”。随着时间推移，他将无法行走、失明，甚至连话都说不出来，但就目前而言，他将注定在这种绝症一次次发作中衰颓痛苦，直至走向残疾。社会和宗教对麻风病颇为歧视。它通常被当作一种天谴，意味着神的厌恶，这种疾病还被认为极易传染，通常促使患者被与社会隔离开来。[45] 鲍德温的情况极为棘手——作为一名君主，他无法接受别人的批评，又无法提供稳固的统治；从王朝的角度看，他不能延续王室血脉，这部分由于同时代人相信性接触会传染麻风，但也因为鲍德温的疾病令他不育。

在很多方面，未来的希望被寄托在鲍德温的姐姐西比拉身上。她尚年幼并在与世隔绝的修道院中被抚养长大，这意味着她不太会追随其祖母梅丽桑德凭借自身追求王权的脚步。的黎波里的雷蒙因此忙于为西比拉寻找一位合适的夫君。最终被选中的是意大利北方贵族蒙费拉的威廉（William of Montferrat），他还是欧洲两个最有权势的君主法王路易七世与德意志皇帝腓特烈·巴巴罗萨（Frederick Barbarossa，第二次十字军东征中德意志国王康拉德三世的侄子）的表亲。西比拉与蒙费拉的威廉于1176年末结婚，但在1177年6月，他染病去世，西比拉成了一个怀孕的未亡人。她后来在1177年12月或1178年1月生下了他们的儿子鲍德温（五世）——耶路撒冷王位的潜在继承人。

在12世纪70年代中期，的黎波里的雷蒙也支持提尔的威廉的仕途，让他先后被任命为王室书记长及提尔大主教，这部分可以解释为何威廉在他的编年史中对雷蒙的生涯不吝赞美之词。威廉身处拉丁王国的政治、教权中心，他从这一特权地位观察、记载了海外之地的历史。

鲍德温四世的早期统治

1176年夏天，鲍德温四世达到了成人的年龄，雷蒙伯爵的摄政结束了。年轻的国王不顾日渐恶化的麻风病，投身于政务中，并很快取得了成绩。鲍德温推翻了雷蒙的外交亲善政策，拒绝与大马士革续订停战协议并于8月初率军突袭黎巴嫩贝卡谷地，在一场小规模战斗中击败了图兰-沙阿。对伊斯兰世界政策的这一调整伴随着的黎波里伯爵的失势，在1180年前的剩余时间里，鲍德温倾向于从别处获得引导与支持。他的母亲库特奈的阿格尼丝返回宫廷，并似乎与她曾经疏远的儿子建立了亲密关系。她无疑对他的人生产生了重大影响，不久后，其兄弟乔斯林三世被任命为王室总管（王国中的最高官职，负责管理国库及王室资产）。在被穆斯林囚禁多年之后，乔斯林刚刚作为确保得到法兰克安条克支持的协议的一部分，被阿勒颇的居米什特金释放。

同一份协议让另一位注定会改写耶路撒冷历史的贵族沙蒂永的雷纳德获得了自由。他于1161年（时为安条克亲王）被努尔丁俘虏，但经历了 15 年的牢狱生涯后，一切都已物是人非。1163 年，他的妻子康斯坦丝去世，继子博希蒙德三世继位，这剥夺了雷纳德对这个叙利亚公国的统治，但与此同时，其继女安条克的玛利亚与拜占庭皇帝的结合为他带来了一轮光环。他因此作为一个出身名门、身经百战的老将获释，尽管严格说来他没有土地。这一异常现象很快通过雷纳德在鲍德温四世的祝福下迎娶外约旦夫人米利的艾蒂安内特（Stephanie of Milly）得到了解决，这段婚姻为他带来了蒙特利尔城堡和卡拉克城堡的统治权并令其处于对抗萨拉丁的的前线。

作为一位叙利亚亲王，雷纳德拥有暴虐的恶名，这源自他对希腊人领有的塞浦路斯的攻击和 1154 年左右无耻地试图向安条克拉丁宗主教利摩日的艾默里（Aimery of Limoges）勒索钱财。这位不幸的主教遭到殴打，被拖至城堡内并受迫整天坐在夏季的烈日下，其裸露在外的皮肤上被涂了蜂蜜，吸引了大群让人害怕的虫豸。然而在 12 世纪 70 年代晚期，雷纳德却成为鲍德温最信赖的盟友之一，在战争、外交、政治领域为后者提供了有益的支持。

随着埃及和大马士革被萨拉丁统一和鲍德温四世健康的恶化，巴勒斯坦法兰克人一再试图获得外援，但最终都徒劳无功。从 1176 年冬至 1177 年，沙蒂永的雷纳德作为王室使节被派往君士坦丁堡，与希腊皇帝曼努埃尔·科穆宁协商重新结盟。1176 年 9 月，拜占庭在密列奥塞法隆战役中大败于安纳托利亚的塞尔柱苏丹基利吉·阿尔斯兰二世（Kilij Arslan Ⅱ，1156 年继承了马苏德之位）。就人力和领土而言，这场失利给希腊人带来的损失相对有限，但却在欧洲和黎凡特严重损害了拜占庭的威望，曼努埃尔花费了 12 世纪 70 年代所剩的大部分时间韬光养晦。为了重申希腊人在国际舞台上的影响力，皇帝同意了沙蒂永的雷纳德的提议，承诺为新一轮针对阿尤布埃及的联合攻势提供海军支援。作为回报，拉丁王国将接受作为拜占庭保护国的地位并恢复耶路撒冷东正教牧首的权力。

这场冒险一度看似能结出硕果。1177年夏末，一支希腊舰队正式抵达阿卡，恰恰在此时，佛兰德的蒂埃里（Thierry of Flanders，一位忠诚的十字军战士）之子佛兰德伯爵菲利普（Count Philip of Flanders）率领大批军队也来到了黎凡特。为了响应海外之地拉丁人越来越频繁、强烈地请求欧洲向圣地派遣新十字军，菲利普于1175年领取了十字。然而，尽管他怀揣美好的愿望，菲利普的远征被证明是一场惨败。随着袭击埃及的最后准备工作紧锣密鼓地进行，盟友们就攻陷尼罗河地区后谁将有权领有该地爆发了争吵，在相互指责中，酝酿中的战役化为泡影。拜占庭海军受到孤立，心怀不满，起锚返回了君士坦丁堡。1177年9月，菲利普伯爵与的黎波里的雷蒙三世合兵一处，他们共同花费了整个冬季先后试图攻占哈马与哈里姆，均告失败。动摇（甚至可能倾覆）萨拉丁在埃及的地位的良机就此被浪费。在召集了一支守军击退预期中的基督徒入侵后，苏丹突然发现自己已经转危为安了。

对　峙

1177年秋末，萨拉丁发动了自努尔丁去世后针对耶路撒冷拉丁王国的第一次重大军事行动。虽然这次远征非常重要——这是苏丹作为自封的伊斯兰新吉哈德战士的“开场亮相”——但其确切动机与目的有些模糊不清。很可能，1177 年的攻势并非计划全面入侵巴勒斯坦，以收复耶路撒冷为目标，而是一次趁机而为的突袭。随着他的部队为抵挡一场预期中的进攻而集结完毕，萨拉丁抓住机会用行动来表明他对圣战的投入，试图展示自己在军事上胜过法兰克人，并牵制他们对叙利亚北部的进犯。

萨拉丁率领超过 2 万名骑兵从埃及出发，并在边境城镇阿里什建立了一个前沿指挥所。大约在 11 月 22 日，他将辎重抛在了身后，北上巴勒斯坦，抵达了亚实基伦。他于此遇见了张皇的鲍德温四世。由于大部分王国兵力正与佛兰德的菲利普和雷蒙三世身处北方，国王紧急召集了海岸一带他所能找到的军队。正如一位同时代东方基督徒记载的那样，“每个人都对身患重病、行将就木的国王不抱期望，但他却鼓起勇气策马迎战萨拉丁”。沙蒂永的雷纳德、王室总管库特奈的乔斯林加入了鲍德温的队伍（大约 600 名骑士和数千步兵），而伯利恒主教带来了真十字架。这支军队短暂地摆出了阻挡穆斯林推进的姿态，但由于人数过于悬殊，法兰克人很快便撤至亚实基伦的城墙内，令萨拉丁得以自由地向着犹地亚（Judea）内陆进攻。[46]

蒙吉萨之战

这时，苏丹犯下了一个致命的错误。他似乎判断法兰克人将蜷缩在亚实基伦避战不出，便允许部队四散开来，劫掠拉姆拉、利达等拉丁城镇，而没有布置有效的侦察网以监控鲍德温的行动。然而，年轻的国王在沙蒂永的雷纳德的辅佐、激励之下，不愿坐视自己的王国遭受蹂躏。在与圣殿骑士团大团长奥多・德・圣阿芒（Odo de St. Amand）及其麾下驻加沙的 80 名圣殿骑士会师后，鲍德温做出了一个大胆（甚至可能有些鲁莽）的决定——迎击萨拉丁。提尔的威廉记载道：“［国王］认为，放手一搏固然胜负难料，但也好过任凭其子民遭受强奸、战火和屠戮。”这可能是一场生死赌博。

11 月 25 日下午，苏丹正向伊贝林以东行军，而他的大部分军队散布于周围的沿海平原上，此时拉丁军队毫无征兆地突然出现。萨拉丁剩下的部队当时正在渡过一条蒙吉萨山附近的小河。沙蒂永的雷纳德几乎立即对这支阵形破碎的队伍发动了重骑兵冲锋，苏丹无力组织任何有效防御，其数量占优的军队很快被打败了。一位同时代穆斯林承认，“我们一败涂地。一个法兰克人冲向萨拉丁，几乎到了触手可及的距离，但在他面前被杀死了。法兰克人从四面八方扑来，于是他逃走了”。

当苏丹勉强逃离战场时，凶残的战斗还在持续。为了逃生，他的士兵们丢盔弃甲，拉丁人锲而不舍地追击了超过 10 英里，直至入夜，穆斯林方获得了喘息之机。双方都蒙受了重大伤亡，即便是获胜的基督徒也付出了 1100 条人命，还有 750 名伤员后来被送往了耶路撒冷圣约翰医院。不过，尽管穆斯林确切的损失程度依旧不详，但他们的心理无疑受到了重创。萨拉丁在蒙吉萨颜面尽失。其密友和顾问伊萨被法兰克人俘虏，在被以 6 万金第纳尔巨款赎回自由前度过了数年的牢狱时光。苏丹被迫逃离战场，其重返埃及之路因连续 10 天罕见的瓢泼冷雨以及薄情善变的贝都因人洗劫了他位于阿里什的营地而更加悲惨窘迫。在经受了食物、饮水短缺之苦后，萨拉丁最终于 1177 年 12 月初跌跌撞撞、狼狈不堪地走出了西奈半岛。

不可回避的事实是，他因自身的轻率、疏忽导致部队失利，因此，其拥有自信的军事指挥能力的声誉受到了败坏。在公开场合，萨拉丁竭力淡化损失，在书信中他辩称，拉丁人实际上在战斗中伤亡人数更大，并解释了其返回埃及速度缓慢的原因：“我们携带着伤病员，放慢速度也是为了让掉队士兵能够［赶上］。”他也花费时间金钱重建了部队。然而，私下里，蒙吉萨留下了疤痕。伊马德丁认为它是“一场灾难和浩劫”。超过 10 年后，关于这场“可怕的逆转”的记忆还历历在目，苏丹承认，那算得上“一场大败”。[47]

血亲的负担

由于必须解决图兰－沙阿的无能所惹出的麻烦，任何立即一雪前耻的期望都落了空。1178 年 4 月，萨拉丁回到大马士革解除了其兄长的职务，但随后陷入了左右为难的困境。作为接受降职的补偿，图兰－沙阿要求获得巴贝克的统治权——这是一座位于肥沃的贝卡谷地的富饶的黎巴嫩古罗马城市。问题在于，苏丹已将这片土地作为伊本·穆卡达姆促成 1174 年大马士革投降的犒赏赐予了他，埃米尔如今自然不愿拱手让人。这件事在之后几个月中的发展意味深长。它凸显了贯穿萨拉丁生涯的一个棘手问题。为了打造其“帝国”，苏丹通常更仰仗其亲属而非任人唯贤，但这种信任有时被证明是没有根据的。像图兰－沙阿那样的无能、不可靠，甚至可能不忠的人物是一种拖累，会对阿尤布统治的宏伟梦想造成严重损害。然而事实一再证明，萨拉丁不愿与其血亲反目。在试图解决巴贝克难题的过程中，苏丹显示出他为了实现目标也能两面三刀、不择手段。

在一个夏天的外交斡旋失败后，1178 年秋，萨拉丁来到了巴贝克。据伊马德丁记载，起初他像“对待幼儿般地讨好伊本·穆卡达姆”，但当这一切宣告无效时，在接下来的整个冬季，苏丹封锁了该城。与此同时，萨拉丁发动了一场明目张胆的宣传运动来为自己的干涉正名。伊本·穆卡达姆被宣布为异见分子，在写给巴格达的信件中，他遭到各式各样的指控：使用一群无能的“蠢货败类”保卫边境、对抗法兰克人，后来又与这些基督徒敌人暗通款曲。第二年春，这位“叛变”领主已被抹黑，他屈服了，并接受了一项交易。图兰－沙阿如愿获得了他所选的报偿——巴贝克，但即便在此地，他似乎也是不称职的，很快便被打发回了埃及，1180 年他在那里去世。同时，由于遵从了萨拉丁的意愿，伊本·穆卡达姆重获信任。他被赠予了安条克、阿勒颇以南的土地，终其余生都保持着对苏丹的忠诚。[48]

哀恸之地

当身陷巴贝克的争端中时，萨拉丁在大马士革与耶路撒冷王国的边境地带嗅到了不祥的气息。鲍德温四世趁蒙吉萨大捷之势，施行了一项颇具威胁的计划，准备巩固巴勒斯坦的防御并动摇阿尤布王朝在叙利亚的统治。

若要认识到上述事件的重要意义，有必要了解 12 世纪时的边境是如何起作用的。和中世纪世界的大多数地区一样，黎凡特的穆斯林与法兰克人的领土很难用现代意义上的边界来划分，而是大体由“边境地带”来界定——双方在这里都没有完全的主权，但均能施加政治、军事、经济上的影响。这些争议地区所处的位置有些类似王国间的无人地带，常常与地形地貌特点紧密相关，那里可能是山峦、河流、茂密森林，乃至沙漠。某个政体试图在这类地区巩固或扩大影响力，可能会对当地的稳定及敌对双方间的总体权力平衡产生深远影响。

12 世纪初的一个典型的例子是安条克的拉丁公国越过低洼、岩石丛生的贝吕什山（与阿勒颇的自然边境地带）向东扩张其势力范围。这一关乎阿勒颇生死存亡的日益严重的威胁激起了穆斯林的报复，最终以 1119 年的血田之战收场。12 世纪 70 年代末，鲍德温四世与萨拉丁之间也出现了类似的对峙。在此期间，他们各自王国的关键边境区位于加利利海以北，大体沿着约旦河上游的河道。此前，争夺统治权的焦点位于东北方的设防城镇巴尼亚斯。然而 1164 年它落入努尔丁手中后，拉丁人在约旦河东的影响力就减弱了，由此形成的现状对大马士革穆斯林有利。

1178 年 10 月，为了在约旦河上游边境区获得优势，鲍德温四世使出了大胆的一招。他的目标并非收复巴尼亚斯，而是在约旦河西岸的一个古渡口（法兰克人称之为雅各浅滩，阿拉伯语名为拜特·阿赫赞［Bait al-Ahzan］，即“哀恸之地”，据说雅各认为他的儿子死在这里，他在此哀悼）处建造一个全新的防御工事。浅滩上游是沼泽，往南则水流湍急，因此这里是约旦河几英里内唯一的渡口，充当了拉丁巴勒斯坦与叙利亚伊斯兰势力之间的重要门户，并提供了进入富饶的特勒德苏埃特的路径。至关重要的是，雅各浅滩距离大马士革仅有一天的路程。

鲍德温希望通过在此修建一座大型城堡来使地区权力平衡转向对法兰克人有利。他得到了圣殿骑士（他们在加利利北部拥有领土）的支持，王室与骑士团为了这一计划付出了大量心血。1178 年 10 月至 1179 年 4 月间，鲍德温实际上移驾到了工地以便现场扮演监工和保护人的角色。为了偿付大量的工人，他兴建了一座铸币厂生产专门的钱币，并就地发放王室特许状。

这座城堡威胁到了萨拉丁成长中的阿尤布帝国，因为它让法兰克人进可攻，退可守。很难指望中世纪的堡垒能将边境防护得滴水不漏——攻方军队可以绕过要塞，如果拥有足够人力物力，亦能最终突破其防御。但城堡的确为驻防军队提供了一个相对安全的环境，其驻军能够骚扰、阻碍敌人任何进犯的尝试。如果雅各浅滩上出现一座圣殿骑士的堡垒，那么苏丹攻击拉丁王国的能力肯定会受到抑制。其守军还可以袭击穆斯林领土、劫掠商队并威胁大马士革本身。在首都受到威胁的情况下，萨拉丁于阿勒颇和美索不达米亚扩张势力的雄心勃勃的计划很可能将举步维艰。因此，约旦河畔修筑的这座城堡带来的威胁是不可忽视的。不幸的是，他的军队正驻扎在巴贝克，直接对雅各浅滩进行军事打击并不可行，因此苏丹最初试图用贿赂代替暴力。为了让法兰克人停工并放弃该地，他起初出价 6 万第纳尔，随后是 10 万第纳尔。但是，尽管提供了这笔财富，鲍德温与圣殿骑士还是拒绝了。

乍看之下，所有幸存文献证据似乎都表明，雅各浅滩上的城堡于 1179 年 4 月完工，麻风国王将该据点的指挥权交给了圣殿骑士。提尔的威廉在那年春天亲眼看到后肯定地描述说它已“彻底竣工”。穆斯林目击者也确认了这一事实，一份阿拉伯语文献称，其城墙“由铁块和石头垒成，坚不可摧”。直到 20 世纪 90 年代，历史学家们一直认为这意味着雅各浅滩上建起了一座完全成型的同心圆城堡（拥有一道内城墙和一道外城墙），使它成为一个无比令人生畏的要塞。但在 1993 年，以色列学者龙尼·埃伦布卢姆（Ronnie Ellenblum）重新发现了这处失落已久的法兰克要塞的地点。以他为首的一个国际专家团队于该地的考古调查重塑了我们对历史事件的认知和对文献资料的解读。挖掘结果确凿无疑地表明 1179 年的雅各浅滩上修建的并非一座同心圆城堡——实际上，其四周仅有一道城墙和一座塔楼，并且实际上还在施工当中。这表明，对提尔的威廉及其同时代人而言，“竣工”的堡垒是指有城墙环绕并可提供防御，而非具有完全的形制，并且，这座特别的要塞实际上是个半成品。

对萨拉丁来说，至关重要的是这意味着雅各浅滩依旧相对脆弱，从 1179 年春起，随着巴贝克的屈服，他重返大马士革以解决这座城堡的问题。随后的几个月中爆发了一系列非决定性的遭遇战，双方都在试探对方虚实。萨拉丁率领一支远征部队去检验雅各浅滩的实力，但当他的一位将领被圣殿骑士射杀后便很快撤兵了。尽管如此，苏丹的部队在另外两场小型战斗中击败了鲍德温军。其中一战，国王的统帅（其主要的军师）阵亡；另一战中，圣殿骑士团大团长奥多·德·圣阿芒与 270 名骑士一道被俘。这些胜利打乱了基督徒的军事指挥体系，多少挽回了一些穆斯林在蒙吉萨失掉的颜面。随着天平重新向萨拉丁倾斜，鲍德温国王率部返回耶路撒冷修整，而苏丹则从叙利亚北部和埃及召集了援军。

到了 1179 年 8 月末，萨拉丁已经为全面进攻雅各浅滩做好了准备。24 日星期六，他开启了一场以强袭为主的围攻，目的是尽快突入城堡。萨拉丁没有时间进行长期围困，因为麻风国王如今驻扎在加利利海岸边的太巴列附近，就在西南方向仅有半天行程处。一接到受攻击的消息，国王便开始集结援军，因此，这次围攻实质上就是一场穆斯林能否在拉丁人抵达前攻破城防的竞赛。综合同时代文字记载与现今的考古发掘证据，我们能生动描述接下来血腥的 5 天中所发生的事情。萨拉丁从东西两侧用弓箭开始向要塞射击（在这些地方发掘出了数以百计的箭头），希望以此打击圣殿骑士守军的士气。与此同时，可能来自叙利亚阿勒颇的专职坑道兵被派往城墙东北角挖掘地道，希望凭借其坑道技术摧毁城墙。一条地道很快被挖好并填满了木料，然而一经点燃后，事实证明它规模太小以至于不能让上方的城墙破裂。情急之下，苏丹向每位从河中运来一羊皮袋水灭火的士兵悬赏 1 金第纳尔，然后，扩大地道的工程夜以继日地持续进行着。与此同时，鲍德温已经从太巴列整军待发。

8 月 29 日黎明，麻风国王与其主力启程前去援救要塞。他不知道的是，此时此刻，萨拉丁经扩张后的攻城地道里火光冲天。其木质支柱被适时点燃，地道崩塌了，并导致上方的城墙塌陷。萨拉丁后来写道，当火焰扩散开后，城堡就像“一条在火海中漂泊的船”。当他的军队从城墙缺口拥入后，发生了拼死一搏的白刃战，而精锐的圣殿骑士守军进行了最后的抵抗，血染战场，却无力回天。圣殿骑士守军指挥官英勇地跨上战马，孤注一掷地冲向燃烧中的豁口；一位穆斯林目击者后来形容道：“他纵身冲向火窟，对高温毫无畏惧，从这个火盆中，他立即被扔进了另一个——地狱。”

随着城堡防御的崩溃，拉丁守军最终被压倒，随后是血腥的洗劫。最近在围墙内挖掘出的骸骨证实了这场袭击的残暴。一个男性的头盖骨上显示有 3 道不同的剑伤，最后一道劈开了头骨，压碎了大脑。另一具骸骨显示，在被杀死前，他的一条手臂被从手肘上方砍了下来。随着该地大部分陷入火海，萨拉丁处决了超过一半的守军，战利品堆积如山，其中包括 1000 具甲胄。至星期四中午，向北行军中的鲍德温绝望地看见了地平线上升起的浓烟——这是雅各浅滩被毁的证据。他仅仅晚了 6 个小时。

随后的两周里，萨拉丁拆除了雅各浅滩的城堡，把它夷为平地。实际上，他后来声称自己亲手破坏了地基。大部分拉丁死者，连同其马匹和骡子，被扔进了要塞巨大的蓄水池中。此举十分不明智，不久后，一场“瘟疫”爆发了，它蹂躏了穆斯林军队，夺取了萨拉丁 10 位指挥官的性命。到了 10 月中旬，随着主要目标已实现，苏丹决定放弃这个似乎受了诅咒的地方，雅各浅滩遂沦为了尘封的断壁残垣。[49]

1179 年夏萨拉丁取得的胜利打破了法兰克人自蒙吉萨以来一直在形成的军事上的势头。拉丁人攫取约旦河上游的边境区控制权并向大马士革施压的企图破产了。苏丹保住了埃及与叙利亚的统一。然而，通过征服阿勒颇和摩苏尔统一伊斯兰世界的工作依旧尚未完成。

II

伊斯兰世界的苏丹

虽然萨拉丁在1179年对法兰克人取得了一系列胜利，但在12世纪80年代初期，他回到了帝国建设的事务中，将大部分精力、资源用于巩固他对埃及与大马士革的统治，以及将自己的权威扩展到阿勒颇和摩苏尔的穆斯林。1180年春，由于叙利亚持续遭受干旱、饥馑之苦，他与拉丁人签署了一份两年的停战协议——考虑到双方都没有为确保和平而破费，该协约显然被认为对双方都有利。这项协议让萨拉丁得以腾出手来解决伊斯兰世界的一系列问题。

统治之欲

萨拉丁的一个当务之急是抑制安纳托利亚的塞尔柱苏丹基利吉·阿尔斯兰二世日益增长的权势和影响力。自从1176年在密列奥塞法隆击败拜占庭人后，基利吉·阿尔斯兰踌躇满志，并得以宣称自己才是伊斯兰圣战中冉冉升起的真正领军人物（这不无道理）。萨拉丁四处发动旨在诋毁这位塞尔柱领导人的宣传活动，声称后者破坏穆斯林的团结——萨拉丁甚至在向巴格达解释1180

年自己为何与耶路撒冷法兰克人休战时称，他无法同时应对基利吉·阿尔斯兰与拉丁基督徒构成的严重威胁。1180 年夏，萨拉丁留下侄子法鲁克－沙阿镇守大马士革，本人率军北上与一些幼发拉底河上游地区的城市结盟，为的是把基利吉·阿尔斯兰的野心限制在小亚细亚内。萨拉丁还用武力逼迫奇里乞亚新任亚美尼亚统治者鲁本三世（Roupen Ⅲ）接受互不侵犯协定，从而有效地消除了亚美尼亚基督徒反对阿尤布王朝扩张的倾向。

大约在此时期，一系列人物的去世改变了政治格局。1180 年，拜占庭皇帝曼努埃尔·科穆宁撒手人寰，留下了一个 11 岁的儿子作为继承人，两年后被曼努埃尔的堂弟安德罗尼库斯·科穆宁（Andronicus Comnenus）取而代之。该时期的特征是希腊人与十字军诸国的关系渐行渐远，这对萨拉丁有利。1181 年，拜占庭人与苏丹签订了和约，这是他们在黎凡特事务中转向中立的第一个迹象。安德罗尼库斯在 1182 年夺权的时候，还屠杀了在君士坦丁堡生活、贸易的拉丁人，并且新皇帝几乎没有做任何与海外之地重建合作关系的努力。

东部也发生了类似的变化。1180 年，阿拔斯王朝哈里发与他的维齐也去世了。萨拉丁明白这可能预示着他从巴格达获得的支持将有变少的危险，便悉心培植与新任哈里发纳赛尔（al-Nasir）的交情。赞吉王朝也遭受了损失。1180 年夏，摩苏尔的赛法丁薨殂，由弟弟伊兹丁（Izz al-Din）接位。更重要的是，1181 年末，努尔丁的儿子、正式继承人萨利赫因病去世，年仅 19 岁。此事对萨拉丁未来的雄心抱负至关重要。最近几年，随着居米什特金死于阿勒颇的宫廷阴谋，萨利赫成为一个潜在的强大对手。作为赞吉王朝名义上的正统领袖，萨利赫代表着王朝延续的希望并享有阿勒颇人卑微的忠诚。倘若他未去世，萨利赫可能会对阿尤布王朝的统治地位构成严重挑战；至少，他只要活着就将削弱萨拉丁是伊斯兰世界唯一合法卫士的说法，并很可能让苏丹兵不血刃占据叙利亚北部的希望化为泡影。虽然阿勒颇的权力很快转移至赛法丁的哥哥辛贾尔的伊马德丁·赞吉手中，但萨利赫的死亡还是为萨拉丁带来了一个他期待已久的在伊斯兰世界扩大权力的机会。[50]

为了发动打击阿勒颇与摩苏尔的赞吉家族的新战役，萨拉丁做了精心准备。在 1181 年和 1182 年初的大部分时间里，萨拉丁专注于治理埃及，1182 年春，他启程向叙利亚进发，留下阿迪勒与加拉古什执掌尼罗河区域。沙蒂永的雷纳德得知了苏丹将在 5 月途经外约旦后备感震惊，他尤其担心这一地区即将收获的谷物毁于一旦，便说服鲍德温四世在卡拉克城堡集结了王国的全部军队。结果，萨拉丁率部以密集队形从城堡旁经过，但并未发动攻击，双方相安无事。

1180 年与法兰克人签订的停战协议现已失效，那年夏天，阿尤布王朝对耶路撒冷王国发动了几次试探性攻击。当萨拉丁行军穿越外约旦时，法鲁克 – 沙阿利用拉丁人的加利利地区兵力空虚，从他的大本营大马士革攻占了基督徒位于加利利海东南的小型三层洞穴要塞（被称作“苏埃特洞穴”），这是他们在特勒德苏埃特地区最后的加固前哨。随后，7 月和 8 月，苏丹领导了两次对法兰克人的远征。第一次是对下加利利（Lower Galilee）的大规模入侵以及对贝特谢安（Bethsan）要塞的短暂围攻，这促使鲍德温国王再度于西弗利亚（Saffuriya）集结军队。该地位于阿卡和太巴列之间，泉水充足，牧草丰美，是基督教军队的天然补给站。7 月 15 日，仲夏的烈日下，贝特谢安附近爆发了一场非决定性的战斗。背负真十字架的拉丁教士被炙烤得中暑身亡，而萨拉丁的部队虽然第二次穿越了约旦河，但在他们的首个宿营地依然觉得酷暑难当。据一位目击者所说，苦盐水和瘴气意味着“医生们大发横财”，很快，他们便进一步朝着大马士革撤退了。[51]

1182 年 8 月，萨拉丁再度发起进攻，这一次的目标是沿海城市贝鲁特。重建的埃及海军已在 1179—1780 年投入使用，袭扰了阿卡和的黎波里周围的拉丁人航运。但如今苏丹将其舰队投入到双管齐下的攻势中，从陆地、海上包围贝鲁特。在 3 天时间里，他的弓箭手对城市倾泻箭雨，同时坑道兵试图破坏城墙，然而当鲍德温的援军接近时，萨拉丁终止了攻击，在撤回穆斯林领土的路上，他纵兵蹂躏了周边的乡村。

1182 年的上述战役皆非决战，而是旨在评估法兰克人实力与反应的趁机突袭，同时对他们造成伤害，并以最低的风险和代价攫取任何可获得的领土或物质回报。如此，它们便确定了往后数年的基调。这些表面上投身于吉哈德的例证让萨拉丁能为他继续尝试征服穆斯林的叙利亚、美索不达米亚——显然，这才是他真正优先考虑的事情——提供理由。萨拉丁写给巴格达哈里发的一系列信件表明，这一时期阿尤布王朝一再做出直白的声明和狡黠的诡辩。苏丹抱怨说，他业已表现出对拉丁人发起圣战的意愿，但由于赞吉的入侵威胁，他经常偏离这一事业。穆斯林迫切需要团结，萨拉丁提议，他应该有权征服任何拒绝加入其吉哈德的穆斯林。与此同时，阿勒颇和摩苏尔的赞吉统治者被描述为国家的叛徒。他们受到以世袭继承的方式攫取权力的指控，而按照法律，这些城市的统治权本应由哈里发赐予。据说，摩苏尔的伊兹丁唯命是从地与耶路撒冷签署了一份 11 年的和约（这违反了穆斯林与非穆斯林最多签署 10 年和约的惯例)，并许诺向基督徒偿付一笔 1 万第纳尔的年金。后来，伊马德丁·赞吉因为与安条克的交易也受到了同样的指控。借助此番宣传攻势，萨拉丁赢得了哈里发和更广泛的公众舆论的支持，为其大规模的反赞吉王朝行动打下了基础。

1182 年夏末，当他仍在对贝鲁特进行短暂的围攻时，动手的契机来临了——哈兰的阔克伯里（Keukburi of Harran)，一位迄今仍支持赞吉王朝并曾在 1176 年与萨拉丁交战的突厥军阀，此刻却邀请阿尤布王朝军队跨过幼发拉底河，这实际上表明他意欲改换门庭。[52] 作为回应，苏丹在未与耶路撒冷续订任何停战协议的情况下集结了一支军队，于秋天在伊拉克发动了一场战役。

萨拉丁针对阿勒颇和摩苏尔的战役（1182—1183)

1182 年 9 月末，萨拉丁以阔克伯里的邀请为借口发动了远征，他向东进军，在幼发拉底河附近与哈兰领主会师，随即深入杰奇拉境内。在此后数月中，苏丹竭尽全力地限制与穆斯林对手公开交战的次数，更倾向于利用恐吓、外交及宣传来不战而屈人之兵。不久后，他就要求大马士革和埃及提供更多的资金，用来收买其对手。甚至提尔的威廉也意识到，苏丹用过度的贿赂让此前“隶属于摩苏尔的几乎整个地区”迅速称臣，包括埃德萨。[53]

11 月，萨拉丁继续前进，威胁摩苏尔本身。尽管受到阔克伯里的支持鼓励，苏丹还是不愿对这座城市发起艰难而血腥的围困，然而，其威逼伊兹丁臣服的愿望落了空。冬天来临，双方陷入了僵局，哈里发纳赛尔派来了使节，希望居中调和。让萨拉丁懊恼的是，他们采取了中立立场，不偏向阿尤布王朝或赞吉王朝中的任何一方，苏丹几乎两手空空地悻悻而去。12 月，他向东行军约 75 英里抵达辛贾尔，并迫使这座重要的设防城镇投降。他暂时偃旗息鼓以避开冬季最恶劣的天气，随后向东北行军，于 1183 年早春抵达迪亚巴克尔，在 4 月夺取了这座被认为固若金汤的都城，随着此次胜利，马尔丁的阿尔图格王朝统治者签署了城下之盟。在 6 个月中，萨拉丁已孤立并差不多削弱了摩苏尔，通过武力和游说赢得了杰奇拉和迪亚巴克尔的大部分地区。自始至终，赞吉王朝都无甚反应。伊兹丁和伊马德丁・赞吉试图在 2 月末组织一场反击，但他们既缺乏资源，又没有勇气实现目标。

萨拉丁已经取得了令人满意的进展，但他仍然无法拿下摩苏尔。那年春天他发动了日渐浩大的外交攻势，希望能改变巴格达的舆论，使之对自己有利。他在写给哈里发的信件中指控赞吉王朝煽动法兰克人攻击阿尤布王朝在叙利亚的领土，甚至为基督徒的战争提供资金。苏丹还去迎合哈里发纳赛尔在宗教和政治上的野心，宣称阿尤布王朝将迫使美索不达米亚承认哈里发的权威。萨拉丁十分大胆地补充道，倘若巴格达支持他对摩苏尔的声索，他将能够征服耶路撒冷、君士坦丁堡、格鲁吉亚和摩洛哥。大约与此同时，苏丹还狡猾地试图破坏赞吉王朝的团结，他联络并警告伊马德丁・赞吉说，摩苏尔的伊兹丁据称提出要与阿尤布王朝结盟共同对抗阿勒颇。

自晚春以来，萨拉丁将他的作战焦点转向了阿勒颇，1183 年 5 月 21 日，他再次渡过幼发拉底河，率军围住了这座城市。苏丹又一次希望避免兵戎相见，然而阿勒颇人很快表明了自己保家卫国的意愿，他们每日都向其军队发动猛烈攻击。对萨拉丁而言幸运的是，事实证明伊马德丁・赞吉更容易动摇。这位统治者断定阿尤布对叙利亚的控制现在已是牢不可破，自己的孤立抵抗将不堪一击，便与苏丹展开了秘密谈判。6月12日，他同意了条件，向萨拉丁的军队打开了阿勒颇城堡的大门，这使当地居民大为震惊。作为补偿，伊马德丁·赞吉获得了杰奇拉的一块领土（包括他昔日的封地辛贾尔），同时许诺随时为苏丹提供军队。那年夏天，尤迪克（曾在1169年帮助萨拉丁逮捕埃及维齐沙瓦尔的叙利亚军阀）也被纳入了麾下。自1174年起，尤迪克便拒绝支持阿尤布王朝，而对阿勒颇忠心不渝。如今，他终于为苏丹效命，并成了他最忠诚干练的将领之一。

一旦控制了阿勒颇，萨拉丁立即试图抑制内乱、培育团结的氛围。非穆斯林的赋税被废除，那年夏天晚些时候，他颁布了城中非穆斯林需穿着特殊服装的法律——此举似乎是为了增强阿勒颇逊尼派、什叶派穆斯林之间的凝聚力，并促进他们接受阿尤布王朝的统治。

占据阿勒颇是萨拉丁的一项重大成就。差不多10年之后，他统一了叙利亚的穆斯林统治区，现在可以对尼罗河至幼发拉底河之间的大片土地拥有统治权。一些保存至今的信件揭示了苏丹庆祝、宣扬其胜利的方式。如往常一样，他也小心翼翼地为自己的征服正名，宣称如果可以的话，他本乐于分享伊斯兰世界的领导权，然而在战争期间，只能一人独揽大权。阿勒颇的征服被描绘为向收复耶路撒冷迈出的一步，他自豪地宣布："伊斯兰教徒已被唤醒，将一扫不信者的幽影。"[54]

在此番花言巧语之下，1183年夏末，萨拉丁至少在某种程度上不得不履行其宣传中暗含的打击法兰克人的承诺了。为了巩固叙利亚北部防御，在南下前往大马士革对耶路撒冷王国展示武力前，他与安条克的博希蒙德三世签署了和约，达成的条款对伊斯兰教徒极为有利——包括释放穆斯林战俘和割让领土。

对法兰克人的战争

近年来，法兰克巴勒斯坦的权力平衡发生了重大变化。在 12 世纪 70 年代末，随着鲍德温四世国王健康状况的恶化，他在其寡居的姐姐西比拉与著名法国贵族勃艮第公爵于格三世（Hugh Ⅲ of Burgundy）间安排了政治联姻。法王路易七世于 1180 年去世，留下了年幼的儿子腓力·奥古斯特（Philip Augustus）继位，这打乱了计划，因为接踵而来的法国权力斗争让于格不愿离开自己的公国。因此，不得不为西比拉另觅夫君。此时，的黎波里的雷蒙三世和安条克的博希蒙德三世似乎已下定决心，为了他们自己的野心和耶路撒冷的长治久安，鲍德温四世应淡出权力中心。大约在 1180 年复活节，两人试图迫使西比拉嫁给他们选中的盟友伊贝林的鲍德温（Baldwin of Ibelin）——冉冉升起的伊贝林家族中的一员——这不啻一场政变。倘若此事成真，麻风国王可能将会被边缘化，然而，鲍德温四世不愿放弃自己在继承权上的影响力。在母亲阿格尼丝与舅舅库特奈的乔斯林的支持下，他掌握了主动权。趁雷蒙和博希蒙德插手前，国王将西比拉许配给了自己中意的候选人吕西尼昂的居伊（Guy of Lusignan），他是一位拥有贵族血统的普瓦图骑士，最近刚抵达黎凡特。

在某种程度上，鲍德温的选择亦是无奈之举，因为居伊是当时巴勒斯坦唯一成年、未婚且出身高贵的男子。居伊与普瓦图之间的关系（该地区由安茹王朝的英格兰国王亨利二世统治）可能也是个因素——随着法国卡佩王朝陷入内乱，英格兰作为盟友的重要性上升了。尽管如此，居伊突然变成主要的政治人物还是令人意外。迎娶西比拉后，吕西尼昂的居伊成了耶路撒冷王位的指定继承人。他还将在鲍德温四世因病不能理事时担任摄政职务。问题在于，居伊的平步青云是否会让宫廷中的其他主要成员（包括的黎波里的雷蒙和伊贝林家族）心生怨怼。居伊作为政治、军事领袖的才能也还未得到检验，他是否愿意于鲍德温四世执掌权力期间收敛对王位的野心也是个未知数。[55]

拉丁人的奋起一搏

1183 年秋，萨拉丁对法兰克巴勒斯坦发动攻势的决定并非仅仅是因为他渴望确定自己有发动吉哈德的资格。在某种程度上，他的进攻亦是对近来拉丁人入侵的报复。1182 年末，法兰克人在苏丹离开伊拉克期间劫掠了大马士革及布斯拉周边地区，并夺回了苏埃特洞穴。

在外约旦的南部，沙蒂永的雷纳德发动了一场蓄意更加咄咄逼人的战役，为此他（可能与国王一道）准备了大约两年之久。萨拉丁的情报网已警告说卡拉克领主正在筹划一场攻势，但苏丹误以为这将集中在横穿西奈半岛连接埃及与大马士革的路线上，遂委派阿迪勒去加强要冲阿里什的防御。实际上，雷纳德的计划要大胆得多，即使从战略层面看不那么明智。从 1182 年末至 1183 年初，5 艘在卡拉克分段制造的桨帆船被用骆驼运送至亚喀巴湾，重新组装后下水驶入红海。这是几百年来基督徒的船只第一次在这片水域航行。雷纳德让舰队兵分两路，两艘船封锁穆斯林控制的港口亚喀巴，他本人则稍后从陆上发动攻击；剩下的

3 艘桨帆船南下，船上配备了阿拉伯领航员并承载了士兵。显然，法兰克人从未收到这支 3 艘船构成的小舰队取得非凡功绩的消息。唯一一份拉丁文献记录道，在出发之后，“它们音讯全无，无人知其下落”。而雷纳德对亚喀巴造成一定破坏后，也选择了班师回国。

然而，在伊斯兰世界中，令人震惊和史无前例的红海远征引起了公愤。在长达数周的时间里，3 艘基督教桨帆船对埃及、阿拉伯毫无戒备的港口造成了严重破坏，袭扰朝圣者与商人，并威胁到伊斯兰教徒精神上的心脏地带——圣城麦加与麦地那。甚至有流言说，基督徒打算窃取穆罕默德的遗体。只有当阿迪勒经陆路将自己的舰队从开罗运抵红海后，它们才遭到了围捕。基督教船员们被迫在阿拉伯海岸弃船遁入了沙漠，然而，陷入绝境后，有 170 人可能在得到了安全保证后投降了。但是，他们最终并未被免死。

被告知上述事件时，萨拉丁正在伊拉克，他坚持要杀一儆百：在官方层面，他主张对觊觎伊斯兰教最神圣之地的异教徒不可心慈手软；当然，在私下里，他想必已充分意识到了一个令人不安的事实——在这令人蒙羞的危急关头，他作为自封的信仰卫士，却在外地与穆斯林同胞争斗。因此，尽管阿迪勒明显感到不安，苏丹还是要求对拉丁囚徒“无与伦比的滔天”罪行进行惩罚，据阿拉伯语的证词所说，他坚持“净化被他们玷污的土地与空气”。大部分俘虏被单独或成对地送到阿尤布王国内的各个城镇予以明正典刑，但有两人被留了下来，等待更可怕的命运。在下一次麦加朝觐时，他们被带到麦加郊外传统上宰牲并将其肉分给穷人之处，在一群激愤的朝圣者面前，两位不幸的俘虏被像“献祭的牲口”一般宰杀了。对阿拉伯半岛的亵渎受到了惩罚，苏丹作为伊斯兰教保卫者的形象得到了维护，但关于法兰克人入寇红海的耻辱回忆没能被抹去，它的发起者沙蒂永的雷纳德如今成了千夫所指之人。[56]

冲突升级?

当萨拉丁最终于1183年秋攻打耶路撒冷王国时，基督徒的巴勒斯坦暴露出了严重的弱点。那年夏天，鲍德温四世的健康再度急转直下。至此，麻风病已摧毁了其身体，“他双目失明，四肢糜烂，手足皆失去了功用”。他不再能骑马，变得习惯于躺在担架上出行。尽管到了这般田地，提尔的威廉证实说：“他身残而志不残，尽其所能地努力隐藏病况，心系国事。”然而，在1183年，他染上了第二种疾病，“受发烧的折磨……失去了生的希望”。年轻的国王因病不能理事，对萨拉丁将在何处发动新攻势忧心如焚，他陷入了绝境。在召集耶路撒冷、的黎波里和安条克的军队集结于西弗利亚后，他本人引退至拿撒勒，暂时将执政权转交给了姐夫（显而易见的继承人）吕西尼昂的居伊。

作为摄政，在萨拉丁于1183年9月末入侵加利利时，居伊获得了法兰克人主帅一职。他身后是巴勒斯坦法兰克人有史以来召集的最大规模军队之一——包含约1300名骑士和1.5万名步兵，但人数上依旧逊于穆斯林部队。由于几乎没有在全面战争中指挥如此一支大军的经验，他的能力肯定受到极大的挑战，但从军事科学的角度衡量，他做得即使不是很出色，也卓有成效。当萨拉丁再度劫掠贝特谢安时，居伊用步兵掩护着骑兵，井然有序地推进，并且除了小规模战斗，避免草率地进行会战。萨拉丁向北后撤了一小段距离，希望能诱使拉丁人打破阵形，但没有人追击，在阿音札鲁特（Ayn Jalut）村附近，双方保持1英里距离，摆出了防御姿态。尽管苏丹一方竭力挑逗对方进攻，但僵局仍持续了近两周，10月中旬，穆斯林部队撤退到约旦河对岸。法兰克人躲过了一劫。

在整个战役中，居伊几乎严格遵循了“十字军”惯有的防御战略准则，他维持着部队纪律，试图通过推进施加的威胁限制敌人的机动性，但避免冒险会战。然而，尽管如此小心谨慎，由于任凭萨拉丁劫掠王国，他还是遭到了宫廷政敌的严厉抨击，指责他的犹豫怯懦与骑士文化不符。事情的真相是，尽管在战术上是合理的，谨慎避战却不受推崇。甚至著名的君主和经验丰富的战场指挥官在力图强制维持秩序时，表面上也会显得耻辱和胆怯。1115年，萨莱诺的罗歇为了让手下维持战线，不得不威胁要刺瞎他们，在未来的年月里，狮心王理查在掌控部队上也会经历类似的困难。居伊是一个未获正名的将领，新近才被擢升为摄政，其统治权遭受了公开质疑。1183年秋，他最需要的是一场坚决的军事反抗，或者甚至是不计代价的一场军事胜利，以争取质疑者，平息批评。最起码，他必须显示出自己拥有震慑耶路撒冷桀骜不驯的贵族的意志力。实际上，居伊为保卫王国做了正确的事，但他本人却深受其害。他的政敌抓住这次机会玷污其名誉是丝毫不足为奇的。[57]

1183年10月末，在短暂的停歇之后，萨拉丁向南进入外约旦围攻卡拉克。这是一次更加坚决的攻击，因为他装备了重型攻城武器（包括一些围攻城堡的器械），但亦是与其弟弟阿迪勒会师的良机，后者从埃及来到了叙利亚北部，已承接阿尤布王朝新征服土地的领主权。苏丹对卡拉克的围困适逢托隆的汉弗莱四世与国王同父异母的妹妹伊莎贝拉在此举办万众瞩目的婚礼，婚礼由沙蒂永的雷纳德、他的妻子米利的艾蒂安内特与伊莎贝拉之母玛利亚·科穆宁娜主持。萨拉丁可能是故意选择此地，他兴许专注于俘虏这批显赫的基督教贵族，因为其赎金想必不菲。[①]后来流传的一个故事说：即便处于围攻中，艾蒂安内特夫人还是彬彬有礼地将婚宴上的食物送给苏丹，作为回报，他承诺不会轰击新婚夫妇在城堡中居住的那个部分。倘若这一传说具备一定真实成分（它并没有见于穆斯林文献），当时萨拉丁表现出来的慷慨豪侠可能部分是为了保住那些富有价值的人质的性命。

卡拉克被围的消息传到了耶路撒冷的拉丁宫廷时，法兰克人正陷于纷争之中。出乎人们意料的是，麻风国王退烧了，其虚弱的身躯又恢复了几分力量。在阿音札鲁特事件之后，他和吕西尼昂的居伊就王国的权利问题发生了争吵，或许是受到了雷蒙三世、伊贝林兄弟观点的蛊惑，年轻的君主怒斥居伊，解除了他的摄政权。就在卡拉克受到威胁时，鲍德温召开了一场会议讨论新继承人人选，最终选中了西比拉与第一任丈夫生的年幼儿子——国王的同名外甥鲍德温（五世）。1183 年 11 月 20 日，这个 5 岁男孩成了他的指定继承人，于圣墓教堂涂油加冕为共治统治者。即便提尔的威廉也承认："有识之士对这一巨变的看法多种多样……既然两位国王均被束住了手脚（一位患病，另一位年幼），这便完全无济于事了。"尽管如此，大主教还是毫不掩饰地发表了自己的观点，他的结论是，至少这样的安排断绝了"无能透顶"的居伊有

① 当然，考虑到萨拉丁与沙蒂永的雷纳德间业已存在的仇怨，以及日后苏丹对他的处置，很可能就卡拉克领主而言，萨拉丁原本就无意索要赎金。

朝一日登上王位的希望。[58]

随着新的安排尘埃落定，鲍德温四世启程前往外约旦，期望能够援救卡拉克。鉴于国王一直非常虚弱，他可能不得不躺在担架上，而的黎波里的雷蒙被任命为法兰克军队的战场指挥官。尽管拉丁人的反应有些迟缓，萨拉丁还是不能突破卡拉克宽阔的干壕沟，随着基督徒军队逼近，苏丹在 1183 年 12 月 4 日放弃了围攻。总的来说，他的进攻被证明是半心半意的，并且他显然不愿与法兰克人公开对垒。麻风国王就这样以胜利的救星的姿态进入这座沙漠城堡。

那年冬天鲍德温四世与吕西尼昂的居伊之间出现了公开的裂痕，在整个 1184 年上半年，拉丁王国因内部分歧而处于虚弱的状态。而萨拉丁则专注于摩苏尔的外交斗争，直到夏末之前没有威胁法兰克人。8 月 22 日前后，他再度对卡拉克发动围攻，但在麻风国王拖着病躯征集援兵后，苏丹又一次撤退了，在北面数英里处建立了一个防守严密的营地。拉丁人无意进攻，他便离开了。在对约旦河谷发起了一场短期劫掠战役并短暂攻打纳布卢斯后，萨拉丁退回了大马士革。

在 1183、1184 年对耶路撒冷王国的两次远征中，萨拉丁采取了一种谨慎的进攻策略，他持续对法兰克人施压并试探，规避风险，当其敌人拒绝按他的条件及选定地点交战时，他就避战。上述遭遇战常常被当作全面入侵前的有分寸的、逐步升级的步骤，但亦可被诠释为在一场斗争中的试探性攻击，而这场斗争迄今对苏丹来说只是第二位的。值得注意的是，在整个 12 世纪 80 年代初期，萨拉丁针对拉丁人的吉哈德攻势几乎专注于两块对阿尤布王国具有战略、政治和经济重要性的区域：外约旦，它是连接埃及与大马士革的重要纽带，亦是前往阿拉伯半岛的商队、朝圣者的主要通道；加利利，它是拉丁人手中对大马士革构成最大威胁的地区。

事实是，在这一时期，萨拉丁无意对巴勒斯坦发动决定性的入侵，并且也不执着于在公开战斗中对抗法兰克人。实际上，拉丁人在耶路撒冷的统治仍未受到挑战。苏丹的确对海外之地发动了战争，但其努力似乎至少部分是为了公开证明他对发动吉哈德的承诺——有时候他的进攻更像是一种故作姿态。事后观之很明显的是，由于法兰克人极度羸弱，倘若萨拉丁坚决地攻打耶路撒冷王国（尤其是在1183—1184年），他本可以获得一场完胜。然而，为苏丹说句公道话，我们还远远不能确定他是否真的知道基督徒由于内部倾轧而有多么虚弱。

认识到这一点也很重要：当阿拉伯人与拉丁人的编年史和传记（侧重于政治和军事事件）传达出一种在12世纪80年代海外之地与阿尤布伊斯兰世界间的关系日益紧张的感觉时，其他同时代文献却给出了不同的看法。伊比利亚穆斯林朝圣者、旅行家伊本·朱拜尔恰好在此时（1184年秋）加入了一支从大马士革到阿卡的穆斯林商队途经圣地，他见证了某种程度上的跨文化交际与共存，让他感到非比寻常：

> 我要谈起的令人惊讶的事情之一是：虽然穆斯林与基督徒两派间燃起了不和之火，两军也许会短兵相接，但穆斯林、基督徒旅行者依旧在两边来去自如。在这方面，我们目睹了萨拉丁率穆斯林军队围攻卡拉克城堡，它是［前往麦加、麦地那］路上最强大的基督教堡垒并成了穆斯林陆路通

> 行的障碍……
>
> 苏丹全力以赴，围攻持久不息，城堡险象环生，但从埃及至大马士革途经法兰克人领土的商队却未受他们的阻挠。穆斯林不断［经过法兰克人领地］从大马士革旅行至阿卡，同样地，没有一个基督教商人在［穆斯林领土上］受到阻碍。

这一引人入胜、发人深省的证据表明，在那些年中，连接伊斯兰与基督教世界的商业脉搏持续跳动着。伊本·朱拜尔的证言似乎否定了认为两大敌对势力已剑拔弩张、势同水火的观点。倘若他对黎凡特世界的看法具有代表性（需要谨记伊本·朱拜尔作为外来者只在这一区域停留了数月），那么萨拉丁显然未将吉哈德作为当务之急或许就变得更容易理解了。[59]

无论伊斯兰教徒与法兰克人之间的敌意有多深，耶路撒冷王国的领导层危机在第二年加深了。1184 年秋，鲍德温四世的健康状况再度恶化，最终很明显，他已经时日无多。尽管鲍德温自己一直对的黎波里的雷蒙的忠诚感到担忧，但他还是任命伯爵为摄政——唯一现实的其他人选是沙蒂永的雷纳德，他正忙于外约旦的防御。大约在 1185 年 5 月中旬，鲍德温四世去世了，年仅 23 岁，他被葬于圣墓教堂，就在其父阿马尔里克身侧。在其多舛的统治生涯中，鲍德温大部分时间都在与噩梦般的困境做斗争——他明白自己无法有效执政，然而在面临日益升高的穆斯林入侵威胁时，却也不能确立一位可以接受的继承人或成功实现权力交接。从始至终，面对残疾他显示了极大的勇气。虽然如此，他未能遏制或控制其最具权势的臣民的野心，并因其错误的决断而蒙受损失（尤其是1183年末他决定不再支持居伊）。他必将作为悲剧人物而被铭记——虽然竭力保卫圣地，但在其超过10年的主政期间却国力衰退、危机四伏。

改 变

1185年，萨拉丁再次将注意力转向征服美索不达米亚的穆斯林政权。即便苏丹通过混合恫吓、游说、直接贿赂的手段赢得了周边伊拉克城镇的支持并持续提升了自己在该地区的影响力，1184年初他再度试图与摩苏尔达成协议的尝试还是失败了。然而，到了1185年，很明显，倘若要真正树立阿尤布王朝的权威并令摩苏尔屈膝，就必须第二次跨越幼发拉底河发动远征。那年春天，萨拉丁同的黎波里的雷蒙签署了为期一年的停战协议，叙利亚与埃及一定程度上免除了后顾之忧，于是他从阿勒颇出发率大军向东开拔，伊萨与马什图卜与他随行，稍后，阔克伯里加入了他们。

萨拉丁依然关心维护自己作为穆斯林保卫者和统一者的形象，便向巴格达派出使节用一套陈词滥调为这场战役正名。起初，摩苏尔的伊兹丁似乎愿意协商，但他在外交上表现得漫不经心，可能仅仅是为了延缓阿尤布王朝的军事步伐。不久后，苏丹于炎夏对摩苏尔发动了第二场围攻。战事久拖未决，由于进展如此缓慢，萨拉丁甚至考虑过一个野心勃勃的计划以摧毁摩苏尔的抵抗——让底格里斯河改道远离城市，从而切断城市的水源。8月，他挥师北上，扫荡了底格里斯河上游更易于征服的迪亚巴克尔地区，到了秋天，大部分美索不达米亚的穆斯林权贵要么加入了他的事业，要么被迫归顺了。迄今为止，伊兹丁尚未屈服，但他的抵抗似乎已经减弱了。

直面死亡

就在这时，1185 年 12 月 3 日，苏丹发烧病倒，撤回了哈兰。几周、几月过去了，他的体力在衰退，他周围的人更加担忧了。在此期间，随军的伊马德丁与大马士革的法迪勒互通了一系列忧心忡忡的书信。他们的话暴露了如今困扰着阿尤布王朝的忧虑、恐惧和混乱。有两次，苏丹的健康似乎得到了恢复，危险已然过去——法迪勒一度愉快地报告说，他收到了萨拉丁亲笔书写的便签——但苏丹两次又都复发了。甚至当萨拉丁神志时而恍惚并且身体也变得枯槁之时，从叙利亚赶来的御医们还在就治疗方案争执不休。一直伴随在他左右的伊马德丁写道："随着［苏丹的］病痛与日俱增，他更渴望真主的恩惠了。"他严肃地评论说："坏消息不胫而走，尤其是当医生［出来］说无力回天时，它已无法遮掩了……随后，你能目睹人们寄出他们的财物。"1186 年初，法迪勒写道，大马士革"人心思动，流言四起"，他恳求将苏丹从前线带回到安全的叙利亚来。

1 月，萨拉丁口述了遗嘱，2 月中旬，阿迪勒从阿勒颇赶来支持他，但如果有必要也会亲自掌权。与此同时，另一位阿尤布家族成员逃出哈兰，掀起了叛乱。谢尔库赫之子纳赛尔丁（Nasir al-Din）似乎对堂兄萨拉丁在埃及掌权极为嫉妒，作为谢尔库赫的继承人，1169 年时他本可声索这一地区。12 世纪 70 年代，在得到霍姆斯后他勉强保持了忠心，但随着苏丹似乎命不久矣，纳赛尔丁如今看到了飞黄腾达的机会。他悄悄地在叙利亚集结军队，为夺取大马士革制定了秘密计划。他挑选的时机被证明是灾难性的。在2月的最后几天，苏丹的身体状况有所好转，他开始缓慢但持续地康复。到了3月3日，纳赛尔丁去世了。按照官方说法，他是死于发作起来“比眨眼还快”的疾病，但有传言说他是被大马士革一名萨拉丁的特务毒死的。

1186年初，萨拉丁在鬼门关走了一遭。据说他思考了自己的人生、信仰以及在对法兰克人与穆斯林同胞的战争中取得的成就，并由此脱胎换骨。的确，一些同时代人将这一刻描绘为苏丹的生涯发生重大转变的时刻，从此他献身吉哈德事业并寻求光复耶路撒冷。在病危时，他显然立誓要全心投入这一目标，无论需要付出多少人力和金钱。伊马德丁写道，这一磨难是真主的安排，以便“从遗忘的沉睡中唤醒［萨拉丁］”，并指出，后来苏丹向伊斯兰法学家和神学家咨询自己的宗教职责。最初游说发动摩苏尔战役的是法迪勒，如今他试图说服萨拉丁放弃对穆斯林用兵。实际上，由于健康欠佳，萨拉丁被迫在1186年3月接受了与摩苏尔的妥协。赞吉王朝统治者伊兹丁仍然掌权，但承认苏丹为其宗主，此外还包括在聚礼日上吟诵后者的名字并许诺提供军队加入圣战。[60]

萨拉丁1186年的生涯

对现代学者（尤其是1982年出版了萨拉丁的经典政治传记的马尔科姆·莱昂斯［Malcom Lyons］与大卫·杰克逊［David Jackson］）而言，萨拉丁的大难不死让人产生另一番思索，因为它提出了一个尖锐的问题：倘若萨拉丁画出不同的人生轨迹——于1186年初病逝于哈兰，历史将如何评判他？莱昂斯和杰克逊得出了一个极端的结论：萨拉丁将作为“一名还算成功的士兵［和］利用伊斯兰教实现自己的目的的君主”被载入史册——虽然有些直言不讳，但依然具有启发意义。到目前为止，苏丹对吉哈德的贡献还十分有限，从 1174 年起，他花了 33 个月与穆斯林作战，而对法兰克人只有 11 个月。他是一个极具权力欲的篡位者并且具有积聚权力的天赋，还是一个咄咄逼人的独裁君主，不断攫取他本无正当理由染指的穆斯林领土，充分利用宣传为自己的行动正名并抹黑对手。当然，并非所有的历史学家都接受这种对萨拉丁的看法。一些人仍然坚持认为，在他的整个职业生涯中，他一直痴迷于对法兰克人的圣战——始终在筹划对耶路撒冷王国发动全面进攻并试图与基督教敌人一决雌雄——但总的来说，同时代的证据表明这并非事实。[61]

萨拉丁直到 1186 年的目标依然存在争议，这并不奇怪，因为即便是同时代人也在争论这个问题。一些人对苏丹赞誉有加。提尔的威廉在去世前不久（可能是 1185 年）写道，他认为阿尤布王朝统治者对海外之地的生存是个重大、直接的威胁，但尽管如此，他还是称赞萨拉丁“从谏如流、骁勇善战、慷慨大度”。[62] 然而，其他人（无论是其支持者或反对者）——从亲赞吉王朝的伊拉克编年史家伊本·阿西尔到苏丹的私人秘书法迪勒——对萨拉丁没有全心全力投入圣战并让自己因自私地打造其帝国而备受指责心知肚明。假如苏丹于 1186 年初逝世，关于其意图的问题就不会得到回答。实际情况是，他活了下来，圣战的呼唤在他的耳畔回响。

12

圣战斗士

1186年春，大病初愈的萨拉丁（时年约48岁）回到了大马士革。在该年剩余的大部分时间里，他都在经历漫长的恢复以及进行神学辩论、狩猎（包括鹰猎）这样不太剧烈的消遣，身体慢慢恢复了活力。那年夏天，一则关于迫在眉睫的灾变的预言恼人地出现了。数十年来，占星家们预告说，在1186年9月16日，一次意义重大的行星排列将引发一场毁灭的风暴，令世间生灵涂炭。这一悲观的预言在穆斯林和基督徒中流传，然而苏丹却认为它荒诞不经。为了表明他的看法，在预言中灾难发生的当天夜晚，即便"意志薄弱"的愚民躲进了山洞和地下避难所中，他还是举行了一场露天烛光集会。不用说，当夜平安无事；实际上，他的一位同伴强调说："我们从未见过如此平和的夜晚。"

当他的健康状况逐步改善后，在我们现在可以称之为他的阿尤布帝国内，萨拉丁开始着手重组权力的分配与平衡。头等大事之一为指定其长子阿夫达尔为主要继承人。这位年轻的王子如今大约16岁，被从埃及带到了叙利亚。阿夫达尔的入城式享受了苏丹的规格，他已成为大马士革名义上的主人，虽然在未来的岁月中，萨拉丁常常将他留在身边，指导他学习政治、战争和领导的艺术。两位萨拉丁更年幼的儿子获得了类似的犒赏。14 岁的奥斯曼（Uthman）被任命为埃及的统治者，苏丹信任的弟弟阿迪勒从阿勒颇返回尼罗河地区，担任男孩的监护人和总督。阿勒颇本身被交给了 13 岁的查希尔（al-Zahir）。上述大规模改组引发的唯一问题是萨拉丁的侄子塔基丁。1183 年以来他便担任埃及总督，已显露出令人忧虑的独立行动倾向。在加拉古什（1169 年萨拉丁委任他监督开罗宫廷）的协助下，塔基丁制定了沿北非海岸向西征伐的计划，这将夺去苏丹宝贵的军队。在苏丹患病期间，流言蜚语甚嚣尘上，说塔基丁正准备自立门户。1186 年秋，杰出的外交官伊萨被授予了说服塔基丁放弃对埃及的控制并返回叙利亚这个需要巧妙处理的任务。伊萨出人意料地抵达开罗后，最初受到了搪塞，但据说他随后建议塔基丁“去你想去的任何地方”。这一看似中性的话语带有一种令人毛骨悚然的威胁性语调，萨拉丁的侄子很快便前往了大马士革，在那里他得到了宽恕，重获昔日的封地哈马，并在最近被征服的迪亚巴克尔地区获得了额外土地。[63]

有关塔基丁继续效忠的问题反映出一个更广泛的问题。为了维持其急剧扩张的帝国，萨拉丁仰仗自己广大亲族的支持，然而苏丹也决心保障儿子们的利益，他们才是阿尤布血脉的直系传人。萨拉丁不得不达成一种微妙的平衡——他需要驾驭像塔基丁这样的亲属的勃勃野心，因为他们的力量对王国的长治久安、开疆拓土至关重要；但与此同时，其独立自主需受到遏制。在塔基丁的事例中，萨拉丁希望通过为侄子提供在上美索不达米亚的晋升前景来确保他的忠心。

统一的伊斯兰世界？

萨拉丁在1186年试图塑造阿尤布帝国的王朝命运，这在某种程度上是他现在积累的更多的权势和领土所直接导致的。自从1169年作为一股政治、军事力量崭露头角以来，他策划了对近东伊斯兰世界的征服，将他的权力扩张至开罗、大马士革、阿勒颇和美索不达米亚大片地区。法蒂玛王朝哈里发的废黜终结了逊尼派叙利亚和什叶派埃及间的严重分裂，开创了一个泛黎凡特穆斯林合作的新纪元。这些成就在近期历史中无人能及，甚至令努尔丁也黯然失色。表面上看，萨拉丁已统一从尼罗河至幼发拉底河之间的伊斯兰世界；在其王国内外流通的铸币上铭刻着“伊斯兰世界与穆斯林的苏丹”，赤裸裸地宣告他具有无所不包的、几乎是霸权的权力。这一形象常常为现代历史学家所接受——一位学者最近断言，1183年以后，“[萨拉丁]将整个叙利亚和埃及收入囊中”，这便是一种典型的看法。[64]

然而，那种认为萨拉丁现在领导着一个穆斯林完全、持久地团结一心的世界的说法是极具误导性的。他的“帝国”是通过直接征服和强硬的外交手腕共同缔造的，实际上只不过是一些关系疏远、迥然不同的政体的脆弱联合，其中的许多政权由附庸统治者治理，他们的忠诚很容易动摇。即使在开罗、大马士革和阿勒颇（其帝国的核心），苏丹也不得不仰仗其家族成员的忠贞不贰与通力合作，而这些从未得到保证。在其他地方，诸如摩苏尔、小亚细亚和杰奇拉，阿尤布王朝的至尊地位很大程度上是昙花一现，因为它依靠的是松散的联盟，被暗藏的敌意腐蚀。

1186年，威势尚可保持。但这仅仅是因为萨拉丁从病中康复并依然拥有财富、权力和影响力去表明其意志。在此后的岁月里，维系并统治如此幅员广阔、政令不一的帝国的工作考验着苏丹的极限。与根深蒂固的离心势力（它能轻易地撕裂阿尤布帝国）的斗争被证明是长期而剧烈的。

即便历经17年不间断的奋斗，萨拉丁的工作还是未能完成。在即将到来的圣战中，他能够召集一支久经沙场、忠心耿耿的核心军队，但多数时候，他领导的是一个脆弱、桀骜不驯的联盟，并且始终明白其王国可能遭受暴动、叛乱或停滞之苦。这一事实极其重要，因为这决定了他的大部分思考和策略，并常常迫使他采用阻力最小的方式获取快速而长久的胜利。同时代及现代的历史学家有时会批评萨拉丁在后期生涯中的军事指挥素质，认为他缺乏发动代价高昂、旷日持久的围城战的勇气。实际上，他仰仗的是速战速决并用连续的成功来保持势头，他完全明白，倘若穆斯林战争机器停止运转，就有可能分崩离析。

从根本上说，萨拉丁的帝国也是在吉哈德的背景下建立起来的；他将阿尤布势力的每一步扩张诠释成了实现目的的一种手段。将力量团结在他的旗帜下可能代价高昂，但他认为这都是为了实现唯一的一个目的：发动将法兰克人逐出巴勒斯坦并解放圣城的吉哈德。事实证明，这种意识形态上的驱力是一种极为有力的工具，助长了扩张的动力，并使其合法化。除非萨拉丁甘当一位言而无信的君主，否则所有他坚决投身此项事业的诺言如今必须兑现，翘首企盼的战争必须发动。当然，在他患病以后，其精神信仰得到了加强，苏丹对吉哈德的宣传变得空前积极。德高望重的伊斯兰学者（诸如伊本·古达玛［Ibn Qudama］和阿卜杜·加尼［Abd al-Ghani］两兄弟——二人都是萨拉丁事业的长期拥护者）

也纷纷致力于点燃宗教狂热。在大马士革乃至整个王国，关于信仰、圣战义务以及耶路撒冷具有至高宗教意义的宗教诗歌、宣传册越来越经常地在大型公众集会上被吟诵。至1186年底，似乎苏丹不仅意识到对拉丁人发动全面进攻在政治上具有必要性，而且从个人层面已欣然接受这项斗争。这得到了萨拉丁少数几位同时代批评者之一、摩苏尔历史学家伊本·阿西尔的证实。他在对1187年初的一场战争会议的记载中写道：

> [萨拉丁]的一位埃米尔对他说："在我看来，最佳方案是入侵法兰克人的领土，[而且]倘若任何法兰克人的军队反抗我们，我们就应迎头痛击。东部的人民咒骂我们：'他放弃了与异教徒战斗，而把注意力转向了攻击穆斯林。'[我们应当]采取行动，为自己正名，并让批评者无从置喙。"

伊本·阿西尔的目的是要谴责阿尤布王朝的扩张，并唤起伴随苏丹产生的公众压力和期望。但他接着表示，萨拉丁在这次会议中经历了一番短暂而意义重大的"脱胎换骨"。据伊本·阿西尔的记载，苏丹宣布他决定开战，随后悲哀地指出："万事皆由天注定，我们不知道我们还有多少时日。"或许，苏丹对人终有一死的感悟让他采取了行动；不管原因为何，变化似乎的确发生了。在1169年至1186年的漫长岁月中，萨拉丁对与法兰克人作战的决心到底有多大仍然尚存疑问，但不管以前发生了什么，1187年他将帝国的全部兵力投入了与耶路撒冷王国的对抗。现在，他下定决心要与基督徒决一死战。[65]

衰败的王国

阿尤布王朝的入侵狂潮与拉丁巴勒斯坦的危机加剧同时发生。在 1186 年 5 月至 9 月中旬间的某个时候，年幼的耶路撒冷国王鲍德温五世驾崩了，一场充满敌意的继承纠纷随之爆发。的黎波里伯爵雷蒙作为摄政，密谋夺取王位，然而西比拉（鲍德温四世的姐姐）及其丈夫吕西尼昂的居伊比他棋高一着。西比拉和居伊已获得宗主教希拉克略（Heraclius）、大部分贵族以及骑士团的支持，成功地涂油加冕为女王和国王。雷蒙试图策划一场全面内战，宣布托隆的汉弗莱与妻子伊莎贝拉才是耶路撒冷的合法君主。但是，汉弗莱或许是顾忌追求王权可能会造成严重损害，他拒绝迈出这一步。

作为国王，居伊最初的举措之一是花费 6 万金币与萨拉丁续订停战协议至 1187 年 4 月，来为自己重铸国内秩序赢得时间。居伊是一个引发争议的人物——伊贝林的鲍德温对他的登基是如此厌恶，以至于他放弃了自己的封地搬去了安条克；并且，作为国王，居伊授予普瓦图的家庭成员以高位的政策引发了进一步的不安。为了对付他最强大的敌人的黎波里的雷蒙，居伊似乎谋划用武力夺取其加利利封地。然而作为回应，雷蒙迈出了十分激进的一步：寻求萨拉丁本人的庇护。穆斯林文献指出，许多苏丹的谋士对其靠拢心存疑虑，但萨拉丁正确地判断出，这份结盟的请求是真挚的，是如今困扰法兰克人的分裂的产物。令雷蒙的许多同时代拉丁人明显感到恐惧的是，他迎接穆斯林军队进入太巴列以加强该城的守军，并许可阿尤布王朝部队畅通无阻地穿越其加利利领土。在这个晦暗的时刻，伯爵做出了叛国之举，在基督徒中甚至引发了更大的不和。

随后，在1186年至1187年的冬季，卡拉克领主沙蒂永的雷纳德袭击了一支从开罗前往大马士革途经外约旦的穆斯林商队，违反了与阿尤布王朝的停战协定。他的动机依然存在争论，不过刺激雷纳德采取行动的是最基本的贪婪，也许还因为他认识到萨拉丁正在筹划大举进攻。在随后的几周中，他无疑没有努力修复关系，直接回绝了苏丹让他归还赃物的要求。即便没有雷纳德的打劫，萨拉丁也几乎肯定不会在那年春天与法兰克巴勒斯坦续订和约，因此一度盛行的卡拉克领主实际上挑起了战火的说法应被摈弃。尽管如此，雷纳德的冒险行为确实加强了他作为伊斯兰公敌的地位。这在伊斯兰世界激起了众怒，为萨拉丁发动战争提供了一个确凿的口实。

通向哈丁之角

1187年春，萨拉丁开始为入侵巴勒斯坦集结军队。他从埃及、叙利亚、杰奇拉、迪亚巴克尔召集了一支庞大的军队，核心为1.2万名职业骑兵，辅以约3万名志愿兵。一位穆斯林目击者将他们比作一群“老狼［和］嘶吼的狮子”，而苏丹本人则形容说，大部队行军激起的烟尘“遮云蔽日”。集结如此一支大军本身就是一项了不起的成就，大马士革南部肥沃的豪兰地区被指定为集合点，由于士兵们皆远道而来，调动持续数月方得以完成。此项任务由萨拉丁长子阿夫达尔负责，这是他第一个重要的指挥角色。[66]

在1187年战役的初期阶段，穆斯林的战略很大程度上沿用了早年阿尤布王朝进攻所建立的模式。4月，苏丹率军进入外约旦，以便与从北非开来的部队会师，其间对卡拉克和蒙特利尔发动了一系列惩罚性的突袭（包括大面积摧毁农作物）。然而法兰克人对这一挑衅几乎无动于衷。与此同时，5 月 1 日，阿夫达尔参与了一次横跨约旦的联合侦察、突袭行动，以试探太巴列的防御强度；此时阔克伯里则率领约 7000 名骑兵侦察法兰克人偏爱的集结点西弗利亚。当夜，他们被拿撒勒的瞭望哨发现，一小队由双方大团长领衔的圣殿骑士与医院骑士当时正途经加利利，他们决定战斗。随后在克雷森泉（the Spring of Cresson）爆发了一场血腥的小规模战斗。拉丁人寡不敌众，约有 130 名骑士和 300 名步兵阵亡或被俘。圣殿骑士团大团长杰拉尔德·德·雷德福特（Gerard of Ridefort）是少数逃生者之一，但医院骑士团大团长阵亡了。前奏战已打响，穆斯林的士气受到了鼓舞，而基督徒的人力受到削弱。在这场惊人的失利之后，加上阿尤布王朝的威胁已无法被忽视，居伊国王和的黎波里的雷蒙不太情愿地和解了，伯爵也撕毁了他与萨拉丁的协议。

5 月下旬，苏丹本人进军至豪兰，随着最后一支部队的抵达，他移师至预设的补给点——阿什塔拉（Ashtara，距离加利利海约一天行程）。现在，他与从叙利亚北部返回的塔基丁会师了，后者在那里发动了一系列凶残的劫掠，迫使法兰克亲王博希蒙德三世同意签署和约，以保护阿勒颇免遭攻击。整个 6 月，萨拉丁都在做最后的准备和计划，细心地操练军队并组织作战阵形，以便令其大军能够以最佳的纪律和效率运转。部队分为 3 支，右翼和左翼分别由塔基丁和阔克伯里率领，萨拉丁则坐镇中路指挥。最终，1187 年 6 月 27 日星期五，穆斯林做好了战争准备。他们从加利利海南部穿越约旦，开始入侵巴勒斯坦。

为了回应伊斯兰军队进犯带来的恐惧，居伊国王遵循法兰克人的标准方案，在西弗利亚集结了基督教军队。考虑到萨拉丁军队空前的规模，国王采取激进的步骤，发布了一道普遍征兵令以集中巴勒斯坦所有事实上可战斗的人员，并使用英王亨利二世送往圣地的资金（以代替真实的十字军）去雇佣增援的佣兵。一位苏丹的随从写道，拉丁人“不计其数，如同砾石般密集，有 5 万人甚至更多”。但实际上，居伊可能召集了约 1200 名骑士和 1.5 万至 1.8 万名步兵及土科波。这是在真十字架（法兰克人军事勇气和宗教热忱的图腾象征）下聚集的最大规模部队之一，但与穆斯林大军相比依然相形见绌。征集这支军队亦是基督教国王的一场豪赌，令巴勒斯坦的要塞几乎无人驻守。倘若冲突以拉丁人彻底战败告终，耶路撒冷王国将门户大开。[67]

萨拉丁的首要目标是将法兰克人从安全的西弗利亚引入他挑选的战场决一死战，从而实现决定性的胜利。然而，他与耶路撒冷交战的全部经验表明，敌人不会轻易冒进。在 6 月的最后几天里，苏丹翻越约旦河谷进入加利利高地，大规模地在一座名为卡法尔·萨卜特（Kafr Sabt，位于太巴列西南约 6 英里，西弗利亚以东 10 英里）的小村庄扎营，这里地形开阔，有宽阔的平原、起伏的山峦，点缀着突起的岩石。他开始试探敌人，派兵出击，蹂躏周边的乡村，同时亲自在一段距离外侦察居伊的营地。几天后，不出所料，很明显只有更大胆的挑衅才能引起拉丁人回应。

1187 年 7 月 2 日，萨拉丁设下了圈套，在黎明时分对守备虚弱的太巴列发动了袭击，基督徒的抵抗很快被扑灭了。只有城堡尚未沦陷，这为的黎波里的雷蒙的妻子埃丝基瓦夫人勉强提供了庇护。这个消息迅速传回了西弗利亚（实际上，苏丹很可能放任埃丝基瓦的信使溜了出去），并发出了救援请求。萨拉丁期待的是太巴列遇袭的消息将迫使居伊行动。随着夜幕降临，苏丹等着看他的诱饵是否能把他的猎物引出来。

16 英里外的驻地里，法兰克人陷入了争论之中。在居伊国王主持的一场主要贵族参加的会议上，雷蒙伯爵似乎建议要谨慎、耐心。他主张，即使付出太巴列陷落和发妻被俘的代价，也必须避免直接与一支如此强悍的穆斯林军对垒的风险。假以时日，萨拉丁的部队将如同此前许多伊斯兰军队一样分崩离析，迫使苏丹撤退；在那之后，可能加利利能被收复、埃丝基瓦能被赎回。包括沙蒂永的雷纳德和圣殿骑士团大团长杰拉尔德在内的其他人提出了不同看法。他们告诫居伊说，不可听从这个背信弃义、无法信赖的伯爵，并警告怯懦无为会带来耻辱，督促他立即援救太巴列。根据一种说法，国王最初选择在西弗利亚按兵不动，却在夜间被杰拉尔德说服，推翻了这一决定。实际上，确定拉丁人战略的决定性因素可能是居伊自己的经历。4 年前，面对几乎同样的选择，他回避了与萨拉丁交战，最终面临的是嘲笑和贬黜。如今，1187 年，他采取了大胆好斗的策略，7 月 3 日晨，其军队从西弗利亚出发了。

一旦萨拉丁获得了法兰克人开拔的消息，他便立即重返加利利山区，留下一支小部队维持太巴列的据点。敌人以密集阵形向东前进，几乎肯定沿着从阿卡到加利利海的罗马大道行军，的黎波里的雷蒙担任前锋，圣殿骑士团殿后，步兵则掩护着骑兵。一位穆斯林目击者形容道，他们“一波接一波”地进入眼帘，其行军“让空气弥漫着臭味、天地为之晦暗、沙漠为之震颤”。很难揣测吕西尼昂的居伊第一天的确切目标，但他可能相当乐观地希望能抵达太巴列（或至少是加利利海海岸）。苏丹决定阻止以上任何一点发生。他派出散兵袭扰基督徒军队，自己则率领部队主力于卡法尔·萨卜特北部的开阔高地封锁他们的道路。

萨拉丁正确地认识到，水源在这场冲突中将会发挥关键作用。时值盛夏，士兵和战马通过那样一片不毛之地时极易危险地脱水。考虑到这一点，在确保自己军队获得卡法尔·萨卜特村泉水及驼队从下方的约旦河谷运回的水的充足补给后，他下令填上了附近地区的每一口水井。只有位于北部峭壁边缘的哈丁村的泉水还留着，通向它的道路如今有重兵把守。事实上，苏丹已经打造出了一片无水的死亡地带。[68]

大约在 7 月 3 日午间，法兰克人在图兰（Turan）村旁稍事休息，那里的一眼小泉水能够暂时缓解他们的干渴，但不足以满足数千人的需要。居伊想必坚信自己仍可突围抵达太巴列，眼下，他离开这个不大的庇护所，继续向东“爬行”。但他低估了萨拉丁手中的兵力。苏丹一面率中军占据位置阻截基督徒的推进，一面派遣阔克伯里和塔基丁的侧翼部队火速夺取了图兰，彻底切断了拉丁人的后路。当法兰克人继续前进时，他们已步入了萨拉丁为作战胜利精心准备的高地。陷阱已合拢了。

临近日暮时分，基督教国王举棋不定。一次坚决的正面突击（无论是向东朝着加利利海或面向东北的哈丁）兴许还能有一丝成功的机会，让拉丁人突围而出，获得水源。但是，居伊做出了孤注一掷的决定——在一个完全没有水源、无险可守的地方扎营，此举相当于承认了即将到来的战败。是日夜，两支军队中的气氛可谓迥异。法兰克人被穆斯林士兵围住，“他们的距离是如此之近，以至于可以彼此交谈”，包围是如此严密以至于“连一只猫都

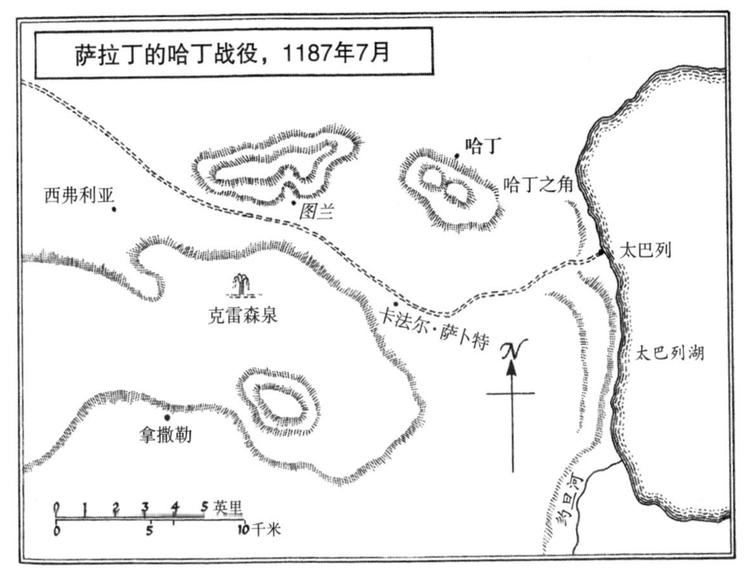

逃不出去”。伸手不见五指的夜里，法兰克人口舌生烟，在恐惧中渐渐衰弱。与此同时，苏丹的军队中充满了“真主至大”的颂词，他们勇气倍增，“已经捕捉到了胜利的气息”，因为其指挥官为发动致命一击做了精心的准备。

全面战斗并未在 7 月 4 日破晓打响。相反，萨拉丁允许基督徒们缓慢而痛苦地行军（很可能是向东沿着罗马大道）。他在静候气温升高，最大限度地令脱水对敌人造成毁灭性影响。随后，为了进一步加剧他们的痛苦，萨拉丁的部队点起了篝火，让令人窒息的滚滚烟尘飘向步履蹒跚的拉丁人队伍。苏丹后来愤怒地说，这场大火“提醒人们真主为他们在另一个世界中准备了什么”；这足以促使许多步兵，甚至一些知名骑士冲出队伍，屈膝投降。一位穆斯林见证者说：“法兰克人希望能获得喘息之机，他们的军队不顾一切地寻觅着逃生之路。但他们四处遭到阻击，也无法休息，饱受高温的折磨。”[69]

迄今为止，穆斯林散兵持续袭扰着敌人，但萨拉丁还未使出撒手锏。此前一晚，他为弓箭手们分发了大概400捆箭矢，大约中午时分，他下令全力倾泻箭雨。随着“弓与弦嗡嗡作响”，箭雨“如一群蝗虫”划过天际，杀死了士兵和战马，“在［法兰克人］的队列中撕开了缺口”。随着恐慌的步兵失去了阵形，的黎波里的雷蒙朝着东北方塔基丁的部队发动冲锋，然而穆斯林军却仅仅是闪开空隙以消解他们冲锋的力量。雷蒙、西顿的雷纳德、伊贝林的巴利安以及一小队伴随的骑士们发现自己从战斗中脱身了，他们思忖这好过重返战场，便成功突围而出。一位穆斯林同时代人写道：

> 当伯爵逃之夭夭，［拉丁人的］精神崩溃了，他们几乎要投降了。后来他们明白了自己唯一的生路是勇敢地直面死亡，于是发起了连续的冲锋，若不是真主的恩惠，这几乎将穆斯林赶出阵地（虽然他们数量占优）。然而，法兰克人的冲锋与后撤也蒙受了损失，他们遭到严重削弱……穆斯林将他们如铁桶般紧紧围住。[70]

在绝望中，居伊试图最后一搏，向东北方的高地杀出一条血路，这里有两块突起的山岩，被称作“哈丁之角”，守护着一片马鞍状的土地以及远处碗状的洼地。在这里，2000年前铁器时代的定居者们打造了一座简陋的山间堡垒，其古老的断壁残垣尚能为法兰克人提供一定程度的庇护。国王顽强地将部队聚拢在真十字架下，搭起了自己的红色王家帐篷，准备组织剩余的骑士发动一次最后的殊死攻击。现在基督徒唯一的希望是直扑阿尤布军队的心脏——萨拉丁本人。因为倘若苏丹的黄色帅旗倒下，战斗还可能出现转机。

多年后，阿夫达尔描述道，他和父亲在一起，恐惧地看着法兰克人两度策马冲下哈丁之角的“马鞍”，直扑过来。第一次他们被勉强地击退了，王子转身看见父亲“因忧虑而不能自持……脸色苍白”。另一位目击者记述了拉丁人退回哈丁之角时蒙受的可怕损失，因为追击的穆斯林“长枪上下翻飞，挑出了内脏”，他们“在山坡上用刀将敌人砍成碎块”。虽然如此，阿夫达尔回忆道：

> 法兰克人重整队形并像之前那样再度冲锋，他们将穆斯林逐回我父亲身边，[但我们]迫使他们又一次撤退至山上。我叫道：“我们打败他们啦！”然而父亲突然生气地对我说：“安静点！在那顶帐篷倒下前，我们尚不算击败了他们。”他与我说话之间，帐篷倒下了。苏丹下马拜倒在地，感谢全能的真主，并流下了喜悦的泪水。

随着国王所在之处被攻占及真十字架被夺走，基督徒最后的一丝抵抗崩溃了。居伊和拉丁王国的全体贵族（除了少数逃生者）以及数千幸存的法兰克人都沦为了阶下囚。不过还是有数千人阵亡了。[71]

当战场的喧嚣沉寂后，萨拉丁坐在其宫殿般的战役帐篷入口处（很大的部分还在仓促施工中），招待、检视其最重要的俘虏。按照惯例，他们将受到优待，一段时间后，或许能赎回自由，然而苏丹专门召见了两人：他的对手耶路撒冷国王以及他公开的敌人沙蒂永的雷纳德。当两人坐到他身旁后，萨拉丁转向居伊说：“谁正像个醉汉那样干渴欲死、惴惴发抖？”他有风度地递给了后者一只装满冰镇玫瑰水的金杯。国王大口啜饮着这份琼浆甘露，然而，当他将杯子递给雷纳德时，萨拉丁打断了他，通过译员平静而郑重地说：“你没有获得我给他酒喝的许可，因此那份礼物并不意味着他在我手上是安全的。”因为，按照阿拉伯传统，向客人提供食物的行为等于承诺提供保护。根据一位同时代穆斯林的记载，萨拉丁此刻转向雷纳德，“痛斥他的罪行和……背信弃义”。当这位法兰克人坚定地拒绝皈依伊斯兰教后，苏丹“站起身，亲手砍下了他的头颅……在他被杀并被拖走后，［居伊］因恐惧瑟瑟发抖，而萨拉丁安抚了他的恐惧”，保证他不会遭受同样的命运。然后耶路撒冷国王被带走与其他俘虏们待在一起。[72]

苏丹的私人秘书伊马德丁以浓墨重彩描述了当天夜幕降临加利利时他所见到的情景。“苏丹，”他写道，“在太巴列平原扎营，犹如沙漠中的一只雄狮，又像一轮光辉的满月。山峦、山谷中散布着一动不动的死者。哈丁并不在意他们的遗骸，其浓浓的尸臭乃是胜利的芬芳。”当他穿过战场时，发现它“已变成了一片血海”，尘土都“染上了红色”。伊马德丁亲眼见证了那场大屠杀的极度恐怖：

> 我经过他们，目睹阵亡者的断臂残肢散落在战场上，只见迸裂的头颅、割开的喉咙、折断的脊柱、破碎的颈脖、切下的鼻子……头脚、躯体，皆四分五裂。

甚至在两年后，当一位伊拉克穆斯林途经战场时，还能远远地看到死者骸骨“有的堆积如山，有的七零八落”。

1187 年 7 月 4 日，法兰克巴勒斯坦的野战军被击溃。真十字架被夺，这给近东基督徒的士气造成了严重打击。伊马德丁宣称：“真十字架是一件无与伦比的战利品，因为这是他们信仰的至高信物。”他还相信，“对他们而言，它陷入敌手比失去国王更加意义重大，这是他们在那场战斗中遭受的最沉重的打击”。这件圣髑被头朝下固定在一把长枪上带回了大马士革。[73]

如此多的拉丁战俘让叙利亚的奴隶市场饱和，价格跌至 3 个金第纳尔。除了沙蒂永的雷纳德，唯一遭处决的囚徒为骑士团的战士们。这些致命的法兰克“狂热分子”被认为过于危险而不宜留下活口，并且作为人质也无太大价值，因为他们通常拒绝为获释寻觅赎金。据伊马德丁记载，7 月 6 日，“萨拉丁面带喜色地坐在他的讲台上”，100—200 名圣殿骑士和医院骑士被聚集在他面前。一小部分人接受了皈依伊斯兰教的最终提议。剩下的人遭到了一群“学者、苏非主义者……虔诚之人及苦行者”的攻击——他们通常并不习惯暴力行为。杀戮开始时，伊马德丁在旁观看：

> 有的人下手干净利落，并因此受到感谢；有的人拒绝动手，也得到了谅解；还有的人呆若木鸡，被其他人所取代……我目睹了［他们］如何通过杀死不信者而振兴伊斯兰教，通过摧毁多神教来构筑一神教。

萨拉丁对拉丁基督教世界的军队取得了绝对的胜利。仅仅 6 天后，他写了一封信回顾其成就，申明“真主之剑的光芒震慑了多神教徒”，而“伊斯兰世界的领土得到了扩张”。他表示：“这是承蒙真主眷顾的一天，狼和秃鹫相伴，死亡与囚禁接踵而至”，此刻“曙光［划破］无信仰的黑夜”。不久他在哈丁之角修建了一座圆顶凯旋建筑，时至今日，其残破的轮廓还依稀可见。[74]

十字架的陷落

在哈丁大获全胜后，穆斯林获取进一步胜利的大门敞开了。基督徒于 7 月 4 日损失的大量人力让耶路撒冷王国势如危卵，因为其城镇和要塞几乎已没有守军。尽管如此，假如萨拉丁没有表明如此目标明确的决心并能够动用如此庞大的资源，伊斯兰世界的巨大优势亦可能被挥霍。实际上，在那个夏天，法兰克巴勒斯坦几乎不声不响地就崩溃了。

太巴列几乎立即投降了，海外之地的经济中心阿卡在不到一周的时间里也步了后尘。在接下来的数周、数月中，萨拉丁集中精力扫荡巴勒斯坦沿海居民点和港口，从北至南，诸如贝鲁特、西顿、海法、凯撒里亚与阿尔苏夫等地很快陷落。与此同时，苏丹的弟弟阿迪勒在哈丁会战后立刻获得了消息，当内陆传来阵阵捷报时，他则从埃及挥师北上，夺取了重要港口雅法。亚实基伦做了顽强的抵抗，然而到了 9 月这座港口也被迫投降了，随后是达鲁姆、加沙、拉姆拉与利达。甚至圣殿骑士团最后也放弃了他们的拉特伦（Latrun）要塞（位于通往耶路撒冷的犹太丘陵地带），以换回被俘的大团长杰拉尔德・德・雷德福特。

萨拉丁之所以能以如此之快的速度取得范围如此之广的胜利，在一定程度上是由于他的军队人数众多，以及在他手下有一批值得信赖的将领（例如阿迪勒和阔克伯里）。这使一些半独立的阿尤布军团覆盖了王国，极大地提高了作战的水准和速度，这致使一位同时代拉丁人评论说，穆斯林“像蚂蚁一般覆盖了整个国家”。然而，事实上，整个夏天的形势的状况很大程度上是由萨拉丁的战略决定的。他明白，伊斯兰教徒的团结只有在战场上的势头的推动下才能维系，于是试图通过怀柔政策去分化瓦解基督徒的抵抗。从一开始，向法兰克定居点提出的投降条件就十分宽大——例如，即便拉丁文献也承认，“阿卡人民”有机会在穆斯林统治下继续生活在城中，“安然无恙，只需缴纳基督徒和萨拉森人之间常见的税款”，而那些希望离开的人则“有 40 天时间可以带走他们的妻子、孩子及财产”。[75]

任何未做抵抗投降的城镇、要塞似乎都获得了类似条件，最关键的是，这些交易得到了兑现。通过信守承诺并且没有直接地洗劫黎凡特，萨拉丁很快提高了他正直、守信的声望。事实证明，这是一种强大的武器，因为在面对毫无希望的抵抗和有生存保障的选择时，多数敌方守军都投降了。用这种方法，耶路撒冷王国被以最小的资源代价和惊人的速度征服了。虽然如此，这种方法也不是毫无缺点。从 1187 年 7 月起，大量拉丁人口沦为难民，诚如苏丹许诺的那样，他允许他们安全地前往港口，原本期待他们会从那里起锚，或去叙利亚或去西方。实际上，成千上万的法兰克人在巴勒斯坦唯一尚未沦陷的法兰克港口——城防坚固的提尔——找到了避难所。

萨拉丁如今面临一个重大的抉择。虽然大片海岸线及内陆地区已被占领，但随着夏季的逝去，在冬天到来、作战季结束之前，显然只有最后一次发动大规模征服攻势的机会。这就需要选定一个主要目标。严格地从战略层面来看，提尔是显而易见的优先选项：它每天都在变强，是拉丁人进行抵抗的一座堡垒，并且它在海外之地的残山剩水与北部及远方广阔的基督教世界之间提供了一条海上交通的生命线。由此，其持续的反抗给予了敌人一个可依靠的立足点，他们以后或许会尝试从这里重建支离破碎的十字军王国。尽管如此，苏丹在北上、南下时两次选择了放过提尔。伊拉克编年史家伊本·阿西尔认为应当批评这一决定："提尔曾门户大开，对穆斯林并不设防，倘若萨拉丁在［今夏早些时候］攻打它，将轻易占据此地。"一些现代历史学家跟随这一观点，提出苏丹此举缺乏远见。这些看法很大程度上属于"后见之明"。1187年9月初，萨拉丁认识到，对提尔发起旷日持久的围攻可能会让他的整个战役陷入停顿，导致阿尤布王朝领导的伊斯兰联盟分裂。苏丹没有冒险，而是优先考虑了他的核心意识形态目标，率领其全部军队向东转向内陆，朝着耶路撒冷开拔。[76]

通向耶路撒冷

由于被犹太丘陵所隔绝，圣城作为军事目标的价值是有限的。然而，经过努尔丁、萨拉丁数十年的布道与宣传，耶路撒冷作为阿拉伯半岛以外的伊斯兰教最神圣之地的地位得到了再度确立。这座城市在宗教上的重要性如今令穆斯林心驰神往，不能自拔。对一场建立在吉哈德概念基础上的战争而言，它是其必然、终极的目标。萨拉丁明智地让埃及海军北上雅法以防备基督徒的反击，随着保卫犹地亚东部通道的拉丁前哨被迅速征服，1187年9月20日，他的部队来到了耶路撒冷城下。伴随苏丹而来的是数万人的军队以及重型攻城武器，他们做好了长期对抗的准备，然而尽管挤满了难民，这座城市依然严重缺乏作战兵力。在城内，虽然西比拉女王和希拉克略宗主教给予了一些指挥，但真正的领导重担还是落在了伊贝林的巴利安肩上。从哈丁的灾难中脱身后，巴利安便在提尔避难，但后来萨拉丁允许他安全地回到圣城以便巴利安能护送自己的妻子玛利亚·科穆宁娜和子女前往安全之处。双方的协议是巴利安只能在耶路撒冷逗留一晚，然而在抵达后，他很快被说服，背弃了这份协定，留下来组织抵抗。由于他麾下的骑士屈指可数，巴利安采取了权宜之计——册封每个年满 16 岁的贵族男子以及另外 30 名富裕的耶路撒冷市民为骑士。他还试图尽最大的可能加强城市防御。尽管他竭尽全力，穆斯林在人数上的优势依旧是压倒性的。

萨拉丁从西面城墙开始了他的攻势，但在大卫塔附近持续了 5 天难分胜负的战斗后，他将重心移至更易得手的北部地段（大马士革门附近）——这或许无意中延续了当年第一次十字军的部署。9 月 29 日，面对猛烈但最终无效的抵抗，穆斯林坑道兵在耶路撒冷城墙制造了一个巨大的豁口。圣城现在几乎毫无防御能力了。法兰克母亲们剃光了孩子的头发以示赎罪，教士们引领赤足的游行队伍穿过大街小巷，但实际上不起任何作用；征服是不可避免的了。

萨拉丁在 1187 年 9 月的意图

苏丹对这一情势的回应以及征服耶路撒冷的确切方式极为重要，因为它们有助于塑造萨拉丁在历史和大众想象中的声誉。某些穆斯林和基督徒文献均能证明的事实是无可辩驳的。阿尤布王朝军队并没有洗劫圣城。相反，大约在 9 月 30 日，苏丹与伊贝林的巴利安商定了拉丁人投降的条件，1187 年 10 月 2 日，没有更多流血，萨拉丁进入了耶路撒冷。数百年来，这场“和平”占领得到了极大的重视，并且有两个相互关联的概念得到了广泛的传播。上述事件被认为证明了伊斯兰教与拉丁基督教之间存在显著的差异，因为1099年第一次十字军的征服包含一场野蛮屠杀，而阿尤布王朝的胜利时刻却似乎表露出节制力与同情心。人们还广泛地认为萨拉丁十分刻意同第一次十字军形成对比，他明白谈判投降对伊斯兰教的形象、同时代人对他个人生涯的看法以及他将在历史上留下的印记意味着什么。[77]

上述观点的问题在于，它们没有获得同时代最重要证据的支撑。有两份证据——萨拉丁的私人秘书伊马德丁的记述（他于1187年10月3日抵达耶路撒冷）以及萨拉丁在耶路撒冷投降后不久写给巴格达哈里发的一封信——是至关重要的。重要的不是这些材料仅仅因为其作者与事件紧密相关而应该被信任，而是它让我们得以深入了解苏丹本人是如何构想并希望呈现那年秋天在圣城发生的事情的。

两份材料均指出，截至1187年9月底，萨拉丁还意图洗劫耶路撒冷。据伊马德丁所说，苏丹在首次会晤巴利安时对后者说：“你们既不会得到赦免也不会获得宽恕！我们唯一的愿望是让你们永久臣服……我们将大批地屠杀、俘获你们，令男人血溅三尺，令穷人和妇女沦为奴隶。”然而，这时巴利安威胁道，除非商定公平的投降条件，否则拉丁人将战至最后一人，摧毁耶路撒冷的伊斯兰教圣地并处决城中数以千计的穆斯林囚徒。这是铤而走险的一招，但迫使苏丹做出了让步，他不情愿地同意了协议。目击者的资料含蓄地指出，这份协议或许会被当作阿尤布王朝示弱的表现。在他的信件中，萨拉丁细心地为自己的决定辩护，强调说他的埃米尔们说服了他接受和解以避免令更多的穆斯林不必要地丧生并确保眼前的胜利。伊马德丁重申了这一点，并详尽地描述了一场“议事会议”，苏丹在会上征求了其主要将领们的意见。[78]

这份证据让我们能够窥视萨拉丁在1187年时的心态。它表明其基本意图并非是将自己塑造为公正、宽宏大量的胜利者。他也未即刻牵挂着将自己的行为与第一次十字军的行动做对比，或者通过故作姿态来揭示伊斯兰教是一股和平的力量。实际上，苏丹的信函与伊马德丁的文献均没有明确提到1099年的屠杀。相反，萨拉丁竟觉得有必要为他在耶路撒冷城墙被攻破后没有屠杀城内的法兰克人而做出解释和辩护。这是因为，至关重要的是，作为献身吉哈德的一名战士、以发动反法兰克人战争的承诺迫使伊斯兰世界接受阿尤布王朝统治的一位君主，他担心自己的形象受损。

这一见解或许将引发人们对萨拉丁的品质与意图做出一些重新评价，但也不宜矫枉过正。苏丹的行为必须根据同时代的标准、被置于适当的背景下来评判。按照这种标准，萨拉丁在1187年秋的举止是比较仁慈的。[79]依据中世纪战争的惯例——一般来说，黎凡特的穆斯林和法兰克基督徒均遵循、认可——如果一座被围攻的城市的市民断然拒绝有条件投降，那么等到城破时分，他们将遭受严酷的对待。通常在那样的情形下，守城者将失去谈判的机会，男人将被屠戮，妇女儿童将沦为奴隶。即使巴利安的威胁极大地影响了对巴勒斯坦做出的最终处置，但按照当时的标准，苏丹允诺的条件依然是慷慨的，而且更重要的是，它们得到了遵守。

苏丹在对待他的法兰克贵族“同侪”时，也表现得十分谦恭、宽厚。伊贝林的巴利安违背誓言滞留耶路撒冷获得了谅解，玛利亚·科穆宁娜甚至被护送去了提尔。沙蒂永的雷纳德的未亡人米利的艾蒂安内特也在未索要任何赎金的情况下被释放了。

9 月 30 日前后商定的投降条件中包含若干基本条款。耶路撒冷基督教平民获得了 40 天期限，以男人 10 第纳尔、女人 5 第纳尔、儿童 1 第纳尔的规定价格赎回自由。此外，他们将被安全地带到拉丁人位于提尔或的黎波里的据点，并有权带走其个人财产。只有马匹和武器必须留下。40 天后，那些不能支付赎金的人将被抓捕。大体上，协定获得了遵守，某些情况下，萨拉丁甚至表现出了更大的慷慨。例如，巴利安能够以一次付清 3 万第纳尔的方式确保 7000 名基督徒获释，此外萨拉丁似乎还为穷人安排了大赦。

投降条款公布后，由于大批解除武装的法兰克人被护送至海岸，它便导致了来自耶路撒冷的几乎持续不断的难民潮。实际上，这套赎金制度对萨拉丁的官员来说是管理上的梦魇。伊马德丁承认，腐败（包括贿赂）盛行，他还哀叹说，只有一小部分金钱被存入了苏丹的国库。许多拉丁人显然成了漏网之鱼：“一些人用绳子溜下城墙，一些人藏在行李中出城，还有一些人乔装为［穆斯林］士兵离开了。”苏丹同意允许法兰克人携带财产而去也限制了战利品的数量。希拉克略宗主教显然是满载着财宝离开了城市，然而“苏丹并没有为难他，当有人建议为了伊斯兰教没收这一大笔财产时，他回答说自己决不食言。他只从［希拉克略］处收取了 10 第纳尔，派重兵护送他去了提尔”。到了指定的 40 天到期的时候，据说总计有 7000 名男子和 8000 名妇女依旧未支付赎金，他们沦为了奴隶。[80]

总的来说，不能说萨拉丁在那个秋天的行为是如圣徒般宽厚仁慈，但也不能指责他残酷野蛮、口是心非。在他向伊斯兰世界传播的这些事件的版本中，苏丹显然将自己塑造为愿意（甚至渴望）血洗耶路撒冷法兰克人的圣战者，但这是否为其真实的意图已无法确定了。事实上，一旦面临巴利安的威胁，萨拉丁便选择了谈判而非对抗，并继续在对待拉丁人上表现出相当程度的克制。

耶路撒冷的胜利收复标志着萨拉丁职业生涯到目前为止的顶点。至关重要的是，他如今能够利用这一划时代的成就为他统一伊斯兰世界正名，并反驳任何他为了一己私利而专制独裁的指控。在他写给哈里发的信件中，充斥着大胜与“清白”这两大主题——它们也是伊马德丁在那个秋天宣扬阿尤布王朝胜利的超过70封信函的核心内容。[81]

收复耶路撒冷

耶路撒冷正式投降的日期是经过精心挑选的，以便凸显苏丹作为一名经证实的信仰卫士的形象。数百年前，据说穆罕默德本人曾夜行至耶路撒冷，并于10月2日登霄。为了明确地将自己的一生与先知做对比，萨拉丁选择于1187年的同一天举行凯旋入城式。一旦进入圣城，伊斯兰化的改革便立即开启了。许多基督教的圣龛被剥夺财富、强行关闭，一些被改建成了清真寺、伊斯兰学校或修道院。围绕着圣墓教堂出现了激烈的争论，一些人主张将它彻底摧毁。但温和派的声音占了上风，他们认为，即使这座建筑被夷为平地，基督教朝圣者依然会络绎不绝；萨拉丁则提醒道，耶路撒冷的首位穆斯林征服者欧麦尔（Umar）让这座教堂保持了原样。

在宗教层面上，萨拉丁的成就体现在他与部下兢兢业业地开始“净化”耶路撒冷的圣地。其中最主要的两地——圆顶清真寺与阿克萨清真寺——位于哈拉姆谢里夫（今天也被称为“圣殿山”）。在伊斯兰教徒看来，法兰克人严重亵渎了这些神圣的建筑。现在需要纠正过来。在拉丁人治下，圆顶清真寺（由穆斯林兴建于7世纪末，据说位于亚伯拉罕准备献祭儿子以及穆罕默德夜行登霄的岩石之上）被改建为耶稣教堂（Templum Domini），其光彩夺目的金色圆顶上竖立了一个巨大的十字架。这一象征物立即被摘下了，其内部的基督教祭坛以及所有的绘画、雕塑也被移除，并用玫瑰水和熏香净化了整座建筑。在这之后，一位穆斯林见证者自豪地宣称：“虔诚的泪水净化了被异教徒玷污的圆顶清真寺”，它宛如“年轻的新娘”一般纯洁无瑕。后来，一块碑铭被放置于圆顶清真寺旁，纪念苏丹的成就：“萨拉丁从多神教徒手中净化了这座神圣的建筑。”

阿克萨清真寺最初被法兰克人用作王宫，随后被改造为圣殿骑士团总部的一部分，因此它也被做了类似的工作。遮蔽米哈拉布（指出礼拜方向的壁龛）的一堵墙被移除，整座建筑焕然一新，用伊马德丁的话说，可谓“真理取得了胜利，错误被消除了”。这里的首次聚礼日祷告于10月9日举行，演说家与神职人员热烈争抢在那天发表布道的荣誉。萨拉丁最终选择了一位来自大马士革的伊玛目伊本·扎基（Ibn al-Zaki）在满怀憧憬的人群前演说。伊本·扎基的布道似乎突出了3个互相关联的主题。征服作为一种净化形式的观点得到了强调，真主也对“他的圣所从多神教的玷污中”获得净化赞不绝口，听众们则恳求“将其余被令真主与其使徒愤怒的污秽玷污的土地净化”。与此同时，苏丹则广受赞誉，他被称颂为“［真主之］圣地的战士及保卫者”，他的成就被拿来与穆罕默德本人的相提并论，吉哈德的功效得到了如下倡议：“坚持圣战；这是你们侍奉真主的最佳方式，是你们生命中最高尚的工作。”[82]

萨拉丁的成就

1187 年夏，萨拉丁赢得了两场惊人的胜利。他抓住哈丁会战后的时机，收复了耶路撒冷，让他在十字军东征时代的所有穆斯林前辈的成就都黯然失色。数十年前，他的主公努尔丁定做了一具极其精美华丽的讲道坛，憧憬着有朝一日他或许能亲眼看着它被安置在神圣的阿克萨清真寺内。如今，苏丹实现了其前任的梦想，继承了他的遗志，将这具讲道坛从阿勒颇的存放之处带到了耶路撒冷的大清真寺，它将在这里度过 8 个世纪的岁月。

引人注目的是，甚至连萨拉丁同时代的穆斯林批评者伊本·阿西尔也承认苏丹在 1187 年获得了无上荣耀：“这一受到祝福的事迹——征服耶路撒冷，自从欧麦尔的时代以来，只有萨拉丁才能做到……”法迪勒在写给巴格达哈里发的信件中强调苏丹击败法兰克人所具有的变革性：“从他们的祈祷之地，他扔下了十字架并安排了宣礼……《古兰经》的子民取代了十字架的子民。”[83]在第一次十字军东征取得惊人胜利的 88 年后，萨拉丁为伊斯兰教夺回了圣城，对海外之地予以沉重打击。他改变了近东局面，如今似乎准备在圣地之战中取得终极、持久的胜利。然而，当上述非凡的事件在伊斯兰世界及之外回响并引发了震惊与畏惧时，拉丁基督教世界被迫采取了行动。在西方，为圣战复仇的欲望觉醒了，又一次，庞大的军队开往黎凡特。很快，萨拉丁将不得不对抗第三次十字军以保卫其来之不易的胜利果实，与他对垒的是捍卫基督教事业的一位杰出的新战士——狮心王理查。

第三部

战士的考验

13

十字军东征的召唤

1187年夏末，海外之地尚未从哈丁的灾难中恢复元气，萨拉丁正迅速地肢解法兰克巴勒斯坦，提尔大主教乔西乌斯（Archbishop Joscius of Tyre）起航前往西方。他将基督教世界惨败的消息带给了身体虚弱的教皇乌尔班三世（Urban Ⅲ），后者很快因震惊与悲伤而去世了。在随后的数周、数月中，噩耗传遍了欧洲，激起了恐慌、痛苦和愤怒，这引发了一场新的武装召唤，要求发动历史上所谓的“第三次十字军东征”的运动。从强大的德意志皇帝腓特烈·巴巴罗萨到年轻、精明的法国国王腓力二世·奥古斯特（Philip Ⅱ Augustus），拉丁世界最具权势的人领取了十字。但英格兰国王狮心王理查——中世纪最伟大的勇士之一——脱颖而出，成为这项基督教事业的捍卫者，挑战了萨拉丁对圣地的统治。最重要的是，第三次十字军东征演变为了两位“巨人”——国王与苏丹、十字军战士与圣战者——之间的博弈。在将近一个世纪之后，圣地之战把这些英雄领入了一场史诗般的对决：它考验着双方的极限，铸造了传奇，也令梦想破灭。[1]

第三次十字军东征的布道

1187 年，基督教世界在哈丁和耶路撒冷蒙受的伤害促使拉丁西方采取行动，并重新点燃了已熄灭数十年的十字军狂热。在 12 世纪 40 年代末的第二次十字军东征失败后，基督教欧洲对圣战的热情急剧衰退。在那段时间里，一些人开始质疑教廷与十字军运动的纯洁性。一位德意志编年史家谴责第二次十字军东征道："由于西方教会的罪孽，上帝令其遭受打击。的确出现了某些伪先知、恶魔之子和敌基督的见证者，他们用空洞的字眼诱惑基督徒。"甚至明谷的伯尔纳（十字军运动的主要宣传家和狂热拥护者）也无法提供多少安慰，他仅仅评论说，法兰克人经历的挫败属于上帝对人类无法揣摩的安排。基督徒的罪孽也被用来作为神罚的一种解释，并且生活在黎凡特的法兰克人在更多的时候被推定为道德沦丧的罪人。[2]

不出所料，1149 年后，发动大规模十字军远征的尝试都失败了。在努尔丁和萨拉丁的领导下，近东穆斯林的力量与团结得到了增强，而海外之地则面临着一连串危机：安条克亲王雷蒙在伊奈卜之战中阵亡、1164 年在哈里姆失利、麻风国王鲍德温丧失身体机能。自始至终，黎凡特的法兰克人更加绝望和频繁地向西方吁请援助，但尽管在一些小战役中有少数人前来保卫圣地，大体上这些呼吁都没有得到回应。

与此同时，西方君主们（如今对任何重大的十字军冒险都至关重要）有自己的王国需要维护和保卫，因此，人们普遍认为，这才是他们的天职。考虑到政治、战争、贸易、经济等因素，以及需要在东方耗费数月甚至数年的前景，十字军东征常常显得缺乏吸引力。消极保守而非积极进取占据了上风。

由于拉丁欧洲主要政权间的敌对状况加剧，这个问题进一步恶化了。1152 年，德意志的权力转移到了霍亨斯陶芬家族的腓特烈·巴巴罗萨（“红胡子”）手中，他是参加过第二次十字军东征的老兵。腓特烈在 3 年后获得了皇帝头衔，但花费了数十年时间试图制服自己国内的敌对派系，并试图稳固对意大利北部的控制，这始终伴随着与教皇国和诺曼人的西西里的激烈冲突。在法国，卡佩王朝保持着王权，但在领土统治和政治掌控方面，路易七世国王和他的儿子、继承人腓力二世·奥古斯特（1180 年继位）的真正权威依旧受到严重制约。安茹伯爵的崛起尤其让卡佩王朝遭受了挑战。

1152 年，在令人失望的第二次十字军东征之后不过数年，路易七世的妻子阿基坦的埃莉诺强烈要求解除他们的婚姻关系——二人已育有两个女儿，但没有子嗣，埃莉诺嘲笑路易性冷淡，将他比作修士。8 周以后，她与更加朝气蓬勃的安茹伯爵亨利结婚，后者较她年轻 12 岁，并已将诺曼底公国收入囊中。到了 1154 年，他继承了英格兰王位，是为亨利二世国王，二人共同打造了一个崭新、幅员广阔的安茹“帝国”，将英格兰、诺曼底、安茹与阿基坦合并在了一起。由于控制了现代法国的大部分地区，他们的财富和权力远胜法国国王，尽管如此，由于其大陆领地，他们至少在名义上还是卡佩君主的封臣。在这种情况下，安茹家族与卡佩家族变得势同水火几乎是难以避免的。从 12 世纪中期至后期，两大王朝之间越来越深的仇怨严重限制了西方对圣地之战的参与。英格兰的亨利二世身陷这场争斗之中，无意或无法兑现自己多次承诺的要继续进行十字军东征，他通常只能向海外之地提供资金上的支持。[3]

只有 1187 年的划时代事件打破了这一僵局，促成了承诺的兑现。古老的纷争并没有被遗忘——实际上，安茹 - 卡佩王朝的不和对第三次十字军东征的进程产生了深远影响。然而，来自近东的可怕消息引起了极大的骚动：拉丁基督教世界的统治者们不仅听到了战斗的号召；这一次，他们兑现了诺言，真的参战了。

哀悼的理由

教皇乌尔班三世于 1187 年 10 月 20 日去世后，格里高利八世（Gregory Ⅷ）继承了他的职务，到了这个月底，他发布了一份新的教皇通谕《闻讯战栗》(*Audita tremendi*)，号召发起第三次十字军东征。如往常一样，它小心谨慎地为圣战正名。哈丁的灾难被形容为“令整个基督教民众肝肠寸断的原因”；据说，海外之地遭受了“严重和可怕的天谴”；穆斯林“异教徒”被描述成“渴望基督徒鲜血并［亵渎］圣地的野蛮人”。通谕认定，“任何神志正常的人若没有为此哭泣”，那么他必然已失去了他的信仰和人性。

两个新的主题被纳入了这篇看似老套但激情澎湃的通谕。邪恶第一次被人格化了。早先的战争号召将穆斯林塑造为虐杀成性但面目模糊的对手。如今，萨拉丁被专门指定为敌人，并被与魔鬼相提并论。这一举动表明了人们对伊斯兰教更加熟悉了，以及苏丹的“罪行”造成了巨大冲击。《闻讯战栗》还开始解释为何上帝会让他的子民“为面对如此巨大的恐惧而困惑”。答案是，拉丁人之所以“被上帝之手重击”，是因为上帝要惩戒他们的罪孽。生活在黎凡特的法兰克人被认定为主要的罪人，他们在埃德萨陷落后并没有痛改前非，但欧洲的基督徒也有罪过。“我们所有人都

［应该］改过自新……用忏悔和虔诚的修行面对我们的主，上帝，"通谕宣称，"［只有］在这以后，才能将我们的注意力转向敌人的背叛和恶意。"与这种忏悔主题相吻合的是，它鼓励十字军战士"不要为了金钱或世俗的荣耀，而是遵从上帝的旨意"入伍，衣着朴素地行军，勿携带"猎犬和鹰隼"，准备苦修，而非"为了空虚的浮华"。

《闻讯战栗》提到："近来不幸降临耶路撒冷和圣地"，然而可能是因为萨拉丁征服圣城的确凿消息尚未抵达西方，其中特别强调了真十字架（基督十字架的圣髑）在哈丁被夺走。由此出发，夺回这一受人尊崇的信仰标志成了十字军东征的主要目标之一。

与早先的十字军通谕一样，1187 年公告的结尾部分详述了参与者在精神和世俗层面的回报。他们将被赦免所有坦白的罪孽，战死者则有望获得"永生"。远征期间，他们将免于法律起诉及支付债务利息，其财产和家庭将得到教会的庇护。[4]

传播消息

法兰克人在 1187 年遭受的空前灾难几乎确保了西方会做出重大回应。即便是大主教乔西乌斯传回欧洲的最初消息也拥有让人恐惧和受到激励的力量——事实上，在拜会教皇前，大主教首先在西西里的诺曼王国登陆并立即说服了其统治者威廉二世（William Ⅱ）派出一支舰队去保卫海外之地。

尽管如此，《闻讯战栗》为第三次十字军东征的大部分布道奠定了基调。实际上，传播十字军信息的整个过程越来越受到教会及世俗政权的集中控制，用来促进招募的手段也变得越发成熟、完善。教皇任命了两位特使——提尔的乔西乌斯与枢机主教阿尔巴努的亨利（Henry of Albano，前明谷修道院院长）——分别在法国和德意志负责安排十字军的号召。大规模的招募集会还与主要的基督教节日时间一致，斯特拉斯堡在1187年圣诞节举行了集会，美因茨和巴黎则是在1188年的复活节——集会上的群众聚集在一起，准备好接受一条虔诚的信息。

安茹王朝领地（包括英格兰、诺曼底、安茹和阿基坦）内的布道在1188年1月的勒芒会议及2月11日英格兰北安普敦郡的盖丁顿会议上得到了精心筹划。在后一场会议上，坎特伯雷大主教鲍德温（前西多修道院院长）本人领取了十字，并随后领导了招募活动。他遍游威尔士各地，散布消息，并强化安茹王朝在这个半独立地区的权威，最终征集了3000名“擅用弓箭和长枪”的威尔士士兵。[5]

从这时起，十字军东征行动似乎获得了更加清晰的身份，尽管这究竟是集中控制所造成的抑或仅仅是水到渠成尚无定论。以前的十字军战士拥有各种称谓——朝圣者、旅行者或基督的士兵，如今，文献开始用“佩戴十字的人”（crucesignatus）这个词描述他们——这个词最终演变成术语“十字军战士”（crusader）和“十字军东征”（crusade）。

第三次十字军东征在世俗社会中亦得到广泛宣传，并深入人心。在12世纪的进程中，吟游诗人（troubadour，宫廷歌唱家，很多人本身也是贵族）在贵族圈子里扮演了越来越重要的角色，并且宫廷生活和骑士精神的观念开始发展（尤其在法国西南部这样的地区）。40年前，第一批关于第二次十字军东征的宫廷评述已经开始出现。如今，在1187年后，吟游诗人借鉴（某些地方还有所拓展）了《闻讯战栗》中固有的信息，创作了大量关于未来圣战的歌谣。

一位来自皮卡第（Picardy）参加了第三次十字军东征的骑士科农·德·贝蒂讷（Conon de Béthune）于1188年至1189年间撰写了一首这样的古法语诗歌。常见的主题在这里重现——对丧失真十字架的悲叹，以及“人人都应该沮丧和悲伤”的评论。但在其他部分，耻辱和职责的观念成了新的强调重点。科农写道："现在我们将看出谁才是真正的勇士……如果我们允许死敌留在［圣地］，我们的人生将永远笼罩在耻辱中”，他还补充道，每个“年轻、健康、富裕的人都应当挺身而出，以免蒙羞”。圣地还被描绘为处于危险中的上帝财产（或领地）。这意味着，就像封臣有义务保护领主的土地及财富一样，基督徒作为上帝的仆人，如今应该义无反顾地去保卫他神圣的领地。[6]

十字军的召唤促成了数万拉丁基督徒从军。据一位十字军战士说，“对于这场新朝圣之旅的热情是如此之高，以至于［在1188年］谁领取了十字不是问题，谁还没这么做才是问题”。这有点夸张，因为留在西方的人远多于启程前往圣地的人，但这场远征还是在欧洲社会中引发了惊人的动荡。尤其在法国，整批的本地贵族率领武装部队加入了战争。国王们的参与至关重要（与12世纪40年代的情况如出一辙），它通过封臣身份及义务的纽带在整个拉丁西方激起了招募的连锁反应。大约在1189年，高切尔姆·费迪（Gauclem Faidit）在一首诗歌中评论了这一现象："人人都觉得去那里是理所应当的，位高权重的王公们更是如此，因为倘若一个人在这项事业中没有援助［他的上帝］，他就无法声称自己是虔诚、听命的。”[7]

然而，甚至在萨拉丁获胜的噩耗传播开来以及狂热深入人心之前，一位领袖便立即加入了这项事业。1187 年 11 月，狮心王理查在图尔领取了十字——他是阿尔卑斯山以北第一个这么做的贵族。

狮心王

今天，狮心王理查是最家喻户晓的中世纪人物之一，以英格兰伟大的武士国王形象受人追忆。但理查是什么样的人？这是个棘手的问题，因为他甚至在活着的时候便已经成了传奇。理查无疑知晓名声的非凡力量，并积极寻求促进对他的个人崇拜，鼓励将他与昔日神话般的伟大人物诸如“伊比利亚摩尔人之鞭”罗兰（Roland）和亚瑟王进行对比。理查甚至在启程参加十字军时携带着一把“王者之剑”（Excalibur），尽管不可否认的是他后来为了购置额外船只而将它卖掉了。到了 13 世纪中期，关于他的史诗壮举的故事大量涌现。有一位作者为了说明理查著名绰号的来源而解释说，他曾经被迫赤手空拳和一头狮子搏斗。理查将手伸进这野兽的喉咙，掏出了还在跳动的心脏，据说还津津有味地吃掉了这滴血的器官。

一位同时代见证者及热心的支持者对他的外貌做了激动人心的描绘：

> 他身材高大，玉树临风，头发颜色介于红色与金色之间；四肢灵活笔直。他修长的手臂善于舞刀弄剑，其长腿与整个身躯相得益彰。

同一份材料声称，理查被上帝赋予了“似乎古代才具有的美德，如今世风日下，似乎人人都如同行尸走肉，上述美德已很难在某人身上出现了”。它做了如下对比：

> 理查拥有赫克托耳的勇气与阿喀琉斯的英雄气概，与亚历山大相比也不逊色……此外，对一位著名骑士而言非同寻常的是，他还兼具涅斯托尔（Nestor）的口才和尤利西斯的睿智，在言行两方面令其他人相形见绌。[8]

或许不足为怪的是，学者们并未全盘接受狮心王的这一近乎超人的惊人形象。早在18世纪，英国历史学家便从作为国王和作为普通人两方面批评理查——指责他为一己私利压榨英格兰以及粗野、冲动的性格。最近几十年来，伦敦大学的杰出学者约翰·吉林厄姆（John Gillingham）重塑了对狮心王生涯的看法和理解。吉林厄姆承认，理查在10年统治期内花在英格兰的时间几乎只有1年，但研究了事情的来龙去脉后，他强调理查不仅仅是英格兰国王，还是基督教世界遭遇危机时的安茹帝国的统治者。同样，他承认狮心王刚愎自用，然而，其野蛮、冲动、残酷的形象被颠覆了。如今，理查大体上被视为一名受过良好教育的统治者、政治及谈判的老手，尤其是一个实干家、战争的宠儿、军事指挥上的天才。尽管上述再评价中许多部分依然适用，吉林厄姆在试图恢复狮心王名望的过程中或许夸大了理查在第三次十字军东征里的某些成就，对他有些文过饰非了。[9]

理查，普瓦图伯爵、阿基坦公爵

狮心王可能确实成了英格兰国王，但无论从出身还是背景来看，他都不是英国人。他的母语是古法语，他继承的是安茹和阿基坦。1157 年 9 月 8 日，他出生在牛津，父母分别为英国国王亨利二世和阿基坦的埃莉诺。拥有这样的血统，年轻的王子几乎注定会青史留名，但理查并不指望继承庞大的安茹王国；这一荣耀归于他的哥哥——历史上称作“小亨利”（Henry the Younger）。至少在最初，理查是被按照副手而非领袖来培养的。然而，在 12 世纪的欧洲，婴儿及青少年的死亡率很高，这意味着未来总是存在变数。

当理查还是个孩子的时候，他就与阿基坦联系在了一起。可能是受其母亲的影响，加之预期他可能无望继承英格兰王位，这位年轻的王子被指定为法国西南部这一广阔区域的统治者。1169 年，理查为了阿基坦而向法王路易七世宣誓效忠，随后在 1172 年 15 岁时，正式就任阿基坦公爵（还连带获得了普瓦图伯爵头衔）。1169 年，理查与路易国王的女儿艾丽斯订婚，进一步卷入了安茹、卡佩王朝复杂的关系网中——尽管这位法国公主从这时起便居住在亨利二世国王的宫廷（而非与理查生活），有流言说她成了亨利的情妇。

阿基坦为法国最有文化和最富裕的地区之一，是一个繁荣的音乐、诗歌、艺术中心，以上因素似乎在理查身上留下了印记。他慷慨地赞助吟游诗人，本人亦热衷唱歌，还会创作歌谣和诗歌。他还精通拉丁文、言辞友好，尽管有些尖酸辛辣。他的公国还因与查理曼统治时期对西班牙伊斯兰教徒发动的圣战息息相关而驰名。这一地区的教堂声称埋葬着罗兰（这场战役中的伟大英雄）

的尸体以及他曾经试图用来召唤援兵抵抗摩尔人的号角。

在这番光鲜外表之下，阿基坦实际上是一个无法无天、祸起萧墙的温床——它仅仅为若干极度独立的领地的松散集合，居住着像吕西尼昂这样的桀骜不驯、实力强大的家族。考虑到这一点，理查似乎注定要统治一个几乎无法治理的政体，但事实证明他完全能够胜任。从 12 世纪 70 年代至 80 年代，他不仅维持了秩序，镇压了无数叛乱，甚至还设法抢夺了图卢兹伯国领土，扩张了自己的公国。上述考验为狮心王提供了宝贵的军事经验，尤其是在围城战方面，并且，他展现出了杰出的战争才华。

理查还必须面对同时期政治的险恶现实。在他生涯的早期，他始终身陷安茹王朝内部持续、复杂的权力斗争——亨利二世巧妙地对抗儿子们崛起的势力以及妻子的野心，维护着自己的地位；狮心王与兄弟们时而彼此争夺安茹王朝的继承权，时而又联合起来反对他们的父亲。早在 1173 年，理查就和兄弟们一道卷入了一场针对亨利二世的全面叛乱。狮心王的地位在 1183 年发生了变化，他的哥哥“小亨利”在另一场叛乱期间去世了，这让理查成了亨利的长子和指定继承人。这不仅没有解决内部的斗争，反而使理查成了一个受攻击、被算计的更明确的目标，因为亨利试图收回阿基坦的所有权并对安茹的领土做出有利于自己偏爱的小儿子约翰的重新安排。理查无疑没能在所有这些复杂的阴谋中获胜，但他大体上抵挡住了亨利二世，后者或许称得上是 12 世纪最诡计多端、老谋深算的拉丁政治家。

作为安茹的一员，理查也是同卡佩君主持续对抗的一方，他自己常常陷入和路易七世国王（1180 年后则是其继承人腓力·奥古斯特）的纷争。理查与法兰西的艾丽斯久拖未决的婚约也引发了争议，因为亨利一直把拟议中的联姻作为外交工具而婚礼仍未举行。1187 年 6 月，这种对抗格局看起来将会持续存在下去，当时腓力国王入侵安茹王朝在贝里（Berry）的领地，这促使亨利二世和理查联合发起反击。一场重大会战似乎迫在眉睫，但在最后一刻，双方达成了和解，签署了为期两年的休战协议。然而，一旦协议最终达成，理查突然变换阵营，他与腓力共同策马回到了巴黎，故意公开表示他与后者的友好。这是外交上的一步妙棋，甚至老到的亨利二世也未能预见，它传达了明确的信息——倘若安茹君主试图剥夺理查对阿基坦更广泛的继承权，狮心王更愿意背弃他的家族，与宿敌卡佩王朝站在一起。亨利败下阵来，立即尝试着与理查修复关系，确认了他的所有领土权利。老国王将儿子拉回了安茹阵营，暂时保持了一种不稳定的平局，然而，一场涉及亨利、理查和腓力的更具决定性的对抗的阴影正在隐约浮现。

理查与十字军

仅仅一周后，1187 年 7 月 4 日，萨拉丁在哈丁击败了耶路撒冷法兰克人。同年 11 月，理查在图尔领取了十字，显然未征求父亲的意见。在当时的背景下，狮心王的决定是非同寻常的。1187 年，理查深深卷入了西欧的强权政治，显示出保住阿基坦公国并于亨利二世驾崩后掌控安茹帝国的十足决心。理查当时加入十字军似乎没有考虑后果——此举对他个人及王朝的前途构成了威胁。亨利国王因这种在他眼中是欠缺考虑、未经批准的荒唐行为而勃然大怒。腓力·奥古斯特也对如此关键的盟友掉头奔赴圣战的前景感到震惊。狮心王加入第三次十字军东征势必对英格兰、法国微妙的权势平衡造成重大破坏。表面上看，理查从中什么都得不到。

那么，如何才能解释这一明显不正常的行为？事后看来，西方将很快陷入十字军狂热中——事实上，亨利二世和腓力·奥古斯特自己也将在数月后领取十字——学者们几乎忽略了理查的决定，认为它是正常和不可避免的。然而，就其本身和背景而言，他的选择绝非如此。

或许是多种因素在起作用。冲动可能也是其中之一。如果说狮心王有什么缺点的话，那就是他正在形成的鲁莽、自负的性格。甚至一位理查的支持者也承认，“他可能会因草率行事而受到指责”，然而他辩解说：“他拥有坚韧不屈的精神，无法忍受侮辱或伤害，与生俱来的高贵灵魂让他追求其应有的权利。”此外，理查很可能和之前的许多十字军战士一样，由衷地被真实的宗教热忱所感动。他与法兰克巴勒斯坦在家庭和封建关系上的渊源必定强化了这种情绪，他是耶路撒冷国王安茹的富尔克（1131—1142 年在位）的曾孙、西比拉女王的堂侄，以及吕西尼昂的居伊昔日的普瓦图领主。狮心王也在努力摆脱父母的阴影。他花费了人生中相当多的时间去模仿和超越父亲的成就（某种程度上，也包括母亲的成就）。1187 年前，上述目标的实现就在于保卫阿基坦并继承安茹王国。然而，哈丁之战及第三次十字军东征开辟了另一条通向伟大的道路，提供了一个远在欧洲疆域外作为圣战中的领袖和统帅名留青史的新机会。理查所处的世界中，骑士荣誉和行侠仗义的观念开始合一，作为一名狂热的武士，十字军东征可能也对他颇有吸引力。因为即将到来的战役将被用来证明他的才华和英勇。[10]

无法判定以上因素中最关键的是什么。很有可能，理查本人也无法确定令他在 1187 年末采取行动的单一动机或抱负是什么。随后的几年中，他确实表现出了愤怒、急躁。同样变得明显的是，他正在与身份、意图上的深层危机搏斗，努力调和他所拥有的多重角色——十字军战士、国王、将领和骑士。

领取十字

理查应征参加第三次十字军东征引发了一场政治危机，法国的腓力威胁说，除非亨利二世做出领土让步并促使狮心王迎娶腓力的妹妹法兰西的艾丽斯，否则他将入侵安茹的领地。1188 年 1 月 21 日，卡佩王朝、安茹王朝的君主腓力与亨利在各自权贵陪同下，于临近边界的日索尔（Gisors）城堡会晤。然而，提尔大主教乔西乌斯也出席了会议。他接着就圣地的危险处境以及十字军东征的益处做了一番激情澎湃的布道，“以［这种］奇妙的方式，［他］使他们领取了十字”。这时，据说天空出现了十字状的图案——这一“奇迹”促使许多其他法国北部的主要领主加入了远征，其中包括佛兰德、布卢瓦、香槟和德勒的伯爵。[11]

在高涨的十字军热情中，亨利二世与腓力·奥古斯特公开宣布他们决定参与黎凡特圣战。尚不清楚是否有一位国王率先宣誓，从而迫使另一人亦步亦趋。能够确定的是，到了会议结束时，两人都做出了承诺。二人实际上是同时参军的，这一点意味深长，因为它反映了更广泛的信息，即他们只能采取协同行动。安茹王朝和卡佩王朝均宣誓参加十字军东征，但很快就显而易见的是，如果一方不离开欧洲的话，另一方也不会开拔。否则的话无异于政治自杀——将自己的王国拱手让给了鄙视的宿敌。协调行动、同时出发是绝对必要的，这对第三次十字军东征产生了重大影响。由于英法两国君主彼此充满猜忌，导致了一系列无休止的延宕。

腓特烈·巴巴罗萨与德意志十字军

1187年时，霍亨斯陶芬王朝的德意志皇帝腓特烈·巴巴罗萨是一位欧洲较年长的政治家。通过不断的军事活动和精明的政治运作，他将空前的中央集权强加给了以桀骜不驯闻名的德意志贵族们，并与意大利北部及教皇国达成了有利的和解。如今腓特烈65岁上下，对从波罗的海至亚得里亚海、地中海的大片领土拥有统治权。就财力、军事资源和国际威望而言，其实力远超安茹王朝和卡佩王朝。很自然地，大多数同时代人都期待他在第三次十字军东征中扮演领袖角色。

德意志的首度征兵于1187年冬在巴巴罗萨的斯特拉斯堡宫廷举行。这确保了源源不断的热切新兵，但皇帝在等待时机，衡量着公众对远征的支持程度，直到1188年3月27日于美因茨举行的第二场大型集会上才领取十字，并宣布了自己将在一年多后启程的坚定意愿。随后，腓特烈为他的开拔进行了相对迅速而认真的准备：放逐了他的政敌狮子亨利（Henry the Lion）；让长子亨利六世作为指定继承人留在德意志，同时带上次子士瓦本的腓特烈（Frederick of Swabia）一道加入十字军。巴巴罗萨利用其经济资源建立了一个重要的帝国战争基金，但其余的远征财政负担被转移至十字军战士个人——要求每位前往东方的参与者自行携带资费。

一些德意志十字军（包括来自科隆、弗里斯兰的部队，最终还有由奥地利公爵利奥波德五世指挥的部队）乘船抵达黎凡特，但腓特烈选择率领其庞大的主力部队沿着昔日远征的陆上路线进军。为了减轻东行的阻力，他与匈牙利、拜占庭，甚至安纳托利亚的塞尔柱统治者基利吉·阿尔斯兰二世进行了外交联络。1189年5月11日，仅比预定日期略有延迟，他率领一支大军从雷根斯堡启程，包括11位主教、28位伯爵、约4000名骑兵和数万名步兵。

直到于6月末抵达拜占庭帝国前，德意志十字军可谓一帆风顺。依沙克二世·安格洛斯皇帝拒绝了腓特烈通过谈判取道希腊领土的尝试。依沙克已经和萨拉丁签约，同意延宕十字军的进军，他还对巴巴罗萨与基利吉·阿尔斯兰的暗通款曲感到焦虑，怀疑二人或将共同进犯君士坦丁堡。腓特烈挥师东南，占领了菲利普波利斯，随后于1189年11月向阿德里安堡行军，其间与希腊人发生了公开交战。巴巴罗萨率部休整过冬，但对拜占庭首都构成了公开威胁。然而在1190年2月，他与依沙克达成了妥协。德意志人在和君士坦丁堡保持距离的情形下，前往加里波利，于3月末在比萨、希腊船只的协助下，从那里横渡赫勒斯滂（Hellespont）进入小亚细亚。作为久经沙场的战士，腓特烈的经验证明了其价值。作为一位主张严明军纪、令人敬畏又坚毅果断的领袖，他已成功地带领德意志十字军来到了伊斯兰世界的边缘。[12]

英格兰与法兰西的延宕

尽管英格兰与法兰西的君主早于腓特烈·巴巴罗萨数月领取十字，但他们花了长得多的时间发动十字军。事实上，安茹、卡佩王朝军队甚至离开其本土就耗费了超过两年半的时光。远征的准备工作在1188年初便开启了，但两个王朝在短暂停歇后又开始了争斗。雪上加霜的是，理查因阿基坦的叛乱及与图卢兹伯爵的战争而更加心烦意乱。

从那年春天起，狮心王遭受了来自腓力·奥古斯特的一系列试探攻击，而亨利则袖手旁观，没有采取任何干预措施，很高兴让他的两个年轻的竞争对手彼此争斗。然而，到了1188年晚秋，理查对父亲的两面派立场以及在继承问题上的故意搪塞已忍无可忍。狮心王确信老国王将宣布约翰为他的继承人（这位王子拒不领取十字），便改换阵营再度与腓力联手，并于11月戏剧性地公开向卡佩君主效忠。这一次他与亨利二世将彻底决裂。

整个冬天，恰恰在老国王需要证明自己仍能驾驭战场的时刻，糟糕的健康状况让他无法动弹。随着权力平衡无情地发生偏转，大批曾经忠心耿耿的安茹贵族开始转投理查阵营。狮心王与腓力在1189年6月对诺曼底发动猛烈攻势，接连攻城拔寨（包括勒芒和图尔），亨利别无选择，只能求和。在1189年7月4日的会议上，他接受了全部条件，确认理查为继承人，同意支付腓力一笔2万马克的贡赋并承诺在下一个大斋期时，三人将共同启程参加十字军。亨利如今身体极度虚弱，几乎已不能跨坐在马背上，但据说他依旧用最后一丝力气来咒骂。当他前倾身体给儿子礼节性的亲吻以示和解时，亨利嗫嚅道："在向你复仇前，上帝是不会让我死去的。"在被用担架抬到希农（Chinon）后，过了两天他就驾崩了。[13]

理查一世，英格兰国王

1189年7月初的事件将狮心王理查从一个密谋不轨的王子、固执己见的十字军战士转变为强大的安茹王朝的君主和统治者。

1189 年 7 月 20 日，他在鲁昂（Rouen）获得了诺曼底公爵头衔，随后于 1189 年 9 月 3 日，在伦敦威斯敏斯特教堂（Westminster Abbey）加冕为英格兰国王。理查可能的确通过诡计和背叛实现了他的野心，然而一旦掌权，他便显露出王者风范，举止成熟稳重。造访位于丰特夫洛的父亲停灵的教堂时，据说理查表现得不动声色。那年夏天，他不仅犒赏了自己信任的支持者，例如绍维尼的安德鲁（Andrew of Chauvigny），而且还包括那些始终忠于亨利二世的人，例如著名骑士威廉·马歇尔（William Marshal）。那些在老国王生命最后数月背弃他的人并没有得到多少宠信。

理查的晋升也给他和腓力·奥古斯特的关系带来了深刻的变化。作为盟友，他们二人击败了亨利二世。如今，随着理查成为安茹王朝的领袖，他们开始反目。其各自的身份特质让潜在的怨恨加深了。理查年长腓力 8 岁，他 32 岁时才加冕为王，有些自惭形秽。狮心王刚刚登基，而年轻的卡佩更有经验，已肩负国王重担将近 10 年。作为国王两人是平等的，但实际上，虽然理查因为安茹在法国的领地（如诺曼底、安茹和阿基坦）理论上是腓力的封臣，但他拥有更强大的王国。二人在品性、气质上也存在差异。理查酷爱战争和战斗，可在政治上也很精明。腓力心中牵挂的唯有卡佩王权，性格狡黠、谨慎。

从 1189 年夏天起，两位统治者均面临一个难题：他们何时启程加入十字军？棘手之处在于，在未和对方确保停战且约定协调一致、同时出发的情况下，没有一个国王愿意动身。最终，在开始其征程前，这花费了来年的大部分时间。在此期间，包括阿韦讷的雅克（James of Avesnes）、香槟的亨利（Henry of Champagne）在内的相当数量的法国十字军先行出发了。

由于敌对争斗而造成的多年延宕无疑对第三次十字军东征的进程产生了显著影响，人们很容易责备安茹与卡佩的统治者没有为基督教世界的利益求同存异。然而事实上，为了圣战，理查与腓力还是冒着真正的风险，做出了重大的牺牲。作为一位刚刚登基的国王，身边还有贪婪的弟弟约翰虎视眈眈，狮心王原本可以合情合理地留在西方巩固自身的权力。相反，理查危险地试图做到鱼与熊掌兼得：启程前往东方，长期不在国内，留下其信任的支持者守卫安茹王国，包括母亲阿基坦的埃莉诺与郎香的威廉（William of Longchamp）。英王还仰赖几乎不间断的往来信件来了解欧洲的事态发展。而当腓力的妻子于 1190 年 3 月中旬因难产而死（包括他们的双胞胎孩子），他本可取消他的十字军征程。由于国王 3 岁的儿子路易是现有的唯一继承人，这令卡佩王朝的继承安排处于危险境地。然而，即便如此，腓力还是将法国抛在了身后。

准备、财务与后勤

安茹王朝和卡佩王朝可能的确在启动十字军东征上花了较多时间，但他们至少做了细致、全面的备战工作。这意味着理查一世离开欧洲时，麾下是 12 世纪组织最精良、经费最充足的十字军部队。在 1188 年 1 月领取十字后不久，亨利二世与腓力·奥古斯特在英法两国征收了一项特别的十字军税，目的是积累为他们的探险提供资金所需的财富。它被称作“萨拉丁什一税”（Saladin Tithe）——所有的动产必须上缴其十分之一的税款，否则将面临绝罚（被逐出教会）的危险。圣殿骑士团、医院骑士团成员也被指派协助征税。

在那些留在西方的人中间，这项前所未有的赋税颇不得人心，世俗社会和教会组织中都生出了喋喋不休的抱怨。但至少在安茹帝国，这项什一税奏效了。在去世前，亨利二世设法募集了 10 万马克。理查随后加强了筹措资金的力度，扩大了范围。据一位见证者说，在英格兰，“他把所有东西都拿出来卖了——官职、贵族身份、伯爵领地、治安官职位、城堡、市镇、土地……”据说，狮心王甚至开玩笑说，如果可以的话，他会将伦敦卖掉。[14]

这些筹集的大量现金对第三次十字军东征的命运有直接的影响。这部分是因为士兵们希望理查和腓力在远征期间支付薪水，因此，供应充足的金钱对维持士气和作战劲头将是至关重要的。在离开欧洲前，狮心王还明智地花费大量的财政资源以确保作战的后勤支持。得益于英格兰对记账异乎寻常的精益求精，我们才能还原上述准备工作的某些细节。在 1189—1190 财年（从 9 月 29 日米迦勒节开始计起），理查花费了大约 1.4 万镑——相当于王室在全英格兰岁入的一半以上。据悉，他还从迪恩森林地区（Forest of Dean）和汉普郡（Hampshire）订购了 6 万个马蹄铁、1.4 万头腌熏猪、大量来自埃塞克斯的奶酪与来自肯特和剑桥郡的豆子，此外还有数以万计的弓箭及弩箭。

腓力·奥古斯特在征收萨拉丁什一税上的成绩要逊色许多。他缺乏英国国王自诺曼征服以来享有的绝对王权，也没有亨利和理查所支配的那种成熟的政府和行政机构。因此，虽然腓力强征赋税的权利于 1188 年 3 月在巴黎被接受，一年之内他便不得不撤销这项税收，并且竟为曾试图征税而道歉。因此，即便狮心王似乎已向腓力偿付了其父在 1189 年 7 月的协议中许诺的 2 万马克，卡佩君主备战十字军的经费相比之下还是少得多。

周密的经济计划和准备是非常必要的，因为安茹王朝和卡佩王朝决定从海路向黎凡特进发。这种交通方式可能更加迅捷高效。鉴于涉及的花销，它也大大削弱了贫穷、装备不良的非战斗人员跟随十字军的能力。以上因素符合理查和腓力计划率领更具效能的职业军队前往东方并尽量减少在他们各自国内耗费的时间的计划，然而，雇佣或打造船只代价不菲，甚至在战役开启前就需投入巨额资金。海上运输也伴随着相当大的风险——例如，导航、协调上的困难，以及始终存在的船难威胁。

需要注意的是，在密闭、危险且不舒适的海上旅程中，军纪能否得到保持。考虑到这一点，理查在1190年颁布了一套详尽的规章条例，对扰乱秩序的行为规定了严厉的处罚：一名犯下谋杀罪的士兵将被与受害者的尸体绑在一起抛入大海（如果罪行发生在陆地上，他将会被与尸体一道活埋）；用刀袭人的将失去一只手，而用拳头打人的将被浸入海水3次；窃贼将被剃光头发，随后将煮沸的沥青混合羽毛倾泻在他们头上，“这样［他们］就可以被人知道了”。[15]

在第三次十字军东征期间，理查一世与腓力·奥古斯特大体上设法解决了所有与海上运输相关的潜在问题。在此过程中，他们开创了一个重要的先例，从这时起，十字军部队依靠海上行军去实现目标变得更加普遍了。

通向圣地

1189年12月30日及1190年3月16日，理查一世与腓力两度会晤，协商十字军最后备战事宜。最后，6月24日，狮心王在图尔的一场公开典礼上接受了朝圣背包和手杖，法王在同一天于圣但尼教堂举行了同样的仪式（追随了其父路易七世的做法）。7月2日，两位君主在韦兹莱会面，并同意分享未来在战役中获得的战利品。随后，1190年7月4日，就在拉丁人于哈丁战败后的三周年之际，安茹王朝与卡佩王朝的十字军主力部队一起出发了。为了区分两支队伍，他们做出决定，腓力的部下佩戴红十字，理查的部下佩戴白十字。达成扬帆驶向黎凡特之前于西西里的墨西拿会合重组的共识后，两军便在里昂（Lyons）分道扬镳了。

利用广袤的安茹王国的资源以及萨拉丁什一税积攒的财富，理查得以召集、装备一支大军。虽然当时他可能已聚集了总数约1.7万人的兵力，但从韦兹莱启程时随行的大概只有一支6000人的王室军队。狮心王南下直抵马赛，由此出航，沿意大利海岸于9月23日到达墨西拿，而他的部分军队则在坎特伯雷大主教鲍德温率领下直接驶向了圣地。理查还设法从英格兰、诺曼底、布列塔尼、阿基坦筹备了一支约有百艘船只的舰队，它绕过了伊比利亚半岛与国王在西西里会师。腓力·奥古斯特的个人队伍似乎规模要小得多。他从里昂行军至热那亚，在那里通过协商，以5850马克的代价，达成了将650名骑士、1300名扈从用船运至西西里及近东的协议。卡佩国王于9月中旬抵达了墨西拿。

随着冬天快速临近，海洋变得更加凶险难测，他们决定等候至第二年春天再前往黎凡特。再者，理查还有政治上的顾虑需要解决。狮心王的妹夫、西西里国王威廉二世（他迎娶了狮心王的妹妹琼）于1189年11月去世，这令西西里陷入了继承权的纠纷中，而在理查到来后，他迅速解决了危机。一旦秩序恢复，十字军们在整个冬天都忙于修整舰队，进一步收集武器、装备——例如，理查获得了大量石弹的供给。在此期间，狮心王还接见了以预言能力著称的一位西多会修道院长菲奥雷的约阿基姆（Joachim of Fiore）。约阿基姆很快预言理查将攻占耶路撒冷以及末日审判即将来临，据说他断定“上帝将令你击败他的敌人并让你名列世间所有王公之上”——这番话只能徒增狮心王的自负。[16]

理查与腓力二世的妹妹法兰西的艾丽斯久拖未决的婚约问题也得到了解决。尽管法王一再要求举行婚礼，狮心王自登基以来却一直回避这个问题。如今，随着圣地之旅的开启和腓力投身于战事，理查露出了底牌。他无意也不愿迎娶艾丽斯。相反，他已安排了与纳瓦拉（Navarre，位于伊比利亚半岛的基督教王国，在理查出国期间，其支持将保护安茹帝国南部免遭图卢兹伯爵的进犯）的新联姻。1191 年 2 月，纳瓦拉女继承人贝伦加丽亚（Berengaria）在狮心王那不知疲倦的母亲阿基坦的埃莉诺（她已年过 70）的陪伴下，抵达意大利南部。

腓力·奥古斯特面临着木已成舟的情况。当理查威胁将提供证人证明艾丽斯是亨利二世的情妇并曾为老国王生下一名私生子后，卡佩君主不得不及时止损。他解除了狮心王的婚约，收到了 1 万马克的回报。公开冲突得以避免，但腓力遭到了羞辱，这一不光彩事件令他重燃对安茹国王的敌意。

最终，随着春天到来，海上通道重新开启，十字军国王们开始了圣地之旅的最后一程。腓力于 1191 年 3 月 20 日起航，4 月 10 日，理查的舰队也跟着起航，随行的还有琼与贝伦加丽亚。此刻距离哈丁会战几乎已有 4 年。在此期间，黎凡特已发生了很大的变化。

14

受挑战的征服者

1187 年 10 月 2 日占领耶路撒冷是萨拉丁一生的最高荣誉——其充满激情的个人野心得到了满足，其公开追求的吉哈德运动已经实现。拉丁王国处于覆灭的边缘，其统治者被俘，其军队被尽数摧毁。很容易去畅想，随着这样一场大胜，伊斯兰世界将空前团结以支持萨拉丁的事业，对他的成就赞不绝口，几乎低声下气地接受其领导权。当秋意降临圣城，萨拉丁真的赢得了喘息之机去回顾、庆祝他所取得的成就了吗？实际上，征服耶路撒冷几乎没有缓解他的压力，反而带来了新的负担和挑战。

胜利之后

收复耶路撒冷是一场大胜，但并非与拉丁基督教世界间的战争的终结。现在，萨拉丁不得不在治理其扩张后的帝国与彻底摧毁东方法兰克人殖民地的职责间进行平衡，同时还要准备保卫圣地免遭汹涌的西方十字军入侵。他正确地估计到，很快他们将试图一雪哈丁之耻并夺回圣城。即便如此，1187 年的萨拉丁本应如日中天。然而事实上，从这一刻起他的力量开始逐渐衰退。在即将来临的痛苦考验中，他常常令人震惊地似乎遭到孤立——一位曾经伟大的将领变得狼狈不堪，为军队所抛弃，在第三次十字军东征的暴风骤雨里，他陷入了挣扎求生的境地。

得天下易，治天下难。1187 年 10 月后，萨拉丁面临着诸多困难。资源是最重要的。那年秋天，萨拉丁的臣民和盟友精疲力竭，由于激烈战役的开销，苏丹管理不善的财政资源业已耗尽。在此后几年中，随着来自新征服的财源从滔滔洪流变为涓涓细流，阿尤布王朝国库对满足萨拉丁追随者的贪欲开始力不从心，事实证明，在战场上维持一支大军越来越困难了。

夺取圣城带来了另外一些不那么明显的后果。萨拉丁在吉哈德的旗帜下集结了一支伊斯兰联军。但随着其核心目标的实现，此前隐匿在伊斯兰世界中的妒忌、猜疑和敌意又浮出水面。随着时间推移，哈丁会战前曾短暂地将伊斯兰世界团结在一起的使命感烟消云散。在耶路撒冷取得的历史性胜利也促使一些人对他的下一个征服目标产生疑问——他们担心他会成为一个暴君，一心想要推翻既有秩序、铲除阿拔斯哈里发以打造一个新的王朝和帝国。

作为一个篡夺了赞吉王朝权力的库尔德“局外人”，萨拉丁从来没有得到突厥、阿拉伯和波斯穆斯林的明确支持。他也无法宣称自己拥有任何神赐的统治权利。相反，苏丹小心翼翼地塑造其作为逊尼派正统教义的保卫者和虔诚的圣战斗士的公众形象。萨拉丁遵循其谋士（例如法迪勒和伊马德丁）的建议，煞费苦心地争取巴格达的阿拔斯王朝哈里发纳赛尔的支持，因为这是合法性的保障。1187 年后，苏丹延续了顺从纳赛尔的政策，但随着现在阿尤布王朝的势力似乎无人可及，二者的关系开始变得越来越紧张了。[17]

将法兰克人赶下海

1187 年末，萨拉丁最优先的战略考量是扫荡黎凡特残存的拉丁前哨，封锁近东地区，防止任何来自西欧的十字军登陆。然而，消灭法兰克人残余势力注定不会是一蹴而就的工作。随着在哈丁取得胜利，巴勒斯坦的许多地方已被征服，其主要港口（如阿卡、雅法和亚实基伦）如今在穆斯林手中，但尚有一些位于加利利、外约旦的法兰克要塞仍未屈服。虽然萨拉丁的一位潜在对手的黎波里伯爵雷蒙三世（他逃出哈丁战场后来到黎巴嫩北部避难）于 9 月因病去世，可是北方的十字军国家——的黎波里和安条克，依旧毫发未损。

最急迫的问题是提尔。在整个 1187 年夏天，这座港口城市成了巴勒斯坦的拉丁人的一个抵抗中心，并且萨拉丁允许了数以千计的基督教难民聚集在它的城墙内。哈丁会战之后，倘若没有蒙费拉侯爵康拉德指挥守军防御，提尔原本很可能会落入萨拉丁军队手中。康拉德是一位来自意大利北部的贵族，亦是已故的蒙费拉的威廉（耶路撒冷的西比拉的第一任丈夫、鲍德温五世的父亲）的弟弟，他此前在君士坦丁堡为登基不久的拜占庭皇帝依沙克二世·安格洛斯效力。但当他于 1187 年夏初谋杀了一位依沙克的政敌后，康拉德决定前往圣地朝圣避祸。他在 1187 年 7 月抵达巴勒斯坦，就在哈丁会战的数天之后。

康拉德发现提尔正陷入重围。侯爵的到来对法兰克人而言是一大利好，对萨拉丁来说则是一个不曾料到的麻烦。康拉德胸怀大志，是一个诡计多端、不择手段的政客，亦是一名具有威信的干练统帅。他抓住了提尔的困境所提供的机会，迅速掌控了大局。他激励拉丁民众行动起来，立刻着手加固这座城市本来就相当坚固的城防。1187 年 9 月，萨拉丁决定集中精力围攻耶路撒冷，这给了侯爵宝贵的喘息之机；他充分利用这个机会，赢得了骑士团和比萨、热那亚舰队的支持，为提尔备战。

到了 11 月初萨拉丁终于向提尔进军时，他发觉该城几乎是无懈可击的。它修建在一座小岛上，与陆地仅仅通过一条狭窄的人工堤道相连，并得到了双重城墙的保护。一位数年前造访过该地的穆斯林朝圣者称赞它“[极其]强大，坚不可摧”，指出“任何试图征服它的人将遭遇殊死抵抗”。提尔还以它优良的深水泊地闻名，其北部内港得到了城墙与一道铁链的防护。[18]

至深冬，在超过 6 周的时间里，萨拉丁对提尔发动了水陆两栖围攻，希望能逼迫康拉德屈服。穆斯林竖起了 14 具投石机，“夜以继日，[苏丹让他们]持续不断地[向城市]发射石弹”。很快，萨拉丁还获得了其主要家族成员的增援：他最重要的盟友、弟弟阿迪勒，苏丹的长子、阿尤布帝国的法定继承人阿夫达尔，以及苏丹的一个小儿子查希尔（如今被指定为阿勒颇统治者，他在提尔获得了人生的初次战斗经验）。与此同时，阿尤布王朝来自埃及的舰队封锁了港口。然而，尽管苏丹竭尽全力，却依然进展甚微。大约在 12 月 30 日，法兰克人赢得了一场大胜，他们发动海上奇袭，俘获了 11 艘穆斯林桨帆船。这一挫折似乎沉重打击了阿尤布军的士气。一位圣殿骑士后来在发往欧洲的信件中写道，萨拉丁本人非常苦恼，“他砍下了自己战马的耳朵、尾巴，骑着它在众目睽睽下穿过整支军队”。由于精疲力竭的部队士气低落，苏丹决定孤注一掷发动一次最后的总攻。1188 年 1 月 1 日，他沿着堤道发起了猛烈的正面攻击，但即便如此，也还是被击退了。萨拉丁无以为继，放弃了围攻，任凭康拉德占据提尔。

由于这场失利，萨拉丁常常遭到诟病。同时代的伊拉克人伊本·阿西尔尖刻地评价了苏丹的指挥才能，说道："这是萨拉丁的老毛病了。当一座城市抵抗他时，他将会对攻城心生厌倦并撤围而去……除了萨拉丁，无人应为此受到指责，因为是他把法兰克人的军队送到提尔去的。"某种程度上，苏丹的决定可由其军事政权的固有弱点来解释。至 1187 年底，经过数月征战之后，随着阿尤布王朝的资源接近极限，他的一些盟友开始摇摆不定，萨拉丁显然需要竭尽全力才能将士兵们留在战场上。考虑到他的支持基础源于持续偿付、犒赏其军队的能力，他不愿冒着叛乱的风险坚持这项任务，而选择继续去追寻更容易得手的目标。然而，事实上，在提尔所遭受的屈辱意味深长。苏丹此前于 1187 年 9 月所做的决策——优先考虑宗教、政治上的目标耶路撒冷，是有一定的道理的。但在 1188 年 1 月，让自己身后留下一个未被征服的提尔，这暴露了苏丹的局限性。虽然萨拉丁竭尽全力联合伊斯兰世界、为圣战做了大量准备，可他最终既无意愿亦无资源去完成对巴勒斯坦沿海地区的征服。自从哈丁会战以来的第一次，战无不胜的阿尤布王朝似乎不能做到将法兰克人赶下海。[19]

摧枯拉朽

冬天剩下的时日里，萨拉丁在阿卡休整。出于对基督徒的反击的担忧，他曾考虑将这座城市夷为平地以免它落入敌手，但最终还是选择保留这个"海岸陆地的门户"，并从埃及召唤加拉古什来负责阿卡的防御。从 1188 年春起，萨拉丁开始穿越叙利亚和巴勒斯坦，物色易于得手的拉丁居民点、前哨站与堡垒，风卷残云般地征服了它们。那年夏天他经过大马士革和贝卡谷地，对安条克公国及的黎波里伯国北部区域发动了攻击。叙利亚的主要港口拉塔基亚被占领，而沿着海岸线，在拉丁人掌控的贾柏莱城内，穆斯林卡迪（宗教法官）设法策动了该港的投降。苏丹还夺取了若干城堡，诸如安条克北部阿玛努斯（Amanus）山脉的巴格拉斯、特拉佩萨克（Trapesac），安萨里耶山脉南部的绍内（Saone）、博泽（Bourzey）。

萨拉丁在北方十字军国家取得了重大进展，但十分不情愿长期涉足其中。医院骑士与圣殿骑士的宏伟要塞——骑士堡、迈尔盖卜（Marqab）和萨菲泰（Safita）——均被放过，并且他没有尽力去对的黎波里和安条克的首都制造威胁——萨拉丁在返回大马士革前与后者签署了 18 个月的停战协定（虽然带有惩罚性条款）。苏丹随后在加利利发动了一场冬季战役，令该地区仅存的法兰克要塞——圣殿骑士掌控的采法特与医院骑士拥有的贝尔沃（Belvoir）投降。大概与此同时，阿尤布军队占领了外约旦的卡拉克堡，约 6 个月之后，附近的蒙特利尔城堡也投降了。这些成功的关键因素是拉丁人孤立无援。全部 4 座强大的十字军城堡的守军发现自己如今孤悬于穆斯林领土内，陷入了绝境。既然无望长期固守，他们便放下了武器，这令萨拉丁得以巩固其对巴勒斯坦的统治。苏丹在 1188 年横扫黎凡特，继续保持着军事上的势头，然而代价却是让安条克和的黎波里伯国几乎毫发未损。

在那一年的征战中，巴哈丁·伊本·沙达德进入了萨拉丁的核心智囊团。巴哈丁是一位在巴格达受过高等教育的摩苏尔宗教学者，1186 年他曾担任赞吉王朝的谈判代表，随着苏丹身患重病，最终与摩苏尔的伊兹丁达成了协议。1188 年，巴哈丁借助穆斯林最近对圣地的征服先后远赴麦加及耶路撒冷朝圣。就在这时，萨拉丁邀请巴哈丁进入阿尤布宫廷效力，他显然是对这位摩苏尔人的虔诚、睿智和学识印象深刻。当两人会面时，巴哈丁向苏丹呈上了他新作的论文《圣战之善》的抄本，随后，他被任命为军队的卡迪。他迅速成为萨拉丁最亲近、最信赖的谋臣之一，在此后的岁月里几乎一直侍奉其左右。巴哈丁后来创作了一部关于主公的详细传记，如今已被视为极其重要的历史文献（尤其是关于 1188 年后的时期的内容）。[20]

举棋不定

尽管已制定了随着新作战季到来对的黎波里和安条克发动更加坚决的新一轮进攻的计划，萨拉丁却未能于 1189 年回到北方。相反，苏丹似乎因持续征战及统治的重担而心力交瘁，他变得异常优柔寡断、毫无成效。月复一月，西方人报仇的前景越来越明显。萨拉丁似乎的确知道第三次十字军东征正在进行——在那年年末的一封信件上，他的谋臣伊马德丁对十字军的范围、组织及目标掌握之详细、准确令人咂舌。然而，在不可避免的风暴来袭之前，苏丹并没有为征服提尔这样的目标做最后一搏。相反，令人难以理解的是，他浪费了 1189 年的春天与初夏，就博福尔城堡的命运进行了旷日持久的谈判，而后者坐落在黎巴嫩南部山区、利塔尼河的高处，只是一个相对不太重要、孤立无援的拉丁要塞。

另一个值得商榷的决定被证明代价更为高昂。作为 1187 年 7 月哈丁会战的胜利者，萨拉丁俘获了耶路撒冷的拉丁国王吕西尼昂的居伊。然而，在 1188 年夏天，苏丹决定释放居伊（显然是在居伊之妻西比拉的反复要求之下）。人们很难去揣摩这个看起来不明智的宽宏大量之举的背后动机。可能萨拉丁断定居伊已威风扫地，无法号召法兰克人；抑或希望他也许会在基督徒间引起争论和分歧，从而挑战蒙费拉的康拉德在提尔日渐增长的权势。无论他的理由为何，苏丹很可能并不指望居伊能信守为了换取自由而许下的诺言——完全放弃对拉丁王国所有权的声索并立即离开黎凡特，然而居伊重获自由后马上就食言了。[21]

如果萨拉丁将居伊视为一蹶不振之人，那他就大错特错了。起初，这位拉丁国王为了在法兰克人中恢复威信煞费苦心，而康拉德两度拒绝他进入提尔。但是到了 1189 年夏天，居伊准备做出一桩惊人的大胆及英勇之举。

阿卡大围攻

在 1189 年的炎炎夏日里，萨拉丁仍然专注于征服棘手的博福尔城堡。8 月末，他却在黎巴嫩的丘陵地带收到了令人恐惧和顾虑的消息——法兰克人发动了攻势。1187—1188 年间，蒙费拉的康拉德在保卫提尔对抗伊斯兰教徒中扮演了关键角色，然而他依旧无意发起收复失地的战争。康拉德在提尔的城墙内享受着太平，似乎满足于静候第三次十字军以及拉丁欧洲重要君主们的到来——大体上，他乐于等待战事来临并借此寻觅飞黄腾达的机遇。

如今，最不被看好之人决定掌握主动。在哈丁可耻地战败后，蒙羞的耶路撒冷国王吕西尼昂的居伊的王国几乎被消灭，他正尝试做一些不可思议之事。在他令人敬畏的兄弟吕西尼昂的杰弗里

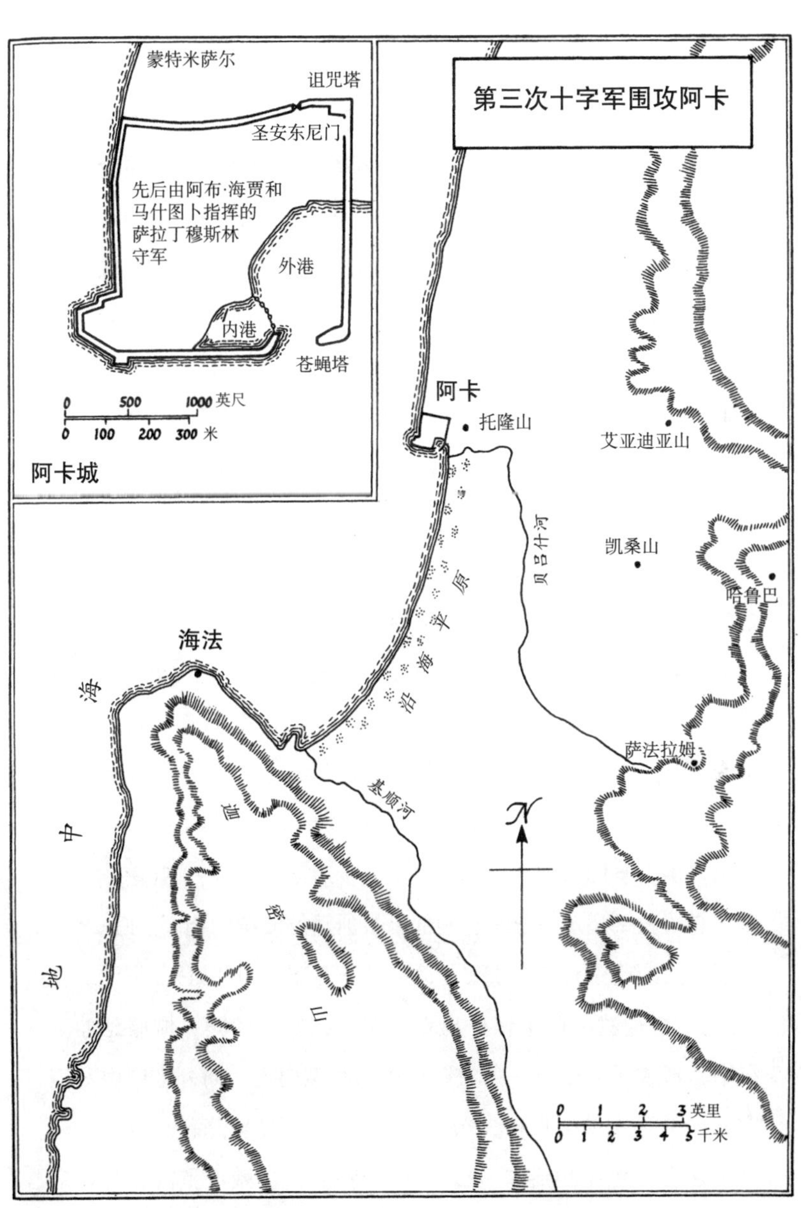
第三次十字军围攻阿卡
蒙特米萨尔
诅咒塔
圣安东尼门
先后由阿布·海贾和
马什图卜指挥的
萨拉丁穆斯林
守军
外港
内港
苍蝇塔
0 500 1000 英尺
0 100 200 300 米
阿卡城
阿卡
托隆山
艾亚迪亚山
贝吕什河
凯桑山
哈鲁巴
沿海平原
海法
萨法拉姆
基顺河
地中海
0 1 2 3 英里
0 1 2 3 4 5 千米

（Geoffrey of Lusignan，刚刚抵达黎凡特）的陪伴下，居伊率领一队圣殿骑士、医院骑士和数千士兵，从提尔南下，剑指穆斯林手中的阿卡。看上去他正为了夺回自己的王国而做自杀式的尝试。

最初，萨拉丁对这一举动持怀疑态度。他相信这只是为了引诱他离开博福尔的佯攻，于是按兵不动。这让国王居伊得以穿过狭长的斯坎迪利翁小道，一位法兰克人写道，倘若穆斯林在那儿阻止他们前进，“全俄罗斯的黄金”也救不了他们。萨拉丁意识到了自己的错误，开始小心翼翼地南下迈尔季欧云与加利利海，在转向西部海岸前等待确认基督徒的下一步行动。得益于敌手的谨慎，居伊沿路南下，在 1189 年 8 月 28 日抵达阿卡城外。[22]

阿卡是近东的大港之一。在法兰克人治下，它成了一处重要的王室驻地——一座生机勃勃、人口稠密的国际化商业中心，亦是拉丁基督教朝圣者造访圣地的主要登陆点。1184 年，一位穆斯林旅行者描述它为“聚集了各种船只的一个港口”，指出“它的道路上挤满了人，因此难以下脚”，而他也承认“[这座城市]臭气熏天，肮脏不堪，到处都是垃圾和粪便”。

阿卡修建在一道凸入地中海的三角形海岬上，由一道正方形城墙提供了坚固防护。一位十字军战士后来评论说：“在南侧和西侧，它周长中超过三分之一的部分被涌动的波涛围绕。”在东北方靠近内陆的墙中有一个重要的防御工事名叫“诅咒塔”（据说，在这里，“叛徒犹大收下银子出卖了主”）。在东南角，城墙延伸至海中，形成了一个受一条铁链保护的小型内港，而外港则由一道南北向的巨大城墙保护，城墙延伸到一块露出海面的天然岩石，这里建有一座小型堡垒，被称作“苍蝇塔”。城市坐落在一片南接海法、迦密山的海湾的北端，周围是相对平坦开阔的沿岸平原

（长约 20 英里，1—4 英里宽）。在这座港口以南约 1 英里处，浅浅的贝吕什河流入海洋。

该城扼守着巴勒斯坦的门户，是一座能从陆地或海上抵御任何来自北方的基督徒入侵的要塞。在这里，萨拉丁的韧性、军事天赋及对圣战的忠诚将受到极大的考验，因为伊斯兰世界和基督教世界将陷入十字军东征中最非凡的一场围攻。[23]

早期的对抗

当居伊国王抵达阿卡时，其前景十分黯淡。一位法兰克同时代人评论道，他将自己弱小的军队"放在了锤子与铁砧之间"，另一位则认为他需要奇迹出现才能获取胜利。当穆斯林守军目睹伴随国王而来的"少量基督徒"后，他们显然没有感到恐惧，开始在阿卡的城墙上嘲笑他们。然而居伊很快展现出了更敏锐的战略意识；当晚在夜色的掩护下，他侦察完战场后在一座名为托隆的小山山顶占据了阵地。这座小山高约 120 英尺，位于城市以东四分之三英里处，一定程度上为法兰克人提供了一道天然屏障以及俯瞰阿卡平原的视野。几天之内，一队比萨船只到来了。尽管艰苦的围攻即将打响，船上许多意大利十字军战士依然携带着家眷。这些适应力强的男人、妇女和儿童在阿卡南部海滩登陆并扎营了。[24]

萨拉丁小心谨慎地缓慢朝向海岸推进，几乎造成了灾难性的后果。由于军队人数处于劣势并且在阿卡城外毫无遮蔽，居伊决定，尽管迄今为止他缺乏投石器或攻城武器，也要冒险立即对城市发起正面强攻。8 月 31 日，拉丁人向城墙架起梯子，在只有盾牌提供防护的情形下发动了攻击。若非萨拉丁的先头侦察部队出现在周围平原上并激起了拉丁人恐慌的撤退，后者本可以夺下城墙。在接下来的数天里，萨拉丁率领其余部队抵达了，拉丁人迅速逼迫阿卡投降的希望彻底破灭；相反，他们面临着两线作战的可怕前景，几乎无可避免地会被哈丁之战的胜利者摧毁。

然而，就在萨拉丁需要果断采取行动的时刻，他动摇了。事实证明，让居伊抵达阿卡是个错误，然而苏丹如今出现了更严重的判断失误。诚然，萨拉丁在人数上并不占绝对优势，但他的兵力依旧超过法兰克人，通过与阿卡守军里应外合，他本可包围并摧毁敌军阵地。他认为一次疾风暴雨式的突击过于冒险，取而代之的是谨慎地在哈鲁巴（al-Kharruba）山山腰扎营，该地位于东南约 6 英里处，可俯瞰阿卡平原。他设法瞒过拉丁人耳目，将一支小部队悄悄送入城内（大概是在夜色的掩护下）以加强其防御。萨拉丁一面频频袭扰居伊在托隆山的营地，一面选择按兵不动，静候同盟援军的到来。这一次，采取这种谨慎的策略——这是苏丹常常表现出来的用兵特点——是不适宜的，这是对战略形势产生重大误读的结果。有一个关键因素令萨拉丁无法静候他的时机——海洋。

当萨拉丁于 1189 年 9 月初到达阿卡时，这座城市正遭受居伊部队和比萨人的围攻。但在哈丁会战及耶路撒冷陷落之后，法兰克人对这个沿海港口的围攻几乎不可避免地会成为拉丁欧洲倾泻复仇怒火的焦点。在内陆的围城中，国王的军队能被轻易地切断补给和增援，萨拉丁的审慎或许还是有道理的。而在阿卡，地中海就像一条永不停歇的动脉，连接着巴勒斯坦与西方，当苏丹等候其援军集结时，满载基督徒军队的船只开始靠岸并增援围城部队。当时在萨拉丁营中的伊马德丁后来描述说，朝着海滩望去，只见似乎源源不断的法兰克船只抵达阿卡，规模日增的舰队停靠在海岸线上，“犹如茂密的灌木丛”。这一景象令港口内外的穆斯林感到不安，据说为了鼓舞士气，萨拉丁散布了一则虚假消息：拉丁人的船只实际上每晚都会离开，“天亮时分……［返回］，仿佛刚刚到达一样”。事实上，苏丹的举棋不定给了居伊亟须的聚集人力的喘息之机。[25]

9月10日左右，一支庞大的援军到来了——一支由50艘船组成的舰队，搭载着约1.2万名弗里斯兰和丹麦的十字军战士，还有马匹。西方文献将它的抵达描述为一个拯救时刻和转折点——拉丁围城者至少有了一丝生机。新到的部队中有来自埃诺（位于现代法国和比利时之间的地区）的知名武士阿韦讷的雅克。雅克是个精通战争艺术与政治斗争的老手，亦是1187年11月首批领取十字的西方骑士之一，一位同代人将他比作“亚历山大、赫克托耳、阿喀琉斯”。

在9月期间，十字军持续不断地到来，扩充了法兰克人的军队。其中不乏欧洲的高阶贵族：博韦主教（Bishop of Beauvais）德勒的腓力（Philip of Dreux），据说他是个“酷爱戎马生涯胜过舞文弄墨的人”，还有他的兄弟，来自法国北部的德勒的罗贝尔（Robert of Dreux）；布列讷伯爵埃韦拉尔（Everard, count of Brienne）和他的兄弟安德鲁。德意志最有权势的贵族之一图林根的路德维希三世（Ludwig Ⅲ of Thuringia）也加入了他们的行列。到了月底，甚至连蒙费拉的康拉德也决定从提尔南下加入围攻（据说是在路德维希的坚持下），他带来了大约1000名骑士和2万名步兵。[26]

萨拉丁也等到了大批援军。至9月第二周，大部分召集前来阿卡的部队已经抵达。在阿夫达尔、查希尔、塔基丁、阔克伯里加入后，苏丹移师阿卡平原，沿着从北部的艾亚迪亚山（Tell al-Ayyadiya）经凯桑山（Tell Kaisan，日后以“萨拉丁的托隆”著称）至西南方贝吕什河的弧形地带扎营。就在他安置这道新前线时，法兰克人试图对阿卡构筑一道松散的半圆形包围网——从北部海岸经托隆山横跨贝吕什河（它被当作水源）至南部沙滩。萨拉丁相对轻松地挫败了法兰克人的首度封锁尝试。迄今为止，十字军缺乏能有效封锁城市的资源，9 月 16 日星期六，塔基丁率领的一支部队与守军里应外合，突破了他们封锁线北侧最薄弱的部分，成功让运送补给的驼队通过圣安东尼门（St Anthony’s Gate）进入了城市。

到了那天上午 10 点左右，萨拉丁本人也进入阿卡，登上了它的城墙以侦察敌营。从城垛上俯瞰，下方成群的十字军战士在平原上挤在一起，如今已被穆斯林军的人海所包围，他想必感到胜券在握。随着城市获救，其耐心集结的军队可以执行歼灭那些妄图威胁阿卡的法兰克人的任务了，胜利似乎唾手可得。然而，苏丹等待得太久了。在接下来的 3 天里，他的军队不断尝试着攻占拉丁人阵地或将敌人引入旷野决战，均未奏效。自居伊抵达以来的数周中，不断壮大的十字军坚守着阵地，如今他们击退了所有的进攻。一位穆斯林见证者形容道：他们站在“掩体、盾牌和长枪后面，平举着十字弓，犹如一堵墙”，保持阵形不变。由于基督徒顽强地守住了阿卡城外的立足点，形势开始转而对萨拉丁不利。他的一位医师透露说，苏丹忧心如焚，几乎数日没有进食。法兰克人的百折不挠很快在萨拉丁的核心圈子中引起了犹豫不决、意见不一。他的一些谋臣主张等待埃及舰队的到来才是上策，另一些则认为即将来临的冬天会摧毁十字军——苏丹有些摇摆不定，对基督徒战线的攻击也陷入停滞。一封写给巴格达哈里发的信函积极汇报了事件的概况——拉丁人如洪水般涌向阿卡，但“一条割开他们的喉咙的血路已经铺就”，现在他们已濒临战败。但事实上，萨拉丁想必已开始认识到，要令阿卡解围绝非易事。[27]

第一战

断断续续的小规模战斗持续了数周，而法兰克人的船只持续带来越来越多的十字军战士，投入围攻。到了 1189 年 10 月 4 日星期三，基督徒的数量已足以酝酿攻势，他们攻击了萨拉丁的营地，这是第三次十字军的第一场全面会战。居伊国王留下兄弟杰弗里驻守托隆山，自己则率领法兰克军主力集结于山脚，在骑士团与布列讷伯爵埃韦拉尔、图林根的路德维希等显贵的辅佐下，他小心翼翼地摆开了阵势。基督徒将步兵、弓箭手布置在前排以掩护骑士，开始以密集队形缓慢地穿过平原朝穆斯林进发。这并非闪电突袭，而是纪律严明的进攻，十字军试图以紧密有序的阵形为掩护，接近敌军。萨拉丁占据了艾亚迪亚山顶的有利位置，整个战场一览无余，他有充足的时间布置下方平原上自己的军队，那里由他信赖的将领（例如马什图卜和塔基丁）领兵，但其中还有仍待考验的部队，如来自上底格里斯河流域迪亚巴克尔地区的那些人。苏丹与伊萨一起把控中军，不过他们似乎扮演的是移动指挥的角色，哪里需要鼓舞士气、维持纪律，哪里就有他们。苏丹准备迎战法兰克人。

那天拂晓时分，阿卡城外的景象壮观而纷乱。在超过两个小时的时间里，成千上万的十字军战士排着紧密队形，旌旗招展，朝着萨拉丁的部队徐徐走来。双方士兵想必都在竭力抑制内心的紧张。最终，大约在上午 10 点左右，基督徒的左翼到达了塔基丁驻防的穆斯林北部防线，战斗打响了。塔基丁希望能诱使法兰克人发动一次阵形凌乱的冲锋，他派出散兵接敌并有限地佯装撤退。不幸的是，其调遣以假乱真，以至于萨拉丁相信他的侄子正遭受威胁并从中军派出部队支援北翼。这条战线上的混乱给了十字军一个可乘之机。他们纪律严明地推进，“像一个人、一匹马和一只脚一样”攻击了萨拉丁中军的右翼，驻守在这里的迪亚巴克尔部队欠缺经验，很快便逃之夭夭。恐慌蔓延，苏丹中军的右半部分崩溃了。

有一瞬间，萨拉丁看似处于战败的边缘。随着通往艾亚迪亚山穆斯林营地的道路突然被打通，法兰克人开始冲上山头。的确有一支十字军小分队到达了苏丹个人的营帐，阵亡者中就包括他的一位衣橱官。然而，胜利（当然还有战利品）的诱惑却令时运逆转。在这激动人心的时刻，十字军一直精心维持的阵形破坏了：很多人转向劫掠，而圣殿骑士对撤退中的穆斯林穷追不舍，他们发现自己已和主力部队分割开来，陷入了孤立无援的境地。当他们情急之下试图撤退时，萨拉丁已重整了部队。他只带着 5 名护卫飞驰在战线上，鼓舞了士气并对后撤中的圣殿骑士发动了攻击。在随后的战斗中，这个自豪的骑士团的成员们几乎全军覆没。他们的大团长、哈丁会战的老兵杰拉尔德・德・雷德福特在战斗中被困住了。由于“他的部队陷入包围，惨遭屠戮”，杰拉尔德拒绝逃往安全的地方，被杀害了。

随着战场风向已转而对萨拉丁有利，有两件事决定了基督徒的命运。当托隆山至艾亚迪亚山间的战斗正如火如荼地进行时，阿卡守军出城发动了突袭，同时对十字军营地及其野战部队后方构成了威胁。感觉自己很快将陷入包围，法兰克人虽然表面上竭力维持着阵形，却难掩心中惶恐。一件不幸的小事将他们推至绝境。一匹马挣脱了一群仍在萨拉丁营地中洗劫的德意志人的控制，当它掉头朝阿卡狂奔而去时，他们穷追不舍。一旦看到一支十字军部队似乎正在全速逃跑，整个基督教大军阵脚大乱；当恐惧沿着队伍蔓延时，彻底的溃败开始了。如今，随着成千上万的士兵在萨拉丁的人马的追击下纷纷奔向相对安全的拉丁堑壕，战场一片混乱。目击者巴哈丁写道："直到敌方逃兵进入其营地，持续不断的杀戮方才告一段落。"布列讷的安德鲁在试图阻止溃败时被砍倒在地，尽管他向路过的兄弟呼救，埃韦拉尔伯爵却因为太过恐慌而没有停下脚步。在别处，阿韦讷的雅克失去了战马，但他的一名骑士献出了自己的坐骑，雅克得以逃生，骑士则转身面对死亡。甚至有人说，当蒙费拉的康拉德被穆斯林包围时，居伊国王搭救了他。

当战斗接近尾声时，萨拉丁被证明不能充分利用他的优势。驻扎在十字军营地中的拉丁军队英勇地顶住了穆斯林攻占其阵地的尝试，并且，或许更重要的是，苏丹自己的营地也仍然是混乱一团。当十字军攻上艾亚迪亚山山坡时，数十名穆斯林军队里的仆役决定"止损"，他们洗劫了所有能带走的东西并逃走了。正当萨拉丁需要以全军的力量攻击撤退中的法兰克人时，其军队中的许多人都在追捕他们自己的偷东西的奴仆。

尽管如此，从表面上看，本次胜利属于伊斯兰教徒。那天早上主动寻战的基督徒被击败了，夜幕降临时，他们中的 3000 至 4000 人死在了阿卡的平原上。午夜时分，当一名半裸的伤残士兵爬回营地时，十字军感受到了当天事件所带来的恐惧和耻辱。这个名叫费朗的可怜骑士在战斗中受伤致残，藏匿在同伴尸首中，打扫战场的穆斯林剥去了他的衣物，留下他自己等死。当他终于到达了法兰克人战线的安全地带时，“他因伤面目全非，以至于战友不能认出其身份，他几乎无法说服他们让他进去”。第二天早晨，萨拉丁选择对敌人传递一条鲜明的信息：他把基督徒死者拢在一起，将他们的遗体掷入贝吕什河，让其顺流而下，进入拉丁营地。据说，在这一大堆尸体被埋葬后，其恶臭仍久久不能消散。[28]

尽管如此，10 月 4 日的战斗对萨拉丁的前景造成了更持久的损害。就穆斯林的伤亡而言，损失甚微，但那天苏丹军队中的逃兵却一去不返——事实上，有传言说他们中的某些人一路狂奔至加利利海才停下脚步。雪上加霜的是，萨拉丁营地遭劫打击了士气，散布着猜忌。巴哈丁指出，在劫掠中“人们损失了大量金钱”，“这比溃败本身更加可怕”。萨拉丁竭力试图尽可能多地找回丢失的财物，他在自己帐内积聚了一大堆赃物，如果人们能发誓其中有自己的财产，就能取回，然而，精神上的创伤已难以弥合了。

战斗结束后，萨拉丁决定重新审视自己的战略。他的军队身处前线已有 50 天，精疲力竭，牢骚满腹，而他本人则开始遭受疾病的折磨。10 月 13 日左右，他的军队及辎重开始从被污染的战场撤至距离围城阵地更远的哈鲁巴山，以等待阿迪勒的到来。这可谓默认了失利，并且也承认了萨拉丁在围攻的第一个重要阶段未能赶走十字军部队。按照军事科学的逻辑，法兰克人完成了不可能完成的任务——深入敌境，面对敌方的野战军的同时，成功完成了封锁。历史学家们一直对这明显不合常理之事感到困惑。然而，这不难解释：临海围城无疑让法兰克人得到了一条重要生命线；但是，更重要的是，第一轮交锋证实了萨拉丁在人力上的危机在加重，并暴露出他指挥上的优柔寡断。在缺乏压倒性军事优势的情况下，苏丹又习惯性地避免全面对战，他相信自己的决策是最安全的。然而，在此关键时刻，需要的是行动而非谨慎。在阿卡围城战初期便对十字军阵地发动强攻可能会是一场赌博，但萨拉丁很有可能获胜（尽管要付出相当大的代价）。随着在10月做出了从前线后撤的决定，在基督徒造成实实在在的威胁前将其铲除的机会已经一去不复返了。[29]

十字军利用所获的喘息之机着手加固了阿卡城外的阵地。9月中旬时，他们开始搭建简易的土木工事。如今，随着迫在眉睫的攻击威胁得到缓解，他们“为了保卫营帐垒高了土墙，并开凿了跨越海滨的深壕沟”，精心打造了一道环绕阿卡的半圆形防御工事，面对穆斯林的进犯（无论来自城市守军或萨拉丁），它也能给予更好的保护。为了阻挡骑兵攻击，壕沟外的无人地带被打造成了一片中世纪的“雷区”——密布装满尖刺的陷坑，目的是使战马和骑手瘫痪。考虑到这些措施，萨拉丁昔日的批评者伊本·阿西尔嘲讽地评论道：“现在看来，萨拉丁的撤退是多么明智。”与此同时，在整个10月，穆斯林斥候报告说，几乎每天都有援军汇入拉丁人队伍，这促使萨拉丁在写给巴格达哈里发的信件中称，为基督徒补给的船只比浪花还多，他还哀叹说，每杀死1个十字军战士就有1000人顶替其位置。[30]

间　歇

1189年12月，冬季的到来进一步使围攻陷入沉寂。面对波涛汹涌的海洋，拉丁舰队难以安全接近阿卡内港，被迫北上提尔乃至更远处以寻求栖身之所。蒙费拉的康拉德也回到了提尔。由于降雨让十字军战壕与萨拉丁哈鲁巴营地间的地面变得一片泥泞，发动进攻变得不切实际，恶劣的天气迫使敌对行动暂时停止。苏丹将大部分军队遣送回家，本人则留了下来，而法兰克人在蛰伏中静候冬天过去，希望能挺过疾病与饥饿的侵袭，并将精力投入到攻城器械的建造上。

据萨拉丁的心腹巴哈丁说，前者现在认识到“法兰克人是多么重视……阿卡，以及他们是多么坚定地把全部计划的目标指向这里”。在城外过冬的决定表明苏丹如今将这里视为战争中的关键战场。秋天早些时候，他或许欠缺对十字军营地发动全面攻击的勇气，但至少他确实表现出了新的要继续这场战役的坚定决心。在哈丁之战后的两年时间里，为了避免旷日持久的对抗，萨拉丁只挑好打的仗打，他显然决定不能在阿卡再做退让并阻止拉丁人向巴勒斯坦推进。

苏丹深知来年春天阿卡的降雨将带来的破坏，着手“[运来]充足的储备食物、补给、装备和人员，以便让自己能够胸有成竹”。很可能正是在此时，萨拉丁委派“胖子”阿布·海贾与加拉古什一道担任了该城的军事指挥官。上述措施甚至令十字军也印象深刻，其中一位后来评论道：“从来没有一座城堡或城市斥巨资储备如此多的武器，如此多的防御工事，如此充足的食物。”在这一系列行动中，苏丹蒙受了一项重大的个人损失——他的密友、精明的顾问伊萨在 1189 年 12 月 19 日病逝了。[31]

在保持僵局的漫长数月中，双方并不仅仅是怒目相向或狂热备战。冬季为双方首次提供了敦睦的机会，这份亲密将作为一股暗流贯穿战役始终。在 1189 年到达的最后一批拉丁船只中，有一艘搭载着不同类型的“援军”：“300 名年轻美丽的法兰克女子在海外聚集起来，为他们［提供］罪恶的服务。”萨拉丁的秘书伊马德丁用某种令人震惊的愉悦笔触描绘了这些娼妓是如何在阿卡城外开展生意的——“她们抬起脚，让银脚镯碰到了金耳环，使自己成为男人的目标”。但他又显然厌恶地指出，一些穆斯林也因她们的魅力而“溜走了”。

另一位穆斯林见证者指出，敌对的基督徒和穆斯林最终“会互相了解，因为双方会停止战斗、互相交谈。他们变得非常亲密，有时会在一起唱歌跳舞”。在后来的时期，双方筑壕对峙，距离非常近，这必然促进了这种亲密。据说穆斯林“和敌人面对着面……彼此的营火均一览无余。我们能听到他们的钟声，他们也能听见我们的祷告”。至少，城中守军赢得了十字军的些许尊重，其中一人评论说：“从来没有人像那些恶魔的臣仆一般这么善于防御。”我们不宜过度解读这幅双方的友谊和了解日增的图景。最近学术界发现了一份有趣的拉丁文调查报告，内容是关于萨拉丁在阿卡集结的军队的，它很可能撰写于围攻期间。这份文件掺杂着一知半解和敌意，对穆斯林军队的特色和装备做了细致描绘，充斥着诽谤和幻想。据说阿拉伯人会“割”他们的耳朵，而突厥人则以纵情同性恋和兽交著称，这一切都与基督徒假想的穆罕默德的“训诫”相符。

在这些宿敌间逐渐形成的非正式交战“规则”有时也会被违反。有一项似乎达成的共识——离开军营解手的士兵不会受到攻击。因此，有一次，发生了让十字军震惊的情况，“［一位骑士］正在弯腰出恭”，此时从前线冲来了一名突厥骑兵，试图用长枪刺死他。骑士完全没有意识到危险，千钧一发之际，战壕里传来了一阵叫喊："快跑！大人，快跑！"他"艰难地站了起来……他已经完事了"，设法躲过了第一下攻击，随后，赤手空拳地面对敌人，用一记精准的投石将后者击落马下。[32]

战争风暴

春暖花开之时，战事再度降临，第一场战斗是为了争夺制海权。1190 年 3 月末，复活节后不久，阿卡收到了 50 艘拉丁船只正从提尔驶来的消息。在冬天里，康拉德与居伊达成了部分和解，他成了"忠于国王的人"，作为回报，获得了提尔、贝鲁特和西顿的统治权。他率领舰队南下是为了重建基督徒对地中海沿岸的控制，恢复十字军与外部世界之间的生命线。这是一场萨拉丁输不起的斗争，因为他在阿卡获胜的最大希望可能正仰仗于法兰克围城者被孤立。他决心不惜一切代价阻挡即将到来的船只，这引发了 12 世纪最壮观的海战之一。

海上交锋

当拉丁舰队乘着北风沿海岸出现时，萨拉丁的船只两两一组驶离了阿卡港，悬挂着绿色、金色的旗帜。法兰克人主要拥有两种型号的船只："修长低矮的"桨帆船，装备了撞角，以两排划桨驱动（分别位居甲板上下）；桨帆快船（galiot），更加短小，只有单排划桨，易于操控。当这支舰队靠近时，其甲板上架起了盾墙，基督教船只以桨帆船领头，排出了 V 字阵形。双方阵营里均响起了刺耳的号声，两军交锋，战斗开始了。

1190 年时，海战只处于相对原始的水平。较大的船只会试图撞沉对手的小船，但总体而言，战斗以近距离为主，包括用短程投射武器互射以及用挠钩钩住敌船进行接舷战。“希腊火”是水手们最可怕的梦魇，因为它无法用水浇灭，在本次交战中双方都装备了这一武器。有好几次，穆斯林舰队几乎占据了上风。一艘法兰克桨帆船遭到希腊火攻击并被登船，这促使船上的桨手惊恐地跳入大海。一小队受甲胄拖累的骑士以及不会游泳的人选择“在极度绝望之下”坚守阵地，并设法夺回了对这艘烧了一半的船只的控制权。最终，双方均未获得压倒性胜利，但穆斯林舰队略处下风，他们被逐回至阿卡海港的铁链之后。他们的一艘搁浅的桨帆船遭到洗劫，其船员爬到岸上，被一群手持利刃、冷酷无情的拉丁妇女当即斩首。后来，在一句让人不寒而栗的离题话中，一位十字军战士写道：“这些女人由于体弱延长了死亡的痛苦”，因为她们需要更长的时间才能将敌人斩首。

这场仗令萨拉丁在1190年的余下时间中丧失了制海权。十字军得以监控阿卡附近的水域，将苏丹幸存船只封锁在港内，并阻止了任何接着向城市守军提供补给的企图。在接下来的6个月中，阿卡居民将饱受饥馑之苦。到了春末，他们的储备业已耗尽，被迫吃掉了“全部牲畜，甚至包括其蹄子、内脏、头和脖子”，并将老弱俘虏驱逐出城（年轻人则被留下装填投石机）。萨拉丁再三尝试突破海上封锁线，取得了不同程度的成功。6月中旬，一支25艘船只组成的舰队设法杀出了一条血路。大约在8月末，苏丹准备了一艘满载400袋小麦以及奶酪、谷物、洋葱、绵羊的运输船。为了突破封锁，它从贝鲁特启程时“乔装打扮”了一番。船员“穿上了法兰克人的服装，甚至刮了胡须”，而在它的甲板上，猪群清晰可见，十字架旗帜迎风招展。十字军受到了欺骗，这艘船只的冒险成功了。但这样的胜利对城市的需求而言只是杯水车薪。进入 9 月时，加拉古什设法偷偷送出了一封信件，告知萨拉丁阿卡在两周以后将彻底断粮。苏丹忧心忡忡，为了避免打击部队士气，他隐瞒了消息。另外 3 艘满载谷物的补给船本应从埃及起航，但不利的风向耽误了它们的行程。巴哈丁记述道，9 月 17 日，萨拉丁站在海岸边，“犹如失去孩子的母亲一般心急如焚”地注视着它们最终沿着海岸驶向阿卡，他完全清楚，倘若它们不能通过，那么城市就会陷落。经过激烈的战斗，“这些船只安全驶入港口，像久旱逢甘霖一般受到欢迎”。[33]

在所有这些斗争中，幸运的一点是，十字军从未成功控制阿卡的内港。倘若他们做到了这一点，守军的形势将很快变得岌岌可危。1190 年夏末，法兰克人齐心协力想要攻占苍蝇塔，这座堡垒修建于阿卡海湾中一块凸起的岩石上，控制着守卫港口的铁链。他们加固了两三艘船，将它们打造为精巧的“浮动攻城塔”，然而，它们遭受了希腊火的焚烧，攻击失败了。

除了这次攻击，法兰克人再也没有尝试从海上对阿卡发动突袭，事实上，从他们的角度来看，海战不过是其陆上围攻的一个平台和补充。获得海上支持是绝对必要的，因为十字军通过它持续获得了援兵、粮草和军需品，对阿卡的海上封锁的确也为削弱敌人贡献了重要的力量，但在 1190 年的绝大多数时间里，他们的总体战略的重心依然是陆战。

陆上的争斗

1190 年 4 月末至 5 月初，战斗季继续开始了。随着春季来临，萨拉丁从叙利亚、美索不达米亚召回军队。4 月 25 日，在王子阿夫达尔的支援下，他将军营迁回凯桑山前线。在随后的两个月中，他们获得了来自阿勒颇、哈兰、摩苏尔等地的援军。当然，与此同时，随着海路重开，十字军营地也再度充满了新兵，其中不少人属于英法两国国王的先头部队。他们的领袖是特鲁瓦伯爵（count of Troyes）香槟的亨利二世，他是理查一世和腓力·奥古斯特的外甥。8月，亨利抵达阿卡，同行的还有他的两位叔叔布卢瓦伯爵提奥巴尔德五世（Count Theobald Ⅴ of Blois）与桑塞尔伯爵艾蒂安（Stephen, count of Sancerre），此外还包括约1万名士兵，他立即接过了围攻的指挥权。9月末，一大批英国十字军也到达了，他们由坎特伯雷大主教鲍德温、令人敬畏的索尔兹伯里主教休伯特·沃尔特（Hubert Walter, bishop of Salisbury）以及他的叔叔格兰维尔的雷纳夫（Ranulf of Glanville，曾是亨利二世最宠信的谋臣）率领。[34]

尽管西方十字军再度涌入，在漫长的1190年战斗季中，萨拉丁本可拥有足以制衡（甚至超过）基督教围城者的兵力。但他需要考虑一个因素——即将到来的德意志人。早在1189年秋，萨拉丁便收到了腓特烈·巴巴罗萨皇帝率领25万十字军向圣地进发的消息，不足为奇的是，“这极大地困扰了苏丹，使他感到焦虑”。这支预期中的大军的到来构成了迫在眉睫的威胁，意味着从4月至9月，苏丹根本无法动用他的全部军事资源，也不能集中考虑解决阿卡问题的战略。萨拉丁确信皇帝的大军将如潮水般从叙利亚、黎巴嫩向南席卷而来，他开始着手准备艰苦的两线作战。那年春天，苏丹的部队几乎刚一抵达阿卡，就被他派往北方以加强当地防御。内陆城市被勒令储备粮草以防备围攻，而对沿海地区，萨拉丁判断诸如拉塔基亚、贝鲁特等城市无法抵挡腓特烈，因此下令将其城墙夷为平地以避免它们沦为拉丁人的要塞。上述举措极具战略意义——的确，萨拉丁不可能对巴巴罗萨的逼近熟视无睹，然而，这也分散了穆斯林的大量资源，削弱了他们在阿卡的力量。如此一来，德意志人甚至在踏足黎凡特之前便已经为第三次十字军东征做出了重大贡献。[35]

由于调动资源而受损，萨拉丁在保卫阿卡方面不得不大体上相机而动。他可能希望挫败法兰克人围城的企图，但实际上任何试图协同努力歼灭围城者的计划都再次被搁置了。在5月初，苏丹重建了前沿阵地，将十字军困在他的军队和阿卡城墙之间。这让萨拉丁得以在拉丁人攻击城市时几乎立即就能发动反击，迫使十字军在两线作战中疲于奔命。与此同时，苏丹寻求与加拉古什及其守军保持联系，但因城市从海陆两方遭受严密封锁，这并不容易。信鸽是幅员广袤的阿尤布帝国的通信和情报系统的主要手段，但在阿卡它们似乎作用有限，可能是因为它们太容易沦为敌方弓箭手的靶子。在这里，萨拉丁仰仗的是一群机敏、勇敢的信使，他们会用水獭皮包携带着信函、金钱，甚至希腊火瓶，设法趁着夜色游泳进入阿卡内港。这是一项危险的工作。一位水性很好、名叫伊萨的信使曾“潜水游过了敌方的船只”，不料竟在一次任务中溺水而亡，其尸体几天后被冲到了海港内，腰间还绑着携带的信函和黄金。[36]

1190年的大部分时间中，萨拉丁的敌人只有一个核心目标——突破阿卡的陆上防御。随着权力在居伊国王、阿韦讷的雅克、香槟的亨利间转移，他们欠缺一位公认的领导人，其进攻有时不够坚决，但他们依然制造了严重的威胁。法兰克人采取了一种强攻为主的攻城策略，希望通过结合轰炸、攀墙和挖掘坑道的方法突破城墙。他们在冬天打造了一批投石机，如今几乎每天都发射石弹。这些攻城器械似乎威力不足，无法投射重型石弹，因此上述攻击很可能是为了骚扰、伤害穆斯林守军，同时尽量削弱阿卡的城墙。当然，这不是单方面的情况。在城内，加拉古什拥有自己的重型武器并试图借此摧毁十字军的攻城器械，他屡次获得了成功。据说，其中的一台尤其巨大，它发射石弹的冲击力足以令石弹陷入地面达一尺之深。

阿卡的城墙由一道干壕沟环绕，它旨在阻碍地面攻击并防止大型攻城塔接近城垛。十字军付出了巨大努力，试图冒着弹雨用石块填满一段壕沟。守军竭尽全力地阻止他们，向工人倾泻阵阵箭雨，然而他们却毫不动摇。一位法兰克妇女在搬运石块时受了致命伤，她甚至要求人们将自己当作填充物抛入壕沟内。1190 年 5 月初，让穆斯林不寒而栗的是，通向城墙下的一条路被打通了。

如今，恐慌开始蔓延。在几周的时间里，加拉古什和萨拉丁目睹了十字军营地中在狂热地施工——3 座巨型攻城塔逐渐伸向了天空。这些拥有轮子的三层“巨兽”用专门从欧洲运来的木材打造，高约 65 英尺，覆盖着用醋浸泡过的兽皮以削弱火攻效果，并悬挂着绳网以减轻石弹攻击造成的破坏。一位穆斯林目击者写道，这些高耸在阿卡城垛上的攻城塔“看上去像山一样”。大约在 5 月 3 日，居伊国王、阿韦讷的雅克和图林根的路德维希为它们部署了军队——弩手与弓箭手位于塔顶而长矛手居于下方，并开始驱动它们向城市缓慢前进。这一可怕景象让穆斯林心惊胆战。在萨拉丁营地，“每个人都对这座城市失去了信心，守军士气业已崩溃”；而在阿卡城内，加拉古什也因恐惧失去了理智，准备谈判投降。一位信使匆匆游去警告苏丹崩溃迫在眉睫，萨拉丁很快发动了一次反击。与此同时，一旦进入射程，守军便开始向攻城塔投掷希腊火，但这并不能阻止它们的脚步。

挽救了那天的局势的是一位来自大马士革的不知名年轻金属工匠。他对希腊火心醉神迷，改良了其配方，能使它燃烧得更加猛烈。加拉古什对此心存疑虑，但最终同意尝试这项新发明。金属工匠在“铜桶内调配他收集的石脑油，直到整个混合物看上去如同燃烧的煤炭”。当天早些时候，由于传统的希腊火攻击无效，法兰克人站在攻城塔顶手舞足蹈地开着玩笑，然而，当新配方的希腊火罐袭来时，他们的嘲讽戛然而止。一位穆斯林旁观者说：“在爆炸起火前，它差点没击中目标，随后整个攻城塔几乎变成了一座‘火山’。”剩余的两座攻城塔很快也遭受了同样的命运。在上层受困的十字军战士惨遭火焰吞噬，而下层逃脱的士兵则目睹了本方雄伟的攻城塔“烧成了灰烬”。至少就目前而言，阿卡安全了。[37]

随后的数月中，穆斯林在可燃武器技术上的优势成了一个关键因素。8 月，当法兰克人试图建造威力更大的石弩并夜以继日地加强轰炸时，加拉古什与阿布·海贾发动了一场闪电突袭，他们派出“希腊火专家”点燃了敌方攻城器械，在此过程中有 70 位基督教骑士阵亡。9 月，一架巨型投石机（由香槟的亨利下令花费 1500 金第纳尔打造）在几分钟内也落得个同样下场。十字军逐渐对希腊火深恶痛绝，也就不足为奇了。一名不幸的突厥埃米尔在法兰克攻城塔旁的战斗中受伤了，并因此付出了惨痛代价。他原本携带着一瓶希腊火试图摧毁攻城塔，但如今一名拉丁骑士“将他放倒在地，把瓶中之物尽数倒在了他的私处，他的阴茎就被烧焦了”。[38]

那年夏天还有一些更加隐秘的战斗。在中世纪围城战中，悉心保持本方士气并打击敌方意志是司空见惯的。此外，虽然双方在阿卡均未一再蓄意做出无情的暴行或野蛮行为，但加拉古什的守军偶尔也会采用这种战术。早在 1189 年 11 月，为了激怒十字军，拉丁人的尸体就已经被吊在了阿卡城垛上。现在，1190 年，穆斯林军队有时会将十字架和基督教圣像拖至胸墙处，让它们受到公众的亵渎。这可能涉及以棍棒击打、吐唾沫，甚至撒尿——尽管一位试图这样做的士兵据说被一名法兰克弩手射中了腹股沟。

1190 年，在长时间围攻中经常出现的问题——饥饿与疾病——也给阿卡蒙上了阴影。7 月 25 日，一部分较为窘困的十字军战士在饥饿与不满的驱使下，为了寻找食物对萨拉丁营地发动了纪律涣散的攻击，最终徒劳无果，付出了阵亡 5000 人的代价。随着尸体在夏日的酷热中腐败，引来了大批苍蝇，让双方营地中的人都难以忍受，不可避免地，瘟疫在阿卡平原蔓延开来。

萨拉丁再度试图通过将基督徒尸体抛入河中来清理战场，一股掺杂着“鲜血、尸体、油脂”的可怕洪流朝着下游的十字军奔去。这一战术奏效了。一位拉丁人描述说：“由于遭尸体恶臭污染的空气、焦灼守夜的消耗以及其他困苦的折磨，许多［十字军战士抵达］不久后便死去了。”在夏天的剩余时间中，营养不良和恶劣卫生条件共同蹂躏着营地，死亡率急剧上升。穷人里死者甚多，但即便贵族也无法幸免：布卢瓦的提奥巴尔德“没有活过3个月”，他的同胞桑塞尔的艾蒂安“来到这里后也在缺乏保护的情况下死去了”。格兰维尔的雷纳夫仅仅多活了 3 周。阿卡，正迅速沦为欧洲贵族的坟场。[39]

德意志十字军的命运

在近东的别处，另一起死亡事件将改变十字军东征的进程。1190 年 3 月末，腓特烈·巴巴罗萨皇帝与拜占庭人达成了协议，率领德意志十字军横渡达达尼尔海峡前往小亚细亚。德意志人沿着东南方向稳步通过了希腊人领土，于 4 月末进入属于突厥人的安纳托利亚。科尼亚塞尔柱苏丹国的内部权力争斗导致腓特烈之前企图安全进入叙利亚的努力效果极为有限，十字军很快便遭到穆斯林同仇敌忾的抵抗。尽管补给匮乏，但巴巴罗萨还是设法保持了部下军纪——穆斯林文献称，他威胁着要割断违抗军令的十字军战士的喉咙。于是德意志部队继续向前推进。5 月 14 日，腓特烈击退了突厥人的一次大规模进攻，并开始进攻科尼亚本身，他占据了塞尔柱首都的外城，迫使突厥人暂时屈服。

随着即将穿越小亚细亚，巴巴罗萨向南朝着海岸及基督徒领土奇里乞亚亚美尼亚进军。德意志十字军在人员和马匹方面蒙受了巨大损失，但总体而言，腓特烈在十字军 1101 年、1147 年铩羽的地方取胜，获得了惊人的成功。随后，正当最艰巨的考验似乎已经结束时，灾难降临了。1190 年 6 月 10 日，大军正逼近锡利夫凯（Silifke），皇帝急躁地决定涉水横渡部队前方的萨列法河（Saleph）。他的战马在中流失足，令腓特烈坠入河中——在如此炎热的天气下河水却惊人地刺骨，而且由于无法游泳，德意志皇帝淹死了。他的尸体被拖到了岸上，但已经无力回天。西欧领取十字的最具权势的君主、最强大的统治者驾崩了。

这飞来横祸令拉丁人和穆斯林双方震惊。一位法兰克编年史家评论说，“基督教世界因［腓特烈的］死而蒙受了巨大损失”，而在伊拉克，另一位同时代人欣喜地宣告：“真主将我们从灾祸中解救出来。”德意志十字军的领导权和士气经历了危机。巴巴罗萨的次子士瓦本的腓特烈试图挽救这次远征。获得指挥权后，他将已故皇帝的遗体包裹并做了防腐处理，随后领军进入叙利亚北部。然而一路上，“疾病和死亡如影随形，［令他们］看上去像是从坟墓里挖出来似的”。数千人死去，还有许多人开小差。巴巴罗萨的部分遗体被埋葬在安条克圣彼得教堂（位于发现圣枪处旁边），人们将其遗骨煮沸后装入袋中，希望它们能在耶路撒冷入土为安（事实上，最终被埋葬于提尔的圣玛丽教堂）。士瓦本的腓特烈带领德意志军队残部沿叙利亚海岸踉跄前行，还面临着驻扎在北部的阿尤布军队的攻击。[40]

萨拉丁具体于何时听闻巴巴罗萨的死讯我们不得而知——根据巴哈丁的记载，阿尼的巴西尔（Basil of Ani，亚美尼亚基督教会领袖）来信告诉了他此事，但没有提到日期。这条消息无疑让穆斯林额手相庆。一位十字军战士写道：“在阿卡城内……人们载歌载舞，鼓声喧天。”他还回忆，阿尤布王朝守军喜不自胜地爬上城垛，“一次又一次大声喊道……‘你们的皇帝淹死了。’”尽管如此，晚至 1190 年 7 月 14 日，苏丹仍在派出军队防卫叙利亚，直到秋初，他的全部军队才在阿卡重新集结。因此，虽然巴巴罗萨之死重创了德意志十字军，萨拉丁在那个夏天依然失去了重要的军事资源。士瓦本的腓特烈最终在 1190 年 10 月初与大约 5000 人的军队抵达阿卡。萨拉丁似乎预料到，德意志人尽管损失惨重，但他们的到来将会为十字军的围攻注入活力，但实际上，它对法兰克人的事业几乎没什么帮助。[41]

僵 局

从某种意义上说，萨拉丁在1190年的战争季获得了成功。阿卡守军击退了拉丁人的每一次进犯，抵挡住了法兰克人的实验性工程机械的攻击。尽管存在一些困难，但苏丹还是设法维持了一条通往城市的联络、补给渠道，同时部署本方军队袭扰围城的十字军，分散其兵力。在12个月的围攻之后，阿卡依然屹立不倒。

尽管如此，从大局来看，萨拉丁还是失败了。他被迫调动军事资源以应对德意志十字军的潜在威胁，以至于缺乏在阿卡掌握主动权所需的人力。倘若兵员齐整，那年夏天他本可冒险对法兰克阵地发动一场正面攻击，将十字军逐出巴勒斯坦。实际上，等他的军队于10月初在阿卡重新集结时，萨拉丁似乎决定要这么做，但至少就现在而言，果断发动攻击的良机已经逝去。加之患上了胆汁热，这一切促使萨拉丁在10月中旬将部队撤往远处的萨法拉姆（Saffaram，位于阿卡东南方约10英里处）冬季营地，事实上结束了本年度的战争季。随着他的信心明显发生动摇，萨拉丁下令破坏了阿卡南方的几个关键港口——凯撒里亚、阿尔苏夫和雅法，甚至还要求拆除了太巴列的城墙。在随后数月中，萨拉丁一直为将其军队留在营地中而殚精竭虑。一些人，例如杰奇拉和辛贾尔的领主，多次要求返回自己的领土；另一些人，如阔克伯里，被派去保障苏丹此前忽视的美索不达米亚地区的利益，因此脱离了吉哈德。[42]

和一年前相仿，萨拉丁从前线后撤，他寄希望于大自然的严酷去削弱对手，对簇拥在阿卡城外的十字军能否挺过第二个寒冬拭目以待。不久，季节的变化开始起作用了。和1189年如出一辙，秋天的结束预示着长途海上航线的关闭，法兰克军队事实上已被孤立隔绝。到了 11 月，十字军的补给已经短缺，这逼迫他们朝着海法南下搜寻粮草，但仅仅两天后就被逐回。

严峻的考验

11 月末，“大海波涛汹涌，［暴雨］连绵不绝”，萨拉丁最终遣散部队过冬，他再度亲自留守以守护阿卡，身边仅余一支小部队。在穆斯林看来，随后的几个月远比 1189 年的冬天更加严酷难挨。城内守军度日如年，而萨拉丁及其部下也变得筋疲力尽、脾气暴躁。由于补给线拉长，食物和武器普遍短缺，医生也极为稀少，无法应付频繁暴发的疾病。“伊斯兰教徒请您伸出援手，”苏丹在一封写给哈里发的信件里恳求道，“正如一个溺水的人呼救那样。”然而，上述问题与十字军所面临的相比，只能算小巫见大巫。一位穆斯林见证者承认了此事，他写道，由于“［阿卡］平原的卫生状况变差”，并且“海上航线已对他们关闭”，“敌人的死亡率颇高”——每天都有 100 至 200 人死亡。

对旁观者而言，拉丁人遭受的痛苦可能是显而易见的，但从基督教营地内部来看，情况甚至更加糟糕。十字军被切断了与外界的联系，食物储备业已告罄。至 12 月末，人们转而剥掉了良马的皮，津津有味地吃起了它们的肉和内脏。随着饥馑的加剧，一位十字军战士写道：“有的人由于饥饿丧失了羞耻之心，他们会吞下碰巧找到的任何食物，而不论其污秽已到了难以描述的地步。他们吞下了正常人不会去吃的东西，仿佛那是佳肴美馔一般。”这或许在暗示，爆发了吃人的情况。

法兰克人因饥饿而虚弱，备受疾病（例如坏血病和战壕口腔牙龈炎）的困扰：

> 有一种疾病在军中肆虐……天上下起了前所未有的大雨，以至于全军都浸泡在水里。每个人都在咳嗽，声音嘶哑；他们的腿和脸肿了起来。某一天，出现了1000具棺材；死者的脸肿胀到牙齿都脱落了。

自第一次十字军围攻安条克以来，从未出现这样高的死亡率。数以千计的人死去了，其中的显贵包括坎特伯雷大主教鲍德温、布卢瓦的提奥巴尔德，甚至还有士瓦本的腓特烈。这些冬季里的晦暗时光见证了基督徒士气的崩溃。一位十字军战士评论说："再没有比饥馑更狂暴可怕的东西了。"他观察到，恐惧、愤怒和绝望造成了信仰的丧失和擅离职守。"我们中的许多人叛变投奔了突厥人，"他写道，"他们拒绝承认［耶稣］、十字架和洗礼——所有的一切。"萨拉丁接收了这批变节者，他想必以为阿卡大围攻将很快就会停止。

然而十字军仍在咬牙支撑。有的人"像野兽一样"吃草，另一些人则开始吃陌生的本地"角豆"，发现它们"吃起来很甜"。索尔兹伯里主教休伯特·沃尔特在令混乱不堪的军营恢复表面上的秩序方面发挥了重要作用，他组织了富人的慈善募捐，从而让穷人能够分到食物。当数十名十字军战士因在大斋期食用了他们所能找到的一点点肉类而违反了教规时，休伯特迫使他们赎罪——杖击背部3次，主教亲自施刑，但"下手并不重"，因为他"像父亲一样实施惩罚"。终于，在2月末或3月初，第一艘小型基督教补给船运载着谷物到达了营地，受到了盛大欢迎，随着春季降临，供给危机解除了。经历了死亡和痛苦的洗礼，法兰克人依然聚集在阿卡城门外。[43]

对伊斯兰教徒来说，十字军的不屈不挠意味着灾难。与一年前如出一辙，萨拉丁试图利用冬季来巩固阿卡的防御，但这一次收效甚微。阿迪勒被派往海法组织一座军需库，通过它，来自埃及的资源能沿着海岸被送给守军。1190 年 12 月 31 日，7 艘满载货物的运输船驶达阿卡港口，不料竟撞上了礁石而沉没。那些本可支撑城市数月的食物、武器和金钱都沉入了大海。随后在 1191 年 1 月 5 日，一场猛烈的暴风雨让阿卡的一段外墙倒塌，突然令城市门户大开。十字军饱受饥饿、疾病之苦，无法利用这个机会，萨拉丁的部下匆匆填上了缺口，但这对伊斯兰教徒而言是个噩兆。随着忧惧的增长，苏丹试图重组阿卡的防御。“胖子”阿布・海贾于 2 月 13 日被解除了港口的军事指挥权，由马什图卜取而代之，而加拉古什保住了总督的职位。精疲力竭的守军也得到了轮换，但萨拉丁的秘书伊马德丁后来批评了这一做法，他指出，2 万人的军队和 60 位埃米尔被撤出，替换他们的却只有 20 位埃米尔和人数少得多的部队，因为萨拉丁很难找到愿意驻守城市的志愿者。

苏丹备感挫折，这在一封同月寄给哈里发的信件中显露无遗。在信中他警告说，教皇可能会亲自前来统领十字军，并哀叹以下事实——当穆斯林军队从近东的遥远角落抵达阿卡时，其指挥官询问的第一个问题竟是他们何时能够离开。与此同时，当他因阿卡的争斗分身乏术时，维持其巨大王国的多重压力也开始显现出来。在塔基丁多次要求下，3 月，萨拉丁不情愿地同意让他担任东北部城市哈兰及埃德萨的统治者。虽然苏丹难以承受其侄子脱离吉哈德，但他需要确保对幼发拉底河上游的控制，否则他的帝国就有瓦解的风险。[44]

到了 1191 年 4 月，萨拉丁和阿卡守军的前途看上去似乎已经几乎没有希望了。在长达一年半的时间里，苏丹被十字军对这座城市的围攻束缚住了手脚，无法充分巩固他在 1187 年取得的胜利，并被迫采取消极防御的策略。他曾经试图阻止从西欧横扫至巴勒斯坦海滨的复仇浪潮，而他失败了。腓特烈·巴巴罗萨于 1190 年 6 月的猝然离世可谓极为凑巧，但在阿卡，萨拉丁缺乏这样的好运，他面对的法兰克敌人似乎百折不挠。阿卡尚在手中，然而拉丁人的围攻也在继续。十字军遭受了重创，但并未被击溃，他们达成了一项惊人的军事壮举——深入敌境并在被敌人的野战部队包围的情况下，坚持围攻。

从一个重要方面来看，萨拉丁对阿卡城外这场大战的应对是值得赞赏的。在圣地战争中，他第一次拒绝从长期的堑壕军事对峙中后撤，在一年半的时间中（包括两个寒冬）显示出了坚毅的决心。然而，苏丹未能在 1189 年至 1191 年间消灭基督徒，尽管他面临着诸多困难，这理应受到严厉批评。因为他知道所有聚集在阿卡城外的法兰克军队只不过是前震而已，真正的地震是英格兰与法兰西国王的驾临。而萨拉丁依旧缺乏采取行动的意愿和远见。如今，随着通往圣地之门业已半开，伊斯兰教徒将面临拉丁基督教世界十字军的雷霆之击。

15

王者驾临

1191 年 6 月 8 日星期六上午，当英王理查一世乘船沿着巴勒斯坦海岸南下时，第一次瞥见了可怕的阿卡大围攻。首先映入眼帘的是城市的塔楼与城墙，随后是数以万计、密密麻麻的十字军战士，他们来自“天堂下各个基督教国家”，这些“世界精英”正包围着猎物。最后，“他看见了那些满是突厥人及其营帐的山峦、河谷与平原，他们怀揣着对基督教的恶意”，而萨拉丁就在其中。自领取十字已过了漫长的三年半时光，理查终于抵达了圣地。法兰克人兴高采烈地欢迎他到来。理查的一位部下如此描写当晚的欢宴：

> 云淡风轻，大家喜不自胜。我相信，军队对国王驾临表现出的兴高采烈的样子，不是任何一个母亲的儿子所见到过或听说过的。钟声、号角声直上云霄，人们唱起了优美的歌谣。每个人都充满了希望。有如此多火烛［被点燃］，以至于在敌对军队中的突厥军人看来，整个河谷似乎都着火了。

萨拉丁营中，一位苏丹的谋臣记录道：“受诅咒的英格兰国王率领 25 艘满载人员、武器和补给的桨帆船盛大登场……他头脑睿智，经验丰富，其到来对穆斯林的心理造成了可怕的打击。”狮心王驾临了。[45]

通往圣地之旅

甚至在抵达近东之前，理查就已经取得了一场大胜。1191 年春，英法两国十字军从西西里起航。腓力二世·奥古斯特于 3 月 20 日离开墨西拿，一个月后便抵达了黎凡特。与此同时，理查一世于 4 月 10 日率领一支包括超过 200 艘船只的舰队前往克里特（Crete）岛。然而，3 天后，一场风暴袭来，有大约 25 艘船被吹离航线，到了塞浦路斯——该岛屿自 1184 年以来成为拜占庭人依沙克·科穆宁治下的一块独立领土。其中就有狮心王的妹妹琼及未婚妻贝伦加丽亚所在的船舶。3 艘船在岛屿附近失事，而上岸的船员遭受了岛民的虐待。他们甚至还试图俘获正在南部海港莱梅索斯（Limassol）附近下锚等待的两位拉丁公主。

抵达罗得岛后（大约在 4 月 22 日），理查国王听闻了上述消息，决定立刻对塞浦路斯发动海上突袭，尽管后者是基督教政权而他本人是个十字军战士。5 月 5 日，狮心王勇敢地在莱梅索斯抢滩登陆并迅速击败了依沙克的军队，迫使希腊人撤退至位于东海岸的法马古斯塔（Famagusta）。在随后的作战间隙，5 月 12 日，理查和贝伦加丽亚于莱梅索斯圣乔治教堂举行了婚礼。

随后，依沙克半心半意地提出议和，但理查最终驶向法马古斯塔，第二次击败了希腊人，并以惊人的效率征服了整座岛屿。6 月 1 日，依沙克投降了，并立即被戴上了专门为之打造的银镣铐（狮心王曾许诺不会给他戴上铁镣铐）。

理查因此以一场大胜开启了自己的十字军征程（尽管是针对基督教友军的领土）。塞浦路斯的征服为安茹军队带来了巨大的财富和资源。国王对塞浦路斯居民征收 50% 的税，在几周后他离开时，又将岛屿以 10 万金币的价格卖给了圣殿骑士团（虽然他只收到了 4 万金币的首付款）。在整个十字军东征期间，该岛还充当了关键的补给站。从长远来看，拉丁人占领塞浦路斯将为十字军和十字军国家的未来历史造成深远影响。

塞浦路斯战役期间，理查接见了一位吕西尼昂的居伊的使节。狮心王作为普瓦图伯爵，亦是吕西尼昂家族的封建领主，居伊如今试图利用这条纽带，请求理查在自己和蒙费拉的康拉德的权力斗争中提供支持。而从巴勒斯坦也开始传来消息，暗示腓力·奥古斯特在阿卡取得了真正的进展。据一位十字军战士说，“当这位［安茹］君主得知上述消息后，他由衷地长叹了一口气，［并且说］：‘上帝不会让阿卡在我缺席的情况下被征服。’”1191 年 6 月 5 日，急于行动的狮心王离开了塞浦路斯，在登陆叙利亚时，他将依沙克·科穆宁关押在医院骑士团的迈尔盖卜城堡。理查领兵南下，但在提尔却被康拉德麾下的守军拒绝入内，于是他继续航行，于 6 月 8 日抵达了阿卡。[46]

国王的影响

狮心王理查与腓力·奥古斯特的到来，改变了拉丁人的前景。以上两位君主的驾临让十字军士气大振，为阿卡大围攻带来了新的活力、决心以及更多的资源（包括财力、人力、物力），这一切令惨烈的围攻走向了最终胜利。

腓力·奥古斯特的到来

在某种意义上，理查在塞浦路斯听到的传言是正确的：自从腓力国王于 1191 年 4 月 20 日抵达阿卡以来，他已经取得了显著进展。在指出他仅仅率领一支由 6 艘船组成的不大的舰队前来阿卡的同时，巴哈丁也承认这位法国君主是“一位伟大的人、令人尊敬的领导者，是能让部下唯命是从的杰出国王之一”。他带来了法国贵族的大部分剩余力量，例如十字军老将佛兰德伯爵菲利普（他仅仅活到了 6 月 1 日）以及高傲而强大的勃艮第伯爵于格（Count Hugh of Burgundy）。虽然同时代偏爱狮心王的作家倾向于贬低法王在阿卡的成就，但实际上，腓力很快就凸显出了自己的存在感，他一面对阿卡守军施加军事压力，一面强化着法兰克人的阵地。

国王在“命令其弩手、弓箭手持续射击以至于无人能在城墙上露出哪怕一根手指”后，监督打造了 7 台巨型投石机，并加固了围绕十字军堑壕的栅栏。5 月 30 日，随着他的投石机准备就绪，腓力坚决地发动了一场强大的轰炸战役，“石弹如雨点般夜以继日地被投向［阿卡］”，这迫使萨拉丁率部重返前线。6 月 5 日，在抵达艾亚迪亚山后，苏丹每天都对拉丁堑壕发起进攻，希望能打断他们的“空中攻势”，然而这似乎并不能阻止法国人的投石机。与此同时，十字军正在准备一场正面的地面进攻，再度尝试填满阿卡的干壕沟，以便能够接近城墙。随着法兰克人向沟内抛入死马甚至人的遗骸，穆斯林绝望地试图在拉丁人能填满壕沟之前清空它。一位穆斯林见证者描述说，守军被分成了三组：一组“跳进壕沟中，将尸体砍碎以便搬运”；第二组背负这些骇人之物，将它们投入大海；第三组则防范基督徒的进攻。据说，“即便心如铁石的人也难以忍受”如此骇人的工作，然而至少在眼下，“他们竟忍受了下来”。一位亲法国的大约同时代人后来评论说，随着法兰克人攻势日益增强，腓力国王“如果愿意的话，本可轻而易举地夺取这座城市”，但他却选择等候理查的到来，以便与之共享胜利。这可能有些夸大其词，腓力会不会真的如此大度也是值得怀疑的——但在狮心王传说的耀眼光芒下，人们太容易遗忘，是卡佩而非安茹君主首先为第三次十字军东征注入了新的活力。[47]

狮心王在阿卡

尽管如此，理查于6月8日在阿卡充满戏剧性的盛大登陆的确令军事的天平转而对拉丁人有利。一位穆斯林见证者如此对比两位基督教君主：“[英王]久经沙场，作战勇猛，尽管他更加富有并且于军事技艺和胆量方面享有更多的盛誉，可在人们眼中其地位依然略逊法王一筹。”狮心王与许多英格兰、诺曼底显贵——例如，莱斯特伯爵罗伯特四世（Robert Ⅳ）和托斯尼的罗歇（Roger of Tosny），二人在英吉利海峡两边都拥有许多地产——一同抵达近东。伴随他左右的还包括一队忠心耿耿的宫廷侍卫（familiares），比如像绍维尼的安德鲁这样的忠心耿耿的战士。[48]

和腓力国王相比，来到圣地的理查拥有更多的兵员、更丰厚的财力和规模大得多的海军。实际上，英国君主甚至在登上黎凡特陆地之前，便设法凭借麾下由25艘船组成的先锋舰队取得了首胜。在从提尔起锚南下阿卡的途中，理查在西顿附近海域遇到了一艘大型穆斯林补给船。它来自阿尤布王朝控制下的贝鲁特，上面搭载着7位埃米尔、700名精兵、食物、武器、许多希腊火瓶，以及 200 条“非常致命的毒蛇”，“［穆斯林］打算将它们投放到［基督徒］军中”。借着风势，理查追上了这艘船，识破了其船员的伪装（他们乔装为法国人试图蒙混过关），随即发动了攻击。由于遭到了猛烈抵抗，理查无法接舷并完好地俘获船只，他只好撞沉了它，以确保其宝贵的货物不会落入敌手。这场挫败打击了敌人的士气，为了充分利用这一点，一名俘虏在遭受酷刑后被送回了阿卡，带去了这个噩耗。

理查加入了围攻，他将自己的营地设在城市北部，而腓力则在东部。狮心王立刻着手评估“如何才能在最短的时间内夺取城市，必须采用何种手段、诡计、攻城武器”。然而，就在他摩拳擦掌之际，距离踏上圣地尚不到一周，国王遭受了疾病的侵袭。理查突然发现自己因患上了一种坏血病（当时人称“arnaldia”）而多日在营帐中动弹不得，这与他海战奏凯以及抵达时的威仪形成了强烈反差；很快，他的牙齿、指甲开始松动，头发一片片脱落。这样的屈辱很难让人承受，尤其是因为患病会很容易地被诠释为一种“天谴”的迹象。而在萨拉丁营中，国王的痛苦被视为一种祝福，因为它“让［法兰克人］不能发起攻势”。然而，即使身体虚弱，理查证明自己依旧有能力推进十字军的事业。[49]

英王立即开始与萨拉丁建立外交渠道，这显示出了与其粗暴好战的名声相反的精明。西方的经验让狮心王明白，在中世纪世界里，胜利属于那些能够同时运用政治与战争手段的人。在与所谓的“异教徒”的斗争中，他对把谈判作为武器丝毫也不感到愧疚，尽管至少目前这些接触依旧对十字军部队保密。甚至在他患病前，理查就开始寻求和萨拉丁进行一次私人会晤了。一位使节被派去要求会谈，但苏丹回以礼貌而坚决的拒绝。“除非协议已经达成，否则王不见王，”据说他回复道，“一起会晤、用餐，随后兵戎相见，这对他们并非好事。”

理查很快提出了互换礼物的建议，并于7月1日释放了一名“很久之前他们抓获的”北非战俘，以示善意。不久后，苏丹接见了3位安茹的使节，他们替自己的国王请求“水果和冰块”。理查似乎乐于索取这些美味，可能这是一种带点恶作剧性质的外交“游戏”的一部分，是为了试探对方殷勤待客的极限，但也因为他仅仅是好像已迷上了东方的美好食物，尤其是桃子和梨子。萨拉丁本人就是外交艺术上的行家，他让3位使节参观了自己的军中市场，试图用它壮观的一排排店铺、浴室和补给品令他们心醉神迷。巴哈丁作为萨拉丁的心腹参与了这些早期的交流，他冷静地看出这些使节实为间谍，他们的目的是评估穆斯林的士气，而他们之所以受到款待，也是为了获取敌方的类似情报。在阿卡，试图与伊斯兰教徒谈判的并非理查一人。腓力·奥古斯特同城市守军指挥官展开了秘密会谈，尽管他们同样也没有取得什么实质性成果。不过，两位国王在外交领域展开竞争的这一事实说明，曾经使他们迟迟不能抵达圣地的根深蒂固的竞争，仍在酝酿。[50]

敌对还是团结？

理查到达阿卡时的最初迹象表明，目标的一致或许战胜了分歧。当狮心王登陆时，腓力亲自前来迎接，两位君主“互相表示尊重”。法王甚至抑制住了对理查同贝伦加丽亚成婚的怒火，这意味着自己的妹妹彻底被拒绝。然而，在这番虚情假意之下，裂缝很快便显现出来了。理查故意去显示自己的财富超过了法国同侪，每月为“不论来自任何国家的任何想要领取他发放的薪水的骑士”

发放 4 枚金币，而此前腓力开价 3 枚金币。这或许是一种纯粹、傲慢的取巧胜人一筹的伎俩，但它对进一步扩大狮心王军队产生了非常实际的效果，并由此确保了他掌控十字军的军事大权。[51]

耶路撒冷王国的政治未来这一棘手问题也导致了安茹 – 卡佩王朝间的长期对立。自从 1187 年在哈丁战败并被俘后，吕西尼昂的居伊对耶路撒冷的统治权就受到了公开挑战。提尔的坚定守卫者、拉丁东方的救世主蒙费拉侯爵康拉德在许多人眼中似乎是王位的天然候选人。当康拉德拒绝获释的居伊国王进入提尔时，两人的仇怨便公开爆发了。1190 年秋初，当阿卡城外十字军营中的西比拉女王（鲍德温四世之姐）与她的两个幼女因病去世后，危机进一步加深。她们的死对居伊的政治安全是一记沉重打击，因为这让他失去了他与耶路撒冷王位仅有的血缘联系。随着居伊的王位合法性如今受到公开质疑，这个拉丁国家大批幸存的贵族决定支持康拉德。

1190 年 11 月，人们策划了一个相当不道德的政治解决方案。耶路撒冷的王位血脉如今转移到了西比拉美丽的妹妹伊莎贝拉那里，于是，居伊的敌人们联合安排她与康拉德成婚。但在二人能够最终实现结合前，还有一些细节问题需要解决。有传言说，康拉德的两位前妻中至少有一人仍在西欧某地，并未离世。更糟的是，伊莎贝拉已经有了丈夫——托隆的汉弗莱。实际上，这对夫妇正与十字军部队一道居住在阿卡城外的营中。伊莎贝拉被从自己营帐中绑架，母亲玛利亚·科穆宁娜恫吓她，让她接受婚姻无效，这虽然可疑，但她最终默然接受了，并与康拉德结婚。几十年后，一个教皇调查团将判定他们的婚姻犯了重婚及乱伦罪（因为伊莎贝拉的姐姐曾嫁给康拉德的兄弟），不过就目前而言，对强化军事领导权的需求盖过了对法律细节的恪守。康拉德并没有让自己与伊莎贝拉取代居伊加冕为王，而是退回了提尔，使“国王”的权威支离破碎。

到了1191年夏，整件事都迫切需要解决。不出意外，理查和腓力分别支持不同的阵营。作为普瓦图伯爵，狮心王是吕西尼昂家族的领主，因此，人们预期理查将对居伊伸出援手，后者在5月曾前往塞浦路斯，在国王抵达阿卡之前便已向他陈情，确保了理查的支持。与此同时，腓力则支持他的亲戚，如今已重返围攻的康拉德的利益。1191年5月7日，在阿卡城外，法王与康拉德共同签署了一项特许状——它以贸易特权为代价，换取威尼斯人的支持——康拉德大胆地在上面署名“当选国王”。由于热那亚人已经与法国人结盟而理查收买了比萨人，犬牙交错的宗派关系和党同伐异看上去将会令第三次十字军分崩离析。然而，公开冲突的火焰从未真正燎原。在理查的支持下，吕西尼昂的杰弗里在6月末指控康拉德犯下了叛国罪，但侯爵选择逃往提尔以规避可能的逮捕，争端暂时被搁置了。[52]

实际上，尽管理查和腓力之间明显关系紧张并存有恶意，但他们还是勉强实现了足够的合作，以确保在前线取得进展。1191年6月至7月初，安茹与卡佩王朝的军队互相协同，轮换作战——一方驻守战壕防范萨拉丁，而另一方则对城市发起攻击。快到6月底时，由于理查一直患病，腓力对战事的延宕失去了耐心，他决定独自对阿卡发动正面攻击，最终收效甚微。但即便这一次，理查的盟友们协助保卫了十字军营地，吕西尼昂的杰弗里用手中的战斧杀死了10名穆斯林。

十字军的攻城策略

1191 年夏初，随着大约 2.5 万名十字军战士在阿卡周围部署完毕，理查和腓力实行了一种相对一致和协调的以攻击为主的围城战术。工兵部队在城墙下挖掘地道，希望能摧毁城垛；此外也间歇性地对阿卡城墙发起正面强攻。然而，在整个 6 月，两位君主的作战计划均集中于运用持续不断的空中轰炸瓦解阿卡的城防及守军的心理防线。法兰克君主们共同用一排排强大的投石机围住了城市。如此可怕的毁灭力量在十字军战斗中前所未见，阿卡战役某种程度上改变了围城战的惯例。

当然，从圣战一开始轰炸就是围城战的一个特点，攻守双方都在使用各式投石机。然而，迄今为止，上述攻城器械都相对弱小，限制了可发射的弹丸的尺寸、重量以及有效射程。因此，围城者或许会利用投石机射击来削弱敌方守军，但通常而言，要摧毁一个坚固目标的城墙或塔楼，仅仅依靠轰炸是毫无希望的。

理查一世（也许还包括腓力·奥古斯特）在围攻阿卡期间似乎带来了更加先进的投石机技术，其使用的器械能够将更大的弹丸发射更远的距离，同时具有更高的精准度。理查到来后，腓力本已提高的空中打击频率进一步加快，阿卡城墙越来越多的地段受到近乎连续的轰击。如今，十字军将最具威力的法国投石机命名为“坏邻居”（Mal Voisine），而将反击它的穆斯林投石机叫作“坏亲戚”（Mal Cousine）。阿卡守军一次次设法摧毁“坏邻居”，但腓力一次次重建了它，并将其目标锁定在城市东北角的诅咒塔。法兰克人还出资修建了另一具攻城器械——一位同时代人记载说：“一名正直诚实的修士总是站在它旁边，一边布道一边募集金钱，这些钱被用于持续不断的维修以及雇人收集石弹”——他们称之为“上帝自己的投石机”。

在理查部下手中的投石机里，有两部“工艺精湛、用料精良”的新造机器，能够发射国王从墨西拿带来的巨型石弹。法兰克人中有传言称，其中的一发石弹便杀死了12个阿卡士兵并被呈给萨拉丁检视，不过这听起来更像军营中鼓舞士气的“小道新闻”，没有穆斯林目击者予以佐证。狮心王的另一台投石机威力无比强大，以至于能将石弹射入城市中心，直达屠夫街（它似乎直通港口）。[53]

到了6月底，十字军的猛烈攻势的力量开始显现出来。萨拉丁营中有人记载道，法兰克人“持续不断地轰击城墙”，致使城垛开始“摇晃”，十字军能看见它“摇摇欲坠”。“城市的守卫者，”他写道，“变得十分虚弱，环绕他们的绞索收紧了。”阿卡城内军队短缺，这意味着士兵们无法例行轮换，绝大多数人已经几天没有睡觉了。苏丹的大营接到消息警告说，守军因持续作战而精疲力竭、虚弱不堪。

萨拉丁尽其所能地缓解压力，定期对拉丁人的堑壕发起反击。从春末至夏初，随着部队从帝国各地返回阿卡，他的军队规模不断壮大。事实上，在6月末，从美索不达米亚与埃及开来了庞大的队伍。然而，此时十字军在他们的阵地中已经站稳了脚跟。穆斯林的突袭部队不时能成功闯入敌营——一次，他们偷走了法兰克人的炊具——但他们总是被击退。在夜间，萨拉丁试图采用更加隐秘的战术。他派出特务偷偷避开拉丁岗哨，一旦潜入营帐，他们将挑选一名受害者。巴哈丁描述道：“趁熟睡之际，他们轻易地抓住了敌兵，用匕首架在其脖子上，弄醒他们并用手势告知：‘如果你出声，我们将割开你的喉咙。’随后将他们带到囚禁和审问的地方。”然而，最终，上述阻止基督徒进攻并削弱十字军士气的孤注一掷的尝试失败了。至 7 月初，阿卡明显已到了沦陷的边缘。据一位穆斯林目击者称，萨拉丁骑马视察城防时深感震惊：“他眼中流出了泪水……因为他目睹了阿卡所遭受的磨难。”由于备受打击，“那天他没有进食，仅仅喝了几杯医生建议他喝的饮料。[他]疲惫不堪，悲痛欲绝”。[54]

阿卡的命运

大约在 1191 年 7 月 2 日，十字军调整了他们的策略。遭受重创的阿卡处于投降的边缘，他们如今试图利用已对这座城市的防御工事所造成的破坏。诅咒塔已被削弱，附近有一段 10 米长的城墙开始倒塌；在北面，另一座重要的塔楼已近乎崩塌。拉丁坑道兵加倍努力地破坏这些目标，地表的空中轰炸随之有所减弱。法兰克人将注意力转向发动正面攻击，因为他们开始认真地着手准备攻入阿卡。

上述攻击发起一天后，萨拉丁收到了来自加拉古什与马什图卜的紧急消息：“明天，如果您不为我们采取行动，我们将寻求有条件投降。”一位营中的穆斯林目击者报告：“苏丹极为震惊。”7 月 3 日，受这即将来临的灾难的刺激，他命令阿迪勒对基督徒营地又发动了一次疯狂的攻击，然而“法兰克步兵伫立在其防御工事后，用他们的兵器、弓弩构筑了一道铜墙铁壁”。与此同时，在诅咒塔附近，法国工兵完成了一条地道。一旦点火，这条塞满木材的坑道便塌陷了，令它上方的大段胸墙也随之倒下。许多法兰克人携带攻城梯冲向毁坏的城墙，而穆斯林守军从瓦砾中爬起，做好了白刃战的准备。

第一个登上攻城梯的是法国元帅、腓力的重要骑士之一奥伯里·克莱门茨（Aubery Clements）。后来基督教军中传言，在攀上豁口前，奥伯里豪气干云地喊道："今日我或者战死，或者蒙上帝眷顾，将进入阿卡。"当到达顶端时，奥伯里的梯子在紧随其后的十字军的重压下倒塌了，法兰克人的攻势顿时停滞下来。奥伯里突然陷入了孤立，据说他以"超人的勇气"孤军奋战，其受挫的同袍从下面目睹了"突厥人将他团团围住，刺死了他"。至少，这是十字军一方关于此事的看法。穆斯林目击者则作证说，在被一名狂热的库尔德人杀死前，奥伯里可悲地试图求饶，并提出可安排整个十字军撤退。拉丁人的攻击或许是被击退了，但双方难分伯仲，阿卡城防的险情在整个城市引发了恐慌。当晚，3名埃米尔趁着夜色乘小船逃离了城市；其中一人错误地企图在萨拉丁营中寻求庇护，被迅速投入了大牢。然而实际上，他们的行为只不过反映了一个对所有人来说都是显而易见的事实：阿卡即将陷落。[55]

决定性的突破出现在理查一世负责的北部城防地段。病中的国王依然虚弱，无法行走，被人用一具豪华担架抬到了前线，身上盖着"一条精美的丝绸被子"。他躲在一块围城挡板后，以十字弓击中了多名倒霉的穆斯林骑兵，其中一人不明智地披挂着奥伯里·克莱门茨的甲胄。7月5日，他的工兵点燃了另一条地道，使北侧塔楼倒塌，并导致毗邻城墙部分崩塌。和诅咒塔的情形一样，十字军面前出现了一道布满瓦砾的豁口，很难通过它发动一次势不可挡的进攻。理查的应对体现了他的智谋以及对战争的基本现实的理解。正如一位同时代人平淡地观察到的那样，国王知道“每个人都被金钱的气味所吸引”，于是对任何能从损毁的城墙带走一块石头的人悬赏2枚金币。这几乎是一项自杀任务：必须要避开一阵阵箭雨，还要与保卫缺口的穆斯林展开激烈的白刃战。然而，许多人自愿前往，尤其当狮心王将赏金提高到3枚，随后是4枚金币后，响应者蜂拥而至。尽管守军竭尽全力，在接下来的5天中理查的策略仍结出了硕果：虽然损耗了大量人力、财力，但至7月11日，城墙上已打开了一道相当可观的缺口。在别处，十字军投石机再度开始发射，穆斯林蒙受了如此巨大的压力，以至于有些人情急之中选择了跳墙而死。[56]

谈　判

如今，随着眼看就要不可避免地战败，阿卡守军指挥官开始试探投降的选项，即便激烈的战斗仍在继续。城市投降的确切细节和时间表已不可考。早在7月4日，马什图卜与加拉古什可能就已经开通了谈判渠道，因此，将最终圆满结束围攻的功绩更多地归于理查而不是腓力恐怕有失公允。阿卡的投降是安茹、卡佩王朝军队齐心协力的结果。显而易见的是，守军已到了身体和心理承受能力的极限。一位十字军目击者如此总结穆斯林的惨状：

> 眼前所见的“奇迹”令他们惶惶不安，整个世界都要毁灭他们；他们目睹了城墙的崩塌；他们目睹了自己人受伤、被杀、被砍成碎片。城中尚有6000人，但人数是不够的。

与此同时，一位萨拉丁营中的穆斯林言之凿凿地评论说，在那年7月，阿卡守军的“脸上透着死亡的气息”。由于担心一旦城破将被斩尽杀绝，穆斯林选择了投降保命。大约在7月6日，理查和腓力允许穆斯林使者打着安全通行旗帜离开城市，以便他们能与萨拉丁商讨投降事宜，然而，他们未能获得首肯。苏丹依然怀揣避免彻底失败的希望，制定了让守军趁着夜色突围的计划。然而，一名背叛阿尤布军队的马穆鲁克将它向基督徒和盘托出。提前获悉了此次出击，十字军派了额外的哨兵执勤，虽然萨拉丁的部队一整夜都处于备战状态，却未能发现法兰克人阵线中有任何突破口。与此同时，又一批叙利亚援军抵达了穆斯林营地，这促成了他们殊死一搏的念头。

但在十字军堑壕内，理查和腓力明白自己已占据上风。随后的数天里，他们立场十分强硬，表示除非能满足本方野心勃勃的要求，否则完全拒绝其他一切提议。萨拉丁在多大程度上涉入了这些谈判已不得而知。穆斯林证人煞费苦心地让他置身于整个进程之外，竭力维持其战无不胜的形象。甚至有人说，当收到最终条款草案时，苏丹"表达了他的极大不满"，但这并不能阻止阿卡急不可耐地有条件投降。而同时代基督徒则作证说，当"城市已无法坚守时，萨拉丁同意让它投降"，授权其指挥官"去达成尽可能有利的和平协议"。当然，在没有确定苏丹将遵守最终解决方案前，十字军国王们是不太可能进行和谈的。[57]

投　降

无论如何，双方在1191年7月12日达成了一项协议，结束了对阿卡的围攻。整座城市向法兰克人投降，而穆斯林的生命则得到保全。被俘的守军将被扣为人质，以确保后续惩罚条款得到履行，包括：支付20万金第纳尔；归还在哈丁夺走的真十字架；

释放约1500名“背景普通、不起眼的”法兰克俘虏以及100—200位有名有姓的上层俘虏。如此重大的让步彰显出拉丁基督教世界取得了绝对胜利。

在将近两年的苦战之后，阿卡战役以突如其来的和平而非血腥凶残的劫掠画上了句号。随着和约达成，一位公告员在十字军中间通知立即停战，并命令道：“任何人不得侮辱、挑衅突厥人；也不得再向城墙以及恰好出现在墙头的突厥人发射弹丸。”“那天，基督徒以好奇的目光打量着那些在城头闲逛的突厥人”，这真是奇异而又平静的一幕。城门终于打开，守军鱼贯而出，表示投降。见证了这一盛大场面，许多十字军战士吃了一惊：数月以来不曾了解的敌人现身了，他们并非蛮夷，而是“具有令人钦佩的能力［和］非凡的勇气……不受逆境影响的人，他们表情坚定”。一些法兰克人表现得不那么平静，哀叹阿卡“破败而被损坏的”教堂被这“受诅咒的种族”亵渎了，不过大体而言，投降过程中并没有发生暴力事件。[58]

与其穆斯林敌人一样，第三次十字军的战士们在阿卡表现出了巨大的韧性，无论是酷暑或严寒，面对着饥饿、疾病和无休止的战斗，他们仍顽强地坚持围攻。数千人，甚至可能有数万人在艰苦战斗中丧生——不可能对阵亡人数做出精确统计。在贵族中（他们更容易追查），损失是空前的：1位宗主教、6位大主教以及12位主教；大约40位伯爵和500名显贵。这场斗争不是英格兰和法国国王发起的，然而，其最终的奏凯很大程度上应归功于他们。在他们抵达之前，交战双方已陷入僵局。理查与腓力带来的资源、新的活力使十字军占了上风。最终，这是一场两位君主都有资格宣称属于自己的胜利（他们也的确这么做了）。随着守军解除了武装，他们进入城内索求自己的战利品。

理查和腓力尚在西方时，便已同意均分圣地的战利品。因此，他们的旗帜在阿卡并列升起。理查占据了王宫，收押了马什图卜以及半数俘虏，而腓力获得了圣殿骑士团的旧分部、加拉古什和另一半战俘。然而，他们的贪婪让其他人所能得到的战利品屈指可数。为了维护王室的权利，理查将奥地利公爵利奥波德五世（他在4月便抵达了阿卡）的旗帜从城墙上掷下。此事常常被历史学家们用来作为证明狮心王脾气火暴、天性粗野的证据，而这是对他的一种伤害。理查当然会后悔这一事件带来的不良情绪，但当时他心中想的是坚决捍卫自己不可剥夺的权利，而且他对利奥波德的所作所为得到了腓力的默许。十字军中有一些人对所得到的那份少得可怜的战利品感到不满；但对许多法兰克人而言，眼下不受死亡威胁的生活的滋味是甜蜜的。他们“手舞足蹈、兴高采烈地”拥入阿卡，一位同时代拉丁人相当呆板地评论道：“他们如今得以放松一番，通过渴望已久的休息恢复了活力。”实际上，不久后，他们中的大多数人便迷失在传统的军人娱乐活动中了，如饮酒、赌博、狎妓。[59]

阿卡陷落的影响

夺取阿卡绝非十字军东征的终点，但它是朝着收复圣地迈出的重要一步。这部分是因为现在该港口可作为西方基督教军队的滩头堡，不过，认为阿卡是“通往巴勒斯坦的重要门户”的观点不应被夸大。自始至终，北方的提尔都在拉丁人手中，即便阿卡没有陷落，它也能充当黎凡特大陆上的第二立足点。阿卡陷落的真正意义在别处。

萨拉丁兵工厂的骄傲——埃及舰队——停泊于阿卡的内港。作为这座城市的生命线，苏丹海军的主力（总计约 70 艘船）随着围攻的推进渐渐被困在了港内。如今，十字军夺取了这支舰队，极大地增强了本方海军实力，并一举终结了萨拉丁挑战基督徒地中海制海权的希望。在第三次十字军东征剩余的时间里，法兰克人将毋庸置疑地主宰着海洋。

阿卡的攻占还带来了一些不那么有形的影响。对于拉丁人的士气而言，它可谓一场及时雨。现在，十字军可能相信他们已绝处逢生：1187 年哈丁之战和耶路撒冷的沦陷带来的恐惧被抛诸脑后；他们也许能在上帝之战中再度凯旋。而引导人们重燃收复圣城信心的重任便落在了理查一世和腓力·奥古斯特肩上。

相形之下，萨拉丁则处境凄凉。他为了保护阿卡耗时 21 个月之久，并以倾国之力追求这一目标。以前，在吉哈德中，他常常显示出不情愿展开损耗巨大的围城战。然而，他却在阿卡进行了战斗。面对前仆后继的第三次十字军，苏丹失败了。在决定性时刻（尤其是 1189 年秋和 1190 年夏），他用兵显得优柔寡断。在身体上，他因反复生病而变得虚弱。整个阿卡战役期间，他竭力召集足够的人力物力，却因帝国的需求以及保卫叙利亚免遭德意志人攻击的需要而分心，并且自始至终在为激励因多年的圣战而疲惫不堪的伊斯兰世界奋斗。

考虑到战斗人员的损失，即便加上阿卡作为港口的战略重要性，这场逆转也并非决定性的。然而，它对于萨拉丁的军事声望以及他作为伊斯兰世界常胜捍卫者的形象造成的损失则难以估量。他苦心经营的虔诚无敌的光环曾使伊斯兰教徒团结起来，被奉为偶像的圣战者萨拉丁·纳西尔（意为保卫者）的神话是他使军队留在战场上的基础。如今，这些形象外表上的裂缝已经加深。他那受惊的部队中充斥着“哭声、呻吟、流泪和哀号”，萨拉丁下令全军撤退至萨法拉姆，准备在那里重建他的声望，并考虑如何报仇雪恨。[60]

唯一的国王

在阿卡被征服的几天内，狮心王理查在第三次十字军东征中的角色发生了变化。他以新近登基的国王的身份离开西方，虽然在年龄、财富和军事实力上都超过腓力·奥古斯特，但他依旧部分地在卡佩君主的阴影下活动。可是在1191年7月中旬，关于腓力正准备离开圣地的流言传开了。7月22日，在理查试图发表一份联合声明确认两位统治者将在东方停留3年（或直到耶路撒冷光复）后，法王坦白了心声。随着阿卡被攻占，他认为自己的十字军誓言已经兑现，如今将要即刻启程回国。“上帝垂怜！多大的变化！”一位十字军战士写道。

想弄清腓力做出的惊人决定背后的动机并非易事，因为同时期的证词充斥着矛盾和两极分化。不同史料众说纷纭：腓力得了重病；理查散布恶毒的流言，声称卡佩君主的儿子和继承人在欧洲去世；怯懦的法王无情地背弃了十字军，让他的军队陷入一文不名的境地。实际上，腓力的想法似乎来自一个压倒一切的考虑：他首先是个国王，其次才是十字军战士。圣战或许是上帝的安排，腓力也愿意在这场斗争中发挥作用，但他的心始终牵挂的还是保卫、治理、扩张其王国。基于后一种考量，一个明显的机遇出现了。6月，佛兰德伯爵菲利普死于阿卡，这让腓力成为其伯国中富饶的阿图瓦（Artois）地区的继承人。为了争取这一宝贵的所有权，法王必须要身处西欧。腓力相当理性地将自己王国的利益置于了十字军东征的利益之前。

无论腓力的真实动机为何，有一点是显而易见的。他的离去令其颜面尽失。即便是某些理查一世在欧洲最严厉的批评者，也谴责法王的出逃。更糟糕的是，大部分法国贵族选择留在圣地，只有讷韦尔的菲利普（Philip of Nevers）追随君主而去。腓力·奥古斯特的撤离可能在同时代人中受到了广泛谴责，以至于一位现代评论者声称，“他在十字军东征中的作为永远地玷污了他的声望”。然而，我们不能因此对腓力为第三次十字军东征做出的贡献视而不见。在中世纪，许多拉丁基督教世界的国王违背了他们的十字军誓言，从未踏足海外之地，其中就包括理查自己的父亲、大名鼎鼎的英王亨利二世。当腓力的船只最终起航驶向西方，正如一位仍然拥护他的人希望我们相信的那样，他并没有潸然泪下。无论如何，他已经推动了圣战的事业。[61]

对理查一世而言，腓力即将离开的消息从很多方面来看，无异于天赐良机。没错，他将担负起整个远征的财政重担，但他的资金绰绰有余。随着法王离去，狮心王将最终拥有十字军东征的无可争议的控制权。并且，由于几乎整个法国十字军在勃艮第的于格的指挥下将留在黎凡特，拉丁军队未受到削弱。为了获得在圣战的大舞台上谱写自己的传奇的机会，理查毫不犹豫地抓住了主动权。

他开始寻求消弭耶路撒冷王国未来可能发生的纷争的最佳解决方案。由于腓力离开在即，政治上遭受孤立的康拉德被迫不情愿地于 7 月 26 日向英王屈服，同意遵守调解委员会（它无疑将代表理查的利益）的决定。两天后，安茹与卡佩王朝的君主宣布了他们的解决方案：吕西尼昂的居伊在余生中将保留王位；其王国岁入将与康拉德分享，当居伊去世后，王位将会传给这位侯爵。与此同时，康拉德当即获得了提尔、贝鲁特、西顿作为世袭封地。倘若居伊和康拉德均离开了人世，理查会接手王国。

随着协议达成，理查将目光转向了因腓力返回欧洲带来的一个颇为棘手的问题。两位君主此前煞费苦心地一道踏上十字军征程，正是因为他们谁也不相信对方会在自己出国期间不会入侵自己的国家。一旦法王抵达了拉丁西方，安茹王朝将有受攻击的危险。理查竭尽所能将危险降到最低，他说服腓力在 7 月 29 日许下了详细的和平誓言。为了加强其誓言的神圣有效性，卡佩君主以一种由来已久的方式，一手拿着福音书的抄本，一手触摸圣髑宣誓：当理查仍在十字军中时，不得对其安茹领土或军队发动任何攻击；一旦狮心王回到了欧洲，在重启战端前必须提前 40 日予以通知。作为进一步的保证，勃艮第的于格与香槟的亨利充当了这项协议的担保人。

1191 年 7 月 31 日，腓力和康拉德携阿卡的一半俘虏起锚北上提尔，几天后，法王离开了圣地，离开了第三次十字军。无论宣誓与否，理查都对腓力的意图心存疑虑，他立即派遣最信任的扈从跟踪回程途中的国王，并将其归国的警讯带到了英格兰及周边地区。8 月 6 日，理查给他的一位英国高级官员写了一封信，我们可以从中一窥他此刻的心情——既渴望利用腓力撤退的机会，又对此心怀惴惴：

在［阿卡沦陷］不到 15 天之际，法国国王离开我们返回了故土。然而，我们将上帝之爱与上帝的荣耀置于我们个人之上，也置于许多地区的获得之上。我们将尽快令［拉丁王国］恢复原状，只有到了那时，才可班师回国。不过你或许也清楚，我们将在下个大斋期起航。

到目前为止，理查还能专注于推动第三次十字军。腓力尚在身边时，他一定程度上不会为他在西方的王国的安全分心，但从现在开始，他的担忧与日俱增——他在东方度过的每一天，都是时间对其敌人的嘉惠。狮心王再也无法专心致志地追寻圣地的光复了。[62]

冷　血

理查在十字军中现在独揽大权，他首要关心的是确保阿卡投降的条款得到履行，以便继续去收复拉丁东方。随着时间的推移，保持势头方为当务之急。正常作战季仅余两个月的时间，因此，在冬季开始之前，必须立即向南进军，才能取得全面胜利。理查需要花数周时间重建阿卡的城防，以确保当他离开时这座城市足以自保，但与此同时，他也开始向萨拉丁施加压力，要求一份兑现和平协议条件的明确时间表。

双方如今都在进行一场微妙但可能致命的外交博弈。苏丹明白，对理查而言，速度是关键。但只要国王依旧拥有数千战俘并手握一份非常有利可图的和约，他就动弹不得。倘若谈判久拖不决，十字军甚至可能从秋至冬被一直困在阿卡。狮心王对敌方将试图采取拖延战术也心知肚明。他和萨拉丁均看穿了这场博弈，但他们尚摸不透对方的脾性。他们各自遵循的是同样的规则吗？对方准备冒多大的风险，付出多大的牺牲？

对双方而言，误判会带来严重的危险。理查很可能将损失一大笔赎金，并无法迎回上千拉丁战俘以及海外之地最重要的圣髑。然而更重要的是，假如他裹足不前，则将会面临整个十字军东征崩溃的风险。因为若无进展，远征必然会在不和、懒惰和麻木的重压下失利。萨拉丁面临的权衡或许更为简单：是选择大约 3000 条穆斯林战俘的性命，还是遏制十字军的需求。

7 月 12 日达成的协议中原本约定了一个为期 30 天的履行时间表。萨拉丁一方面表示愿意满足法兰克人的要求——他允许一队拉丁使节访问大马士革查验基督徒俘虏，并让另一队检视真十字架；另一方面，他似乎也决心为自己争取更多的时间。8 月 2 日，理查被一群舌灿莲花、满载礼物的穆斯林代表包围，似乎态度也趋于温和。即便部队几乎做好了从阿卡开拔的准备，狮心王还是同意了一份折中方案：投降的条款现在可以分 2 到 3 次履行，第一次将释放 1600 名拉丁俘虏、归还真十字架以及支付一半约定的款项（10 万第纳尔）。萨拉丁很可能将此解读为可将英王玩弄于股掌之间的迹象，但倘若如此，那他就大错特错了。实际上，理查有自己的理由同意出现短暂的延宕——蒙费拉的康拉德执拗地拒绝交出腓力·奥古斯特那部分穆斯林战俘（如今被安置在提尔），因此狮心王目前无法完全履行协议。

然而，到了 8 月中旬，困难得到了解决，在勃艮第的于格的压力下，侯爵归还了战俘。万事俱备，理查现在准备进一步行动。从那时起，关于这段插曲的同时期证据变得越来越混乱，拉丁和穆斯林证人在自己的记载中相互指责，令事件的确切细节变得模糊。不过，萨拉丁似乎的确误判了他的对手。现代评论者常常指出苏丹在筹集所需的资金和俘虏方面困难重重，但这并没有得到同时代穆斯林证词的支撑。更有可能的是，随着第一次交付的截止日期（8 月 12 日）已经过去，他开始故意地推诿搪塞。令理查疾首蹙额的是，萨拉丁的谈判代表如今试图在协议中加入新的条款，他们要求在第一次交付中释放全部守军，并互换人质作为日后偿付剩余 10 万第纳尔的担保。当国王斩钉截铁地表示拒绝后，双方陷入了僵局。

驻扎在萨法拉姆营地中的苏丹想必认为理查为了实现最终解决将容忍延宕，尚存谈判余地。他错了。8 月 20 日下午，理查率部来到阿卡城外，在阿卡平原上十字军的旧堑壕后设置了临时营地。萨拉丁的前哨从艾亚迪亚山居高临下地目睹了这一切，对这突如其来的调动困惑不解。他们撤回了凯桑山，向苏丹发去了急报。稍后，理查摊牌了。大批阿卡的穆斯林守军（约 2700 名男子）被捆绑着带出了城市。他们被成群地驱赶到法兰克人营帐外的空地上，挤作一团，满怀恐惧和困惑。他们终将获得释放了吗？

> 然后，[法兰克人] 一齐向他们发动冲锋，只见一阵刀光剑影，冷血地杀死了他们，而目睹这一切的穆斯林前哨不禁手足无措。

进行干预为时已晚，萨拉丁的部队发起了一次反攻，但很快被击退。日暮时分，理查退回了阿卡，身后尸横遍野，血流成河。他传递给苏丹的信息十分明确。这就是狮心王的“游戏方式”。他带给圣地之战的是不屈不挠、残酷无情。

在理查的生涯中，没有什么能比这场精心策划的大屠杀更能引起争议或批评了。第二天早晨，穆斯林军队搜索了这片平原，萨拉丁的谋臣巴哈丁如此描述这一事件：

> [他们]发现了遇难者并能辨别出其中一些人的身份。敌方只放过了出身高贵以及身体强健可从事建筑劳作的人，这让他们悲痛不已。对于大屠杀的原因有多种解释。据说，这是为了替死去的人复仇，另一种说法是，英王已决定向亚实基伦开拔以攻占它，而他认为在身后留下如此多的敌人实属不智。真相唯有真主知晓。

巴哈丁记载道，狮心王“对穆斯林囚徒背信弃义”，因为当初投降的“条件是他们的生命安全在任何情况下都能得到保障”，就算萨拉丁没有支付赎金，最坏的情况也不过是沦为奴隶。苏丹对处决感到震惊和愤怒。在随后的几周中，他自然也下令当场处决任何不幸被俘的十字军战士。但是同样地，至 9 月 5 日，他已批准与英王重新建立外交联系，他身边的某些随从还与理查建立了相当亲密、近乎友好的私人关系。总的来说，他们和萨拉丁似乎将整个可怕的插曲视为一种军事上的权宜之计，目的是直截了当地传达其冷酷、直率的意图。更广泛地说，这场屠杀似乎让整个近东的伊斯兰世界不寒而栗。萨拉丁意识到，未来他的守军也许会选择临阵脱逃，以免遭遇围攻并被俘虏。然而，即便对同时代穆斯林来说，8 月 20 日的事件也没有引起他们对英王的普遍或毫不掩饰地诋毁。他依然既是“受诅咒之人”，又是成就非凡的战士和将军“理查国王”。最终，这场屠杀与其他十字军暴行（例如

1099年洗劫耶路撒冷）一道，作为罪行实际上并没有引发燎原的仇恨烈火，但为了促进吉哈德运动，可以随时唤起这一罪行。[63]

当然，理查对战俘的所作所为也影响了他在西方基督教世界的形象，在某些方面产生了更为持久和强大的影响。无论是否故意，他的行为可被视为违反了阿卡投降时的条件。如果理查被认为违背了他的诺言，他可能将因违背有关骑士精神和荣誉的流行观念而受到谴责。国王及其拥护者在提到这场处决时十分小心谨慎，从中可看出他们对遭受抨击的惧怕。

最关键的问题是正当理由。在一封1191年10月1日理查本人写给明谷修道院长的信件里，他着重强调了萨拉丁的推诿搪塞，并解释说，由于“过了时限，并且由于他并没有兑现和我们达成的协议，我们合情合理地处死了我们关押的萨拉森人（约2600人）”。某些拉丁编年史家也企图将责任归咎于苏丹——声称在理查的大屠杀之前两天，萨拉丁便开始屠戮自己的基督教战俘，并且解释道，狮心王是在举行会议获得勃艮第的于格（如今他领导着法国人）首肯后方才动手的。尽管在西方也响起了稀疏的责难声——例如，德意志编年史家安斯贝特（Ansbert）就谴责了理查的暴行——但英国国王似乎没有受到广泛的谴责。

与此同时，现代历史学家的评价则随着时间的推移而变化不定。在20世纪30年代当人们普遍认为狮心王是一位鲁莽放纵的君主时，勒内·格鲁塞（René Grousset）将屠杀描绘为野蛮的愚行，并认定理查此举是在粗暴的愤怒的驱使下做出来的。最近，约翰·吉林厄姆极具说服力的学术研究为国王恢复了不少声誉。在吉林厄姆对阿卡事件的重建中，狮心王看上去更像一个精于算计、头脑清醒的指挥官；他认识到，要花钱养活、守卫数千穆斯林俘虏，因此基于军事上的考量做出了合理决定。[64]

事实上，理查国王在1191年8月的动机与想法已不可考。的确存在关于其行动合乎逻辑的解释，但这本身并不能排除他是在愤怒和急躁的驱使下行事的可能性。

16

狮心王

英格兰国王理查一世如今可以放开手脚，领导第三次十字军走向胜利：阿卡的城墙业已重建，其穆斯林守军遭到残酷的清算；理查获得了许多十字军领导人的支持，包括他的外甥香槟伯爵亨利二世；甚至勃艮第的于格与蒙费拉的康拉德至少在名义上也认可狮心王的领导权（虽然康拉德依旧稳踞在提尔）。[65]现在，必须确定远征的下一个目标。待在阿卡将一事无成，但从陆路离开这座城市又会令十字军暴露在萨拉丁凶悍的部队面前。中世纪时期，在敌人领土上行军的部队是最为脆弱的。理查唯一的其他选择是海路，但他似乎立刻否决了完全依靠海上力量的策略。尽管目前他的舰队已很强大，但运送整支十字军依旧是个巨大的挑战；更重要的是，倘若他未能在南方占据一座合适的港口，整个进攻将彻底失败。狮心王最终采取了一种混合方案——部队将紧贴地中海海岸南下战斗行军，同时得到拉丁海军严密的支援、掩护。这排除了从内陆推进至耶路撒冷的方案，但不管怎样，通往圣城的明显路线是沿着海岸线南进至雅法随后向东进入犹太丘陵，这与约一个世纪前第一次十字军东征时所走的路线如出一辙。

然而，理查在 1191 年夏的战略意图并不明朗。发动第三次十字军东征的目的是光复耶路撒冷，但在 8 月时，还不能确定这是国王的首要目标。很有可能，他计划以雅法港为跳板直接向圣城推进。但还有一种更加迂回的方法——以沿海城市亚实基伦为目标，切断萨拉丁与埃及的联系。鉴于苏丹高度依赖埃及的财富、资源，这种策略有望削弱穆斯林的军事机器，从而打开收复耶路撒冷（或夺取尼罗河三角洲）的大门。

当然，理查的计划缺乏明确性在一定程度上是国王本人故意回避所产生的直接结果。对他而言，向萨拉丁隐藏自己的战略是完全有道理的，因为这将迫使苏丹着手分兵防御两座城市而非仅仅一座。穆斯林文献清晰地表明，这一计谋在某种程度上奏效了。至 8 月末，萨拉丁听闻了十字军将向亚实基伦进军的传言，但他知道，一旦抵达了雅法，他们就可以轻易地向内陆进攻。他的一位将军严肃地报告说，亚实基伦和耶路撒冷都需要 2 万兵力驻防，苏丹最终决定必须放弃它们中的一个。

实际上，理查自己很可能也尚未确定一个明确的目标。其大部分军队可能把目光牢牢地盯在了圣城上，但他可能试图保留一定的灵活性，希望在抵达中间目标雅法后再做定夺。这在当时看似明智之举，不过事实上，国王只不过将问题推延到了未来。

巅峰时刻

理查眼下的打算是让第三次十字军部队（总人数在 1 万至 1.5 万人之间）沿巴勒斯坦海岸南下，至少到达雅法港。但狮心王从相对安全的阿卡开拔的主要战术考量并非攻城略地，亦不是为了寻求会战。相反，“生存”才是他的指导原则——保全人力及军事资源，确保十字军的战争机器能毫发无伤地抵达雅法。这本身就是极大的挑战。理查明白，在此过程中，他的军队极其脆弱，将受到敌方渴望血债血还的战士近乎持续不断的猛烈袭扰。他也能料到，萨拉丁将寻求诱使十字军在自己挑选的战场与之会战。

考虑到这一切，乍看之下，快速行军可能是首选答案；理查的最佳机会就是尽可能快速地完成至雅法的 81 英里路程，以期避开敌人。毕竟，这段距离可能要花费 4 至 5 天，而国王的时间不多了。实际上，理查离开阿卡后决心以一种令人难以置信的有条不紊、近乎笨重的步伐前进。当时的拉丁军事理论主张，一次成功的战斗行军关键在于“控制”：部队需严格维持紧密阵形，依靠人数的力量和甲胄的保护来抵挡敌人的冲锋及箭雨。而理查将这套理论发挥到了极致。

历史学家对狮心王在这期间展示的指挥能力赞不绝口，将出阿卡后的行军描绘为“法兰克最佳军事战术的经典展示”，并夸奖十字军“令人钦佩的纪律和自控力”。在许多方面，这都是理查作为一名军事指挥官的巅峰时刻。他制定了一项战略，让陆上行军与南下的海军协同前进，这是展现他的军事天才的最伟大的时刻之一。随着拉丁人现在牢牢掌控了地中海东部，国王试图最大程度上发挥其舰队的功用。一支进行战斗行军的部队很难承受大批辎重的负担，但同样不能冒食品、武器短缺的风险。因此，当陆军随身携带 10 天的基本补给（包括“饼干、面粉、葡萄酒和肉类”）时，十字军的大部分军事物资都装载在绰号“零食”的运输船上。他们将在行军线路上的 4 个沿海指定地点——海法、德斯特罗（Destroit）、凯撒里亚和雅法——会合，而较小的轻载船只将紧紧沿着海岸与军队同行，为他们提供近乎不间断的补给。一位十字军战士写道："据说他们将兵分两路，一支在陆地上，另一支在海上，因为只要突厥人掌控着叙利亚，欲征服之就别无他法。"此外，理查紧贴海岸的南下路线还能让其军队免遭敌人的包围。只要有可能，十字军前进时，其右翼就会涉海水而行，从而免除了在这个方向遭受任何攻击的可能。通过上述措施，理查希望能将穿越敌境的负面影响降到最低。这一缜密的方案显然经过提前策划并且可能部分听取了本地骑士团骑士的意见。胜利离不开军纪的维持，在这一点上，理查的人格力量和不可动摇的勇气将是至关重要的。

尽管如此，狮心王的成就和这次行军如机械般的精准配合都不应被过分夸大。即便在十字军东征的这一阶段，理查也面临着诸多困难，而现代评论家们常常忽略这个事实。实际上，他的第一个麻烦便是大军的开拔。人们可能会以为，作为远征唯一留下的君主，理查拥有无可置疑的权威；他居然不厌其烦地给桀骜不驯的法国十字军（例如勃艮第的于格）付钱，以确保他们的忠诚。尽管如此，英王还是费了很大的劲才说服其法兰克战友离开阿卡。

问题在于，这座港口已经变成了躲避圣战恐怖的"温柔乡"。城市已"人满为患"，提供着各种非法的娱乐，简直变成了酒池肉林。一位十字军战士承认道："美酒、佳丽令人愉悦，其中有些甚至貌若天仙"，许多十字军战士只顾与之"享受他们愚蠢的快乐"。在这种情况下，为了让人们遵守命令，理查颇下了番功夫。在屠杀穆斯林俘虏的第二天，他于港口东南方的平原上设立了一个集结地点（正好位于十字军的旧堑壕外）。他最忠心耿耿的追随者唯他马首是瞻，但其他人则有些不情不愿。一位他的拥护者承认，狮心王不得不混用奉承、恳求、贿赂及强迫的手段才勉强凑齐了一支像样的军队。但即便如此，仍然有许多人滞留阿卡。事实上，在整个战斗行军的第一阶段，一直有落伍的士兵加入主力部队。至少在最初，理查对行军速度的限制（如今这颇受军事历史学家的赞誉）似乎主要是为了让这些掉队的成员能赶上来。[66]

开始行军

1191 年 8 月 22 日，主力部队开始向南开拔。为了铲除军中残留的“放荡”之风，理查命令所有妇女需留在阿卡，只有上了年纪的女性朝圣者除外——据说，她们“可为［战士们］洗衣、洗头，并像猴子一般擅长驱除跳蚤”。在最初的两天里，理查骑行在后卫部队中以维持秩序，出乎意料的是，他们仅遭受了微不足道的抵抗。萨拉丁不确定狮心王的意图，或许担心他的萨法拉姆营地受到正面攻击，眼下只派出了一支象征性的侦察部队。两天中，十字军只走了几乎不到 10 英里，他们渡过了贝吕什河，8 月 24 日整天都扎营休息，“以等待那些在阿卡难以出发的上帝子民”。[67]

第二天黎明，理查继续出发，走上前往海法的剩余路程。军队被分为 3 部分——国王亲率前锋，中间是英格兰和诺曼十字军，勃艮第的于格与法国人殿后。目前，这些部队之间的协作并不多，但至少他们都在视野里中军理查的王旗之下团结了起来。国王在中军的龙旗立于一个有轮子的木质平台上，巨大的旗杆包裹着铁皮，由一支精英卫队护送，与十字军一道缓缓南行。所有人都能看到这面旗，包括敌人（穆斯林把它比作“一座巨大的灯塔”），

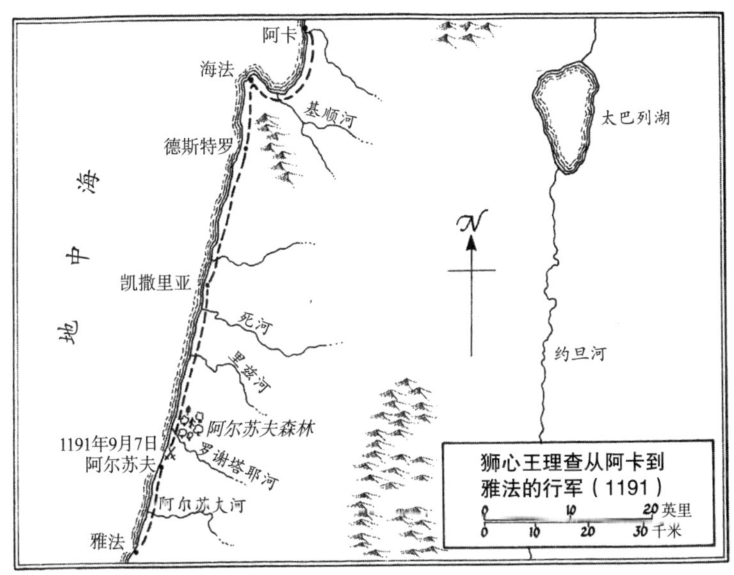

它的飘扬象征着法兰克人屹立不倒，帮助人们面对穆斯林猛攻时抑制自己的恐惧。在那个周日，法兰克人迫切需要这份决心。

为了抵达海法，理查领兵沿着阿卡以南的沙滩前行。拉丁人不知道的是，萨拉丁已于当天早晨（8 月 25 日）拔营，他将辎重部队派往安全之所，并命令其弟阿迪勒去测试战斗行军的基督徒的力量和凝聚力。一场鏖战即将到来。一天过去，一种明显不安的气氛笼罩着缓缓前进的十字军。在其左翼起伏的沙丘间，穆斯林军队出现了，他们如影随形，观察着，静候着。随后，只见尘烟滚滚，恐慌开始蔓延。混乱中，带有轻型货车和手推车的法国后卫部队放慢了速度，与友军中断了联系，就在此时，阿迪勒发动了进攻。一位十字军战士这样描述之后穆斯林的突然袭击：

萨拉森人冲了下来，他们瞄准赶车人，杀死了人和马

> 匹，抢走了大批辎重并击溃了护卫队，追击他们直至泛着泡沫的海水中。战况相当惨烈——他们砍掉了一位名叫埃夫拉尔［休伯特·沃尔特主教的部下］的士兵的手，他竟毫不在意，也不激动……而是用左手拾起剑，稳稳站住。

随着后卫部队“陷入停顿”，灾难即将来临，遭到进攻的消息传到了理查耳中。狮心王意识到，若要避免法国人陷入致命合围就必须进行直接、果断的干预，他便迅速策马回援。一位基督徒目击者描述说：“［国王］比闪电更快地杀入突厥人阵中。”他全力击退了穆斯林袭击者，恢复了后卫部队与主力的联系。随着敌人在沙丘后逐渐消失，拉丁军队虽然惊魂未定但安然无恙。十字军挺过了第一次挑战，于当晚或第二天早晨抵达了海法，8 月 26 日和 27 日均在此安营扎寨。[68]

很明显，十字军将不得不重新整编。现代学术研究突出了理查在离开阿卡后组织、维持法兰克人行军阵形方面的技巧。然而，这忽略了以下事实——很大程度上，狮心王与部下是从错误中汲取了教训。一位十字军战士写道，在 8 月 25 日的经历之后，法兰克人“竭力更加明智地行事”。理查一面继续等待队伍完全集结（因为仍有军队从阿卡抵达，现在主要是坐船而来），一面着手改组部队。他削减了携带的装备数量，尤其是行军开始时负担了过多的“食物、武器”的穷苦阶层，“他们中的一些人因此掉队并死于炎热干渴”。与此同时，更加有组织的行军秩序被建立起来了，该秩序似乎在剩余的南下旅程中一直得到了保持。

十字军继续尽可能沿着海岸线行军，与舰队保持着甚至更加密切的联系。久经沙场的精英——圣殿骑士和医院骑士——被委以看护辎重、后卫部队的重任，而国王及骑兵主力则得到了左翼密集的重装步兵的掩护。一位几天后目睹了这支军队的穆斯林目击者将它形容为一堵不可穿透的“墙”。法兰克人披挂着“精良的全身链甲”，几乎不会受到轻型投射火力的伤害，“箭矢落在他们身上没有任何效果”，他亲眼看见“有法兰克人背后中了10箭依然在若无其事地前进”。这些步兵能够用弓弩射击来威慑散兵游勇，但他们的主要注意力还是放在保持不可阻挡的行军势头上。理查意识到这种掩护功能会对精神和身体造成巨大损伤，便将步兵分为两个部分，让他们轮流值勤。被轮换的一队在受海洋保护的右翼行进，毗邻军队已减轻的辎重，得到了休息。[69]

8月28日，基督徒以上述阵形离开了海法，他们明白从这时起自己将遭到萨拉丁军队持续不断的猛烈袭扰。理查如今小心翼翼地保存着部队精力，在行军的每一阶段都会休息一至两天。穆斯林军队自然尾随其后，始终在寻觅破坏行军秩序的机会，甚至在夜间侦察拉丁人的营地。然而，尚不清楚苏丹是否准备和他们决一死战。在这一点上，历史学家们一直误判了萨拉丁的意图，认为他从一开始就在南边的阿尔苏夫附近选好了战场。而这段时期一直伴随苏丹左右的巴哈丁提供了非常详细的目击者证词，呈现了一幅截然不同的图景。萨拉丁似乎被理查的策略搞糊涂了。理查出人意料地一再休整，这让苏丹感到迷惑，误判了法兰克人的推进速度，因此让自己的部队待在野外很长时间，这导致了粮食短缺。目前而言，萨拉丁似乎处于下风，他被迫绝望地采取被动策略。苏丹的确派出了军队跟踪基督徒，但他也在焦急地寻找合适的战场，亲自考察了南下的沿海路线，甚至评估了十字军可能扎营之处的弱点。自始至终，他都在积极地试图阻止拉丁人前进。

在 8 天的时间里，十字军的前进步伐变缓，筋疲力尽。8 月 30 日，从荒废的德斯特罗防御工事出发前进到凯撒里亚，他们在炎炎烈日下开始步履蹒跚。行军队伍中的一位拉丁人描述说：

> 酷热难耐，一些人因此死去；他们被立刻埋葬了。对那些无法坚持、精疲力竭的人（其中有很多病患和体弱者），国王明智地让他们在下一段旅程中搭乘桨帆船或小舟前行。

第二天，在前往被可怕地命名为“死河”（Dead River）的一条河的途中，法兰克人在一场漫长的遭遇战里取得了大胜。敌人阵中有一位“高个”阿亚斯（Ayas the Tall，他是萨拉丁麾下最著名、最凶悍的马穆鲁克之一），使用一柄硕大的长枪，所向披靡。但有人幸运地击倒了他的战马，阿亚斯受身上重甲的拖累，被杀死了。巴哈丁承认说，“穆斯林为他感到非常悲痛”；不过，或许更重要的是，这场胜利有助于鼓舞基督徒的士气。每个夜晚，在他们安定下来抓紧时间睡几个小时前，他们还会一起做弥撒，吟诵《圣墓，救救我们》，也提振了士气。然而，他们在如此无情的压力之下还能保持镇定的关键无疑是军中的狮心王，他不屈不挠、随时准备投入战斗、巩固战线。 理查小心地监控着部下的情绪，试图确保自己不会让他们超出耐力的极限。到了 9 月初，随着食物短缺开始肆虐，龃龉出现了。步兵们成群地围在每日行军中倒下的“最肥美的死马”前抢夺马肉，令马的骑士主人感到厌恶。理查出面调解，他宣称，只要马肉供给了“受之无愧的军人”，他就将补偿主人的损失。心怀感激的法兰克人“比赛似的大嚼马肉，以饥饿而非酱汁为佐料，他们觉得这是无上美味”。[70]

当然，事必躬亲的理查是冒着极大的风险的。9 月 3 日，他们从“死河”开拔，一片荒凉狭长的海岸迫使十字军暂且转入内陆。萨拉丁选择在此刻战斗，亲自率领 3 股部队对抗庞大的十字军队伍。穆斯林反复向基督徒倾泻箭雨，随后冲击其阵线。巴哈丁目睹了不断发起的攻击：

> 我看见［萨拉丁］竟骑马在军中穿行，敌人的箭矢与他擦身而过。他只带了两名侍卫和两匹备用战马，从一支部队到另一支部队，督促他们向前，命令他们对敌人施压，并将他们带回到战斗中去。

苏丹毫发未伤，但理查则没有那么幸运。和往常一样，国王出现在战斗最激烈的地方，突然，他的身体侧面被一支十字弓箭击中。身边的战斗如火如荼，所幸他设法没有摔下马来。这一次他还算走运：其盔甲吸收了大部分冲击力，“他并没有负重伤”。但这一插曲凸显了他作为中世纪最杰出的武士国王所面临的巨大而必要的风险。倘若他那天坠马，整个十字军可能随之崩溃。然而，同样地，没有他似乎刀枪不入地亲临前线，法兰克人的抵抗可能已经被压倒了。事实上，他和萨拉丁二人在第一次交手中均幸存了下来。到了这天结束时，惊魂未定的基督教军队到达了里兹（Reeds）河。当他们在岸边扎营时，他们可能并不知道穆斯林在上游大约 1 英里处也在搭帐篷。巴哈丁语带嘲讽地说：“我们喝着高处的水，而敌人喝着低处的水。”[71]

阿尔苏夫会战

现在，理查距离雅法仅有 25 英里之遥。虽然到目前为止，行军是凶险、令人精疲力竭的，但这是巨大的成功。然而国王肯定已经料到，萨拉丁将动用他的一切资源阻止法兰克人推进，因为失去雅法对伊斯兰世界而言会是一个沉重的打击。前方的路线穿过阿尔苏夫森林通向罗谢塔耶（Rochetaille）河畔的一个宿营地，再往前，在到达小定居点阿尔苏夫之前，还有一片宽阔的沙地平原。在拉丁军队中传开了一则流言：他们即将受到某种埋伏或攻击。9 月 4 日，理查让部队在里兹河畔休息，但在当天晚上他走了一着妙棋。十字军难以预料的行军速度已经让萨拉丁感到困惑、疑虑，扼杀了他获取主动权的企图。如今狮心王打出了一张出人意料而阴险的牌，他向穆斯林前哨派出使节，要求与阿迪勒进行和谈。

在策马北返前，苏丹花了一天时间匆匆侦察了南面的森林与平原，寻找一处战场。事实上，他走得如此急促，以至于到了日暮时分，他的许多部下还“散落在树林里”。萨拉丁开始失去对部队的控制。当理查的要求于当晚传来时，他予以首肯，命令弟弟“拖延会谈”。随着时间推移，苏丹或许能够集结部队并发动一场进攻。

然而，英王又一次棋高一着。理查无意真的谈判；相反，他要求会谈是为了让萨拉丁误判自己的意图，或许也是为了收集一些关于穆斯林作战计划与军备的情报。9 月 5 日清晨，狮心王准时私下会见了阿迪勒，但他们的会谈时间短暂且缺乏诚意。国王直截了当地要求归还圣城、萨拉丁撤回穆斯林领土。不出意料，阿迪勒被激怒了，而一旦谈判破裂，理查就命令其军队进入阿尔苏夫森林。苏丹完全猝不及防，他的军队仍是一片混乱。大部分十字军战士进入森林时都心怀惴惴，“因为据说［穆斯林］将纵火焚林，［基督教］军队将被烤焦”。但幸亏其领袖的瞒天过海，他们畅通无阻、毫发无损地穿越森林，到达了罗谢塔耶河畔。9 月 6 日，理查让全军休整——在迎接阿尔苏夫及之后的考验前，他抓住了这最后一次的喘息之机。与此同时，萨拉丁与阿迪勒进行了密谈，怒气冲冲地寻求一条可能令自己避免灾难的计谋。[72]

当狮心王于 9 月 7 日星期六醒来时，他一定知道敌人将会利用眼前这片开阔平原发起另一次猛烈的进攻。或许他甚至感觉到此番交战的规模将胜过 9 月 3 日的。对十字军而言，那个周六的早晨与离开海法以来的每一天并无二致，他们依然摆出了严密的阵形。此时，这支军队共有约 1.5 万人，其中 1000 至 2000 人为骑士。一位十字军战士记载道：“杰出的英格兰国王理查对战争和军队了如指掌，以他自己的方式来安排谁应该居先，谁应该殿后。”圣殿骑士照例担任前锋，而他们的医院骑士团兄弟与强大的一队弓箭手、弩手共同殿后。普瓦图人、诺曼人和英格兰人共同组成了中军，香槟的亨利指挥左翼（朝向陆地一侧），理查与勃艮第的于格则领导机动预备队，游走全军，必要时驰援薄弱之处。一如往常，紧密齐整的阵形是至关重要的；事实上，据说法兰克人离开罗谢塔耶河岸时“井然有序，肩并着肩，［往他们中间扔］一个苹果一定会砸到人或牲畜”。

但是根据十字军战士安布鲁瓦兹的说法，那天的准备工作有些许不同。在他的记述中，国王让他的军队不仅为战斗行军做好准备，也为战斗做好准备。安布鲁瓦兹（他追随理查东征，后来撰写了一部关于这段远征的古法语史诗）将 1191 年 9 月 7 日描绘为精心挑选的作战之日，几乎是荷马史诗级别的荣耀之日。在他笔下，他的主人公狮心王故意决定要先发制人地正面挑战萨拉丁。国王带着近乎超自然的远见意识到“不经过一场会战他们就无法继续前进”，便计划在苏丹过度投入其部队时，运用基督徒最强大的武器——重骑兵冲锋。时机是至关重要的，然而，中世纪的战场通信手段相当原始，理查不得不依靠声音信号来发动进攻。安布鲁瓦兹描述说，“军中的 3 个不同地方安置了 6 个号角，当部队即将对突厥人进攻时便吹响它们”。

安布鲁瓦兹对阿尔苏夫会战的记载影响巨大：它广泛地被同时代人复述；也常常不加鉴别地被现代历史学家引用。由他描绘的那个星期六早晨巴勒斯坦海岸的史诗般的画面长期占据着支配地位：光彩夺目的十字军开始了它的征程，摩拳擦掌，准备战斗；如同一支搭在弦上轻微颤动的箭，随时准备发射。然而，其他目击者的记述对安布鲁瓦兹充满细节、扣人心弦的刻画提出了挑战。其中最重要的是理查一世国王本人写的一封信（它被历史学家们严重低估了）。这封信实际上是从前线寄给罗什福尔的加尼耶（Garnier of Rochefort，西多会明谷修道院长）的，和安布鲁瓦兹大约于 6 年后完成的诗体史著不同，它就撰写于阿尔苏夫会战后仅仅 3 周的 1191 年 10 月 1 日。它对 9 月 7 日事件的简洁描述（几乎只是顺带一提）表明，那天狮心王的主要关切是带领军队平安抵达相对安全的阿尔苏夫果园，而非寻求与萨拉丁决战。

在十字军东征的时代，会战极其罕见。其中蕴含的风险以及运气成分意味着，精明的将领除非握有绝对数量优势，否则会不惜一切代价避免公开交战。在十字军东征的这一阶段，理查的当务之急是抵达雅法，并从那里威胁亚实基伦与耶路撒冷。萨拉丁指挥着一支旗鼓相当甚至占据上风的军事力量，并能挑选自己的战场，寻求与之决战无异于拿整个圣战的命运赌博。国王可能的确让部下在阿尔苏夫做好战斗准备（他的信件中并未提及这一点），但即便如此，在准备作战和主动求战之间还是存在微妙而重大的区别的。

相反，对萨拉丁而言，一场决战是必不可少的。面对拉丁人貌似不可阻挡的推进步伐，他明白，若不采取行动，几天后他将被迫无奈地目送狮心王抵达雅法。如果紧随阿卡投降后再度传来这种噩耗，其战略及政治上的后果将是灾难性的，伊斯兰教徒对巴勒斯坦的掌控将变得极为不稳，他本人作为圣战者的声望亦将受到严重玷污。在尘土飞扬的阿尔苏夫平原，法兰克人必须停步。正如巴哈丁直截了当地所说的那样："那一天，［苏丹］心中所想的唯有与敌人进行会战。"[73]

当十字军于黎明后不久从罗谢塔耶河畔开拔时，迎接他们的是一幅可怕的景象：在平原左侧树木茂密的连绵山丘上，萨拉丁的全军已摆好了阵势。一排排军队在他们面前展开，"密集得好像厚厚的篱笆"。面对大约 3 万名穆斯林战士（其中有不少骑兵），法兰克人在数量上至少要少一半。上午 9 点左右，敌人的第一拨 2000 名散兵朝他们冲来，战斗打响了。随着上午时间的推移，萨拉丁事实上已经投入了他的全部军队，只留下了约 1000 人的精英王室卫队，准备当拉丁人阵形出现缺口时再予以定点打击。一个小时又一个小时，基督徒们顶着炎炎烈日，在持续不断的猛烈攻击下继续前进。

一位十字军战士描述了战场上压倒一切的嘈杂声响——军队杂乱的"咆哮、呐喊［和］尖叫声"与敌人号手、鼓手奏出的可怕战曲混合在一起，“让人连上帝的雷鸣声都无法听见，就是这样的喧闹”。穆斯林的主要武器是来自空中的密集射击：“隆冬里也从未下过如此密集的雨、雪或冰雹，弩箭倾泻而下，杀死了我们的战马”，一个目击者如此回忆，并说可以收集很多的箭矢，犹如在田地里收割谷物。敌军中还有十字军极少遭遇的对手：令人生畏的非洲黑人。一位拉丁目击者宣称，“他们被称作‘黑人’（此言非虚），来自蛮荒之地，面目可憎，比煤灰更加黝黑……这个民族的人身手十分迅捷灵活”。

几乎无人能够承受这天上午无休无止的攻击带来的恐惧：

> ［法兰克人］觉得他们的战线将被攻破，不指望自己能再活一个小时或逃出生天；明白这一点后，［一些］懦夫禁不住扔下弓和箭，逃向军队避难……没有人在心底里不希望自己已完成了这次朝圣。[74]

理查国王心中最重要的任务是维持军纪并让部队保持队形继续向阿尔苏夫进军。任何停顿或战线被突破都是致命的，但他的部下却难以克制发动反击的诱惑。一位信使从医院骑士团的后卫部队赶到前方，请求允许回击，但狮心王拒绝了。至少目前为止，秩序得到了维持。这是对国王的意志力和领袖气质的一种证明，面对如此巨大的压力，在如此长的一段时间里，他依然保持着权威。现在，基督徒“被包围了，就像入了狼口的一群羊，视线所及之处，除了天空，便是四面八方的邪恶敌人”。然而，他们还在继续推进。

随着圣殿骑士的前锋部队接近了阿尔苏夫的果园，医院骑士团大团长加尼耶·德·纳布卢斯（Garnier de Nablus）本人策马前来向国王第二次情愿，他哀叹着无所作为的耻辱，但理查又一次表示反对。至关重要的是，理查本人在10月1日的信件中称，行军队伍中的前锋部队已经抵达阿尔苏夫郊区并开始“建立营地”，这得到了巴哈丁的证实，他写道：“［基督徒］的步兵前锋到达了阿尔苏夫的果园。”这就使得一种看法——在整个9月7日期间理查心中暗藏韬略，他约束自己的部队是因为只有这样才能在会战中大展拳脚——被证实是不属实的。就像从阿卡出发以来的一路上一样，在阿尔苏夫，他的重中之重还是安全、生存。但随着该目标已接近实现，狮心王不得不采取行动了。[75]

回首望去，理查突然发现十字军已经开始冲锋。毫无征兆的情况下，两名靠后的骑士——医院骑士团元帅与卡鲁的鲍德温（Baldwin of Carew）——打乱了队形。在愤怒、耻辱感和杀戮欲的驱使下，“他们冲出了队伍，策马疾驰，向突厥人扑去”，口中高呼着圣乔治之名。这在军中激起了波澜，须臾之间，数千十字军战士追随他们而去。医院骑士团后卫部队加入了战斗。随后，当理查正惊恐地观望时，香槟的亨利、阿韦讷的雅克与莱斯特伯爵罗伯特也让左翼和中军发起了冲锋。

这是决定性的时刻。理查或许并不想作战，但随着召回部队已成奢望，无论如何，如今就只能看他了。应对失当将招致惨败，不过，狮心王显示了果断的一面：“他策马飞奔，快过了十字弓箭”，其剩余的部队紧紧跟随着他。不足为奇的是，安布鲁瓦兹假想的号角信号从未响起。[76]

如今出现在国王面前的是一场大屠杀。十字军的第一波冲锋导致了一阵混乱的屠戮，萨拉丁受惊的前沿部队溃不成军。伤者在叫喊着，“而那些倒在自己血泊中的人，咽下了最后一口气。许多无头尸体被敌我双方踩在脚下”。然而，当理查加入战团时，苏丹重整了部队并发起反击。国王本人对战斗的贡献已不可考。理查对自己的英勇轻描淡写，在他写给明谷修道院长的信中简明扼要地描述了这场会战：

> 我们的前锋部队正持续推进，并已经在阿尔苏夫扎营了，这时萨拉丁与他的萨拉森人对我们的后卫部队发起了猛烈的攻击，但承蒙上帝眷顾，他们被正对的4支分队击溃了。

其他同时代拉丁人（包括安布鲁瓦兹）描绘了一幅更加激动人心的表现国王英勇的景象——狮心王几乎单枪匹马地赢得了那天的胜利：

> 理查国王异常凶猛地追赶着突厥人，扑向他们，将他们驱散，他挥舞着宝剑，所向披靡……他如同用镰刀收割庄稼一般砍倒了那个糟透了的种族，以至于在半英里范围内，到处是他杀死的突厥人的尸体。[77]

理查的英武或许并未达到如此传奇的程度，但他个人的贡献可能依然是打破会战平衡的决定性因素。在中世纪，曾多次出现过身先士卒的勇士国王扭转战局并赢得胜利的事例。无论做何解释，法兰克人在阿尔苏夫击退了穆斯林的一次（甚至可能两次）反击。最终，由于大部分军队已经溃逃，萨拉丁被迫耻辱地撤退了。他与其残部被穷追不舍，遁入了周围森林之中，就这样将胜利拱手让给了基督徒。

疲惫不堪的法兰克人重新集结后蹒跚地进入了阿尔苏夫，并最终建立了一个安全的营地。大部分人已精疲力竭，然而一如既往地，这里有一批“贪图财富”的人，他们渴望能在死者、伤者身上摸到值钱的东西。夜晚降临时，他们在阵亡者中清点出 32 位埃米尔，此外还有大约 7000 名敌军，大部分死于拉丁人的第一次冲锋。与此同时，在第一轮统计中，拉丁人的伤亡人数似乎很少。

然而，那天晚上，一则令人不安的流言开始在军中传播。来自埃诺的受人尊敬的十字军骑士阿韦讷的雅克失踪了。第二天黎明，一支圣殿骑士、医院骑士组成的搜索队走遍了战场，终于，在混杂着基督徒和伊斯兰教徒的尸体中，他们发现了他残缺不全的遗体。据说，战斗最激烈之际，他的战马倒下了；被甩出马鞍的雅克像狮子一样作战，然而，当战场风向突变时，其老战友德勒伯爵罗贝尔却没有理会他的求援。雅克遭到抛弃后进行了殊死一搏，在被砍倒前杀死了 15 名敌兵。当他被发现时，身边环绕着穆斯林死尸，他的“脸沾满血污，以至于他们只有用水清洗后才认出了他”。他的遗体被带回阿尔苏夫，理查国王和吕西尼昂的居伊出席了葬礼，这是极高的礼遇。每个人都为他的死哀悼垂泪，第三次十字军失去了资格最老、最著名的战士中的一员。[78]

阿尔苏夫会战的意义

长期以来，阿尔苏夫会战被视为一场十字军取得的历史性胜利。在寻求将理查一世塑造为不朽的圣战英雄时，安布鲁瓦兹把这场交战定位为狮心王与萨拉丁之间的关键对决——理查主动求战，并取得了重大胜利。以上关于阿尔苏夫会战的说法已被广泛接受，理查在1191年9月7日的成功变成了其军事声誉的基石之一。近来的狮心王传记作者让·弗洛里（Jean Flori）断言，这场战斗展现了国王掌握的"'军事科学'上的技艺"，并补充说，"战斗是在对理查有利的情况下进行的"，因为安茹君主"已经让军队摆开了作战的阵形"。[79]

事实上，所有对中世纪战斗的重建都惊人地不准确，而且理查的意图无法得到确凿无疑的还原。不过，总的来说，有证据表明理查可能至少并不想在阿尔苏夫打一场大仗。他很可能预料到9月7日穆斯林的进攻，但似乎依旧专注于其主要目标——抵达拟定的阿尔苏夫的宿营地，随后继续向雅法进军。结果，当十字军的后卫部队打破队列发起攻击时，狮心王做了迅速、坚毅、勇敢的应对，确实避免了一场灾难，最终赢得了一场有些机缘巧合但提振士气的胜利。关键的是，他是根据情况进行指挥的，而非积极主动的。

当时，理查国王并未声称策划了这场战斗——这一想法似乎只是在第三次十字军东征之后才形成——不过，他在10月1日的信件中的确指出穆斯林在阿尔苏夫遭受了重创：

> 萨拉丁麾下的许多萨拉森显贵都阵亡了，以至于他那天在阿尔苏夫附近的损失超过了此前40年中的任何一天……［从那以后］，萨拉丁不敢与基督徒交锋。相反，他就像巢穴中的狮子躲在视线外的远处，［静候时机杀死］像绵羊一样的十字架之友。

阿拉伯史料承认阿尤布王朝在阿尔苏夫遭受了毁灭性的惨败。见证了这场会战的巴哈丁记录说，许多人“像殉道者一样牺牲了”，他承认，尽管阿迪勒和阿夫达尔的作战可圈可点，但后者还是“因那天感到颤抖”。然而事实上，穆斯林兵力的损失并不是决定性的——萨拉丁在战场上失利，但圣战仍将继续。数日内，萨拉丁向他的“偏远地区的领土”写信，要求增援。就像在阿卡一样，明显的伤害是心理上的。在萨拉丁竭力恢复对军队的控制之际，他的“心”据说“充满了只有真主才知道的感觉，[而且]军队在身心两方面都受到了伤害”。苏丹这一时期的通信力求突出事件的积极一面，声称穆斯林的攻击极大地延缓了法兰克人的推进，以至于两天的路程让他们花费了17天才走完，并庆贺雅克爵士（即阿韦讷的雅克）的阵亡。即便如此，事实真相也很难被掩盖。萨拉丁再次未能阻挡第三次十字军东征的脚步。[80]

1191年9月9日，法兰克人恢复了行军，他们未遇到太多阻碍，抵达了阿尔苏夫河。第二天，理查来到了雅法的废墟外——1190年秋，萨拉丁下令拆除了这座港口城镇的城墙。拉丁军队不得不在这片四周皆是橄榄树林和果园的“荒芜之地”宿营，但十字军欣喜地发现了大量食物，包括葡萄、无花果、石榴和杏仁。不久，基督教船只开始到达，从阿卡运来了补给，一个可供防守的据点在巴勒斯坦海岸建立起来了。狮心王理查已经将第三次十字军东征带到了胜利边缘，耶路撒冷如今就在朝向内陆不过40多英里的地方了。

17

耶路撒冷

1191年夏末，从阿卡南下至雅法，英格兰国王理查一世发起了一次精心掌控、效率极高的行军，并在途中让萨拉丁遭遇一场耻辱的失利，如果不算一场惨败的话。自抵达圣地以来，狮心王令第三次十字军踔厉风发；远征不再困顿于巴勒斯坦北部，距离胜利看似仅一步之遥。取得成功依靠的是一鼓作气——唯有迅速果断的行动方能确保法兰克人维持脆弱的团结，并对踉踉跄跄的敌人持续施压。但就在需要集中精力实现一个明确的军事目标时，理查却犹豫不决了。

决定与计谋

大约在1191年9月12日，在抵达雅法后仅仅数天，令人不安的消息从南方传入了十字军营地。据说，萨拉丁已经移师亚实基伦，眼下正将这座穆斯林控制的港口夷为平地。由于上述流言激起了恐惧和猜疑，国王便派遣吕西尼昂的杰弗里（如今被任命为该地区名义上的伯爵）和深受信赖的骑士埃斯唐的威廉（William of L'Estang）前去调查。他们向南航行，很快，城市便映入了眼帘，当他们驶近时，只见满目疮痍。亚实基伦被火焰和烟雾吞没，其惊恐的居民被强制撤离，苏丹的部下涌向港口坚固的城防设施，拆毁了城墙和塔楼。

这一严峻的景象是萨拉丁新的战争铁腕政策的产物。9月10日，尚在为阿尔苏夫的耻辱失利懊恼的萨拉丁于拉姆拉召集了他的顾问以调整阿尤布王朝的战略。由于在十字军从阿卡南下时正面迎敌失败，萨拉丁决定采用一种更具防御性的手段。如果理查无法在野战中被击败，那么有必要采取激进的措施——一种阻碍法兰克人行军的“焦土政策”，其中包括摧毁重要的要塞——来阻止他前进。关键目标为亚实基伦——巴勒斯坦南部的主要港口和通向埃及的跳板。倘若法兰克人完整地夺取了这座城市，那么狮心王将会拥有一个能够威胁耶路撒冷与尼罗河区域的完美桥头堡。萨拉丁明白他缺乏两线作战的资源，为了优先保卫圣城，他下令将亚实基伦的城墙彻底摧毁。这不是一个容易的决定——据说苏丹曾说过：“真主作证，我宁可失去所有儿子也不想拆掉一块石头。”但这是必要的。时间紧迫，因为假如理查继续前进，他或许已夺取了这座港口。萨拉丁因此派遣阿迪勒监视雅法的十字军，随后自己与阿夫达尔南下监督这项可怕的工程，驱使士兵们夜以继日地飞速劳作，唯恐狮心王将会到来。[81]

当杰弗里和威廉将他们所看到的情况带回雅法，理查国王尚有行动的机会。在整个夏末，他一直故意回避确定目标，但眼下已不得不做出明确决定了。就狮心王来说，选择似乎是不言而喻的：夺取亚实基伦是十字军东征合理的下一步。作为一名将军，他认识到，到目前为止，远征的成就依靠的是海上优势。当十字军一直紧贴海岸行军时，拉丁人的地中海制海权能够提供一道补给和增援的生命线，从而避免遭到孤立和歼灭。迄今为止，基督徒的第三次十字军还没有真正地在敌人领土上战斗；一旦他们向内陆进军，真正的战斗才会打响。夺取亚实基伦并重建其城防工事，将有助于进一步削弱萨拉丁对巴勒斯坦的控制，并创立一处沿海的安全飞地，同时令理查保持最终进攻耶路撒冷或埃及的选择余地。

作为国王及指挥官，抵达雅法的理查显然希望自己的意志得到服从；他们将不作停顿，继续向南行军。然而，他出现了严重的误判。十字军东征并不仅仅由军事科学的规则或政治、外交、经济上的观念所支配。这是一种以宗教意识形态为基础的冲突模式——它依赖信仰上难以抗拒的诱惑目标（例如耶路撒冷）来团结其鱼龙混杂的军队。理查的军队来源复杂，对其中大部分人而言，从雅法南下就相当于过圣城之门而不入。

1191 年 9 月中旬，在雅法城外举行的会议上，狮心王便遇到了这一现实问题。尽管他竭尽全力想要推动对亚实基伦的进攻，许多拉丁贵族——其中包括勃艮第的于格与法国人——依然表示反对，他们主张重建雅法的城防并直接往内陆杀向耶路撒冷。最终，正如一位十字军战士所说的那样，“人们的强烈呼声占了上风”，做出了留在原地的决定。理查当时似乎对此难以苟同，但他未能通过这关键的考验。雅法的事件表明他在领导技巧上存在让人不安的缺陷。自孩提时代起，狮心王便接受了良好的战争训练；从 1189 年起，他作为国王的能力与权威得到了发展。然而，迄今为止，他尚未把握十字军运动的实质。

由于做出了在雅法休整的决定，十字军失去了动力。就在萨拉丁完成了对亚实基伦的破坏时，他们开始重建这座港口及其城防。十字军们对从阿卡出发的行军尚心有余悸，如今惬意地享受着短暂的休战。在持续不断到来的补给船中，很快就出现满载妓女的船只。一位基督徒目击者哀叹，随着她们的到来，军队再度被“罪孽与淫秽、丑行和色欲”所污染。随着时间从数日延续至数周，甚至连向圣城进军的意愿也动摇了，远征军开始分崩离析。为了更好地享乐，一些法兰克人竟乘船回到阿卡，最终理查不得不亲自北上，督促这些逃兵回归。[82]

在去耶路撒冷的路上

最终，在7周中的大部分时间里，第三次十字军在雅法及其周边地区停留。这一耽搁使萨拉丁有时间去扩大他的焦土政策，破坏从海岸至内陆的耶路撒冷之间的要塞网。理查花费了1191年10月的大部分时间重整他的部队，仅仅在当月的最后几天中，在当年的常规战争季接近尾声的时候，才开始向耶路撒冷推进。如今他面临的是此前十字军从未经历过的挑战。回到1099年，第一次十字军在通向圣城途中几乎未遇抵抗，在随后的围攻中（虽然也很艰苦），法兰克人面对的是一支相对较小的孤立的敌军。如今，在将近一个世纪后，拉丁人能够预期他们将遭受更猛烈的抵抗。

自1187年以来，萨拉丁的力量或许的确已有所削弱，但他依旧拥有强大的军事资源，可以用来在基督徒迈向圣城的每一步上加以袭扰和反制。就算十字军抵达了耶路撒冷，要征服它也面临着诸多困难。这座城市拥有充足的守军和牢固的城防，几乎固若金汤，而任何围城部队都无疑将面临战场上额外的穆斯林军队的凶猛反击。更加令人不安的依旧是补给和增援的问题：一旦第三次十字军离开海岸，它将不得不依赖与雅法之间的脆弱交通线，如果被切断，理查与部下将遭到孤立并很可能会战败。

1191 年秋，狮心王的首要目标是打造一个通往内陆的可靠的后勤补给链。通向耶路撒冷的主要道路穿过雅法以东的沿海平原，经拉姆拉至拉特伦，随后朝东北方延伸至犹太丘陵地带的拜特努巴（Beit Nuba），随后蜿蜒向东抵达圣城（但也有其他选择，例如更加靠北途经利达的路线）。在 12 世纪期间，法兰克人修建了一系列要塞以保护这条通向耶路撒冷的道路。它们中的许多由骑士团控制，但在哈丁会战后已尽数落入了伊斯兰教徒手中。

萨拉丁最近在策略上的转变导致了十字军前方的这条道路一片荒芜。每一处重要的设防据点（包括利达、拉姆拉和拉特伦）均已被拆毁。10 月 29 日，理查行军至雅法以东的平原，开始了艰苦、缓慢的重建通往内陆的一系列据点的工作，首先开工的是两座亚萨尔（Yasur）附近的堡垒。从军事上看，这场战争现在演变成了一系列的小规模战斗。萨拉丁在拉姆拉集结了部队，试图缠住法兰克人，阻碍他们全力修建据点的工作，同时避免全面交战。一旦开始向耶路撒冷推进，狮心王便频频投入到这些激烈的战斗中。在 1192 年 11 月初，一次例行的搜寻粮草行动出了差错，一队圣殿骑士遭到了袭击，且寡不敌众。听到这个消息后，国王毫不犹豫地策马驰援，绍维尼的安德鲁与莱斯特伯爵罗伯特伴随左右。狮心王抵达后发出了嗜血的“怒吼”，像“霹雳”一样杀入敌阵，很快便迫使穆斯林撤退了。

拉丁目击者们表明，一些国王的同伴实际上质疑他那天的做法是明智的。他们责备他过于草率地拿生命冒险，抗议说：“如果你有个三长两短，基督徒将被歼灭。”据说理查为此动怒：“国王脸色一变。随后他说道：‘我把［这些战士］派到这里来，如果我坐视他们在那儿阵亡，我将永远没有资格担任国王了。’”这一插曲体现出国王在战斗前线身先士卒的决心，但它也表明，到了这一阶段，他冒的风险甚至让其最亲近的支持者也感到忧虑。在这些小规模战斗中，毫无疑问是存在着真正的风险的。仅仅几周后，在利达附近的一场混战中，绍维尼的安德鲁在刺穿一名穆斯林对手时折断了手臂。[83]

与敌商谈

理查在侵入内陆的过程中的表现或许的确称得上英勇无畏，但他的军事攻势只是其使用的复合策略中的一个方面。在整个1191年的秋季和初冬，国王试图同时使用外交手段与军事威胁，他可能希望联合使用这两种“武器”令萨拉丁屈服，这样就不必对耶路撒冷发动直接攻击了。

实际上，在阿尔苏夫会战后不过数天，狮心王就重新开启了与敌人间的沟通渠道。大约在9月12日，他派遣伊莎贝拉的前夫托隆的汉弗莱前去要求恢复与阿迪勒的商谈。萨拉丁同意了，给了他的弟弟“举行会谈的许可和自行谈判的权力”。苏丹的一名心腹解释说：“［萨拉丁］认为这些会晤符合我们的利益，因为他看出他们心中对战斗已生倦意、感到失望，他们背负着沉重的债务。”很有可能，萨拉丁也在争取时间，并试图收集敌方情报。[84]

在接下来的数月中，可靠的情报被证明是一种宝贵的商品，而且似乎双方阵营中都混入了间谍。1191年9月末，一队途经犹太丘陵的东方基督徒遭到抓捕及搜身，萨拉丁惊险地避免了一次潜在的严重情报外泄。他们被发现携带着相当敏感的文件——耶

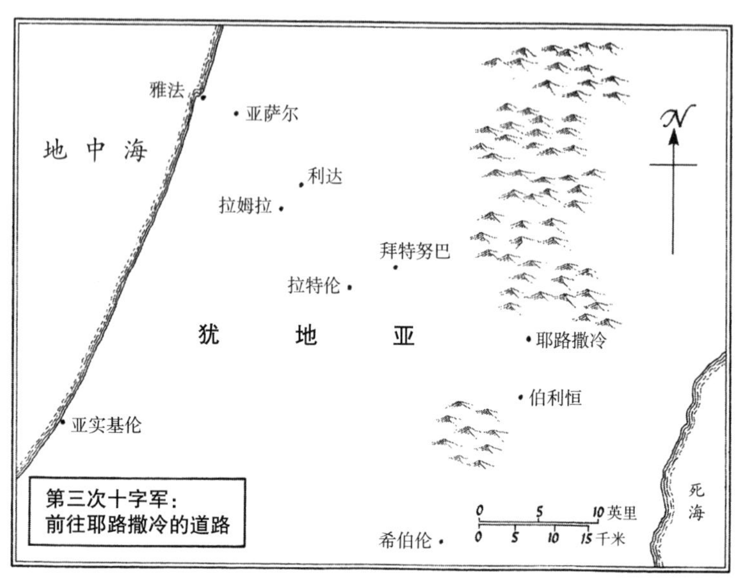

路撒冷的阿尤布王朝总督写给苏丹的信函，里面详述了圣城内令人担忧的粮食、装备、人员短缺的情况——他们打算将其呈献给国王理查。与此同时，为了稳定地获得法兰克俘虏以进行审问，萨拉丁雇用了300个声名狼藉的贝都因窃贼去执行夜间抓俘任务。然而，无论是拉丁人还是穆斯林，在关于敌人动向、意图的情报上都常常出错。例如，据说萨拉丁在1191年10月被告知腓力·奥古斯特已经去世。或许更加重要的是，在十字军东征余下的大部分时间里，狮心王一直高估了萨拉丁的军事实力。

从1191年秋至初冬，理查热切地与阿迪勒保持定期会晤，至少在开始时，这一接触没有被告知法兰克军队。有传言说蒙费拉的康拉德已经与萨拉丁开辟了自己的独立外交渠道，在某种程度上，国王一定是受了该传言的驱使而进行谈判的。和往常一样，狮心王乐意与敌人和谈并不表明他更倾向化干戈为玉帛。谈判是战争的一种“武器”：与军事上的进攻一道，它可能令问题得到解决；它肯定能带来重要情报；并且，对这个阶段的十字军东征至关重要的是，它提供了一个在伊斯兰的队伍中挑起争端的机会。

甚至在离开雅法之前，10 月 18 日至 23 日间，理查便频繁地与阿迪勒联络。起初，国王揣摩着敌人对耶路撒冷的态度。理查想要试探萨拉丁交出城市的可能性，他直截了当地说：“即使仅剩一人，它也是我们永不会放弃的信仰中心。”然而，阿迪勒转达了苏丹毫不含糊的回应，强调伊斯兰教本身对圣城的崇敬并奉劝狮心王“不要幻想我们会放弃它，因为我们甚至无法在穆斯林中提起这样的事”。

随后，理查大胆地改变了策略——这在当时令他的对手惊诧不已，直到今天还困惑着现代的历史学家们。国王已经和阿迪勒建立了友好的关系，据说在会谈时将他称作“我的兄弟和朋友”。如今他走得更远，计划在拉丁基督教世界和伊斯兰世界之间联姻。阿迪勒将迎娶理查的妹妹琼。这一结合将构成一纸和平协议——“苏丹应将他所拥有的所有沿海土地赠予阿迪勒，使他成为［巴勒斯坦］国王”，耶路撒冷将“作为［这对王室夫妇］的王国的首都”——的基础。这个新政体仍是萨拉丁帝国的一部分，但基督徒享有自由进入圣城的权利。阿迪勒与琼将领有该地区的城堡，而基督教骑士团将控制其乡村地区。在互换俘虏及归还真十字架后，协议将获得确认。狮心王以一种看似大度的夸张方式称，接受这份协议将令十字军东征立即结束，并促使他自己返回西方。

由于这一提议未见于任何现存的同时代基督教文献（仅在阿拉伯文献中提及），很难准确评定如此非同寻常的安排多大程度上得到了理查的法兰克同胞的认可。狮心王似乎对整件事严守机密，甚至在最初也瞒着妹妹，不过，这究竟是他严肃对待的计划，抑或仅仅是个诡计，已不得而知。可以确定的是，阿迪勒将它视为一项真诚的提议。从外交上看，理查的提议可谓老练精明。英王察觉到了萨拉丁与阿迪勒间潜在的紧张关系（后者既是萨拉丁可信赖的弟弟，对萨拉丁的儿子及继承人也产生了威胁），提出了一份阿迪勒无法忽视的提议，但这也可能让他看上去怀有个人野心。阿迪勒敏锐地意识到了其中暗含之意，拒绝亲自将理查的方案转达给萨拉丁，而是让巴哈丁代劳，并指示他说话时要非常谨慎。

萨拉丁居然同意了上述条件，然而他或许认定理查绝不会实现这个计划，仅仅是试图嘲讽、蒙蔽他。果然，几天之内，狮心王送来消息称，他的妹妹不会嫁给一个穆斯林，建议阿迪勒皈依基督教——谈判的大门继续敞开着。[85]

几周后，随着第三次十字军艰难地推进至犹地亚，理查再次要求谈判。1191 年 11 月 8 日，他和阿迪勒在距离穆斯林拉姆拉前线不远的一个豪华帐篷内会晤。气氛几乎是欢乐的。二人互换了“食物、奢侈品和礼物”，品尝了来自各自文化中的美味；理查要求听一些阿拉伯音乐，于是一位女乐师被带进来，用唱歌和弹奏竖琴取悦他。两人终日交谈，尽管狮心王多次要求和萨拉丁直接见面均遭拒绝，但据一位穆斯林见证者说，“二人在分开时像老友一样，关系和睦，心情愉悦”。

现在，国王与敌人的谈判第一次在十字军营地内变得尽人皆知，引来了很多非议。一位基督教目击者记录说，理查和阿迪勒“好像彼此产生了友谊”，他们互换礼品，包括 7 匹骆驼和 1 顶精美的帐篷。法兰克人似乎普遍感觉这种外交手段是不明智的。据说，狮心王被敌人慷慨、善意的外表愚弄，延缓了向耶路撒冷推进——这个错误“使他受到了很多指责和批评”——并且萨拉丁的兄弟“用精明的手段困住了这位过度轻信的国王”。理查作为浑浑噩噩的卒子遭到狡猾政客阿迪勒的操控，这种看法与穆斯林文献中对狮心王作为一名外交家的描述大相径庭。事实上，摩苏尔编年史家伊本·阿西尔公开赞扬了理查，记载道：“国王［会晤阿迪勒］是一种高明的策略。”

实际上，英王似乎是个足智多谋的谈判家。换作别人，可能会对萨拉丁持续拒绝直接对话感到一筹莫展，但理查却试图变不利为有利。11月9日，他利用几周前达成的让步，向苏丹发来了一条高妙的消息：“你已表示将这些沿海土地让与你的弟弟。我想让你担任他和我之间的仲裁人，把这些土地分给［我们］。”基督徒需要“掌控部分耶路撒冷”，不过他希望“避免［阿迪勒］受到穆斯林的责备、我受到法兰克人的责备”。理查的隐藏意图相当狡猾，他想改变谈判的整个基础，诱使萨拉丁将自己视为一个宽宏大量的仲裁者，而非主要对手。至少，苏丹的一些谋士“对这一［手法］印象深刻”。[86]

然而，在外交谋略方面，萨拉丁至少和理查旗鼓相当。整个秋天，苏丹一直与蒙费拉的康拉德保持着联系，对这一事实，他丝毫未向狮心王隐瞒——实际上，康拉德的使节偶尔甚至会“和阿迪勒一道策马观察法兰克人，就像穆斯林与他们交战时一样”，据信，这一奇景促使英王加大了他的谈判努力。为了利用理查和侯爵之间的不和，萨拉丁奋力“凸显海外的法兰克人之间的公开敌对”，他承诺说，如果康拉德进攻十字军掌控的阿卡，后者将被犒赏一个独立的公国（包括贝鲁特和西顿）。萨拉丁在谈判中游刃有余地欺骗着理查和康拉德，甚至安排其各自的使团在同一天入住营地（在不同的地方），用他的一位谋士的话说，这一切都是为了“引起他们之间的分歧”。

然而，到了11月11日，由于十字军正威胁拉姆拉，萨拉丁无法掉以轻心。他召集顾问，讨论与康拉德或理查哪一个签订停战协议相对有好处。侯爵的力量无疑正在增长——他如今拥有了许多昔日拉丁王国贵族的支持——但是，最终他被认为不如狮心王可靠。相反，这次会议支持在公平地瓜分巴勒斯坦的基础上与英王媾和，这将导致阿迪勒与琼的结合以及基督教“教士出现在耶路撒冷的教堂和圣所”。最后，可能相信自己已将萨拉丁逼入墙角，理查对这份重要提议做出了搪塞的回应。他认为，为了让这场联姻得到准许，需要教皇送上祝福，而这将耗时3个月。就在消息被送出之时，狮心王却正在让军队准备进军拉姆拉及其周边地区。[87]

向圣城进发

至1191年11月初，在亚萨尔附近地区重建要塞的工作完成了。11月15日，理查向耶路撒冷迈出了下一步，将十字军移师至利达和拉姆拉之间。萨拉丁从他面前撤退了，将两个定居点（其防御设施已被拆除）留给了法兰克人。在此后的几周里，他起初退回到拉特伦，随后约在12月12日撤退至耶路撒冷以暂避锋芒。虽然在这一时期中，穆斯林军队继续袭扰着拉丁人，但至少在某种意义上，通向圣城的大门现在已经敞开了。

然而，正当狮心王的部下匆忙地试图重建拉姆拉时，他不得不面对一个新的敌人：冬季。在开阔平原上，它的降临使天气发生了剧烈的变化。在大雨的冲击下，气温骤降，十字军在痛苦的6周中于拉姆拉储备粮食和武器，确保来自雅法的补给线的安全，然后缓慢地向拉特伦前进，接着在圣诞节后不久抵达了犹太丘陵山脚下拜特努巴附近被拆毁的小型堡垒。如今他们距离耶路撒冷仅12英里之遥。

那年12月，军中的状况令人震惊。一名目击者写道：

> 天气阴冷……雨水和冰雹击打着我们，弄塌我们的帐篷。我们在圣诞节失去了太多马匹，在这前后，还有如此多的饼干因受潮而被浪费，暴风雨中，许多咸猪肉变质了；锁子甲生锈十分严重，以至于它们很难被清理干净；衣物腐坏了，而人们遭受着营养不良的极大折磨。

然而，根据各种记载，普通士兵的士气很高。经历了漫长的几个月（有些人是几年）的战斗后，他们如今实际上已能用肉眼看见目标。“他们极度渴望亲眼看到圣城并完成自己的朝圣之旅。”一位同时代拉丁人如是说。而军中的一名十字军战士回忆道：“无人愤怒或悲伤……到处洋溢着喜悦和幸福，[每个人]都在说：‘上帝，我们承蒙你的恩典，如今走在一条正道上。’”即便身处痛苦的冬季战役中，他们似乎受到了长期投身圣战事业的鼓舞。就像1099年的十字军先辈，他们现已准备好（甚至有些不顾一切地）围攻圣城，而不管有多大的风险和困难。[88]

问题在于，国王理查是否和他们一样狂热。当新的一年（1192年）开启时，他需要做出一个关键决策。十字军花费了几乎两个月时间，仅仅向耶路撒冷推进了30英里。与海岸的交通联系仍然通畅，但几乎每天都遭到穆斯林的袭击。在上述条件下于凛冬发动围攻，将是一项艰巨的任务，也是一场巨大的赌博。然而，拉丁军队的大部分人都明显期待着发动攻击。

1月10日左右，狮心王召开会议探讨最佳行动方案。其令人震惊的结果是，第三次十字军应从拜特努巴撤退，背弃耶路撒冷。官方说法是，圣殿骑士、医院骑士以及黎凡特本地贵族说服了理查。他们认为，当萨拉丁依旧拥有一支野战军时，发动一场围攻风险很大，无论如何，即使奇迹出现，圣城被攻陷了，法兰克人也缺乏足够的兵力去守卫它。一位同时代人回忆道，“[这些]更明智的人士不认为他们应该遵从普通民众[围攻耶路撒冷]的急切愿望”，相反，他们建议远征军“应该回到亚实基伦并修建防御工事”，切断萨拉丁在巴勒斯坦和埃及之间的补给线。实际上，国王很可能挑选了那些赞同自己看法的人参加会议，并且非常清楚会议的建议将是什么样的。至少就目前而言，理查不愿将整个圣战的命运押在如此冒险的一场战役上。1月13日，他宣布了从拜特努巴撤退的命令。

这个声明惊天动地，不过在近来的研究中，理查的决定得到了积极的评价。约翰·吉林厄姆等人都为他辩护，称他是一名精明的将领，基于现实军事情况而非宗教幻想做出决定，并盛赞其小心谨慎的策略。例如，汉斯·迈尔（Hans Mayer）断定：“考虑到萨拉丁的战术，[理查的决定]是正确的。”[89]

实际上，事情的真相恐怕永远无法揭晓了。一位十字军见证者后来做出了以下结论：法兰克人错失了一个攻占耶路撒冷的绝佳机会，因为他们未能察觉到穆斯林守军的“困顿、痛苦和虚弱”。某种程度上，他说的是对的。在努力维持了一支疲惫的野战军的情况下，萨拉丁被迫于 12 月 12 日以后遣散了大部分军队，圣城被置于人手不足的危险境地。10 天后，“胖子”阿布·海贾才带领埃及援兵抵达。在整个这段时间里，一次对耶路撒冷坚决果断的攻击可能会摧毁萨拉丁的意志，瓦解他已经十分脆弱的穆斯林联盟，并让近东伊斯兰世界陷入混乱。然而，总的来说，理查拒绝如此豪赌可能并没有错。

即便如此，在十字军东征的这一阶段，狮心王依然难辞其咎。迄今为止，历史学家们忽略了其决策的一个基本特征。倘若在 1192 年 1 月，理查的谋士们（或许还包括他本人）对圣城难以征服并固守了然于胸，为何在数月之前十字军离开雅法前，这同一事实不是显而易见的呢？国王（人们心中的军事科学大师）本应该在 1191 年 10 月便意识到耶路撒冷是个几乎不可能实现的军事目标，并且不可能长期坚守。伊本·阿西尔在 13 世纪初写作时，试图还原狮心王在拜特努巴时的想法。他描写了一个场景：理查要求观摩圣城地图；一旦了解了它的地形，据说国王便得出结论，当萨拉丁仍指挥着一支野战军时，耶路撒冷是不可征服的。不过，这差不多就是杜撰。以理查的个性和经验，在从雅法开拔前，他会仔细收集最全面的战略情报。

狮心王于 1191 年 10 月末启程向耶路撒冷开拔时，很可能无意真的发动一场对城市的攻击。这意味着，他的推进实际上是佯攻，是为了加强外交接触的一个筹码。在那个秋天和冬天，理查想要试探萨拉丁的决心和资源，但如果没有把握赢得胜利，又随时准备着后退。国王的所作所为依循着中世纪用兵之道的最佳策略，却不符合十字军战争的特性。

这次撤退对基督徒士气以及十字军东征的整体前景造成了灾

难性影响。即便是狮心王的坚定支持者安布鲁瓦兹也承认：

> ［当］人们意识到部队要掉头（不要叫它撤退）时，曾十分渴望前进的士兵们无比沮丧，自上帝创世以来，就没见过一支如此垂头丧气、意志消沉的部队……当初迈向［圣］墓时的喜悦被一扫而空……每个人都在诅咒自己出生的那一天。

现在，这帮深感震惊的乌合之众踉跄着撤回了拉姆拉。从那时起，沮丧和幻灭分裂了远征军。勃艮第的于格和许多法国人离开了营地。一些人回到了雅法，另一些去了阿卡（那里有充足的食物，能过上舒适的生活）。理查只得率领一支被严重削弱的部队朝着西南方的亚实基伦而去。[90]

重整旗鼓

1192 年 1 月 20 日，狮心王在狂风暴雨（这进一步打击了士气）中抵达了被毁的港口。当十字军战士们挣扎着接受他们从耶路撒冷撤退的事实时，理查尽了全力从他的战役的第一次真正的挫折中恢复过来。他让自己剩下的军队重建亚实基伦，决心通过在海岸上取得实际而明显的进展来挽回一些那年凛冬中的损失。香槟的亨利依然对他的舅舅忠心耿耿，并对该计划施以援手，然而重建一座受损如此严重的城市是一项艰巨的任务——它最终将需要 5 个月的艰辛劳动并耗费理查的大笔资金。

2 月末，巴勒斯坦北部爆发了一场危机——这彰显了法兰克人之间持久的分歧。虽然争夺圣地的战争还远未结束，但拉丁人已开始公开争夺阿卡。很可能是在蒙费拉的康拉德与勃艮第的于格的默许下，热那亚水手试图控制这座城市，全凭理查的比萨盟友奋力抵抗才阻止了这座港口与提尔联合。这在理查看来是厚颜无耻的叛变行为，他被激怒了，于是北上与康拉德谈判，二人在从阿卡至提尔的中途会晤。据说他们进行了“长时间的讨论”，但未能达成持久的协议，侯爵返回了提尔。[91]

理查军事上的好运在犹太丘陵已耗尽，如今在北部海岸，其稳健的外交天赋似乎也离他而去。理查未能威逼康拉德屈服，他立即举行了一次大会并正式剥夺了1191年夏天分配给侯爵的那份耶路撒冷王国岁入。但事实上，这不过是一种空洞的姿态。康拉德拥有两大明显优势：在提尔有一个无可动摇的权势中心、得到了海外之地剩余的法兰克贵族越来越多的支持（包括伊贝林的巴利安这样的人）。侯爵过去可能的确是个自私、狡猾的机会主义者，愿意在损害十字军利益的情况下和萨拉丁谈判，但他与耶路撒冷的伊莎贝拉的联姻令他有权声索王位。他也证明了自己是一位比吕西尼昂的居伊（其耶路撒冷王位的竞争者）更强大的领袖，而且，与理查不同，他时刻表现出要为黎凡特奉献一生。这年2月，狮心王选择对此视而不见，但最终他不得不承认这一令他感到不舒服的事实。康拉德既不能被击垮也无法被拉拢，因此，在任何近东的长期政治、军事安排中，都必须把他考虑在内。

大约在此时，理查和萨拉丁之间的谈判渠道重新开放。苏丹再度由阿迪勒代表，而托隆的汉弗莱则为狮心王代言。3月末，双方在阿卡附近会晤，在某一刻，条款——包括分治耶路撒冷——看起来实际上可能达成一致。然而，4月初，理查中断了对话，乘船南下，在亚实基伦度过复活节。政策突变的原因并不清楚，但有可能是因为国王听闻了以下传言：萨拉丁疲惫不堪的军队出现了哗变的迹象，苏丹还面临着美索不达米亚的穆斯林叛乱。理查抓住了上述可能的弱点，似乎说服自己确信，现在除了最有利的条件，他无须同意任何其他事情了。一旦回到亚实基伦，他便开始准备发起新一轮的攻势。

危机与变化

1192 年 4 月 15 日，赫里福德（Hereford）修道长罗伯特从欧洲乘船向东抵达了亚实基伦。他带来的消息打乱了理查的全盘计划。国王的副手及代表郎香的威廉被约翰亲王逐出了英格兰，理查野心勃勃的弟弟如今正采取行动增加他在国内的权势。在圣地进行 10 个月的十字军征战之后，这充分提醒了理查注意其作为安茹王国君主的义务和职责。狮心王立刻意识到，随着一场危机在西方发酵，他不能再在黎凡特耽搁了，但是他也不愿放弃十字军东征并以失败者的身份返回故里。理查似乎断定自己还有时间再投入一个十字军战争季。然而，为了让巴勒斯坦战争迅速走向胜利，他需要团结圣地的各种不同的拉丁军队。

为了求同存异，狮心王在 4 月 16 日召集了一次十字军贵族会议。他宣布，鉴于英格兰发生的事情，他可能将很快启程回国，要求与会者解决耶路撒冷王位问题。几乎肯定是在理查的默许下，他们达成了共识，王国将交与蒙费拉的康拉德。与此同时，吕西尼昂的居伊将因为失去地位而获得慷慨的补偿——理查安排圣殿骑士团将塞浦路斯岛以 4 万金币的价格出售给居伊，此举将令吕西尼昂王朝得以在地中海东部建立强大而持久的统治。香槟的亨利受到委派，乘船北上提尔向侯爵报喜，更重要的是，说服他带领自己的部队，与勃艮第的于格以及聚集在亚实基伦的十字军合兵一处，以便发动圣战。

短短几天内，康拉德便收到了这个消息，据说他欣喜若狂。在长达数月的等待中，他始终保持着谨慎和狡黠，获得王权的梦想终于实现了。尽管之前表现得毫不妥协又举棋不定，但现在侯爵立刻开始准备出征。理查或法兰克人不知情的是，他还向萨拉丁送出了一条紧急消息，解释说拉丁人已出乎意料地达成了一致，并威胁说，除非萨拉丁“在未来几天中［与康拉德］达成和解”，否则一场全面大战将接踵而至。据一位苏丹宫廷的穆斯林目击者说，萨拉丁对此相当重视。受到美索不达米亚迫在眉睫的内部动荡威胁，“苏丹相信……最佳方案就是与侯爵媾和”。4 月 24 日，他派出一位使节前往提尔敲定条款。随后，在 1192 年 4 月末，国王理查和萨拉丁相信他们各自找到了结束圣地之战的方法：一人通过重启战端，而另一人通过和平条约。两个计划的焦点均为蒙费拉的康拉德。[92]

4 月 28 日晚，康拉德前往法国十字军战士博韦主教菲利普在提尔的住所吃晚饭。两人似乎在十字军东征期间建立了友谊，康拉德的心情十分悠闲、愉悦。侯爵此后于夜间在两名卫士陪同下骑马穿过城市，在经过了交易场所建筑后进入了一条狭窄的街道：

> ［那里］有两个男人分别坐在道路两侧。当康拉德经过时，他们起身见他。其中一人向他展示一封信件，侯爵便伸手接信。男子掏出一把匕首刺进了他的身体。旁边另一人跳

上了马背刺中了他的身侧。他倒下，死去了。

后来发现，刺杀康拉德的两名刺客是山中老人锡南派来的阿萨辛成员。其中一人立即被斩首了；另一人被生擒、审问，随后在大街上拖拽至死。然而，虽然他们与阿萨辛有关系，但其幕后元凶是谁仍不清楚。勃艮第的于格和提尔的法国人散布谣言说，是理查买凶杀人，而在伊斯兰世界的一些地方，有传言说此事与萨拉丁有关。然而，考虑到近来的事态发展，这两位统治者实际上都不会从康拉德之死中明显获益。事情的真相已无法确定——锡南甚至可能独立采取行动铲除了侯爵，因为他认为后者对黎凡特的权力平衡造成了长期的威胁。[93]

拉丁人的政治形势陷入了混乱之中。勃艮第的于格试图夺取提尔的控制权，但他似乎遭到了康拉德遗孀伊莎贝拉（耶路撒冷王国的王位继承人）的反对。由于面临又一次同室操戈的威胁，人们迅速做出了新的安排。香槟伯爵亨利被选中作为各方认可的候选人——因为作为理查国王与腓力·奥古斯特的外甥，他代表着安茹王朝与卡佩王朝的利益——在一周内他便迎娶了伊莎贝拉并被选为法兰克巴勒斯坦名义上的君主。

狮心王在多大程度上参与设计这一迅速的解决方案已不得而知。不过大体上，新秩序符合他本人以及第三次十字军东征的利益。香槟的亨利的任命最终团结了所有在巴勒斯坦的拉丁军队——从海外之地的本土法兰克人、勃艮第的于格的法国军队到理查的安茹军队。考虑到亨利和理查最近结盟的历史，这亦是两人通力合作的契机。

整个 1192 年 5 月，狮心王着手加固了他在巴勒斯坦南部的据点，占领了穆斯林控制的达鲁姆城堡，此时重建亚实基伦城防的工程已接近完工，而亨利伯爵与于格公爵在北方召集了军队。随着基督徒恢复了士气，似乎发动决定性战役的时机已到，不过，考虑到理查近来沿着海岸向埃及扩张，下一步冒险的目标还有待商榷。

然而，5 月 29 日，另一位从欧洲赶来的安茹信使携带的急件证实了理查最忧惧的事情。自从他的对手法国的腓力·奥古斯特在 1191 年仲夏离开十字军后，理查一直深深地担忧卡佩王朝可能会趁他不在国内时威胁安茹王朝领土。现在，他得知腓力国王已经和约翰亲王暗通款曲，两人正在积极密谋之中。信使警告说，除非采取行动“[制止]这种令人发指的背信弃义行为，否则英格兰很快就有被从理查国王手中夺走的危险”。据说，狮心王“在听到消息后心神不宁，后来……静静枯坐了许久，在脑海中盘算并估量着应该采取什么行动”。4 月时，他已决定留在圣地，但来自西方的这一最新的严重报告重启了这个话题。据他的拥护者安布鲁瓦兹所说，理查“忧郁、沮丧、悲伤……心乱如麻”。[94] 基督教世界伟大的勇士到了必须做出抉择的关键时刻——他将作为一名十字军战士继续战斗，还是听从安茹王国的召唤，作为一个国王返回故土？

18

解决之道

随着 1192 年夏季的临近，萨拉丁开始重新集结他的军队，为基督徒重启的攻势做好准备。在此前一年中，苏丹遭受了一系列严重的挫折。他耻辱地目睹了 1191 年 7 月 12 日阿卡的沦陷，并震惊于理查国王 8 月 20 日对该城穆斯林守军的冷血屠杀。所有阻截狮心王从雅法向南行军的努力均告失败，9 月 7 日在阿尔苏夫，萨拉丁的部队被逐出了战场。苏丹被迫重新考虑其战略，转而采取守势，他摧毁了巴勒斯坦南部的要塞，尾随十字军朝向内陆的缓慢推进，但最终还是在 12 月 12 日左右撤回至耶路撒冷城内，静候攻击的到来。

自 1187 年他在哈丁和圣城取得辉煌的胜利以来，萨拉丁一直坚定地投身吉哈德，甚至，他对此的忠诚还加深了。但即便如此，他还是逐渐失去了对法兰克人的主动权。苏丹疾病缠身，其部队身心俱疲，阿尤布帝国的各方面需求让他分身乏术——这导致他慢慢走向失败的边缘。随后，1192 年 1 月 12 日，十字军从拜特努巴后撤，这为伊斯兰教徒带来了新的希望，并让萨拉丁获得了重新集结和恢复的机会。

阿尤布王朝 1192 年初的战略

从基督徒朝向耶路撒冷的推进中躲过一劫后，萨拉丁评估了自己在 1192 年头几个月中的情势。阿尤布王国正处于令人忧虑的破败境地。在多年来忽视对国库的管理后，苏丹的财政资源已严重捉襟见肘，如果缺乏现成的资金支撑，他在雇佣人力及购买战争物资方面将举步维艰。埃及持续的繁荣提供了一条生命线，但理查对亚实基伦的重新占领给叙利亚与尼罗河流域间的交通构成了相当大的威胁。

上述经济上的困境带来了第二个忧虑：军队忠诚度与战斗力下跌。在此前 4 年几乎无休无止的征战中，萨拉丁从他的埃及、叙利亚、杰奇拉领土中征调了大量军队。他对其美索不达米亚及迪亚巴克尔盟友也索求甚多。这证明了萨拉丁作为一名领导人具有非凡魅力，证明了他在政治和宗教宣传上取得了成效，证明了他对吉哈德的虔诚呼吁甚至令其潜在对手（诸如摩苏尔的伊兹丁·赞吉、辛贾尔的伊马德丁·赞吉）也长期履行投身圣战的承诺、响应阿尤布苏丹的召唤。但这些要求不能无限期地得到满足。如果巴勒斯坦的冲突有增无减，以忠诚和共同目标团结伊斯兰世界的纽带开始解体就仅仅是个时间问题。这也是萨拉丁在 1191 年 12 月冒险遣散其部队的原因。

令苏丹惊惶的是，以上诸多问题因不忠在他自己家族内冒头而更加恶化了。回到 1191 年 3 月，萨拉丁曾允许受他信任且干练的侄子塔基丁在杰奇拉（在幼发拉底河以东）拥有一块领土，其中包括埃德萨与哈兰两座城市。同年 11 月，在拉丁人向圣城推进期间，苏丹听闻了塔基丁病逝的噩耗，为此哀恸不已。然而到了1192年初，按照萨拉丁幕僚们的说法，塔基丁已成年的儿子曼苏尔·穆罕默德显露出“叛乱的迹象”。由于担心自己可能被剥夺继承权，曼苏尔便试图哄骗他的伯祖父（即苏丹）承认自己在杰奇拉的领土的权利，或授予他叙利亚的其他土地。这种做法明显暗藏威胁——如果遭到拒绝，曼苏尔将在东北方煽动反阿尤布的叛乱。

萨拉丁对自己的家族成员如此缺乏忠诚而感到震惊，当曼苏尔试图利用阿迪勒充当调解人时，也未能改善他的心情——事实上，这样的共谋显然令苏丹“愤怒至极”。一直到1192年夏初，整件事还在牵扯他的大量精力。萨拉丁最初的回应是于4月派遣长子阿夫达尔前去征服杰奇拉，并允许他在必要时向阿勒颇的弟弟查希尔要求提供进一步的支援。然而至5月末，苏丹变得缓和了。阿迪勒似乎作为调解人施加了压力，而埃米尔阿布·海贾在为讨论此事召开的会议上也强烈主张宽大处理，他表示，同时与穆斯林同胞及“异教徒”作战是不可能的。萨拉丁将叙利亚北部的土地正式授予曼苏尔，并将哈兰和埃德萨赠予了阿迪勒。然而，这一相当突然的和解引发了他与阿夫达尔的龃龉。阿夫达尔对父亲的犹豫不决以及犒赏阿迪勒的决定感到愤怒，明显表现出不愿意返回巴勒斯坦，他起初在阿勒颇逗留，后来去了大马士革，这让萨拉丁失去了宝贵的兵力。[95]

1192年初，萨拉丁面临着财政不稳、兵力短缺以及叛乱威胁。不足为奇的是，他深化实行了他在圣战中的策略。在上个秋天，他运用了一种更具防御性的策略，避免与法兰克人决战，但与敌人仍旧保持着相对紧密的接触。从1192年春起，苏丹几乎从战场上撤回了所有士兵。除了偶尔的小规模袭扰和趁机突袭，阿尤布王朝军队在巴勒斯坦全境采取了守势，等待着击退基督徒的任何攻击。与之相关的新措施是，萨拉丁广泛开启了一项加固其主要堡垒以及耶路撒冷城垛的工程。

上述准备工作反映了政策上的一个根本变化。在1192年，萨拉丁显然已认定他无法指望对第三次十字军取得彻底胜利。这种认识促使他重启外交进程——与理查一世和蒙费拉的康拉德展开对话。这也迫使苏丹重新评估他的谈判地位。一份基于分治圣地的协议（拉丁人将保留一条狭长沿海地带作为领土）现在被认为是可以接受的。然而，迄今为止，苏丹依旧坚持两项坚定的要求：伊斯兰教徒必须继续掌控耶路撒冷；拉丁人必须放弃埃及的门户亚实基伦。

如今，萨拉丁的防御、外交的首要策略只为了一个单一的目标——挺过第三次十字军东征。他知道，成千上万来到东方进行一场收复故土之战的拉丁基督徒终有一日将返回家园。尤其是理查国王，他不能无期限地留在黎凡特。萨拉丁的目标是抵御风暴：尽可能减轻自己的损失，不惜一切代价避免决战；但是要尽快在阿尤布的战争机器崩溃前了结巴勒斯坦的战争。随后，一旦十字军从东方海岸起锚出航，苏丹就能将他的思绪转到收复失土上。

十字军第二次向耶路撒冷进军

萨拉丁已竭尽全力去准备迎接法兰克人对耶路撒冷或埃及的攻击。在1192年5月末至6月初，来自整个近东的军队开始于圣城重新集结。苏丹还派出了一些侦察部队（其中一支由阿布·海贾率领）去刺探法兰克人的动向，后者目前正驻扎在亚实基伦。

举棋不定

6 月 6 日，萨拉丁收到了一份紧急警报：大批十字军正从亚实基伦出发朝着东北方向开拔——这显然是在向耶路撒冷推进。看起来理查与拉丁人决心再度尝试围攻、夺取圣城。实际上，理查在 6 月初一直举棋不定，备受煎熬。狮心王对其贪得无厌的弟弟约翰与腓力·奥古斯特在欧洲结盟的前景感到心绪不宁，在回到西方和留在黎凡特完成十字军誓言之间犹豫不决。英王的进退两难因战略上的棘手问题而加重了。第三次十字军东征的主要目标是收复耶路撒冷，但理查依然觉得它是个不切实际的目标。在某些方面，法兰克人比 6 个月前更适合发动内陆战役。他们如今团结一致，可依靠稳定的夏季天气以及 1191 年末重建的防御工事网络。但在其他所有方面，情况没有发生改变——挑战依然难以克服，风险依旧巨大。即使奇迹出现，他们的进攻成功了，事实上耶路撒冷也不可能守得住。因此，理查更倾向于进攻埃及：这一打击将威胁阿尤布帝国的根基，并可能迫使萨拉丁同意一份由狮心王开出条件的和约。从军事角度看，理查的计划是合理的，但它在很大程度上忽视了十字军战争在宗教层面上的驱动力。如果国王要坚持实施自己的战略——赢得基督教军队的认同，说服法兰克人相信跨过尼罗河方能获取最终胜利——他就不能再像 1191 年秋冬时那么优柔寡断了。他必须要展现明确、令人信服的领导力，以坚定不移的远见和意志力进行指挥。

但相反，5 月 29 日后，理查踌躇了，陷入了对自己的选择和策略的沉思。这时，突然发生了不愉快的事。十字军内部正在形成大众舆论。在狮心王缺席的情况下，一批拉丁贵族（大概由勃艮第的于格牵头）于 5 月 31 日举行了会议，决定无论安茹君主是否参与，都要向耶路撒冷进军。这一决定的消息遭到了泄露（很可能是有意的），并立即在军中传开了，引起了战士们的“狂喜”，他们载歌载舞直到午夜之后。

甚至理查的热心拥护者安布鲁瓦兹也承认，此刻的国王目瞪口呆，他“听到消息后一点儿也不高兴，而是躺下，非常沮丧”，并补充说“他在帐篷里不停地思考［来自英格兰的消息］，并沉湎于这种思考”。随着狮心王的动摇以及日子一天天过去，一股狂热的浪潮席卷了营地，其核心是一个想法——耶路撒冷的召唤。根据安布鲁瓦兹的说法，理查在与良心斗争一番后，于6月4日经历了一次精神顿悟。结果，国王突然宣布，“他将留在［圣地］，直至复活节［1193年］，每个人都应该做好［围攻］耶路撒冷的准备”。或许狮心王确实改变了主意，但这更可能是因为，面对越来越大的公众压力，他向人们的情感屈服了。他显然似乎还怀有未公开的发动埃及战役的野心，并继续对进攻圣城的可行性表示疑虑。虽然如此，他还是同意推进至犹地亚。这一妥协意味着，至少就目前而言，理查已失去了对第三次十字军的控制权。因此，正当萨拉丁将法兰克人的动员理解为6月6日新出现的意图时，基督徒指挥层中已开始出现严重的裂痕。[96]

威胁来临

十字军一开始向耶路撒冷进军，便以惊人的速度前进。到了6月9日，法兰克人已经抵达拉特伦，第二天，他们开始向拜特努巴推进。1191年秋，基督徒抵达同样的位置花费了数月时间。现在，仅仅5天后，他们便又一次进入了圣城的攻击范围内，离它神圣的城墙只有12英里之遥。萨拉丁命令穆斯林突击队前去袭扰来自雅法的几乎连绵不绝的拉丁补给部队，然而，除了断断续续的小规模攻击，他并没有认真地尝试威胁十字军在拜特努巴的主要前进营地。相反，苏丹在攻击即将到来前开始在耶路撒冷城内部署他的部队。

在最初的一连串军事行动过后，法兰克人的攻势似乎停滞了。实际上，这一耽搁最初是因为拉丁人决定等待香槟的亨利从阿卡带来更多的援军。但随着时间的推移，在亚实基伦仍未显露的十字军内部的根深蒂固的分歧开始浮出水面，法兰克人很快便陷入了关于战略和领导权的激烈争吵。

6 月 20 日，萨拉丁的斥候报告说，大队十字军从拜特努巴开拔了。这引发了苏丹的疑虑，因为那时他正在等候来自埃及的大批补给车队。由于担心法兰克人可能会试图拦截车队并将其运载的宝贵资源据为己有，萨拉丁立刻派出部队前去警告穆斯林车队。阿尤布王朝的两支部队顺利会合，正当他们小心翼翼地向内陆城市希伯伦进发时，6 月 24 日黎明前，理查一世发动了猛烈的攻击。正如萨拉丁担心的那样，狮心王从一名间谍处获悉了车队的动向，受丰厚战利品的吸引，他立即挥师南下。安茹国王花了 3 天时间，通过当地情报网跟踪车队，并适时发动了突袭。经过一场恶战，拉丁人占了上风。大部分穆斯林卫队逃之夭夭，留下了丰厚的战利品：珍贵的货物（包括香料、金银和丝绸）、武器和盔甲、帐篷、食品（包括饼干、小麦、面粉、胡椒粉、糖和肉桂）以及“大量补品、药品”。或许更重要的是，基督徒还获得了数以千计的骆驼、马匹、骡子和驴子。

关于这场灾难的消息在耶路撒冷引发了真正的恐慌。萨拉丁不但损失了大量急需的补给（它们都滋养了敌人），他还意识到拉丁人可以利用获得的驮兽从雅法向内陆输送更多的资源。当十字军远征部队于6月29日返回拜特努巴后，苏丹开始“为抵御围攻做准备”。当时在圣城的巴哈丁记录说，其主人“开始在耶路撒冷城外水源中投毒，破坏水井和蓄水池，以至于在耶路撒冷附近已完全没有饮用水了”。他补充说，苏丹还“派人从各地召集军队”。[97]

选　择

到了1192年7月初，萨拉丁似乎已经认定法兰克人即将向耶路撒冷发起最后一段的行军。最终的决战（他曾希望避免的危机）就在他的眼前。7月2日星期四，苏丹召集了他最信赖的埃米尔们开会商讨对策。在多年的战争与征服中为萨拉丁服务的指挥官与谋士围绕在他身边，会议气氛诚挚而凝重。“胖子”阿布·海贾也出席了会议，尽管他现在已经胖到连走路都困难，需要“坐在苏丹面前的一张椅子上”。

巴哈丁也列席了，据他的记载，萨拉丁通过反复提醒其副手们的职责和义务来向他们灌输一种坚定的决心：“如今你们要明白，自己是伊斯兰的军队，是它的壁垒……除了你们，没有别的穆斯林可面对这些敌人，各地的穆斯林都仰仗你们。”作为回应，埃米尔们申明他们愿意为自己的主公、保护人萨拉丁奋战至死，据说苏丹听了“非常高兴”。

然而，就在那天晚些时候，会议结束后，萨拉丁收到了一封来自阿布·海贾的私人信件，信中警告说，表面的忠诚团结之下正酝酿着叛乱。军中许多人反对“为遭受围攻做准备”，担忧阿卡的灾难将会重演。此外，萨拉丁军队中库尔德人和突厥人间长期存在的怨恨可能演变为公开的冲突，这也是一个真正的危机。阿布·海贾的谏言是，苏丹应该在机会尚存之际率领部队主力离开圣城，只留下象征性的守军。

当晚，苏丹召见了巴哈丁，并向他透露了阿布·海贾的消息。巴哈丁回忆道："萨拉丁为耶路撒冷心急如焚，对这封信感到忧心忡忡。当晚我一直伴随他左右，整夜就在对圣战的忧虑中度过了。"随着黎明临近，萨拉丁终于心情沉重地决定离开耶路撒冷——"他本想保持原状，但随后他感觉最好放弃这一想法，因为这会给伊斯兰世界带来风险"。选择已经做出了；7 月 3 日星期五早晨，全军开始准备撤退。萨拉丁抓住机会前去拜访了哈拉姆谢里夫，并在神圣的阿克萨清真寺最后一次引领聚礼日祷告，大约 4 年前，他曾在这里监督安放努尔丁华丽的庆祝胜利的讲道坛。巴哈丁写道："我看见［苏丹］伏倒在地，口中念念有词，他的泪水落到了拜毯上。"

但当夜幕降临时，传来了令人惊讶的出人意料的消息——它推翻了萨拉丁的计划并重塑了整个圣地之战。指挥阿尤布前锋部队的叙利亚埃米尔尤迪克报告说，法兰克人显然处于混乱状态。他的消息称，那天"敌人全体上马来到战场上，随后又返回了营帐"。他补充道："我们已派出间谍去一探究竟。"第二天早晨（1192 年 7 月 4 日），距离哈丁会战整整 5 年之际，第三次十字军拔营离耶路撒冷而去，开始向拉姆拉撤退。在巨大的"喜悦和快乐"中，圣城显然已经得救了。[98]

法兰克人的失败

十字军的离去让穆斯林处于一种既欢欣又怀疑的状态。是什么导致了这突然的逆转？尤迪克的间谍对事态只能提供一个含混不清的信息，报告说理查和法国人爆发了争吵。事实上，当理查失去了他对十字军的掌控并顺从大家的要求第二次向内陆进军时，法兰克人撤退的种子便已在亚实基伦播下。一旦远征军于 6 月 10 日抵达拜特努巴，很快就显而易见的是，狮心王并不真的想围攻耶路撒冷，尽管法国人还是决心要发动一次攻击。6 月 17 日，十字军领导人开会商讨此事。甚至有两份基督徒见证者（他们均偏向理查一世）的文献坦率地承认国王强烈反对任何进一步的推进。

据说，狮心王提出了 3 个令人信服的论点来阐明为何围攻是不现实的：拉丁人源自海岸的补给线很脆弱；圣城城防十分坚固；萨拉丁能获得有关基督徒实力和动向的详细情报。国王还直截了当地指出，他绝不愿意率领十字军施行如此“鲁莽的计划”，因为这将招致“可怕的耻辱”，使他“永远受到指责、羞辱，不再受人爱戴”。这一引人注目的招认表明，理查主要关切的是他的个人声望，而非十字军的最大利益。国王显然是在亚实基伦的时候形成了这种观点，因为他现在游说大家改变战略，建议拉丁人立即发起一场埃及战役——方便的是，他已经在阿卡拥有了一支随时待命向尼罗河运送补给的舰队，他还承诺将为自己的 700 名骑士、2000 名士兵支付薪饷，并向任何其他参与者提供资金支持。如果不是因为犹疑不决，他本可在亚实基伦便推行这一方案。

然而，狮心王如今允许十字军部队再度前进至距离耶路撒冷仅有几小时路程的地方。在这里，任何提倡军事现实主义而不是虔诚奉献的企图都将困难重重。尽管如此，他依然试图强制推行其计划，设立了一个相当于被操控的“评审委员会”，不出所料，它断定“对这片土地最好的选择将是征服［埃及］”。当勃艮第的于格与法国人抵制这一声明，宣称“他们除了围攻耶路撒冷不会去其他任何地方”时，双方陷入了僵局。[99]

在让第三次十字军陷入了可怕的僵局后，狮心王的反应令人震惊地徒劳无益。一怒之下，他径直辞去了最高统帅的职务，表示他将留在远征军中但不再承担领导职能。可能这是一种边缘策略，用来打压反对的声音，但倘若如此，它并不成功。理查在这个关键时刻逃避了责任，这在许多方面只是承认了一个压倒性的事实——这位伟大的安茹国王现在既没有掌控十字军的权力，也没有远见。

6 月 20 日，有关阿尤布埃及车队的情报引发了作战行动，暂时中止了纷争，然而一旦远征部队于 6 月 29 日返回拜特努巴，一切又故态复萌。拉丁见证者描述道，由于一直未能向圣城进军，“人们悲叹、抱怨、懊恼”。至 7 月初，持续的混乱实际上让十字军动弹不得。法国人似乎做了最后的尝试，在 7 月 3 日试图发动进攻，但缺乏理查的支持，最终功亏一篑。在无路可走的情况下，基督教军队终于接受了这一不可避免的事实，开始沮丧地撤退。据安布鲁瓦兹说，当消息传遍全军，“他们无缘在 4 里格外的圣墓教堂礼拜，他们的心中充满了悲伤，返回时如此沮丧和痛苦，你从未见过这么意志消沉和失望的上帝选民”。[100]

这一反转标志着理查十字军生涯的最低谷。那年夏天，他对领导上的重大失败负有罪责。其过失不在于做出停止围攻耶路撒冷的决定——正如 1192 年 1 月，他正确地遵循了军事科学的规定，认为攻打圣城涉及的风险是不可接受的。他的过错是，当他尚在亚实基伦时他没有表明他的这种认识、忽略了获得远征的牢固掌控权并随后允许拉丁军队再度被带到距离圣城仅一天路程的地方。

1191 年末，由于理查在第一次失败的进军中处置失当，第三次十字军东征的成功前景已蒙上阴影。如今，在 1192 年 7 月，这第二次逆转对法兰克人的士气产生了灾难性的影响，并在圣地战争中对基督教世界的命运造成了致命的打击。

残 局

至 1192 年夏，萨拉丁与理查的交战陷入了停滞。苏丹挺过了十字军的第二次内陆进军并依然握有耶路撒冷，但他的穆斯林军队已精疲力竭，阿尤布帝国事实上濒临崩溃。与此同时，第三次十字军东征并没有遭受致命的失败，但其军事活力已经被优柔寡断的领导层挥霍殆尽。法兰克联盟最近曾因香槟的亨利当选为拉丁巴勒斯坦名义上的国王而备受鼓舞，如今却无可挽回地衰颓了下去，并且，拉丁联军也散开了（勃艮第的于格与法国人聚集在凯撒里亚）。由于失去了必要的人力与资源，狮心王在埃及开启新战线的计划最终被放弃。与此同时，对欧洲事件的忧虑继续严重影响着理查的想法。由于基督徒和伊斯兰教徒均无力赢得巴勒斯坦战争，真正剩下的唯一选项就是媾和了。

那年夏天，双方的大部分时间都花在了旷日持久的谈判上，因为每一方都在施展手段希望获得最有利的条款，并随时准备抓住机会攫取外交筹码。1192 年 7 月末，萨拉丁试图利用理查暂时身处阿卡的机会领军突袭雅法。苏丹在数小时内占领了这座港口，但狮心王（已经收到了攻击的警讯）乘船前来救援法兰克守军。国王涉水上岸，身先士卒发动了无畏的反攻，击退了穆斯林。理查在雅法城外建立了营地，在随后的几天中，虽然人数处于严重劣势，却依然挫败了占领其阵地的所有尝试。在一小批忠心耿耿的支持者（包括香槟的亨利、莱斯特的罗伯特、绍维尼的安德鲁、埃斯唐的威廉）的陪伴下，据说国王“挥舞着宝剑，如入无人之境，将迎面冲来的敌人砍作了两段”。无论他最近作为十字军指挥官遭受了多少挫折，狮心王依然是一位技艺精湛、威名远扬的战士。根据穆斯林的证词，8 月 4 日前后，理查甚至手提长枪独自骑马来到阿尤布王朝军队阵前挑战，纯粹就是挑衅，“但没有人出来挑战他”。不久后，尽管萨拉丁劝诫部队发动攻击，他们却越来越畏敌如虎，最终他只能恼怒地下令撤退。

实际上，苏丹的愤怒（以及他的士兵在雅法城外不寻常的拒不听命）可部分归因于理查在外交战中采用了更狡猾的策略。令萨拉丁恼火的是，他的安茹对手正不懈地试图与阿尤布王朝主要的埃米尔们建立“友谊”，并越来越成功。早在 1191 年，狮心王便有意利用苏丹与弟弟阿迪勒之间潜在的竞争和猜忌。如今，在 1192 年下半年中，随着谈判的步伐加快、频度增加，理查将这一策略发扬光大——不但与阿迪勒恢复了联系，还同其他一些来自萨拉丁核心圈子的权贵进行接触。他选中的人未必会公开对苏丹不忠，但像其他人一样，他们可能感觉到了十字军东征已接近尾声。因此，他们意识到，如果自己充当了调停者或和约中间人，在未来的协议中其地位将得到明显提升。

理查故意让许多这类接洽公开进行——似乎有意向萨拉丁表明，其埃米尔们对激烈冲突的兴趣正在减弱。8 月 1 日，在雅法城外，理查甚至于交战间隙邀请了一批阿尤布王朝高级指挥官访问他的营地。整个晚上，他与他们言笑甚欢，谈论的内容包括“严肃和轻松”两方面的话题。对理查而言不幸的是，当他于 8 月

一幅中世纪晚期的萨拉丁画像，他是阿尤布王朝的奠基者和伊斯兰世界的捍卫者。

加利利这块露出地面的山岩被称作哈丁之角，萨拉丁于1187年7月4日在此与拉丁人对峙。

19世纪法国艺术家古斯塔夫·多雷想象中穆斯林在哈丁围住他们的猎物的时刻。

阿卡城——在这幅航空照片的底部，可以看到苍蝇塔的遗迹。

英格兰国王狮心王理查（1189—1199年在位）的雕像。在第三次十字军东征中，理查对抗萨拉丁的军队，但无法重新光复耶路撒冷。

上：壮观的医院骑士团城堡——骑士堡。

右：绍内的叙利亚“十字军”城堡的防御系统得到了一条从坚硬的岩石中开凿出来的深壕沟的巩固，留下了单独一根支柱支撑一座桥。

下：沙漠中的卡拉克城堡有助于保卫耶路撒冷并控制通往外约旦的道路。

教皇英诺森三世——一位十字军事业的热忱拥护者。

左：皇帝德意志的腓特烈二世，欧洲最强大的世俗统治者，对学问和猎鹰这样的宫廷活动感兴趣。

下：第五次十字军战士攻击杜姆亚特，使用帕德伯恩的奥利弗的水上攻城塔攻陷了铁链塔。

法国国王路易九世，穿着蓝底金色百合花装饰的王室服饰，在曼苏拉之战中率领着他的部队。

训练中的马穆鲁克战士——13世纪时的伊斯兰军事精英。

开罗拜巴尔塔上的狮子形象——该形象被用来标记苏丹在整个近东的公共建筑工程。拜巴尔打败了蒙古人，并对十字军诸国展开了一系列的攻击。

13世纪法兰克巴勒斯坦的首都阿卡于1291年陷于马穆鲁克之手。凡尔赛的十字军东征房间的画作再现了争夺这座城市的这场大战。

这座萨拉丁的纪念雕像在1992年被叙利亚总统哈菲兹·阿萨德立于大马士革的城堡外。

在艾伦比将军于1917年进入耶路撒冷后，讽刺期刊《庞奇》试图唤起十字军的过往在当下的回声。

中旬患重病后，通过这种做法带来的好处在很大程度上被挥霍了。迄今为止，他一直顽固地坚持认为亚实基伦（仅仅数月前才在他的艰苦努力下得到重建）必须留在基督徒手中，并一再补充说，他有意留在黎凡特，直至1193年的复活节。然而，到了8月末，随着狮心王因发烧而虚弱不堪，这番讨价还价画上了句号。[101]

1192年9月2日星期三，经过冗长、复杂的外交磋商，一份为期3年的停战协定终于达成。萨拉丁将继续掌控耶路撒冷，但允许基督教朝圣者不受限制地造访圣墓。法兰克人将领有十字军东征期间征服的雅法至提尔间的狭长海岸地带，但亚实基伦的城防工事将再度被拆除。奇怪的是，似乎没有发生关于耶路撒冷真十字架命运的商讨——无论如何，这件受尊崇的基督教圣髑依然在阿尤布王朝手中。

即便在最后的协商中，萨拉丁与理查依然没有会面。阿迪勒为雅法的理查带来了成文的条约（由苏丹的文书伊马德丁执笔的阿拉伯文版本）。病中的国王虚弱得连文件都无法阅读，他仅仅伸出了自己的手示意同意休战。随后，香槟的亨利和伊贝林的巴利安宣誓要遵守这些条约，圣殿骑士团大团长和医院骑士团大团长也表示赞同。第二天，在拉姆拉，一个拉丁代表团（包括托隆的汉弗莱与巴利安）被引见给萨拉丁。在那里，“他们握住他高贵的手，收到了他遵守和平条约的誓言”。萨拉丁的关键家族成员——阿迪勒、阿夫达尔和查希尔——以及一些主要的埃米尔随后也纷纷宣誓。随着精心设计的仪式的结束，和平终于到来了。[102]

在随后的一个月中，通过和约而非战争，3个十字军代表团造访了耶路撒冷。其中包括前来履行朝圣诺言的绍维尼的安德鲁和索尔兹伯里主教休伯特·沃尔特。然而理查一世并没有试图来到圣城。这可能是由于他一直抱恙，或是因为他认为，在耶路撒冷依然处于穆斯林掌控下时造访圣墓是难以忍受的耻辱。1192 年 10 月 9 日，在黎凡特逗留 16 个月后，狮心王踏上了返回欧洲之旅。当他的王家舰队起锚时，据说国王向上帝祷告，希望有朝一日他将会归来。

第三次十字军东征的成果

最终，萨拉丁和狮心王理查均无法声称自己在圣地之战中获胜。安茹国王未能收复耶路撒冷或夺回真十字架。但经过他及其他十字军战士的努力，拉丁基督徒在巴勒斯坦保住了一处据点，法兰克人对塞浦路斯的征服也为海外之地的生存额外点亮了一座希望的灯塔。

在 1187 年带领伊斯兰教徒获胜后，萨拉丁在第三次十字军东征期间——在阿卡、阿尔苏夫和雅法——遭遇了一系列屈辱的挫败。尽管对吉哈德大业矢志不渝，他还是完全无力阻止法兰克人收复海岸地带。在围城和战斗期间，理查占据了上风，而在外交手腕方面，狮心王证明自己至少是与苏丹旗鼓相当的对手。然而，虽然遭受了打击，萨拉丁依旧立于不败之地。伊斯兰教徒保住了耶路撒冷；阿尤布帝国得以延续。如今，十字军东征的结束和理查国王的离去为日后的凯旋带来了希望——这是完成始于哈丁的工作的机会。

漫漫长路

一旦理查国王离开圣地的消息得到证实，萨拉丁终于觉得能够遣散其军队了。他考虑过前往麦加朝圣，但帝国的需求很快成了头等大事。在巡游其巴勒斯坦领土后，萨拉丁返回叙利亚，在大马士革度过了多雨的冬季。在送别查希尔时，据说他告诫儿子不要太热衷暴力，并警告说，“鲜血从不合眼”。

到了1193年初，萨拉丁的健康每况愈下，他开始显露出令人担忧的疲惫不堪的迹象。巴哈丁评论说：“他的身体好像非常沉重，他本人则无精打采。”2月20日，苏丹病倒了，他开始发烧、作呕。在接下来的几天里，他的病情恶化了。每天早上和晚间，巴拉丁与法迪勒都会来到他在城堡里的居室，阿夫达尔也伴随在左右。至3月初，萨拉丁的热病加重了，汗水浸湿床垫渗到了地板上，他开始间歇性的神志不清。巴哈丁描述了1193年3月3日的情况：

> 苏丹的疾病越发严重，他更加虚弱……［一位伊玛目］被召至城堡过夜，以便倘若临终痛苦来临，他能够陪伴苏丹，［能够］指导其告解并令其铭记真主。当这些完成后，我们离开了城堡，每个人都希望用自己的生命赎回苏丹的生命。

就在黎明之后，当伊玛目还在他身边吟诵《古兰经》时，萨拉丁去世了，时年55岁。他的遗体被安葬在大马士革倭马亚大清真寺中的陵墓内，并保存至今。[103]

在萨拉丁的早期生涯，他受个人野心的驱使，渴望从赞吉王朝攫取权力并打造一个新的、幅员辽阔的阿尤布帝国。他也乐于动用宣传机器中伤自己的敌人，无论是穆斯林或基督徒。苏丹对吉哈德的投入（这仅仅在1186年他患病后才成为其生涯的一个显著特点）一直被在圣战中领导伊斯兰教徒（而非充当一名普通将领）的决心所扭曲。

尽管如此，萨拉丁似乎的确受到真正的宗教热忱的激励，并诚挚地相信耶路撒冷的神圣。近来有人提出，1187年后，一旦收复圣城的目标业已实现，“萨拉丁在感情上对吉哈德的投入便减退了”。实际上，恰恰相反，在第三次十字军东征期间，甚至在面对失败与挫折时，苏丹对这份事业的投入也有所加强。他激起的穆斯林的团结意识在12世纪可谓无出其右，即使不是完全的团结。毫无疑问，在十字军东征的世界里，无论敌友均承认苏丹是个杰出的领导人。甚至他过去的批评者、伟大的伊拉克历史学家、赞吉王朝的同情者伊本·阿西尔也写道：

> 萨拉丁（愿真主保佑他）慷慨大度、虚怀若谷、品德高尚、谦恭下士，常常能对属下既往不咎……简而言之，他是那个年代的人中龙凤，有许多好品质和好行为，在反抗异教徒的吉哈德中非常强大，其征服就是证据。[104]

最重要的是，评价萨拉丁的一生需要回答一个基本问题：他支持吉哈德事业并征服、保卫耶路撒冷，是为了追求个人荣誉和所得，还是为了伊斯兰世界的更广泛的利益？最终，就连苏丹本人也无法给出确定的答案。

狮心王理查后来的生涯

即便阿尤布王朝苏丹驾崩，他的对手狮心王理查依然面临一场新的争斗。他的座舰因风暴在威尼斯附近失事，勉强躲过一劫的国王由陆路继续他的旅程。他乔装打扮以期避开自己在欧洲的敌人，却仍然在维也纳被他自阿卡围攻以来的老对手——奥地利公爵利奥波德——抓获。据说，理查试图把自己伪装成一个卑微的厨师以期蒙混过关，但因忘了摘下一枚镶嵌着令人难以置信的珠宝的戒指而被发现了。

狮心王被关押在一座俯瞰多瑙河的高耸城堡中，历时超过一年，这在西方引发了政治上的公愤。直到 1194 年 2 月，经过长时间的谈判并支付巨额赎金后，他才获得释放。然而，到了 13 世纪末，一个更加浪漫的故事开始流传——国王忠实的吟游诗人布隆德尔（Blondel）执拗地横跨欧洲寻找他那所谓的“失踪”的主公，在无数城堡下驻足吟唱一首他与理查共同谱写的歌谣。身陷囹圄的国王的确创作了至少两首悲伤的哀歌（均流传至今），但布隆德尔的故事则纯属虚构，这又为狮心王的传奇增添了一丝神话色彩。

尽管理查心怀惴惴并长期不在国内，但当他返国后，发现安茹王国依然在他手中——国王忠诚的支持者们挫败了约翰的叛乱企图。然而，腓力·奥古斯特攫取了一些利益——攻占了一些诺曼底边境的城堡，理查将此后 5 年的大部分时间用于同卡佩王朝作战。由于欧洲事务缠身，他再也未能重返圣地。12 世纪末，狮心王热爱在前线作战的嗜好最终让他尝到了苦果。在围攻法国南部沙吕（Chalus）的一座小城堡时，他被一支十字弓箭射中了肩膀，身负重伤。伤口发生了坏疽，理查于 1199 年 4 月 6 日去世，时年 41 岁。其遗体被埋葬在丰特夫罗，旁边是他的父亲亨利二世，而他的心脏则被葬在鲁昂。[105]

同时代人把狮心王当作无与伦比的勇士、出类拔萃的十字军战士来缅怀：国王令强大的萨拉丁臣服。理查在很大程度上可被视为海外之地的救世主。他智勇双全，久经沙场，证明了自己与阿尤布王朝苏丹棋逢对手。但是，尽管他在圣战中取得了种种成就，安茹国王永远在竭力平衡他的多种职责和义务——在保卫其西方王国与渴望在巴勒斯坦建功立业之间左右为难。关键的是，他也无法理解十字军战争的独特本质和挑战，并因此无法引领第三次十字军东征走向胜利。

第四部

为生存而战

19

重获生机

在第三次十字军东征之后，西方世界对基督教圣战的价值与功效开始出现疑虑。1187 年的“恐怖”（法兰克人在哈丁的战败以及穆斯林夺回耶路撒冷）促使欧洲发动了史上规模最大、组织最为完善的东征。拉丁基督教世界最杰出的国王们带领数万十字军战士参战。然而，圣城和基督最宝贵的圣髑——真十字架——依然在伊斯兰教徒手中。1188 年至 1192 年间十字军耗费了大量的物质、情感、金钱，却遭到了令人震惊的失败，西方基督教世界不可避免地会反思十字军东征——窥探内心、重新考虑和重塑以上帝的名义战斗的理念与实践。

拉丁西方的变化

拉丁欧洲发生的根本变化也引发了基督教圣战的“变革”。十字军东征最初是在 11 世纪和 12 世纪初的世界中诞生和形成的。然而，到了 1200 年，西方社会的许多基本特征都在发生改变：加速的城市化改变了人口模式、促进了社会流动性与商人阶层的权能，在诸如法国等地区，君主的中央集权也得到了加强。更重要的是，欧洲的知识和精神面貌也发生了相应的变化。从一开始，十字军的热情就被这样一个事实支撑，即几乎所有拉丁人都感觉到了为他们的罪孽寻求救赎的压倒性需求。但在12世纪期间，人们对忏悔和宗教实践的态度发生了变化，关于究竟什么才是“美好的基督徒生活”的新观念开始在西方涌现。

一个逐渐发生的变化是，人们更加强调内在的精神形式，超过了虔诚的外在表现。中世纪以来第一次，一个人心中的真实想法、感觉与信仰变得与此人公开的言行同等重要，甚至更为重要。另一个同时发生且相关的发展是，个人与上帝、基督的关系变得更加直接、个人化和“内化”。上述观点可能会颠覆中世纪既有的宗教架构。倘若真正要紧的是发自内心的忏悔，一种救赎仪式（例如朝圣之旅，它是十字军东征的基石）就变得意义不大了。正如许多神学家开始提出的那样，如果上帝的恩典无所不在，那还有什么必要穿越半个世界去耶路撒冷这样的地方寻求他的宽恕？西方基督教世界要到很多年后才感受到这场意识形态革命的全部变革力量，但这种影响的初期征兆在13世纪时就已经颇为明显了。

1200年前后，拉丁基督教还面临着更为紧迫的挑战。位居首位的是异端。欧洲曾经是一个宗教正统教义、礼法的大本营，然而，过去的一百年以来，西方经历了一场流行病般的“异端”信仰、运动的大爆发。其中既有相对无害的“神棍”蛊惑人心之语，也有成熟的其他信仰之循循善诱——例如信奉二元论的卡特里派，他们相信有两位神，一位善神，一位恶神，并否认基督曾以人类肉身存在（因此也就抛弃了根本的拉丁教义：十字架刑、赎罪和复活）。除了被罗马教会判定为异端的教派，还有一些游走在灰色边缘，却又试图获得教皇的认可。其中包括托钵修会（Mendicant Friars）——方济各会与多明我会。他们主张安贫乐道，致力于以新的热忱明晰地传播上帝的话语。很快，教会便试图利用修道士们在演说上的活力，尤其是用来促进十字军布道。但托钵修会传道的热情也有能力对圣战的目标产生影响，为司空见惯的杀伐带来了一股皈依之风。[1]

13世纪的世界将是一个有着新想法、新挑战的世界，十字军东征或许将不得不被赋予新的角色、采取新的形式。关键问题是——同时代人很快就会意识到——这一切对圣地的战争意味着什么。

教皇英诺森三世

与上述问题角力的人是教皇英诺森三世（Innocent Ⅲ）——他或许是整个中世纪历史中最强大、最有影响力的罗马教皇，无疑是中世纪中期十字军运动最积极、最热情的教皇赞助人。1198年1月8日，英诺森被选举为教皇，他立刻给这一职位注入了新的活力。此前17年中，有不少于5位年迈的教皇在当选后不久便相继去世。相反，英诺森年仅37岁，年富力强，胸怀大志。就背景而言，他完全适合这一新角色。他出生于罗马贵族家庭，在意大利中部的政界、宗教界拥有极佳人脉。他还在欧洲最好的学术中心接受教育，分别于博洛尼亚和巴黎学习教会法及神学。

此外，英诺森掌权的时机相当有利。自从格里高利七世教皇时代以及11世纪的改革运动以来，教皇的权威便遭到德意志霍亨斯陶芬帝国的无情打压。1194年，亨利六世皇帝（腓特烈·巴巴罗萨的儿子和继承人）通过联姻又成了西西里国王，因此从南北两方包围了教皇国，令罗马的处境雪上加霜。然而，1197年9月，亨利六世出人意料地因疟疾去世，只留下了一个3岁的儿子腓特烈作为继承人。霍亨斯陶芬世界突然陷入举步维艰的境地，并且将持续数十年之久。这给了英诺森三世领导下的教廷一个绝佳的机会，得以在欧洲舞台上相对不受阻碍地活动。[2]

英诺森对教皇权威的憧憬

英诺森教皇对赋予教皇职位的基本权力（在他看来，这是神授的权威）十分自信。英诺森将自己视为基督在人世的“代表”（vicar）。早先的罗马教皇可能也梦想过获得对整个拉丁教会实质性（而非仅仅理论上）的统治权，而英诺森的抱负远不止教会或精神领域。实际上，在他看来，教皇应该是整个西方基督教世界（甚至可能是全世界基督徒）的主宰，是权力胜过世俗统治者的上帝意志之仲裁者，能够册封（以及废黜）国王和皇帝。

英诺森还非常清楚他希望使用这一绝对权力实现什么——收复耶路撒冷。他似乎对圣城有一种真诚而真实的依恋；他投入了任期中的许多时间以各种方式试图确保它的光复。但与许多西方同时代人一样，新教皇对第三次十字军东征取得的有限成就感到沮丧。在他看来，远征未能夺回耶路撒冷基于两个重要原因，而他已有了应对之策。

上帝显然是允许法兰克人在黎凡特被打败，以此来惩治全体拉丁基督教徒的罪孽。因此，必须大力加强西方的改革、净化工作。欧洲必须要达到一个新的完美境界（必要的话可使用武力）：在罗马的正当权威下达到精神上和政治上的统一，并净化异端可怕的腐化污染。必须引导信徒回归有德的生活中去，尽可能提供机会让他们弥补自己的过失，以便他们能找到救赎之路。通过这些方法，拉丁世界能够获得净化以便让上帝引领基督徒在圣地之战中走向胜利。

英诺森教皇还相信，十字军东征的做法本身急需修正，他似乎断定有效的方法将导致精神上的复兴。因此，他开始着手改善圣战的管理和运作，以便让参与者能够心怀更纯粹的动机。回顾过去的一个世纪，教皇察觉到3个基本问题：太多不合适的人（尤其是非战斗人员）领取了十字；远征缺乏资金；指挥混乱无效。不足为奇的是，英诺森确信自己知道应如何解决上述困难——拉丁教会将出面重申其指导十字军运动的“权利”，获取招募、筹备资金及领导指挥的控制权。在教皇看来，整个方案的迷人之处在于，在“完美的”圣战中战斗的十字军战士不仅有更好的机会将伊斯兰教徒逐出耶路撒冷，而且，参与其中的这些拉丁人在赎罪的远征里将同时洗清罪孽，由此将有助于令全体西方基督教徒重返正道。

考虑到这一切，英诺森试图在自己成为教皇后便发起一场新的十字军东征，1198 年 8 月 15 日，他发布了征兵的号令。他具体参与这项光荣的事业——布道、组织和发起将由他直接控制——认为如此有序、神圣的远征不会得不到上帝的眷顾。

召唤十字军东征

在他就任后的最初几年中，英诺森三世着手让十字军运动的中心回到罗马，希望能将圣战制度化，使之变成教廷掌控下的一项事业。在 1198—1199 年，他推行了一系列革新，这形成了他任职期间的十字军政策的基础。在英诺森的领导下，十字军战士精神上的犒赏（或称之为“免罪”）有所变革和加强。领取十字之人获得了“完全赦免其罪孽”的坚定承诺，并且得到保证，其服役将免除他们在尘世或来生的任何惩罚。不过，十字军战士们被要求“在口头和内心对其罪过进行忏悔”——也就是由外及内的自责。英诺森的特赦还刻意地让圣战的净化力量与人们的外在工作拉开了距离：不再认为战役本身的痛苦和艰辛能够拯救灵魂；相反，通过特赦获得的精神上的益处被视为一份鼓励善行的礼物，由上帝仁慈地授予。这是一个微妙的变化，但足以解决一些十字军东征引发的神学难题（例如上帝与凡人间的关系）。这种免罪的形式成了拉丁教会中既定的“黄金标准”，自中世纪以来实际上从未改变。

英诺森还试图打造一个由教会负担十字军东征经费的财政系统。这包括一项涉及每年教会各方面收入的四十分之一的赋税，以及针对教皇岁入的什一税。新教皇在整个欧洲的教堂内设立了捐款箱，教区俗人可通过它对战争提供捐助支持。至关重要的是，教皇提出这些捐款本身将给捐助者带来与真正的十字军战士相仿的赎罪效果。假以时日，这一观念将改变十字军东征的观念，并对罗马教会的整个历史产生深远影响。

英诺森公开承认，由于他在罗马事务缠身，无法亲自领导十字军东征，但在 1198 年和 1199 年，他委任了一批教皇特使代表他的利益和监督圣战。他在允许何人宣传十字军运动上也严加限制，招募了著名的法国布道家讷伊的富尔克（Fulk of Neuilly）去鼓动征兵。与此同时，教皇试图为将来的十字军施加一个严格的最低服役期限，宣称只有在替十字架作战一段时间后方能获得救赎（最初为两年，但后来放宽至一年）。

这一切看起来相当有效。然而，尽管英诺森对自己的憧憬十分自信，以上各种努力却应者寥寥：期待中的大批狂热武士并未从军（虽然有许多穷人领取了十字）；遍布西方的捐款箱也并未被填满。英诺森的第一份十字军通谕号召远征从 1199 年 3 月开启，日期很快来临，却并无任何行动的迹象，最终，他在 1199 年 12 月发出了第二份号召。到了那时，他已经对未来的第四次十字军东征失去了控制权。

实际上，英诺森的十字军东征观念存在根本性的缺陷。它过于不容置喙，也就没有为教会和世俗领导人之间的互相合作留下余地。教皇臆想着自己将轻易地令拉丁基督教世界的国王和领主们屈从于他的意志，将他们仅仅当作实现上帝意志的工具。但事实证明这完全是不现实的。自第一次十字军东征以来，欧洲的世俗贵族们就对十字军运动起到了至关重要的作用。依靠他们的热忱，通过其血缘及封建关系网，招募工作方呈燎原之势，而他们的军事领导能力能够被用于指导圣战。英诺森无疑希望能将骑士、领主，甚至国王纳入十字军中，但仅仅是作为恭顺的卒子，而非平等的盟友。

历史学家曾经认为，英诺森故意限制了王室参与十字军运动的程度，但这并不完全正确。至少在起初，他试图在安茹英格兰和卡佩法国之间斡旋，并试着说服理查一世领取十字。然而，当 1199 年狮心王去世后，上述将拉丁君主引入“教皇十字军”的模糊计划不知何故便烟消云散了。理查驾崩后，他的弟弟约翰忙于确保掌控英格兰及安茹王国的斗争，无暇顾及十字军运动。法王腓力二世·奥古斯特同样表态说，在安茹王朝继承问题解决前，他不会离开欧洲。德意志正在进行的权力斗争也排除了霍亨斯陶芬王朝的任何直接参与的可能。然而，甚至在上述三国君主明显不会加入之时，英诺森也没有尝试从上层贵族中咨询或招募世俗领袖。他也许相信这一阶层的人会成群结队地投身于他的事业，一心听从他的吩咐——但他错了。这一误判将给基督教世界带来悲剧性的后果。[3]

第四次十字军东征

与教皇英诺森三世的希望和预期相反，第四次十字军东征很大程度上受普通信徒塑造，听命于世俗领导人并受世俗想法的影响。1199 年 11 月末，两位重要的法国北方贵族——香槟伯爵蒂博三世（Count Thibaut Ⅲ of Champagne）以及他的表弟布卢瓦伯爵路易（Louis, count of Blois）——在埃克里（Écry，就在兰斯以北）举行的一场马上比武大会上领取了十字之后，欧洲精英武士中的远征热情和广泛参军才变得如火如荼。1200 年 2 月，佛兰德伯爵鲍德温也领取了十字。上述三人均出自拉丁顶级贵族阶层，并与英法王室有联系。由于他们各自家族都有数代人参与圣战，其“十字军血统”均十分显赫。然而，尽管他们似乎知晓讷伊的富尔克对十字军东征的布道，却没有证据显示他们与任何教皇代表有过直接接触或受其征召。当然，与大多数十字军前辈一样，他们认为自己响应了教廷发布、批准的从军号令，但他们看上去并不认为特别有必要在远征的计划、施行上同罗马通力合作。这导致了在他们的看法和英诺森三世的理想化观念之间出现了令人忧心的脱节。

转向灾难

1201年4月，一队代表蒂博、路易和鲍德温的十字军使节与意大利的海军、商业强权威尼斯达成了一份注定不幸的协议。协定要求以8.5万银马克作为酬劳，建造一支庞大舰队运输3.35万名十字军战士和4500匹马横渡地中海。这一可观的报酬促使威尼斯人暂停了其广泛的贸易，将全部精力投入到在约定时间内打造必要数量的船只的工作中去。

这个方案存在先天不足。在第三次十字军东征期间，由于英法两国部队均乘船参战，利用海运抵达圣地的想法十分盛行。问题在于，海上航行价格高昂，并且与陆地行军相比，前期需花费大笔现金。第三次十字军所用的舰队不得不以国库担保，即便如此，筹集所需经费也并非易事。第四次十字军东征缺乏王室参与或支持，不可避免地会为支付威尼斯账单而挣扎。1201年的协定还基于一个不切实际的设想，即每个领取十字的拉丁人将同意在某个特定日期从同一个港口出发，即使这种有序的启程前所未见并且十字军誓言中也不包含从威尼斯登船的承诺。倘若世俗领导人与教廷合作安排一次大规模集结，这个计划可能就会奏效——但实际上，甚至无人就与威尼斯的交易咨询英诺森的意见。教皇认识到自己正在迅速失去对远征哪怕表面上的控制，不情愿地批准了这份协议。从这时起，英诺森逐渐发现自己陷入了两难境地：既渴望通过撤回支持来迫使十字军就范，又仍然希望这场运动将找到一种方式去实现上帝的意志。

1201年5月，当年仅20岁的香槟伯爵蒂博三世患病离世后，第四次十字军东征的前景遭受了沉重打击。全部领导权转移至了意大利北方贵族蒙费拉的博尼法切（Boniface of Montferrat）（通过其兄长威廉与康拉德，他也拥有了高贵的“十字军血统”）手中，但无论如何，蒂博之死还是削弱了法国北部的招募工作。从1202年6月起，十字军开始在威尼斯集结，这很快便明显成了一个问题。到了1202年仲夏，只有约1.3万人的部队抵达。领取十字的法兰克人远少于预期，并且，在参军的人当中，许多选择从其他港口（例如马赛）登船东征。

即使聚拢每一文可用的金钱，十字军领导人还是面临巨额资金短缺。威尼斯人已履行了协议中自己的那部分——大型舰队准备就绪，但十字军尚欠3.4万马克。德高望重的威尼斯总督恩里科·丹多洛（Enrico Dandalo）的介入使远征免于立即崩溃。丹多洛已是一位干瘦、半盲的八旬老翁，却拥有与年龄不相称的精神活力，熟谙战争和政治，并一心增进威尼斯的利益。他如今提出，只要十字军首先帮助威尼斯击败其敌人，就将减免十字军的债务并让自己的军队加入黎凡特战事。第四次十字军同意了这笔交易，也因此偏离了通往圣地之路。

在几个月内，远征军就洗劫了威尼斯的政治、经济对手，达尔马提亚海岸的基督教城市扎拉（Zara）。英诺森在得知这忤逆之举后感到沮丧，并对整支十字军施以绝罚。起初，这一责罚（教皇可施加的最高精神制裁）似乎阻止了战役的进程。然而，英诺森颇不明智地接受了法国十字军的悔改承诺，稍后撤回了对他们的处罚（威尼斯人由于毫无悔改之意，依旧受到绝罚）。这时，十字军内部出现了异议，有人开始质疑远征的方向，一些法兰克人甚至自行其是地离开前往圣地去了。不过，大多数人继续遵从着蒙费拉的博尼法切、丹多洛总督等人的建议和指挥。

当从征服扎拉获得的战利品被证明并不足够时，十字军将目标转向了君士坦丁堡与拜占庭帝国。这一非同寻常的决定的“正当理由”是十字军计划让拜占庭的“合法”继承人阿莱克修斯·安格洛斯王子（被废黜的依沙克二世·安格洛斯皇帝之子）复位，后者将向威尼斯人支付十字军的欠款并资助向近东穆斯林的攻击。不过，这背后还有见不得人的原因。数十年来，希腊人压制了威尼斯统治地中海商业的野心。丹多洛希望至少能将一位“温顺”的皇帝扶上皇位，不过可能他心中已有了更直接的征服计划——自然，总督非常乐意把十字军引向君士坦丁堡。

一旦至此，远征军便迅速忘记了其光复耶路撒冷的“神圣”目标。1203 年 7 月，在短暂的进攻之后，以少量希腊人的鲜血为代价，现有帝国政权被颠覆，阿莱克修斯被宣布为皇帝。但当他无力兑现在资金上给予拉丁人的慷慨承诺时，双方关系恶化了。1204 年 1 月，阿莱克修斯权力不稳，被一位敌对的杜卡斯家族成员（绰号“莫尔策弗鲁斯”[Murtzurphlus]，意为“浓眉”）推翻，然后被勒死。尽管最近十字军与已故皇帝的关系有所疏远，但他们仍将其被废黜视为一场政变，并将莫尔策弗鲁斯视为必须被推翻的暴虐的篡位者。以此为口实，拉丁人准备对伟大的拜占庭首都发动一场全面进攻。

1204 年 4 月 12 日，数千西方骑士攻破了城池，他们不顾自己的十字军誓言，对城内的基督教居民进行了持续 3 天的可怕的烧杀劫掠。在恐怖的洗劫中，君士坦丁堡的荣耀被粉碎，城市最珍贵的财富——其中包括荆冠和施洗者约翰头颅这样的圣髑——被扫荡一空。丹多洛总督夺取了一尊宏伟壮观的铜驷马并用船将它们运回了威尼斯，它们被镏金并竖立在圣马可大教堂入口上方，标志着威尼斯人取得的胜利。时至今日，它们依旧被存放于教堂内。

第四次十字军从未扬帆驶向巴勒斯坦。相反，他们留在了君士坦丁堡，建立了一个新的拉丁帝国，并将之称为“罗马尼亚”（Romania）。其首位君主佛兰德伯爵鲍德温依照拜占庭惯例，于1204年5月16日身披珠光宝气的皇家长袍在宏伟的圣索菲亚大教堂（希腊东正教的精神中心）涂油加冕称帝。而在博斯普鲁斯海峡对岸的小亚细亚，幸存的希腊贵族在尼西亚建立了自己的流亡帝国，等待着复仇的机会。

原因及后果

同时代人与现代评论者均怀揣着一个疑问：究竟是什么驱使第四次十字军迈向古老的拜占庭帝国首都？有一种说法认为，这一改道乃是一种日益恶化的不信任和反感的最终表现，这种不信任和厌恶在12世纪成为十字军－拜占庭关系的一个日益突出的特点。毕竟，第二次十字军东征的成员就曾考虑攻打希腊人的首都。第三次十字军则见证了对拜占庭保护国塞浦路斯的强行占领。一些人甚至暗示，远征实际上为一个复杂的反希腊阴谋的组成部分——攻占君士坦丁堡从一开始就是十字军深思熟虑的目标。这不太可能是真的，尤其是因为整个尝试明显缺乏有效的组织。

事实上，十字军于1201年和威尼斯签订的不完善的协定促成了这一切，几乎可以肯定，在一系列未经计划、务实的决定以及累积的偏差的作用下，他们抵达了君士坦丁堡城墙。其中恐怕并没有一个宏观计划，但这并不是说拉丁人最终对君士坦丁堡的血腥征服不符合威尼斯人的利益或未助长一些十字军领袖的野心。

远征也确定了英诺森三世的宏大“教皇十字军”计划的可悲

失败。事实证明，他无力从罗马发号施令。1203 年 6 月，当他最初得知十字军转移至君士坦丁堡时，教皇致信十字军领袖，明确禁止任何针对这座基督徒首都的攻击，然而这一禁令被无视了。随后，在 1204 年 11 月前的某个时间，英诺森收到了来自新任拉丁皇帝鲍德温的信件，信中宣布拜占庭首都已被攻占。鲍德温在信中显然文过饰非，将这一征服颂扬为基督教世界的伟大胜利，尽管教皇早先心怀忧虑，最初还是感到欢欣鼓舞。似乎通过上帝独一无二的意志，东西方教会如今光荣地团结在罗马的统治下，而且随着新的拉丁政体的建立，黎凡特十字军诸国或许能得到新的援助。直到十字军的暴行败露后，英诺森的喜悦才变成了厌恶，这促使他收回了最初的赞许，并将远征的结果斥为一场可耻的闹剧。[4]

控制火势

英诺森对第四次十字军的失控感到震惊，但不久后，其天生的实用主义和乐观精神促使他将自己的兴趣转移到控制圣战大权上来。在下一个 10 年中，他不断地试图驾驭十字军东征。然而，在此期间，他将教皇政策的武器转向了新的冲突战场、对付不同的敌人。在某种程度上，这是为了应对出现的威胁；于是，他发起了针对波罗的海立窝尼亚人（Livs）与西班牙穆瓦希德（Almohad）摩尔人的远征。虽然英诺森对拉丁帝国的形成情况深感疑虑，他还是认识到，如果要让它在收复圣地的更广阔斗争中扮演有意义的角色，拉丁帝国就需要得到保卫。因此，其他十字军被鼓励前去增援君士坦丁堡。教皇还得出结论，十字军东征能够在他净化西欧本身的努力中发挥重要而直接的作用。1209 年，他发动了所谓的“阿尔比十字军”（Albigensian Crusade）去镇压法国东南部的卡特里派异端，然而随后的战役受制于法国北方参与者的自私和贪婪，残酷得令人震惊，基本上无效。

1212 年，出现了一场宗教狂热的大爆发——出于至今未知的原因（但可能与阿尔比十字军的布道有关），一大群法国北部和德意志的儿童、青年自发地开始宣布他们将投身于十字军大业。在随后的“儿童十字军”中，两个男孩——来自旺多姆（Vendôme）的法国牧童克卢瓦的艾蒂安（Stephen of Cloyes）与科隆的尼古拉斯（Nicholas of Cologne）——据说拥有大批年轻的追随者，他们承诺上帝将守望他们的黎凡特之旅并随后赐予他们奇迹般的力量以打败伊斯兰教徒、收复耶路撒冷、夺回真十字架。他们声称，天真无邪的孩童能够以成人不可能的方式去实现上帝的神圣目标，因为后者受到了其罪行的玷污。关于这些“十字军战士”的命运，几乎没有可靠的资料，但对当时生活在法国、德意志和意大利的同时代人而言（包括英诺森三世），他们的起事提醒人们，十字架的呼唤依旧能够打动大众的心灵。[5]

到了 1213 年，英诺森意识到，扩大圣战的焦点实际上削弱了拉丁东方——这令西方对圣地的困境视而不见——从而引发了他对政策的重大反思。他让十字军从西班牙、巴尔干和法国南部的争斗中抽身，将十字军的全部热情重新引向收复耶路撒冷，宣布开启一场新的宏大远征：第五次十字军东征。与此同时，他再次试图维护教皇对圣战组织及运作的完全掌控。

他开始更加积极地试图规范第五次十字军东征的布道。英诺森任命了一批精选的教士去传播参军的号召，还委任了地区管理人监督征兵工作。他还鼓励制作了包含示范布道内容的布道手册，并就布道者的行为制定了具体准则。虽然十字军在传统的狂热中心法兰西仅仅吸引到了相对较少的参军者，但其他地方的反应却激动人心。在以法国神职人员维特里的雅克（James of Vitry）和德意志布道者帕德博恩的奥利弗（Oliver of Paderborn）为代表的优秀演说家的激励下（他们的讲道常常伴随着“奇迹”事件，诸如天空中出现了发光的十字架），成千上万来自匈牙利、德意志、意大利、低地国家、英格兰的技艺精湛的骑士领取了十字。

英诺森在十字军财政方面的举措产生了颇有问题的后果。到目前为止，他一贯主张只有受过训练的战士才有资格领取十字，他相信这将打造出一支紧凑、高效的十字军。1213 年，他表现出明显的转变，声称应该鼓励尽可能多的人参军，不管他们是否适合参加圣战。标准的降低可能部分是由近来的儿童十字军所致，后者清晰地展现了西方十字军狂热的广度与深度。尽管如此，英诺森的方案还有更大的变化。当他几年前发动第四次十字军东征时，教皇提出为圣战捐献资金的人将获得赎罪的犒赏。如今，他改进、扩展了这一观念。英诺森希望成千上万的人参与他的新战役，但他却宣布，任何领取十字之人如果证明自己无法亲自参战，则可轻易地通过支付一笔现金来兑现他们的十字军誓言，并且依然能获得宗教上的报偿。这一非同寻常的变革的初衷可能是好的——旨在为十字军带来财政和军事两方面的资源，并让圣战的救赎力量更能泽被众生，然而，它开创了一个极其危险的先例。精神上的奖赏可通过金钱购买的构想孕育了一套全方位的赎罪体系的发展，它可能是日后中世纪拉丁天主教最受诟病的特点，并且是引发宗教改革的一个关键因素。这些隐约可见的长期影响在

1213 年时并不明显，但即便如此，英诺森的革新还是引发了某些同时代人的激烈抨击，并且在整个 13 世纪中导致了对十字军运动的严重滥用。

尽管如此，教皇决心已定。在 1215 年的一场大型宗教会议（第四次拉特兰大公会议，由英诺森召集以讨论基督教世界的形势）上，对前往圣地的新十字军东征的召唤再度广为宣传。这一规模空前的大会确认了英诺森在位期间教皇权力的提升。由于一直痴迷于增加圣战的资金，他恢复了颇不得人心的教会税，这次的税率甚至高达二十分之一，为期 3 年，并任命了税务官以确保它的妥善征集。

1216 年 7 月 16 日，不到一年后，在第五次十字军东征启动之前，英诺森三世教皇便因发烧去世了（可能在意大利中部的佩鲁贾附近布道时淋雨染了病）。[6] 在整个教皇任期内，他拥护圣战，尽管按照他的要求开展的运动只取得了有限的成功，但英诺森支持、改革十字军运动的意愿让原本可能举步维艰的这项事业恢复了生机。在许多方面，他决定了未来一个世纪乃至更长时间中十字军运动的形态。然而，英诺森的勃勃野心远远超出了教皇权威的现实情况，他试图主张让教会直接控制十字军远征是考虑不周和不现实的。

13 世纪的海外之地

13 世纪初，在教廷试图驾驭十字军的力量的同时，近东的权力平衡经历了一系列巨变。在第三次十字军东征结束和萨拉丁死后，巴勒斯坦、叙利亚、埃及爆发了错综复杂的继承危机，削弱和分散了法兰克人和穆斯林的力量。拉丁基督徒怀揣着东山再起的希望在黎凡特挣扎求生，而他们不得不接受保卫海外之地以及同伊斯兰教徒相处的新手段。

1216 年夏，法国教士维特里的雅克在意大利中部有急事要做。他大约 50 出头，是一位博学的神职人员、热心的改革家，天生具有雄辩的口才。作为阿尔比战役和第五次十字军东征的布道者，他已经赢得了声望，他的布道可能还有助于激起所谓的儿童十字军。雅克还将编写一部很有价值的关于十字军的文集，内容涵盖从书信、历史记录到布道“范本”。但在 1216 年，他被选举为阿卡的新任主教，在他能够前往黎凡特之前，需要教皇的批准和祝圣（consecration）。雅克正期待着拜见教皇英诺森三世，然而当他于 7 月 17 日抵达佩鲁贾时，教皇已在一天前去世了。进入英诺森下葬前停灵的教堂时，雅克发现，前一天夜里，劫掠者已经剥去了伟大教皇尸体上的华贵法衣；剩下的仅仅是一具半裸的腐尸，已经在盛夏的酷热中发臭了。“尘世间的荣耀是多么短暂和虚无。”雅克在描述这番场景时评论道。

第二天，教皇洪诺留三世（Honorius Ⅲ）被选举为英诺森的继任者，雅克最终得到了他的批准。那年秋天这位主教从热那亚乘船前往东方——一段历时 5 周的危险之旅，途中他忍受了晚秋肆虐的风暴，船上乘客“因为害怕死亡而不吃也不喝”。他于 1216 年 11 月初抵达阿卡，随后的数月中，他开展了一场海外之地的布道之旅，希望在第五次十字军东征前重新唤起基督教民众的宗教热忱。他所面对的近东世界长期以来政治状况不稳定，即便新势力正在崛起，昔日的对手们依然势如水火。[7]

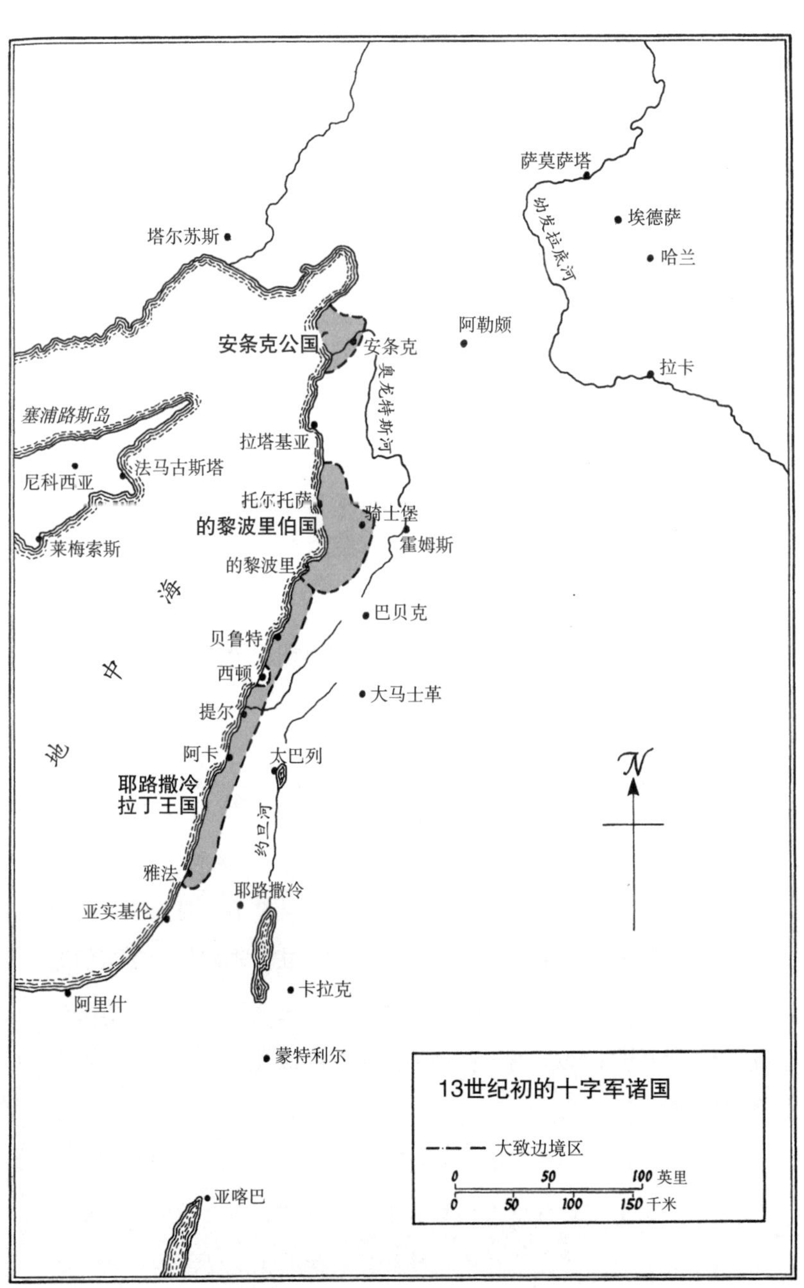
塔尔苏斯
萨莫萨塔
幼发拉底河
埃德萨
哈兰
阿勒颇
安条克公国
安条克
奥龙特斯河
拉卡
塞浦路斯岛
拉塔基亚
法马古斯塔
尼科西亚
托尔托萨
的黎波里伯国
骑士堡
霍姆斯
莱梅索斯
的黎波里
地中海
巴贝克
贝鲁特
西顿
大马士革
提尔
阿卡
太巴列
耶路撒冷
拉丁王国
约旦河
雅法
耶路撒冷
亚实基伦
卡拉克
阿里什
蒙特利尔
亚喀巴
N
13世纪初的十字军诸国
大致边境区
0 50 100 英里
0 50 100 150 千米

法兰克东方的权力平衡

就领土而言，十字军诸国和昔日相比几乎仅余残山剩水。耶路撒冷与巴勒斯坦内陆地区落入了穆斯林之手，如今，“耶路撒冷”拉丁王国更确切的称呼应该是阿卡王国，其国土局限于从南面的雅法至北面的贝鲁特（1197 年在一支德意志十字军的支援下被收复）的狭长海岸地带。实际上，当维特里的雅克抵达东方之时，耶路撒冷王国已经将阿卡设为自己的新首都。沿着海岸，的黎波里伯国在黎巴嫩保留着一个据点，而一些圣殿骑士与医院骑士的要塞将法兰克人的统治拓展到北方，但由于穆斯林继续掌控着拉塔基亚附近的地区，已与安条克公国不再接壤，那个一度强大的政体已经龟缩至安条克本身附近的一小块区域。

一系列激烈的继位斗争令幸存的各个十字军国家更加岌岌可危。香槟的亨利（于第三次十字军东征末期成为法兰克巴勒斯坦统治者）因意外事故在 1197 年去世——其阿卡宫殿窗户的栏杆倒塌，他摔出了窗外。王室血脉唯一幸存的成员、亨利的未亡人伊莎贝拉嫁给了艾默里（Aimery，吕西尼昂王朝成员），他统治到了 1205 年，随后也去世了——这次是因为吃了太多的鱼。不久，伊莎贝拉随他而去。此后，王冠传至伊莎贝拉早先与蒙费拉的康拉德所生的孩童，在 13 世纪的大部分时间中，耶路撒冷王国的继承由于联姻、未成年、摄政等问题变得错综复杂——这一情况令法兰克贵族们权势大增。在最初几十年的混乱中，有两位领袖人物脱颖而出。

1205—1210 年间，伊贝林的让（Jean of Ibelin，伊贝林的巴利安之子）为王室女继承人玛利亚担任摄政并成为巴勒斯坦最重要的拉丁贵族。尽管先辈在伊贝林和拉姆拉的土地已落入穆斯林之手，伊贝林家族在这段时期却变得相当富裕。让获得了宝贵的贝鲁特领主权，他的家族还同法兰克人的塞浦路斯有紧密的联系。

伊贝林的影响力受到了新来者香槟普通贵族家庭出身的骑士布列讷的约翰（John of Brienne）的挑战。1210 年，约翰迎娶了玛利亚，当她于 1212 年去世后，他担任他们年幼的女儿伊莎贝拉二世的摄政，并成为实际的统治者。约翰大约 40 岁，是个拥有十字军血统、经验丰富的老兵，但他一文不名，也缺乏同西方王室的血缘联系。他花费了生涯中的大部分时间试图确保自己对耶路撒冷拥有王权——尽管遭到了本地贵族的反对，他还是自封为王。1214 年，他还进一步设法提高自己在北方的声望，迎娶了奇里乞亚亚美尼亚基督教王国的女继承人艾蒂安内特公主。

在鲁本王朝现任统治者莱翁一世（Leon Ⅰ，1187—1198 年称莱翁二世亲王，1198—1218 年称国王）的英明领导下，这个东方的奇里乞亚基督教王国在 13 世纪时成了叙利亚北部和小亚细亚的一股突出的政治势力。通过军事对抗与政治联姻，莱昂的鲁本王朝紧密地融入了拉丁人的安条克和的黎波里的历史。随着 1187 年的黎波里的雷蒙三世之死，伯国与公国的继承权交织在一起，法兰克、亚美尼亚继承人间的权力斗争（甚至比巴勒斯坦的情况还要波谲云诡）持续到了 1219 年，直至博希蒙德四世同时控制了安条克与的黎波里。[8]

上述旷日持久、自相残杀的冲突在新世纪最初的几十年里削弱、分裂了海外之地的基督徒，严重限制了任何企图收复故土的行动（实际上，同样的问题将在这个世纪里反复出现）。然而，这些内部倾轧带来的损害至少一定程度上由于同样困扰着伊斯兰世界的纷争而减轻了。

阿尤布帝国的命运

在1193年萨拉丁去世后，他花费20多年创立的阿尤布王国几乎在一夜之间便分崩离析了。苏丹已经计划将他的大部分领土以一种邦联的方式分给3个儿子：长子阿夫达尔将拥有大马士革以及对所有阿尤布国土的宗主权，查希尔将控制阿勒颇，而奥斯曼将在开罗统治埃及。事实上，权力的平衡很快偏向了萨拉丁精明的弟弟阿迪勒。他原本被安排掌控杰奇拉（美索不达米亚西北部地区），但他在外交计谋和政治、军事战略水平上胜过侄子们一筹。阿迪勒的崛起也得益于阿夫达尔在大马士革的无能。阿夫达尔在那里迅速疏远了父亲最信赖的谋臣们，到了1196年，他已无法统治叙利亚。阿迪勒以奥斯曼代理人的官方名义于同年夺取了大马士革的权力，将阿夫达尔流放至杰奇拉。当奥斯曼于1198年去世后，阿迪勒完全控制了埃及，至1202年，查希尔也承认了叔叔的宗主权。

在整个13世纪上半叶，阿尤布世界的大部分被阿迪勒及其直系后裔所掌控，而查希尔及其血脉则领有阿勒颇。阿迪勒以苏丹的身份进行统治，安排他的3个儿子为地方埃米尔：卡米勒（al-Kamil）在埃及，穆阿扎姆（al-Mu‘azzam）在大马士革，阿什拉夫（al-Ashraf）在杰奇拉。耶路撒冷在阿尤布事务中仅仅扮演了次要角色，并且从未充当任何类型的首都。尽管它在宗教上十分重要，但耶路撒冷被犹太丘陵环绕，孤立的位置意味着其政治、经济、战略价值都很有限。虽然阿迪勒和他的继任者断断续续地做出了维护、美化圣地的努力，但总的来说，这座城市遭到了忽视。同样地，即便阿尤布王朝依旧拥有充满圣战辞藻的头衔，但对法兰克人发动吉哈德的想法也被搁置了。

实际上，阿迪勒在与海外之地打交道时采取了高度务实的做法，这部分是因为其他对手——美索不达米亚的赞吉王朝穆斯林、安纳托利亚的塞尔柱突厥人，以及亚美尼亚、格鲁吉亚的东方基督徒——构成了更紧迫的威胁。一旦掌权，阿迪勒便与法兰克人达成了一系列和约，在整个13世纪初，它们几乎没有中断（1198—1204，1204—1210，1211—1217）并得到了广泛支持。作为苏丹，阿迪勒还与贸易强权威尼斯、比萨建立了越来越紧密的商业联系。

尽管穆斯林与拉丁人的关系相对和睦，但如果不是出于一些源自十字军诸国和近东历史的额外考量，阿尤布王朝原本很可能会进一步蚕食海外之地的领土。[9]

骑士团

在13世纪中，将骑士与修士两种职业合而为一的宗教运动——骑士团——在海外之地历史中承担了重要性日益凸显的角色。第三次十字军东征后，从一开始就困扰着十字军国家的难题——与西方隔绝、缺少人力物力——更加严重。十字军理念延伸到了伊比利亚和巴尔干等地、对抗教皇敌人和异教徒的圣战，以及为了保卫新成立的拉丁罗马尼亚政权也转移了资源，所有这些都加剧了法兰克黎凡特人的困境。残存的十字军诸国中的本地政治派系斗争亦是如此。

在这样的背景下，圣殿骑士团和医院骑士团进入了自己的鼎盛期；这两大历史悠久的骑士团还接纳了第三股重要力量——条顿骑士团（Teutonic Order）。这一组织成立于第三次十字军东征时期，德意志十字军约在1190年于阿卡城外设立了一所野战医院。1199 年，教皇英诺森三世确认了他们作为一个新骑士团的地位，并且他们与霍亨斯陶芬王朝以及德意志享有特别密切的关系。在此后的岁月里，条顿骑士团和圣殿骑士团、医院骑士团一样，其军事色彩越发明显。至此，圣殿骑士的传统习俗是身穿绣红色十字的白色披风，而医院骑士为黑底白十字。相反，条顿骑士采用带有黑色十字的白色披风。

作为他们军事、政治、经济力量上升的结果，三大骑士团成了拉丁东方的柱石，当维特里的雅克到达阿卡时，他们对海外之地的存续所作出的重大贡献已经很明显了。每个骑士团拥有的影响力与他们持续获得的教皇的支持息息相关，因为这使他们独立于当地教会和政权的管辖，并且免缴什一税。骑士团还在吸引欧洲基督教贵族捐献方面拥有令人难以置信的能力，它们在西方获得了大量土地。三大骑士团在塞浦路斯岛也都拥有地产。

长期以来，良好的声望与超国家的地位使骑士团能够招募新成员（从而为海外之地提供了人力），并通过一笔赋税（responsion，占他们的收入的三分之一）将财富从西方输送至圣地作为军费。至 12 世纪末，骑士团发展出一套非常精致可靠的国际金融管理制度，这使他们事实上成了欧洲以及十字军运动的银行家。人们能够在西方存入钱款，收到一份存单，并随后在圣地提现，这本质上是支票的首度应用。

骑士团的军事作用也变得越发重要。圣殿骑士与医院骑士能够在黎凡特各自派出约 300 名骑士以及大约 2000 名军士（低阶成员）。仅仅从数量上看，这意味着他们常常在战时贡献了半数（或超过半数）的法兰克军队。与其他通过封建征兵制度组建的军队只能在有限时间内作战不同，他们训练有素、装备精良的部队愿意且能够整年战斗。保存至今的管理团员的“团规”抄本显示，他们在战场上有多么强调严格、无条件的军纪。例如，圣殿骑士团的团规详细指导了从行军、扎营到搜索粮草的一切事务，始终强调完全服从指挥系统以及一致行动——这是重装部队获胜和保命的关键先决条件。违纪将遭受严厉惩罚。违规者可能会被暂时剥去制服，投入大牢，甚至被开除出团。

在整个13世纪，三大骑士团的如日中天也伴随着困难和危险。随着诸如阿卡、安条克的王室、王公权威被削弱，骑士团追逐自己目标的能力增强了，而它们之间产生龃龉的概率也随之提高了。例如，圣殿骑士团与医院骑士团在关于安条克继承权的斗争中便支持不同的党派。骑士团在其他冲突中扮演了更广泛的角色（包括条顿骑士团对波罗的海前线的涉入），这也消耗了黎凡特的战争力量。

久而久之，像圣殿骑士这样的团体从拉丁赞助人那里获得的捐助也逐渐减少了，这部分是因为人们对宗教生活的态度发生了变化，以及对海外之地命运的兴趣减弱了。由于身处圣战前线并数十年来接受了拉丁基督教世界民众的慷慨捐赠，当他们在对抗伊斯兰教徒的斗争中遭受挫折时，骑士团也必须面对重大的、甚至是猛烈的批评。不过大体而言，上述情况是在大约1250年之后才开始出现的，即便到了那时，圣殿骑士团、医院骑士团和条顿骑士团依旧拥有巨大的人力资源和财富储备。[10]

十字军城堡

从12世纪至13世纪，骑士团变得与近东大型“十字军”堡垒密不可分，因为，到了1200年，他们是黎凡特唯一能够承担修建、维护城堡的高额费用的势力，并且拥有驻守这些要塞所需要的人力。随着1187年后领土的大量丧失，城堡在保卫十字军国家的残山剩水方面发挥了更加重要的作用。黎凡特法兰克移民数量的减少则使人们对堡垒所提供的防御的依赖进一步增强。

没有一座中世纪城堡是完全坚不可摧的，它也无力阻止一支入侵的军队。但要塞的确有助于骑士团统治其部分领土并保卫边境；它们还充当了用于发动劫掠和进攻的相对安全的前哨以及行政管理中心。然而，在13世纪，由于和过去相比他们拥有的国土大幅缩减，基督徒只能仰仗较少的城堡——它们要么位于海边（便于获得支援），要么拥有高度发达的防御系统。在这种情况下，只有骑士团能够发展、维持规模和防御强度足够大的城堡。

在13世纪上半叶，三大骑士团均投入了大量金钱和精力，或改建、扩建现有城堡，或（以条顿骑士团强大的蒙特福特城堡为例）从零开始设计、建造新城堡。从12世纪60年代起，法兰克人开始修筑被称作“同心圆城堡”的具有多重城垛的城堡，不过，这种方法在1200年后达到了新的高度。石材切割技术、建造更坚固（但从建筑学上看更加复杂）的环形防御塔的能力，以及在使用倾斜城墙防止挖掘坑道的破坏方面，都取得了巨大的进步。此外，拱形天花板设计的改进让拉丁人能够修建大型储藏室和马厩，这对供养大批守军至关重要。在这段城堡修筑的黄金时期中，骑士团建造了一些中世纪最先进的堡垒。①

---

① 在拉丁朝圣者的帮助和倡议下，圣殿骑士最重要的堡垒朝圣者城堡始建于1218年，据说能容纳4000人。该据点现在是被毁弃的状态，但已成为以色列的军事基地，因此无法进入。13世纪初，骑士团还重建了加利利北部的主要内陆城堡采法特。

抵达黎凡特之后，新任阿卡主教维特里的雅克于1217年初参观了许多上述城堡，并在那年春天的一封信中描述了自己的访问之旅。旅程中，雅克印象最深的城堡为骑士堡，它位于安萨里耶山脉南部边缘，俯瞰着布克亚谷地。从1144年起，骑士堡便成了医院骑士团的财产，它被视作坚不可摧的要塞，尤其是因为它所具有的自然屏障（坐落在陡峭的斜坡山脊尽头）。萨拉丁在哈丁获胜后没有试图围攻此地。13世纪初，医院骑士团着手进行了大规模重建（可能当雅克到访时还在进行），当这些改建、提升完成后，骑士堡被打造成了一座近乎完美的堡垒，能够容纳2000名守军。

这座城堡至今仍然屹立不倒，可以说是十字军时代最壮观的纪念建筑。它从石灰岩中开凿而成，比例优雅匀称，其无与伦比的修建技艺可与同时期西欧那些精细的建筑杰作——哥特式大教堂——媲美。其精心设计的防御系统包括两道城墙、一条内护城河、外部环绕的环形塔楼以及盒状堞口（一种突出的建筑构造，能够为弓箭手与守军提供更好的射击阵线）。城堡入口是一道狭窄、向上倾斜的隧道，密布着门户与“杀人孔”。整个城堡的石工品质可谓超凡脱俗——石灰岩砌块切割得无比精确，几乎看不到灰浆的痕迹。[11]

海外之地的商业与经济

尽管骑士团和诸如骑士堡这样的城堡帮助维系了海外之地防御的完整性，但十字军诸国的持续生存首先应归结于一个战争以外的因素：贸易。整个12世纪，定居在东方的法兰克人与更广阔的黎凡特世界保持着商业联系，但在第三次十字军东征后，上述联系的广度、深度和重要性均增加了。久而久之，相邻的近东拉丁、伊斯兰政权在商业上发展出了密切的相互依存关系，以至于叙利亚和埃及的穆斯林宁愿允许基督徒保留他们在海岸的少量据点，也不愿冒任何阻断贸易与收入的风险。

在这方面，法兰克人对叙利亚和巴勒斯坦港口（地中海商业的门户）的掌控被证明是至关重要的。其他更广泛的力量也对海外之地有利。直至 13 世纪，埃及港口亚历山大里亚扮演着东西方经贸中心的角色。然而，1200 年以后，商贸交通的模式和流向逐渐发生了变化。1204 年拉丁人对君士坦丁堡的征服影响了市场的分配，更重要的是，蒙古人的到来令来自亚洲的陆路贸易重新焕发了生机。当埃及逐步丧失其支配地位时，拉丁东方则从上述进程中获益。来自东印度群岛的高价值货物的贸易在亚历山大里亚依旧生机勃勃，其中包括以胡椒、肉桂、肉豆蔻为代表的香料，以及诸如姜、芦荟、旃那叶这样的“药品”。欧洲的明矾（制革业的关键原料）仍然主要由埃及供应。但在大多数其他方面，海外之地成了黎凡特的主要贸易中心。

拉丁人已在东方定居了一个多世纪，这个事实使他们有时间去建立、巩固利用这一机会所需的运输、通信网络。同一时期，十字军诸国投资、改良了能够在拉丁剩余领土上种植、制造的利润丰厚的工业产品——甘蔗、丝绸、棉花、玻璃器皿，并将它们用船运往西方销售。这进一步促进了十字军国家的经济繁荣。

这一切意味着，在整个 13 世纪，诸如安条克、的黎波里、贝鲁特和提尔等法兰克城市相当繁荣。不过，毋庸置疑，海外之地的商业中心是阿卡。第三次十字军东征后，阿卡成了法兰克巴勒斯坦的新首都以及王室驻跸之处（王城）。在这座 12 世纪的“老”

城内，从圣殿骑士团、医院骑士团、条顿骑士团到威尼斯、比萨、热那亚的意大利商人，王国的每个主要势力都有着自己的院落，其中许多是有围墙环绕的飞地，包围着多层建筑。这座城市还拥有许多市场（其中一部分带有顶棚以抵御夏季酷暑）以及其他工业建筑。阿卡的糖厂在 1187 年遭到了阿尤布王朝的破坏，但玻璃和金属加工作坊得到了保留，此外还有一条制革厂街，在热那亚区则坐落着一家生产高品质肥皂的工坊。

在 1193 年之前，城墙内还有着大片开阔区域，尤其是在朝向陆地、远离繁忙的海岬与码头的东部与北部。如今，阿卡迅速地都市化了，人口稠密，这最终导致主城墙向北拓展，合并了被称作蒙特米萨尔（Montmusard）的郊区。尽管大部分城区都明显发展出了先进的排污系统，人口的密集增长还是意味着这座拥挤的大都市受到了相当可怕的污染，并且面临着疾病、瘟疫的威胁。许多阿卡的废弃物（其中包括来自王家屠宰场和鱼市的垃圾）被倾倒进了海港，后者因此得名“污秽之海”（Lordemer）。到了 13 世纪中期，这种情况变得如此严重，以至于一座位于威尼斯区的教堂不得不将它朝向港口的主窗口封死，以免海风将垃圾吹到祭坛上。

1216 年以后，维特里的雅克作为新任拉丁主教选择在这座繁华的首都安家落户。他发觉阿卡是一个名副其实的罪恶之地，他称其为“第二个巴比伦”，是一座“充满无数可耻行为和罪恶行为的……可怕城市”，人民“沉溺于肉欲”。这座港口的国际化特征让雅克有些不知所措。古法语依旧是主要的商业语言，但在阿卡人头攒动的街道上还流通着许多其他西方语言——普罗旺斯语、英语、意大利语、德语，并且混合着来自到访者、东方基督徒和犹太居民使用的黎凡特语言。

阿卡是 13 世纪东西方最重要的交汇之地。这在很大程度上是因为该城作为地中海的重要转口港——黎凡特的货栈——发挥了新的作用，在将货物从海外之地、近东和其他地区运往西方之前，它们都被运送至这里。阿卡也成了日益增长的欧洲至东方的贸易的门户。

各种不同的商品流经了这座城市。例如丝绸、棉花、亚麻这样的原材料成批地从巴勒斯坦当地生产中心以及穆斯林掌控的阿勒颇等地运来，而成品（例如安条克制作的丝绸服装）也在此交易。许多商品——来自巴勒斯坦种植园的甘蔗，来自下加利利、拉塔基亚、安条克的葡萄酒，来自约旦河谷的椰枣——既用于阿卡本地也出口到更远的市场。通过焚烧生长在高盐地带（例如海岸区域）的植物原料而获得的苏打粉被用于纺织品染色和制作肥皂；它们亦是玻璃生产所必需的，本地玻璃制造业还用到了贝吕什河中的高品质河沙。

13 世纪的一个显著发展是从西方至东方的商业交通量的增长。越来越常见的是，拉丁商人进入伊斯兰领土，向大马士革等地售卖羊毛制品（主要来自佛兰德）和番红花（唯一在东方拥有市场的西方香料），随后携带着一批新的丝绸、宝石与半宝石返回阿卡。

在正常年份，阿卡拥有两个旺季，就在复活节前以及夏末，届时大批船只从西方前来，搭载着众多的商人和旅客。到了那时，码头上云集着兑换货币的人、向导或招揽来访者食宿的兜售者。长期以来，这座港口都扮演着西方朝圣者踏足圣地的主要据点，然而，随着第三次十字军东征后通往耶路撒冷和其他圣地的路径被封锁，阿卡本身开始成为一个朝圣目的地。该城拥有约 70 座教堂、圣所和医院以满足上述来访者的需求，本地生产的宗教物品（包括彩色圣像）的买卖出现了大幅增长。阿卡还成了拉丁东方最重要的书籍制作中心，它拥有一间缮写室，雇用了一些中世纪最优秀的手抄本艺术家为见过世面的富有客户抄写历史、文学作品。[12]

在这一系列商业活动的支撑下，阿卡成了拉丁东方生活的中心之一。这座城市的历史证明了以下事实：在整个 13 世纪，国际贸易是支撑海外之地的柱石。

20

新的道路

即便商业贸易的力量持续影响着海外之地的生活，西欧还是准备在与阿尤布王朝最近一次停战协定到期时（1217 年）再次发动重大圣战攻势。这一战役由教皇英诺森三世在去世前构想并宣布，被称作第五次十字军东征。迄今为止，最具权势的应征者为德意志的腓特烈二世（Frederick Ⅱ，第三次十字军东征中的腓特烈·巴巴罗萨之孙）。作为霍亨斯陶芬王朝继承人，他出生于 1194 年，拥有对强大的德意志帝国与富饶的西西里王国的统治权。然而其父亨利六世于 1197 年猝然离世，让这位年幼的王子有些不知所措。腓特烈在西西里长大，而其他候选人则在德意志角逐继承权。

1208 年，腓特烈成年后被送上了西西里王座。英诺森三世认为这个年轻的君主值得信任且易受摆布，便决定支持腓特烈获得德意志统治权的资格——他于 1211 年被宣布为新任国王。后来，1215 年，他的王室地位通过在亚琛（Aachen，传统的权力中心）的加冕仪式得到了增强。此时腓特烈二世做出了两项承诺：他许下了十字军誓言；承诺不会同时统治德意志与西西里，将后者授予了他襁褓中的儿子亨利（七世）。通过这种方式，英诺森教皇相信他已经为圣战获取了宝贵的支持并让罗马免于遭受霍亨斯陶芬王朝包围的可怕威胁。直到教皇去世时，他还认为承诺将继续得到遵守，但事实证明他大错特错了。很快，腓特烈二世一心要打造统一的霍亨斯陶芬王国的意图就变得昭然若揭——事实上，他渴望着统治一个广袤的基督教帝国，其力量、规模在中世纪将前所未见。他显赫的生涯将在十字军运动中留下浓墨重彩的一笔。[13]

1216 年，随着英诺森三世去世，其继任者洪诺留三世掌权，腓特烈开始谋求其个人利益。他的首个目标是获得皇帝头衔——这需要教皇参与他的加冕礼，同时他还不愿放弃对西西里的控制权。为了说服洪诺留三世相信这一安排有可疑的好处，腓特烈利用他的十字军誓言作为筹码，表态说只有被加冕为霍亨斯陶芬王朝皇帝后，他才会参加东征。随后进行了漫长而审慎的谈判，这使腓特烈卷入第五次十字军东征的前景变得十分诱人，甚至可能具有破坏性。

第五次十字军东征

当腓特烈二世与教皇洪诺留三世讨价还价时，第一批来自奥地利和匈牙利的十字军部队已经开始抵达圣地。1217 年，拉丁人对阿尤布王朝领土发动了 3 次非决定性的袭击，但这些早期的佯攻不过是主要远征的序曲。1217 年夏，随着弗里斯兰与德意志十字军的到来（其中包括德意志布道者、学者帕德博恩的奥利弗），全面进攻已经准备就绪。布列讷的约翰（如今正要求获得耶路撒冷国王头衔）、骑士团、黎凡特的法兰克贵族以及阿卡主教维特里的雅克均加入其中。到了 1218 年，第五次十字军已经准备将视线投向下一个目标。

战役所宣称的目标依然是从阿尤布王朝苏丹阿迪勒手中夺回耶路撒冷，然而，法兰克人并未选择向穆斯林掌控的巴勒斯坦进军。相反，用维特里的雅克的话说："我们计划行军至埃及，这里是东方最富庶之地，萨拉森人在此获得的力量与财富令他们得以占据我们的国土。在我们占领了该地之后，我们将能够轻易地光复整个耶路撒冷王国。"这一战略参照了狮心王理查在 12 世纪 90 年代初期的计划，而且，据第四次十字军东征中的一些领导人所说，在远征改道前往君士坦丁堡前，他们原本也试图攻打尼罗河地区。实际上，对埃及的进攻很可能从教皇英诺森三世刚开始构想新十字军东征之时便已经形成。[14]

基督徒的首要目标为开罗以北约 100 英里的城市杜姆亚特——它被帕德博恩的奥利弗描绘为"整个埃及的锁钥"。1218 年 5 月，十字军乘船抵达了北非海岸，在尼罗河三角洲西侧伸入地中海的一处主要支流登陆。城防坚固的杜姆亚特略微靠近内陆，位于尼罗河东岸与名叫曼萨拉（Mansallah）的内陆盐水湖之间。据奥利弗说，这座大城市由 3 道防御工事保护——第一道城墙外是又宽又深的护城河，而第二道城墙则拥有 28 座塔楼。

在布列讷的约翰被选为领导人后，十字军在西岸城市的对面建立了营地。与此同时，阿迪勒之子、埃及埃米尔卡米勒从开罗北上，将其部队驻扎在尼罗河东侧以守望杜姆亚特。法兰克人面临的首个挑战是获得尼罗河的自由通行权。他们的道路被一条该城与一座设防小岛（名叫"铁链塔"）之间位于尼罗河中游的粗壮铁链封锁。该铁链阻止了任何船只沿河而上（在这座塔和西岸之间，尼罗河淤塞严重，无法通行）。整个夏季，十字军利用火攻船和狂轰滥炸多次徒劳地试图夺取这一前哨。最终，足智多谋的奥利弗用两艘船建造了一座巧妙的水上攻城塔（其吊桥由一套滑轮系统控制）。他将其形容为“此前海上从未出现过的木质器械”，法兰克人使用这一浮动堡垒于1218年8月24日发动了一场成功的袭击。十字军砍断了铁链，控制了河道。

看上去，法兰克人在那个夏天占据了上风。他们对埃及的进攻让阿迪勒大吃一惊。与此同时，萨拉丁流放中的儿子阿夫达尔在安纳托利亚塞尔柱人的援助下试图夺回阿勒颇，虽然未能得手，却令阿迪勒分心。在夏天稳定了叙利亚的局势后，阿迪勒刚刚进入埃及就病倒了，于8月31日去世。当十字军听闻其死讯时，他们认为是自己近期在铁链塔取得的成功让他惊骇而死，而奥利弗欣悦地断定已故的苏丹将“下地狱”。阿迪勒曾经是阿尤布王朝事业中的伟大战士，然而，虽然他的离世削弱了伊斯兰世界，但这并未导致穆斯林抵抗的土崩瓦解。卡米勒完美地填补了父亲留下的权力真空——唯一的问题是，卡米勒的兄弟大马士革的穆阿扎姆与杰奇拉的阿什拉夫是否会全力对他伸出援手。如若不然，卡米勒或许将不得不决定哪个才是其当务之急：抵抗十字军，还是确保他在阿尤布王国中的至高地位。[15]

红衣主教贝拉基

在1218年夏末占据上风后，第五次十字军东征很快失去了动力。很大程度上，这要归咎于东征中出现的新特点。由于教皇英诺森三世引入的管理、财政改革，这次远征相对资金充裕，并得到了一支庞大舰队的紧密支援。这意味着当新的军队从欧洲前来

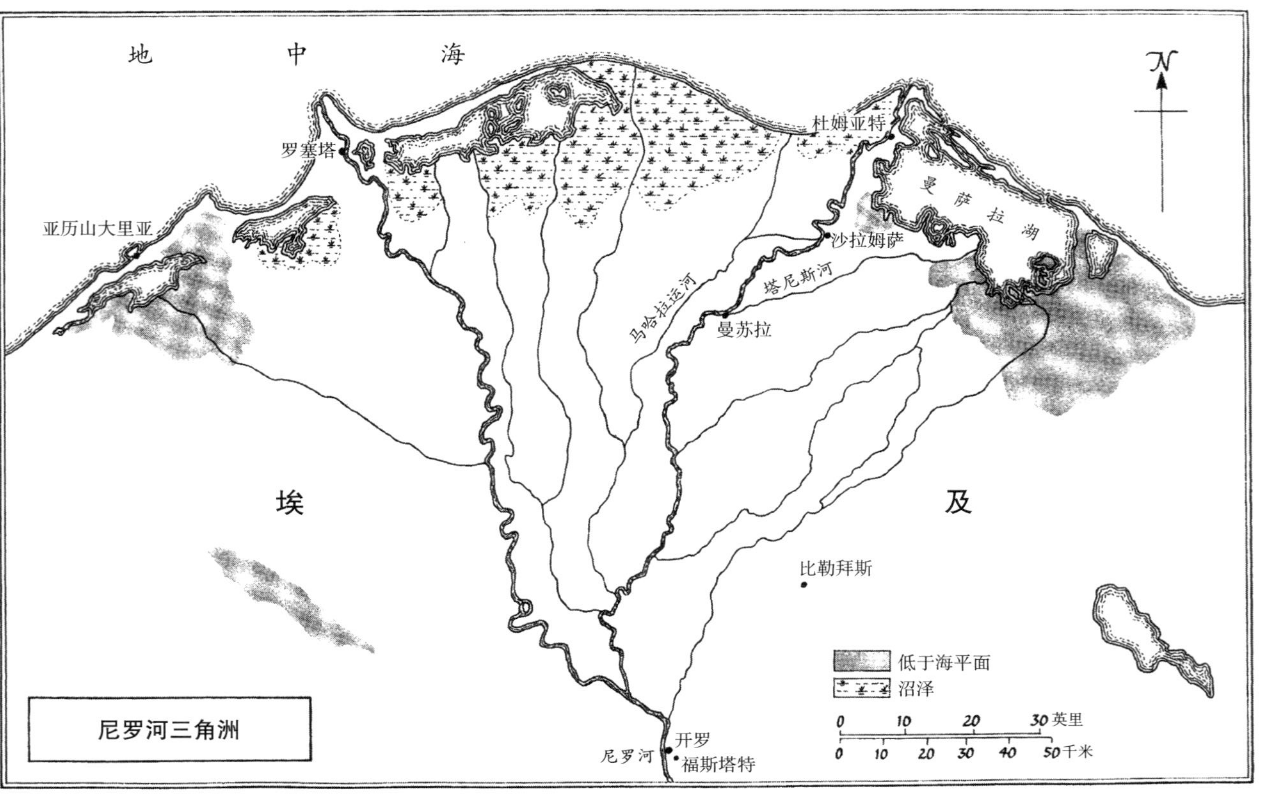
地中海
N
罗塞塔
杜姆亚特
曼萨拉湖
亚历山大里亚
沙拉姆萨
塔尼斯河
马哈拉运河
曼苏拉
埃及
比勒拜斯
低于海平面
沼泽
0 10 20 30 英里
0 10 20 30 40 50 千米
开罗
尼罗河
福斯塔特
尼罗河三角洲

替换他们时，十字军能够相对容易地返回欧洲。表面上看，这一做法似乎合情合理，因为它令战役能够补充新鲜兵员。然而，实际上，它却对那些坚守前线的法兰克人的士气产生了不利影响，并且阻碍了十字军之间发展出信任和亲密的纽带，而这在先前的远征中被证明是相当关键的。

拉丁军队的来来去去还带来了领导层以及相关战略考量上的变化。随着1218年的夏天即将结束，许多德意志人与弗里斯兰人起航回国。与此同时，西班牙教士、阿尔巴努红衣主教贝拉基（Pelagius）与来自法国、英格兰和意大利的部队一道抵达了十字军营地。贝拉基性格强势、倔强，他作为教皇特使前来参与对杜姆亚特的围攻，希望能实现英诺森三世的以教会领导十字军的抱负。一些现代历史学家对这位红衣主教颇有微词，一位学者宣称他“鼠目寸光，刚愎自用”。人们还认为他立即把持了第五次十字军东征的指挥大权。上述看法均不完全准确。实际上，贝拉基的权威和影响力仅仅是逐步增长的，至少在最初时，他与其他重要人物（例如布列讷的约翰）精诚合作。红衣主教在教会事务上的领导力也有助于重新唤起军中的宗教热忱、振奋精神、提升士气。在即将来临的考验面前，这将是一个重要的因素。

在贝拉基到达后的数月中，拉丁人面临着一项许多十字军前辈曾遭受过的挑战——冬季围攻。他们簇拥在杜姆亚特对面尼罗河西岸，吃尽了各种苦头。11月29日夜，海浪淹没了法兰克营地，以至于当十字军们醒来时在帐篷内发现了鱼。恶劣的伙食导致了坏血病的爆发。帕德博恩的奥利弗描述说，患者的“牙龈和牙齿上覆盖着腐肉”，“他们失去了咀嚼的能力而小腿上则是可怕的黑斑”。而维特里的雅克则回忆说，他亲眼看见染此沉疴的十字军战士“像熟睡的人一样”陷入致命的昏迷。据说，所有的基督徒都厌倦了眼中的黄沙，魂牵梦绕着能一睹绿野。当然，杜姆亚特的居民和南面扎营的卡米勒也在承受痛苦。1219 年初，他被迫返回开罗阻止一场政变，但他的兄长穆阿扎姆的到来扭转了危局，并得以在法兰克人取得任何重大进展前重返围城战。[16]

僵　局

1219 年的头 8 个月陷入了僵局。十字军在尼罗河本方一侧筑壕据守，但他们缺乏人力和物力去突破杜姆亚特城防，或将卡米勒逐出战场。5 月，随着大批军队返回欧洲，拉丁人的处境雪上加霜。在这段时期的大部分时间里，人们翘首期盼着腓特烈二世的到来。全体十字军（包括贝拉基）都在等待这位霍亨斯陶芬王朝统治者率领其勇敢坚定的大军出现——它足以碾压阿尤布王朝的一切抵抗。问题在于，腓特烈依然在欧洲就加冕问题与罗马争吵不休，消息最终传到了埃及：他最早至 1220 年 3 月才能加入战役。维特里的雅克如此回忆军队的心情：“我们中的大多数都陷入了绝望的境地。”[17]

在这一时期还出现了一位十字军战争中前所未见的最奇怪的到访者。1219 年夏，备受尊敬的活圣人阿西西的方济各（Francis of Assisi，清贫、传道的苦修信条的拥护者）抵达了基督徒营地。他衣衫褴褛地前往埃及，相信自己能通过让穆斯林皈依基督教来为世界带来和平（并为十字军带来胜利）。在通过谈判穿越前线后，圣方济各恳请迷惑不解的埃及军队带他面见卡米勒。他们将他视作一个疯癫但无害的乞丐，同意了其要求。在随后那场古怪的觐见中，卡米勒礼貌地拒绝了方济各为了证明基督教上帝的力量徒步穿过火焰的提议，这位圣人最终两手空空地返回了家园。

虽然有这段著名的插曲，但围攻还在持续，夏末又带来了进一步的棘手问题。埃及农业收成总是与每年尼罗河泛滥的小范围浮动息息相关。那一年，在许多地方，尼罗河没有漫过河堤，这导致了粮价飞涨和食物短缺。到了9月，卡米勒认识到杜姆亚特精疲力竭的守军已处在崩溃边缘，他向十字军提出了停战的条件。作为终止围攻的交换条件，他承诺归还耶路撒冷以及大部分巴勒斯坦，并且可能还保证返还真十字架。外约旦的卡拉克城堡、蒙特利尔城堡将留在阿尤布王朝手中，但作为补偿，穆斯林将支付一笔可观的年金。

这一非同寻常的提议证明，阿尤布王朝真正看重的是埃及和叙利亚，而非巴勒斯坦。该提议还似乎将要使圣地回到基督徒手中，让耶路撒冷王国与整个海外之地重获新生。然而，在此紧要关头，远征领导人间第一次出现了明显的意见不合。布列讷的约翰、条顿骑士团以及许多十字军战士直言不讳地表达了对这份协议的支持。然而最终，红衣主教贝拉基的看法（他得到了圣殿骑士团、医院骑士团和威尼斯人的赞同）占据了上风，卡米勒的提议被回绝了。人们对一个失去了外约旦堡垒后的法兰克王国的防御力表示了合理的担忧，尽管现实地说，卡拉克、蒙特利尔对于卡米勒希望保持埃及、大马士革之间的安全交通线同样至关重要。可能威尼斯人对杜姆亚特的商业潜力的兴趣也超过了收复耶路撒冷。但贝拉基的决定背后的关键考虑因素是，他真诚地相信腓特烈二世的最终到来将促成更大、更有决定性的成果。

随着和谈终止，夏季的结束导致了一批批十字军部队的来来去去，进一步引起了混乱。1219年11月初，卡米勒做出了驱逐法兰克人的最后尝试，发动了一次大规模进攻，但他的军队被击退了。至此，杜姆亚特人已身处绝境。11 月 5 日夜，一些意大利十字军战士发现城市的一座部分损毁的塔楼竟无人看守。借助攻城梯，他们登上了城墙并迅速召来了更多友军。在城中，拉丁人目睹了一幅可怕的景象。奥利弗描述道，他们“发现街道上布满了因瘟疫和饥馑而死的人”。当他们搜索房屋时，只见床上躺着奄奄一息的穆斯林，身旁则是尸体。十字军 18 个月的围攻让守军付出了可怕的代价——共有数万人死亡。尽管如此，法兰克人还是以洗劫大量金银、丝绸的方式来庆祝这场迟来的胜利。与此同时，维特里的雅克则监督着立刻对幸存的穆斯林孩童施行洗礼。[18]

卡米勒一旦认识到杜姆亚特已经沦陷，便立即沿着尼罗河后撤了约 40 英里至曼苏拉，以收缩阵地。结果，他获得了充足的时间准备防御，因为第五次十字军被胜利冲昏了头脑，陷入了举棋不定的境地。首个引发争论的问题是杜姆亚特本身的命运。布列讷的约翰想要将它据为己有（后来甚至通过铸币来确认自己对该城的所有权），但贝拉基希望为了教廷及腓特烈二世的利益占有杜姆亚特（以及大部分战利品）。双方最终达成了临时妥协方案：约翰可掌控这座城市，直至德意志国王到来。

争议更大的问题仍是未来的战略。十字军将攻打杜姆亚特视作达成目标的一个手段，但棘手的问题是下一步该何去何从。这座城市是否应该被当成一个讨价还价的筹码，以确保穆斯林用比已提出的条件更好的条款归还圣城？还是说第五次十字军可以考虑沿尼罗河直上，对埃及发动全面进攻、击溃卡米勒并征服开罗？

夺取胜利

第五次十字军的犹豫不决可谓空前，他们花费了随后一年半的时间滞留在杜姆亚特，思忖着上述问题——腓特烈二世许诺中的到来始终萦绕在他们心头。布列讷的约翰离开了埃及，既是为了在莱翁一世国王去世后声索奇里乞亚亚美尼亚王位，也是为了监督巴勒斯坦的防卫以抵挡穆阿扎姆重新发动的攻势。然而，数月过去后，约翰开始因离开十字军而遭受广泛的批评。

在杜姆亚特，贝拉基获得了剩余法兰克军队的控制权并竭力维持着军纪。大约在这一时期，红衣主教得到了一本阿拉伯语的神秘著作（据说是由叙利亚基督徒带给十字军的），将它翻译出来并向全军大声朗读。其文本据说是9世纪时写下的预言的文集，与使徒圣彼得的启示有关。此书似乎“预报”了第三次十字军东征的事件以及杜姆亚特陷落等事件。它还宣称，第五次十字军将在一位“来自西方的伟大国王”领导下走向胜利。整件事听上去荒诞不经，但帕德博恩的奥利弗与维特里的雅克却十分严肃地看待这本书中的“预言”。无疑，贝拉基用它们来为自己一再拒绝与阿尤布王朝谈判并静候腓特烈二世驾临的决定辩护。[19]

最终，在1220年11月22日，教皇洪诺留三世做出让步，满足了腓特烈的要求，加冕他为德意志皇帝。作为回报，腓特烈重申了他的十字军誓言。因此，1221年的春天似乎将为第五次十字军东征带来曙光。是年5月，第一批霍亨斯陶芬王朝十字军在巴伐利亚的路德维希（Ludwig of Bavaria）率领下抵达，获得这些援军后，贝拉基终于决定南下攻击卡米勒位于曼苏拉防守严密的营地。对法兰克人而言不幸的是，作战实施得极其糟糕。哪怕已经做出了选择，基督徒还是行动迟缓，直到1221年7月6日才开始进军。第二天，布列讷的约翰回到埃及加入了贝拉基和路德维希的军队。一部分十字军战士被留下保卫杜姆亚特，不过拉丁人依旧集中了约 1200 名骑士、4000 名弓箭手和其他许多步兵。他们沿尼罗河东岸南下，还得到了一支庞大基督教舰队的掩护。

问题在于，贝拉基并不了解曼苏拉周围的地形，并且似乎对尼罗河三角洲的水文情况一无所知。相反，卡米勒精心挑选了其新营地的位置，并且颇有远见。阿尤布王朝的根据地恰好位于尼罗河与其支流塔尼斯河（Tanis River，流向曼萨拉湖）的交汇处以南，可谓易守难攻。此外，任何来犯的军队都会发现自己被困在了两条水道之间。每年 8 月都会来临的尼罗河的泛滥也在迅速逼近。这意味着倘若十字军耽搁得更久，他们的进攻不但会遭到穆斯林的抵抗，还会面临势不可挡的河水的阻挠。

可能是为了故意制造延宕，卡米勒如今再次提出了休战，条件与 1219 年的相同。暂缓敌对行动也符合卡米勒的利益，因为他正急切地等待着阿什拉夫和穆阿扎姆的援军到来。然而，尽管有一些争论（圣殿骑士团、医院骑士团对阿尤布王朝军队在埃及逐渐集结提出了警告），贝拉基再度拒绝谈判，十字军开始继续推进。对于卡米勒是否会履行在这么晚的阶段达成的任何协议，无人可以做出判断。

到了 7 月 24 日，法兰克人抵达了沙拉姆萨（Sharamsah），距离曼苏拉仅数天路程。在这里他们击退了穆斯林的一次攻击，基督徒的士气似乎一直很高涨。但是，由于尼罗河泛滥在即，布列讷的约翰提议立即撤回杜姆亚特。他的忠告被贝拉基驳回，后者如今似乎相信拉丁人将夺取胜利。实际上，他们正在落入一个精心准备的陷阱。

法兰克人在继续南下时忽略了一条从西部注入尼罗河的小支流。这是一个重大失误。这条看似无害的“支流”实际上为马哈拉运河（Mahalla Canal），这一水道在曼苏拉以南数英里处重新汇入尼罗河。一旦十字军与其舰队通过此处，卡米勒就派出一批自己的船只沿着运河进入尼罗河断其后路，甚至自沉 4 艘大船以确保河流无法通行。到了 8 月 10 日，基督徒在曼苏拉前方占据了阵地，它位于尼罗河与塔尼斯河的分叉处。然而，大约与此同时，阿什拉夫和穆阿扎姆抵达了埃及并移师至东北方，由此堵住了陆上的退路。不久之后，尼罗河开始泛滥了。

第五次十字军的阵地很快变得无法据守。随着河水上涨，其舰队变得无法控制，超载的船只开始沉没。有人提出建立设防营地等待援兵，但到了 8 月 26 日晚，对形势的彻底绝望引发了突然而混乱的撤退，全凭圣殿骑士团殿后才维持住了纪律。这时，卡米勒下令打开调节尼罗河洪水的闸门。河水淹没了农田，进一步孤立了敌军——地面变得非常潮湿泥泞，以至于法兰克人只能在齐腰的水中前行。试图努力挣扎北上的一天极其痛苦，贝拉基最终认清基督徒的局面已无可挽回的现实，于 1221 年 8 月 28 日提出有条件投降。

红衣主教与他的十字军同伴们曾两度收到归还圣城耶路撒冷的提议，如今却不得不接受耻辱的惨败。卡米勒对法兰克人给予了极大的尊重——他渴望尽快结束这件令人遗憾的事情，以便自己最终能巩固对埃及的统治。不过，尽管如此，他还是要求立刻归还杜姆亚特并释放所有穆斯林俘虏。唯一的让步是，拉丁基督教世界与阿尤布王朝间的 8 年停战协定将不会延伸到新加冕的腓特烈二世皇帝身上。9 月 8 日，卡米勒正式进入杜姆亚特，收回了对尼罗河的统治权，在随后的几周里，法兰克人两手空空地离开了埃及。

腓特烈二世的十字军东征

13世纪20年代初，第五次十字军东征所遭受的重大逆转引发了整个拉丁基督教世界的抨击。红衣主教贝拉基被指控领导无方、昏聩无能——他在埃及的失败证明，英诺森三世关于教会直接指挥十字军的理想化观点是多么荒唐。作为战场指挥官，布列讷的约翰也被指责疏于职守，并且让十字军在1220年及以后于杜姆亚特一动不动。不过，或许最猛烈的攻击指向的是腓特烈二世，这位伟大的皇帝违背了诺言，从未踏足北非。甚至在1221年，由于西西里爆发的政治动乱，他又一次推迟了启程时间。到了夏末，随着尼罗河灾难的出现与十字军东征完结，行动的时机已一去不复返。[20]

腓特烈已经表明，他的当务之急为保卫、巩固、扩张其霍亨斯陶芬帝国。这对一位中世纪君主而言是很正常的。同样的统治负担也影响了英格兰的亨利二世、理查一世与法国的腓力·奥古斯特的十字军生涯。实际上，从某个角度看，腓特烈的虔诚与坚定雄心令人敬佩。但随着第五次十字军东征的失利，要求新皇帝实现诺言参加圣地之战的压力与日俱增。这种压力部分来自公众的指责，但更多的是由教廷推动的。洪诺留三世迫切地希望重新发动夺回耶路撒冷的战役并减轻他对杜姆亚特远征失利的内疚。他还认识到，已经包围了教皇国的腓特烈对罗马的主权构成了明显的威胁。十字军东征可能是一种控制这一潜在敌人的有用而有效的手段。

世界的奇迹

腓特烈二世是中世纪最有争议的人物之一。在13世纪，他被其拥护者赞誉为“世界的奇迹”（拉丁语：stupor mundi），但被敌人谴责为“启示录中的野兽”；时至今日，围绕着他究竟是个专制暴君还是有远见的天才、文艺复兴式王权的第一个实践者，历史学家还在争论不休。腓特烈大腹便便、秃顶、视力不佳，可谓相貌平平。但到了13世纪20年代，他成了基督教世界最强大的统治者：他是德意志皇帝和西西里国王。

人们有时认为腓特烈在统治、宗教、智识生活方面明显是非中世纪的、开明的，他将这种革新的观点带到了十字军东征大业中，凭一己之力改变了圣战与海外之地的命运。实际上，无论作为一位君主或一名十字军战士，腓特烈并不是那么激进。腓特烈在西西里长大（那里有本地阿拉伯人口，长期以来与穆斯林联系密切），他对伊斯兰教相当熟悉：他懂一些阿拉伯语，保持着一支忠心耿耿的穆斯林卫队，甚至拥有一个后宫。他还有一颗好奇的心，对科学充满兴趣，对鹰猎十分狂热。然而，在维持一个有文化的宫廷的观念方面，他并不是独一无二的。在这一时期，在对待穆斯林的影响的态度上，卡斯蒂利亚的伊比利亚基督教国王们可能更加开放。腓特烈在对待信仰和基督教教义上并不总是宽容的，1222—1224年间，他粗暴地镇压了西西里阿拉伯人的叛乱并且反对自己国内的异端。

同时代及现代的评论家们均认为新任霍亨斯陶芬王朝皇帝显然对圣战不感兴趣。然而，尽管他未能参与第五次十字军东征，但假以时日，腓特烈将证明自己对十字军事业的倾情投入。不过，他参与争夺圣地的斗争是基于下列信念：他将注定把自己的帝王权威扩张至整个基督教世界。通过领导一场十字军东征，腓特烈试图既履行他作为基督教皇帝的天职，同时行使他同样与生俱来的权利去收复、统治最神圣的城市耶路撒冷。[21]

十字军皇帝，耶路撒冷国王

在13世纪20年代中期，教皇洪诺留三世一再试图让腓特烈许下新的十字军东征诺言。最初，战役预定在1225年开启，然而到了1224年3月，由于在西西里维持秩序所遇到的困难，皇帝再一次要求推迟。随着教皇的耐心几乎已消耗殆尽，1225年6月，一份新的协议在圣杰尔马诺（San Germano，位于意大利西北部）正式达成。它包括一些严格的条款：腓特烈将招募由1000名骑士组成的军队并为它们在圣地的部署提供两年所需的资金；此外，他还需要提供150艘船只以运送十字军抵达东方，并向条顿骑士团大团长萨尔察的赫尔曼（Herman of Salza，他是霍亨斯陶芬王朝的亲密盟友）提供多达10万盎司的黄金。最关键的是，皇帝承诺必须在1227年8月15日发动十字军东征，否则将被逐出教会。腓特烈接受了上述条件，部分是因为他本人有意发起一场东方战役，但也是为了赢得对在霍亨斯陶芬帝国内征收一笔十字军税的支持——由于许多人根据过去的经验担心这项税收最终将进入帝国国库，它颇不得人心。通过接受圣杰尔马诺协议，腓特烈明确表示，这一次，他将兑现诺言。此举令他赢得了臣民的支持，但也将他绑在了一张危险的精确时间表上。

到了这时，皇帝已经开始为自己的近东远征奠定外交基础。这令他开始与两位黎凡特的统治者布列讷的约翰和卡米勒进行接触，二人显然都以为他们能够为了自己的利益操纵腓特烈。他们没指望他会有政治家、谈判家的狡诈技巧，也没预料到他会有混合实用主义与坚决武力的杰出才能。在13世纪20年代初期，布列讷的约翰依旧通过他作为女儿伊莎贝拉二世的摄政的角色要求获得“耶路撒冷国王”头衔，但在让海外之地桀骜不驯的法兰克贵族们承认其合法性方面则面临很大阻力，后者现在已特别擅长使用王国的法律、习俗来限制王权。因此，在1223年，约翰同意让伊莎贝拉与腓特烈皇帝联姻，幻想着依靠霍亨斯陶芬王朝的支持能够巩固自己作为国王的地位。1225年11月，在布林迪西（Brindisi，位于意大利南部）举行的婚礼庆典上，约翰及耶路撒冷王国贵族的主要成员出席了仪式，联姻得到了正式确定。令约翰吃惊和反感的是，婚礼刚刚结束，腓特烈便要求获得直接统治法兰克巴勒斯坦的权利，并威逼与会的拉丁贵族们服从其权威。这一举动让布列讷的约翰失去了权力，他因此心怀怨怼，但这也改写了十字军东征的领导规则——为即将到来的远征奠定了基础，这次远征将被置于一人的指挥之下，他既是十字军战士，又是霍亨斯陶芬王朝皇帝和耶路撒冷国王。

1226年左右，腓特烈还与阿尤布王朝埃及苏丹卡米勒展开了对话，虽然尚不清楚是哪一方首先发起的。卡米勒似乎已经知道了皇帝的远征计划，为了缓解对尼罗河地区的任何新威胁，他提出了一份非同寻常的协议。新苏丹与他的父亲阿迪勒一样，对与法兰克人达成外交和解（从而保护双方共同的商业利益）远比发动血腥、破坏性的吉哈德更感兴趣。1226年，卡米勒作为阿尤布邦联宗主的地位也受到了威胁。第五次十字军东征后，他与兄长大马士革埃米尔穆阿扎姆的关系开始恶化，穆阿扎姆迈出了激进的一步——与花剌子模人（Khwarizmians，他们是一群凶残的突厥雇佣军，被蒙古人逐出了中亚，如今在伊拉克北部活动）结盟。为了平衡这一危险，卡米勒邀请腓特烈率军来到巴勒斯坦，作为对帮助对抗穆阿扎姆的承诺的回报，他提出将耶路撒冷归还给拉丁人。为了敲定这一突破性的协议的细节，苏丹派出一位自己最信赖的副手法赫尔丁（Fakhr al-Din）作为特使前往霍亨斯陶芬王朝宫廷。两人共同商议了和平条件，皇帝甚至册封法赫尔丁为骑士，作为他们友谊的象征。[22]

1227 年，腓特烈二世已经做好了领导十字军的准备：他拥有空前的军事、政治权威，手上还有一份阿尤布王朝和约。那年 8 月，他的德意志、西西里十字军部队正式在布林迪西港集结，准备启程前往圣地，但随后灾难降临了。在炎炎夏日，一种致命的疾病（可能是霍乱）开始在军中肆虐。皇帝面临被逐出教会的风险，他明白不能再拖延，于是按计划出发了。腓特烈本人于 9 月 8 日在德意志贵族图林根的路德维希四世陪伴下扬帆起航，但数日之内，他们二人也患了病。由于担心自己的健康，皇帝掉头在奥特朗托（Otranto，位于布林迪西以南）登陆。路德维希已因病在海上去世，恐慌是真真切切的，而延宕不可避免。腓特烈宣布他将在意大利南部康复后，于 1228 年 5 月重启旅程，并派遣条顿骑士团大团长萨尔察的赫尔曼前往近东监督十字军。皇帝明白罗马可能会如何解读此事，也派出了一名信使觐见教皇。[23]

同年 3 月，洪诺留三世去世了，其继任者格里高利九世（Gregory Ⅸ）教皇是个立场强硬的改革派、教皇特权的捍卫者，他对霍亨斯陶芬王朝的理由毫无同情之心。格里高利原本就对腓特烈的动机心存疑虑，听闻此消息后，他非但没有予以理解，反而采取了严厉的行动。为了抓住机会抑制他认为帝国所拥有的过度的权力，他立即援引圣杰尔马诺协议中的条款，于9月29日将腓特烈逐出教会。尤其考虑到皇帝拥有假定的神授地位，这是一种严厉斥责之举；至少在理论上，它令腓特烈与基督教团体剥离开来，让他受到信徒的孤立。教皇很可能希望腓特烈将寻求和解与赦免，从而向罗马屈服并默认教皇拥有至高无上的地位。

实际上，腓特烈并未这样做。他拒绝承认自己被逐出教会，并派遣里卡尔多·菲兰杰里（Riccardo Filangeri，他的一位重要军官）于1228年4月带领500名骑士前往巴勒斯坦。6月28日，皇帝也率领一支约有70艘船组成的舰队从布林迪西启程。他正冒着巨大的风险，尤其是使西西里暴露在野心勃勃、肆无忌惮的教皇面前——然而，腓特烈如今似乎已下定决心要最终实现其十字军誓言。他将作为有史以来领取十字的最强大领袖抵达圣地，但他同时也是一名被逐出教会怀抱的弃儿。

腓特烈二世在近东

此前数月发生的事件已削弱了腓特烈二世在黎凡特取得成功的机会。两个人的去世进一步改变了他的前景。1227年末，穆阿扎姆死于痢疾，这让皇帝与卡米勒计划中的联盟胎死腹中。随后，在1228年5月，腓特烈年轻的妻子伊莎贝拉二世女王在生下一子后去世。这个名叫康拉德的婴儿成了霍亨斯陶芬帝国与耶路撒冷王国（通过他母亲的血脉）的共同继承人。从法律上说，事态的发展削弱了腓特烈在巴勒斯坦的权威。他不再是一位活着的女王的丈夫，而是一个新继承人的摄政。

上述重大挫折并不能让皇帝停下脚步。1228年7月21日，他到达了塞浦路斯，并重申了霍亨斯陶芬王朝对该岛的宗主权——这是他的父亲在12世纪末首次确立的一项权利。腓特烈剥夺了伊贝林的让（他是年轻的亨利一世国王的摄政）的权力，指控他贪污腐败，在确保了帝国对塞浦路斯岁入拥有权利之后，腓特烈起航抵达提尔，随后在9月初向南到达阿卡。

一旦登上大陆，腓特烈的绝罚身份仅仅给他造成了有限的困难。拉丁宗主教格罗尔德（Gerold）显然拒绝合作，圣殿骑士团和医院骑士团对皇帝战役的支持也相当迟缓，不过这很可能是嫉妒霍亨斯陶芬王朝公开偏爱条顿骑士团的结果。更令人担忧的是那个秋天军事资源蒙受的损失。在花费了整个夏天为条顿骑士团修筑位于阿卡东部山丘的蒙特福特城堡后，相当一部分十字军起航返回了欧洲。由于缺乏压倒性的军事力量，腓特烈转而谋求谈判，他重开了与卡米勒的联络渠道并直接与其代表法赫尔丁会晤。

考虑到穆阿扎姆已死，以及随之带来的阿尤布世界权力平衡的变更，卡米勒并不情愿对皇帝兑现承诺，从而避免在伊斯兰教徒中背负毫无必要地向法兰克人做出让步的骂名。然而，与此同时，苏丹的重中之重是完全掌控大马士革，并避免卷入与腓特烈间的代价高昂的战争。1229年初，皇帝带领剩余的军队从阿卡南下雅法，以示威慑，这与狮心王理查1191年的调动如出一辙。上述压力开始奏效，当会谈继续进行时，腓特烈利用各种手段和论据确保了有利的解决方案以及耶路撒冷的归还。他时而通过大谈科学、哲学问题来培养双方友谊，时而又发出战争威胁；他主张道，对穆斯林而言，耶路撒冷其实只是一片荒凉的废墟，但它对基督徒却具有无比的神圣性。卡米勒更关注叙利亚而非巴勒斯坦，加之这一番软磨硬泡，最终他做出了让步。

1229年2月18日，腓特烈与阿尤布王朝苏丹达成了协议。作为一份10年停战协定和腓特烈帮助抵御所有敌人（甚至包括基督徒）的回报，卡米勒交出了耶路撒冷、伯利恒、拿撒勒以及一条连接圣城与海岸的陆上通道。穆斯林将保留进入哈拉姆谢里夫的权利，同时拥有自己的卡迪监管这一圣域，但除此之外，他们将放弃这座城市。40年以来的第一次，圣墓重归基督徒之手——一位被逐出教会的皇帝兵不血刃地完成了自1187年后十字军未能实现的伟绩。

乍看起来，这一引人注目的成就似乎非同寻常地打破了传统，它化干戈为玉帛，违背了十字军东征的既有准则。这无疑是一些现代历史学家对腓特烈收复耶路撒冷的方式的呈现，以此证明皇帝在见识、眼光上超越其时代。这是一种简单化的曲解。虽然腓特烈的确是首位通过外交手段赢得如此宝贵成果的十字军领导人，但在早先的战役里谈判也扮演了重要角色。实际上，霍亨斯陶芬王朝的手段与目标可以与第三次十字军东征中狮心王理查的相提并论。同样值得注意的是，与理查相仿，腓特烈也需要借助军事恫吓来进行和平谈判。他转而使用外交手段似乎并非是因为衷心希望避免流血，而是因为这是实现其目标的最快捷手段。

一旦协议于1229年达成，事情便进展神速。一位穆斯林编年史家描述说："停战协议签署后，苏丹发出了公告，要求穆斯林离开耶路撒冷并将它交与法兰克人。于是穆斯林在哭泣、呻吟和哀叹中离开了。"1229年3月17日，腓特烈进入了耶路撒冷，在一名穆斯林向导的陪同下参观了圆顶清真寺和阿克萨清真寺。在圣墓教堂里，他自豪地用双手把皇冠戴在头上，以示对他无与伦比的威严的正式肯定。同一天，皇帝从耶路撒冷给英王亨利三世写信，宣传、颂扬自己的成就。腓特烈在信中将自己比作旧约里的大卫王，并宣称“[上帝]将你我擢拔于世界的王公之上”。在这次短暂的拜访之后，皇帝回到了阿卡。[24]

如果腓特烈认为其成功能够迎来一片欢呼雀跃，那么他就错了。宗主教格罗尔德在他的信件中斥责皇帝的举动“可悲可叹”，表示他的行为“对耶稣基督的事业造成了严重损害”。在某种程度上，他的愤怒是因为腓特烈与阿尤布王朝的单方面协议是在“经过漫长而神秘的会议之后，没有咨询过任何[本地的法兰克人]”而达成的。格罗尔德还和圣殿骑士团、医院骑士团一道抱怨未能获得足够多的保卫圣城的城堡的控制权（其中许多此前归骑士团所有），并指出皇帝在监督耶路撒冷城防的重建方面毫无作为。然而，在这些指责背后潜藏的是，他们越来越对腓特烈现在将能够对拉丁王国行使他的全部独裁权力感到恐惧。

皇帝或许原本正打算强加他的意志，但从西方传来了令人担忧的消息。趁他离开之际，教皇格里高利九世对意大利南部发动了猛烈的入侵，希望通过夺取西西里来结束霍亨斯陶芬王朝包围罗马的局面。即便腓特烈已被逐出教会，此举依然显得明显属于自私自利，后来在欧洲引发了广泛的谴责。更糟的是，教皇试图给予这场战役的参战者和十字军战士类似的精神犒赏。第五次十字军东征中的两个对手——红衣主教贝拉基与布列讷的约翰——加入了格里高利的大业，并言归于好。

随着其西方帝国受到的威胁剧增，腓特烈很快与耶路撒冷王国的拉丁贵族达成了妥协。他同意当自己离开时让两位本地贵族统治巴勒斯坦，而没有安插自己的“外人”。这不过是权宜之计，但让皇帝得以迅速启程返回意大利。即便如此，腓特烈的高压手段依然在许多黎凡特法兰克人那里激起了怨恨。皇帝对这种“热烈气氛”心知肚明，他试图于1229年5月1日黎明从阿卡低调地乘船（只举行最低程度的仪式）离开。然而据一位拉丁编年史家记载，腓特烈最终受到了侮辱，当他走下码头时，一群“街上的屠夫和老人”发现了他，这群愤怒的暴徒“跑到他身边，向他投掷牛肚和肉块”。这位霍亨斯陶芬王朝皇帝为基督教世界光复了圣城，但据说他在近东是一个“受到憎恨、诅咒和诋毁”的人。[25]

新的天地

腓特烈二世及时赶回了意大利南部并击退了以教皇格里高利九世的名义作战的军队。尽管气氛紧张，但至少目前而言，双方都承认，和解符合彼此的最大利益。1230年，皇帝的绝罚被撤销了，格里高利承认了皇帝在东方与卡米勒签署的和约的有效性，双方恢复了关系。与此同时，在巴勒斯坦，法兰克人逐渐返回了耶路撒冷。尽管此前有所抱怨，宗主教格罗尔德、圣殿骑士团、医院骑士团均回到了城内，并开始缓慢重建城防。由于阿尤布王朝依然被争夺霸权的内斗束缚住了手脚，1229年停战协定的条款得以遵守，拉丁人很大程度上没有受到威胁。

然而，不久后，基督徒便卷入了内讧之中。1229年，腓特烈急于返回西方，被迫放弃了他对霍亨斯陶芬王朝直接支配圣地的设想。然而，随着意大利事务的解决，他于1231年派遣里卡尔多·菲兰杰里对塞浦路斯和巴勒斯坦行使帝国权利。菲兰杰里是个不讲情面、独断专行之人，他在多数本地法兰克贵族中颇不受欢迎，并且与伊贝林的让（他现在已成为反霍亨斯陶芬王朝运动的领军人物）发生了严重冲突。在接下来的10年、甚至更长的时间里，这场抵抗皇权的斗争慢慢升温——它甚至令阿卡本地人宣布其城市独立于耶路撒冷王国。由于受到这一不幸纷争的牵绊，拉丁人在巩固其最近所获领土以及利用阿尤布王朝弱点方面建树不多。

使这种情况变得更加复杂的是，1239年，腓特烈二世与格里高利九世间此前勉强压抑的仇恨又浮出了水面。皇帝再度被逐出教会，这一次，教皇将其霍亨斯陶芬对手污蔑为基督教世界的敌人、伊斯兰教的盟友，并呼吁对他的霍亨斯陶芬对手展开全面的十字军运动。1244年，他又发起了第二次反对皇帝的十字军，这导致了公开冲突，战火一直持续到1250年12月腓特烈驾崩。教皇坚定地希望维护和增强教会的力量，最终接受了以圣战为武器对抗其政敌的想法。未来的数十年，甚至数百年间，类似的号召将屡见不鲜。这引起了一些人的强烈抗议（有时甚至是严厉的谴责），但尽管如此，还是有许多人自愿领取了十字——为了换取赎罪，他们甘愿在拉丁人的国土上对抗基督教同胞。在同时代人对教廷放大“十字军理念”的所有批评中，最能说明问题的是，经常有人抱怨说，圣战的真正战场应该在东方。的确，随着时间的流逝，罗马对十字军的重新定向（既在西欧内部，又在伊比利亚、波罗的海以及摇摇欲坠的拉丁罗马尼亚）无疑进一步孤立、削弱了法兰克人的海外之地。

贵族十字军

上述发展并没有令教廷立刻放弃拉丁东方。倒不如说，黎凡特沦为了众多前线中的一个，有时世俗领袖会来保障幸存十字军国家的利益。例如，1239—1241 年间，香槟的蒂博四世（Thibaut Ⅳ of Champagne，来自西方一个伟大的十字军世家）与英王亨利三世之弟康沃尔的理查（Richard of Cornwall）就分别领导了两次规模较小的远征。他们的战役取得了显著的成功，部分是因为他们采用了腓特烈二世的强硬外交手腕，但主要还是由于 1238 年卡米勒的去世对阿尤布王朝造成了新的震荡。随着已故苏丹家族中多位成员对埃及和叙利亚的统治权展开竞争，蒂博和理查得以利用他们之间的矛盾，收复了加利利并重建了南部海岸前哨亚实基伦的城防。

在获取上述胜利之后，耶路撒冷王国的法兰克贵族最终摆脱了霍亨斯陶芬王朝的控制，在 1243 年左右拒绝承认腓特烈的儿子及继承人康拉德的权威。皇帝因欧洲事务而分身乏术，他所能做出的最佳回应不过是在的黎波里扶持了一位新的代理人。从这一时期起，耶路撒冷的王权便转移至拉丁塞浦路斯的王室血脉，不过真正的权力掌控在贵族手中。[26]

到了 1244 年，法兰克巴勒斯坦似乎重新焕发了生机。大片领土已被收复，耶路撒冷虽然依旧人口稀少，但掌握在基督徒手中。看上去王国仿佛能够回到 1187 年遭到蹂躏之前的相对强大和安全的状态。然而实际上，这种兴旺的迹象是虚幻和短暂的。拉丁人实际上极度脆弱。在疏远霍亨斯陶芬帝国后，他们的军事力量几乎完全依赖于骑士团和西方以十字军形式提供的直接援助，而这一支援很可能会减少。最重要的是，法兰克人近期的好运是阿尤布王朝虚弱的直接结果。假如穆斯林王朝得以复原，或者更糟糕的是，被另一股势力所取代，海外之地就有可能遭受灭顶之灾。

巴勒斯坦的灾祸

经历了 13 世纪 40 年代初期的混乱之后，一位阿尤布家族成员开始脱颖而出：卡米勒的长子萨利赫·阿尤布（al-Salih Ayyub）。至 1244 年，萨利赫已经确保了自己在埃及的地位，不过在此期间，大马士革落入了其叔叔伊斯梅尔（Ismail）之手。为了夺回他在叙利亚的权力，萨利赫像许多此前的阿尤布王朝统治者一样，试图利用骁勇的花剌子模人，他们此刻正处于别儿哥可汗（Berke Khan）的统领之下。应萨利赫的请求，别儿哥率领麾下约 1 万人的凶猛的雇佣军于 1244 年夏初进入巴勒斯坦。花剌子模人似乎是自发地对耶路撒冷发动了意想不到的攻击。当他们逼近时，数以千计的基督徒逃离了城市，他们希望自己能抵达安全的海滨，城内仅余少量守军。这些难民在向西赶的途中饱尝苦痛。他们在犹太丘陵被穆斯林土匪劫掠，随后在拉姆拉附近的平原惨遭花剌子模前锋屠戮，最终只有 300 人到达雅法。

圣城的处境则更加艰难。剩余的法兰克人做了一些抵抗，但这犹如螳臂当车。1244 年 7 月 11 日，别儿哥可汗的部下攻入了耶路撒冷并大肆破坏。据一位拉丁编年史家所说，花剌子模人"发现了拒绝与他人离开而留在圣墓教堂内的基督徒，便在圣墓之前挖出了他们的内脏，并对那些身穿祭服在祭坛上做弥撒的教士施以斩首之刑"。他们剥下了包裹圣墓之外的大理石，并继续破坏、洗劫了伟大的法兰克巴勒斯坦诸王——包括布永的戈弗雷和鲍德温一世——的陵墓。据说，"他们对耶稣基督、圣地、基督教世界犯下的羞辱、秽行和破坏，远远超过这片土地上的所有不信者在和平或战争时期中所做的事"。在完成了此番破坏与亵渎之后，别儿哥可汗率部在加沙（在巴勒斯坦南部）附近与一支来自埃及的约 5000 人的军队会师。[27]

上述暴行促使法兰克人采取行动。他们与大马士革的伊斯梅尔以及另一位穆斯林异见分子霍姆斯埃米尔结盟，随即南下迎战埃及－花剌子模联军。在汇集了法兰克贵族与骑士团的资源之后，基督徒设法集结了约 2000 名骑士和 1 万名步兵。这是自第三次十字军东征以来在东方集结的最大一支野战部队，代表了拉丁王国的全部作战人力。然而，即便加上穆斯林盟军，其人数也仅仅是勉强超过了敌方。围绕着应该采取何种战略的问题爆发了大量争论。霍姆斯埃米尔此前曾击败过花剌子模人，他提议保持耐心、谨慎行事，并修建一个防守严密的营地，认为别儿哥可汗的部下很快将会因无法推进而厌倦并撤兵。然而，急切、自负的拉丁人拒绝了这一明智的建议。1244 年 10 月 18 日，他们发动了进攻，会战在拉佛比村（La Forbie，位于加沙东北方）附近的沙地爆发。

对法兰克人及其盟友来说，随后的战斗是一场彻头彻尾的灾难。他们缺乏数量上的明显优势，不得不仰仗密切合作与一些好运，但他们哪一样都没有。最初，拉丁人与霍姆斯士兵似乎作战顺利，守住了阵地。然而面对花剌子模人持续的突击，大马士革军队失去了斗志，逃之夭夭。随着阵形的崩坏，法兰克－叙利亚联军迅速遭到了包围，虽然他们不顾伤亡勇敢作战，但最终还是战败了。在拉佛比遭受的损失是惊人的：霍姆斯 2000 人的军队阵亡或被俘达 1720 人；348 名圣殿骑士中仅有 36 人逃出生天；条顿骑士团参战 440 人，仅 3 人幸存。圣殿骑士团大团长被俘，医院骑士团大团长阵亡。这是一场灾难，足以和 1187 年的哈丁会战相提并论——海外之地剩余的军事力量遭受了重击。在随后数月中，半个世纪以来逐步收回的领土将全部丢失。

那年秋天，重新集结于阿卡的少数法兰克幸存者惶惶不可终日，“他们哭天抢地，令人神伤”。他们向塞浦路斯和安条克发出警告，并派遣贝鲁特主教加勒朗（Galeran）“向教皇以及法国、英国国王发出严正的信息，［并强调］如果不对圣地迅速采取措施，它将很快完全失陷”。[28] 1244 年的严重挫折引发的真心求助与 50 年前推动第三次十字军东征的情况如出一辙。但在这一时期，基督徒圣战的基础已发生变化：习俗和实践均已改变；狂热已经消退，焦点业已转移。13 世纪的新现实产生的一个明显问题一定困扰着黎凡特法兰克人：拉丁西方会再度发动一支强大的十字军前来拯救圣地吗？

21

战斗的圣徒

贝鲁特主教加勒朗于1245年抵达西方，带来了拉佛比以及法兰克军队毁灭的消息。6月末，他参加了新任教皇英诺森四世（Innocent Ⅳ）在里昂（位于法国东南部，教廷因与腓特烈二世的冲突而逃离了意大利）召开的一次教会会议。尽管海外之地已命悬一线，教皇及其高级教士们却认为有其他更迫切的问题，即他们自己的生存。这一次，腓特烈再度被逐出教会，并被正式剥夺了对德意志与西西里的王权——此举在教廷与霍亨斯陶芬帝国之间引发了公开的战争。英诺森四世还在牵挂着向罗马尼亚拉丁帝国输送资源，后者无疑正日益走向崩溃。教皇同意宣布一场面向近东的新十字军东征，任命法国红衣主教沙托鲁的奥多（Odo of Châteauroux）为教皇特使参与战役，不过，很显然，黎凡特事务并非其优先选项。

加勒朗主教从拉丁欧洲的伟大君主那里获得支持的前景似乎也很黯淡。腓特烈皇帝显然无法离开西方。英格兰的亨利三世则忙于驯服其僭越的贵族，甚至试图禁止加勒朗在英国国土上宣扬十字军运动。只有一位国王挺身而出响应了海外之地的号召，投身于圣地之战中，他就是未来将会被罗马教会封为圣徒的法国的路易九世（Louis Ⅸ）。

法王路易九世

1244年，国王路易大约30岁，他个子很高，身材纤细，皮肤白皙，一头金发。其世系可上溯至曾发动圣战的卡佩君主们——路易七世与腓力二世，他的血脉中也蕴含着十字军东征的因子。路易九世继承的法兰西王国已经脱离了12世纪初期的积弱状态。长寿的腓力二世是个极具天赋的官僚，在他43年的统治生涯中，行政、财政管理有了巨大的进步。在与英格兰的斗争中他也取得了成功，最终征服了诺曼底和大片安茹王朝位于法国西部的领土。

然而，在腓力于1223年去世后，他的儿子路易八世仅活了3年。因此，当路易九世登基时，他只有12岁。其强势的母亲卡斯蒂利亚的布兰卡（Blanche of Castile）担任了摄政，十分有能力；事实上，直到成了30岁的成年人，路易国王还没有从布兰卡专横的阴影中走出来。

路易看上去是个虔诚的基督徒。他以每天参加弥撒和热衷于布道著称。1238年，他购买了被认为是耶稣在受难时所佩戴的荆冠（第四次十字军从拜占庭君士坦丁堡掠夺了它，后来被一贫如洗的拉丁罗马尼亚统治者卖掉）。在此后数十年中，路易于巴黎市中心修建了一座宏伟的新教堂——圣礼拜堂，这是一座以先进的建筑技术建造的“哥特式”风格杰作，这种风格将会风靡西欧——来存放这件耶稣受难的圣髑。路易也是法国境内修道院的慷慨资助者。在与教廷的交往中，这位卡佩君主对拉丁教会显示出谦恭、尊崇的态度，但也未因此而损害王室权威或其个人的精神信条。因此，他允许教廷在法国宣布将腓特烈二世逐出教会，但禁止在自己国土上宣扬一场针对皇帝的十字军运动。

在路易统治的初期，他学到了一些战争知识，但尚未展露出狮心王理查那样的军事天赋或战略眼光。然而，这位卡佩却尤其擅长通过悉心保障部下的福祉与士气来激发军队的忠诚。实际上，路易在治国和用兵上的方略很大程度上受荣誉、正义、义务等观念的影响。上述原则属于 12 世纪末、13 世纪初形成的骑士行为准则的核心部分，如今几乎渗入了基督教骑士文化的每一个方面。新生的骑士精神从一开始就在十字军东征中发挥了作用；实际上，它构成了第三次十字军东征的背景。不过，到了 13 世纪 40 年代，它已经是一股塑造了圣战的重要力量。

对路易九世及其追随者而言，十字军东征是履行对上帝应尽的义务的一种手段，也是一场可以维护和提高个人声誉的斗争。通过英勇征战能够赢得美誉，当然，也存在失败退缩的风险，这意味着蒙羞的可能。十字军战士们依旧受到赎罪的精神犒赏的吸引，不过，尽管许多人还是将自己当作朝圣者，把圣战视为宗教之旅的理念还是逐渐让位于把十字军东征看成一件侠义之举的构想。这一变化将对战场产生显著的影响，尤其是因为寻求个人荣誉和遵守命令之间存在与生俱来的紧张关系。

路易可能在 13 世纪 30 年代便有了参加十字军东征的想法，他也对“贵族十字军”提供了资金支持，但到了 1244 年末，他领取十字的决心才愈发坚定。到了这个阶段，耶路撒冷被花剌子模人攻占的消息很可能已传遍欧洲，但加勒朗主教尚未带来拉佛比惨败的噩耗。那年冬天，法王患病，发起了高烧。12 月，他在巴黎卧床不起，“濒临死亡，以至于一位［他的臣仆］坚称他已经驾崩，把床单盖在他的脸上”。尽管极度虚弱，路易依然表达了领导十字军东征的坚定不移的决心，据说他当即“要求把十字给他”。在他成年、独立之后，十字军东征是他将为之献身的事业。[29]

备 战

路易九世花费了几乎 4 年时间来发动他的十字军远征。这并非故意拖延，而是国王试图精心备战的结果。远征将由法国人支配。虽然腓特烈二世的确对卡佩君主开放了西西里的港口和市场，但霍亨斯陶芬王朝与教廷间的冲突令德意志和意大利难以参与远征。尽管亨利三世心存疑虑，一些英国显贵也领取了十字，其中最著名的当属威廉·朗索德（William Longsword）。

在法国，路易的热忱以及沙托鲁的奥多的努力促成了广泛的应征入伍。国王的全部 3 个弟弟均名列其中：阿图瓦的罗贝尔（Robert of Artois）、普瓦捷的阿方斯（Alphonse of Poitiers）与安茹的查理（Charles of Anjou）。随着 1245 年于巴黎举行的盛大集会闭幕，许多其他重要公爵、伯爵及高级教士也加入了远征。香槟伯爵正忙于西班牙北部事务，但其家族的许多重要成员参了军，其中包括一位名叫茹安维尔的约翰（John of Joinville）的 23 岁的骑士，他继承了香槟总管（在当时负责领主的各种典礼）这一头衔。作为即将到来的十字军东征的参与者，茹安维尔很好地了解了路易并亲历了圣战。多年后，这位总管将他的经历见闻生动地记录了下来，虽然对法王有些溢美之词。茹安维尔的古法语文献——同时既是个人回忆也是王室传记（有时甚至是圣徒传记）——为我们提供了对十字军战争经验最入木三分、发人深省的见解之一。[30]

茹安维尔的记载加上其他大量的同时代证据，十分清楚地表明路易九世投入了巨大的精力为他即将到来的远征做准备。他采取的详细措施反映出其深谋远虑和对细节的关注。国王的计划明显来自以下信念：十字军东征的成功仰仗于现实和精神两方面的考量。

路易利用13世纪法国日益成熟的行政管理，有条不紊地处理后勤准备工作。他不愿带领一支流寇般的军队前往东方。国王选择塞浦路斯作为自己的前方补给站，开始着手建立战争所需的食品、武器与资源的供应。经过两年的物资准备，岛上大麦、小麦堆积如山，而远远望去，成堆的酒桶很容易让人误以为是一座座谷仓。法国东南海岸的新设防港口艾格莫尔特（Aigues-Mortes）则成为远征在欧洲的行动基地。

这番忙碌花费了大量金钱。为了资助十字军东征，路易征集了大笔军费。王室账目记载，他在最初两年里共花费了200万图尔里弗（livre tournois，即以法国图尔“磅”为单位计量的黄金），其中许多用于法国骑士的薪水和津贴。考虑到在此时期整个王室的年收入也未超过25万图尔里弗，发动这场战役的经济负担可谓巨大。教皇为了帮助支付这笔费用，特许路易征收法国教会收入的二十分之一，后又增至十分之一，为期3年。王国官吏们还向异端与犹太人勒索钱财。总而言之，路易允许为了圣战乞求、借用和偷窃。此外，他鼓励其他十字军领袖们自己筹集资金并为组织运输出力。[31]

许多早先的十字军东征都被困扰着拉丁基督教世界的内部倾轧所破坏。这样凶险的政治环境让君主们推迟或放弃了在黎凡特征战的计划，因为担忧自己长期不在国内而引发的潜在后果。然而，尽管路易九世明白自己对法兰西王国的职责，他显然还是认为领导十字军东征更加重要。因此，在启程前往东方前，国王将其卡佩国土的摄政权交与了他经验丰富的母亲布兰卡。同样，他还尽了最大的努力来解决欧洲的政治事务：试图促成教廷与腓特烈二世的和解，并与英格兰和平相处。但即便上述步骤仅取得了很小的成功（例如，在霍亨斯陶芬王朝与罗马的冲突上）、对法国的安全和路易自己作为国王的地位的威胁依旧存在，他依然拒绝推迟行期或找人代他实现诺言。

除了努力为西方带来和睦以及在他所看来的基督教团契，在更个人的意义上，这位卡佩国王开始调和与子民及其灵魂的关系。路易显然相信，他的十字军东征无法仅仅通过人的所作所为来取胜，而需仰仗精神上的忏悔、奉献与纯洁无瑕的心灵。他迈出了全新的一步，进行了一系列调查工作（主要由托钵修士执行），以解决国内的任何悬而未决的法律纠纷并祛除任何由他本人、其官员，甚至其祖先造成的腐败和不公。在第一次十字军东征时代，一些领取十字之人曾试图在出发前解决好自身的事务、平息争端，但从未达到如此规模。

1248 年 6 月 12 日，在巴黎举行的一场追忆十字军前辈之虔诚的公众庆典宣告了路易的十字军东征开启。国王在巴黎圣母院收下了象征十字军朝圣的象征物——行囊与朝圣之杖，随后赤足走向圣但尼教堂举起了法兰西的古老战旗“金色火焰”。他从此南下直达海滨，与其军队在 8 月末由艾格莫尔特和马赛启程。

据估计，路易最多统领了总数在 2 万至 2.5 万人之间的部队。其中包括大约 2800 名骑士，5600 名骑马军士和超过 1 万名的步兵。此外，还有约 5000 名弩手在军中作战，他们所使用的弓弩在精准度和威力上有了很大的提高，这使他们在战役里扮演了重要角色。这当然算不上一支庞大的军队，不过国王似乎有意带领精兵良将而非乌合之众参战，他甚至留下了数千人的其他部队以及一批自发聚集在艾格莫尔特希望加入远征的非战斗人员。

按照如今已确立的惯例，十字军开始了经海路到近东的旅程。路易乘坐一只名为“蒙茹瓦”号（*Montjoie*，意为“欣悦之丘”，名称来自赴耶路撒冷朝圣者接近圣城时看到的第一处景物）的王室大船。不过对多数法兰克人而言，前往地中海东部的航行是一件令人恐惧和极度不舒服的事。普通运输船的甲板面积大约为 1500 平方英尺（大体上相当于半个现代网球场），却不得不搭载约 500 名乘客，有时甚至更多。难怪一位十字军战士会将海上旅程比作身陷囹圄。下层甲板通常用来运输马匹，然而，路易还是为这批最宝贵的动物打造了特意设计的运输工具，因为它们对拉丁人偏爱的骑兵战至关重要。

茹安维尔的约翰描述了 1248 年 8 月末从马赛启程时的经历。登船后，他看见马匹通过船身上的一扇门被领入了下甲板内。随后，该入口被仔细地密封，“就像入水前的木桶一样，因为一旦到了远海，那扇门就完全被淹没了”。在船长的督促下，当船帆展开、旅程开启时，全体船员、乘客唱起了一首十字军中流行的歌曲《降临吧，造物主圣灵》（‘Veni, Creator Spiritus’）。但即便士气高涨，茹安维尔也承认他对海上旅行提心吊胆，他说，没人“能说出他在夜间何时入眠，他会不会在第二天早晨沉入海底”。

这一次，他有些杞人忧天了，3 周后，总管来到了塞浦路斯，而路易国王已于 9 月 17 日抵达。[32]

猛攻尼罗河

抵达塞浦路斯后，路易九世并没有急于发动征战；相反，他花费了随后的冬季与春季来集结部队、最终确定战略。拉丁巴勒斯坦的部队也加入了远征军，其中包括许多主要的法兰克贵族、大批来自三大骑士团的军队，以及德高望重的耶路撒冷宗主教南特的罗贝尔（Robert of Nantes，据说已近 80 岁）。他与教皇特使沙托鲁的奥多一起负责军队的宗教事务。尽管有这些人的加入，但路易对十字军拥有最高指挥权似乎是毋庸置疑的。

在这一时期（如果不是更早的话），他们下定了决心发起埃及战役，因为萨利赫苏丹的阿尤布政权仍然很脆弱。路易的目标似乎是征服整个埃及。他不愿在进攻之前或在夺取最初的领土后进行谈判，而是想要摧毁阿尤布王朝的权力中心，随后利用尼罗河区域作为新基地去收复圣地的其余部分。这是一个野心勃勃但并非完全不切实际的计划。在权衡了攻打亚历山大里亚或杜姆亚特的相对优点后，他们选中了后者。路易的十字军踏上了第五次十字军东征的老路。

经过在塞浦路斯数月的翘首期盼后，远征有了公认的领袖和一致的目标——这是两个给人希望的指标。不过，延宕亦有其代价。关于路易抵达的情报让萨利赫得以在埃及备战。甚至在正式开战以前，疾病（可能是疟疾）也夺去了大约 260 位拉丁贵族、骑士的性命，占到了其总数的约十分之一。对其他人而言，漫长的无所事事的时期消耗了他们的财源：和一些同胞一样，茹安维尔几乎已无力偿付麾下的骑士，而不得不为路易国王效命。

然而，到了春末，准备工作还是完成了。1249 年 5 月 13 日，一支强大的舰队（包括约 120 艘大型桨帆船和大概 1000 艘小型船只）从塞浦路斯起锚。茹安维尔写道："目光所及的整片大海都被船帆所覆盖。"风暴和强风吹散了部分海军船只，而舰队抵达埃及海岸共耗时 23 天。旅程将尽之时，十字军邂逅了 4 艘穆斯林桨帆船。其中 3 艘被法兰克人的火箭及甲板上的投石机射出的石弹迅速击沉，但有 1 艘尽管受到严重损伤还是逃脱了，它似乎已经向驻守在北非海岸的穆斯林发出了警讯。[33]

6 月初，拉丁人在杜姆亚特附近海域下锚。第五次十字军东征曾设法于城市以北的海滩及尼罗河西岸突然登陆，但路易的部下却没有这番好运。在大海对面列阵的是法赫尔丁指挥的数千阿尤布王朝军队。13 世纪 20 年代，这位埃米尔曾与腓特烈二世谈判，如今他已成为萨利赫的重要将领之一。尼罗河河口也有一支穆斯林小型船队守卫着。面对敌人的严阵以待，路易在"蒙茹瓦"号上举行了一场战争会议，最终决定于第二天早晨发动一次大规模登陆。国王及其谋臣想必清楚他们正在孤注一掷——试图发起十字军历史上最大胆的两栖作战。船只在靠岸时发生的协同上的任何闪失都可能让孤立的法兰克士兵被歼灭。倘若最初的猛攻受阻，未能在海岸获取立足点，整个远征在第一轮进攻中便有崩溃之虞。

抢滩登陆

1249 年 6 月 5 日破晓之时，成千上万的拉丁人簇拥在战船上背诵着祷词。夜里，所有人已被要求进行忏悔。在"蒙茹瓦"号上，路易和往常一样参加了弥撒。随后，整个舰队开始了困难的工作——从大型运输船换乘吃水较浅的登陆艇。茹安维尔的约翰与他的部下跳进了一条大划艇，它严重超载差点沉没。不久后，他亲眼看见一位不幸的骑士错估了跳上船的时机——“它划开了，因此他跌入海中并淹死了”。

茹安维尔生动地描述了在三角洲海岸所见的一幕：“苏丹的军队沿海岸一字排开。苏丹的［军旗］皆为金色，在阳光下发出耀眼光芒，令人无法直视。敌军战鼓与萨拉森号角发出的喧嚣震耳欲聋。”在他周围，数百艘小艇冲向滩头，其中许多涂上了鲜艳的纹章，挂着旌旗，桨手吃力地向前划着船。

茹安维尔的约翰的大划艇是最早靠岸的之一，他们正对着一队穆斯林骑兵，后者立即冲了过来。他描述道，在跳进了浅水后，“我们将盾牌尖端插入沙地，将长枪紧紧固定在地面上，枪尖朝向敌军”。这一“刺猬阵”拯救了茹安维尔和他的部下——“此刻［冲锋的敌人］发现长枪将刺入自己的肚腹，便掉头逃走了”。正当成千上万的拉丁人抵达海岸线时，约翰的队伍守住了自己的阵地，挺过了第一次遭遇战。[34]

海岸的各处都爆发了激战，穆斯林向登陆船队倾泻了一阵阵可怕的箭雨和标枪。很快就清楚的是，不是每条法兰克人的船只都吃水够浅，能够抵达沙滩。在这千钧一发之际，进攻原本很有可能半途而废，然而，下达了弃船涉水上岸的紧急命令。一些人“带着热切的渴望”跳得太早并溺水了，其他人发现海水深至腰部甚至腋窝，但他们很快便开始大步向前。许多骑士奋力卸下了战马以便他们能够骑马作战，而基督教弩手则试图提供掩护，据一位十字军战士所说，他们倾泻的箭雨“如此密集、迅速，让人难以置信”。海岸四处都爆发了凶猛的小规模战斗，不过，重甲的法兰克骑士们很快摆出了严密的阵势，一旦滩头阵地得以建立，穆斯林的攻击就变得越来越无效了。

当拉丁人开始占据上风时，路易九世正与沙托鲁的奥多一道在自己的登陆艇上观战。计划是让国王安全地待在船上，然而，当卡佩君主目睹自己的王旗“金色火焰”竖立在埃及沙滩上后，便再也按捺不住。不顾教皇特使的激烈反对，路易跳入了及胸深的水中，奋勇向前。“他戴着头盔，盾牌挂在脖子上，手持长枪，直至加入了岸上的队伍。”在那里，国王热血上涌，若非人们加以阻拦，他就要亲自参战。

零星的战斗一直持续到中午，但阿尤布王朝的防御组织凌乱且缺乏决心。法赫尔丁最终朝着内陆的杜姆亚特退去。据说，穆斯林损失了 500 人，包括 3 名埃米尔和许多马匹，而法兰克人的损失相当轻微。整个登陆大获成功。许多十字军战士感到，是上帝的恩典令他们赢得了胜利，一人在信中说，拉丁人“如同主的健儿那般”战斗。[35]

好运还在后头。路易国王对第五次十字军东征中杜姆亚特历时 18 个月方被攻占记忆犹新，他原本预期围攻将是一场恶战并做了相应准备。随着这天临近结束，他开始将补给运上海岸，准备加固阵地并在必要时击退反攻。然而在第二天，法兰克人震惊地发现杜姆亚特被弃守了。人们看到城市上空冒着浓烟，斥候回报说，城内守军一部分通过陆路一部分通过尼罗河逃之夭夭。仅凭一战，路易便达成了其战役的第一个目标，在尼罗河建立了据点并打开了通向埃及的门户。这是历次十字军东征的最佳开局。在北非夏季的酷暑中，阿尤布王朝军队逃离滩头并放弃杜姆亚特的场景似乎让路易及其同胞头脑发热。对他们而言，这是津津乐道的一幕——它表明伊斯兰世界正处于崩溃边缘并预示着基督徒的彻底胜利。

阿尤布王朝的衰落

十字军将士认为他们在 1249 年 6 月初的胜利来自自身的军事优势和伊斯兰世界的衰弱状态。虽然上述观点包含了一些真实情况，但也掩盖了局势的根本现实。法赫尔丁在 6 月 5 日决定撤离战场，似乎并非主要因为畏惧拉丁人的勇猛。实际上，他放弃海滩并随后迅速领军越过杜姆亚特南下是因为他的野心在别处。该城由一支以勇猛著称的名叫基纳尼亚（Kinaniyya）的军团驻守；但他们惊恐地发觉自己遭到了遗弃，于是也在夜里逃走了。这些南逃的部队在阿尤布王朝的主要营地重新集结，在那里，萨利赫苏丹对权力的控制已经到了最后的衰落期。

1244 年穆斯林于拉佛比取胜后，萨利赫便背弃了花剌子模人。他断定这些桀骜不驯的雇佣军过于危险、无法信任，便拒绝其昔日盟友进入埃及。他们几乎是漫无目的地蹂躏了巴勒斯坦和叙利亚，这一暴行实际上最终令花剌子模人引火烧身——1246 年，他们被叙利亚穆斯林联军彻底击败。随后的几年中，萨利赫着手控制了大马士革并吞并了更多的巴勒斯坦土地。

然而，在这段时期中，苏丹疾病缠身。至 1249 年，他的健康迅速恶化，只能依靠担架出行。因此，从这方面来看，国王路易九世的十字军东征时机绝佳，因为此时适逢阿尤布王朝最高统帅极度虚弱。然而，即便萨利赫命不久矣，还是有不少觊觎其大位之人，其中就包括法赫尔丁。这就是这位埃米尔在 1249 年夏初轻易放弃杜姆亚特的原因——他担心倘若在海岸陷入旷日持久的战斗，当苏丹去世时，他将失去攫取权力的机会。尼罗河三角洲河口发生的事情的结果激怒了病中的萨利赫。他似乎怀疑法赫尔丁撤退背后的真实原因，但缺乏公开惩处一位如此重要的埃米尔的信心。基纳尼亚就没有那么幸运了，苏丹绞死了整支部队。[36]

在这种猜忌、肃杀的氛围里，背叛和对抗仅仅是整个黎凡特阿尤布王国顽症的冰山一角。经历了数十年的统治后，这个由萨拉丁和弟弟法迪勒创立的王朝正慢慢走向瓦解——备受领导无方和内部倾轧之苦。但这并不意味着法兰克人能够不受抵抗地征服埃及或圣地。事实上，甚至在法赫尔丁的荣耀梦想之外，另一支异常强大的势力正在埃及崛起：马穆鲁克（mamluks）。

马穆鲁克——伊斯兰之剑

马穆鲁克（或曰“奴隶兵”）已经被黎凡特的穆斯林统治者驱使了数百年，在整个 12 世纪和 13 世纪，他们在赞吉王朝和阿尤布王朝军队中扮演了重要角色。这些忠心耿耿、高度专业的战士是一个精心设计的奴隶制与军事训练制度的产物。他们大部分来自遥远的北方，是来自黑海以外的俄罗斯钦察草原的突厥人；他们在孩童时代（通常年龄在 8 岁至 12 岁之间）被组织严密的奴隶团伙抓获并贩卖给近东、中东的伊斯兰权贵，然后被灌输穆斯林的信仰，并接受军事训练。

马穆鲁克不仅仅因为无与伦比的军事技艺受到赞誉，还因为他们的忠诚。由于其身家性命均直接与一位主人相连，因此他们往往非常忠诚——这在尔虞我诈的中世纪伊斯兰权力政治中是一种罕见的品质。一位 11 世纪的塞尔柱统治者在评论他们的可靠时说："一个恭顺的奴隶胜过 300 个儿子，因为后者期望父亲早死，而前者期望主人长命百岁。"虽然听起来可能奇怪，但他们的忠诚也是其锦绣前程带来的结果，因为许多杰出的马穆鲁克长期享有指挥权、自由和财富。

从努尔丁到卡米勒，统治者们雇佣马穆鲁克担任从"皇家"卫队到战地指挥官的各种职位，不过，没有一位苏丹比萨利赫更加依赖他们的服务。大约在 1240 年以后，他变得对自己的其他家臣和士兵越来越猜忌，于是打造了一支规模大得多的马穆鲁克军队。该部队的核心是 1000 人组成的名叫拜赫里耶（Bahriyya，得名于他们驻防的位于开罗附近尼罗河上的一座小岛［名叫"bahr al-Nil"］，其阿拉伯语的含义为"尼罗河之海"）的军团。一位同时代穆斯林记载说，拜赫里耶迅速"成了一支骁勇善战的虎狼之师，穆斯林由此获益良多"。在某种程度上，萨利赫打造这支精兵（以及其他马穆鲁克部队）是完全有道理的。其摇摇欲坠的政权的存续很快将仰仗于拜赫里耶的长期支持。不过，一旦萨利赫驾崩，他们对阿尤布继承人的忠心就可能会动摇——实际上，马穆鲁克或许已开始思忖，他们是否应该自己做主人。

眼下，平衡尚能维持。萨利赫熬过了 1249 年的夏季和秋季，在设防严密的曼苏拉旁为他的军队建立了一个受到良好保护的作战基地——与第五次十字军东征中其阿尤布先辈的选址相同。随着穆斯林军站稳脚跟，并且有拜赫里耶这样的精锐部队，很明显，如果路易国王的十字军敢于沿尼罗河南下冒险的话，他们将比在杜姆亚特遇到的抵抗要强硬得多。[37]

征服埃及

在法兰克人占领杜姆亚特之后，路易谨慎地休整了一段时间。卡佩君主对以杜姆亚特为筹码去达成巴勒斯坦的领土让步毫无兴趣，他期盼的反而是征服整个埃及阿尤布王朝，在穆斯林的抵抗土崩瓦解后，再朝东向耶路撒冷进军。这一战略意味着，在某个时刻，十字军将深入内陆。国王似乎对 28 年前红衣主教贝拉基和布列讷的约翰在埃及遭遇的难题有所了解，一些 1249 年身处杜姆亚特的基督教见证者明确提到了第五次十字军东征经历的逆转。当然，随着尼罗河洪水的临近，路易并没有试图立即南下。相反，远征军在等待中度过了夏天。

在这几个月里，路易和他的谋臣们讨论着下一步的行动。亚历山大里亚的港口被认为是一个可取的目标，但据说国王的一个弟弟阿图瓦的罗贝尔建议直接向南入侵，主张“打蛇打七寸”。由于萨利赫的阿尤布军队如今驻扎于曼苏拉，路易的十字军将面临当年贝拉基遭遇的同样的战略挑战。不过，登陆杜姆亚特的经验指出了穆斯林的弱点，倘若在尼罗河赢得了胜利，其收获将是惊人的。一位穆斯林编年史家承认这一风险，他写道：“倘若在曼苏拉的［阿尤布王朝］军队被逼退一步，整个埃及将很快沦陷。”[38]

1249 年 11 月 20 日左右，随着洪水消退，路易的军队开始沿着尼罗河东岸进军。与贝拉基相比，国王对三角洲的地形有着更充分（虽然仍不完美）的了解，对前方的挑战也有更充分的认识。他沿着河道南下，与一支由“许多大大小小的船只组成的舰队并驾齐驱，船上满载着食物、武器、攻城器械、盔甲及一切其他军需品”。推进速度缓慢，部分是因为南风使尼罗河很难逆流前进，不过，阿尤布王朝发动的几次早期试探进攻均被轻易地击退，基督徒无情地逼近了曼苏拉。

在行军的最后阶段，路易和先前的贝拉基一样，必定已经走过了马哈拉运河汇入尼罗河之处，然而，这一关键水道未见于任何基督徒对行军的记载，似乎法兰克人也没有尝试封堵它或派兵驻守。考虑到该运河在 1221 年发挥的作用，一眼看去，这似乎是一个愚蠢的疏忽。不过，很可能路易与他的同时代人以及第五次十字军都不清楚卡米勒是如何设法让他的舰队到达尼罗河北段的。即便法王在 1249 年花时间勘察了这条运河，但由于已过夏季洪水期，其过低的水位可能让人认为它是无法通航的。

无论如何，法兰克人于 12 月 21 日完成了行军，占据了和第五次十字军东征所占领的位置相同的阵地，即尼罗河与塔尼斯河交汇处以北。阿尤布王朝在对面的塔尼斯河南岸搭建了一个帐篷营地，不过其主力部队驻扎在更南边。与此同时，拜赫里耶马穆鲁克的营地设在曼苏拉城内（自 1221 年以来，它已经从一个营地发展为一个更加永久的设防定居点）。在路易从杜姆亚特出发行军期间，阿尤布王朝宫廷内快速发生了变化。11 月 22 日，在与病魔进行了漫长而艰难的搏斗后，萨利赫驾崩了。此时，法赫尔丁与已故苏丹的一位寡妇沙贾尔·杜尔（Shajar al-Durr）结成了同盟。据穆斯林史料记载，二人竭力隐瞒萨利赫的死讯：将他的尸体仔细包裹后放进棺材中；伪造其签名，将军队指挥权授予法赫尔丁；甚至继续每晚安排宴席，并宣称苏丹因病重而无法列席。

就沙贾尔·杜尔而言，欺骗的目的是在面临十字军入侵时保持阿尤布王朝表面上的团结，并让苏丹的权力更替顺利完成。为此，拜赫里耶马穆鲁克的指挥官阿克泰（Aqtay）被派往美索不达米亚邀请萨利赫的儿子、继承人穆阿扎姆·图兰沙阿（al-Mu‘azzam Turanshah）前来执掌埃及的权力。法赫尔丁同意了该计划，既为了避嫌，也因为此举让阿克泰（他的潜在对手）远离了权力中心。不过，鉴于路途遥远并且需穿越敌境，法赫尔丁暗地里似乎希望要么信使未能到达，要么图兰沙阿无法进入北非。用一位穆斯林编年史家的话说，法赫尔丁“想要实现唯一和独断的统治”。

尽管有种种阴谋，萨利赫的死讯最终还是泄露了，这在开罗引发了恐慌与动荡。不久，路易九世也发现了，正如他后来所说的：“埃及苏丹结束了其悲惨的一生。”这一消息增加了国王取胜的希望。[39]

十字军现在面临的主要挑战是如何跨越湍急的塔尼斯河这道天堑。路易的策略（似乎是在杜姆亚特制定的）为修建一条横跨河流的“以木材、泥土建造的堤道”。为了达成这一目标，国王命令他的首席工程师科尔诺的乔斯林（Joscelin of Cornaut）监督一项分为两个阶段的计划。一对“猫屋”（带有防护屏的移动塔楼）被造了出来，在其保护下，劳工们得以在堤道上工作。与此同时，从海岸运来了大约 18 具投石机，它们能够提供火力掩护。一旦所有装置都组装好、安放就位，更加危险的第二阶段——堤道的实际施工——便开始了。

对法兰克人而言不幸的是，塔尼斯河南岸的埃及军队拥有自己的 16 台投石机。一旦十字军进入射程，法赫尔丁便发起了不间断的轰炸，士兵们“分班夜以继日地”投射出“密如雨点般的石块、标枪、弓箭”。和过去的穆斯林军一样，和基督教敌人相比，驻扎在曼苏拉的阿尤布王朝军队还拥有一项致命的技术优势：供应充足、高度易燃的希腊火（一位十字军战士恰当地称之为“地狱火”）。法赫尔丁瞄准拉丁人的木质“猫屋”齐射希腊火以达成毁灭效果。茹安维尔的约翰奉命连续多个夜晚驻守其中一座脆弱的塔楼，后来他坦率地描述了自己与部下经历的恐怖——他们目睹希腊火瓶划过黑暗的天空像“恶龙在空中飞过”，拖着“火焰的尾巴”。1250 年初的一天，恰逢约翰未当值之际，阿尤布王朝的攻击奏效了，塔楼在烈火中倒塌了。茹安维尔写道，为了感谢这并未发生在自己值班期间，“我和我的骑士们为此赞美上帝”。[40]

即便拥有“猫屋”，修建堤道的尝试依然失败了，因为湍急的河水侵蚀了建筑结构。在 2 月的第一周，路易终止了这徒劳的努力，营中士气低沉，因为看上去战况陷入了僵局。然而，大约与此同时，一个穆斯林叛徒（被描述为一个贝都因人或埃及军队的逃兵）告诉拉丁人塔尼斯河下游有一个浅滩能让他们到达南岸。法王带着这意想不到的希望，当即决定利用该浅滩对阿尤布王朝营地直接发起进攻。

路易明白这一行动蕴含的巨大风险，以及如果在塔尼斯河对岸陷入包围所产生的致命后果，他小心翼翼地制定了自己的战术。为了避免被发现，渡河将在黎明前开始。浅滩的水深以及快速交战的要求排除了步兵的参与，因此只有骑兵被选中。为了维持严格的军纪，他们均选自国王信任的法国部队以及圣殿骑士团、医院骑士团。海外之地的法兰克人与条顿骑士团则留在原处，保卫北部营地。最重要的是，整支部队必须在被攻击前抵达南岸并重整队形。考虑到这一点，路易“命令他们所有人——无论地位高低——均不得破坏阵形”。[41]

曼苏拉之战

1250 年 2 月 8 日星期二破晓前，国王的计划开始付诸实施。圣殿骑士团一马当先，紧随其后的是国王的弟弟阿图瓦伯爵罗贝尔率领的骑士，其中包括英格兰人索尔兹伯里伯爵威廉·朗索德。人们很快发现浅滩比预期的要深，中流时竟需战马游泳，两边的河岸非常陡峭、泥泞，以至于一些十字军战士坠马溺水而亡。尽管如此，还是有数以百计的法兰克人踏上了对岸的土地。

然后，就在太阳升起时，阿图瓦的罗贝尔突然做出了一个出人意料的决定——发动进攻。他身先士卒，带领部下朝着河边的阿尤布基地冲去。混乱中，圣殿骑士团紧随其后，从而让路易与部队主力困在了浅滩上。在这一瞬间，发动有序进攻的全部希望烟消云散。罗贝尔行事如此鲁莽的原因已不得而知：或许他眼看一次奇袭的机会就要溜走，或许是对荣誉、名望的渴求激励了他。当他策马离去，留下的人——包括国王在内——必定感到震惊、迷惑和愤怒。

尽管如此，最初罗贝尔的鲁莽似乎能够赢得这一天的胜利。伯爵带领约 600 人的十字军战士与圣殿骑士突入毫无防备的穆斯林营地，许多人还在睡梦之中，因此他们仅遭遇了象征性的抵抗。他们在敌人帐中横冲直撞，大开杀戒。法赫尔丁此刻正在做晨礼，他匆匆披上几件衣服，骑上马，手无寸铁地冲向喧嚣之处。他遭到了一队圣殿骑士的攻击，被两记凶猛的剑击杀死了。在其他地方，到处是肆意的屠杀。一个法兰克人描述了拉丁人是如何“不留一个活口”的，他说：“若非他们是基督教的敌人，这尸横遍野、血溅四方的景象还真让人感到悲伤。”[42]

这场残暴的袭击蹂躏了阿尤布王朝营地，假如罗贝尔选择控制战场、重整部队并等候路易到来，惊人的胜利本已唾手可得。然而这并未发生。随着穆斯林溃兵逃往曼苏拉，阿图瓦伯爵做出了一个头脑发热、令人遗憾的决定——追击。当他准备发起第二次冲锋时，圣殿骑士团指挥官奉劝他谨慎行事，然而罗贝尔却斥责他胆小如鼠。据一份基督教文献记载，这位圣殿骑士回答说："我与我的兄弟们都不害怕……不过，我要告诉你，你和我们都将有去无回。"

他们策马南下一小段路程，冲进了曼苏拉。在那里，他们有勇无谋的决定的愚蠢马上暴露出来。在开阔平原上，甚至在阿尤布的营地，基督徒能够自由行动并以紧密队形作战。然而一旦陷于城镇局促的街道、小巷，这种作战方式便行不通了。更糟的是，进入曼苏拉后，法兰克人面对的是驻守该城的拜赫里耶精锐军团。这是拉丁人与这些"战场雄狮"首度致命的邂逅。一位穆斯林编年史家描述道，马穆鲁克作战冷酷无情，视死如归。他们从四面八方围住了十字军，用长矛、刀剑和弓箭发动攻击，"对十字军大开杀戒"。骑马冲入曼苏拉的大约 600 人中，只有几个人逃脱了，阿图瓦的罗贝尔与威廉·朗索德都阵亡了。[43]

在塔尼斯河岸，路易对刚刚在曼苏拉开始的可怕屠杀一无所知，即使马穆鲁克骑兵部队开始反攻，他依然勇敢地试图保持对剩余部队的掌控。一位十字军战士描述说，当敌人逼近时，"号角、战鼓发出了巨大的声响"；"士兵发出怒吼，战马嘶鸣着，让人不寒而栗"。不过，在拥挤的人群中，国王镇定自若地缓缓向前推进，以便在河的南岸、十字军营地对面建立一处阵地。在这里，法兰克人集结于"金色火焰"周围，拼命地试图守住阵地，而马穆鲁克则释放"阵阵箭雨"，并冲进战场发动了白刃战。那一天的损失是惊人的。茹安维尔手下的一名骑士“双肩之间被长枪刺中，造成了一个很大的伤口，鲜血从他体内喷涌而出，好似从揭开塞子的酒桶流出来”。另一人的脸中央被穆斯林的剑砍中，“鼻子被割了下来，悬在他的嘴唇上”。他继续坚持战斗，直至因伤重死去。至于他本人，约翰写道：“我仅仅中了5箭，而我的马中了15箭。”

十字军接近崩溃的边缘——一些人试图游过塔尼斯河，一名目击者“看到河面上漂浮着长枪和盾牌，以及大量溺水而亡的人和马”。对那些战斗在国王身边的人而言，敌人似乎无穷无尽，“每杀死一个［穆斯林］，就有另一个新的、充满活力的敌人立即出现”。然而自始至终，路易岿然不动。受其坚韧不拔的精神的鼓舞，基督徒顶住了一波又一波进攻，最终，在下午3点左右，穆斯林的攻势减弱了。当夜幕降临时，备受打击的法兰克人保住了阵地。[44]

拉丁文献将曼苏拉之战描绘为十字军的大胜，从某种意义上说的确如此。法兰克人绝处逢生，在塔尼斯河以南建立了一个桥头堡。然而代价是巨大的。阿图瓦的罗贝尔及其部队的阵亡（包括大部分圣殿骑士），令远征军失去了许多最勇猛的战士。在即将到来的战斗中，能够深切地感受到这些损失。并且，虽然十字军渡过了河流，但曼苏拉依旧横亘在他们面前，阻止他们前进。

胜负之间

曼苏拉之战一结束，路易九世就在战略上面临着紧迫的两难境地。理论上国王有两个选项：一是减少损失，撤回塔尼斯河对岸；二是在南岸筑壕据守，期望能战胜阿尤布敌军。选择前者等于承认失败，虽然这一谨慎的策略也许能让十字军得以重组，但由于部队已遭到削弱，发动第二次渡河攻势的机会有限。路易想必也意识到，牺牲了如此多的基督徒的生命赢取的桥头堡，一经放弃，带来的耻辱和挫败感将摧毁法兰克人的士气，很可能再也无法恢复。是日夜，或第二天黎明，国王本可以下令撤退，但此举将标志着其埃及战略的失败以及十字军东征的终结。

考虑到路易真诚地相信其努力得到了上帝的眷顾，并且一直身负坚持骑士精神、荣耀十字军先祖成就的压力，他拒绝任何撤退的念头也就不足为奇了。相反，他立刻开始加固自己位于南岸的阵地，并从占领的穆斯林营地中收集原材料（包括从剩余的 14 架投石机上得到的木材）临时打造了一道栅栏，此外还挖掘了一条较浅的防御性壕沟。与此同时，他用一些小船在塔尼斯河上连接成了一座临时浮桥，将北面的旧营地和十字军新前哨之间连接了起来。通过这些措施，法兰克人试图为即将到来的战争风暴做好准备。到目前为止，路易似乎仍对杜姆亚特的胜利念念不忘，确信阿尤布王朝的抵抗即将崩溃。

3 天后，国王的希望遭受了第一次打击。2 月 11 日星期五，马穆鲁克以拜赫里耶带头发动了一场大规模攻击，从拂晓一直持续到黄昏。成千上万的穆斯林包围了十字军营地，企图以狂轰滥炸和血腥的近距离战斗将法兰克人逐出阵地。基督徒们后来宣称，其攻势“如此持久而可怕”，以至于许多来自海外之地的拉丁人“说他们此前从未见过这样大胆、猛烈的突袭”。马穆鲁克的骁勇令十字军胆寒，其中一人写道：“他们看上去不像人类，更像是狂暴的野兽。”他还补充说：“他们显然视死如归。”许多法兰克人在曼苏拉之战中负了伤——例如，茹安维尔便因为伤势而无法披甲——不过，尽管如此，他们还是勇敢地予以还击，并得到了河对岸旧营地发射的箭雨的支援。又一次，路易临危不乱，基督徒守住了阵地，但这付出了数百人伤亡的代价，其中包括圣殿骑士团大团长，他在 2 月 8 日失去了一只眼睛，如今又失去了另一只并很快因伤不治而亡。

拉丁人在这周两次惨烈的白刃战中证明了自己的坚毅。他们还宣称于第二次交锋中杀死了约 4000 名穆斯林。没有阿拉伯编年史能证实上述数字，不过，即便这个数字准确，这样的损失似乎也不能削弱阿尤布王朝压倒性的人数优势。十字军幸存了下来，但已受重创。从这时起，很明显他们已无力主动发起进攻了。在最好的情况下，他们也只能希望守住自己位于南岸并不稳固的据点。如果无法攻打曼苏拉，他们又该如何取胜呢？

在此后的数周中，这一问题变得更加急迫了。埃及人继续定期发动试探性攻击，不过它们对将基督徒困在其栅栏内感到心满意足。到了 2 月末，由于战役毫无进展，营地内的气氛开始变得低沉，由于疾病暴发，十字军的处境进一步恶化。这在一定程度上与堆积在原野上及漂浮在水中的大量尸体有关。茹安维尔记载道，他看见几十具尸体被水流冲下塔尼斯河，堆积在法兰克人的舟桥处，“整个河流两岸充斥着尸体，以至于到了上游才能抛得下一颗小石子”。食物也开始短缺，这又导致了坏血病。[45]

在这种情况下，从尼罗河到杜姆亚特的生命线变得尤为重要。到目前为止，基督教舰队能够自由地将货物运输至曼苏拉营地，但这种情况即将发生变化。1250 年 2 月 25 日，从伊拉克出发经历了数月的旅程，阿尤布王朝继承人穆阿扎姆·图兰沙阿抵达了尼罗河三角洲。他立即为穆斯林的事业带来了新的动力。由于尼罗河的洪水已消退很长时间，马哈拉运河水量太少，无法向南通行，然而图兰沙阿让他的约 50 艘船通过陆路被运抵运河的北段。这些船只从那里能够绕过曼苏拉的法兰克舰队驶入尼罗河。茹安维尔承认，这一令人吃惊的行动“令我方大为震惊”。图兰沙阿的策略与针对第五次十字军设下的陷阱如出一辙，对路易的远征军而言，它将带来灾难性的后果。

在接下来的数周里，阿尤布王朝船只拦截了两支从杜姆亚特南下的基督教补给船队。由于遭到封锁，十字军很快发现自己陷入了绝望的境地。一位同时代拉丁人描述了军中弥漫的可怕的绝望情绪：“人人都相信自己必死无疑。在整支大军中，几乎没有人不在哀悼去世的朋友，几乎每个营帐内都有病患或死者。”到了这个阶段，茹安维尔的伤口感染了。他后来回忆，自己躺在帐篷中，发着烧；营帐外，外科理发师（barber surgeon）正在切除患上败血症的士兵的牙龈，以便让他们得以进食。茹安维尔听见，经受这种可怕手术之人的叫喊声响彻军营，并将他们比作“生产中的妇人”。饥馑也开始折磨人和马匹。许多法兰克人大嚼死去的马匹、驴子、骡子的腐肉，后来甚至开始吃起了猫狗。[46]

犹豫不决的代价

至 1250 年 3 月初，位于塔尼斯河南岸的基督徒主营的条件已令人难以忍受。一位目击者承认，“人们公开说所有的希望都破灭了”。路易应该对此负主要责任。在 2 月中旬，他未能对维持十字军南大营所涉及的风险和可能的回报做出现实的战略评估，依旧心怀阿尤布王朝将自行解体的渺茫希望。他还大大低估了其尼罗河补给线的脆弱性，以及击败曼苏拉的埃及军队所需的兵力。

倘若国王能够当机立断，意识到自己的阵地完全无法固守，其中的一些错误本可以得到弥补。唯一合理的选择是立即撤退或展开谈判，但在整个3月路易却毫无作为。相反，当他身边的士兵在虚弱中死去时，法国君主似乎陷入了犹豫不决的状态——他无法面对其宏大的埃及战略已经破产的事实。直到4月初，路易才终于采取了行动，但为时已晚。他试图与阿尤布王朝达成停战协议，提议用杜姆亚特交换耶路撒冷（另一个与第五次十字军东征中提出的类似的条件）。在1250年2月（甚至3月），这样的交易还有可能被接受，但到了4月，穆斯林明显已拥有了压倒性优势。图兰沙阿明白自己占据了上风，胜利已唾手可得，故而回绝了路易的提议。基督徒唯一剩下的选择为尝试越过40英里的开阔地，向北撤退至杜姆亚特。[47]

4月4日，路易对精疲力竭的全军下达了命令。数以百计（甚至可能数以千计）的伤病员登上小船沿尼罗河而下，徒劳地希望其中一些或许能避开穆斯林的警戒线。剩余可战斗的十字军战士则由陆路向海岸进发。

此刻，路易本人正受痢疾的折磨。许多法兰克领导人督促他乘船或骑马逃亡，以免被俘。然而，国王展现出患难与共的气概（虽然有点鲁莽），拒绝抛弃他的部下。他曾带领他们来到埃及；如今他希望能率领他们死里逃生。他们制定了一个考虑不周的计划：趁着夜色逃亡，留下南大营的帐篷以免让穆斯林发现法兰克人正在撤退。路易还命令他的工程师科尔诺的乔斯林，一旦渡过塔尼斯河，就斩断舟桥的绳索。

不幸的是，整个计划很快就失败了。傍晚时分，大部分十字军在黄昏时回到了北岸，然而一队阿尤布斥候意识到发生了什么并发出了警报。随着敌军向乔斯林冲来，他似乎失去了勇气，夺路而逃——当然，舟桥仍在原地，大批穆斯林战士通过它展开了追击。在昏暗的暮色下，恐慌蔓延，溃逃开始了。一位穆斯林目击者记述道："我们穷追不舍，一整夜在他们身后大肆屠戮。他们陷入了耻辱和灾难之中。"

当晚的早些时候，茹安维尔的约翰与他麾下两名幸存的骑士已登船等待离开。他目睹被遗弃在北大营无人照料的伤员爬到了尼罗河岸边，绝望地试图登上任何一艘船只。他写道："正当我催促水手带我们离开时，萨拉森人进入了［北］大营，借助火光，我看见他们正在屠杀岸边可怜的同伴们。"茹安维尔的船驶入了河中，顺流而去，他成功地逃脱了。[48]

到了1250年4月5日黎明，这场灾难的严重程度已十分明显。在陆上，乱作一团的法兰克人正在被冷酷无情的马穆鲁克紧紧追赶。随后的数天里，大批撤退中的基督徒被杀害。有一队人马前行至距离杜姆亚特仅一天路程处，但随后遭到包围并投降了。在主军中，法兰克人骄傲和不屈的伟大象征倒下了："金色火焰""被撕成了碎片"，而圣殿骑士团团旗则"被踩在了脚下"。

年迈的宗主教罗贝尔与沙托鲁的奥多策马北上，躲过了被俘的命运，然而，经过24小时的逃亡，他们已精疲力竭，无法继续前行。罗贝尔后来在一封信里写道，他们偶然发现一艘系在岸边的小船，最终靠它抵达了杜姆亚特。极少有人如此幸运。大部分运送伤病员的船只都被洗劫或焚毁了。茹安维尔的约翰目睹岸边可怕的大屠杀时，其小船正缓缓地顺流而下，不过，它最终也被发现了。4艘穆斯林船只冲向了他们，茹安维尔转向自己的部下，询问他们是应该上岸杀出一条血路还是留在水上静候被俘。他十分坦率地记述说，他的一位臣仆宣称："我们应该尽数战死，这样就能升入天堂了。"不过，"我们无人听从他的建议"。实际上，敌人登船后，茹安维尔为了免于被当场处决而撒了谎，说他自己是国王的表亲。于是他便沦为了俘虏。[49]

在一片混乱中，路易国王和他的大部分军队失散了。现在他的痢疾是如此严重，以至于不得不在裤子上开个洞。一小队最忠实的拥护者英勇地试图带他安全逃离，最终他们来到了一个小村庄避难。这位强大的法国君主躲在一座肮脏的茅舍内，瑟瑟发抖，奄奄一息，在那里被抓获了。他夺取埃及的大胆尝试告一段落。

忏悔的国王

路易九世在曼苏拉的判断失误（或许最明显的过错是未能充分汲取第五次十字军的教训）导致他身陷囹圄。此前从未有过拉丁西方的国王在十字军东征中被俘。这一空前灾难让路易和他的残部处于极度不利的境地。由于直接被敌人抓获，毫无确保投降条件的机会，法兰克人发现自己只能任由伊斯兰教徒摆布。一位穆斯林见证者如此回味胜利：

> 清点了俘虏的人数，超过了 2 万人；溺毙或阵亡的则有 7000 人。我目睹了尸横遍野……这一天的景象穆斯林见所未见，闻所未闻。

囚徒们被送进了遍布三角洲的集中营并按照等级做了分类。

据阿拉伯文献记载，图兰沙阿“下令将大量普通战俘斩首”，并委任他的一位来自伊拉克的副手监刑——据说这项可怕的工作是每晚处决300人。其他法兰克人获得了选择改宗或被处死的权利，而高阶贵族，例如茹安维尔的约翰，则因为他们作为人质所具有的经济价值而被区别对待。茹安维尔提到，路易国王受到了刑讯折磨的威胁，人们向他展示了一具可怕的木质老虎钳，“布满了咬合的‘牙齿’”，用于夹断人腿，但并没有其他史料提及此事。尽管身患疾病，被俘时也颇不光彩，但似乎这位君主保住了自己的尊严。[50]

实际上，此刻由于图兰沙阿的地位日益动摇，路易的处境得到了显著的改善。自从到达曼苏拉以来，这位阿尤布王朝继承人更加青睐他自己的士兵和官员，因此疏远了埃及军队阶层中的许多人，包括马穆鲁克指挥官阿克泰以及拜赫里耶军团。图兰沙阿急切地渴望巩固自己对尼罗河地区的统治，因此同意谈判，在4月中旬至晚些时候达成了协议。双方宣布了一项为期10年的停战协定。法王将被释放，作为交换，杜姆亚特将立即投降。此外，为了赎回阿尤布王朝囚禁的1.2万名其他基督徒，需付出多达80万金币（相当于40万图尔里弗）的赎金。

然而，在5月初，突然之间，似乎即使满足了这些惩罚性条件也不能使基督徒获得自由，因为路易在曼苏拉曾经期盼已久的阿尤布王朝政变终于发生了。5月2日，图兰沙阿被阿克泰和一名拜赫里耶中的狠毒的年轻马穆鲁克拜巴尔（Baybars）杀害。在随后的争权夺势中，沙贾尔·杜尔最初被奉为埃及阿尤布王朝名义上的领袖。然而实际上，一场深刻的变革正在发生，这将导致马穆鲁克逐渐但不可阻挡地崛起。

尽管发生了这些王朝动荡，但穆斯林还是按计划收回了杜姆亚特，路易则于 1250 年 5 月 6 日获释。他随后开始筹集首付（赎金总额的一半）的资金——20 万图尔里弗，其中 17.7 万里弗来自国王的战争基金，其余的由圣殿骑士团支付。称重、清点这笔巨款花费了两天时间。5 月 8 日，路易与他的主要贵族乘船前往巴勒斯坦，其中包括他幸存的两个弟弟普瓦捷的阿方斯、安茹的查理以及茹安维尔的约翰。迄今为止，大部分十字军战士依然身陷囹圄。

逆　境

路易九世征服埃及、赢得圣战的全部希望已经破灭。但在许多方面，只有在这场屈辱的失败后，法王坚定的十字军理想才真正、惊人地显现出来。在类似的情况下，许多基督教君主会因如此全面的溃败而蒙羞，转身离开近东。但路易却反其道而行之。国王认识到除非持续对埃及政权施压，否则其部下可能将继续被穆斯林囚禁，于是他选择在未来 4 年里继续留在巴勒斯坦。

在这一时期，路易充当了海外之地的宗主，到了 1252 年，他终于促成了其军队重获自由。他不知疲倦地着手一项平淡的工作，那就是加固耶路撒冷王国的海岸防御——监督了阿卡、雅法、凯撒里亚和西顿的城防重建工作。他还在阿卡永久地派驻了 100 位法兰克骑士，由法国王室每年支付约 4000 图尔里弗的薪资。

考虑到其他十字军领导人（从狮心王到德意志的腓特烈二世）特别热衷于自我宣传，路易还显示出为埃及的惨败承担责任的非凡意愿。国王的拥护者竭力将责任转移至阿图瓦的罗贝尔身上，强调正是他的建议导致了 1249 年秋向曼苏拉行军，并批评了伯爵在1250年2月8日的鲁莽行为。但在一封写于1250年8月的信件中，路易本人则赞扬了罗贝尔的勇敢，称他为“我们名垂青史的亲爱而杰出的兄弟”，并表达了对他被“封为殉道者”的希望和信念。在同一份文件中，国王将十字军的失败和本人被俘解释为神的惩罚，是“我们的罪应得的”惩罚。[51]

最终，在1254年4月，路易返回了法国。他的母亲布兰卡已经于两年前去世，卡佩王国变得越来越不稳定。从圣地归来的国王已判若两人，他的晚年生活以极度虔诚和节俭著称——身着刚毛衬衣，只吃少量粗淡的食物，并似乎一直在祷告。路易甚至一度考虑放弃王位遁入修道院生活。在他内心深处，发动另一次十字军东征以赎罪的念头一直萦绕不去。

埃及远征改变了路易国王的生活，尼罗河上的事件对拉丁欧洲也产生了广泛影响。1250年的十字军东征是经过精心的策划、资助和供应的；其军队由一位基督教的模范君主率领。然而，它还是遭到了令人痛心的失败。在圣地之战几乎连续不断地经历了一个半世纪的失败后，这次最新的逆转让西方人流露出怀疑和绝望的情绪。一些人甚至背弃了基督教信仰。在13世纪后半期，随着海外之地的力量持续衰退、似乎不可战胜的新的敌人登上黎凡特舞台，在东方发动新一轮十字军东征的机会看上去相当渺茫。

第五部

东方的胜利

22

埃及雄狮

在萨拉丁于1193年去世后的半个多世纪的岁月里，其阿尤布王朝成员统治着近东伊斯兰教徒。萨拉丁曾给黎凡特基督教法兰克人带来毁灭和挫败，夺回了耶路撒冷并顶住了狮心王理查的第三次十字军东征。但受制于内部倾轧，阿尤布王朝日后乐于与剩余的十字军国家相对和平地共存。而且，随着穆斯林和基督徒均倾向于维持互惠互利的贸易联系，谈判、协商和停战构成了那时的常态。大马士革、开罗和阿勒颇的伊斯兰统治者依旧声称自己是吉哈德的捍卫者，但他们的斗争转向了内心，表现为精神净化和赞助宗教的工作。阿尤布王朝并不想通过发动圣战对外进行军事上的吉哈德，他们大体上试图限制冲突——因为他们明白，侵略可能会引发危险而具有破坏性的西欧十字军东征。

当东方的两个新生强权（马穆鲁克和蒙古）在黎凡特崛起后，这一微妙的“和平共处”将遭到剧烈的颠覆。二者均具有十字军时代前所未见的可怕军事实力，它们之间的冲突将重塑圣地的命运以及十字军东征的历史。在这两个庞然大物的阴影之下，在东方主导权的争夺中，拉丁海外之地沦为了第三号（有时几乎是无关紧要的）挑战者。

近东的新势力

在法王路易九世的十字军东征失利后，马穆鲁克军事精英攫取了埃及的权力，建立了新的伊斯兰王朝——马穆鲁克苏丹国（Mamluk sultanate）。由于各个马穆鲁克领导人试图清除阿尤布王朝在尼罗河区域的最后权力残余，13 世纪 50 年代爆发了一场错综复杂、冷酷无情的权力斗争。在指挥官阿克泰被凶残的军阀古突兹（Qutuz，敌对的马穆鲁克派系的领头人）谋杀后，精锐的拜赫里耶马穆鲁克军团被迫于 1254 年逃离埃及。3 年后，沙贾尔·杜尔（最后一位伟大的阿尤布王朝苏丹萨利赫的未亡人）被处决，古突兹渐渐获得了对埃及的控制权，虽然他还是以一位年轻的傀儡苏丹曼苏尔·阿里的名义来进行统治的。

与此同时，拜赫里耶军团在拜巴尔（1250 年谋杀阿尤布王朝继承人图兰沙阿的共谋者之一）的率领下开始了流亡。拜巴尔出生于 1221 年前后，是个身材颀长、皮肤黝黑的钦察突厥人（Kipchak Turk，俄罗斯大草原上的一支吃苦耐劳、骁勇善战的民族，在古代世界被称作“库曼人”）。据说他声如洪钟，但拜巴尔最引人注目的特征是他的蓝眼睛，其中一只里有一个针眼大小的明显的白斑。拜巴尔在 14 岁时便沦为奴隶，从此开始接受马穆鲁克训练，随后被几经转手，最终于 1246 年加入了萨利赫的新拜赫里耶军团。在那里，他的军事技能与领导能力很快得到了认可，并且他还在 1250 年的曼苏拉之战中同路易国王的十字军交战。

在 13 世纪 50 年代的中期至后期，拜巴尔与拜赫里耶军团为一系列渴望掌握叙利亚、巴勒斯坦和外约旦却志大才疏的阿尤布埃米尔效力。其中包括阿勒颇和大马士革名义上的统治者纳赛尔·优素福（al-Nasir Yusuf），他出身名门，是萨拉丁的孙子，但却极其无力面对这个世界强权崛起、背恩忘义的动荡年代的剧烈挑战。在此期间，拜巴尔磨炼了自己的军事指挥能力，他既获得了若干辉煌的胜利，也蒙受了一些惨痛的挫败。自始至终，他得到了一位马穆鲁克战友、钦察突厥人嘉拉温（Qalawun）的密切支持，后者可能是他军中最亲密的同伴。拜巴尔一直心系埃及，曾两度尝试入侵尼罗河流域并推翻古突兹，但是，由于敌我力量过于悬殊，他无法取得一场重大的胜利。

到了 1259 年，拜巴尔已经展现了他作为一名野心勃勃的将领老练的一面，但迄今为止尚未获得实现抱负或潜质的机会。对拜巴尔乃至整个马穆鲁克政权而言，这样的机会将很快到来，因为穆斯林掌控的近东将面临一个新的毁灭性威胁。[1]

大约在 1206 年前后，一个名叫铁木真（Temüjin）的军阀统一了广袤东亚草原上的蒙古部落并获得了“成吉思汗”（字面意思为“拥有四海的汗”）的头衔。成吉思汗与其追随者受到对战争的无限渴望的驱动，并依据其异教信仰开始相信，上天注定蒙古人要征服整个世界。凭借强大的意志，利用其子民与生俱来的坚韧以及出类拔萃的骑术、射术，成吉思汗将纷争不断的蒙古部落变成了一支不可阻挡的军队。

随后的 50 年中，在成吉思汗及其诸子（成吉思汗于 1227 年去世）的率领下，蒙古人可谓所向披靡。他们是中世纪甚至整个人类历史上无与伦比的力量。他们的战争手段极其坚决、冷酷无情，期望敌人立即大规模投降，否则就将之彻底歼灭。到了 1250 年，其领土从中国延伸至欧洲，从印度洋延伸至北方西伯利亚的荒芜之地。这一急剧膨胀的扩张无可避免地让蒙古人与基督徒、穆斯林的世界发生了接触。

在侵入中原后，1229 年，蒙古人开始了西征，他们击败了伊朗北部的伊斯兰统治者——此举促使花剌子模人逃向伊拉克北部，并最终导致了 1244 年花剌子模人对圣地的入侵。在 1236—1239 年间，蒙古人击败了格鲁吉亚和大亚美尼亚的东方基督徒，并于 1243 年入侵小亚细亚，征服了自 11 世纪以来便统治当地的塞尔柱突厥王朝。在整个 13 世纪 30 年代，蒙古军队还征服了俄罗斯南部草原，建立了日后被称作“金帐汗国”的政体。具有讽刺意味的是，这导致了大量本地钦察突厥人沦为难民。他们纷纷南逃，落入了奴隶贩子手中，因此极大地增加了埃及穆斯林的马穆鲁克兵源。

随着蒙古人继续深入西方，他们最终遭遇了欧洲的拉丁基督徒，在那里引发了一种掺杂着恐惧、困惑与不确定的情绪。1221 年，伊朗穆斯林被来自遥远东方的未知部队击败的消息传到了在埃及的第五次十字军军中，让许多法兰克人想象蒙古人实际上可能是宝贵的盟友。起初，这种观点拥有其可信度，因为神秘莫测的蒙古人被与古代传说中的祭司王约翰（Prester John，一位强大的基督教君主，在预言中，当基督教世界蒙难时他便会从东方出现）联系了起来。随着时间的推移，人们发现聂斯托利派（一个长期在中亚活动的教派）已经设法在蒙古人中获得了一定的影响力，甚至让几位王公的妻子皈依了基督教。

不过，拉丁基督教世界慢慢意识到，蒙古人（欧洲人称之为“鞑靼人”）不仅是一股遥远的外国势力，还是一个可能致命的直接威胁。1241 年，蒙古军队从俄罗斯向前推进，于第二年蹂躏了波兰、匈牙利和德意志东部，造成了难以言喻的破坏。甚至在这场毁灭性的入侵之后，西欧的统治者们（被自身的争斗束缚住了手脚）依旧反应迟缓，许多人还继续怀揣着和解或结盟的念头。从13世纪40年代后期起，罗马教廷向蒙古派出了两个以修道士率领的传教使团。这些法兰克使节穿越了几千英里前去拜访位于哈拉和林（在今蒙古国）的奢华的蒙古宫廷，希望能让大可汗皈依基督教；他们带回来的却是要求罗马臣服的最后通牒。路易九世在塞浦路斯期间也曾与鞑靼人有所接触。1249年他派遣代表面见伊朗的蒙古人，然而，当使团于1251年在巴勒斯坦与路易相会时，他们同样带来了让他开始缴纳年供的苛刻要求，他不予理睬。

尽管在外交上很强硬，蒙古帝国实际上在13世纪下半叶开始衰败，被王朝内斗以及治理如此广袤的国土所带来的问题所侵蚀。尽管如此，他们依旧拥有令人生畏的军力。在13世纪50年代，新任大汗蒙哥（成吉思汗之孙）任命弟弟旭烈兀为数万大军的统帅（军中还有大将怯的不花），发动了深入中东伊斯兰世界的新一轮扩张。1256年，这支强大的军队穿过伊朗南部，直扑巴格达，那里依然有一位阿拔斯王朝虚弱的成员声称拥有逊尼派哈里发的头衔。1258年2月，旭烈兀攻陷了巴格达，杀死了超过3万名穆斯林并几乎将这座曾经伟大的首都夷为平地。他继续征服了美索不达米亚的大部分地区，建立了后来被称为“伊儿汗国”的蒙古政权（领土从伊拉克延伸至印度边界）。随后，旭烈兀越过幼发拉底河，于1259年抵达叙利亚、巴勒斯坦边境。

不出所料，蒙古人的到来吓坏了叙利亚北部的人民。基督徒继续怀揣着旭烈兀可能会是一个对抗伊斯兰教徒的盟友的希望，他的妻子是个聂斯托利派信徒这一事实令人受到鼓舞。早在1246

年，奇里乞亚亚美尼亚国王海屯（Hethum）便已经向蒙古称臣，在缴纳年金的前提下保留了部分自治权。如今，海屯说服女婿博希蒙德六世（安条克公国和的黎波里伯国的统治者）与旭烈兀的军队结盟。阿尤布王朝阿勒颇和大马士革的统治者纳赛尔也从1251年起向蒙古人进贡，以免遭受直接入侵。然而在1259年秋，随着大军进入叙利亚，绥靖政策的局限性已变得明显起来。[2]

阿音札鲁特战役

虽然蒙古人的出现给近东大部分地区带来了恐慌和混乱，其到来却令马穆鲁克世界同仇敌忾、万众一心。1259年11月，古突兹利用蒙古人的威胁来替自己推翻年轻苏丹并自立为埃及统治者正名。与此同时，纳赛尔的权力出现了不稳的迹象。这位阿尤布埃米尔驻跸在大马士革附近，当蒙古人推进至阿勒颇时，似乎完全被恐惧攫住，动弹不得——即便潮水般的难民从远至波斯的地方涌入叙利亚南部，他还是没有任何反应。

1260年初，旭烈兀在海屯和博希蒙德六世的援助下，发动了对阿勒颇的围攻，到了2月末，他们攻克了该城，随即开始了一场长达6天的暴力狂欢。博希蒙德亲自纵火点燃了城内主要的清真寺，虽然后来他因援助蒙古人而被拉丁教会处以绝罚，但由于1260年的协议，这位王公还是获得了可观的领土，包括恢复了法兰克人对拉塔基亚的控制权。旭烈兀从阿勒颇出发前去征服哈里姆、霍姆斯这样的城市，很快便获得了叙利亚北部的全部土地。上述事件的消息导致纳赛尔逃离大马士革，市民们选择向蒙古人投降以免遭到阿勒颇的厄运。1260年3月，蒙古将军怯的不花占领了这座古老的叙利亚都城。胆小的纳赛尔很快被俘并被交给了旭烈兀，他暂时被当作一名有价值的人质。然而，蒙哥的死讯传来后，旭烈兀决定率主力部队返回东方以确保其兄忽必烈成为大汗。这让怯的不花执掌了蒙古治下的叙利亚的大权，尽管兵力大不如前，但即便如此，那年夏天，他还是获得了阿尤布统治下的外约旦的投诚。

随着蒙古人大体上未遇抵抗地拥入圣地并颠覆了阿尤布王朝的世界，如今任何黎凡特政权是否还有阻止他们前进的意愿与资源已颇成问题了。耶路撒冷王国的法兰克人并没有与安条克的博希蒙德一样自愿地和蒙古人站在一起，他们意识到这样做不过是用一个甚至更危险的异教敌人取代了穆斯林对手。拉丁人希望避免直接冲突，便采取了一种中立政策。[3]

于是，至1260年中期，只有一股势力——马穆鲁克埃及——尚有能力对抗蒙古大军。至此，拜巴尔已经认识到其阿尤布雇主无力抵挡蒙古人，于是他和古突兹握手言和，带领剩余的拜赫里耶军团在3月时重返开罗。在表面的亲善之下，涌动着互相仇视和猜忌的暗流。双方对彼此的野心都心知肚明，而古突兹在阿克泰被杀中扮演的角色在拜巴尔脑海中依然挥之不去。一位穆斯林编年史家承认，他们眼中都镌刻着对对方浓浓的恨意。

现在，马穆鲁克面临一个明确的问题：与蒙古人是战是和？至少在这一点上，古突兹和拜巴尔完全拥有共识。那年夏初，旭烈兀的一个使团来到开罗勒令马穆鲁克投降。这些使节立即被屠杀了，他们的尸体被砍成两段，头颅被悬挂在开罗的一座城门上示众。这一极端挑衅之举意味着马穆鲁克准备开战。他们期望御敌于国门之外，选择同怯的不花（他的军队此时已经减员）正面对决。假如获得成功，这一大胆的战略将令马穆鲁克获得对几乎

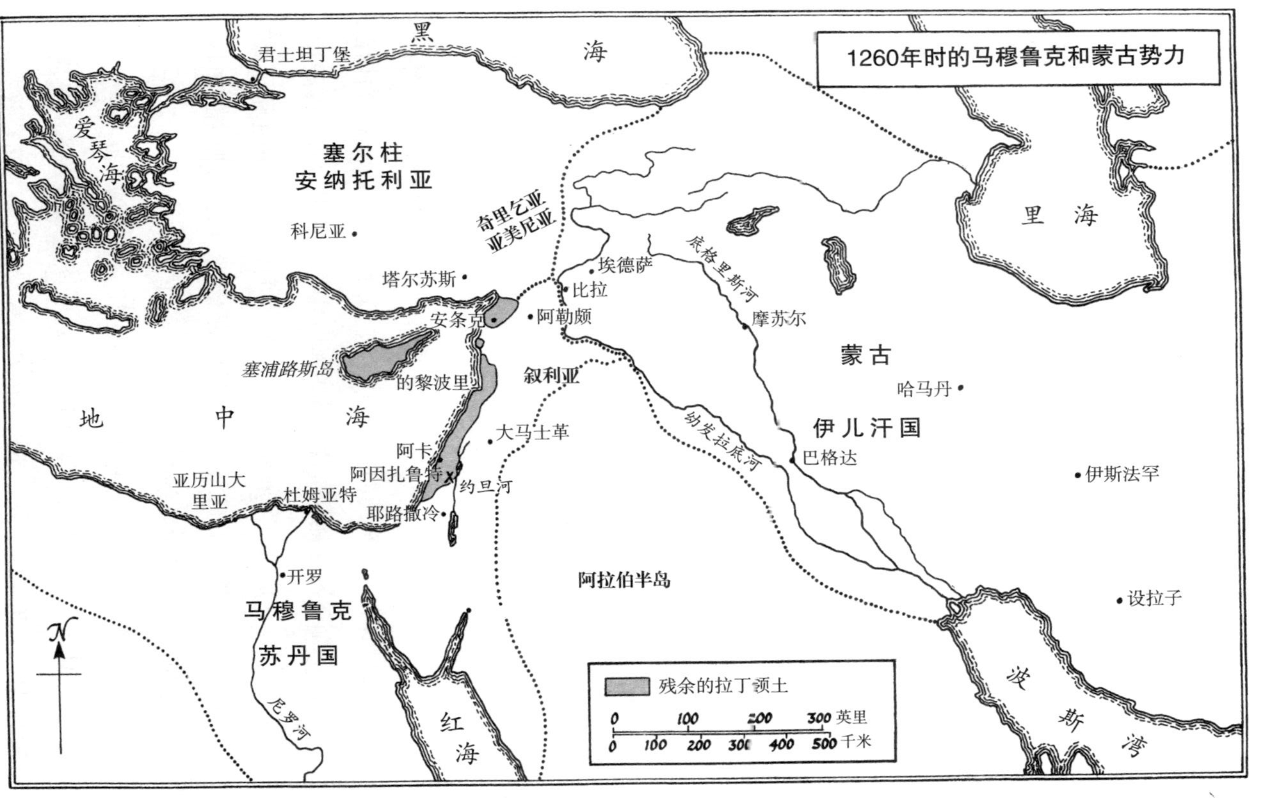
1260年时的马穆鲁克和蒙古势力
黑海
君士坦丁堡
爱琴海
塞尔柱
安纳托利亚
科尼亚
塔尔苏斯
奇里乞亚
亚美尼亚
埃德萨
比拉
安条克
阿勒颇
塞浦路斯岛
的黎波里
叙利亚
地中海
大马士革
阿卡
阿因扎鲁特
约旦河
亚历山大里亚
杜姆亚特
耶路撒冷
开罗
马穆鲁克
苏丹国
尼罗河
红海
阿拉伯半岛
里海
底格里斯河
摩苏尔
蒙古
哈马丹
伊儿汗国
幼发拉底河
巴格达
伊斯法罕
设拉子
波斯湾
残余的拉丁领土
0 100 200 300 英里
0 100 200 300 400 500 千米
N

整个近东的完全统治权。不过，风险是巨大的，因为他们将直接与蒙古人——他们是所向披靡的敌人，此前所有其他军队都在他们面前倒下了——交手。

1260年仲夏，马穆鲁克从埃及开拔，并整合了部分昔日为阿尤布王朝效力的穆斯林军队。拜巴尔被任命为马穆鲁克前锋部队的指挥官，并与古突兹共同制订了进攻计划。他们也试着与法兰克人结盟。后者拒绝了，继续坚持其中立政策，但允许穆斯林军队畅通无阻地通过拉丁人领土向北进军，到达阿卡。行军的消息让驻扎在巴贝克（黎巴嫩境内）的怯的不花率部——包括从格鲁吉亚、奇里乞亚亚美尼亚、霍姆斯征集的额外部队——南下。

决定近东命运的大战发生在加利利的阿音札鲁特——1183年萨拉丁曾试图在此与法兰克人交战。统率前锋的拜巴尔发现蒙古军正于基利波山山脚下这座小镇边扎营。他和古突兹随后领兵进入东南的耶斯列山谷，并于1260年9月3日发起了攻击。对垒的双方似乎在军队人数上大体相当（各有1万至1.2万人），所以，按照中世纪的惯常情况，双方都在进行一场危险的赌博。古突兹和拜巴尔表现出了指挥的技巧和勇气，在顶住了两轮大规模冲锋后，在一个关键时刻，布置于蒙古军左翼的来自霍姆斯的穆斯林逃离了战场。这让战斗转而对马穆鲁克有利，他们设法包围了蒙古人并杀死了怯的不花。在这划时代的历史时刻，看似不可阻挡的蒙古扩张浪潮被伊斯兰世界的新卫士终止了。

大蒙古帝国只不过被伤及皮毛，其复仇的幽灵仍挥之不去——旭烈兀目前尚无暇返回近东，在听闻这场败仗的消息后，他愤怒地处决了纳赛尔。不过，阿音札鲁特的胜利对马穆鲁克苏丹国未来的统治地位起到了至关重要的作用。在这场战斗之后，古突兹立即控制了大马士革与阿勒颇，委任了两位盟友担任总督。上述安排让拜巴尔的野心和期待落了空，因为古突兹违背了让他统治阿勒颇的诺言（可能是考虑到此举将不明智地在远离埃及之处树立一股敌对势力）。苏丹与他心怀不满的将军一同踏上了胜利返回埃及的旅程。[4]

大约在 1260 年 10 月 22 日，古突兹与其埃米尔们正穿越埃及沙漠前往开罗，苏丹要求暂停行军，以便让他从事他最爱的消遣之一——猎兔。拜巴尔与一小群马穆鲁克答应与他一起狩猎，然而一旦离开了大营，他们便谋杀了古突兹。关于这场政变，留下了大量众说纷纭的史料，不过，似乎是拜巴尔向苏丹陈情（可能是要求古突兹赠予他一个奴隶女孩），当古突兹同意后，他便上前亲吻苏丹的手。电光石火间，拜巴尔抓住了古突兹的双臂，阻止他拔出武器，另一位埃米尔则用手中的剑刺中了后者的脖子。在第一击后，其余谋反者一拥而上，将苏丹乱刀砍死。

拜巴尔似乎是这出阴谋的主使，但他的地位还不稳固。他策马返回大营，在皇家营帐内举行了全体马穆鲁克主要埃米尔参加的会议。考虑到他们共同的突厥部落血脉，这些马穆鲁克精英之间存在一种强烈的平等意识，他们期望新领导人经选举产生。拜巴尔宣称，不容否认的是，作为刺杀古突兹之人，他拥有掌权的权利，同时为了让别人接受他的要求，他许诺将奖励和提携他的支持者们。通过恩威并施，拜巴尔成了新任马穆鲁克苏丹，他即将肩负起领导近东穆斯林抵抗蒙古人和拉丁人的重任。[5]

拜巴尔与马穆鲁克苏丹国

1260年秋，拜巴尔清楚地意识到自己对苏丹国的控制是多么的脆弱。他迅速接管了开罗的权力，占据了城堡（萨拉丁打造的权力中心），并用官职和财富奖励了一大群埃米尔。此外，幸存的拜赫里耶马穆鲁克成了他的私人卫队。他们位于尼罗河的旧营房后来得到了重建，由苏丹最信任的埃米尔（包括嘉拉温）指挥。

拜巴尔的当务之急是将自己的统治合法化以及确保马穆鲁克政权在埃及更加牢固。不过，新苏丹还拥有辨别、适应黎凡特世界新秩序的政治和战略眼光。在过去的数十年里，穆斯林领导人试图一统伊斯兰世界，有时还主动与圣地的法兰克人交战。如今，当务之急已经改变，一种不同的模式已经确立。1260年后，关键的边境位于叙利亚的北部和东部，主要的敌人（蒙古帝国）可能会从那里再度试图毁灭伊斯兰世界。为了应对这一威胁，上述边界必须得到保护，近东也转变为了一个堡垒，团结且不可渗透。

拉丁基督徒是第二号威胁。从地理上看，他们在叙利亚、黎巴嫩、巴勒斯坦剩余的定居点恰恰是拜巴尔如今想要统一并保护它们免受蒙古人威胁的。他正确地判断出，在受到拉佛比会战之类的挫折后，海外之地的法兰克人已被极大地削弱。单独来看，他们不足为虑。然而，作为外部势力（蒙古部落或西方十字军）的盟友，他们将可能在近东开启一道令人烦恼和分散精力的第二战线。就此而言，十字军国家亦是肉中刺，应该予以铲除。

拜巴尔认识到了这些挑战，他花费了13世纪60年代初期的大部分时间重塑了穆斯林的近东，建立了一个强有力的威权政权。与此同时，他开始让马穆鲁克国家厉兵秣马，以对抗蒙古或基督教敌人。通过这些手段，新苏丹将其执政的最初岁月用在了实现争夺圣地决定性胜利的辛勤准备工作上。

伊斯兰世界的保护者

最初，拜巴尔对权力的掌控相对并不稳固：他继承的马穆鲁克国家仅仅部分成形；他还卷入了对两位前苏丹（图兰沙阿和古突兹）的刺杀。面对这样的污点背景以及内乱或反政变威胁，他的马穆鲁克同袍埃米尔们的忠诚是靠不住的。但是在1260年末，新苏丹也从一些显著有利条件中受益。在蒙古入侵及阿音札鲁特之战后，阿尤布政权在叙利亚、巴勒斯坦的残余几乎已被一扫而空，马穆鲁克统治圣地的时机已经成熟。因此，与努尔丁、萨拉丁当年为统一近东花费了数十载光阴不同，拜巴尔得以在执政的最初几年里便掌控了大马士革和阿勒颇，在那里安插听命于开罗的地区总督。

此外，拜巴尔能够利用阿音札鲁特的胜利使其对权力的声索合法化。他把自己塑造为伊斯兰世界的救星，在战场上立起了一座纪念碑，并摧毁了古突兹的墓穴以淡化任何有关这位已故苏丹在该对决中可能扮演了“英雄”角色的说法。在以后的岁月里，拜巴尔的书记官和官方传记作者阿卜杜·查希尔（Abd al-Zahir）在他关于苏丹生平的著作里重新建构了这场战役的历史，将它展现为几乎完全仰仗拜巴尔所取得的胜利。苏丹还试图促进对他的个人崇拜，这体现在他的狮子徽章（描绘了一只抬起前掌、迈向左方的雄狮）上。这一独具特色的纹章图案被置于拜巴尔的铸币和以他的名义修建的公共建筑、桥梁上。虽然马穆鲁克国家在13世纪60年代确实受到了强大敌军的威胁，但这些明显的危险令拜巴尔得以推行一项前所未有的军事化方案，并让他享有了无可比拟的专制权威。[6]

拜巴尔采取了一系列巧妙的步骤来巩固他对苏丹国的控制。为了在伊斯兰传统的律法和教阶体制框架内建立新的马穆鲁克政权，他重新拥立了一位逊尼派阿拔斯哈里发。1261 年 6 月，拜巴尔宣称找到了一位阿拔斯王朝为数不多的幸存成员。此人的血统得到了精选的开罗法学家、神学家、埃米尔组成的一个委员会的仔细评估，然后被认定为新任哈里发穆斯坦绥尔（al-Mustansir）。随后，拜巴尔举行了一个向哈里发效忠的仪式，发誓支持、保卫信仰，依据律法公正地统治，充当逊尼派正统教义的保护人，并对伊斯兰的敌人发动吉哈德。作为回报，穆斯坦绥尔册封拜巴尔为整个伊斯兰世界唯一、全权的苏丹，此举不仅确认了他对埃及、巴勒斯坦、叙利亚拥有权利，还默许他发动一场大规模的扩张战役。在最后一次肯定其政权合法性的公开仪式上，拜巴尔被授予了苏丹的服装：一条通常由阿拔斯家族佩戴的黑色圆顶头巾、一件紫袍、一双装饰着金扣的鞋子，以及一把礼仪用剑。他身着华服，与哈里发一道在游行队伍中隆重地策马穿过了开罗市中心。从此以后，只要没有触犯到自己的权力，拜巴尔便悉心地维护着哈里发的权威。哈里发和苏丹之名在聚礼日上被共同吟诵；同样地，马穆鲁克的铸币上也镌刻着二人的名字。

为了强化在苏丹国周围发展起来的传统和传承的氛围，拜巴尔有意地试图将他本人与两位穆斯林统治者联系起来。第一位是萨利赫·阿尤布（拜巴尔的前主人），如今他被塑造为最后一任合法的阿尤布苏丹，而拜巴尔则是他的直接、合法的继承人——此举巧妙地将 13 世纪 50 年代的腥风血雨一笔勾销。苏丹还以萨拉丁——法兰克人的征服者、理想化的圣战斗士——为自己的楷模。为了效仿萨拉丁作为宗教赞助人出了名的慷慨大度，拜巴尔开始重建开罗当时已荒废的艾资哈尔清真寺。此外，他在开罗兴建了一座新的清真寺，并在萨利赫陵墓旁修建了一座宗教学校。苏丹还拜访了耶路撒冷，修复了圆顶清真寺和阿克萨清真寺——二者在阿尤布王朝统治末期都有些破败了。

在早年采取的一些民事措施中也能找到类似的迹象。拜巴尔将自己标榜为一名典型的“公正统治者”，他废除了古突兹强加的战争税，在开罗、大马士革设立法院，还下令公平补偿货物被国家扣押的商人。通过上述各种手段，苏丹在其近东臣民间赢得了广泛支持，这有助于让他的地位免受其他马穆鲁克挑战者的觊觎。[7]

马穆鲁克国家的中央集权

在努力使马穆鲁克苏丹国和他自己的权力主张合法化的同时，拜巴尔还采取了大胆的步骤，以实现政府和行政管理上的中央集权。马穆鲁克的开罗成了穆斯林掌控下的近东毋庸置疑的首都，而苏丹一职拥有了中世纪时代前所未见的专制权力。与他的许多前任截然不同，拜巴尔小心地监控着国家财政，并控制了马穆鲁克的国库，这让他具有了进行关键改革的财富。

作为苏丹，拜巴尔期望自己在整个马穆鲁克世界一言九鼎，他随时准备采用直接的武力和宣传手段来确保地区总督的顺服。例如，不能立即为战争招募军队的埃米尔将被吊挂三日。任何愚蠢到试图发动叛乱之人将当即遭受从刺瞎双眼或肢解到十字架刑的惩罚。像他之前的统治者（包括努尔丁和萨拉丁）一样，拜巴尔利用外部威胁的恐惧来为他的独裁行为辩护，但新的强调重点是作为国家头号敌人的蒙古人。因此，当1263年苏丹希望罢黜外约旦无足轻重的阿尤布幼君穆吉希特（al-Mughith）时，便指控后者结交波斯的伊儿汗国，并炮制了所谓的旭烈兀写给穆吉希特的信件作为证据。

但在狡诈、凶残之外，拜巴尔在近东的权威的真正基石是通信联络。他是中世纪第一个精通如何统治一个源自埃及的泛黎凡特帝国的穆斯林，因为他在信息传递网络上投入了大量资金。许多世纪以前，拜占庭人和早期阿拔斯王朝曾打造了一套信差邮递系统，但早已被废弃。拜巴尔打造了一套自己的邮递系统（barid），使用精心挑选的骑马信使接力送信，因为他们的可靠而被赋予高薪。他们在马穆鲁克王国内关键路线上得到精心维护的驿站中换马，通常能够在4天内将信息从大马士革传至开罗，状态紧急时则仅需3天。邮递系统的使用严格限于苏丹，信件被直接呈送给拜巴尔，无论他在做什么——有一次他甚至在浴室里接收了信使的报告。为了确保信息快速、顺利的传递，主要道路和桥梁得到了悉心的修缮，邮递系统还得到了信鸽、烽火的补充。这一引人注目的组织上的壮举（当然，必须承认其代价高昂）令拜巴尔得以和马穆鲁克国家的边远地区——尤其是和蒙古接壤的北部、东部边境——保持联系，并意味着他能够对军事威胁及内部动乱做出前所未有的快速反应。[8]

与拜巴尔个人精力充沛的铁腕统治类似，上述实践和行政上的诸多改革在13世纪60年代中期起到了巩固马穆鲁克国家以及“皇家”权力的作用。然而，拜巴尔的政权也并非没有缺点。这种高度集中的政府统治方式严重依赖苏丹个人的素质和才能，他的继任者能否顺利担起重任明显是个问题。拜巴尔试图推翻那种马穆鲁克苏丹应选举产生的观念，于 1264 年 8 月任命 4 岁的儿子巴拉卡（Baraka）为共治者，想要以此确立其家族统治。考虑到马穆鲁克精英更看重功绩而非继承，此举能否奏效还有待观察。

在最初的几年里，拜巴尔还与苏非神秘主义者卡迪尔·米赫拉尼（Khadir al-Mihrani）发展出了一种具有潜在破坏性的关系。据说卡迪尔是一位先知，但许多马穆鲁克宫廷成员认为他是一个淫乱的骗子。当苏丹于 1263 年造访巴勒斯坦时，卡迪尔热情款待了他。拜巴尔对这位苏非主义者关于马穆鲁克未来征服的预言印象深刻（其中许多日后成真了），便很快在开罗、耶路撒冷、大马士革赐予他地产。卡迪尔可随意接近苏丹的核心圈子并据说秘密参与了国事，所有这些都让拜巴尔的主要马穆鲁克将领感到懊恼。这种奇怪的关系表明，即便是拜巴尔这样的冷血专制君主也经不住阿谀奉承——这也是他有朝一日必须要改正的缺陷。

马穆鲁克的外交

考虑到拜巴尔 13 世纪 60 年代初期在黎凡特地区为建立其马穆鲁克国家耗费的时间和资源，以及在他后来的职业生涯中表现出来的咄咄逼人的军国主义，人们会很容易地以为这位苏丹将对外部世界关上大门。实际上，他在国际舞台上是个积极、老练的行家。拜巴尔通过谈判实现了 3 个相互关联的目标：抢先破坏任何拉丁西方与蒙古人联盟的可能；通过挑拨离间金帐汗国、伊儿汗国，在蒙古政权内部制造纠纷；保持俄罗斯大草原随时供应奴隶新兵。

在他继位的头一年，拜巴尔便与已故皇帝腓特烈二世的私生子西西里国王曼弗雷迪（Manfred，1258—1266）建立了联系。为了延续埃及与霍亨斯陶芬王朝之间密切的传统关系，并支持曼弗雷迪的反教皇政策，苏丹派出了一批使节携带特殊的礼物前往西西里宫廷，其中包括一群蒙古囚犯，以及他们的马匹和武器——这证明了他们立于不败之地的神话已经破灭。在曼弗雷迪死后，拜巴尔又与他的对手和继承者、法王路易九世贪婪的弟弟安茹的查理展开了交往。

1261 年，苏丹也开启了与金帐汗国的谈判渠道。这一地区的蒙古统治者别儿哥可汗（1257—1266 年在位）已皈依伊斯兰教并和波斯的伊儿汗国进行着激烈的权力斗争。拜巴尔通过将别儿哥的名字纳入麦加、麦地那和耶路撒冷的聚礼日祷告来奉承他的皈依，在建立平等关系后，他得以继续使用金帐汗国中的草原上的奴隶市场，并确保了马穆鲁克苏丹国和小亚细亚接壤的北部边界的安全。为了确保钦察突厥奴隶从黑海至埃及的通路安全、高效，苏丹还和热那亚人（地中海的主要奴隶运输者）签订了协约。这些意大利商人最近刚刚输掉了所谓的“圣撒巴斯战争”（War of St Sabas，一场为期两年的与威尼斯争夺阿卡和巴勒斯坦经济、政治优先地位的战争）。随着热那亚于 1258 年战败，这场激烈的内战结束了，他们迁移到了提尔，在 13 世纪 60 年代及以后的岁月中，他们十分乐意与马穆鲁克进行贸易。为了确保热那亚船只能够畅通无阻地经过博斯普鲁斯海峡，拜巴尔还特意与新近重登拜占庭帝位的米哈伊尔八世建立了联系，随着拉丁罗马尼亚帝国的崩溃，后者于 1261 年重返君士坦丁堡。[9]

作为一名被灌输了战争艺术而非宫廷政治阴谋的马穆鲁克，拜巴尔苏丹以令人诧异的娴熟手腕操弄着这张错综复杂的外交利益网，而它自始至终都是围绕着孤立蒙古伊儿汗国和拉丁海外之地进行的。

马穆鲁克军事机器的完善

1260—1265 年间，拜巴尔在外交和治国方面十分活跃。不过，在其脑海中，紧急、广泛的备战是必要的，他同时使马穆鲁克国家走上了军事化的道路。苏丹的根本目标为发动对抗蒙古人与黎凡特法兰克人的吉哈德——获得的胜利将进一步巩固其地位和声望，而所征服之地则可以确保穆斯林对黎凡特的统治。

从一开始，加强马穆鲁克世界防御能力的工作就一直在快速推进。在埃及，亚历山大里亚的城防得到了加固，杜姆亚特的尼罗河口被部分封堵，以防止敌人再一次像路易九世那样从海上侵入三角洲。在叙利亚，被蒙古人摧毁的大马士革、巴贝克、夏萨等地的城墙被修复。在东北部，沿着幼发拉底河（如今与波斯伊儿汗国的有效边界），比拉（al-Bira）堡成了一个战略要地。该要塞获得了强化并有重兵把守，拜巴尔通过邮递系统密切监控着它的安全状况。1264 年末，比拉堡成功抵挡了伊儿汗国军队的第一次严重进犯，从而证明了自身的价值。这场发生于金帐汗国、伊儿汗国战争间隙的攻击让苏丹整军备战，然而，正当他准备从埃及开拔时，传来的消息称伊儿汗国已经结束了对比拉堡徒劳无功的围攻，撤退了。

然而，除了仰仗城堡，苏丹拜巴尔将军队视为马穆鲁克国家的基石。他延续并扩大了业已存在的马穆鲁克招募制度，购买了成千上万的年轻男性奴隶，他们来自钦察突厥人，后来也有高加索人。这些男孩将被按照马穆鲁克军队的方式进行训练，年满 18 岁后他们将获得自由并开始侍奉马穆鲁克苏丹国国内的主人。此举便创建了一支常常自我更新的军队——一位现代历史学家将之称为“一代贵族”——因为马穆鲁克所生的孩子并不被视为这一军事精英阶层中的一员，虽然他们被允许加入军中第二等级的哈尔喀（halqa）预备队。

拜巴尔投入了巨额资金来打造、训练、改良马穆鲁克军队。总的来说，马穆鲁克的人数增长了3倍，达到了约4万名骑兵。其中的核心是4000人的皇家马穆鲁克军团——在开罗城堡中的特殊机构内接受训练的拜巴尔的新式精锐。在那里，新兵被授予剑术——为了学习精准的打击，每天要练习同样的劈刺动作1000次——此外还要学习在马上使用强大的复合反曲弓。对马穆鲁克各部，苏丹均强调严明的纪律和严格的训练。在他统治期间，开罗兴建了两座大型竞技场，在这里，马术与战斗技巧能够得到完善。只要身在首都，拜巴尔本人每天都要练习武艺，以身作则，树立了敬业和虔诚的标杆。其马穆鲁克被鼓励试验新武器和新技术，一些弓手甚至试着在马上发射浸泡了希腊火的弓箭。[10]

一旦成年，马穆鲁克将领取薪酬，但也要维持他们自己的马匹、盔甲和武器。为了确保其部队装备得当，拜巴尔设立了军队检阅制度，整支军队全副武装地于一天中（部分是为了确定装备没有被共享）从苏丹面前列队行进。未参加阅兵者将被处以死刑。战时，恐惧也被用来维持秩序。在许多远征中都禁止饮酒，任何违反这一禁令的士兵会被立即处以绞刑。

为了对马穆鲁克军队中的士兵提供支持，拜巴尔投资修建了一些重型装备。他密切关注着攻城武器的发展，其中包括配重抛石机（trebuchet，亦称重力抛石机）。上述器械成了马穆鲁克攻城术的主要武器。抛石机能够被拆卸运抵目的地，随后迅速组装，最大型的能发射重量超过500磅的石弹。除了军事力量，拜巴尔还高度重视精确的最新情报。因此，他维持了一张横跨近东的广泛间谍网，并接收安插到蒙古、法兰克社会中的间谍的报告。苏丹也慷慨地赞助了黎凡特游牧的贝都因阿拉伯人，从而在军事冲突及收集情报两方面均获得了他们的有益支持。

通过上述种种方法，拜巴尔打造了十字军东征时期最强大的穆斯林军队；它在人数众多、纪律严明、骁勇凶悍方面超过了圣地之战中出现过的任何一支部队，可谓当时最完美的军事机器。[11] 1265年，苏丹已经细致地让自己的统治得到巩固并合法化，依托团结在他身后的伊斯兰近东世界，他开始以吉哈德的名义挥舞这一致命的武器。

对法兰克人的战争

和他的阿尤布前任们不同，拜巴尔苏丹对与海外之地达成和解几乎没什么兴趣。他不愿绥靖法兰克人以保留商业纽带并避免西欧发动十字军东征，而更愿意简单而彻底地消除拉丁人在黎凡特的势力。拜巴尔已经预计到了，通过这种方式，马穆鲁克埃及的贸易量可能会有所下降，不过，西方若缺乏在圣地的桥头堡，那么任何入侵的尝试都将不会得逞。苏丹始终明白要对蒙古人的威胁保持警惕，但这并不能阻止他对十字军国家发动一系列无情的进攻。

13世纪60年代初期，在马穆鲁克世界紧锣密鼓备战的同时，拜巴尔附带地发动了一些针对法兰克巴勒斯坦的试探性袭扰，其中唯一显著的战果便是摧毁了拿撒勒的教堂。为了避免大规模的敌对行动过早爆发，苏丹同意与拉丁王国——该王国现已处于一盘散沙、虚弱不堪的境地了——内的不同派系分别达成一些有限的停战协议。最有用的和约是与海外之地最后的伟大贵族之一、雅法伯爵伊贝林的约翰（John of Ibelin）达成的。1261 年，拜巴尔接受了约翰的和平请求，作为交换，他得以使用雅法港来将谷物从埃及运往马穆鲁克在巴勒斯坦的领地。然而，到了 1265 年，随着蒙古人对比拉堡的围攻无功而返，拜巴尔开始全力发动对法兰克人的攻势。

毁灭之路

在接下来的 3 年中，拜巴尔苏丹发起了一场残酷的征服和毁灭之役，其战争规模在 1187 年的哈丁之战后便再也没有出现过。为了给攻击寻觅口实，苏丹指控法兰克人支持了蒙古人近来对马穆鲁克北方领土的入侵。随后，在 1265 年初，他发起了自己的袭击。在过去，拜巴尔的第一个目标可能是对抗法兰克人的野战军，但如今这支部队已七零八落。因此，苏丹能够相对不受阻挠地开始拔除拉丁定居点。

2 月，马穆鲁克军队在设防沿海城镇阿尔苏夫附近的树林扎营。拜巴尔在自己的皇家帐篷旁竖立了另一座巨大的营帐，在里面秘密地重新组装了 5 台配重抛石机。在攻城部队准备就绪后，大军于 2 月 27 日开往拉丁港口凯撒里亚。穆斯林出其不意攻其不备，迅速夺取了外城，而基督徒则撤往了城堡——它最近刚刚在路易九世的帮助下得到了加固。苏丹部署了他的配重抛石机，用石弹和希腊火狂轰滥炸，并在他亲自作战之处升起了一座攻城塔。到了 3 月 5 日，受到重创的守军乘坐从阿卡前来的船只弃城而逃，拜巴尔下令将整座城市夷为平地。

在再次未透露目标的情形下，苏丹于3月19日南下围攻阿尔苏夫，当时它由宽阔的壕沟环绕并拥有坚固的城楼。在嘉拉温的率领下，马穆鲁克部队最初试图以大量木材（从当地树林中砍伐取得）填满一段壕沟进抵城墙，不过守军设法趁着夜色烧毁了它们。在遭遇初期的挫折后，拜巴尔对城市进行了持续不断的空中轰炸，守军最终于1265年4月30日投降，沦为了俘虏。面对这一可怕的攻势，数量处于绝对劣势的阿卡法兰克人也无能为力。即便当耶路撒冷王国名义上的统治者吕西尼昂的于格（Hugh of Lusignan）在4月23日率一支小规模援军从塞浦路斯抵达，他们也没有采取任何反击马穆鲁克入侵的行动。5月初，拜巴尔命令其军队摧毁阿尔苏夫，随后携带基督徒俘虏凯旋，并强迫他们在脖子上挂着破损的十字架进入开罗。是年夏天，苏丹给西西里的曼弗雷迪写信，告诉他上述成就。曼弗雷迪的回应是向埃及赠送了贺礼，这赤裸裸地表现了在西方的某些圈子中，普遍存在着对海外之地的未来的漠视。其他人（包括教廷）听闻了马穆鲁克的侵略后，则开始考虑采取行动。

在第一波攻击中，拜巴尔的打击迅速而高效。其手段和成就彰显出马穆鲁克掌握的攻城技术以及他们在人数、技术上的压倒性优势。苏丹还显示出瞒天过海的能力，以免拉丁人有所防备。在未来的战役中，拜巴尔将这种出其不意发挥到了极致。他总是提防着敌人的间谍、斥候，信使向其将领们传递的是封印的命令，他们直到开拔前一刻才能获悉下一个目标的细节。最重要的是，以凯撒里亚和阿尔苏夫为例，苏丹的意图是摧毁而非占领。他的策略是沿着地中海海岸拔除圣地上的拉丁人港口，一扇接一扇地关上连接海外之地与西方的大门。

瓦解法兰克人

拜巴尔在1266年春再次发动进攻。一支约1.5万人的军队在嘉拉温率领下北上蹂躏的黎波里伯国，它扫荡了一些小型要塞，并将它们夷为平地。那年夏天晚些时候，第二支马穆鲁克军队被派去惩罚奇里乞亚亚美尼亚基督徒，理由是他们与蒙古人结盟。1266年8月，穆斯林军入侵并摧毁了一系列亚美尼亚居民点。这一无情的行动令海屯的奇里乞亚王国被严重削弱。

与此同时，苏丹统领主力部队沿海岸发动了一系列突然袭击，在阿卡、提尔、西顿周边地区实行了毁灭性的焦土政策。马穆鲁克军队随即转向内陆攻击圣殿骑士团位于加利利的主要城堡采法特（巴勒斯坦内陆最后的拉丁堡垒）。据拜巴尔的书记官所说，这座城堡成为目标的原因是“它是叙利亚喉咙里的一个肿块，令伊斯兰教徒呼吸困难”。围城于1266年6月13日开始，混合使用轰炸与坑道战。虽然圣殿骑士进行了猛烈抵抗，但他们最终还是在7月23日被迫求和。双方达成了投降条件，据说应该是允许法兰克人平安抵达海岸，但这并未成真。无论是有意欺骗还是（如大部分穆斯林史料所表示的那样）因为圣殿骑士离开采法特时被发现仍然持有武器，拜巴尔下令处决守军。大约1500名基督徒被带到附近的山上（这里是圣殿骑士自己传统上处决穆斯林俘虏的地方），并全部被斩首了。只有一位法兰克人免于一死，他被派往阿卡通报消息，从而激起了人们的恐惧。[12]

在这场大屠杀后，拜巴尔投入巨资悉心强化了采法特城堡，并部署穆斯林军队驻守。除了加固城垛，还在其中修建了两座清真寺。这确立了苏丹的另一个策略：保留内陆主要堡垒，以此作为马穆鲁克行政、军事统治的中心。在随后的几个月里，他占领了一批巴勒斯坦的其他城堡和定居点（包括拉姆拉）。到夏末之时，加利利和巴勒斯坦内地已经处于马穆鲁克的掌控之下了。

在经历了两年的惨败之后，海外之地的拉丁人陷入了彻底的混乱之中，不知道该如何应对这一似乎不可阻挡的敌人。1266 年 10 月，吕西尼昂的于格勇敢地率领约 1200 人入侵加利利，但其中近半数惨遭驻扎在采法特的穆斯林守军的毒手。从这时起，法兰克人开始要求与马穆鲁克达成和平协议，不管遭受什么样的惩罚。某些情况下，拜巴尔在征服、毁灭别处时，也乐于分化、孤立潜在的敌人。例如，1267 年，医院骑士团大团长便接受了一份耻辱的涉及骑士堡与迈尔盖卜堡的 10 年协议，同意放弃传统上从当地穆斯林那里收取的贡金，并承认拜巴尔有权随时废除该协定。然而，当阿卡的法兰克人于同年 3 月急切地试图媾和时，拜巴尔却断然拒绝，5 月，他再度入侵市郊，恐吓居民并焚毁了农作物。据一位拉丁编年史家记载，马穆鲁克“杀死了超过 500 名从田里俘获的平民，削掉了他们直到耳朵下的带发的头皮”。据说它们后来被挂在“采法特周围的一根绳索上”。这个说法未获任何穆斯林史料的证实，但它清晰地表明了基督徒在拜巴尔可怕的袭击期间所经历或想象的恐怖的程度。[13]

安条克的命运

拜巴尔在 13 世纪 60 年代早期的精心准备结出了硕果。耶路撒冷拉丁王国的前哨被任意拔除，奇里乞亚亚美尼亚政权已几乎被摧毁。即便如此，马穆鲁克依然必须征服海外之地的一座伟大城市——粉碎一个十字军国家，以彰显拉丁人统治黎凡特的日子即将结束。1268 年，由于伊儿汗国未显示出发动新一轮入侵的迹象，苏丹认定时机业已成熟。他选中了的黎波里、安条克领主博希蒙德六世的领土作为目标，这位法兰克王公在 1260 年曾与蒙古人合作。

拜巴尔的目光牢牢地盯着北方，那年春天，他领兵从埃及开拔，中途短暂地在雅法停留。与伊贝林的约翰的和约已过期（约翰本人也在 1266 年逝世），苏丹断然拒绝续约。这座港口在半天内便陷入其手，并被毁灭。在这短暂的延宕后，5 月初，拜巴尔率军进入的黎波里伯国，他沿着海岸行军，身后留下一片荒芜。同时代穆斯林的记载称："教堂被夷为平地……尸体堆积在海岸上，像一座座岛屿。"

博希蒙德六世驻守在的黎波里，准备着抵抗一场围攻，但马穆鲁克却绕过了该城。拜巴尔的目标是安条克。1268 年 5 月 15 日，途经阿帕梅亚北上后，他到达了这座古城外。安条克作为一个十字军国家的力量早已减弱，但其城墙依旧坚固，容纳着数以万计的人口。苏丹似乎最初鼓励安条克人有条件投降，但他们公然拒绝了，选择依靠曾抵挡第一次十字军 8 个月之久并击退过从伊尔加齐到萨拉丁等多位穆斯林将领的城墙。事后证明，这是个愚蠢、致命的错误。5 月 18 日，马穆鲁克军将城市团团围住，一天之内，拜巴尔的部队就在希尔庇斯山上的城堡附近攻破了城池。随后是一场血腥野蛮的屠杀，与拉丁人 170 年前征服该城时的所作所为如出一辙。作为对他们拒不投降的惩罚，苏丹关闭了城门，无人能够逃生。

拜巴尔对这可怕的一幕得意扬扬，向博希蒙德六世写信描述了安条克之劫。他以嘲讽的口吻"恭喜"这位法兰克统治者不在城中——"否则你将阵亡或沦为阶下囚"。他还说，倘若后者在场，将“目睹你的骑士俯身于铁蹄之下……你的宫殿燃起熊熊大火，你的死者在坠入地狱前被烈焰吞噬”。该城的陷落为马穆鲁克带来了大量的战利品——据说为了分赃就花费了整整两天。然而，一旦它被洗劫一空，拜巴尔的部下便任凭安条克沦为废墟；此后几个世纪它都未能恢复元气。剩下的几个北方的圣殿骑士团前哨被立即放弃，而安条克宗主教被允许在其库尔萨特（Cursat，位于南方）的城堡里逗留了几年，但他已是马穆鲁克的臣民了。安条克公国——曾经的海外之地强大的北部壁垒——大部分已被征服，仅剩一块位于拉塔基亚港的狭小飞地。现在只剩下两个被危险包围着的十字军国家——的黎波里伯国和耶路撒冷王国——的躯壳。[14]

在为期 3 年的冷酷无情的征战中，拜巴尔苏丹展示了马穆鲁克军事机器无与伦比的强大力量，毫不掩饰自己对征服和发起吉哈德的渴望，并暴露了法兰克人的虚弱无力。1269 年，他让自己的胜利之师暂时休养生息，并于同年夏天踏上了一次朝觐之旅，这对他来说是一种难得的奢侈行为，不过尽管到了此时，他的旅行也是保密的，以免让苏丹国受到内外的威胁。在完成这一证明其伊斯兰信仰之举后，拜巴尔返回叙利亚并开始于秋季巡视其领土。此刻，他似乎完全相信自己能够最终铲除残余的拉丁殖民地并抵挡任何来自蒙古入侵的新威胁。

但在那时，关于海外之地的毁灭与可怕的马穆鲁克在黎凡特肆虐的消息传到了西方。新老战士们纷纷领取了十字，为了最后一次夺回圣地的机会，他们将视线投向了东方。

23

收复圣地

到了 13 世纪 60 年代末，曾经强盛的海外之地十字军殖民地仅余残山剩水。法兰克人如今蜷缩在北起圣殿骑士团的朝圣者城堡（位于海法以南），经阿卡、提尔、的黎波里、迈尔盖卜等地至前哨拉塔基亚的一片狭长海岸地带。仅有少数内陆城堡尚未失守，包括条顿骑士团位于蒙特福特的总部以及医院骑士团令人生畏的骑士堡。拉丁人之间的内斗十分激烈，耶路撒冷王位出现了多个觊觎者，来自意大利威尼斯和热那亚的商人则竞争着贸易权利，甚至骑士团也卷入了这套政治把戏中。集中的权力已分崩离析，以致每个法兰克城市都已成为独立的政体。1268 年安条克沦陷造成的冲击也未能阻止这一通向分裂和衰败的螺旋式下滑。

与此同时，拜巴尔苏丹已在对抗基督徒上取得重大胜利，显然兑现了他对吉哈德的承诺。其冷酷无情的圣战手段令十字军诸国几乎奄奄一息。然而，苏丹不得不提防蒙古人造成的持续的威胁。多年来让他们在美索不达米亚、小亚细亚和俄罗斯无所作为的难题（包括旷日持久的王朝动荡以及金帐汗国、伊儿汗国之间的公开敌对）如今开始消弭。1265 年，一位强大的新可汗阿八哈

（Abaqa）开始掌权，并立即试图和西欧缔结反马穆鲁克同盟。另一场伊儿汗国的破坏性进犯已迫在眉睫了。然而，1270 年春，正当拜巴尔试图解决这一北方的威胁时，法国再次准备从西方发动十字军东征的消息传到了他所在的大马士革。苏丹非常清楚地记得 1249 年拉丁人最近一次入侵埃及所造成的破坏，便立刻回到开罗以加强穆斯林的防务。

路易国王的第二次十字军东征

在罗马，教皇克雷芒四世（Clement Ⅳ）对马穆鲁克自 1265 年起发动的可怕战役深感震惊。1266 年 8 月，克雷芒意识到圣地之战正走向失败，便开始制定计划发起一次规模较小但能迅速投入战斗的十字军。他招募了一支主要来自低地国家的军队，指示他们不能晚于 1267 年 4 月出发，并且就联盟事宜与阿八哈和拜占庭皇帝米哈伊尔八世展开会谈。然而，1266 年夏末，法王路易九世听闻了这次远征的消息。路易现已五十出头，在宗教上更加虔诚，作为一位圣战老兵，他感觉有机会洗刷有关曼苏拉的屈辱记忆。那年 9 月，他秘密告知了教皇其加入十字军的意愿。从某些方面而言，路易的入伍（他在 1267 年 3 月 25 日公开许下了十字军誓言）是有益的，因为它有望促成一场规模更大、更有胜算的战役。怀揣此番考量，克雷芒推迟了他原先设想的小规模远征。有些讽刺的是，这一延宕（路易的热情导致的结果）令拜巴尔得以在 1268 年不受阻碍地摧毁了安条克。

和他在 13 世纪 40 年代的做法类似，路易为自己的第二次十字军东征悉心地做了财政、后勤方面的准备。这次战役的征兵情况并不乐观——国王的老战友茹安维尔的约翰便未参军。但考虑到前几次远征遭受的挫折，以及一些人对教皇滥用十字军理念的担忧，参与者的数量还是惊人的。在领取十字的人中，最有名的是未来的英王爱德华一世（Edward Ⅰ），当时人称“爱德华勋爵”。爱德华刚刚在威胁其父亲亨利三世统治的内战中赢得胜利，于 1268 年 6 月承诺加入十字军，后来还摒弃了对法国的敌意，同意在远征中和路易国王精诚合作。

然而，1268 年 11 月，克雷芒四世去世了，由于罗马教会与野心勃勃（据某些记载，还反复无常）的安茹的查理（路易九世健在的弟弟、西西里国王）的分歧，直到 1271 年才产生了新教皇。在这空位期间，克雷芒曾经向十字军将士灌输的那种紧迫感很快烟消云散。由于失去了动力，开拔日期推迟到了 1270 年夏。在此期间，人们再度尝试着联络蒙古伊儿汗国的阿八哈，1270 年 3 月，安茹的查理也领取了十字。

1270 年 7 月，在路易终于从艾格莫尔特出发后，他的第二次十字军东征最后被证明是可悲而令人扫兴的。出于迄今仍未得到圆满解释的原因（但可能与其诡计多端的弟弟查理的阴谋有关），路易改变了原定前往巴勒斯坦的路线。他起航驶向了突尼斯（Tunis），它当时由一位独立的穆斯林军阀阿布·阿卜杜拉（Abu Abdallah）统治。法王抵达北非时，他似乎期待着阿布·阿卜杜拉能皈依基督教并与之一道攻打马穆鲁克埃及。当他未能如愿后，便制定了直接攻击突尼斯的计划——但这从未得到执行。仲夏的酷暑中，十字军营地瘟疫肆虐，8 月初，路易本人也病倒了。在 3 周的时间里，他的体力慢慢枯竭。1270 年 8 月 25 日，虔诚的十字军国王路易九世驾崩了，其最后的行动是一场距离圣地十分遥远的未发起的战役。据传，他最后的遗言是“耶路撒冷，耶路撒冷”。国王光复圣城的梦想最终落空，但他的虔诚是毋庸置疑的。1297 年，路易被封为圣人。[15]

路易去世后，人们于 11 月中旬努力试图驶往黎凡特，然而，当舰队大部分船只在风暴中沉没后，大多数法兰克人便返回了欧洲。唯有安茹的查理从中获益，他与阿布·阿卜杜拉签署的和约为西西里带来了丰厚的贡赋。仅剩的十字军领导人——英格兰的爱德华——拒绝改变目标，他用一支 13 艘船组成的小型舰队继续其近东之旅。

收紧绞索

大约 6 个月前（1270 年 5 月），拜巴尔已回到开罗为预期中路易国王对埃及的入侵备战。他相当重视这一威胁，让尼罗河流域保持高度戒备，后来又摧毁了亚实基伦的城防并用石块和木材填充其港口。但到了秋天，法王的死讯传到了开罗，苏丹如释重负，他得以准备马穆鲁克军的下一场战役。

坚不可摧的堡垒

1271 年初，拜巴尔率军北上，剑指安萨里耶山脉南部（曾经的安条克和的黎波里之间的边界）存留的拉丁前哨。这一区域由一座据说坚不可摧的医院骑士团城堡骑士堡控制。自十字军东征以来，尚无一位穆斯林指挥官曾真正试图围攻这座要塞（位于陡峭的山脊上，支配着周边地区）。13 世纪初，骑士堡得到了大规模扩建加强，如今其防御工事完美体现了法兰克人最先进的城堡技术。然而，面对这一看似无法克服的挑战，拜巴尔没有被吓倒。2 月 21 日，他携带大批攻城武器开始围攻这座要塞。

骑士堡只能从南边的山脊接近，医院骑士团在这里修建了最坚固的堡垒：双重城墙，两侧排列着高大的圆形塔楼；一道内护城河，其后是用于防止坑道战的倾斜石墙（glacis）。尽管如此，马穆鲁克还是集中火力轰炸这一防区，一个月后，轰击终于奏效，一段南部外墙崩塌了。但事情并未结束，因为医院骑士能够撤往内城——这一坚实的城堡几乎是坚不可摧的。拜巴尔意识到征服它将可能会让许多穆斯林士兵丧命，而且肯定会对城堡本身结构造成破坏，便改变了战术。4 月初，他伪造了一封写给拉丁守军指挥官的信件。这封据称来自医院骑士团大团长的书信指示骑士们有条件投降。他们究竟是真的被苏丹所欺骗，还是仅仅找到了体面投降的台阶，如今已不得而知。无论如何，医院骑士们在 1271 年 4 月 8 日投降了，他们被允许安全地前往的黎波里。在这场著名的大胜之后，据说拜巴尔自豪地声称："我的军队不可能围攻一座堡垒却［攻克不了］。"骑士堡得到了悉心地修复，成了马穆鲁克在叙利亚北部的指挥中心。

苏丹刚刚获得一场空前大胜，便集结军队准备对的黎波里发动总攻。5 月，穆斯林军拥入一些前线要塞，拜巴尔自信满满地再度给博希蒙德六世写信，这一次他警告的黎波里伯爵说，已经准备好了羁押后者的锁链。苏丹下令于 5 月 16 日开拔推进，然而就在此刻他收到了爱德华勋爵率领一支十字军抵达阿卡的消息。由于不清楚这到底能给巴勒斯坦造成何等程度的威胁，拜巴尔取消了对的黎波里的入侵，并很快同意了博希蒙德的休战请求，签署了一份为期 10 年的停战协定。[16]

英格兰的爱德华勋爵

苏丹途经大马士革，进入了巴勒斯坦北部，准备反击爱德华的十字军从阿卡发动的攻击。然而，很快人们便知道了英国王子仅带来了一支规模不大的部队。拜巴尔发觉自己可以放手行动，便立即对位于阿卡东部山丘上的条顿骑士团总部蒙特福特城堡发动了围攻。胜利再次唾手可得。在三个星期的狂轰滥炸及地道攻击后，城堡于 6 月 12 日投降了，这一次它随后遭到了摧毁。

1271 年 7 月，爱德华对阿卡以东的穆斯林领土发动了一场短暂的入侵，但很快便因战士们不习惯高温和当地食物而掉头回去了。这种类型的短期袭扰极少引起苏丹的关注。他主要的担忧是英国十字军与伊儿汗国蒙古人结盟的可能。实际上，基督教史料清楚地表明，爱德华刚到圣地便立刻向阿八哈派出了使节，但似乎没有得到答复。即便如此，在那个秋天，蒙古人和拉丁人（无论是巧合还是精心设计）几乎同时发动了攻势。10 月，伊儿汗国军队进入叙利亚北部，蹂躏了哈里姆周边地区。与此同时，爱德华于 11 月末发动了第二次对凯撒里亚东南地区的惩罚性袭击。不过，上述攻击均规模不大，也未展现任何真正的决心，阿八哈没有亲自领兵，而是派遣了一位将领。拜巴尔被迫调动了几支马穆鲁克部队，但轻易地就平息了这两场小规模入侵。

爱德华虽竭尽全力，但无奈手中资源有限。在西方作战时，他已证明自己是个冷血而老练的将领（这些品质在他作为英格兰国王进行统治的时期就会显现出来），可是爱德华没有机会在巴勒斯坦施展才华。尽管如此，英国十字军依然对海外之地做出了贡献：阻止了拜巴尔对的黎波里的进攻并促使他调整其战略重点。伊儿汗国近来的攻势可能已经被击退，但它似乎预示着一个蒙古入侵的新时代的来临并凸显出阿八哈与法兰克人结盟的潜在风险。考虑到上述这一切，苏丹决定通过在1272年4月21日与耶路撒冷王国签署10年停战协定来换取安宁。协议承认了拉丁人的小块领土并保证其进入拿撒勒朝圣的权利。拜巴尔希望通过谈判令耶路撒冷王国保持中立，不过他已决定用更加暴力的手段解决爱德华勋爵带来的不可预测、挥之不去的威胁。

在此前数月中的某一天里，苏丹曾雇佣一名刺客前去刺杀这位英国十字军将领。该穆斯林经过悉心伪装，声称自己是前来受洗的而混入了阿卡城内，随后又成了爱德华的仆人。5月的一天夜里，他发觉爱德华房间里无人守护，便突然用匕首袭击了他。爱德华本能地挡开了这一击，仅仅受了轻伤（可能在臂部）。刺客被乱棍打死，由于担心中毒，英国王子还服下了解毒剂。这可能是多此一举，无论如何，经过几周疗养，爱德华恢复了健康。在同死神擦肩而过后，他于1272年9月末离开了近东。[17]

焦点转移

随着和约在巴勒斯坦和的黎波里生效，拜巴尔将注意力转向了蒙古人。1272年末，阿八哈发动了另一次更加协调一致的进攻，拜巴尔经过一系列苦战才将之击退，嘉拉温在这些战斗中脱颖而出。苏丹现在决心直面伊儿汗国这一难题。他认为与其静候入侵，不如主动迎敌——回到埃及后，他便开始制订其生涯中最野心勃勃的作战计划。

1273年，拜巴尔受到了两件事情的干扰。多年来，其声名狼藉的苏非派心腹卡迪尔·米赫拉尼一直在苏丹的主要埃米尔中引发愤怒和猜疑。卡迪尔以性变态和热衷通奸著称，他还喜欢亵渎其他宗教的圣地，这对圣墓之类的地方造成了巨大破坏。1273 年 5 月，埃米尔们最终以无可辩驳的贪污指控将他绳之以法，并迫使苏丹在开罗召开的一次法庭上承认其预言家有罪。原本卡迪尔被判处死刑，但在他预言自己死后拜巴尔也将随他而去后，死刑很快被改判为监禁。同年 7 月，苏丹也对阿萨辛派采取了行动。整个 13 世纪，这一伊斯玛仪派别在安萨里耶山脉西侧的势力一直在减弱。虽然拜巴尔在 1272 年曾经要求他们为自己提供服务，但他如今认为他们继续保持独立是不可接受的。因此，马穆鲁克军队奉命夺取了阿萨辛派剩余的城堡（包括迈斯亚夫堡），从此时起，这一派别的残余便受到苏丹国的掌控了。

除了这些让他分心的小事外，拜巴尔不遗余力地于 13 世纪 70 年代中期训练全军准备攻打伊儿汗国。苏丹回避了在伊拉克正面对决（可能是因为马穆鲁克和蒙古的力量过于平衡，不适合采取这种直截了当的战略），而是选择入侵小亚细亚（如今是伊儿汗国的保护国）。1277 年初，他率军从叙利亚北部进入安纳托利亚，并获得了一场惊人的胜利——于 4 月击败了驻扎在小亚细亚埃尔比斯坦（Elbistan）的蒙古军队。拜巴尔的身后留下了约 7000 具敌人的尸体，他立即宣布自己为安纳托利亚苏丹，可惜好景不长。由于另一支伊儿汗国大军正在赶来，马穆鲁克令人忧虑地遭到孤立并可能会被切断与叙利亚的联系。苏丹明白其兵力过于分散，便下令迅速后撤。他证明了蒙古的威胁并非不可抵挡，但也不得不承认在其领土上无法彻底击败他们。

拜巴尔削弱伊儿汗国的决心令他无暇顾及针对法兰克人的战争。后者本应可被完成，但当苏丹于 1277 年 6 月中旬返回大马士革时却染上了严重的痢疾。他最后的举动之一是派出信使下令释放预言家卡迪尔。7 月 28 日，埃及雄狮拜巴尔去世了。他的信息的确传到了开罗，但赦免来得太迟了。卡迪尔已经被拜巴尔之子、继承人巴拉卡绞死。无论是巧合，还是巴拉卡迷信地想要加速父亲的死亡，卡迪尔的预言都成真了。[18]

拜巴尔——“法兰克人之鞭”

拜巴尔苏丹从未在征服圣地的斗争中取得全面胜利。但在其引人瞩目的生涯里，他让马穆鲁克苏丹国及伊斯兰世界挡住了蒙古人，并给十字军国家造成了最严重的伤害、致命的创伤。历史学家们早就认识到拜巴尔在吉哈德中取得的成就，凸显出他的统治所预示的在政策上发生的重大转变：终结了阿尤布王朝的绥靖、缓和政策；执意推行战争，虽然要在两线作战。但他们甚少将苏丹置于更广阔的十字军东征时代背景下，在手段和方法上与 12 世纪的穆斯林领导人进行对比。

在某种意义上，拜巴尔混合使用并完善了这些先行者所采用的统治模式。就像阿塔贝伊赞吉一样，他用恐惧来震慑下属并维持军纪。然而，拜巴尔也试图通过挖掘宗教热忱及运用操纵宣传的技巧——这是努尔丁、萨拉丁善用的技巧——来确保臣民的支持与忠心。与三位前辈相同的是，作为一名钦察马穆鲁克，拜巴尔也是一个外人；正如他们所做的那样，他也寻求使自己的统治、王朝合法化，并培植自己作为伊斯兰教重要的圣战者的声望。

即便如此，在许多方面，拜巴尔的才华和成就超越了赞吉、努尔丁，甚至萨拉丁。这位马穆鲁克苏丹是一个更加专注、训练有素的管理者，深谙萨拉丁从未见过的对统治国家和战争至关重要的理财之道。赞吉与阿尤布王朝充其量在表面上脆弱地统一了近东伊斯兰世界，拜巴尔则在黎凡特几乎建立了霸权并打造了一支无可比拟的、顺从的穆斯林军队。环境、机遇无疑也起了作用，但可能最重要的还是拜巴尔的个人特质令他脱颖而出。在位 17 年间，他精力旺盛，行程超过 2.5 万英里，大小征战达 38 场。其军事天赋为他在对抗拉丁人的斗争中获得了超过 20 场胜利。最关键的是，苏丹是一位冷酷无情的对手，其野心不像萨拉丁那样受到人道主义和同情心的节制。尽管拜巴尔无疑是个残暴甚至冷酷无情的专制君主，但他却让伊斯兰世界比以往任何时候都更接近于在圣地之战中取得胜利。

试探与胜利

拜巴尔打算将马穆鲁克苏丹国传给儿子和所谓的共治者巴拉卡，但后者却是个无能之辈，疏远了核心圈子中的马穆鲁克埃米尔们。随后爆发了难以控制的权力斗争，巴拉卡被推翻，嘉拉温最终力克群雄，于 1279 年 11 月获得了苏丹头衔。然而，即便如此，嘉拉温直到 1281 年方才完全掌控伊斯兰近东世界。[19]

嘉拉温与马穆鲁克苏丹国

在嘉拉温执政的最初几年里，他面临着汹涌的蒙古侵略浪潮。1280 年，伊儿汗国的阿八哈利用马穆鲁克内乱的可乘之机，派出了一支庞大的突袭部队进入叙利亚北部，促使阿勒颇民众大规模撤离。到了 1281 年，拜巴尔一直担心的全面入侵明显即将成真了。乌云压顶，这反而令嘉拉温在更大程度上团结了马穆鲁克王国，但这也迫使他和法兰克人续订了和约。苏丹甚至与迈尔盖卜的医院骑士团达成了协议，尽管后者实际上曾利用蒙古人 1280 年进犯的机会掠夺了穆斯林领土。

随着混入伊儿汗国的马穆鲁克间谍发回了阿八哈整军完毕的报告，嘉拉温从 1281 年春季起便在大马士革驻军。同年秋，一支伊儿汗国大军——可能包括 5 万蒙古人以及 3 万人的格鲁吉亚、亚美尼亚、塞尔柱突厥盟军——越过了幼发拉底河。即使将全部可用的马穆鲁克军团投入战场，嘉拉温可能在人数上依然处于劣势；尽管如此，他还是决定北上霍姆斯迎敌。1281 年 10 月 29 日，战役在该城以北的平原上打响了。凭借拜巴尔灌输给马穆鲁克战争机器的令人生畏的军纪和作战技能，嘉拉温取得了对蒙古人的第二场历史性胜利（足以与阿音札鲁特之战媲美），而被击败的伊儿汗国部队逃回了幼发拉底河彼岸。由于马穆鲁克确立了优势，蒙古入侵的直接威胁降低了。接下来的数年里，嘉拉温着力于巩固自己对苏丹国的掌控，但到了 13 世纪 80 年代中期，他已经能够腾出手来将注意力转回毁灭海外之地上来了。[20]

袭击海外之地

尽管马穆鲁克最近处境艰难，但黎凡特的法兰克人还是处于虚弱、不和的状态。耶路撒冷拉丁王国因领导权之争而四分五裂，最终导致贝鲁特和提尔等地宣布独立。在的黎波里伯国，博希蒙德七世（他在父亲去世后于 1275 年继位）和圣殿骑士团爆发了公开冲突——他对骑士团在托尔托萨如日中天的势力感到紧张，还面临着南部港口朱拜勒的叛乱。与此同时，意大利各商业国家（威尼斯、比萨和热那亚）也卷入了一场痛苦的贸易战争。到了 13 世纪 80 年代，热那亚从这场纷争中崛起，并开始在地中海东部形成商业垄断。

十字军诸国也几乎没有从西方获得援助的希望。13 世纪 70 年代初期，当拜巴尔集中精力对付蒙古人时，新任教皇格里高利十世终于被选为了克雷芒四世的继任者。在爱德华勋爵十字军东征期间，格里高利（当时尚未当选）就曾经造访过阿卡，因此非常清楚海外之地的问题。一旦在罗马继位，他便开始激励拉丁西方并对十字军东征提出了广泛的批评。其中包括十字军攻打基督徒的罪行、为了金钱而对实现十字军诺言玩世不恭，以及对十字军税负担过重的担忧。此外，还有异议表示，黎凡特的法兰克人实际上需要的是由西方出资的职业常备军，而非含混不清、断断续续的十字军远征。格里高利教皇对十字军运动的状况做了一番调查，但他还是决定向近东的战争施以援手。1274 年 5 月，在召开第二次里昂大公会议（Second Council of Lyons）后，格里高利宣布了将在 1278 年发动新一轮十字军东征的计划。通过意志的力量，他确保了法兰西、德意志和阿拉贡（位于西班牙北部）的支持，并打算通过向教会征收为期 6 年的什一税来提供经费。然而尽管看似美妙，教皇的宏伟计划还是沦为泡影。1276 年格里高利去世后，酝酿中的十字军东征不了了之，对海外之地命运的关切再度湮灭在西欧政治生活的错综复杂的阴谋中。[21]

因此，嘉拉温得以在 13 世纪 80 年代相对不受阻碍地攻击幸存的法兰克前哨。苏丹渴望抓住任何机会废除此前与基督徒达成的和约，1285 年 5 月，他以医院骑士团攻击穆斯林的土地为口实，发动了对迈尔盖卜城堡的战役。马穆鲁克坑道兵设法破坏了要塞的一座塔楼，守军则适时交出了这座骑士团在叙利亚的第二大的城堡。和骑士堡一样，迈尔盖卜城堡也得到了修复并派驻了马穆鲁克士兵。1287 年 4 月，嘉拉温通过夺取拉塔基亚继续在北部施压，声称这座“安条克的”港口不在他与的黎波里签订的协议范围内。

那年秋天，的黎波里因博希蒙德七世去世后的继承危机而虚弱不堪。一场内战爆发了，热那亚人试图夺取城市的控制权，从而在黎巴嫩建立一个新的商业中心。这最终导致了一群敌对的意大利人请求嘉拉温介入干预。苏丹乐于得到这样一个现成的借口，既能入侵的黎波里，又能阻止热那亚挑战亚历山大里亚复兴的经济实力，便召集了军队。法兰克人继续忙于琐碎的争吵，没有意识到迫在眉睫的危险。只有圣殿骑士团大团长博热的威廉（他在马穆鲁克军中拥有自己的眼线）意识到嘉拉温将发起一场重大围攻，但威廉的警告很大程度上被忽视了。

马穆鲁克军队在骑士堡集结完毕，随后直扑的黎波里，于 1289 年 3 月 25 日发起了围攻。经过一个月的轰炸，4 月 27 日，这座城市被攻占，接踵而至的是一场血腥的洗劫。数以百计（甚至可能数以千计）的男人被屠杀了，而妇女、儿童则沦为俘虏。一些拉丁人乘船驶离海岸逃生。其余的搭小艇来到离海岸不远的小岛圣托马斯避难，但嘉拉温的士兵对他们穷追不舍，将其屠戮殆尽。马穆鲁克军中一位来自哈马的名叫阿布尔·菲达（Abu'l Fida）的贵族后来写道：“洗劫［这座城市］后，我乘船来到这座岛屿，发现它堆满了腐尸；由于臭气熏天，根本没有办法靠岸。”

征服的黎波里后，嘉拉温下令将它彻底摧毁，并在其附近新建了一处居民点，这很可能是因为他想消除所有关于法兰克人的记忆。接下来的几周里，的黎波里伯国最后几个据点相继迅速陷落；朱拜勒的拉丁总督得以保留职位，但代价是沉重的贡赋。像之前的拜巴尔一样，嘉拉温摧毁了一个十字军国家。他的目光如今转向了南方，注视着巴勒斯坦最后的法兰克殖民地残余——阿卡，并准备全力攻打这座拉丁海外之地的首都。[22]

1291 年——阿卡围攻战

的黎波里陷落最终使至少部分拉丁基督徒认识到灾难即将来临。在欧洲，教皇尼古拉四世（Nicholas Ⅳ）竭尽全力想要恢复格里高利十世的宏大十字军计划。尼古拉还试图立即提供援助，他为耶路撒冷拉丁宗主教送去了 4000 图尔里弗，并提供了 13 艘桨帆船协助阿卡的防御。1290 年 2 月，教皇召集了新一轮十字军东征，相当乐观地憧憬着实现“圣地的彻底解放”。尼古拉禁止了一切与马穆鲁克的商业联系，宣布远征启程的日期为 1293 年 6 月。作为回应，阿拉贡的海梅二世（James Ⅱ of Aragon）承诺将向黎凡特派遣部队，而爱德华一世（他如今已是英格兰国王）在 1290 年派出了一支分遣队前往阿卡，由 13 世纪 70 年代初期爱德华十字军中的老兵格朗松的奥托（Otho of Grandson）统领。大约在 1290 年的复活节，一支 3500 人的意大利十字军也起航前往巴勒斯坦。然而除了这些活动，还有一些举措正在进行。尽管阿拉贡的海梅向教皇许了诺，但他依然与马穆鲁克媾和了——他保证不援助十字军东征，以换取允许阿拉贡朝圣者访问耶路撒冷的承诺。嘉拉温还和热那亚人达成了和解。[23]

到了这个阶段，马穆鲁克正忙于整军备战，但嘉拉温还需要一个撕毁与阿卡的和约的口实。1290 年 8 月，当一些最近抵达的意大利十字军攻击了一批阿卡的穆斯林商人时，借口便出现了。

在法兰克人拒绝交出罪犯以明正典刑后，苏丹便正式宣战。那年秋季，马穆鲁克大军正要从埃及开拔时，嘉拉温却患了病，于1290年11月10日去世。这一次他的继承人阿什拉夫·哈利勒（al-Ashraf Khalil）相对顺利地接管了权力。短暂的延宕后，哈利勒便开始继续其父亲未竟的事业。

最后一战

阿卡拥有双重城墙、大量塔楼，并得到重兵把守——嘉拉温和卡米勒都明白它无法被轻易夺取。因此，穆斯林的备战计划缜密且富有远见。马穆鲁克的战略围绕着两点展开：具有压倒性的人数优势（包括数万名马穆鲁克骑兵以及辅助的步兵兵团和特种部队坑道兵）；军中配备着自拜巴尔苏丹时代以来打造的非凡的攻城器械。1290年冬最后的日子里，哈利勒下令将约百件攻城武器从马穆鲁克治下的黎凡特另一端运送至阿卡城外。其中的一些在尺寸和威力上确实令人毛骨悚然。阿布尔·菲达就在从骑士堡运送一台绰号“胜利”的巨型配重抛石机部件的运输队中（动用了上百头公牛）。他抱怨说，雨雪交加，这支不堪重负的队伍花了一个月的时间才走完通常只需要8天的路程。

1291年4月5日，哈利勒苏丹的部队从蒙特米萨尔北岸至港口东南海岸将阿卡团团围住，围攻开始了。此时，城中驻守着许多骑士团成员——包括圣殿骑士团和医院骑士团的两位大团长，此外，面临严峻威胁的阿卡及时从海路获得了其他援军，包括亨利二世国王（名义上的耶路撒冷君主）从塞浦路斯带来的200名骑士和500名步兵。即便如此，基督徒在人数上依然绝望地处于劣势。

哈利勒有条不紊地着手摧毁阿卡。随着他的军队对城市构筑了严密的半包围网，空中轰炸开始了。最大型的配重抛石机（例如“胜利”和另一台“狂怒”）已重新组装完毕，如今用硕大的石弹攻击着阿卡城墙。与此同时，大量小型攻城器械与弓箭兵被部署在掩体后，向法兰克人倾泻箭雨。这场“炮击”声势浩大，不曾间断，在十字军战争中前所未见。马穆鲁克骑兵被精心分成了 4 班，不间断值勤。每天，哈利勒都命令部队向前推进一小段距离，逐步收紧阿卡周围的绞索，直到他们抵达护城河。拉丁人的史料表明，随着上述努力很快奏效，人们开始讨论投降的条件。据说苏丹提出，只要城市未遭破坏，便允许基督徒携带动产离开。但据说法兰克使节拒绝了，他们担心，如此认输将有损亨利国王的名誉。

当马穆鲁克轰击阿卡之时，基督徒做了一些徒劳的反击尝试。驻扎在北岸的阿布尔·菲达记载道：“一艘架起投石机的［拉丁］船只从海上攻击我们和营帐。”圣殿骑士团大团长威廉和格朗松的奥托还试图发起一次大胆的夜袭，希望能在敌营中制造混乱并焚毁一具大型马穆鲁克配重抛石机。当一些基督徒被营地帐篷的绳索绊倒引发了骚乱时，袭击就出了岔子。如此一来，数十名马穆鲁克被惊醒，他们冲出迎敌，击败了法兰克人，杀死了 18 名骑士。有一位不幸的拉丁人“跌入了埃米尔一支分队的厕所而被杀死”。第二天清晨，穆斯林自豪地将被击败的敌人的头颅进献给了苏丹。[24]

到了 5 月 8 日，卡米勒不可阻挡的攻势将马穆鲁克的战线推进到离城市足够近的地方，可以向外墙部署坑道兵了。他们很快将阿卡先进的排水系统为己所用，从出水口开始挖掘地道。与

1191年第三次十字军东征围攻阿卡相仿，地下破坏的工作特别集中在城市东北角，但如今阿卡被双重城墙保护着，因此需要破坏两道防线。5月15日星期二，国王塔首先崩塌了，第二天早晨，哈利勒的部队控制了这一地段的外城墙。随着城中引发了恐慌，妇女、儿童开始乘船撤离。

苏丹现在开始准备让马穆鲁克通过被攻破的国王塔突破口向内城墙及诅咒塔发动全面正面进攻。1291年5月18日黎明时分，传来了攻击的号令——战鼓雷鸣般的轰鸣制造了“可怕的、令人惊恐的噪声”——成千上万的穆斯林开始推进。一些人投掷希腊火瓶，而弓箭手射出的箭“犹如密云，看起来像天上掉下来的雨点”。他们的猛攻势不可挡，马穆鲁克突破了诅咒塔附近的两道城门，突入城内。随着阿卡城防被突破，法兰克人绝望地试图最后顶住入侵，但一位目击者承认，攻击穆斯林大军犹如“撞向一堵石墙”。在激烈的战斗中，圣殿骑士团大团长博热的威廉被一支长矛刺穿了身体，受了致命伤。医院骑士团大团长维利耶的约翰（John of Villiers）两肩之间被一支长枪刺中。他身负重伤，被从城墙拖回了后方。

不久，基督徒守军被击溃，对阿卡的洗劫开始了。一位当时在城中的拉丁人写道：“这一天太可怕了。[城市中的平民]抱着他们的孩子哭泣着绝望地穿越街道，朝着水手们奔去，希望能够逃生。”然而他们却遭到了追击，数百人丧生，婴儿据说被践踏在脚下。阿布尔·菲达证实说，阿卡陷落之际，“穆斯林大肆屠杀，并虏获了[大量的]战利品”。当马穆鲁克在城中肆虐，大批绝望的拉丁人试图乘坐任何剩余的船只逃亡，码头一片混乱。一些人逃出生天，其中包括亨利国王与格朗松的奥托。维利耶的约翰身负重伤，被抬上了一艘船，航行到了安全的地方。但拉丁宗主教的船只因超载而不稳，他落水溺亡了。在别处，一些拉丁人选择留下来直面命运。哈利勒的部队发现一批多明我会修士正聚集在修道院内吟唱《降临吧，造物主圣灵》（茹安维尔在1248年吟唱的十字军歌曲也正是它），便将他们都屠杀了。[25]

许多基督徒想要在三大骑士团的设防总部内避难，有些人又设法坚持了几天。5月28日，坚固的圣殿骑士团城堡最终被坑道兵破坏，圣殿骑士们葬身其中。那些在医院骑士团总部避难的人在得到哈利勒的安全通行保证后投降了，然而穆斯林编年史证实，苏丹蓄意食言了，他让基督徒俘虏们离开城市来到旷野。几乎就在100年前，狮心王理查曾违背自己宽恕阿卡阿尤布王朝守军的承诺，处决了约2700名俘虏。如今，在1291年，哈利勒将拉丁人聚集在一起，“像法兰克人当年对穆斯林所做的那样屠杀了他们”。“这样，全能的真主替他们的先辈们复了仇。”

阿卡的陷落对海外之地的拉丁基督徒而言是一场灭顶之灾。一位乘船逃生的法兰克目击者回忆城市被洗劫的情景时说：“无人能够细说那天的泪水和悲伤。”幸存的医院骑士团大团长维利耶的约翰在给欧洲的一封信件里描述了他的经历（尽管他承认因为伤势，书写变得困难）：

> 在上帝的眷顾下，我与一些兄弟得以虎口逃生，多数人都挂了彩。我们来到了塞浦路斯，我在写这封信时依旧在此处避难，我们心中充满了哀愁，我们是哀恸的囚徒。

相反，对穆斯林而言，阿卡的辉煌胜利肯定了其信仰的效力，并为圣地之战画上了圆满的句号。一位见证者惊异地记述道："夺取阿卡之后，真主令巴勒斯坦的其余法兰克人心如死灰。"基督徒的抵抗崩溃了。不到一个月，最后的据点——提尔、贝鲁特和西顿——纷纷被法兰克人放弃。那年 8 月，圣殿骑士团撤离了他们的托尔托萨城堡和朝圣者城堡。海外之地（十字军在黎凡特本土的殖民地）走向了终结。阿布尔·菲达在回顾这一事件的奇妙之处时写道：

> 上述征服［意味着］，整个巴勒斯坦如今都在穆斯林手中，这是任何人都不敢期望或渴望的结果。法兰克人曾一度几乎攻占埃及并控制大马士革，至此却被逐出了［圣地］。赞美真主！[26]

结　语

十字军东征的遗产

随着阿卡陷落和海外之地最后残存的要塞丢失，拉丁基督教世界在黎凡特本土的政治、军事存在烟消云散。对十字军国家的最终征服有助于进一步确立马穆鲁克的权威，这个苏丹国的国祚在近东延续了超过两个世纪。然而，在西方，耶路撒冷王国的覆灭引发了广泛的震惊与焦虑。不出意料，人们在互相指责中寻找着答案。黎凡特法兰克人因其作恶多端、党同伐异而遭受了嘲弄，骑士团则受到了执着于追求国际利益而非专注于圣地防务的抨击。

在1291年后很长一段时间里，欧洲与穆斯林掌控的近东依旧保持着商业往来，法兰克人直到16世纪后期一直统治着塞浦路斯。不过，黎凡特本土仍然是圣战的一个目标。从13世纪90年代起，欧洲人写下了大量详尽的著述，提出了光复耶路撒冷的各种方案、方法。人们讨论过对近东的新远征，一些甚至得到了实行——其中一个高潮便是1365年短暂地攻占了埃及亚历山大里亚的港口。在14世纪及其后的岁月中，人们鼓动了多场十字军运动，它们被用于对抗异教徒、奥斯曼土耳其人和教廷的政敌。圣殿骑士团被一位贪得无厌的法国君主指控腐化堕落、玩忽职守，于1312年遭到解散，但其他骑士团安然度过了整个中世纪。医院骑士团先后在塞浦路斯、罗得岛、马耳他建立了新的总部，而条顿骑士团则在波罗的海打造了一个自己的独立国家。然而，尽管如此，没有一次十字军远征能够收复圣城，伊斯兰教徒直到20世纪初期还牢牢掌控着黎凡特。[1]

原因和结果

至少在最初，十字军东征既是防御战争也是基督徒的侵略行为。没错，伊斯兰教徒在7世纪发起的入侵、扩张浪潮是缺乏正当理由的，不过，其攻势很久之前便已衰弱了。第一次十字军东征并非为了回应势不可挡和迫在眉睫的威胁而发动的，也不是最近任何惨痛损失带来的结果。这场运动的坚定目标耶路撒冷在大约4个世纪前便被穆斯林征服，这可算不上新恨。黎凡特的伊斯兰统治者对基督教臣民或朝圣者施加广泛、系统的虐待的指控似乎也没什么事实根据。在第一次十字军东征奇迹般的胜利以及十字军诸国建立之后，圣地之战陷入了暴力、复仇、再征服的怪圈，在其中，基督徒和穆斯林均犯下了野蛮的暴行。

独一无二的冲突？

在两个世纪中，各种力量——从教皇实现“神授”罗马教会居先权的野心到意大利商人经济上的抱负，从社会义务、血缘纽带的观念到开始成形的骑士职责——联合在一起推动了这场争斗。穆斯林和基督教领导人（无论世俗的抑或宗教上的）开始意识到圣战理想可被用来为大一统和军事化背书，甚至为实行独裁统治提供便利。从这方面来说，十字军战争与人类历史上许多时期的范例如出一辙——这种控制、引导暴力的尝试，表面上是为了大众的福祉，但常常沦为替统治精英的利益服务。

不过，就拉丁基督徒的十字军东征和伊斯兰教徒的吉哈德而言，这一“公众”战争强烈地受到宗教因素的推动。它并不必然会导致以独特的野蛮暴行或特别根深蒂固的敌意为特征的冲突。但这确实意味着，参与争夺圣地控制权的许多人都真诚地认为，他们的所作所为和宗教上的关切是交织在一起的。像乌尔班二世、英诺森三世这样的教皇通过鼓吹十字军东征以凸显其个人权威，然而他们也确实希望帮助基督徒找到一条救赎的道路。威尼斯十字军可能的确心系世俗利益，但他们与其他圣战参与者一样似乎衷心渴望着获取一份宗教上的犒赏。即便是萨拉丁这样贪图权力的军阀（他满足于利用上述争斗实现个人目标），也越来越感到要虔诚地投身于耶路撒冷的收复和保卫。当然，并非所有的十字军战士、法兰克移民或穆斯林战士都感受到了同等程度的宗教冲动，但是，这份信仰的脉动普遍而持久地在两个世纪的黎凡特之战中回荡着。

宗教因素给上述战争赋予了鲜明的特点，激发了非同寻常的坚韧不拔（有时是不宽容）之举。它也有助于解释如何及为何数以万计的基督徒和穆斯林在数十年的时间里继续参与这场旷日持久的争斗。近东伊斯兰教徒的狂热更容易被理解。吉哈德是一种宗教义务而非自愿的苦修之举，并且数代穆斯林能够从赞吉、阿尤布和马穆鲁克的不断胜利中受到激励。在一系列令人沮丧的失败和将圣战转向新的冲突舞台的背景下，十字军东征对西欧产生的持久吸引力更加引人注目。在整个 12、13 世纪及以后，持续征兵的事实本身就说明了领取十字——参与一项融合了服役和苦修理念的行动——具有极大的诱惑力，并最终能使灵魂的罪恶受到洗涤。自1095年起，拉丁基督徒全心全意地接受了这样一个观点，即十字军东征是一种合法、高效的宗教敬拜方式。几乎没有迹象表明中世纪同时代人对暴力与宗教的合一感到担忧。即便对十字军运动的批评越来越多，质疑也相对集中在动摇的承诺和财政问题上，而非上帝将支持并犒赏以他的名义进行的战争这项基本准则。[2]

评点胜败

如果十字军东征的持久吸引力是引人注目的，那么与之相联系的法兰克人的海外之地延续了近200年同样值得注意。即便如此，人们也无法回避拉丁人终究输掉了圣地之战的事实。从1099年第一次十字军东征获取胜利到1291年阿卡陷落的过程绝非简单的螺旋式挫败或衰落。不过同样地，从1148年第二次十字军东征兵败大马士革到1250年法王路易九世在埃及可耻地被俘，的确可谓胜少败多。每逢历史学家们试图解释这一趋势，焦点往往转向伊斯兰世界——所谓的吉哈德复兴热潮以及近东、中东穆斯林转向统一。然而实际上，直到马穆鲁克崛起之前，圣战的狂热仅仅是零星的，泛黎凡特的团结充其量也不过是昙花一现。当然，伊斯兰世界内部的事件的确对十字军运动的结局产生了影响，但尚有其他（甚至是更强有力）的因素在起作用。

十字军东征的性质本身就是基督教世界在争夺地中海东部统治权中最终失败的根本原因。圣战的构想在1095—1291年间并非一成不变。它也在演化、发展着（虽然对同时代人而言这些变化并不总是明显的），并经历了一番调整，以回应宗教思想上的更广泛的变化（包括将传教、改宗作为征服非基督徒对手的手段）。然而，十字军远征从始至终一直不能很好地适应保卫或收复圣地的任务。为了生存，十字军诸国迫切地需要外来军事援助，但这应该是永久（或至少长期）的、服从号令的军队。十字军远征却往往带来短期大部队的拥入，常常掺杂着非战斗人员，带队的当权者们专注于各自的目标。

十字军东征运动未能满足海外之地的需求，这一事实并不出人意料，因为这种形式的圣战并非为满足上述目的而设计。相反，从根本上说，十字军东征是一种自愿、个人形式的苦修。参与者可能期望追求一个既定目标——攻陷一个具体目标或保卫某一地区。他们也可以把自己想象成是在履行对上帝的义务、为基督徒同胞提供帮助，甚至是模仿基督自己的作为和受到的苦难。然而，推动十字军运动的总是对个人救赎的承诺：参与者完成一段“武装朝圣”，则已供认的罪孽将被一笔勾销。这正是十字军东征让人魂牵梦绕之处——它能够洗清罪过，让人免于堕入地狱。这也是数以万计的拉丁人在中世纪期间领取十字的原因。

大多数十字军东征中的宗教狂热气氛能够令其参与者众志成城，赋予他们披荆斩棘、建功立业的力量。正是这种神授意识和宗教虔诚让路易九世的部队在曼苏拉战役中幸存下来，让第三次十字军忍受了艰苦卓绝的阿卡围攻，让法兰克人在 1099 年冒着全军覆没的风险毅然向耶路撒冷进军。十字军的满腔热忱令他们得以创造奇迹，但这番狂热往往也被证明是不可控制的。十字军由成千上万的独立个体组成，每个人的最终意图是构建自己的救赎之路。如此一来，他们便无法像其他传统军队那样来被领导或管理。第一次十字军东征中，图卢兹的雷蒙在马拉特和阿尔卡先后为此两度付出了代价；狮心王理查两次从耶路撒冷撤退亦是如此。

可以说，没有一位基督教国王或指挥官曾真正懂得如何驾驭十字军浪潮的力量。

在 13 世纪里，像英诺森三世这样的教皇竭力通过对圣战加强管理并予以有效的制度化来控制十字军东征。但他们面临着相反方向上的问题：如何既不熄灭在这些圣洁的战役中赐予力量的火焰，又抑制过分的狂热？他们未能找到一个可行的方案，而关于从根本上重塑十字军运动的新想法——让职业军队半永久性地驻扎在近东——来得太迟了，并且应者寥寥。

一些历史学家曾提出，基督教世界输掉圣地之战是因为 1200 年后十字军热忱的逐步衰颓，据说这是教皇的操弄及“理念”被放大所产生的问题。这种观点有些过于简单化了。的确，13 世纪并未出现与 1095—1193 年间同等规模的远征，但仍有大量较小规模的战役征召到了大量兵员，即使是针对新的敌人和进入新的战场之时也是如此。如果说拉丁欧洲对圣地命运的直接关切有所衰减，但这也不应该被过分夸大。12 世纪的大规模战役仅仅发生在“地震”——埃德萨的陷落与哈丁会战——之后，否则西方基督教世界也常常对海外之地的紧急求援置若罔闻。对国内问题的关切——从继位之争、王朝对抗到粮食歉收、异端兴起——轻易地压过了四面楚歌的十字军诸国的呼声。耶路撒冷和圣地的命运或许的确让人牵挂，但十字军东征的历史进程表明，大部分欧洲的拉丁人并没有长期地担忧东方事件，因此也很少愿意打乱自己故乡的生活前去拯救那虽然神圣却极为遥远的前哨。

对近东之战结局产生重大影响的另有其他更实际的原因。从现实和概念上看，黎凡特距离西欧十分遥远。生活在法兰西、德意志或英格兰的基督徒前往圣地需历经数千英里的路程。过远的距离为发动军事远征（甚至仅仅是与东方拉丁居民点维持稳定的联系）带来了难题。虽然下面这个对比不够完美，但在拉丁人与穆斯林之间另一重大的领土争夺（即所谓的西班牙收复失地运动）中，基督徒之所以最终获胜，部分是因为伊比利亚半岛距离欧洲其他地方相对较近。作为超国家组织的骑士团的崛起和跨地中海贸易的增长部分缓解了海外之地孤立无援的问题，但这个问题从未完全解决。与此同时，黎凡特的法兰克人未能与东方基督徒盟友（从拜占庭帝国到奇里乞亚亚美尼亚）展开充分或有效的合作（这本可以缓解前者的孤立状态），还让自己卷入了无休无止的内斗当中，造成了非常具有破坏性的结果。

出于上述所有原因，海外之地在 12 至 13 世纪的大部分时间里非常脆弱、不稳定。尽管如此，穆斯林想要利用法兰克人的弱点，需要同时具备一定的实力和优势。十字军战争首先并非发生在东方伊斯兰世界的政治、文化中心地带，而是在埃及和美索不达米亚间的前线地区，而且，圣地也不能以任何方式被描述为一个统一的伊斯兰社会。然而，即便如此，从长远来看，伊斯兰教徒的确因在地理上接近黎凡特战场而受益，但不可逃避的一个事实是，他们相当于是在自己的家园的地方打了一场仗。此外，伊斯兰世界在这场漫长的争斗中走向了胜利，还得益于努尔丁、萨拉丁富有洞察力和魅力的领导与拜巴尔的不屈不挠、冷酷无情。[3]

对中世纪世界产生的影响

十字军东征曾经被描述为一场改变了世界的燎原之火：让欧

洲走出了黑暗时代并看到了文艺复兴的曙光；使为了追求胜利而开始军事化、激进化的伊斯兰教置于数百年的孤立、停滞之中。一些人将这些圣战描述为天启之战，它引发了种族、宗教上的仇恨，并激起了无休无止的敌对。如此宏大的表述恐怕过于简单化和夸张了。毋庸置疑，在1000—1300年，中世纪世界发生了巨大的变化。这是一个以人口增长、移民和城市化为特点的时代，在学术、技术、文化表达方面取得了进步，国际贸易也有所增长。不过，十字军东征扮演的角色尚存争论。任何试图指出这一运动产生的影响的尝试都是充满困难的，因为他要求在历史的织体中追溯和分离出一条单一的线索，而如果要把那条线索移除，就要在假想中对世界进行重建。有些影响是相对明显的，但许多观察必然限于泛泛的概括。显然，圣地之战并非对中世纪产生影响的唯一因素。但同样地，这场黎凡特的斗争确实对中世纪历史产生了重大影响，特别是在地中海区域。

地中海东部

法兰克人带来的威胁（无论是真实的还是想象的）给伊斯兰世界带来了同仇敌忾的目标和一个可以为之奋斗的理由。这令努尔丁和萨拉丁得以复兴吉哈德理想，也让他们能够在近东、中东伊斯兰世界实现一定程度的团结——虽不完美，但也远胜过自穆斯林早期扩张以来的任何时代。随着蒙古人带来的更大的压倒一切的威胁，马穆鲁克在拜巴尔、嘉拉温领导下打造了一个大一统的国家，这一进程达到了其顶点。

然而，尽管穆斯林和拉丁人在这个时代多有接触（通过战争与和平的方式），伊斯兰教徒对西方基督教世界的态度也并没有发生根本的改变。传统的偏见仍根深蒂固，其中最常见的误解包括将对基督与上帝的崇拜理解为多神论，以及对使用宗教形象的深恶痛绝（这被伊斯兰教严格禁止），还有毫无根据的关于法兰克人下流放荡的看法。相互熟悉似乎并未培养出太多的理解和宽容。但同样地，与某些学者的看法相反，十字军的到来没有导致穆斯林与本土东方基督徒的关系全面恶化。确实间歇性地出现过态度趋于强硬的迹象，尤其是在那些生活在伊斯兰教徒统治下的本地基督徒被怀疑援助法兰克人或为之提供情报的情况下，不过，总体而言，直到更加狂热的马穆鲁克崛起之前，一切几乎没有什么改变。

对伊斯兰世界和西方而言，十字军东征带来的最大变化可能与贸易有关。第一次十字军东征以前，黎凡特穆斯林已经通过意大利海商与欧洲建立了某些商业联系，但这种经济交流的体量与重要性在 12 至 13 世纪发生了革命性的变化，这主要是拉丁人在地中海东部定居的结果。十字军东征以及十字军诸国的出现改变了地中海的贸易线路（可能尤其是在 1204 年征服君士坦丁堡之后），并在巩固威尼斯、比萨、热那亚等意大利商业城市的权势方面发挥了关键作用。欧洲采用阿拉伯数字也可以追溯到 1200 年前后，这很可能是与伊斯兰世界贸易产生的结果，但尚不能确凿地将它和同“十字军”世界的接触联系到一起。

居住在海外之地的法兰克人并非生活在密闭的环境中。务实的态度和政治、军事、商业上的权宜之计意味着这些拉丁人经常与黎凡特本地人民接触，包括穆斯林、东方基督徒和后来的蒙古人。通过这样的方式，十字军东征创造出一个前线环境，欧洲人在其中能够与“东方”文化交流，甚至在理论上吸收后者。海外之地孕育的“十字军”社会的确是以一定程度的同化为标志的，但这是有意为之还是无心插柳依旧不得而知。毫无疑问，拉丁东方的社会环境是独一无二的。这并非与伊斯兰世界空前程度交往的结果——实际上，这类接触在中世纪的伊比利亚和西西里同样常见；它也不是在近东正在进行的圣战的结果。相反，“十字军”海外之地的特色来自一系列不同的黎凡特影响——从希腊人和亚美尼亚人到叙利亚人、犹太人，当然还有穆斯林——并融合了许多西欧的影响，从法兰西、德意志到意大利和低地国家。[4]

西　欧

历史学家早就认识到，中世纪时期西方基督教世界与穆斯林及更广阔的地中海世界之间的相互交流，在推动欧洲文明方面起到了重要（或许甚至是至关重要）的作用。上述接触导致了艺术上的借鉴以及科学、医学、哲学知识的传播——它们均有助于促进西方发生深远变化并最终促进了文艺复兴。衡量这一过程中不同的接触领域的相对重要性几乎是不可能的。因此，尽管“十字军”黎凡特的艺术和建筑毫无疑问展现出了不同文化融合的迹象，手稿插画或城堡设计的“十字军”风格却不能可靠地回溯至西方，任何欧洲范本都不是它们的唯一灵感来源。就其本质而言，文本性的知识传播更容易被追溯。海外之地在这个交流领域扮演了重要角色（例如在安条克进行的翻译工作），但其重要性依然略逊于中世纪伊比利亚半岛浩如烟海的抄写和翻译文本。我们最多可做出以下结论：十字军东征打开了一扇通往东方之门，但这绝不是唯一的接触之门。

十字军东征为拉丁欧洲带来的其他形式的改变更加有迹可循。

实际上，大规模远征对法兰西、德意志等地区产生了巨大的政治、社会和经济影响，最终导致贵族的整个亲族中断、消失。统治阶级（尤其是君王）的缺席，可能会引发广泛的不稳定甚至政权更迭。骑士团的出现和它们的权力几乎蔓延到西方的每一个角落，对中世纪欧洲产生了明显而深远的影响——作为拉丁舞台上的后起之秀，上述骑士团拥有与既有世俗、教会权威一较短长的力量。十字军东征的普及提高了教廷的权威并重构了中世纪王权的实践。它还对新出现的骑士、骑士精神观念产生了影响。通过创造新的苦修形式，这些圣战也改变了宗教实践——13 世纪时，随着广泛的十字军宣传、誓言的放宽以及赎罪制度的完善，这一进程显著加快了。

在这一时期中，确实有更多的拉丁基督徒留在西方，而不是积极参与十字军运动或为圣地而战。但出于同样的原因，在 1095—1291 年，很少有欧洲人完全不受十字军东征的影响。无论是通过直接参与、缴税还是在社会中更广泛地确立一种共同的拉丁基督徒身份，他们都无法置身事外。[5]

长久的阴影

1998 年 2 月，一个自称“世界伊斯兰前线”的激进恐怖分子网络宣布打算发起“对抗犹太人和十字军的圣战”。这一由奥萨马·本·拉登领导的组织将以“基地组织”（al-Qaeda）而闻名。在 2001 年 9 月 11 日基地组织袭击纽约和华盛顿的 5 天后，美国总统乔治·布什来到白宫南草坪，在簇拥的世界各地记者面前宣布了美国保卫其国土的意愿，并警告说：“这场反对恐怖主义的‘十字军东征’将不会在一朝一夕间结束。”后来，同年10月，本·拉登回应针对阿富汗的箭在弦上的联合入侵说，这是一场“基督徒的十字军运动”，并说“这是一场反复发生的战争。昔日的十字军东征带来了不列颠的理查、法国的路易与德意志的巴巴罗萨。今天，布什举起十字，十字军国家便纷纷响应。它们都受到十字架的统治”。[6]

为何中世纪的圣战话语能够在现代冲突中占据一席之地？这一论调似乎表明，自中世纪以来，十字军东征一直未停歇，使伊斯兰世界与西方相互对立——陷入一场永无休止、痛苦的宗教战争里。实际上，在中世纪对圣地的争夺与现在近东、中东的争斗之间，并没有一条仇恨、冲突的纽带将它们紧密联系起来。实际上，在21世纪初，“十字军东征”成了一个相当危险、令人担忧的案例，凸显出历史能够被盗用、歪曲、操弄到何种程度。它们也证明了一个被建构的过去如何仍然能够影响现实，因为十字军东征已经对我们的现代世界产生了深远的影响，但几乎完全是通过幻觉产生的作用实现的。

这种现象背后的根本原因之一是，在可以被宽泛地称为伊斯兰世界的地区和西方之间，大众、集体对中世纪十字军东征时代的兴趣和感知产生了断裂。这种差别在术语上便可见一斑。从大约19世纪中期起，十字军东征在阿拉伯语中被称作“十字架战争”（al-hurub al-Salabiyya），该术语强调了基督教信仰和军事冲突的元素。然而，在英语中，“十字军东征”一词在相当程度上已经与其中世纪和宗教上的起源无关——现在被用来表示为一项常常被视为正义的事业而奋斗。在西方，“十字军东征”一词在媒体和大众文化中被滥用了。事实上，我们有可能谈论一场反对宗教狂热甚至反对暴力的“十字军东征”。西方对阿拉伯词语“吉哈德”的演绎同样令人不快。许多穆斯林认为，吉哈德的理念最首要的是与内在心灵上的斗争相关。但在西方，这个词通常被认为只有一个意思：发动一场实质上的圣战。和许多我们现代对十字军东征时期的看法一样，这一术语上的问题仅仅是在过去两个世纪才出现的。不过，在一定程度上，西方与伊斯兰世界在记忆和看法上的分歧早在海外之地覆灭后便立即出现了。

中世纪后期及现代早期的看法

在 14 至 16 世纪期间，由于欧洲仍在与其他穆斯林敌人交战（最著名的当属奥斯曼土耳其帝国），中世纪的十字军东征被部分神化了。一些被认为是核心人物的“英雄”受到了追捧。布永的戈弗雷和亚历山大大帝、奥古斯都等人一道位居“九贤”（Nine Worthies）之列，他们被誉为历史上最受尊崇的人物。狮心王理查被作为一名传奇勇士国王得到歌颂，而萨拉丁则因其侠义之举和高风亮节广受赞誉。但丁在著名的《神曲》（1321）中描述了来世的概念，在其中，萨拉丁便出现在地狱第一层，这是为有德的异教徒保留的地带。

然而，随着 1517 年后宗教改革运动的到来以及启蒙思想的诞生，欧洲神学家与学者们广泛重估了基督教历史。到了 18 世纪，十字军远征被归入了黑暗而不堪回首的中世纪过往。例如，英国学者爱德华·吉本声称，这些圣战是宗教信仰所生的“野蛮狂热”的表现。同时，法国知识分子伏尔泰对十字军运动持总体批判态度，不过对某些特定个体还是表达了钦佩之情——路易九世国王因其虔诚而受到了赞美，萨拉丁则被描述为“一个好人、英雄、哲人”。[7]

相较而言，从中世纪晚期至现代早期，马穆鲁克与奥斯曼帝国治下的近东、中东伊斯兰世界很少对十字军远征表现出兴趣。大多数穆斯林似乎认为圣地之战与己基本无关，已属陈年旧事。的确，野蛮的法兰克人曾经入侵黎凡特并犯下许多暴行，但他们已遭受严惩并被击败了。伊斯兰教徒很自然地大获全胜，法兰克人入侵的时代一去不复返。在选择这一时代的模范“英雄”人物方面，他们的倾向也与西方不同。萨拉丁甚少获得关注。相反，努尔丁的虔诚广受称道，而从15世纪起，拜巴尔在民间传说中颇受推崇。在这几个世纪中，似乎没有人觉得十字军的入侵激起了一场持久圣战，或者仍需对法兰克人的暴行实施某种程度的报复。[8]

为了理解十字军远征是如何从布满灰尘的历史角落中重现并似乎与现代世界产生关联的，我们有必要在伊斯兰世界和西方世界探寻1800年以来的相关学术研究以及社会、政治、文化上的记忆。

西方历史记忆中的十字军远征

至19世纪初，通过启蒙思想，西方世界形成了一种广泛的共识。虽然人们偶尔对十字军的英勇也不吝赞美之词，但更多的还是鄙视其粗野残暴。不过，由于浪漫主义对中世纪抱持更加理想化的看法，这一态度很快有所缓和。英国作家沃尔特·司各特爵士（Sir Walter Scott）深受欢迎、影响广泛的小说唤起了这一趋势。他的《护身符》（*The Talisman*，1825）以第三次十字军东征为背景，将萨拉丁塑造为英勇、睿智的“高贵野蛮人”，而理查一世国王则被描绘为一个相当暴躁的莽夫。司各特的著作（包括1819年的《艾凡赫》）以及其他作家的作品有助于形成以下观点：

十字军东征是一场伟大、英勇的冒险。[9]

大约与此同时，一些欧洲学者开始进行历史的平行对比——他们渴望在过去中看到现代世界——用胜利的口吻将十字军东征及十字军诸国的创立描绘为值得赞扬的殖民主义原始实践。这一趋势开启了将十字军运动（以及“十字军东征”这个词本身）剥离其宗教背景的进程，令圣地之战被视为本质上的世俗之举而受到褒扬。19 世纪初的法国历史学家弗朗索瓦·米肖（François Michaud）出版过一套脍炙人口的三卷本圣战著作（额外的 4 卷为资料来源），它充斥着误导之言和对历史的歪曲。米肖为十字军赢得的“荣耀”击掌叫好，指出他们的目标为“征服并教化亚洲”。他还将法国视作该运动在精神和概念上的中枢，认为“有朝一日，法兰西将成为欧洲文明的样板和中心。圣战对这一令人高兴的发展助益良多，人们从第一次十字军东征就可以看出这一点”。米肖的著作是强烈的法国民族主义的产物，并进一步激发了它。这种民族主义为民族认同的形成提供了动力，将圣地之战拖入了“法国”历史的捏造重建之中。[10]

对十字军东征的浪漫主义、民族主义狂热绝非法国独有。新生的国家比利时以布永的戈弗雷作为自己的英雄，而在海峡对岸，狮心王理查被奉为标志性的英国勇士。19 世纪中期，两人都被用醒目的骑马雕像的形式加以铭记。戈弗雷的雕像矗立在布鲁塞尔大皇宫内，而在伦敦国会大厦（Houses of Parliament）外，理查跨坐在战马上，高举着宝剑。在整个 19 世纪，这种兴趣已蔓延得很广。未来的英国首相本杰明·迪斯雷利（Benjamin Disraeli）对十字军历史相当痴迷，甚至在当选国会议员之前的 1831 年曾赴近东旅行；他后来出版了一本小说《坦克雷德，或新十字军》，主人公是一个富有十字军精神遗产的年轻贵族。美国作家马克·吐温也曾到圣地游历并造访了哈丁战场，他对所见的一把宝剑（一度有传言说属于布永的戈弗雷）印象深刻，这激起了他的“浪漫想象［和］对圣战的追忆”。

1898 年，德国皇帝威廉二世不遗余力地去实现其十字军幻想。他在访问黎凡特时将自己打扮成中世纪君王的模样，策马进入耶路撒冷，随后前往大马士革向萨拉丁致敬，皇帝将他尊奉为“有史以来最具骑士精神的统治者之一”。11 月 8 日，他向这位阿尤布王朝苏丹相当破败的陵墓进献了花圈，后来还出资将它修缮一新。[11]

当然，这一时期并非所有的西方十字军研究都浸染着浪漫主义、民族主义、帝国主义的幻想色彩。在那些年中，更加精确、公允、经验主义的研究方法也得到了快速发展。但即使到了 20 世纪 30 年代，法国十字军历史学家勒内·格鲁塞（René Grousset）还在把法国加入十字军东征与 20 世纪初法国重新统治叙利亚相提并论。而对大众看法产生最大影响的，是那些更加情绪外露、更放肆的说法。在第一次世界大战的背景下，这种轻率的现代平行类比所具有的力量和潜在的危险变得越发明显。在这场兵火中，法国被国联委任统治“大叙利亚”，而法国外交官试图通过引用十字军历史来强化自己对这片领土的声索。

与此同时，英国则被委任统治巴勒斯坦。1917 年 12 月，埃德蒙·艾伦比（Edmund Allenby）将军抵达耶路撒冷，他深知任何涉及十字军东征的论调或渲染胜利都可能会导致对穆斯林的冒犯（尤其是因为英军中有部分穆斯林军队）。与威廉皇帝形成鲜明对比的是，艾伦比步行进入圣城，并且据说严格禁止部下提及十字军。不幸的是，他的谨慎未能阻止部分英国媒体沉醉于将此事件和中世纪联系起来。实际上，英国讽刺期刊《庞奇》（*Punch*）刊登了一幅标题为《最后的十字军》的漫画，描绘了狮心王理查从山顶俯瞰耶路撒冷的情景，说明文字是“我终于美梦成真了！”后来，有一则虚构但流传甚广的谣言称，艾伦比本人曾说：“今天，十字军战争落下了帷幕。”

事实上，即使在那时，“十字军东征”——已经与宗教无关——一词在英语中已经开始同它的中世纪根源脱离。1915 年，英国首相大卫·劳合·乔治（David Lloyd George）在一场大会演讲中将第一次世界大战形容为“一场伟大的十字军战争”。到了第二次世界大战，德怀特·D. 艾森豪威尔（Dwight D. Eisenhower）将军在 1944 年 6 月 6 日发布的“D 日”命令中包含着如下勉励盟军士兵的语句：“你们即将踏上一段伟大的十字军远征。”1948 年艾森豪威尔关于这场战争的著作标题便是《十字军在欧洲》。[12]

现代伊斯兰世界与十字军远征

在长时间的不感兴趣之后，伊斯兰世界在 19 世纪中期开始对十字军东征表现出新的好奇。1865 年前后，操阿拉伯语的叙利亚基督徒在翻译法语历史著作时，第一次用“十字架战争”取代了过去所用的“法兰克人之战”（the wars of the Ifranj）。1872 年，奥斯曼土耳其人纳米克·凯末尔（Namik Kemal）出版了第一部“现代”穆斯林的萨拉丁传记——该书似乎是为了反驳最近译介至土耳其的优越感甚强的米肖的历史著作。威廉皇帝 1898 年对近东的造访可能正契合（甚至促进）了这种兴趣的高涨，第二年，埃及学者赛义德·阿里·哈里里（Sayyid ‘Ali al-Hariri）撰写了第一部阿拉伯语的十字军史书，标题为《十字军战争的精彩记述》。哈里里在书中写道，奥斯曼帝国苏丹阿卜杜勒－哈米德二世（Abdulhamid Ⅱ，1876—1908 年在位）近来试图将西方对穆斯林领土的侵占解读为一场新的“十字军东征”，哈里里表示，苏丹“说得对，欧洲如今正以政治运动的形式对我们发动一场十字军运动”。大约在同一时期，穆斯林诗人艾哈迈德·沙奎（Ahmad Shaqwi）写了一首诗，质问为何直到威廉皇帝提醒后伊斯兰世界才回忆起萨拉丁。[13]

在随后几年中，从印度、土耳其到黎凡特的穆斯林开始谈论中世纪十字军入侵和现代西方入侵之间的相似性——当然，这一类比在西方数十年来一直得到大力、热情的支持。1915 年，耶路撒冷一所新开办的大学以萨拉丁命名，这体现了人们对苏丹作为穆斯林精神领袖的推崇。上述两个相关现象因第一次世界大战末期的下列事件而得到促进：英国、法国委任统治地在黎凡特的建立，据说艾伦比引用十字军东征的言论得到广泛报道，以及欧洲盛行历史类比。到了 1934 年，一位著名阿拉伯作家感叹道：“西方依旧在通过政治、经济帝国主义的形式对伊斯兰世界发动十字军东征。”

然而，第二次世界大战后，随着 1948 年联合国同意了以色列的建立（这是所谓的“犹太复国主义”的实现），情况有了翻天覆地的变化。那年 10 月，时事评论员阿卜杜拉·拉蒂夫·哈姆扎（‘Abd al-Latif Hamza）写道：“与犹太复国主义的斗争在我们心中唤醒了对十字军东征的回忆。”从 1948 年起，伊斯兰世界越来越积极地重新审视了中世纪的圣地之战。阿拉伯－伊斯兰文化拥有悠久的以史为鉴的传统（可上溯至中世纪中期乃至更早时期）。

因此，不足为奇的是，从近东到中东的学者、神学家与激进分子如今也开始精心做出他们自己的历史比对，并让十字军历史为自己的目的服务。[14]

“十字军类比”的原则

这种挪用历史的过程持续至今。十字军东征时代从过去到现在均相当符合伊斯兰宣传者的需要。在将近800年前结束之后，那个时代的确切事件已经变得疑云密布，很容易被扭曲、利用：挑选有用的“事实”，不符合特定意识形态的令人不安的细节则很容易遭到摈弃。十字军东征还可以被用来创作有益的“教育故事”，因为它的内容包括“西方”的攻击和伊斯兰的最终胜利。耶路撒冷的角色也相当重要。事实上，穆斯林赋予圣城的政治甚至宗教重要性在中世纪一直变化不定，甚至在后来的几个世纪里也是如此。但中世纪时对此地的统治权之争有助于现代思想家培植下列观念：在穆斯林的信仰中，耶路撒冷（尤其是圣殿山）是一座神圣不可侵犯的堡垒。

在过去的60年里，从政治家到恐怖分子，许多伊斯兰团体和个人试图把现代世界与中世纪十字军东征进行比较。在细节和重点方面，他们传递的信息和理念有重要的不同，但也有一个相对一致的基础支撑着他们所有的各种论点，主要有两种观点。首先是西方作为入侵的殖民势力，与900年前如出一辙，正对伊斯兰世界犯下罪行，并于现代重现了十字军东征。而以色列在西方支持下的建立，又为这个故事添上了一笔。在这一斗争的20世纪化身里，帝国主义的十字军与犹太人同流合污，想要占据圣地。据说他们组成了一个针对伊斯兰世界的“十字军–犹太复国运动”

联盟。宣传家为了给这一怪诞的并置增添一丝可信度，便指出以色列占领的大体上是与法兰克人的耶路撒冷王国相同的领土。然而，在最近数十年中，这一思想中的地理范围迅速扩大了。新的西方干预，特别是美国主导的对近东、中东和中亚的干预，与阿以冲突和巴勒斯坦人的困境并驾齐驱，加剧了所谓的“十字军-犹太复国主义”联盟的罪行。其中包括两次海湾战争，在阿富汗对抗塔利班、基地组织的斗争以及美军驻扎在沙特阿拉伯神圣的穆斯林领土上。奥萨马·本·拉登将其形容为：“十字军如同蝗虫般遍布在那里。”[15]

这种“十字军类比”的第二大支柱与伊斯兰世界从中世纪汲取宝贵教训的能力有关。1963年，穆斯林作家赛义德·阿舒尔（Sa‘id Ashur）出版了一部两卷本阿拉伯语的《十字军东征史》，他在书中宣称，现代穆斯林面临的情况与中世纪极为相似，因此，“我们有责任细致、科学地研究十字军运动”。许多伊斯兰理论家试图从中世纪圣地之战中寻觅灵感。一些人主张伊斯兰世界要统一（必要时可动用武力），并坚定、不懈地发动吉哈德，假定这是对中世纪穆斯林的模仿。许多宣传家提出，伊斯兰世界必须愿意耐心地面对一场持久战——毕竟，从法兰克人手中收复耶路撒冷花费了88年的时间，摧毁海外之地则历时近两个世纪。关键的是，十字军时代的穆斯林“英雄”也被拔高为楷模，尤其是萨拉丁。实际上，在20世纪，这位阿尤布王朝苏丹被广泛神化为中世纪圣地之战里的伊斯兰中流砥柱。如今，是萨拉丁而非拜巴尔在整个阿拉伯世界获得了受崇拜的地位。他在哈丁会战中击败基督徒被尊崇为穆斯林历史上最伟大的胜利之一，他后来收复耶路撒冷成了泛伊斯兰世界引以为荣的话题。[16]

阿拉伯民族主义和伊斯兰主义

以上两大基石——新十字军入侵的想法与从中世纪汲取经验教训的需要——孕育了各式各样的构想。实际上，这种操纵过去的做法的真正力量所在已被证明是它惊人的灵活性，因为两种截然相反的意识形态（阿拉伯民族主义和伊斯兰主义）的穆斯林拥护者均热切地试图让十字军历史为己所用。

阿拉伯民族主义的准则从本质上来说是世俗化的：主张在伊斯兰世界政教分离；提倡由政治领袖而非宗教领袖统治阿拉伯伊斯兰国家。因此，阿拉伯民族主义领导人对作为宗教战争的十字军运动并不感兴趣，他们关注的是对外国帝国主义构成威胁的观念以及将自己与萨拉丁的成就进行比较的宣传价值。埃及总理（后来成为总统）贾迈勒·阿卜杜－纳赛尔（Gamal Abdel Nasser，1954—1970 年在职）是阿拉伯民族主义思想最早的支持者之一。他宣称，以色列的创立是“十字军的还魂”，是“帝国主义与犹太复国主义签署协议的结果”。纳赛尔还一再试图将自己比作萨拉丁。并非巧合的是，优素福·沙欣（Youseff Chahine）的“历史”大片《萨拉丁》（1963）——当时预算最高的阿拉伯电影——是在埃及拍摄的，其男主角长相酷似纳赛尔。

在谈到 1981 年的阿以冲突时，叙利亚总统哈菲兹·阿萨德（Hafez Asad）鼓励穆斯林道：“回想十字军的入侵，虽然他们与我们交战了 200 年，但我们没有投降认输。”阿萨德还标榜自己为“20 世纪的萨拉丁”，并在 1992 年于大马士革市中心为其英雄竖立了一座宏伟的雕像。伊拉克阿拉伯民族主义领导人萨达姆·侯赛因甚至对萨拉丁更为痴迷。他有意忽略了萨拉丁的库尔德血统，代之以强调两人均出生于提克里特（Tikrit），并付出了极大的努力将二人的生涯联系了起来。萨拉丁与萨达姆并肩出现在伊拉克的邮票和钞票上；总统的宫殿外，其黄金雕像的穿着打扮也酷似萨拉丁。萨达姆甚至下令制作了一本儿童图书《英雄萨拉丁》，在书中，他本人被称为“萨拉丁第二”。[17]

在意识形态上，伊斯兰主义是阿拉伯民族主义的对立面，它支持伊斯兰教徒应该由神权政体统治的观念。尽管如此，伊斯兰主义者甚至更加热衷于在中世纪十字军东征与现代世界之间建立牵强附会的联系。考虑到其宗教观点，伊斯兰主义者在宣传中将十字军东征定义为对“伊斯兰之境”发动的侵略性宗教战争，唯一的应对之道是还以暴力的吉哈德。一位最具影响力的伊斯兰主义理论家赛义德·库特布（Sayyid Qutb，1966 年因叛国罪在埃及被处决）将西方帝国主义形容为“十字军精神的面具”，并指出：“十字军精神流淌在每个西方人的血液里。”他还声称，在西方插手黎凡特事务的背后，有一个“国际十字军主义”阴谋，并以所谓的艾伦比对中世纪十字军东征的援引作为证据。

库特布的思想影响了许多激进的伊斯兰主义组织（从哈马斯到真主党）。不过，在 21 世纪，他的这种极端主义的最危险的拥护者当属奥萨马·本·拉登和他的盟友艾曼·扎瓦希里——恐怖主义网络“基地组织”的领导者。2001 年前夕，他们多次谈及十字军东征。“9·11”事件后不久，当乔治·布什总统欠考虑地将他计划中的“反恐战争”描述为“十字军东征”（之后他便小心翼翼地避免使用这个词了）时，他便中了基地组织的圈套。事实上，在 2002 年底，本·拉登发布了一则声明称：“对纽约、华盛顿发动攻击最重要的积极成效之一是，它揭示了十字军与穆斯林间冲突的真相，并展现了十字军对我们的恨意。”2003 年 3 月，在美国领导盟军入侵伊拉克后，本·拉登补充说："如今，犹太复国主义－十字军针对［伊斯兰世界］发动的战役是有史以来最危险和最疯狂的……［要学习］如何抵抗这些外来之敌，我们必须回顾昔日的十字军战争。"这种依靠操弄历史进行的具有煽动性、误导性的宣传至今没有停歇的迹象。[18]

历史中的十字军东征

"十字军类比"在塑造现代世界方面扮演了一个清晰的角色——在最近的岁月里，它遭到了广泛的误解。这种对历史和圣战记忆的操弄始于19世纪的浪漫主义和西方殖民优越感。通过伊斯兰世界的政治宣传和意识形态挞伐，它变得经久不衰。鉴别、审视这一过程的目的并非要宽恕或责备帝国主义、阿拉伯民族主义或伊斯兰主义意识形态，而是为了揭露以它们的名义唤起的"历史"类比有多么浅薄和不准确。政治、文化、宗教上对遥远的十字军东征的共鸣建立在对过去的想象之上；它被夸张、扭曲、虚构，与中世纪的事实相去甚远——十字军远征的内核中，包含着兵戎相见、外交斡旋与商业贸易，恩怨情仇纠缠在一起，并非黑白分明。

当然，人类总是表现出故意歪曲历史的倾向。但事实证明，"十字军类比"带来的危险尤其严重。在过去的两个世纪中，一种谬误的说法已经站稳了脚跟。它提出十字军远征对伊斯兰世界与西方之间的关系至关重要，因为它们使双方产生了一种根深蒂固、不可逆转的互相憎恶的感觉，令双方陷入了一场具有破坏性的永恒战争。这种将中世纪与现代的冲突直接、不间断地联系在一起的看法，将促成一种普遍的、几乎是宿命论式的观点——文明之间的巨大冲突是不可避免的。然而，尽管有时的确黑暗、残忍甚至野蛮，但十字军东征并没有在西方基督徒或穆斯林的社会中留下永久的烙印。事实上，圣地之战在中世纪结束之时几乎已遭遗忘，直到几个世纪后才被重新唤起。

或许，十字军东征的确有值得我们的世界借鉴之处。它们的大部分教训在人类历史的其他时代依然常见。这些战争展现了信仰和意识形态在激发狂热的群众运动、诱发暴力纷争方面的力量；它们证明了商业利益在化干戈为玉帛方面的能力；它们还说明了对“他者”的猜忌、仇恨是多么容易被利用。但是，那种认为拉丁基督徒和黎凡特穆斯林在许多世纪前发起的争夺圣地之战确实或应该对现代世界产生直接影响的观点是错误的。倘若宣传的力度有所减轻并且对敌意的煽动获得扭转，那么这些中世纪战争的真相必能被探究、理解。不过，务必要对十字军东征有个正确的定位：它沉淀于历史长河之中，已经一去不复返了。

大事年表

1095 年 11 月 27 日	教皇乌尔班二世在克莱蒙做第一次十字军东征的布道
1097 年 6 月 18 日	尼西亚向第一次十字军投降
1097 年 7 月 1 日	多里莱乌姆战役
1098 年 6 月 3 日	第一次十字军洗劫安条克
1098 年 6 月 28 日	反抗摩苏尔的凯尔波加的安条克之战
1099 年 7 月 15 日	第一次十字军攻占耶路撒冷
1104 年 5 月	哈兰之战
1119 年 6 月 28 日	安条克的罗歇在“血田”被杀
1128 年 6 月	赞吉接管阿勒颇
1144 年 12 月	赞吉征服埃德萨
1145 年 12 月 1 日	教皇尤金三世宣布发起第二次十字军东征
1146 年 9 月	赞吉遇刺，努尔丁接管阿勒颇
1148 年 7 月	第二次十字军围攻大马士革失败
1149 年 6 月 29 日	伊纳卜之战
1153 年 8 月 19 日	拉丁人征服亚实基伦
1154 年 4 月	努尔丁占领大马士革
1164 年 8 月 11 日	努尔丁在哈里姆附近击败法兰克人
1169 年 3 月	萨拉丁成为埃及的维齐
1171 年 9 月	在埃及废除法蒂玛哈里发
1174 年 5 月 15 日	努尔丁去世；10 月，萨拉丁接管大马士革
1177 年 11 月 25 日	蒙吉萨之战

1183 年 6 月 12 日	萨拉丁占领阿勒颇
1185 年 5 月	耶路撒冷王国国王鲍德温四世去世
1187 年 7 月 4 日	哈丁之战
1187 年 10 月 2 日	萨拉丁夺回耶路撒冷
1187 年 10 月 29 日	教皇格里高利八世呼吁发起第三次十字军东征
1187 年 11 月	狮心王理查领取十字
1189 年 8 月 28 日	吕西尼昂的居伊围攻阿卡
1190 年 6 月 10 日	腓特烈・巴巴罗萨在小亚细亚去世
1191 年 6 月 8 日	狮心王理查抵达阿卡
1191 年 7 月 12 日	第三次十字军占领阿卡
1191 年 8 月 20 日	理查一世在阿卡城外处决穆斯林囚犯
1191 年 9 月 7 日	阿尔苏夫之战
1192 年 1 月 13 日	理查一世第一次下令从拜特努巴撤退
1192 年 7 月 4 日	第三次十字军第二次从拜特努巴撤退
1192 年 9 月 2 日	雅法条约签订
1193 年 3 月 4 日	萨拉丁去世
1198 年 8 月 15 日	教皇英诺森三世发起第四次十字军东征的号召
1204 年 4 月 12 日	第四次十字军洗劫君士坦丁堡
1215 年 11 月	教皇英诺森三世主持第四届拉特兰会议
1219 年 11 月 5 日	第五次十字军夺取了杜姆亚特
1229 年 3 月 17 日	霍亨斯陶芬家族的腓特烈二世率军进入耶路撒冷
1244 年 7 月 11 日	花剌子模人洗劫耶路撒冷
1244 年 10 月 18 日	拉佛比之战
1249 年 6 月 5 日	法国国王路易九世在埃及登陆

1250 年 2 月 8 日	曼苏拉之战
1250 年 4 月	路易九世被图兰沙阿俘虏
1258 年 2 月	蒙古人洗劫巴格达
1260 年 9 月 3 日	阿因札鲁特之战
1261 年 6 月	拜巴尔成为马穆鲁克苏丹
1268 年 5 月 19 日	拜巴尔洗劫安条克
1271 年 4 月 8 日	医院骑士团向拜巴尔移交骑士堡
1289 年 4 月 27 日	嘉拉温占领的黎波里
1291 年 5 月 18 日	马穆鲁克征服阿卡

注 释

缩 写

RHC Occ. *Recueil des historiens des croisades, Historiens occidentaux*, 5 vols, ed. Académie des Inscriptions et Belles-Lettres (Paris, 1844–95).

RHC Or. *Recueil des historiens des croisades, Historiens orientaux*, 5 vols, ed. Académie des Inscriptions et Belles-Lettres (Paris, 1872–1906).

导 论 十字军东征的世界

1. 在中世纪及之后，十字军也曾于其他战场作战，不过在其声望和重要性的巅峰期——1095 至 1291 年，这场基督徒的运动主要瞄准了近东。因此，本书聚焦于圣地（采用广义上的地理范围）的事件。按照一种定义，该地区大致等同于现代以色列国边界（包括巴勒斯坦控制下的那些地区）。不过在中世纪，西欧基督徒对“圣地”的概念通常更为模糊，有时还包括其他具有宗教意义的地方——例如安条克（如今位于土耳其东南）。在十字军东征时代，同时代穆斯林也倾向于将“圣地”兼指具体的“圣城”（al-Quds）和更加广泛的“沙姆地区”（Bilad al-Sham，“海岸”）。所以，本书探讨的圣地之战涉及现代以色列、约旦、黎巴嫩、叙利亚，以及土耳其和埃及部分地区的冲突。最近，它在总体意义上常常指的是中东地区，不过这事实上有些不准确。严格来说，沿海地区是近东，而中东位于更远处的幼发拉底河流域。本书也使用术语“黎凡特”来描述地中海东部区域——该词源于法语“lever”（升起），与太阳每日从东方出现有关。有关十字军学术研究的综述，参见：G. Constable, ‘The

Historiography of the Crusades', *The Crusades from the Perspective of Byzantium and the Muslim World*, ed. A. E. Laiou and R. P. Mottahedeh (Washington, DC, 2001), pp. 1–22; M. Balard, *Croisades et Orient Latin, XIe–XIVe siècle* (Paris, 2001); R. Ellenblum, *Crusader Castles and Modern Histories* (Cambridge, 2007); C. Hillenbrand, *The Crusades: Islamic Perspectives* (Edinburgh, 1999); N. Housley, *Contesting the Crusades* (Oxford, 2006); N. Housley, *Fighting for the Cross* (New Haven and London, 2008); A. Jotischky, *Crusading and the Crusader States* (Harlow, 2004); H. E. Mayer, *The Crusades,* trans. J. Gillingham, 2nd edn (Oxford, 1988); T. F. Madden, *The New Concise History of the Crusades* (Lanham, 2006); N. Jaspert, *The Crusades* (New York and London, 2006); J. Richard, *The Crusades, c 1071–c. 1291*, trans. J. Birrell (Cambridge, 1999); J. S. C. Riley-Smith (ed.), *The Oxford Illustrated History of the Crusades* (Oxford, 1995); J. S.C. Riley-Smith, *The Crusades: A History*, 2nd edn (London and New York, 2005); C. J. Tyerman, *God's War: A New History of the Crusades* (London, 2006).

2. B. S. Bachrach, 'The pilgrimages of Fulk Nerra, count of the Angevins, 987–1040', *Religion, Culture and Society in the Early Middle Ages*, ed. T. F. X. Noble and J. J. Contreni (Kalamazoo, 1987), pp. 205–17.

3. Raoul Glaber, *Opera*, ed. J. France, N. Bulst, P. Reynolds (Oxford, 1989), p. 192. 关于古代晚期、欧洲的皈依和早期基督教，参见：R. Fletcher, *The Conversion of Europe* (New York, 1998); P. Brown, *The Rise of Western Christendom* (Oxford, 1996); J. Herrin, B. Hamilton, *The Christian World of the Middle Ages* (Stroud, 2003). 关于法兰克人，参见：E. James, *The Franks* (Oxford, 1988). 关于在十字军东征背景下"法兰克"一词的使用，参见：J. S. C. Riley-Smith, *The First Crusaders, 1095–1131* (Cambridge, 1997), pp. 64–5. 关于加洛林时期和早期中世纪世界，参见：R. McKitterick, *The Frankish Kingdoms under the Carolingians 751–987* (London, 1983); R. McKitterick, *The*

Early Middle Ages: Europe 400–1000 (2001); C. Wickham, *Framing the Early Middle Ages: Europe and the Mediterranean, 400–800* (Oxford, 2005).

4. 教皇认为，由于基督的首要使徒圣彼得为罗马第一任主教，其继承人不仅应被视为西方拉丁教会的领袖，也应被承认为整个基督教世界的精神权威。不足为奇的是，这一观点并不被君士坦丁堡的希腊东正教大牧首之类的人所认可，关于这一原则及更广泛的教义的争执导致了 1054 年“欧洲”基督教这两个分支之间的公开决裂或“分裂”。关于中世纪教廷、教皇格里高利七世以及教廷改革运动，参见：W. Ullmann, *A Short History of the Papacy in the Middle Ages* (London, 1974); C. Morris, *The Papal Monarchy: The Western Church from 1050 to 1250* (Oxford, 1989); H. E. J. Cowdrey, *Pope Gregory VII, 1073–1085* (Oxford, 1998); U.-R. Blumenthal, *The Investiture Controversy: Church and Monarchy from the Ninth to the Twelfth Century* (Philadelphia, 1988).
5. Raoul Glaber, *Opera,* p. 60; M. G. Bull, *Knightly Piety and the Lay Response to the First Crusade: The Limousin and Gascony, c. 970–c. 1130* (Oxford, 1993), p. 158. 关于中世纪的宗教、隐修运动和朝圣，参见：M.G. Bull. ‘Origins’, *The Oxford Illustrated History of the Crusades*, ed. J. S. C. Riley-Smith (Oxford, 1995), pp. 13–33; B. Hamilton, *Religion in the Medieval West* (London, 1986); C. H. Lawrence, *Medieval Monasticism: Forms of Religious Life in Western Europe in the Middle Ages*, 3rd edn (London, 2001); J. Sumption, *Pilgrimage: An Image of Mediaeval Religion* (London, 1975); B. Ward, *Miracles and the Medieval Mind*, 2nd edn (London, 1987); D. Webb, *Medieval European Pilgrimage*, c. 700–c. 1500 (London, 2002); C. Morris, *The Sepulchre of Christ and the Medieval West: From the Beginning to 1600* (Oxford, 2005).
6. 骑士（法语为“miles”，复数为“milites”）所需的大笔花销（尤其是装备、训练相关的费用）使不那么富裕的人难以成为骑士，尽管如此，这一群体并非贵族专享。事实上，人们期望世俗贵族中的所有男性都承担骑士职责，而大多数富有的领主以封臣名义保有一批骑士效力，作为军事服役的交换，他们要保护并耕种一块土地。这一惯例让较贫穷的个人获得骑士地位成为可能，即通过雇佣获得必要的装备。关于中世纪骑士及欧洲战争，参见：J. France, *Western Warfare in the Age of the Crusades* (London, 1999).

7. I. S. Robinson, 'Gregory VII and the Soldiers of Christ', *History*, vol. 58 (1973), pp. 169–92; F. H. Russell, *The Just War in the Middle Ages* (Cambridge, 1975); T. Asbridge, *The First Crusade: A New History* (London, 2004), pp. 21–31.
8. 随着时间推移，逊尼派也发展出了4个不同的教法“学派”：哈乃斐派、沙斐仪派、罕百里派、马立克派。十字军东征时期，这些不同的“学派”在不同地区、不同族群中各自获得了声望与支持。例如，叙利亚城市大马士革为罕百里派中心，赞吉突厥王朝则倾向于支持哈乃斐派，而库尔德人的阿尤布王朝则是沙斐仪派。
9. 关于中世纪伊斯兰历史、塞尔柱人的崛起以及第一次十字军东征前夕的近东，参见：H. Kennedy, *The Prophet and the Age of the Caliphates: The Islamic Near East from the Sixth to the Eleventh Century* (London, 1986); J. Berkey, *The Formation of Islam: Religion and Society in the Near East, 600–800* (Cambridge, 2003); C. Cahen, 'The Turkish invasion: The Selchükids', *A History of the Crusades,* ed. K. M. Setton, vol. 1, 2nd edn (Madison, 1969), pp. 135–76; Hillenbrand, *The Crusades: Islamic Perspectives,* pp. 33–50; C. Cahen, *Introduction à l'histoire du monde musulman médiéval, Initiation à l'Islam,* vol. 1 (Paris, 1982); C. Cahen, *Orient et Occident aux temps des croisades* (Paris, 1983); P. M. Holt, *The Age of the Crusades: The Near East from the Eleventh Century to 1517* (London, 1986), pp. 1–22; T. el-Azhari, *The Saljuqs of Syria during the Crusades 463–549 A.H./1070–1154 A.D.* (Berlin, 1997); S. Zakkar, *The Emirate of Aleppo 1004–1094* (Beirut, 1971); J.-M. Mouton, *Damas et sa principauté sous les Saljoukides et*

les Bourides 468–549/1076–1154 (Cairo, 1994); M. Yared-Riachi, *La politique extérieure de la principauté de Damas, 468–549 A.H./1076–1154 A.D.* (Damascus, 1997); A. F. Sayyid, *Les Fatimides en Égypte* (Cairo, 1992).

10. 穆斯林军队的基石为“亲兵”（’askar）——一位领主或埃米尔身边的私人军队。这些武装由训练有素的职业“奴隶兵”（他们渐渐被称作“马穆鲁克”）掌控，他们最初来自中亚和俄罗斯草原的突厥人，但后来又有亚美尼亚人、格鲁吉亚人、希腊人，甚至东欧斯拉夫人作为补充。在塞尔柱世界内，大规模军队通常是通过“伊克塔”（’iqta，意为采邑）系统征集——一位埃米尔得到一块土地的岁入，作为回报，则要为战争、战役提供他的“亲兵”。这一程序后来被埃及采用。关于中世纪伊斯兰战争，参见：H. Kennedy, *The Armies of the Caliph* (London, 2001); Hillenbrand, *The Crusades: Islamic Perspectives*, pp. 431–587.

11. 关于中世纪伊斯兰的吉哈德，参见：E. Sivan, *L'Islam et la Croisade* (Paris, 1968); Hillenbrand, *The Crusades: Islamic Perspectives*, pp. 89–103; B. Z. Kedar, ‘Croisade et *jihad* vus par l'ennemi: une étude des perceptions mutuelles des motivations’, *Autour de la Première Croisade*, ed. M. Balard (Paris, 1996), pp. 345–58; H. Dajani-Shakeel and R. A. Mossier (eds), *The Jihad and its Times* (Ann Arbor, 1991); R. Firestone, *Jihad. The Origins of Holy War in Islam* (Oxford, 2000); D. Cook, *Understanding Jihad* (Berkeley, 2005). 根据什叶派神学，对外发动吉哈德的义务是直到末日到来才需要承担的。因此，什叶派伊斯玛仪支派的埃及和信奉什叶派支派十二伊玛目派的夏萨的蒙基德家族虽然发动了反击法兰克人的战争，但并不认为自己是在进行圣战。

12. Al-Azimi, ‘La chronique abrégée d'al-Azimi’, ed. C. Cahen, *Journal Asiatique*, vol. 230 (1938), p. 369; J. Drory, ‘Some observations during a visit to Palestine by Ibn al-‘Arabi of Seville in 1092–1095’, *Crusades*, vol. 3 (2004), pp. 101–24; Hillenbrand, *The Crusades: Islamic Perspectives*, pp. 48–50.

第一部 十字军东征的发起

1. 尽管乌尔班的这篇演讲具有历史意义，但没有任何确切的记录存世。关于他的演说有许多版本，其中包括3个写于第一次十字军东征结束后的目击者版本，然而它们都受到“后见之明”的影响，无一可被视为权威。尽管如此，通过将上述文献与教皇在1095—1096年提到“十字军东征”的信函进行对比，可以重建其核心信息。乌尔班二世克莱蒙布道的主要资料来源，参见：Fulcher of Chartres, *Historia Hierosolymitana (1095–1127)*, ed. H. Hagenmeyer (Heidelberg, 1913), pp. 130–38; Robert the Monk, *Historia Iherosolimitana*, *RHC Occ*. III, pp. 727–30; Guibert of Nogent, *Dei gesta per Francos*, ed. R. B. C. Huygens, *Corpus Christianorum, Continuatio Mediaevalis*, 127A (Turnhout, 1996), pp. 111–17; Baldric of Bourgueil, bishop of Dol, *Historia Jerosolimitana*, *RHC Occ*. IV, pp. 12–16. 乌尔班写于第一次十字军东征时期的信件，参见：H. Hagenmeyer, *Die Kreuzzugsbriefe aus den Jahren 1088–1100* (Innsbruck, 1901), pp. 136–8; ‘Papsturkunden in Florenz’, ed. W. Wiederhold, *Nachrichten von der Gesellschaft der Wissenschaften zu Göttingen*, Phil.-hist. Kl. (Göttingen, 1901), pp. 313–14; *Papsturkunden in Spanien. I Katalonien*, ed. P. F. Kehr (Berlin, 1926), pp. 287–8. 这些记述和信件的英译本可见：L. and J. S.C. Riley-Smith, *The Crusades: Idea and Reality, 1095–1274* (London, 1981), pp. 37–53.
2. 关于乌尔班二世及其克莱蒙布道，参见：A. Becker, *Papst Urban II. (1088–1099)*, *Schriften der Monumenta Germaniae Historica 19*, 2 vols (Stuttgart, 1964–88); H. E. J. Cowdrey, ‘Pope Urban II’s preaching of the First Crusade’, *History*, vol. 55 (1970), pp. 177–88; P. Cole, *The Preaching of the Crusades to the Holy Land, 1095–1270* (Cambridge, Mass., 1991), pp. 1–36; J. S. C. Riley-Smith, *The First Crusaders, 1095–1131* (Cambridge, 1997), pp. 60–75. 关于第一次十字军东征的布道和进程的更广泛的内容，参见：J. S. C. Riley-Smith, *The First Crusade and the Idea of Crusading* (London, 1986); J. France, *Victory*

in the East: A Military History of the First Crusade (Cambridge, 1994); J. Flori, *La Première Croisade: L'Occident chrétien contre l'Islam* (Brussels, 2001); T. Asbridge, *The First Crusade: A New History* (London, 2004). 一份过时且有些不可靠但十分生动的记述可见：S. Runciman, 'The First Crusade and the foundation of the kingdom of Jerusalem', *A History of the Crusades*, vol. 1 (Cambridge, 1951). 重建第一次十字军东征历史的主要原始资料是：*Gesta Francorum et aliorum Hierosolimitanorum*, ed. and trans. R. Hill (London, 1962); Fulcher of Chartres, *Historia Hierosolymitana (1095–1127)*, ed. H. Hagenmeyer (Heidelberg, 1913); Raymond of Aguilers, *Le 'Liber' de Raymond d'Aguilers*, ed. J. H. Hill and L. L. Hill (Paris, 1969); Peter Tudebode, *Historia de Hierosolymitano itinere*, ed. J.H. Hill and L. L. Hill (Paris, 1977); Caffaro di Caschifellone, 'De liberatione civitatum orientis', ed. L. T. Belgrano, *Annali Genovesi*, vol. 1 (Genoa, 1890), pp. 3–75; Ekkehard of Aura, 'Hierosolimita', *RHC Occ.* V, pp. 1–40; Ralph of Caen, *Gesta Tancredi in expeditione Hierosolymitana*, *RHC Occ*. III, pp. 587–716; *Historia Belli Sacri*, *RHC Occ*. III, pp. 169–229; Albert of Aachen, *Historia Iherosolimitana*, ed. and trans. S. B. Edgington (Oxford, 2007); H. Hagenmeyer, *Die Kreuzzugsbriefe aus den Jahren 1088–1100* (Innsbruck, 1901); Anna Comnena, *Alexiade*, ed. and trans. B. Leib, 3 vols (Paris, 1937–76), vol. 2, pp. 205–36, vol. 3, pp. 7–32; Ibn al-Qalanisi, *The Damascus Chronicle of the Crusades, extracted and translated from the Chronicle of Ibn al-Qalanisi*, trans. H. A. R. Gibb (London, 1932), pp. 41–9; Ibn al-Athir, *The Chronicle of Ibn al-Athir for the crusading period from al-Kamil fi'l-Ta'rikh*, trans. D. S. Richards, vol. 1 (Aldershot, 2006), pp. 13–22; Matthew of Edessa, *Armenia and the Crusades, Tenth to Twelfth Centuries: The Chronicle of Matthew of Edessa*, trans. A. E. Dostourian (Lanham, 1993), pp. 164–73. 资料的译文选集可参见：E. Peters (ed.), *The First Crusade: The Chronicle of Fulcher of Chartres and other source materials*, 2nd edn

(Philadelphia, 1998). 对这些资料的介绍可参见：S. B. Edgington, 'The First Crusade: Reviewing the Evidence', *The First Crusade: Origins and Impact*, ed. J. P. Phillips (Manchester, 1997), pp. 55–77. See also: S. D. Goitein, 'Geniza Sources for the Crusader period: A survey', *Outremer*, ed. B. Z. Kedar, H. E. Mayer and R. C. Smail (Jerusalem, 1982), pp. 308–12.

3. Fulcher of Chartres, pp. 132–3; Robert the Monk, p. 729; Guibert of Nogent, p. 113; Baldric of Bourgueil, p. 13.
4. Fulcher of Chartres, p. 134; Guibert of Nogent, p. 116; Hagenmeyer, *Kreuzzugsbriefe*, p. 136; Robert the Monk, pp. 727–8; B. Hamilton, 'Knowing the enemy: Western understanding of Islam at the time of the crusades', *Journal of the Royal Asiatic Society*, 3rd series, vol. 7 (1997), pp. 373–87.
5. Hagenmeyer, *Kreuzzugsbriefe*, p. 136; Fulcher of Chartres, pp. 134–5; Baldric of Bourgueil, p. 15; J. A. Brundage, 'Adhémar of Le Puy: The bishop and his critics', *Speculum*, vol. 34 (1959), pp. 201–12; J. H. Hill and L. L. Hill, 'Contemporary accounts and the later reputation of Adhémar, bishop of Le Puy', *Mediaevalia et humanistica*, vol. 9 (1955), pp. 30–38; H. E. Mayer, 'Zur Beurteilung Adhemars von Le Puy', *Deutsches Archiv für Erforschung des Mittelalters*, vol. 16 (1960), pp. 547–52. 乌尔班似乎在其"十字军运动"的信息中心中添加了各种额外的主题：作为"基督的战士"以教廷名义作战是实践对上帝（"天国"之主）的准封建义务；加入远征将能令人得以通过模仿基督受难来追随基督的脚步；末日即将来临，唯有征服耶路撒冷方能带来预言中的末日。
6. 关于十字军运动先驱乌尔班、对殉道的态度以及十字军理念的发展，参见：C. Erdmann, *The Origin of the Idea of Crusade* (Princeton, 1977); J. T. Gilchrist, 'The Erdmann thesis and canon law, 1083–1141', *Crusade and Settlement*, ed. P. W. Edbury (Cardiff, 1985), pp. 37–45; E. O. Blake, 'The formation of the "crusade idea" ', *Journal of*

Ecclesiastical History, vol. 21 (1970), pp. 11–31; H. E. J. Cowdrey, 'The genesis of the crusades: The springs of western ideas of holy war', *The Holy War*, ed. T. P. Murphy (Columbus, 1976), pp. 9–32; J. Flori, *La formation de l'idée des croisades dans l'Occident Chrétien* (Paris, 2001); J. S. C. Riley-Smith, 'Death on the First Crusade', *The End of Strife*, ed. D. Loades (Edinburgh, 1984), pp. 14–31; H. E. J. Cowdrey, 'Martyrdom and the First Crusade', *Crusade and Settlement*, ed. P. W. Edbury (Cardiff, 1985), pp. 46–56; J. Flori, 'Mort et martyre des guerriers vers 1100. L'exemple de la Première Croisade', *Cahiers de civilisation médiévale*, vol. 34 (1991), pp. 121–39; C. Morris, 'Martyrs of the Field of Battle before and during the First Crusade', *Studies in Church History*, vol. 30 (1993), pp. 93–104; J. S. C. Riley-Smith, *What Were the Crusades?*, 3rd edn (Basingstoke, 2002); C.J. Tyerman, 'Were there any crusades in the twelfth century?', *English Historical Review*, vol. 110 (1995), pp. 553–77; C. J. Tyerman, *The Invention of the Crusades* (London, 1998).

7. Guibert of Nogent, p. 121; Anna Comnena, vol. 2, p. 207; E. O. Blake and C. Morris, 'A hermit goes to war: Peter and the origins of the First Crusade', *Studies in Church History*, vol. 22 (1985), pp. 79–107; C. Morris, 'Peter the Hermit and the Chroniclers', *The First Crusade: Origins and Impact*, ed. J. P. Phillips (Manchester, 1997), pp. 21–34; J. Flori, *Pierre l'Ermite et la Première Croisade* (Paris, 1999); Riley-Smith, *The First Crusade and the Idea of Crusading*, pp. 49–57; J. S. C. Riley-Smith, 'The First Crusade and the persecution of the Jews', *Studies in Church History*, vol. 21 (1984), pp. 51–72; R. Chazan, *European Jewry and the First Crusade* (Berkeley, 1987); Asbridge, *The First Crusade*, pp. 78–89, 100–103.

8. 这一估计与 J. France 在 *Victory in the East*, pp. 122–42 中所做的计算吻合。有关这个令人烦恼的问题的其他最新成果，参见：B. Bachrach, 'The siege of Antioch: A study in military demography', *War*

in History, vol. 6 (1999), pp. 127–46; Riley-Smith, *The First Crusaders*, p. 109; J. S. C. Riley-Smith, 'Casualties and the number of knights on the First Crusade', *Crusades*, vol. 1 (2002), pp. 13–28.

9. Guibert of Nogent, p. 87; J. H. and L. L. Hill, *Raymond IV, Count of Toulouse* (Syracuse, 1962).

10. William of Malmesbury, *Gesta Regum Anglorum*, vol. 1, ed. and trans. R. A. B. Mynors, R. M. Thomson and M. Winterbottom, vol. 1 (Oxford, 1998), p. 693; Anna Comnena, vol. 3, pp. 122–3; R. B. Yewdale, *Bohemond I, Prince of Antioch* (Princeton, 1917); R. L. Nicholson, *Tancred: A Study of His Career and Work in Their Relation to the First Crusade and the Establishment of the Latin States in Syria and Palestine* (Chicago, 1940).

11. J. C. Andressohn, *The Ancestry and Life of Godfrey of Bouillon* (Bloomington, 1947); P. Gindler, *Graf Balduin I. von Edessa* (Halle, 1901); C. W. David, *Robert Curthose, Duke of Normandy* (Cambridge, Mass., 1920); W. M. Aird, *Robert Curthose, Duke of Normandy* (Woodbridge, 2008); J. A. Brundage, 'An errant crusader: Stephen of Blois', *Traditio*, vol. 16 (1960), pp. 380–95; *Gesta Francorum*, p. 7; J. A. Brundage, *Medieval Canon Law and the Crusader* (Madison, 1969), pp. 17–18, 30–39, 115–21; J. A. Brundage, 'The army of the First Crusade and the crusade vow: Some reflections on a recent book', *Medieval Studies*, vol. 33 (1971), pp. 334–43; Riley-Smith, *The First Crusaders*, pp. 22–3, 81–2, 114; Mayer, *The Crusades*, pp. 21–3; Riley-Smith, *The First Crusade and the Idea of Crusading*, p. 47; France, *Victory in the East*, pp. 11–16; Asbridge, *The First Crusade*, pp. 66–76; Housley, *Contesting the Crusades*, pp. 24–47.

12. Anna Comnena, vol. 2, pp. 206–7, 233. On Byzantine history see: M. Angold, *The Byzantine Empire, 1025–1204: A Political History*, 2nd edn (London, 1997). 关于十字军和拜占庭在第一次十字军东征期间的关系，参见：R.-J. Lilie, *Byzantium and the Crusader States 1096–*

1204, trans. J. C. Morris and J. E. Ridings (Oxford, 1993), pp. 1–60; J. H. Pryor, 'The oaths of the leaders of the First Crusade to emperor Alexius I Comnenus: fealty, homage, *pistis*, *douleia*', *Parergon*, vol. 2 (1984), pp. 111–41; J. Shepard, 'Cross purposes: Alexius Comnenus and the First Crusade', *The First Crusade: Origins and Impact*, ed. J. P. Phillips (Manchester, 1997), pp. 107–29; J. Harris, *Byzantium and the Crusades* (London, 2006), pp. 53–71.

13. Albert of Aachen, p. 84; Anna Comnena, vol. 2, pp. 220–34; Asbridge, *The First Crusade*, pp. 103–13.
14. Raymond of Aguilers, pp. 42–3; *Gesta Francorum*, p. 15; Fulcher of Chartres, p. 187; Albert of Aachen, pp. 118–20.
15. *Gesta Francorum*, p. 15; Hagenmeyer, *Kreuzzugsbriefe*, pp. 138–40; Anna Comnena, vol. 2, pp. 230, 234.
16. Fulcher of Chartres, pp. 202–3; W. G. Zajac, 'Captured property on the First Crusade', *The First Crusade: Origins and Impact*, ed. J. P. Phillips (Manchester, 1997), pp. 153–86.
17. *Gesta Francorum*, pp. 18–21; Fulcher of Chartres, pp. 192–9; France, *Victory in the East*, pp. 170–85; Asbridge, *The First Crusade*, pp. 133–7.
18. Albert of Aachen, pp. 138–40. 此处引用有删节。*Gesta Francorum*, p. 23.
19. T. S. Asbridge, *The Creation of the Principality of Antioch 1098–1130* (Woodbridge, 2000), pp. 16–19; France, *Victory in the East*, pp. 190–96; Albert of Aachen, p. 170.
20. 我自己在 2004 年出版的著作中也支持这个假设。Asbridge, *The First Crusade*, pp. 153–7.
21. Hagenmeyer, *Kreuzzugsbriefe*, p. 150; Raymond of Aguilers, pp. 47–8.
22. *Gesta Francorum*, p. 42; Fulcher of Chartres, p. 221; Albert of Aachen, pp. 208–10, 236–8; Hagenmeyer, *Kreuzzugsbriefe*, p. 150; Matthew of Edessa, pp. 167–8.
23. Fulcher of Chartres, pp. 224–6; Asbridge, *The First Crusade*, pp. 169–96. 关于泰提修斯离开引发的争论，参见：Lilie, *Byzantium and the*

Crusader States, pp. 33–7; J. France, 'The departure of Tatikios from the army of the First Crusade', *Bulletin of the Institute of Historical Research*, vol. 44 (1971), pp. 131–47; France, *Victory in the East*, p. 243. 关于对安条克的第一次围攻，另见：R. Rogers, *Latin Siege Warfare in the Twelfth Century* (Oxford, 1992), pp. 25–38.

24. Hagenmeyer, *Kreuzzugsbriefe*, p. 151; Raymond of Aguilers, p. 58. 关于第一次十字军东征与近东穆斯林的关系，参见：M. A. Köhler, *Allianzen und Verträge zwischen frankischen und islamischen Herrschern in Vorderren Orient* (Berlin, 1991), pp. 1–72; T. Asbridge, 'Knowing the enemy: Latin relations with Islam at the time of the First Crusade', *Knighthoods of Christ*, ed. N. Housley (Aldershot, 2007), pp. 17–25; Albert of Aachen, p. 268.
25. Fulcher of Chartres, p. 233; Albert of Aachen, pp. 282–4; *Gesta Francorum*, p. 48.
26. *Gesta Francorum*, p. 48; Peter Tudebode, p. 97; Albert of Aachen, pp. 298–300. 此处引文有删节。
27. Raymond of Aguilers, p. 75; *Gesta Francorum*, pp. 65–6.
28. T. Asbridge, 'The Holy Lance of Antioch: Power, devotion and memory on the First Crusade', *Reading Medieval Studies*, vol. 33 (2007), pp. 3–36.
29. Matthew of Edessa, p. 171; Ibn al-Athir, vol. 1, p. 16; Albert of Aachen, p. 320.
30. Ibn al-Qalanisi, p. 46. 关于安条克之战，参见：France, *Victory in the East*, pp. 280–96; Asbridge, *The First Crusade*, pp. 232–40.
31. Raymond of Aguilers, p. 75; C. Morris, 'Policy and vision: The case of the Holy Lance found at Antioch', *War and Government in the Middle Ages: Essays in honour of J. O. Prestwich*, ed. J. Gillingham and J. C. Holt (Woodbridge, 1984), pp. 33–45.
32. Fulcher of Chartres, pp. 266–7; Raymond of Aguilers, p. 101; T. Asbridge, 'The principality of Antioch and the Jabal as-Summaq',

The First Crusade: Origins and Impact, ed. J. P. Phillips (Manchester, 1997), pp. 142–52. 有关这些事件的替代读物，参见：Hill, *Raymond IV, Count of Toulouse*, pp. 85–109; J. France, 'The crisis of the First Crusade from the defeat of Kerbogha to the departure from Arqa', *Byzantion*, vol. 40 (1970), pp. 276–308.

33. Raymond of Aguilers, pp. 120–24, 128–9; Fulcher of Chartres, pp. 238–41.
34. Albert of Aachen, p. 402.
35. Fulcher of Chartres, pp. 281–92. 关于中世纪的耶路撒冷，参见：A. J. Boas, *Jerusalem in the Time of the Crusades* (London, 2001); J. Prawer, 'The Jerusalem the crusaders captured: A contribution to the medieval topography of the city', *Crusade and Settlement*, ed. P. W. Edbury (Cardiff, 1985), pp. 1–16; France, *Victory in the East*, pp. 333–5, 337–43.
36. Raymond of Aguilers, pp. 139–41; Albert of Aachen, pp. 410–12. 关于围攻耶路撒冷，参见：France, *Victory in the East*, pp. 332–55; Rogers, *Latin Siege Warfare*, pp. 47–63; Asbridge, *The First Crusade*, pp. 298–316.
37. Raymond of Aguilers, pp. 141–2; Albert of Aachen, p. 422.
38. Raymond of Aguilers, pp. 146–8; Albert of Aachen, p. 416.
39. Raymond of Aguilers, pp. 148–9; Fulcher of Chartres, pp. 296–9.
40. Raymond of Aguilers, p. 150; *Gesta Francorum*, p. 91; Robert the Monk, p. 868.
41. Ibn al-Athir, pp. 21–2; Fulcher of Chartres, pp. 304–5; B. Z. Kedar, 'The Jerusalem massacre of 1099 in the western historiography of the crusades', *Crusades*, vol. 3 (2004), pp. 15–75.
42. 历史学家们一直在争论戈弗雷头衔的确切本质。他也可能采用了“亲王”的称谓，不过，他没有自称“耶路撒冷国王”是相对较为确定的。关于这一争论，参见：J. S. C. Riley-Smith, 'The title of Godfrey of Bouillon', *Bulletin of the Institute of Historical Research*, vol. 52 (1979), pp. 83–6; J. France, 'The election and title of Godfrey de Bouillon', *Canadian Journal of History*, vol. 18 (1983), pp. 321–9;

A. V. Murray, *The Crusader Kingdom of Jerusalem: A Dynastic History 1099–1125* (Oxford, 2000), pp. 63–77.

43. Peter Tudebode, pp. 146–7; France, *Victory in the East*, pp. 360–65; Asbridge, *The First Crusade*, pp. 323–7.

44. 关于 1101 年十字军东征，参见：Riley-Smith, *The First Crusade and the Idea of Crusading*, pp. 120–34; J. L. Cate, 'The crusade of 1101', *A History of the Crusades*, ed. K. M. Setton, vol. 1, 2nd edn (Madison, 1969), pp. 343–67; A. Mullinder, 'The Crusading Expeditions of 1101–2' (unpublished Ph.D. thesis, University of Wales, Swansea, 1996).

45. 围绕着《法兰克人传奇》作为第一次十字军中心史料以及作者身份的持续争论，参见：A. C. Krey, 'A neglected passage in the *Gesta* and its bearing on the literature of the First Crusade', *The Crusades and Other Historical Essays presented to Dana C. Munro by his former students*, ed. L. J. Paetow (New York, 1928), pp. 57–78; K. B. Wolf, 'Crusade and narrative: Bohemond and the *Gesta Francorum*', *Journal of Medieval History*, vol. 17 (1991), pp. 207–16; C. Morris, 'The *Gesta Francorum* as narrative history', *Reading Medieval Studies*, vol. 19 (1993), pp. 55–71; J. France, 'The Anonymous *Gesta Francorum* and the *Historia Francorum qui ceperunt Iherusalem* of Raymond of Aguilers and the *Historia de Hierosolymitano Itinere* of Peter Tudebode', *The Crusades and Their Sources: Essays Presented to Bernard Hamilton*, ed. J. France and W. G. Zajac (Aldershot, 1998), pp. 39–69; J. France, 'The use of the anonymous *Gesta Francorum* in the early twelfth-century sources for the First Crusade', *From Clermont to Jerusalem: The Crusades and Crusader Societies, 1095–1500*, ed. A. V. Murray (Turnhout, 1998), pp. 29–42; J. Rubenstein, 'What is the *Gesta Francorum* and who was Peter Tudebode?', *Revue Mabillon*, vol. 16 (2005), pp. 179–204.

46. Kedar, 'The Jerusalem massacre of 1099', pp. 16–30; *La Chanson d'Antioche*, ed. S. Duparc-Quioc, 2 vols (Paris, 1982); *The Canso*

d'Antioca: An Occitan Epic Chronicle of the First Crusade, trans. C. Sweetenham and L. Paterson (Aldershot, 2003). 关于"僧侣"罗贝尔的记述的讨论，参见：C. Sweetenham, *Robert the Monk's History of the First Crusade* (Aldershot, 2005), pp. 1–71. 关于记忆的作用，参见：Asbridge, 'The Holy Lance of Antioch', pp. 20–26; S. B. Edgington, 'Holy Land, Holy Lance: religious ideas in the Chanson d'Antioche', *The Holy Land, Holy Lands and Christian History*, *Studies in Church History*, ed. R. N. Swanson, vol. 36 (Woodbridge, 2000), pp. 142–53; S. B. Edgington, 'Romance and reality in the sources for the sieges of Antioch, 1097–1098', *Porphyrogenita*, ed. C. Dendrinos, J. Harris, E. Harvalia-Crook and J. Herrin (Aldershot, 2003), pp. 33–46; Y. Katzir, 'The conquests of Jerusalem, 1099 and 1187: Historical memory and religious typology', *The Meeting of Two Worlds: Cultural Exchange between East and West in the Period of the Crusades*, ed. V. P. Goss (Kalamazoo, 1986) pp. 103–13; J. M. Powell, 'Myth, legend, propaganda, history: The First Crusade, 1140–c. 1300', *Autour de la Première Croisade*, ed. M. Balard (Paris, 1996), pp. 127–41.

47. Ibn al-Qalanisi, pp. 44, 48; Ibn al-Athir, pp. 21–2; al-Azimi, pp. 372–3; C. Hillenbrand, 'The First Crusade: The Muslim perspective', *The First Crusade: Origins and Impact*, ed. J. P. Phillips (Manchester, 1997), pp. 130–41; Hillenbrand, *The Crusades: Islamic Perspectives*, pp. 50–68.

48. Hillenbrand, *The Crusades: Islamic Perspectives*, pp. 68–74; J. Drory, 'Early Muslim reflections on the Crusaders', *Jerusalem Studies in Arabic and Islam*, vol. 25 (2001), pp. 92–101; D. Ephrat and M. D. Kahba, 'Muslim reaction to the Frankish presence in Bilad al-Sham: intensifying religious fidelity within the masses', *Al-Masaq*, vol. 15 (2003), pp. 47–58; W. J. Hamblin, 'To wage *jihad* or not: Fatimid Egypt during the early crusades', *The Jihad and its Times*, ed. H. Dajani-Shakeel and R. A. Mossier (Ann Arbor, 1991), pp. 31–40. 苏拉米尤其不寻常，因为他准确地指出，法兰克人正在发动一场针对耶路撒冷

的圣战。他还认为，十字军东征是基督教对伊斯兰世界的更广泛攻势（包括伊比利亚和西西里的攻势）的一部分。E. Sivan, ‘La genèse de la contre-croisade: un traité Damasquin du début du XIIe siècle’, *Journal Asiatique*, vol. 254 (1966), pp. 197–224; N. Christie, ‘Jerusalem in the *Kitab al-Jihad* of Ali ibn Tahir al-Sulami’, *Medieval Encounters*, vol. 13. 2 (2007), pp. 209–21; N. Christie and D. Gerish, ‘Parallel preaching: Urban II and al-Sulami’, *Al-Masaq*, vol. 15 (2003), pp. 139–48.

49. “十字军诸国”这个术语一定程度上具有误导性，因为它给人的印象是，这些定居点完全是十字军将士的聚居地，其历史可能会被诠释为正在进行的十字军活动的一个例子。1099 年，第一次十字军东征中的大部分幸存者返回了西方，导致海外之地面临长久的人力短缺并依赖新移民的涌入（其中大部分不曾正式领取十字）。十字军思想对拉丁东方的持续历史影响则是个更加棘手的问题。J. S. C. Riley-Smith, ‘Peace never established: the Case of the Kingdom of Jerusalem’, *Transactions of the Royal Historical Society*, 5th series, vol. 28 (1978), pp. 87–102.

50. 有关 12 世纪上半叶十字军诸国历史的概述，参见：Mayer, *The Crusades,* pp. 58–92; Richard, *The Crusades,* pp. 77–169; Jotischky, *Crusading and the Crusader States*, pp. 62–102. 有关这一时期详细和生动的（如果不是完全可靠的话）说明，参见：S. Runciman, ‘The kingdom of Jerusalem and the Frankish East 1100–1187’, *A History of the Crusades*, vol. 2 (Cambridge, 1952). 更详细的区域研究参见：J. Prawer, *Histoire du Royaume Latin de Jérusalem*, 2nd edn, 2 vols (Paris, 1975); J. Richard, *The Latin Kingdom of Jerusalem*, trans. J. Shirley, 2 vols (Oxford, 1979); A. Murray, *The Crusader Kingdom of Jerusalem: A Dynastic History 1099–1125* (Oxford, 2000); C. Cahen, *La Syrie du Nord à l’époque des Croisades et la principauté Franque d’Antioche* (Paris, 1940); T. Asbridge, *The Creation of the Principality of Antioch* (Woodbridge, 2000); J. Richard, *La comté de Tripoli sous la dynastie toulousaine (1102–1187)* (Paris, 1945); M. Amouroux-

Mourad, *Le comté d'Édesse, 1098–1150* (Paris, 1988); C. MacEvitt, *The Crusades and the Christian World of the East* (Philadelphia, 2008). 海外之地早期历史的主要编年史和叙事资料见：Fulcher of Chartres, *Historia Hierosolymitana (1095–1127)*, ed. H. Hagenmeyer (Heidelberg, 1913); Albert of Aachen, *Historia Iherosolimitana*, ed. and trans. S. B. Edgington (Oxford, 2007); Walter the Chancellor, *Bella Antiochena*, ed. H. Hagenmeyer (Innsbruck, 1896); Orderic Vitalis, *The Ecclesiastical History of Orderic Vitalis*, ed. and trans. M. Chibnall, vols 5 and 6 (Oxford, 1975); William of Tyre, *Chronicon*, ed. R. B. C. Huygens, *Corpus Christianorum, Continuatio Mediaevalis*, 63–63A, 2 vols (Turnhout, 1986); Ibn al-Qalanisi, *The Damascus Chronicle of the Crusades, extracted and translated from the Chronicle of Ibn al-Qalanisi*, trans. H. A. R. Gibb (London, 1932); Ibn al-Athir, *The Chronicle of Ibn al-Athir. Part 1*, trans. D. S. Richards (Aldershot, 2006); Kemal ad-Din, *La Chronique d'Alep*, *RHC Or.* III, pp. 577–732; Anna Comnena, *Alexiade*, ed. and trans. B. Leib, vol. 3 (Paris, 1976); John Kinnamos, *The Deeds of John and Manuel Comnenus*, trans. C. M. Brand (New York, 1976); Matthew of Edessa, *Armenia and the Crusades, Tenth to Twelfth Centuries: The Chronicle of Matthew of Edessa*, trans. A. E. Dostourian (Lanham, 1993); Michael the Syrian, *Chronique de Michel le Syrien, patriarche jacobite d'Antioche (1166–1199)*, ed. and trans. J. B. Chabot, 4 vols (Paris, 1899–1910); Anonymous Syriac Chronicle, 'The First and Second Crusades from an Anonymous Syriac Chronicle', ed. and trans. A. S. Tritton and H. A. R. Gibb, *Journal of the Royal Asiatic Society*, vol. 92 (1933), pp. 69–102, 273–306.

51. Albert of Aachen, p. 514. Murray, *The Crusader Kingdom of Jerusalem*, pp. 81–93; B. Hamilton, *The Latin Church in the Crusader States. The Secular Church* (1980), pp. 52–5.
52. William of Tyre, p. 454; Fulcher of Chartres, p. 353.

53. 关于巴勒斯坦拉丁教会的建立以及宗主教与耶路撒冷国王间的关系，参 见：Hamilton, *The Latin Church in the Crusader States*, pp. 52–85; K.-P. Kirstein, *Die lateinischen Patriarchen von Jerusalem* (Berlin, 2002). 关于耶路撒冷真十字架，参见：A. V. Murray, ' "Mighty against the enemies of Christ" : The relic of the True Cross in the armies of the kingdom of Jerusalem', *The Crusades and Their Sources: Essays Presented to Bernard Hamilton*, ed. J. France and W. G. Zajac (Aldershot, 1998), pp. 217–37.
54. Fulcher of Chartres, pp. 387–8, 460–61; J. Wilkinson (trans.), *Jerusalem Pilgrimage 1099–1185* (London, 1988), pp. 100–101; Albert of Aachen, p. 664. 作为一名法国北部的神职人员，沙特尔的富尔彻陪同布卢瓦－沙特尔伯爵艾蒂安开始了第一次十字军东征，但后来被布洛涅的鲍德温吸引，成为他的随军神父。富尔彻陪同鲍德温来到埃德萨，然后与他在 1100 年迁往耶路撒冷，接下来 30 年里一直居住在圣城。在 12 世纪的最初几年，富尔彻撰写了一部第一次十字军东征的史著（部分基于《法兰克人的功绩》）。后来，他扩展了自己的记述范围，记录了 1100—1127 年在海外之地发生的事件，然后他的编年史就戛然而止。作为一个消息灵通的见证者的作品，富尔彻的编年史是一份宝贵的资料。V. Epp, *Fulcher von Chartres: Studien zur Geschichtsschreibung des ersten Kreuzzuges* (Düsseldorf, 1990).
55. Fulcher of Chartres, pp. 397, 403. 关于海外之地与意大利商人团体的关系，参见：M. L. Favreau-Lilie, *Die Italiener im Heiligen Land vom ersten Kreuzzug bis zum Tode Heinrichs von Champagne (1098–1197)* (Amsterdam, 1989).
56. 1103 年，在一支法蒂玛王朝舰队及时驰援后，穆斯林治下的阿卡抵住了法兰克人此前的围攻。1104 年阿卡陷落后，热那亚人可能进行了一番放肆的劫掠。
57. 拉丁和穆斯林史料都记录了这一事件：Albert of Aachen, pp. 808–10; Ibn al-Qalanisi, pp. 108–10.
58. 关于耶路撒冷王室与法兰克贵族间的关系，参见：Murray, *The*

Crusader Kingdom of Jerusalem, pp. 97–114; S. Tibble, *Monarchy and Lordships in the Latin Kingdom of Jerusalem 1099–1291* (Oxford, 1989).

59. Fulcher of Chartres, pp. 407–24; Albert of Aachen, pp. 580–82. 关于第一次拉姆拉之战和之后 1102、1105 年的两次战役，参见：R. C. Smail, *Crusading Warfare 1097–1193* (Cambridge, 1956), pp. 175–7; M. Brett, 'The battles of Ramla (1099–1105)', *Egypt and Syria in the Fatimid, Ayyubid and Mamluk Eras*, ed. U. Vermeulen and D. De Smet (Leuven, 1995), pp. 17–39. 关于法蒂玛王朝的战争，参见：B. J. Beshir, 'Fatimid military organization', *Der Islam,* vol. 55 (1978), pp. 37–56; W. J. Hamblin, 'The Fatimid navy during the early crusades: 1099–1124', *American Neptune*, vol. 46 (1986), pp. 77–83.

60. William of Malmesbury, p. 467; Fulcher of Chartres, p. 446; Albert of Aachen, p. 644.

61. 来自伊比利亚半岛的穆斯林朝圣者伊本·朱拜尔 70 年后游经特勒德苏埃特，亲眼见证了拉丁人 – 穆斯林在这一肥沃地区持续的农垦合作，似乎并未受到萨拉丁与耶路撒冷王国之间战争的影响。伊本·朱拜尔描绘了“山谷的种植在法兰克人与穆斯林之间是如何划分的……他们平分农作物，其牲畜间杂在一起，然而彼此并无龃龉”。Ibn Jubayr, *The Travels of Ibn Jubayr*, trans. R. J. C. Broadhurst (London, 1952), p. 315.

62. Matthew of Edessa, p. 192. 关于法兰克人治下的安条克的早期历史，参见：Asbridge, *The Creation of the Principality of Antioch*, pp. 47–58.

63. Ibn al-Qalanisi, p. 61; Ralph of Caen, p. 712; Smail, *Crusading Warfare*, pp. 177–8, no. 6.

64. Ralph of Caen, pp. 713–14. 作为一个加入了博希蒙德 1107—1108 年十字军东征，然后在安条克公国定居的诺曼神父，卡昂的拉尔夫写了一部关于第一次十字军东征和至 1106 年的十字军诸国的历史。他的记述聚焦于博希蒙德和坦克雷德的生涯。对拉尔夫的著述的介绍，参见：B. S. Bachrach and D. S. Bachrach (trans.), *The Gesta Tancredi*

of Ralph of Caen (Aldershot, 2005), pp. 1–17.

65. Albert of Aachen, p. 702; Ralph of Caen, pp. 714–15; Asbridge, *The Creation of the Principality of Antioch*, pp. 57–65.

66. Anna Comnena, vol. 3, p. 51. 到目前为止，关于博希蒙德的冒险的标准著作是：J. G. Rowe, 'Paschal II, Bohemund of Antioch and the Byzantine empire', *Bulletin of the John Rylands Library*, vol. 49 (1966), pp. 165–202. Rowe 的观点已经到了可以加以修正的时候了。也可参见：Yewdale, *Bohemond I*, pp. 106–31.

67. 坦克雷德有可能在 1109 年与摩苏尔的沙夫利、埃德萨的鲍德温的第二次冲突中与阿勒颇的里德万并肩战斗。Ibn al-Athir, vol. 1, p. 141; Asbridge, *The Creation of the Principality of Antioch*, pp. 112–14.

68. Albert of Aachen, pp. 782, 786, 794–6; Asbridge, *The Creation of the Principality of Antioch*, pp. 114–21. 关于叙利亚北部拉丁教会的早期历史和安条克与耶路撒冷之间的教会争端，参见：Hamilton, *The Latin Church in the Crusader States*, pp. 18–51; J. G. Rowe, 'The Papacy and the Ecclesiastical Province of Tyre 1110–1187', *Bulletin of John Rylands Library*, vol. 43 (1962), pp. 160–89; Asbridge, *The Creation of the Principality of Antioch*, pp. 195–213.

69. 同时代人对贝吕什山带来的险阻心知肚明，一位拉丁见证者（“书记官”沃尔特）评论说，这些“山崖［和］峭壁”为安条克提供了保护，但现代历史学家在很大程度上忽视了贝吕什山的重要性。由于海拔不高，它们很少出现在该地区的地图上。我在徒步穿越这片美丽而崎岖的地域时可谓跌跌撞撞，这段经历让我重估了该地貌特征对安条克历史的影响。P. Deschamps, 'Le défense du comté de Tripoli et de la principauté d'Antioche', *Les Châteaux des Croisés en Terre Sainte*, vol. 3 (Paris, 1973), pp. 59–60; Asbridge, *The Creation of the Principality of Antioch*, p. 50; T. Asbridge, 'The significance and causes of the battle of the Field of Blood', *Journal of Medieval History*, vol. 23. 4 (1997), pp. 301–16.

70. Matthew of Edessa, p. 212; T. Asbridge, 'The “crusader” community

at Antioch: The impact of interaction with Byzantium and Islam', *Transactions of the Royal Historical Society*, 6th series, vol. 9 (1999), pp. 305–25; Asbridge, *The Creation of the Principality of Antioch*, pp. 65–7, 134–9.

71. Fulcher of Chartres, p. 426; Runciman, *A History of the Crusades*, vol. 2, p. 126; Smail, *Crusading Warfare*, p. 125; Richard, *The Crusades,* p. 135; Ibn al-Qalanisi, p. 137.

72. 关于阿萨辛派，参见：M. G. S. Hodgson, *The Secret Order of the Assassins* (The Hague, 1955); B. Lewis, *The Assassins* (London, 1967); B. Lewis, 'The Isma'ilites and the Assassins', *A History of the Crusades*, ed. K. M. Setton, vol. 1, 2nd edn (Madison, 1969), pp. 99–132; F. Daftary, *The Isma'ilis: Their History and Doctrines* (Cambridge, 1990).

73. Smail, Crusading Warfare, pp. 143–8, 178–9; Asbridge, The Creation of the Principality of Antioch, pp. 70–73.

74. Albert of Aachen, pp. 866–8. 在 1117 年初的大病中，鲍德温国王统治巴勒斯坦法兰克贵族的能力受到了抑制。由于未能产生继承人，鲍德温几乎被拉丁贵族以重婚为理由拒绝接受他的第三任妻子阿德莱德（西西里岛年轻伯爵鲁杰罗二世的寡居母亲），以避免西西里统治者将来登上耶路撒冷王位。Murray, *The Crusader Kingdom of Jerusalem*, pp. 115–17.

75. Kemal al-Din, p. 617; C. Hillenbrand, 'The career of Najm al-Din Il-Ghazi', *Der Islam*, vol. 58 (1981), pp. 250–92. 在继承的争议中（鲍德温一世的兄弟布洛涅的厄斯塔斯是另一位候选人），鲍德温二世国王于 1118 年在耶路撒冷掌权。H. E. Mayer, 'The Succession of Baldwin II of Jerusalem: English Impact on the East', *Dumbarton Oaks Papers*, vol. 39 (1985), pp. 139–47; A. Murray, 'Dynastic Continuity or Dynastic Change? The Accession of Baldwin II and the Nobility of the Kingdom of Jerusalem', *Medieval Prosopography*, vol. 13 (1992), pp. 1–27; A. Murray, 'Baldwin II and his Nobles: Baronial Faction and Dissent in the

Kingdom of Jerusalem, 1118–1134', *Nottingham Medieval Studies*, vol. 38 (1994), pp. 60–85.

76. Walter the Chancellor, pp. 88, 108; Ibn al-Qalanisi, pp. 160–61; Smail, *Crusading Warfare*, pp. 179–81.

77. Walter the Chancellor, p. 78; Asbridge, 'The significance and causes of the battle of the Field of Blood', pp. 301–16. 对其“作风问题”的控诉或许不乏真实成分——甚至他的支持者“书记官”沃尔特也暗示了这一不轨行为——不过，罗歇似乎作为一名合法亲王未受挑战地进行了统治。关于他非法剥夺博希蒙德二世继承权的观点很可能源于其死后的一种宣传，既为了证明罪人死有余辜，也是为了确认年轻候选亲王的地位。对罗歇而言不幸的是，众口铄金之下，他渐渐地被刻画成一个贪婪、命运多舛的摄政王。关于罗歇的身份及道德操守的看法，参见：Asbridge, *The Creation of the Principality of Antioch*, pp. 139–43; T. Asbridge and S.E. Edgington (trans.), *Walter the Chancellor's The Antiochene Wars* (Aldershot, 1999), pp. 12–26.

78. Murray, *The Crusader Kingdom of Jerusalem*, pp. 135–46; H. E. Mayer, 'Jérusalem et Antioche au temps de Baudoin II', *Comptes-rendus de l'Académie des Inscriptions et Belles-Lettres, Nov.–Déc. 1980* (Paris, 1980); T. Asbridge, 'Alice of Antioch: a case study of female power in the twelfth century', *The Experience of Crusading 2: Defining the Crusader Kingdom*, ed. P. W. Edbury and J. P. Phillips (Cambridge, 2003), pp. 29–47.

79. 'Liber ad milites Templi de laude novae militiae', *Sancti Bernardi Opera*, vol. 3, ed. J. Leclercq and H. M. Rochais (Rome, 1963), pp. 205–39. 有关圣殿骑士团的主要资料来源的英语译文，参见：M. Barber and K. Bate (trans.), *The Templars: Selected Sources Translated and Annotated* (Manchester, 2002). 有关圣殿骑士和医院骑士的历史，参见：M. Barber, *The New Knighthood. A History of the Order of the Templars* (Cambridge, 1994); H. Nicholson, *The Knights Templar* (London, 2001); J. S. C. Riley-Smith, *The Knights of St John in*

Jerusalem and Cyprus, 1050–1310 (London, 1967); H. Nicholson, *The Knights Hospitaller* (Woodbridge, 2001); A. Forey, *The Military Orders. From the Twelfth to the Early Fourteenth Centuries* (London, 1992). 有关 12 世纪时十字军诸国中的城堡，参见：Smail, *Crusading Warfare*, pp. 204–50; H. Kennedy, *Crusader Castles* (Cambridge, 1994); R. Ellenblum, 'Three generations of Frankish castle-building in the Latin kingdom of Jerusalem', *Autour de la Première Croisade*, ed. M. Balard (Paris, 1996), pp. 517–51.

80. Lilie, *Byzantium and the Crusader States*, pp. 109–41; Harris, *Byzantium and the Crusades*, pp. 74–92.

81. William of Tyre, p. 656; H. E. Mayer, 'The Concordat of Nablus', *Journal of Ecclesiastical History*, vol. 33 (1982), pp. 531–43. 有关该时期海外之地和西欧的关系，参见：J. P. Phillips, *Defenders of the Holy Land. Relations between the Latin West and East, 1119–87* (Oxford, 1996). 关于国王富尔克和王后梅丽桑德的争吵的情况和结果，参见：H. E. Mayer, 'Studies in the History of Queen Melisende of Jerusalem', *Dumbarton Oaks Papers*, vol. 26 (1972), pp. 93–183; H. E. Mayer, 'Angevins *versus* Normans: The New Men of King Fulk of Jerusalem', *Proceedings of the American Philosophical Society*, vol. 133 (1989), pp. 1–25; H. E. Mayer, 'The Wheel of Fortune: Seignorial Vicissitudes under Kings Fulk and Baldwin III of Jerusalem', *Speculum*, vol. 65 (1990), pp. 860–77; B. Hamilton, 'Women in the Crusader States. The Queens of Jerusalem (1100–1190)', *Medieval Women*, ed. D. Baker (*Studies in Church History*, *Subsidia*, 1) (1978), pp. 143–74; J. S. C. Riley-Smith, 'King Fulk of Jerusalem and "the Sultan of Babylon" ', *Montjoie: Studies in Crusade History in Honour of Hans Eberhard Mayer*, ed. B. Z. Kedar, J. S. C. Riley-Smith and R. Hiestand (Aldershot, 1997), pp. 55–66.

82. Melisende Psalter, Egerton 1139, MS London, British Library; J. Folda, *The Art of the Crusaders in the Holy Land, 1098–1187* (Cambridge,

1995), pp. 137–63; L.-A. Hunt, 'Melisende Psalter', *The Crusades: An Encyclopaedia*, ed. A. Murray, vol. 3 (Santa Barbara, 2006), pp. 815–17. 关于一般的十字军艺术，参见：J. Folda, *Crusader Art in the Twelfth Century* (Oxford, 1982); J. Folda, *The Nazareth Capitals and the Crusader Shrine of the Annunciation* (University Park, PA, 1986); J. Folda, *The Art of the Crusaders in the Holy Land, 1098–1187* (Cambridge, 1995); J. Folda, 'Art in the Latin East, 1098–1291', *The Oxford Illustrated History of the Crusades*, ed. J. S. C. Riley-Smith (Oxford, 1995), pp. 141–59; J. Folda, 'Crusader Art. A multicultural phenomenon: Historiographical reflections', *Autour de la Première Croisade*, ed. M. Balard (Paris, 1996), pp. 609–15; J. Folda, *Crusader Art in the Holy Land, 1187–1291* (Cambridge, 2005); J. Folda, *Crusader Art: The Art of the Crusaders in the Holy Land, 1099–1291* (Aldershot, 2008); H. W. Hazard (ed.), *Art and Architecture of the Crusader States (History of the Crusades*, vol. 4) (Madison, Wis., 1977); L.-A. Hunt, 'Art and Colonialism: The Mosaics of the Church of the Nativity at Bethlehem and the Problem of Crusader Art', *Dumbarton Oaks Papers*, vol. 45 (1991), pp. 65–89; N. Kenaan-Kedar, 'Local Christian Art in Twelfth-century Jerusalem', *Israel Exploration Journal*, vol. 23 (1973), pp. 167–75, 221–9; B. Kühnel, *Crusader Art of the Twelfth Century* (Berlin, 1994); G. Kühnel, *Wall Painting in the Latin Kingdom of Jerusalem* (Berlin, 1988).

83. 在19世纪和20世纪初期，十字军诸国通常被正面解读为“原始殖民主义”（proto-colonialism）。尤其在诸如埃马纽埃尔·雷伊（Emmanuel Rey）这样的法国学者那里，整合、适应、同化的力量得到强调，海外之地被刻画为一个光荣的“法兰克–叙利亚”国家。相反，到了20世纪中期，诸如以色列学者乔舒亚·普拉维尔（Joshua Prawer）等人支持了相反的观点：十字军诸国被描绘为压迫成性、不宽容的殖民政权，拉丁征服者为了自身及西欧母国的物质利益开发黎凡特，同时通过强行与土著居民实行类似种族隔离的分离，坚定地维护他们自己的法兰克人身份。E. G. Rey, *Les Colonies Franques de Syrie au XIIe et XIIIe siècles* (Paris, 1883); J. Prawer, 'Colonisation activities in the Latin Kingdom of Jerusalem', *Revue Belge de Philologie et d'Histoire*, vol. 29 (1951), pp. 1063–1118; J. Prawer, *The Latin Kingdom of Jerusalem: European Colonialism in the Middle Ages* (London, 1972); J. Prawer, 'The Roots of Medieval Colonialism', *The Meeting of Two Worlds: Cultural Exchange between East and West during the Period of the Crusades*, ed. V. P. Goss (Kalamazoo, 1986), pp. 23–38. 1987 年举行的关于这一问题的启发性专题讨论会的记录参见：'The Crusading kingdom of Jerusalem–The first European colonial society?', *The Horns of Hattin*, ed. B. Z. Kedar (Jerusalem, 1992), pp. 341–66. 关于更新的概述，参见：Jotischky, *Crusading and the Crusader States*, pp. 123–54; Ellenblum, *Crusader Castles and Modern Histories*, pp. 3–31.

84. Fulcher of Chartres, p. 748. 在特殊情况下，穆斯林贵族甚至可能在十字军国家内获得封地。一个名叫阿卜杜·拉希姆（Abd al-Rahim）的穆斯林就是这样的人，1111 年之后他赢得了阿萨里布领主阿朗（Alan）的友谊，在附近村庄获得了地产，并成为安条克公国东部前线的一个行政长官。R. Ellenblum, *Frankish Rural Settlement in the Latin Kingdom of Jerusalem* (Cambridge, 1998); H. E. Mayer, 'Latins, Muslims and Greeks in the Latin Kingdom of Jerusalem', *History*, vol. 63 (1978), pp. 175–92; B. Z. Kedar, 'The Subjected Muslims of the Frankish Levant', *Muslims under Latin Rule*, ed. J. M. Powell (Princeton, 1990), pp. 135–74; Asbridge, 'The "crusader" community at Antioch', pp. 313–16; J. S. C. Riley-Smith, 'The Survival in Latin Palestine of Muslim Administration', *The Eastern Mediterranean Lands in the Period of the Crusades*, ed. P. Holt (Warminster, 1977), pp. 9–22.

85. Usama ibn Munqidh, *The Book of Contemplation*, trans. P. M. Cobb (London, 2008), pp. 144, 147, 153. 关于乌萨马的生平与著作，参见：R. Irwin, 'Usamah ibn-Munqidh, an Arab-Syrian gentleman at the time

of the crusades', *The Crusades and Their Sources: Essays Presented to Bernard Hamilton*, ed. J. France and W. G. Zajac (1998), pp. 71–87; P. M. Cobb, *Usama ibn Munqidh: Warrior-Poet of the Age of the Crusades* (Oxford, 2005); P. M. Cobb, 'Usama ibn Munqidh's *Book of the Staff*: Autobiographical and historical excerpts', *Al-Masaq*, vol. 17 (2005), pp. 109–23; P. M. Cobb, 'Usama ibn Munqidh's Kernels of Refinement (*Lubab al-Adab*): Autobiographical and historical excerpts', *Al-Masaq*, vol. 18 (2006); N. Christie, 'Just a bunch of dirty stories? Women in the memoirs of Usamah ibn Munqidh', *Eastward Bound: Travel and Travellers, 1050–1550*, ed. R. Allen (Manchester, 2004), pp. 71–87. 除了接受当地风俗，为了适应黎凡特的气候，他们似乎还对服装做了一些改造——包括贵族和高阶教士更多地使用丝绸——但这并不普遍。1193 年 2 月从海外之地出访伟大穆斯林领袖萨拉丁的法兰克使节据说曾吓哭了苏丹襁褓中的儿子，因为“他们修发剃须，身着奇装异服”。Baha al-Din Ibn Shaddad, *The Rare and Excellent History of Saladin*, trans. D. S. Richards (Aldershot, 2001), p. 239.

86. Ibn Jubayr, pp. 316–17, 321–2. 然而，必须要指出的是，伊本·朱拜尔仅游历了海外之地的一小部分，其旅程的这一部分只有数周时间；因此，他的证言可能不完全具有代表性。同样明显的是，他的记述部分是为了倡导对生活在西班牙摩尔人统治下的穆斯林农夫给予更公正的待遇，所以他甚至可能在描述中美化了拉丁贵族的统治。

87. 1978 年汉斯·迈尔认定“[耶路撒冷王国境内的] 穆斯林没有信仰自 由”(Mayer, 'Latins,Muslims and Greeks in the Latin Kingdom of Jerusalem', p. 186)，不过他的分析此后遭到了强有力的反驳（Kedar, 'The Subjected Muslims of the Frankish Levant', pp. 138–9)。并非所有定居于海外之地的穆斯林都是农夫：例如，乌萨马·伊本·蒙基德便在纳布卢斯一家穆斯林经营的旅馆内歇脚。尽管如此，12 世纪 50 年代，一些居住在纳布卢斯附近的罕百里派穆斯林村民（处于伊贝林的鲍德温的封地内）决定逃离法兰克人领土在大马士革重新定居。穆斯林编年史家迪亚丁（Diya al-Din）记载道，鲍德温对这些农夫征收的人头税提高了 4 倍（从 1 第纳尔至 4 第纳尔），“他还曾经砍断他们的双腿”。然而，值得注意的是，罕百里派对法兰克人持有特别强硬的观点，甚至迪亚丁也承认，这群人的领袖“是首个因惧怕生命危险和宗教信仰得不到保障而移民的”。J. Drory, ‘Hanbalis of the Nablus region in the eleventh and twelfth centuries’, *Asian and African Studies*, vol. 22 (1988), pp. 93–112; D. Talmon-Heller, ‘Arabic sources on Muslim villagers under Frankish rule’, *From Clermont to Jerusalem. The Crusades and Crusader Society, 1095–1500*, ed. A. Murray (Turnhout, 1998), pp. 103–17; D. Talmon-Heller, ‘The Shaykh and the Community: Popular Hanbalite Islam in 12th–13th Century Jabal Nablus and Jabal Qasyun’, *Studia Islamica*, vol. 79 (1994), pp. 103–20; D. Talmon-Heller, ‘ “The Cited Tales of the Wondrous Doings of the Shaykhs of the Holy Land” by Diya’ al-Din Abu ‘Abd Allah Muhammad b. ‘Abd al-Wahid al-Maqdisi (569/1173–643/1245): Text, Translation and Commentary’, *Crusades*, vol. 1 (2002), pp. 111–54.

88. Fulcher of Chartres, pp. 636–7; Ibn al-Qalanisi, pp. 162–3, 246. 赞吉也同意一份与法兰克人的安条克间的“停战协议”，据说它允许大量“穆斯林商人、阿勒颇人得以在该拉丁公国内经营生意”。这份贸易协定一直维持到 1138 年，直到被雷蒙亲王撕毁（可能是因为拜占庭帝国军队抵达了叙利亚北部）。关于十字军诸国的商业贸易，参见：E. Ashtor, *A Social and Economic History of the Near East in the Middle Ages* (London, 1976); J. H. Pryor, *Commerce, Shipping and Naval Warfare in the Medieval Mediterranean* (London, 1987); D. Jacoby, ‘The Venetian privileges in the Latin kingdom of Jerusalem: Twelfth- and thirteenth-century interpretations and implementation’, *Montjoie: Studies in Crusade History in Honour of Hans Eberhard Mayer*, ed. B. Z. Kedar, J. S. C. Riley-Smith and R. Hiestand (Aldershot, 1997), pp. 155–75. 同一位作者的论文集参见：D. Jacoby, *Studies on the Crusader States and on Venetian Expansion* (London, 1989); D. Jacoby, *Commercial Exchange across the Mediterranean* (Aldershot, 2005).

89. C. Burnett, 'Antioch as a link between Arabic and Latin culture in the twelfth and thirteenth centuries', *Occident et Proche-Orient: contacts scientifiques au temps des croisades*, ed. I. Draelants, A. Tihon and B. van den Abeele (Louvain-la-Neuve, 2000), pp. 1–78. 海外之地的拉丁历史学家提尔的威廉显然对伊斯兰教深感兴趣。在 12 世纪 70 年代前后，他研究、撰写了一部详细的伊斯兰世界的历史，不过他很可能无法自己阅读波斯语或阿拉伯语文献，不得不依赖译员。不幸的是，该文献手稿未能流传至今——不过这本身或许表明该作品在西方的读者也不多。P. W. Edbury and J. G. Rowe, *William of Tyre: Historian of the Latin East* (Cambridge, 1988), pp. 23–4.
90. C. Burnett, 'Stephen, the disciple of philosophy, and the exchange of medical learning in Antioch', *Crusades*, vol. 5 (2006), pp. 113–29. 马尤西（Al-Majusi）的《皇家之书》广泛记载了一系列医疗方法，其中一些甚至符合现代标准，另一些则荒诞不经。《美化身体》一章的内容包括：如何去除不需要的毛发以及处理嘴唇、手部开裂，抑制胸部、睾丸发育，以及处理体味的建议。另一章《论陆地、海上旅行者的养生之道》对朝圣者而言是一座信息宝库：中暑可通过从头上淋下冷玫瑰水得到缓解；借助橄榄油、灰松鼠皮擦拭来缓解冻伤；酸葡萄、石榴、薄荷、苹果、罗望子制成的糖浆是治愈晕船的良药。通过以水银膏药擦拭身体来去除虱子困扰的建议就不那么明智了。
91. 值得思考的是，这一证据究竟揭示了 12 世纪海外之地的什么特质。委托作品的赞助人明确要求作品反映东方五花八门的文化了吗？他们是否雇佣了吸收了东方风格和技巧的拉丁工匠，无论后者是通过刻意学习还是耳濡目染学会的？如果是这样，它或许的确证明了法兰克人黎凡特的文化正欣欣向荣。然而，也有可能是更实际的考量在起作用：拉丁赞助人只是雇佣了所能找到的最好的工匠。Usama ibn Munqidh, pp. 145–6; S. Edgington, 'Administrative regulations for the Hospital of St John in Jerusalem dating from the 1180s', *Crusades*, vol. 4 (2005), pp. 21–37. 关于圣墓教堂、十字军建筑以及海外之地的物质文化，参见：Folda, *The Art of the Crusaders*, pp. 175–245; A.

Boas, *Crusader Archaeology: The Material Culture of the Latin East* (London, 1999); N. Kenaan-Kedar, 'The Figurative Western Lintel of the Church of the Holy Sepulchre in Jerusalem', *The Meeting of Two Worlds, Cultural Exchange between East and West during the Period of the Crusades*, ed. V. P. Goss (Kalamazoo, 1986), pp. 123–32; N. Kenaan-Kedar, 'A Neglected Series of Crusader Sculpture: the ninety-six corbels of the Church of the Holy Sepulchre', *Israel Exploration Journal*, vol. 42 (1992), pp. 103–14; D. Pringle, 'Architecture in the Latin East', *The Oxford Illustrated History of the Crusades*, ed. J. S. C. Riley-Smith (Oxford, 1995), pp. 160–84; D. Pringle, *The Churches of the Latin Kingdom of Jerusalem*, 3 vols (Cambridge, 1993–2007).

92. B. Hamilton, 'Rebuilding Zion: the Holy Places of Jerusalem in the Twelfth Century', *Studies in Church History*, vol. 14 (1977), pp. 105–16; B. Hamilton, 'The Cistercians in the Crusader States', *Monastic Reform, Catharism and the Crusade* (1979), pp. 405–22; B. Hamilton, 'Ideals of Holiness: Crusaders, Contemplatives, and Mendicants', *International History Review*, vol. 17 (1995), pp. 693–712; A. Jotischky, *The Perfection of Solitude: Hermits and Monks in the Crusader States* (University Park, PA, 1995); A. Jotischky, 'Gerard of Nazareth, Mary Magdalene and Latin Relations with the Greek Orthodox Church in the Crusader East in the Twelfth Century', *Levant*, vol. 29 (1997), pp. 217–26; B. Z. Kedar, 'Gerard of Nazareth, a neglected twelfth-century writer of the Latin East', *Dumbarton Oaks Papers*, vol. 37 (1983), pp. 55–77; B. Z. Kedar, 'Multidirectional conversion in the Frankish Levant', *Varieties of Religious Conversion in the Middles Ages*, ed. J. Muldoon (1997), pp. 190–97; B. Z. Kedar, 'Latin and Oriental Christians in the Frankish Levant', *Sharing the Sacred: Contacts and Conflicts in the Religious History of the Holy Land*, ed. A. Kofsky and G. Stroumsa (1998), pp. 209–22; B. Z. Kedar, 'Convergences of Oriental Christian, Muslim and Frankish worshippers: the case of Saydnaya and the knights

Templar', *The Crusades and the Military Orders*, ed. Z. Hunyadi and J. Laszlovszky (Budapest, 2001), pp. 89–100.

93. 即使是伊本·朱拜尔这位大量跨文化交际的证人也在其言论中掺入了憎恶和偏见：将耶路撒冷的鲍德温四世描绘为"受诅咒的国王"、一头"猪猡"，形容阿卡是"无信仰者、不敬神者"的温床并希望真主能摧毁它（pp. 316, 318）。Hillenbrand, *The Crusades: Islamic Perspectives*, pp. 257–429.

94. C. Hillenbrand, 'Abominable acts: the career of Zengi', *The Second Crusade: Scope and Consequences*, ed. J. P. Phillips and M. Hoch (Manchester, 2001), pp. 111–32; Holt, *The Age of the Crusades*, pp. 38–42; H. Gibb, 'Zengi and the fall of Edessa', *A History of the Crusades*, vol. 1, ed. K. M. Setton and M. W. Baldwin (Philadelphia, 1958), pp. 449–62.

95. 1140 年，赞吉在周五礼拜中被称颂为大马士革的主宰，但这实际上是空衔。William of Tyre, p. 684.

96. Matthew of Edessa (Continuation), p. 243; William of Tyre, p. 739; Bernard of Clairvaux, '*Epistolae*', *Sancti Bernardi Opera*, vol. 8, ed. J. Leclercq and H. M. Rochais (Rome, 1977), pp. 314–15.

97. 关于给十字军远征编号的历史及意义，参见：Constable, 'The Historiography of the Crusades', pp. 16–17.

98. Calixtus II, *Bullaire*, ed. U. Roberts (Paris, 1891), vol. 2, pp. 266–7; D. Girgensohn, 'Das Pisaner Konzil von 1153 in der Überlieferung des Pisaner Konzils von 1409', *Festschrift für Hermann Heimpel*, vol. 2 (Göttingen, 1971), pp. 1099–100; Bernard of Clairvaux, '*Epistolae*', p. 435.

99. 关于《吾等之前辈》的文本，参见：R. Grosse, 'Überlegungen zum kreuzzugeaufreuf Eugens III. von 1145/6. Mit einer Neueedition von JL 8876', *Francia*, vol. 18 (1991), pp. 85–92. 关于第二次十字军东征的历史，参见：V. Berry, 'The Second Crusade', *A History of the Crusades*, vol. 1, ed. K. M. Setton and M. W. Baldwin (Philadelphia,

1958), pp. 463–511; G. Constable, 'The Second Crusade as Seen by Contemporaries', *Traditio*, vol. 9 (1953), pp. 213–79; M. Gervers (ed.), *The Second Crusade and the Cistercians* (New York, 1992); A. Grabois, 'Crusade of Louis VII: a Reconsideration', *Crusade and Settlement*, ed. P. W. Edbury (Cardiff, 1985), pp. 94–104; J. P. Phillips and M. Hoch (eds), *The Second Crusade: Scope and Consequences* (Manchester, 2001); J. P. Phillips, *The Second Crusade: Extending the Frontiers of Christendom* (London, 2007). 有关第二次十字军东征中的近东元素的一手文献是 Odo of Deuil, *De profectione Ludovici VII in Orientem*, ed. and trans. V. G. Berry (New York, 1948); Otto of Freising, *Gesta Frederici seu rectius Chronica*, ed. G. Waitz, B. Simon and F.-J. Schmale, trans. A. Schmidt (Darmstadt, 1965); William of Tyre, pp. 718–70; John of Salisbury, *Historia Pontificalis*, ed. and trans. M. Chibnall (London, 1956), pp. 52–9; John Kinnamos, *The Deeds of John and Manuel Comnenus*, trans. C. M. Brand (New York, 1976), pp. 58–72; Niketas Choniates, *O' City of Byzantium: Annals of Niketas Choniates* (Detroit, 1984), pp. 35–42; Ibn al-Qalanisi, pp. 270–89; Ibn al-Athir, *The Chronicle of Ibn al-Athir for the Crusading Period from al-Kamil fi'l-Ta'rikh*, trans. D. S. Richards, vol. 2 (Aldershot, 2007), pp. 7–22; Sibt ibn al-Jauzi, 'The Mirror of the Times', *Arab Historians of the Crusades*, trans. F. Gabrieli, pp. 62–3; Michael the Syrian, *Chronique de Michel le Syrien, patriarche jacobite d'Antioche (1166–1199)*, ed. and trans. J. B. Chabot, vol. 3 (Paris, 1905); Anonymous Syriac Chronicle, 'The First and Second Crusades from an Anonymous Syriac Chronicle', ed. and trans. A. S. Tritton and H. A. R. Gibb, *Journal of the Royal Asiatic Society*, vol. 92 (1933), pp. 273–306.

100. 关于圣伯纳德和西多会，参见：G. R. Evans, *Bernard of Clairvaux* (New York, 2000); C. H. Berman, *The Cistercian Evolution* (Philadelphia, 2000).

101. Odo of Deuil, pp. 8–9; Bernard of Clairvaux, 'Epistolae', pp. 314–

15, 435; Phillips, *The Second Crusade: Extending the Frontiers of Christendom*, pp. 61–79.

102. 'Vita Prima Sancti Bernardi', *Patrologia Latina*, J. P. Migne, vol. 185 (Paris, 1855), col. 381; Tyerman, *God's War*, p. 280; J. Phillips, 'Papacy, empire and the Second Crusade', *The Second Crusade: Scope and Consequences*, ed. J. P. Phillips and M. Hoch (Manchester, 2001), pp. 15–31; G. A. Loud, 'Some reflections on the failure of the Second Crusade', *Crusades*, vol. 4 (2005), pp. 1–14. 尽管格雷厄姆·劳德（Graham Loud）对乔纳森·菲利普斯（Jonathan Phillips）于2001年提出的观点进行了强有力的反驳，菲利普斯在2007年十分欠妥地试图为他"教皇尤金参与了康拉德征兵"的看法辩护。相形之下，菲利普斯关于回忆、亲缘关系对征募的重要性的意见倒是颇有说服力。(Phillips, *The Second Crusade: Extending the Frontiers of Christendom*, pp. 25, 87–98, 99–103, 129–30)

103. 'Chevalier, Mult es Guariz', *The Crusades: A Reader*, ed. S. J. Allen and E. Amt (Peterborough, Ontario, 2003), pp. 213–14. 关于对十字军歌曲的介绍，参见：M. Routledge, 'Songs', *The Oxford Illustrated History of the Crusades*, ed. J. S. C. Riley-Smith (Oxford, 1995), pp. 91–111.

104. Helmold of Bosau, *Chronica Slavorum*, ed. and trans. H. Stoob (Darmstadt, 1963), pp. 216–17; Eugenius III, 'Epistolae et privilegia', *Patrologia Latina*, J. P. Migne, vol. 180 (Paris, 1902), col. 1203–4; Constable, 'The Second Crusade as Seen by Contemporaries', pp. 213–79; A. Forey, 'The Second Crusade: Scope and Objectives', *Durham University Journal*, vol. 86 (1994), pp. 165–75; A. Forey, 'The siege of Lisbon and the Second Crusade', *Portuguese Studies*, vol. 20 (2004), pp. 1–13; Phillips, *The Second Crusade: Extending the Frontiers of Christendom*, pp. 136–67, 228–68.

105. Lilie, *Byzantium and the Crusader States*, pp. 142–69; Phillips, *Defenders of the Holy Land*, pp. 73–99; P. Magdalino, *The Empire of*

Manuel Komnenos, 1143–1180 (Cambridge, 1994).

106. Odo of Deuil, pp. 16–17.

107. Suger, 'Epistolae', *Recueil des historiens des Gaules et de la France*, ed. M. Bouquet et al., vol. 15 (Paris, 1878), p. 496; William of Tyre, pp. 751–2.

第二部 伊斯兰世界的回应

1. Ibn al-Qalanisi, p. 266; Hillenbrand, *The Crusades: Islamic Perspectives*, pp. 112–16; Hillenbrand, 'Abominable acts: the career of Zengi', pp. 111–32; C. Hillenbrand, '*Jihad* propaganda in Syria from the time of the First Crusade until the death of Zengi: the evidence of monumental inscriptions', *The Frankish Wars and Their Influence on Palestine*, ed. K. Athamina and R. Heacock (Birzeit, 1994), pp. 60–69; H. Dajani-Shakeel, '*Jihad* in twelfth-century Arabic poetry', *Muslim World*, vol. 66 (1976), pp. 96–113; H. Dajani-Shakeel, '*Al-Quds*: Jerusalem in the consciousness of the counter-crusade', *The Meeting of Two Worlds*, ed. V. P. Goss (Kalamazoo, 1986), pp. 201–21.
2. Ibn al-Athir, vol. 1, p. 382; Hillenbrand, 'Abominable acts: the career of Zengi', p. 120.
3. Ibn al-Qalanisi, pp. 271–2; Ibn al-Athir, vol. 2, p. 222; William of Tyre, p. 956. 关于努尔丁的生涯，参见：H. Gibb, 'The career of Nur ad-Din', *A History of the Crusades*, vol. 1, ed. K. M. Setton and M. W. Baldwin (Philadelphia, 1958), pp. 513–27; N. Elisséeff, *Nur al-Din: un grand prince musulman de Syrie au temps des Croisades*, 3 vols (Damascus, 1967); Holt, *The Age of the Crusades*, pp. 42–52; Hillenbrand, *The Crusades: Islamic Perspectives*, pp. 117–41.
4. Ibn al-Qalanisi, p. 272; Ibn Jubayr, p. 260. 在十字军东征时代之前的数百年间，阿勒颇首先被希腊化时期（亚历山大大帝的征服之后）的塞琉古王朝统治，随后在公元 637 年陷于阿拉伯人之手前，于罗马人治下享有了 6 个世纪的繁荣，其重要性被认为仅次于大马士革。在伊拉克的哈马丹王朝（Iraqi Hamdanid，944—1003）统治下该城的财富得到恢复，1070 年被塞尔柱突厥人征服后，它成了抵御拜占庭帝国的桥头堡。

5. Ibn al-Qalanisi, pp. 274–5; Michael the Syrian, vol. 3, p. 270; Matthew of Edessa, Continuation, pp. 244–5; Ibn al-Athir, vol. 2, p. 8.
6. Ibn al-Athir, vol. 1, p. 350; Ibn al-Qalanisi, pp. 280–81.
7. Ibn al-Qalanisi, pp. 281–2. 受人尊敬的德国历史学家汉斯・迈尔甚至将对大马士革的袭击描绘为“难以置信的愚蠢”，甚至“不可理喻”。(Mayer, *The Crusades*, p. 103) 关于这一争论，参见：M. Hoch, *Jerusalem, Damaskus und der Zweite Kreuzzug: Konstitutionelle Krise und äussere Sicherheit des Kreuzfahrerkönigreiches Jerusalem, AD 1126–54* (Frankfurt, 1993); M. Hoch, ‘The choice of Damascus as the objective of the Second Crusade: A re-evaluation’, *Autour de la Première Croisade*, ed. M. Balard (Paris, 1996), pp. 359–69; Phillips, *The Second Crusade: Extending the Frontiers of Christendom*, pp. 207–18.
8. Sibt ibn al-Jauzi, p. 62; Ibn al-Athir, vol. 2, p. 22; Ibn al-Qalanisi, p. 286; ‘Die Urkunden Konrads III. und seines Sohnes Heinrich’, ed. F. Hausmann, *Monumenta Germaniae Historica*, *Diplomata*, vol. 9 (Vienna, 1969), n. 197, p. 357; William of Tyre, pp. 760–70; A. Forey, ‘The Failure of the Siege of Damascus in 1148’, *Journal of Medieval History*, vol. 10 (1984), pp. 13–24; M. Hoch, ‘The price of failure: The Second Crusade as a turning point in the history of the Latin East’, *The Second Crusade: Scope and Consequences* (Manchester, 2001), pp. 180–200; Phillips, *The Second Crusade: Extending the Frontiers of Christendom*, pp. 218–27.
9. Ibn al-Athir, vol. 2, pp. 39–40; Lilie, *Byzantium and the Crusader States*, pp. 163–4.
10. Ibn al-Athir, vol. 2, pp. 1–4, 222–3. 伊本・加拉尼西（卒于 1160 年）撰写的史料提供了一些平衡的观点，他在 12 世纪中叶生活在大马士革期间写了《大马士革编年史》，但就连他也是在赞吉的统治下写作。伊本·加拉尼西两度担任头人——城镇居民领袖和城市民兵头领——一职。(Ibn al-Qalanisi, pp. 7–14) 关于该时期的阿拉伯语资料，参见：F. Gabrieli, 'The Arabic historiography of the crusades', *Historians of the Middle East*, ed. B. Lewis and P. M. Holt (London, 1962), pp. 98–107; D. S. Richards, 'Ibn al-Athir and the later parts of the *Kamil*', *Medieval Historical Writing in the Christian and Islamic Worlds*, ed. D. O. Morgan (London, 1982), pp. 76–108; A. M. Eddé, 'Claude Cahen et les sources arabes des Croisades', *Arabica*, vol. 43 (1996), pp. 89–97.

11. 对英国著名阿拉伯史学家汉密尔顿·吉布爵士（Hamilton Gibb）而言，变革始于 1149 年。吉布宣称这是“[努尔丁]领悟其自身使命以及穆斯林叙利亚历史的转折点。在全体伊斯兰教徒眼中，他变成了一名信仰斗士，如今自觉地担负起了该角色的职责”。(Gibb, 'The career of Nur ad-Din', p. 515) 仅仅十多年后，尼基塔·叶利谢耶夫（Nikita Elisséeff）出版了关于这位“伟大叙利亚穆斯林王公”具有影响力的三卷本传记，完善了这一观点。叶利谢耶夫认为，1154 年之后努尔丁才真正投入吉哈德并燃起了收复耶路撒冷的渴望。（Elisséeff, Nur al-Din, II, p. 426）1991 年，米夏埃尔·科勒（Michael Köhler）采用了一种更加尖刻的论调，他表示努尔丁从未真心投入光复圣城的斗争，不过仅仅是在 1157 年后利用吉哈德的宣传来进一步实现其政治目标。（Köhler, Allianzen und Verträge, pp. 239, 277）关于这个问题，参见：Hillenbrand, The Crusades: Islamic Perspectives, pp. 132–41.

12. 关于伊奈卜之战，参见：Ibn al-Qalanisi, pp. 288–94; Ibn al-Athir, vol. 2, pp. 31–2; William of Tyre, pp. 770–74; John Kinnamos, p. 97; Matthew of Edessa, Continuation, p. 257; Michael the Syrian, vol. 3, pp. 288–9; Abu Shama, 'Le Livre des Deux Jardins', *RHC Or*. IV–V, pp. 61–4.

13. Ibn al-Athir, vol. 2, pp. 31–2, 36; Ibn al-Qalanisi, p. 295; Gibb, 'The

career of Nur ad-Din', pp. 515–16; Holt, *The Age of the Crusades*, p. 44; Mayer, *The Crusades*, pp. 107–8; Richard, *The Crusades,* p. 171; Jotischky, *Crusading and the Crusader States*, p. 111.

14. 赞吉的拥护者伊本·阿西尔后来争辩说，在 12 世纪 50 年代早期，“努尔丁缺乏阻击［法兰克人］的路线，因为大马士革横亘于［二者］之间”。这位编年史家断言，人们担心法兰克人很快便会占领这座古老的大都市，因为他们通过沉重的年贡榨干了它的财富，“他们的间谍潜入了城市从人群里收集情报”。（Ibn al-Athir, vol. 2, p. 71）努尔丁非常清楚上述论点的力量，并积极参与了一场针对大马士革的宣传战，赞助诋毁该城与法兰克人结盟政策的诗作。关于这一时期的耶路撒冷王国，参见：Mayer, 'Studies in Queen Melisende', pp. 95–183; M. W. Baldwin, 'The Latin states under Baldwin III and Amalric I 1143–74', *A History of the Crusades*, vol. 1, ed. K. M. Setton and M. W. Baldwin (Philadelphia, 1958), pp. 528–62.
15. Ibn al-Qalanisi, pp. 296–327. 叶利谢耶夫认同努尔丁在占据大马士革后优先考虑圣战的观点，声称 1154 年后埃米尔独自“以吉哈德的名义对抗十字军并帮助了逊尼派的复兴”（Elisséeff, Nur al-Din, II, p. 426）。Hillenbrand, *The Crusades: Islamic Perspectives*, p. 134.
16. Ibn Jubayr, pp. 271–2, 279; R. Burns, *Damascus* (London, 2004), p. 169. 大马士革围绕流经黎巴嫩群山的巴拉达河三角洲所形成的绿洲发展起来。穆斯林在 7 世纪第一波阿拉伯 - 伊斯兰扩张中征服了这座城市，直到 750 年它都是倭马亚帝国首都以及哈里发驻地。
17. Ibn al-Qalanisi, p. 340; B. Hamilton, 'The Elephant of Christ: Reynald of Châtillon', *Studies in Church History*, vol. 15 (1978), pp. 97–108.
18. William of Tyre, pp. 860–61; Phillips, *Defenders of the Holy Land*, pp. 100–39; Lilie, *Byzantium and the Crusader States*, pp. 163–87.
19. Ibn al-Athir, vol. 2, pp. 141–2; William of Tyre, pp. 873–4.
20. Ibn al-Athir, vol. 2, pp. 146–50; William of Tyre, pp. 874–7; Cahen, *La Syrie du Nord*, pp. 408–9.
21. 努尔丁在王国的其他地方发起了类似的建筑项目：1159 年他赞助了

阿勒颇的舒艾比亚宗教学校（Madrasa al-Shu'aybiyya），这是他统治期间兴建于该城的 42 所伊斯兰宗教学校之一，其中半数获得了其个人资助。努尔丁讲道坛原封不动地保存了 800 年。但在 1969 年被一名狂热的澳大利亚人焚毁了。Hillenbrand, *The Crusades: Islamic Perspectives*, pp. 118–67; D. S. Richards, 'A text of Imad al-Din on twelfth-century Frankish-Muslim relations', *Arabica*, vol. 25 (1978), pp. 202–4; D. S. Richards, 'Imad al-Din al-Isfahani: Administrator, litterateur and historian', *Crusaders and Muslims in Twelfth-Century Syria*, ed. M. Shatzmiller (Leiden, 1993), pp. 133–46; E. Sivan, 'The beginnings of the *Fada'il al-Quds* literature', *Israel Oriental Studies*, vol. 1 (1971), pp. 263–72; E. Sivan, 'Le caractère sacré de Jérusalem dans l'Islam aux XIIe–XIIIe siècles', *Studia Islamica*, vol. 27 (1967), pp. 149–82; N. Elisséeff, 'Les monuments de Nur al-Din', *Bulletin des Études Orientales*, vol. 12 (1949–51), pp. 5–43; N. Elisséeff, 'La titulaire de Nur al-Din d'après ses inscriptions', *Bulletin des Études Orientales*, vol. 14 (1952–4), pp. 155–96; I. Hasson, 'Muslim literature in praise of Jerusalem: *Fada'il Bayt al-Maqdis*', *The Jerusalem Cathedra* (Jerusalem, 1981), pp. 168–84; Y. Tabbaa, 'Monuments with a message: propagation of *jihad* under Nur al-Din', *The Meeting of Two Worlds*, ed. V. P. Goss (Kalamazoo, 1986), pp. 223–40.

22. Ibn al-Qalanisi, p. 303.
23. William of Tyre, p. 903; Ibn al-Athir, vol. 2, p. 62; C. F. Petry (ed.), *Cambridge History of Egypt: Islamic Egypt, 640–1517* (Cambridge, 1998); Y. Lev, *State and Society in Fatimid Egypt* (Leiden, 1991); Y. Lev, 'Regime, army and society in medieval Egypt, 9th–12th centuries', *War and Society in the Eastern Mediterranean, 7th–15th Centuries*, ed. Y. Lev (Leiden, 1997), pp. 115–52.
24. Ibn al-Athir, vol. 2, p. 138; William of Tyre, pp. 864–8. 关于 12 世纪 60 年代的埃及战役的拉丁观点，参见：Mayer, *The Crusades*, pp. 117–22; Phillips, *Defenders of the Holy Land*, pp. 140–67.

25. William of Tyre, p. 871; Ibn al-Athir, vol. 2, p. 144; M. C. Lyons and D. E. P. Jackson, *Saladin. The Politics of the Holy War* (Cambridge, 1979), pp. 6–9.
26. Ibn al-Athir, vol. 2, pp. 144, 163; William of Tyre, p. 922; Lyons and Jackson, *Saladin*, pp. 9–25; Smail, *Crusading Warfare*, pp. 183–5.
27. Ibn al-Athir, vol. 2, pp. 175, 177; Lyons and Jackson, *Saladin*, pp. 25–9.
28. Holt, *The Age of the Crusades*, pp. 48–52; Mayer, *The Crusades*, p. 122; Jotischky, *Crusading and the Crusader States*, pp. 115–16; Madden, *The New Concise History of the Crusades*, p. 68. 关于萨拉丁在埃及的统治，参见 : Y. Lev, *Saladin in Egypt* (Leiden, 1999); Lyons and Jackson, *Saladin*, pp. 31–69.
29. 这个富有传奇色彩的故事尽管可能是真实的，但却仅见于阿尤布王朝的记载，因此仍然没有得到证实。它的一些细节可能是捏造出来的，以证明对法蒂玛宫廷的打击是正当的。Lyons and Jackson, *Saladin*, pp. 33–4.
30. Ibn al-Athir, vol. 2, p. 180. 关于这一时期海外之地与拜占庭和西方的关系，参见: J. L. La Monte, 'To What Extent was the Byzantine Emperor the Suzerain of the Latin Crusading States?', *Byzantion*, vol. 7 (1932), pp. 253–64; R. C. Smail, 'Relations between Latin Syria and the West, 1149–1187', *Transactions of the Royal Historical Society*, 5th series, vol. 19 (1969), pp. 1–20; Lilie, *Byzantium and the Crusader States*, pp. 198–209; Phillips, *Defenders of the Holy Land*, pp. 168–224.
31. 一位阿拉伯编年史家暗示阿迪德是被毒杀的，但即使萨拉丁确实卷入了促成哈里发“及时”的驾崩，这种暗杀方式也比埃及人传统的大屠杀更巧妙。Lyons and Jackson, *Saladin*, pp. 44–8.
32. Lyons and Jackson, *Saladin*, pp. 46–9, 61–5; Ibn al-Athir, vol. 2, pp. 197–200, 213–14.
33. Baha al-Din Ibn Shaddad, *The Rare and Excellent History of Saladin*, trans. D. S. Richards (Aldershot, 2001), p. 49.
34. Ibn al-Athir, vol. 2, pp. 221–2; William of Tyre, p. 956.

35. Baha al-Din, p. 28; Imad al-Din al-Isfahani, *Conquête de la Syrie et de la Palestine par Saladin*, trans. H. Massé (Paris, 1972); Ibn al-Athir, vol. 2, pp. 223–409; Abu Shama, 'Le Livre des Deux Jardins', IV, p. 159–V, p. 109; Gabrieli, *Arab Historians of the Crusades*, pp. 87–252; Lyons and Jackson, *Saladin*, pp. 435–6. 关于萨拉丁生平的资料，参见：H. A.R. Gibb, 'The Arabic sources for the life of Saladin', *Speculum*, vol. 25.1 (1950), pp. 58–74; D. S. Richards, 'A consideration of two sources for the life of Saladin', *Journal of Semitic Studies*, vol. 25 (1980), pp. 46–65. 关于 1174 年后萨拉丁的生涯，参见：S. Lane-Poole, *Saladin and the Fall of the Kingdom of Jerusalem* (London, 1898); H. Gibb, 'Saladin', *A History of the Crusades*, vol. 1, ed. K. M. Setton and M. W. Baldwin (Philadelphia, 1958), pp. 563–89; H. A. R. Gibb, 'The armies of Saladin', *Studies in the Civilization of Islam*, ed. S. J. Shaw and W. R. Polk (London, 1962), pp. 74–90; H. A. R. Gibb, 'The Achievement of Saladin', *Studies in the Civilization of Islam*, ed. Shaw and Polk, pp. 91–107; H. A. R. Gibb, *The Life of Saladin* (Oxford, 2006); A. Ehrenkreutz, *Saladin* (Albany, 1972); Lyons and Jackson, *Saladin*, pp. 71–374; H. Möhring, 'Saladins Politik des Heiligen Krieges', *Der Islam*, vol. 61 (1984), pp. 322–6; H. Möhring, *Saladin: The Sultan and His Times 1138–1193*, trans. D. S. Bachrach (Baltimore, 2008); Hillenbrand, *The Crusades: Islamic Perspectives*, pp. 171–95. 关于采用"苏丹"头衔，参见：P. M. Holt, 'The sultan as idealised ruler: Ayyubid and Mamluk prototypes', *Suleyman the Magnificent and His Age*, ed. M. Kunt and C. Woodhead (Harrow, 1995), pp. 122–37.
36. Lyons and Jackson, *Saladin*, pp. 73–4.
37. Lyons and Jackson, *Saladin*, pp. 79–84; Baha al-Din, p. 51; William of Tyre, p. 968.
38. Lyons and Jackson, *Saladin*, pp. 85–6.
39. 第一份和约显然是在 1175 年春与的黎波里伯爵秘密签署的（就在第一次对抗阿勒颇 – 摩苏尔联盟的战役之前），以避免开启对抗基督徒的第二战线。同年7月，苏丹与来自耶路撒冷王国的高级使者进行了更公开的交涉。无可否认，穆斯林与拉丁文献似乎都同意，萨拉丁在上述谈判中获得了较好的条件，他许诺释放一些来自霍姆斯的法兰克战俘，以换取不会采取行动干预其阿勒颇战役的坚定保证。Lyons and Jackson, *Saladin*, pp. 86–110.

40. William of Tyre, pp. 953–4.
41. Lewis, *The Assassins*, pp. 116–17.
42. Lyons and Jackson, *Saladin*, p. 130; S. B. Edgington, 'The doves of war: the part played by carrier pigeons in the crusades', *Autour de la Première Croisade*, ed. M. Balard (Paris, 1996), pp. 167–76; D. Jacoby, 'The supply of war materials in Egypt in the crusader period', *Jerusalem Studies in Arabic and Islam*, vol. 25 (2001), pp. 102–32.
43. William of Tyre, pp. 961–2.
44. B. Hamilton, 'Baldwin the leper as war leader', *From Clermont to Jerusalem*, ed. A. V. Murray (Turnhout, 1998), pp. 119–30; B. Hamilton, *The Leper King and His Heirs: Baldwin IV and the Crusader Kingdom of Jerusalem* (2000).
45. William of Tyre, p. 961. 皮尔斯·米切尔（Piers Mitchell）发表了一份关于鲍德温四世的麻风病的有用研究，作为伯纳德·汉密尔顿（Bernard Hamilton）关于麻风国王传记的附录。(Hamilton, *The Leper King*, pp. 245–58)
46. *Anonymi auctoris Chronicon ad AC 1234 pertinens*, ed. I. B. Chabot, trans. A. Abouna, 2 vols (Louvain, 1952–74), p. 141.
47. William of Tyre, p. 991; Ibn al-Athir, vol. 2, p. 253; Baha al-Din, p. 54; Lyons and Jackson, *Saladin*, pp. 121–6; Hamilton, *The Leper King*, pp. 132–6.
48. Lyons and Jackson, *Saladin*, pp. 130–33.
49. 耶路撒冷希伯来大学的罗尼·埃伦布卢姆（Ronnie Ellenblum）教授率先在雅各浅滩发掘城堡，这代表着十字军研究领域的一项重大突破。这次发掘提供了对十字军世界极富细节的一瞥——相当于12

世纪的一帧定格画面——因为雅各浅滩是第一个发掘时和 1179 年一样的城堡，被屠杀的守军依旧在其墙内。这里找到的许多物质材料能够不可思议地精确定位到 1179 年 8 月 29 日星期四上午，因为当要塞陷落它们便被埋藏在烧毁的残垣断壁下。有些讽刺的是，堡垒的不完整实际上增加了其考古价值，因为其遗址让我们难得地了解了中世纪城堡修筑者的建造技术。William of Tyre, p. 998; M. Barber, ‘Frontier warfare in the Latin kingdom of Jerusalem: the campaign of Jacob’s Ford, 1178–9’, *The Crusades and Their Sources: Essay Presented to Bernard Hamilton*, ed. J. France and W. G. Zajac (Aldershot, 1998), pp. 9–22; R. Ellenblum, ‘Frontier activities: the transformation of a Muslim sacred site into the Frankish castle of Vadum Jacob’, *Crusades*, vol. 2 (2003), pp. 83–97; Hamilton, *The Leper King*, pp. 142–7; Lyons and Jackson, *Saladin*, pp. 133–43.

50. Lilie, *Byzantium and the Crusader States*, pp. 211–30. 不足为奇的是，鉴于萨拉丁在萨利赫之死时积累的明显优势，一些流言蜚语暗示阿尤布王朝的间谍毒杀了赞吉王朝继承人。然而，萨拉丁最初对萨利赫去世反应迟缓、笨拙（坐视伊马德丁·赞吉获得了阿勒颇的权力），很可能表明苏丹并未涉入其中。Lyons and Jackson, *Saladin*, pp. 143–60.

51. Lyons and Jackson, *Saladin*, pp. 165–70; Hamilton, *The Leper King*, pp. 172–5.

52. Lyons and Jackson, *Saladin*, pp. 170–75; Hamilton, *The Leper King*, pp. 175–7.

53. William of Tyre, p. 1037.

54. 这种领土扩张促使萨拉丁在其国内重新分配权力和责任。他的弟弟阿迪勒从 1174 年起便统治埃及，此时被召至叙利亚接管阿勒颇——可能还得到了某些暗示，他可以在杰奇拉进行半独立的扩张。苏丹的侄子塔基丁获得了晋升，负责尼罗河流域。萨拉丁另一位信任的侄子法鲁克 – 沙阿在 1182 年因健康恶化去世；此刻他在大马士革被穆卡达姆取代。Lyons and Jackson, *Saladin*, p. 202.

55. 一度流行的说法是，由于鲍德温四世的健康、权威每况愈下，当时的耶路撒冷拉丁贵族分为了两个泾渭分明的敌对派系争夺着影响力和权势。它提出，其中一派是“本地贵族”（包括的黎波里伯爵雷蒙三世和伊贝林家族），他们对黎凡特的政治、军事现实了如指掌，因此倾向于在同萨拉丁、伊斯兰教徒打交道时谨慎行事；另一派是咄咄逼人、自命不凡的“宫廷党”（包括吕西尼昂的居伊、西比拉、阿格尼丝、库特奈的乔斯林以及沙蒂永的雷纳德）被设定为刚愎自用的新来者。这种构想（被以斯蒂文·朗西曼为代表的学者在20世纪50年代热切地提出）的问题在于，它与史实相去甚远。这些“派系”的组成与政策始终不够清晰，“宫廷党”成员也不尽为不了解当地情况的新来者——例如，沙蒂永的雷纳德与库特奈家族便十分熟悉海外之地。这种12世纪80年代地方派系主义的传统印象也令人怀疑，因为它倾向于不加鉴别地吸收提尔的威廉的看法与成见，后者本身密切涉入了上述事件并且是的黎波里的雷蒙的热心支持者。P. W. Edbury, ‘Propaganda and Faction in the Kingdom of Jerusalem: The Background to Hattin’, in *Crusaders and Muslims in Twelfth-Century Syria*, ed. M. Shatzmiller (1993), pp. 173–89; Hamilton, *The Leper King*, pp. 139–41, 144–5, 149–58.

56. Ernoul, *La Chronique d’Ernoul*, ed. L. de Mas Latrie (Paris, 1871), pp. 69–70; Abu Shama, p. 231; Lyons and Jackson, *Saladin*, pp. 185–8; Hamilton, ‘The Elephant of Christ’, pp. 103–4; Hamilton, *The Leper King*, pp. 179–85.

57. 其中包括的黎波里的雷蒙，在1180年的未遂政变后，他在的黎波里伯国度过了两年时光（事实上处于流放出巴勒斯坦的境地），直到1182年春才与鲍德温四世和解。William of Tyre, pp. 1048–9; R. C. Smail, ‘The predicaments of Guy of Lusignan, 1183–87’, *Outremer*, ed. B. Z. Kedar, H. E. Mayer and R. C. Smail (Jerusalem, 1982), pp. 159–76.

58. William of Tyre, p. 1058.

59. 伊本·朱拜尔也详细描述了被穆斯林、拉丁人双方对“外商”征收的商业税。通常情况下，途经外约旦或加利利的穆斯林商人要向法兰克人上缴通行费。这提升了萨拉丁剑指这两个地区的可能，部分是为了让他们的贸易摆脱基督徒征税。Ibn Jubayr, pp. 300–301.

60. Lyons and Jackson, *Saladin*, pp. 234–9. 根据伊本・阿西尔的记载（vol.2, p. 309），"纳赛尔丁酗酒过度，在早上便去世了，有人曾提到（相关责任归于他们），萨拉丁派了一个来自大马士革名叫纳西赫（al-Nasih）的人去找他豪饮，并给了他一杯毒酒。第二天早晨，纳西赫消失得无影无踪"。

61. Lyons and Jackson, *Saladin*, pp. 239–41; Ehrenkreutz, *Saladin*, p. 237; Ellenblum, *Crusader Castles and Modern Histories*, pp. 275ff.

62. William of Tyre, p. 968. 大约在同一时间，伊本・朱拜尔（p.311）称赞萨拉丁"在世界事务和宗教事务中的令人难忘的事迹，还有他对发动圣战抗击真主敌人的热情"，指出"其正义之举和为捍卫伊斯兰土地所做的努力数不胜数"。这一证据意义重大，因为它并未受到日后事件的浸染。

63. Lyons and Jackson, *Saladin*, pp. 243–6.

64. P. Balog, *The Coinage of the Ayyubids* (London, 1980), p. 77; N. Jaspert, *The Crusades*, p. 73.

65. Ibn al-Athir, vol. 2, p. 320; Hillenbrand, *The Crusades: Islamic Perspectives*, pp. 175–85.

66. Imad al-Din, p. 22; C. P. Melville and M. C. Lyons, 'Saladin's Hattin Letter', *The Horns of Hattin*, ed. B. Z. Kedar (Jerusalem, 1992), pp. 208–12.

67. Imad al-Din, p. 23. 关于萨拉丁打败法兰克人，参见：*Libellus de expugnatione Terrae Sanctae per Saladinum, Radulphi de Coggeshall Chronicon Anglicanum*, ed. J. Stevenson, Rolls Series 66 (London, 1875), pp. 209–62. 该文本的译文可见：J. A. Brundage, *The Crusades: A Documentary Survey* (Milwaukee, 1962), pp. 153–63. 关于哈丁之战，参见：Smail, *Crusading Warfare*, pp. 189–97; P. Herde, 'Die Kämpfe bei den Hörnen von Hittin und der Untergang des Kreuzritterheeres',

Römische Quartalschrift für christliche Altertumskunde und Kirchengeschichte, vol. 61 (1966), pp. 1–50; Lyons and Jackson, *Saladin*, pp. 255–66; B. Z. Kedar, 'The Battle of Hattin revisited', *The Horns of Hattin*, ed. B. Z. Kedar (Jerusalem, 1992), pp. 190–207.

68. Imad al-Din, p. 25. 1999 年 7 月，我徒步从黎巴嫩边界至耶路撒冷穿越以色列的经历令我认识到，在仲夏时分的战役里水有多么重要。我每天的耗水量达到了惊人的 17 升！幸运的是，我有许多机会灌满水壶——1187 年的拉丁人可没这么走运。

69. Eracles, 'L'Estoire de Eracles empereur et la conqueste de la Terre d'Outremer', *RHC Occ.* II (Paris, 1859), pp. 62–5; Ibn al-Athir, vol. 2, p. 321; Imad al-Din, p. 26.

70. Imad al-Din, p. 26; Ibn al-Athir, vol. 2, p. 322.

71. Ibn al-Athir, vol. 2, p. 323; Imad al-Din, p. 26.

72. Ibn al-Athir, vol. 2, pp. 323–4. 这段著名插曲被大量穆斯林、基督徒文献记录，在雷纳德的态度（一些西方文献声称直到最后他依旧桀骜不驯）以及萨拉丁是否亲手杀死了雷纳德上有一些细微的变化。例如，参见：Melville and Lyons, 'Saladin's Hattin Letter', p. 212; Imad al-Din, pp. 27–8; Baha al-Din, pp. 74–5; *La Continuation de Guillaume de Tyr (1184–1197)*, ed. M. R. Morgan (Paris, 1982), pp. 55–6.

73. Imad al-Din, pp. 28–9; Ibn al-Athir, vol. 2, p. 324.

74. Imad al-Din, p. 31. 1178 年，同样可怕的血腥屠杀场面曾为了取悦观众而上演。那一次伊马德丁本人被萨拉丁要求参与一场对基督教战俘的大规模处决，但当他发现分配给他的牺牲品只是个男孩时便转身离开了。Lyons and Jackson, *Saladin*, pp. 131–2. Melville and Lyons, 'Saladin's Hattin Letter', pp. 210, 212; Z. Gal, 'Saladin's Dome of Victory at the Horns of Hattin', *The Horns of Hattin*, ed. B. Z. Kedar (Jerusalem, 1992), pp. 213–15.

75. '*Historia de expeditione Friderici Imperatoris*', *Quellen zur Geschichte der Kreuzzuges Kaiser Friedrichs I*, ed. A. Chroust, *Monumenta Germaniae Historica: Scriptores rerum Germanicarum in usum*

scholarum (Berlin, 1928), pp. 2–4; *La Continuation de Guillaume de Tyr*, pp. 56–8. 阿卡的巨额财富以及宝贵的地产被分配给了萨拉丁的 3 位最著名的副手——阿夫达尔、塔基丁和伊萨——尽管即使是伊马德丁后来也承认，建议苏丹至少为自己的国库保留一部分战利品可能会更好。关于哈丁之后萨拉丁的战略，参见：W. J. Hamblin, 'Saladin and Muslim military theory', *The Horns of Hattin*, ed. B. Z. Kedar (Jerusalem, 1992), pp. 228–38.

76. Ibn al-Athir, vol. 2, p. 328; Runciman, *A History of the Crusades*, vol. 2, p. 471.

77. 这些极具影响力的观点可以在现代学术中觅得踪迹。20 世纪 50 年代，汉密尔顿·吉布写道，耶路撒冷投降的"条件确认了——如果还需要确认的话——［萨拉丁］无比谦逊、慷慨的美名"。（'Saladin', p.586）大约与此同时，斯蒂文·朗西曼（其三卷本十字军史著作常有史实不够准确之处，但仍被广泛阅读）表示，苏丹在与巴利安交涉时特别提到了 1099 年的事件。朗西曼补充说："萨拉丁只要权力得到承认，便准备变得宽宏大度，他希望耶路撒冷尽可能少受劫难。"这位历史学家继续将"人道"的穆斯林与"在受害者血泊中跋涉"的法兰克人做对比。（*A History of the Crusades*, vol. 2, pp. 465–6）1988 年，汉斯·迈尔呼应了这些情绪，他声称耶路撒冷居民"有理由为自己获得了仁慈敌人的怜悯而感到庆幸"（*The Crusades*, pp. 135–6）。卡萝尔·希伦布兰德（Carole Hillenbrand）在她以伊斯兰视角对十字军所作的标志性研究（1999）中，强调了萨拉丁的宽宏大度，认为对穆斯林编年史家而言，"萨拉丁兵不血刃征服耶路撒冷的宣传价值远胜过以牙还牙的诱惑"。（*The Crusades: Islamic Perspectives*, p. 316）

78. Imad al-Din, *Arab Historians of the Crusades*, pp. 156–8. Massé's text claimed at this point (p. 46, n. 2) that Imad al-Din's account was replicated by Abu Shama (even though this is not the case) and, therefore, Massé did not present this part of the text. For this reason the Gabrieli translation has been cited here. Baha al-Din, pp. 77–8; Lyons and Jackson, *Saladin*, pp. 273–6; Richard, *The Crusades,* p. 210.

References to the precedent set by the First Crusade appear only in later sources: Ibn al-Athir, vol. 2, p. 332; *La Continuation de Guillaume de Tyr*, pp. 66–7.

79. 萨拉丁可能在9月初围攻亚实基伦时便试图就耶路撒冷投降展开谈判，但法兰克人拒绝了。*La Continuation de Guillaume de Tyr*, pp. 61–3; Lyons and Jackson, *Saladin*, pp. 271–2.

80. Imad al-Din, *Arab Historians of the Crusades*, p. 158; Ibn al-Athir, vol. 2, pp. 333–4. 耶路撒冷医院也被允许继续开放一年，以免对其患者造成过分的伤害，之后它被改建为了一所伊斯兰律法学院。作为对伊萨游说的回应，萨拉丁同意，倘若"东方"基督徒接受臣民的地位、支付一笔赎金并交纳伊斯兰统治下非穆斯林惯常所交的人头税，便可以留在圣城。

81. Lyons and Jackson, *Saladin*, pp. 275–6.

82. Hillenbrand, *The Crusades: Islamic Perspectives*, pp. 188–92, 286–91, 298–301, 317–19.

83. Ibn al-Athir, vol. 2, p. 335; Hillenbrand, *The Crusades: Islamic Perspectives*, p. 316.

第三部 战士的考验

1. 对现代历史学家而言，第三次十字军东征首度提供了来自拉丁基督徒和穆斯林双方目击者完整、详实的资料。西方人中的亲历者包括安布鲁瓦兹，他是一位追随狮心王理查参加十字军的诺曼教士，随后，于1194至1199年间完成了详述这段远征的古法语史诗《圣战史》，超过1.2万行。安布鲁瓦兹的记载似乎被另一位十字军战士理查·德·唐普洛（Richard de Templo）用来创作其拉丁文十字军史书《朝圣之旅与理查国王事迹》（*Itinerarium Peregrinorum et Gesta*）。萨拉丁宫廷中3名位高权重的官员伊马德丁、巴哈丁、法迪勒所著叙事记录、传记、书信对十字军东征提供了珍贵的穆斯林观点。它们亦能用于和摩苏尔历史学家伊本·阿西尔的证言比对，后者并非萨拉丁阿尤布王朝的拥护者。尽管第一手资料十分丰富，但令人惊讶的是，专门针对第三次十字军东征的权威学术研究却十分匮乏。因此，我将作品的第三部分献给了第三次十字军。关于本次远征的一手资料包括：Baha al-Din, pp. 78–245; Imad al-Din, pp. 63–434; Ibn al-Athir, vol. 2, pp. 335–409; Abu Shama, 'Le Livre des Deux Jardins', *RHC Or*. IV, pp. 341–522, V, pp. 3–101; Ambroise, *The History of the Holy War: Ambroise's Estoire de la Guerre Sainte*, ed. and trans. M. Ailes and M. Barber, 2 vols (Woodbridge, 2003) (all the following references to Ambroise relate to the Old French verse edition in volume I). *Itinerarium Peregrinorum et Gesta Regis Ricardi, Chronicles and Memorials of the Reign of Richard I*, vol. 1, ed. W. Stubbs, Rolls Series 38 (London, 1864). 有关此文本的译文和关于此文本的复杂问题，参见：*Chronicle of the Third Crusade: A Translation of the Itinerarium Peregrinorum et Gesta Regis Ricardi*, trans. H. Nicholson (Aldershot, 1997). *La Continuation de Guillaume de Tyr*, pp. 76–158. 有关此文本及其他一些相关资料的译文，参见：P. W. Edbury (trans.), *The Conquest of Jerusalem and the Third Crusade: Sources in Translation* (Aldershot, 1996). 有关这些资料的进一步解读，参见：C. Hanley, 'Reading the past through the present: Ambroise, the minstrel of Reims and Jordan Fantosme', *Mediaevalia*, vol. 20 (2001), pp. 263–81; M. J. Ailes, 'Heroes of war: Ambroise's heroes of the Third Crusade', *Writing War: Medieval Literary Responses*, ed. F. Le Saux and C. Saunders (Woodbridge, 2004); P. W. Edbury, 'The Lyon *Eracles* and the Old French Continuations of William of Tyre', *Montjoie: Studies in Crusade History in Honour of Hans Eberhard Mayer*, ed. B. Z. Kedar, J. S. C. Riley-Smith and R. Hiestand (Aldershot, 1997), pp. 139–53. 有助于揭示第三次十字军东征的二手文献包括：S. Painter, 'The Third Crusade: Richard the Lionhearted and Philip Augustus', *A History of the Crusades*, vol. 2, ed. K. M. Setton (Madison, 1969), pp. 45–85; Lyons and Jackson, *Saladin*, pp. 279–363; H. Möhring, *Saladin und der dritte Kreuzzug* (Wiesbaden, 1980); J. Gillingham, *Richard I* (New Haven and London, 1999); Tyerman, *God's War*, pp. 375–474.

2. 'Annales Herbipolenses', *Monumenta Germaniae Historica, Scriptores*, ed. G. H. Pertz et al., vol. 16 (Hanover, 1859), p. 3.
3. E. Haverkamp, *Medieval Germany, 1056–1273* (Oxford, 1988); E. Hallam, *Capetian France, 987–1328*, 2nd edn (Harlow, 2001); W. L. Warren, *Henry II* (London, 1973); J. Gillingham, *The Angevin Empire*, 2nd edn (London, 2001).
4. 'Historia de expeditione Friderici Imperatoris', pp. 6–10.《闻讯战栗》的译文见：Riley-Smith, *The Crusades: Idea and Reality,* pp. 63–7.
5. Gerald of Wales, *Journey through Wales*, trans. L. Thorpe (London, 1978), p. 204. 关于第三次十字军东征的布道，参见：C. J. Tyerman, *England and the Crusades* (Chicago, 1988), pp. 59–75; Tyerman, *God's War*, pp. 376–99. 根据穆斯林的证词，欧洲的拉丁传道者还利用图画来展现穆斯林暴行（包括亵渎圣墓），以便激怒听众，促进招募。Baha al-Din, p. 125; Ibn al-Athir, vol. 2, p. 363. 这种观点未得到西方史料佐证。
6. Routledge, 'Songs', p. 99. 其他诗人拓展了这些想法。尤其是那些没有领取十字之人被咒骂为怯战的懦夫。在某些圈子里，通过给未参加十字军东征的人提供纺纱工具"羊毛和纺纱杆"（wool and distaff）来羞辱他们变得司空见惯，暗示他们只适合妇女的工作，这是"弱鸡"（white feather）一词的远祖。
7. *Itinerarium Peregrinorum*, p. 33; Routledge, 'Songs', p. 108.
8. *Itinerarium Peregrinorum,* pp. 143–4.
9. Gillingham, *Richard I*, pp. 1–23. 1786 年，英国历史学家大卫·休谟曾嘲讽理查忽略了英格兰，但批评的浪潮真正始于威廉·斯塔布斯（William Stubbs），1867 年他将狮心王描绘为"不肖的儿子、不称职的丈夫、自私自利的统治者、品行不端的男人"以及"嗜血屠夫"。在法国，勒内·格鲁塞在其 1936 年的著作中赞同这一看法，将理查描述为一位"残暴而不明智的骑士"，而奥斯丁·莱恩·普尔（Austin Lane Poole）在 1955 年的中世纪英国史著作中评论道："他将英格兰视为银行，不断地攫取、透支，以便为他在别处实现雄心勃勃的功绩提供资金。”到了 1974 年，美国学者詹姆斯·布伦戴奇（James Brundage）声称理查“是一台无比高效的杀戮机器……［但］在会议厅中，他是一个彻头彻尾的失败者”，并自信地得出结论，说“他无疑是英格兰史上最糟糕的统治者之一”。在维多利亚时代，沃尔特·司各特这样的作家的小说激起了大众对理查统治的浪漫主义情怀，至少在苛刻的评价外有了不同的声音。19 世纪中期，伦敦的国会外竖起了一尊狮心王的骑马纪念铜像——这是对这位“伟大英国英雄”的致敬，是通过公开募捐建造的。近来其他关于理查一世的学术研究包括：J. L. Nelson (ed.), *Richard Coeur de Lion in History and Myth* (London, 1992); J. Gillingham, ‘Richard I and the Science of War’, *War and Government: Essays in Honour of J.O. Prestwich*, ed. J. Gillingham and J. C. Holt (Woodbridge, 1984), pp. 78–9; R. A. Turner and R. Heiser, *The Reign of Richard the Lionheart: Ruler of the Angevin Empire* (London, 2000); J. Flori, *Richard the Lionheart: Knight and King* (London, 2007). 除了安布鲁瓦兹和《朝圣之旅》提供的证据，关于理查一世的事业及十字军运动的主要一手资料包括：Roger of Howden, *Gesta Regis Henrici II et Ricardi I*, 2 vols, ed. W. Stubbs, Rolls Series 49 (London, 1867); Roger of Howden, *Chronica*, vols 3 and 4, ed. W. Stubbs, Rolls Series 51 (London, 1870). 关于豪登的罗杰（Roger of Howden），参见：J. Gillingham, ‘Roger of Howden on Crusade’, *Medieval Historical Writing in the Christian and Islamic Worlds*, ed. D. O. Morgan (London, 1982). Richard of Devizes, *The Chronicle of Richard of Devizes of the Time of Richard the First*, ed. and trans. J. T. Appleby (London, 1963); William of Newburgh, *Historia Rerum Anglicarum, Chronicles of the Reigns of Stephen, Henry II and Richard I*, vol. 1, ed. R. Howlett, Rolls Series 82 (London, 1884); Ralph of Coggeshall, *Chronicon Anglicanum*, ed. J. Stevenson, Rolls Series 66 (London, 1875); Ralph of Diceto, *Ymagines Historiarum*, *The Historical Works of Master Ralph of Diceto*, vol. 2, ed. W. Stubbs, Rolls Series 68 (London, 1876).

10. *Itinerarium Peregrinorum,* p. 143.
11. Roger of Howden, *Gesta*, vol. 2, pp. 29–30. 关于腓力·奥古斯特，参见：J. Richard, ‘Philippe Auguste, la croisade et le royaume’, *La France de Philippe Auguste: Le temps des mutations*, ed. R.-H. Bautier (Paris, 1982), pp. 411–24; J. W. Baldwin, *The Government of Philip Augustus: Foundations of French Royal Power in the Middle Ages* (Berkeley and London, 1986); J. Bradbury, *Philip Augustus, King of France 1180–1223* (London, 1998); J. Flori, *Philippe Auguste, roi de France* (Paris, 2002).
12. 关于腓特烈·巴巴罗萨，参见：P. Munz, *Frederick Barbarossa: A Study in Medieval Politics* (London, 1969); F. Opll, *Friedrich Barbarossa* (Darmstadt, 1990); E. Eickhoff, *Friedrich Barbarossa im Orient: Kreuzzug und Tod Friedrichs I* (Tübingen, 1977); R. Chazan, ‘Emperor Frederick I, the Third Crusade and the Jews’, *Viator*, vol. 8 (1977), pp. 83–93; Lilie, *Byzantium and the Crusader States*, pp. 230–42; H. E. Mayer, ‘Der Brief Kaiser Friedrichs I an Saladin von Jahre 1188’, *Deutsches Archiv für Erforschung des Mittelalters*, vol. 14 (1958), pp. 488–94; C. M. Brand, ‘The Byzantines and Saladin, 1185–92: Opponents of the Third Crusade’, *Speculum*, vol. 37 (1962), pp. 167–81. 人们一度认为腓特烈在此时联系了萨拉丁，但两封声称是他们的通信副本的拉丁文信件现在被认为是伪造的。然而，巴巴罗萨很可能在 12 世纪 70 年代与萨拉丁建立了某种形式的外交联系。
13. Gerald of Wales, ‘Liber de Principis Instructione’, *Giraldi Cambriensis Opera*, vol. 8, ed. G. F. Warner, Roll Series 21 (London, 1867), p. 296.
14. 什一税对征兵还有着额外的影响，因为所有加入十字军东征的人均可免税；结果，豪登的罗杰评论道：“[安茹王国]所有的富人，无论教士或俗人，都蜂拥而上领取了十字。” Roger of Howden, *Gesta*, vol. 2, pp. 32, 90.
15. Roger of Howden, *Gesta*, vol. 2, pp. 110–11. 关于海上运输问题，参见：J. H. Pryor, *Geography, Technology and War: Studies in the Maritime*

History of the Mediterranean 649–1571 (Cambridge, 1987); J. H. Pryor, 'Transportation of horses by sea during the era of the crusades: eighth century to 1285 A.D., Part I: To c. 1225', *The Mariner's Mirror*, vol. 68 (1982), pp. 9–27, 103–25.

16. Roger of Howden, *Gesta*, vol. 2, pp. 151–5; Gillingham, *Richard I*, pp. 123–39.
17. Lyons and Jackson, *Saladin*, pp. 277, 280–81.
18. Ibn Jubayr, p. 319; D. Jacoby, 'Conrad, Marquis of Montferrat, and the kingdom of Jerusalem (1187–92)', *Dai feudi monferrini e dal Piemonte ai nuovi mondi oltre gli Oceani* (Alessandria, 1993), pp. 187–238.
19. Roger of Howden, *Gesta*, vol. 2, pp. 40–41; Ibn al-Athir, vol. 2, p. 337.
20. Imad al-Din, p. 108. 有关巴哈丁的职业生涯的讨论，请参见唐纳德·理查兹对自己翻译的巴哈丁的《萨拉丁传》的介绍。(Baha al-Din, pp. 1–9) 另见：Richards, 'A consideration of two sources for the life of Saladin', pp. 46–65.
21. Lyons and Jackson, *Saladin*, pp. 296, 307.
22. 安布鲁瓦兹指出（pp.44-5），伴随居伊的有 400 名骑士和 7000 名步兵。《朝圣之旅与理查国王事迹》(p.61) 中的记载则为 700 名骑士，总兵力 9000 人。
23. Ibn Jubayr, p. 318; *Itinerarium Peregrinorum*, pp. 75–6. 关于阿卡围城战及攻城武器，参见：Rogers, *Latin Siege Warfare*, pp. 212–36, 251–73. 关于阿卡的地理，参见：D. Jacoby, 'Crusader Acre in the thirteenth century: Urban layout and topography', *Studia Medievali*, 3rd series, vol. 10 (1979), pp. 1–45; D. Jacoby, 'Montmusard, suburb of crusader Acre: The first stage of its development', *Montjoie: Studies in Crusade History in Honour of Hans Eberhard Mayer*, ed. B. Z. Kedar, J. S. C. Riley-Smith and R. Hiestand (Aldershot, 2000), pp. 205–17.
24. *La Continuation de Guillaume de Tyr*, p. 89; Ambroise, p. 45. Mount Toron was also known as Tell al-Musallabin or Tell al-Fukhkhar.
25. Abu Shama, pp. 412–15; *Itinerarium Peregrinorum*, p. 67.

26. Ambroise, p. 46; *Itinerarium Peregrinorum*, p. 67.
27. Imad al-Din, p. 172; Lyons and Jackson, *Saladin*, pp. 301–2.
28. Baha al-Din, p. 102–3; *Itinerarium Peregrinorum*, pp. 70, 72.
29. Baha al-Din, p. 104; Tyerman, *God's War*, pp. 353–4.
30. *Itinerarium Peregrinorum*, p. 73; Ibn al-Athir, vol. 2, p. 369.
31. Baha al-Din, pp. 107–8; Ambroise, p. 52.
32. Imad al-Din, *Arab Historians of the Crusades*, trans. F. Gabrieli, pp. 204–6; Baha al-Din, pp. 27, 100–101; Ambroise, pp. 55, 58; B. Z. Kedar, 'A Western survey of Saladin's forces at the siege of Acre', *Montjoie: Studies in Crusade History in Honour of Hans Eberhard Mayer*, ed. B.Z. Kedar, J. S. C. Riley-Smith and R. Hiestand (Aldershot, 2000), pp. 113–22.
33. Ambroise, pp. 52, 55; *Itinerarium Peregrinorum*, pp. 80, 82; Baha al-Din, pp. 124, 127.
34. 5 月 4 日，萨拉丁之子阿勒颇的查希尔与哈兰的阔克伯里加入了他；5 月 29 日是辛贾尔领主伊马德丁·赞吉；6 月 13 日是杰奇拉领主桑贾尔·沙阿；6 月 15 日，摩苏尔军在伊兹丁·马苏德之子阿拉丁率领下抵达；6 月末或 7 月初是埃尔比勒（Irbil）的扎因丁（Zayn al-Din）。Baha al-Din, pp. 109–12.
35. Baha al-Din, p. 106. Lyons and Jackson, *Saladin*, pp. 312–13, 316. 萨拉丁将部队派往了曼比季（Manbij）、卡法塔布（Kafartab）、巴贝克、夏萨、阿勒颇与哈马。其中留在阿卡郊外的是查希尔。
36. Baha al-Din, p. 124.
37. Baha al-Din, pp. 110–11; Ibn al-Athir, vol. 2, p. 373; Ambroise, p. 55.
38. Baha al-Din, p. 123; Ambroise, p. 59.
39. La Continuation de Guillaume de Tyr, p. 105; Itinerarium Peregrinorum, p. 74; Ambroise, p. 56.
40. *La Continuation de Guillaume de Tyr*, p. 98; Ibn al-Athir, vol. 2, p. 375.
41. Ambroise, pp. 52, 61–3. 士瓦本的腓特烈损兵折将，他的出现对领导权以及居伊国王的地位造成了困扰。巴哈丁（pp.128-31）认为，在腓特烈抵达后不久，他便利用实验性的军事技术对阿卡发起了新一轮攻势。其中包括中世纪的“坦克”——带有车轮、身披金属装甲板的庞然大物，内部是一台重型铁头攻城锤。不过，拉丁目击者却将它完全归功于法国人，无论如何，一旦“坦克”抵达墙脚，它便在倾泻的石块和希腊火之下迅速分崩离析了。

42. Baha al-Din, pp. 130, 132; Lyons and Jackson, *Saladin*, pp. 318–20. 大约与此同时，强化亚历山大里亚与杜姆亚特防御的工作正在埃及迅速展开，在叙利亚则传达了贮存最近收获的谷物以防入侵的命令。
43. Baha al-Din, pp. 140, 143; Lyons and Jackson, *Saladin*, pp. 323–4; *Itinerarium Peregrinorum*, pp. 127, 129–30; Ambroise, pp. 68–71, 73.
44. Baha al-Din, pp. 141–2; Lyons and Jackson, *Saladin*, pp. 323–5.
45. Ambroise, p. 38; Baha al-Din, p. 150.
46. *Itinerarium Peregrinorum,* pp. 204–5; P. W. Edbury, *The Kingdom of Cyprus and the Crusades, 1191–1374* (Cambridge, 1991), pp. 1–12.
47. Baha al-Din, pp. 145, 149–50; *La Continuation de Guillaume de Tyr*, pp. 109, 111.
48. Baha al-Din, p. 146; R. Heiser, ‘The Royal *Familiares* of King Richard I’, *Medieval Prosopography*, vol. 10 (1989), pp. 25–50.
49. *Itinerarium Peregrinorum*, pp. 206, 211; Baha al-Din, p. 155.
50. Baha al-Din, pp. 153, 156, 159.
51. *Itinerarium Peregrinorum*, p. 211; Ambroise, p. 74.
52. *Codice Diplomatico della repubblica di Genova*, ed. C. Imperiale di Sant’ Angelo, 3 vols (Genoa, 1936–42), ii, n. 198, pp. 378–80; J. S. C. Riley-Smith, *The Feudal Nobility and the Kingdom of Jerusalem 1174–1277* (London, 1973), pp. 112–17.
53. *Itinerarium Peregrinorum*, pp. 218–19. 这些攻城武器的确切细节——它们的起源和具体设计——尚不清楚，因为同时代资料令人沮丧地含混不清。可能其中一些投石机使用了配重技术（牵引动力装置是既定的配置）。这些技术、材料可能是从欧洲带来的，抑或俘虏的技师也贡献了力量。腓力独自进攻的日期尚存疑问，可能在 6 月 17 日至

7月1日间的任意一天。勃艮第的于格、圣殿骑士团、医院骑士团似乎都配备了自己的投石机。理查似乎确实在阿卡建造了一座攻城塔，以“皮革、绳索、木头”防护，不过它在攻击中仿佛没有扮演主要角色。

54. Baha al-Din, pp. 155–7.
55. Baha al-Din, pp. 156–7; *Itinerarium Peregrinorum*, pp. 223–4.
56. Ambroise, p. 80; *Itinerarium Peregrinorum*, p. 225.
57. Ambroise, pp. 82, 84; Baha al-Din, p. 161; *La Continuation de Guillaume de Tyr*, p. 125.
58. Baha al-Din, p. 161; Imad al-Din, p. 318; *Itinerarium Peregrinorum*, p. 233; Ambroise, p. 84.
59. *Itinerarium Peregrinorum*, pp. 233–4.
60. Baha al-Din, p. 162; Lyons and Jackson, *Saladin*, p. 331; Gillingham, *Richard I*, p. 162; Pryor, *Geography, Technology and War*, pp. 125–30.
61. Ambroise, p. 85; Rigord, 'Gesta Philippi Augusti', *Oeuvres de Rigord et de Guillaume le Breton*, ed. H. F. Delaborde, vol. 1 (Paris, 1882), pp. 116–17; Howden, *Gesta*, vol. 2, pp. 181–3; Gillingham, *Richard I*, p. 166.
62. 'Epistolae Cantuarienses', *Chronicles and Memorials of the Reign of Richard I*, ed. W. Stubbs, vol. 2, Rolls Series 88 (London, 1865), p. 347.
63. Baha al-Din, pp. 164–5; Imad al-Din, p. 330; Ibn al-Athir, vol. 2, p. 390; Lyons and Jackson, *Saladin*, pp. 331–3.
64. Howden, *Chronica*, vol. 3, pp. 127, 130–31; Howden, *Gesta*, vol. 2, pp. 187, 189; Ambroise, pp. 87–9; *Itinerarium Peregrinorum*, pp. 240–43; *La Continuation de Guillaume de Tyr*, pp. 127–9; 'Historia de expeditione Friderici Imperatoris', p. 99; R. Grousset, *Histoire des Croisades*, 3 vols (Paris, 1936), vol. 3, pp. 61–2; Gillingham, *Richard I*, pp. 166–71.
65. 理查还有一个显著的优势，就是与两大骑士团领袖保持着密切的关系。罗贝尔·德·萨布莱在1191年填补了圣殿骑士团大团长空缺，他曾是狮心王来自萨尔特河谷的重要封臣之一，在前往黎凡特的征程中是5位舰队指挥官中的一员。加尼耶·德·纳布卢斯在1189年末或1190年初被选举为医院骑士团大团长，他曾是前英格兰区修道长（Prior）以及法国区大司令官。他与理查的军队一起来到了近东。

66. Smail, *Crusading Warfare*, p. 163; Gillingham, *Richard I*, p. 174; J. F. Verbruggen, *The Art of Warfare in Western Europe during the Middle Ages* (Woodbridge, 1997), pp. 232–9; Ambroise, pp. 91–2.
67. Ambroise, p. 92.
68. Baha al-Din, p. 170; Ambroise, p. 93.
69. Ambroise, p. 94; Baha al-Din, p. 170.
70. Ambroise, p. 96; *Itinerarium Peregrinorum*, pp. 253, 258–9; Baha al-Din, p. 171.
71. Ambroise, p. 97; Baha al-Din, pp. 171–2.
72. Baha al-Din, pp. 172–3; Ambroise, p. 98; Lyons and Jackson, *Saladin*, p. 336.
73. Ambroise, pp. 99–107; *Itinerarium Peregrinorum*, pp. 260–80; Howden, *Chronica*, vol. 3, pp. 130–33; Baha al-Din, pp. 174–6; Imad al-Din, p. 344.
74. Ambroise, pp. 100–101, 103.
75. *Itinerarium Peregrinorum*, p. 264; Howden, *Chronica*, vol. 3, p. 131; Baha al-Din, p. 175.
76. *Itinerarium Peregrinorum*, pp. 268–9; Ambroise, p. 104.
77. *Itinerarium Peregrinorum*, p. 270; Howden, *Chronica*, vol. 3, pp. 129–31. 同一天，理查写了另一封信（这次笼统地写给他的国民），信中对此战役甚至更言之寥寥，仅仅讲到“当我们接近阿尔苏夫时，萨拉丁突然向我们扑来”。
78. *Itinerarium Peregrinorum*, pp. 274–7; Ambroise, pp. 107–9. 理查一世将阿韦讷的雅克描述为“最优秀的人，他的优点使他受到全军的喜爱”、十字军东征的“支柱”（Howden, *Chronica*, vol. 3, pp. 129–31）。安布鲁瓦兹回忆雅克之死时写道：“有些人见死不救，引发了诸多议论；他们说这是法国的一位贵族德勒伯爵及其部下。我听闻了太多对此的诟病，历史无从否认。”可惜，对于德勒的罗贝尔为何未援救雅克并未得到进一步说明。

79. Flori, *Richard the Lionheart*, pp. 137–8. 许多历史学家表达了类似观点，指出理查在阿尔苏夫积极求战。他们包括：吉林厄姆（*Richard I*, pp. 173–8）承认，他关于阿尔苏夫的叙述是基于安布鲁瓦兹的证言，将该战役形容为“理查声望的巅峰”，并称国王对会战的处理可谓“高超”；韦布吕让（*The Art of Warfare*, p. 232）将阿尔苏夫形容为“基督徒在近东最后一场大胜”；斯蒂文·朗西曼 (‘The kingdom of Acre and the later crusades’, *A History of the Crusades*, vol. 3 (Cambridge,1954), p. 57) 则为狮心王“卓越的将才”喝彩。泰尔曼（*God's War*, pp. 458–9）淡化了战斗的重要性，但依然坚持认为理查想要与萨拉丁交战并发动了重骑兵冲锋。其他人，像 J. P. 菲利普斯 (*The Crusades 1095–1197* (London, 2002), pp. 146, 151) 称赞理查“杰出的将才”，但忽略了国王是否有意求战的问题。斯梅尔（*Crusading Warfare*, p. 163）的确将阿尔苏夫描绘为战斗行军中的自然事件，但依旧认为理查计划了十字军的冲锋（pp. 128–9）。
80. Baha al-Din, pp. 175–7; Lyons and Jackson, *Saladin*, pp. 338–9.
81. Baha al-Din, p. 178; Lyons and Jackson, *Saladin*, pp. 338–42.
82. *Itinerarium Peregrinorum*, p. 284; Ambroise, p. 114. 毫无疑问，从那个秋天以来，理查一直酝酿着一场埃及战役，正如他在 1191 年 10 月写给热那亚人的信函中所说，计划“为了圣地的利益”在来年夏天“挥师突入埃及”。*Codice Diplomatico della repubblica di Genova*, vol. 3, pp. 19–21. 理查展现了娴熟的外交技巧，在设法赢取热那亚人支持的同时，依然维系了之前的盟友比萨人的支持。Favreau-Lilie, *Die Italiener im Heiligen Land*, pp. 288–93.
83. *Itinerarium Peregrinorum*, p. 293; Ambroise, pp. 118–19; Gillingham, ‘Richard I and the Science of War’, pp. 89–90; D. Pringle, ‘Templar castles between Jaffa and Jerusalem’, *The Military Orders*, vol. 2, ed. H. Nicholson (Aldershot, 1998), pp. 89–109.

84. Baha al-Din, p. 179.

85. Baha al-Din, pp. 185–8; Imad al-Din, pp. 349–51. Gillingham, *Richard I*, pp. 183–5; Lyons and Jackson, *Saladin*, pp. 342–3. 古法语的《提尔的威廉续篇》(*La Continuation de Guillaume de Tyr*, 151 页)提到了让阿迪勒和琼联姻的倡议,但是其文本(亦称 Lyon Eracles)来自 13 世纪中期。琼拒绝的原因尚不清楚。巴哈丁记载说,当理查最终告诉她自己的计划时,她勃然大怒。然而,伊马德丁认为她原本同意联姻,但在拉丁教士逼迫下不得不拒绝。

86. Baha al-Din, pp. 193–5; Imad al-Din, pp. 353–4; Ibn al-Athir, vol. 2, p. 392; *Itinerarium Peregrinorum*, p. 296; Ambroise, p. 120. 伊马德丁将理查的做法视为表里不一。与此同时,巴哈丁声称理查的真正“目的是破坏和谈”。他记录了一场私下谈话,苏丹强调和平并未终结伊斯兰世界面临的危险。萨拉丁预见到自己死后穆斯林团结的瓦解以及法兰克势力的复兴,据说他表示:“我们最佳的路线是继续发动吉哈德直至将他们逐出海岸,不成功则成仁。”巴哈丁总结道:“这是他本人的看法,他是被迫求和的,这违背了他的意愿。”然而,这很可能是用来维持萨拉丁作为不败的圣战者的形象的宣传手法。

87. Baha al-Din, pp. 194–6.

88. Ambroise, pp. 123–4; *Itinerarium Peregrinorum*, p. 304.

89. *Itinerarium Peregrinorum*, p. 305; Ambroise, p. 126; Mayer, *The Crusades*, p. 148; Gillingham, *Richard I*, p. 191; Phillips, *The Crusades*, p. 151.

90. Ambroise, p. 126; Ibn al-Athir, vol. 2, p. 394.

91. *Itinerarium Peregrinorum*, p. 323; D. Pringle, ‘King Richard I and the walls of Ascalon’, *Palestine Exploration Quarterly*, vol. 116 (1984), pp. 133–47.

92. Baha al-Din, p. 200.

93. *La Continuation de Guillaume de Tyr*, p. 141. 理查自然竭力洗清自己所受的责难和怀疑,他的罪行在欧洲宫廷里广为流传。最终他的支持者们想到了一个为狮心王开脱的方法——炮制了一封 1195 年据说来自山中老人锡南本人的信件（不过几乎肯定是伪造的），信中说阿萨辛之所以采取行动，是因为对侯爵的宿怨。

94. *Itinerarium Peregrinorum*, p. 359; Ambroise, p. 153.

95. Baha al-Din, pp. 199–202; Lyons and Jackson, *Saladin*, pp. 346–8.

96. Ambroise, p. 153.

97. *Itinerarium Peregrinorum*, p. 390; Baha al-Din, pp. 208–9.

98. Baha al-Din, pp. 209–12.

99. Ambroise, pp. 163–5; *Itinerarium Peregrinorum*, pp. 379–82.

100. *Itinerarium Peregrinorum*, p. 393; Ambroise, p. 172. 许多同时代拉丁基督徒对第二次撤退感到沮丧。像安布鲁瓦兹这样的见证者明确承认理查国王阻止了围攻耶路撒冷的尝试。不过，回到西方，其他编年史家提供了事件的不同版本，为狮心王所受的责备进行辩解。豪登的罗杰（*Chronica*, vol. 3, p. 183) 记载理查曾决心夺取圣城，但受到法国人的掣肘，后者因法王命令他们返回欧洲而不愿参与其中。同时，科吉舍尔的拉尔夫（Ralph of Coggeshall,pp. 38–40）确认，理查正准备率军前往耶路撒冷时，勃艮第的于格、圣殿骑士以及法国人拒绝作战，他们担心腓力·奥古斯特会因自己帮助安茹国王夺取圣城而发怒。拉尔夫补充说，后来人们发现于格可耻地与萨拉丁秘密结盟。讽刺的是，法国人阻挠狮心王征服耶路撒冷的观念到了 13 世纪中期已变得深入人心。Gillingham, *Richard I*, pp. 208–10; Lyons and Jackson, *Saladin*, pp. 353–4. M. 马尔科沃斯基 ('Richard the Lionheart: Bad king, bad crusader', *Journal of Medieval History*, vol. 23 (1997), pp. 351–65) 批评理查在第三次十字军东征期间的行为，称他是“失败的十字军领袖”，但完全基于不同的理由，即“任何十字军领袖都应该做军队期望他做的事情”，对耶路撒冷发动攻击，无论这在军事上是否可行。

101. *Itinerarium Peregrinorum*, p. 422; Baha al-Din, pp. 223, 225–6. 狮心王新盟友中最有影响力的人有：从 1169 年起为萨拉丁效力的库尔德族埃米尔马什图卜，他在 1191 年指挥阿卡守军，最近（可能是蓄意地）被理查释放；还有萨拉丁的另一位战地指挥官巴德尔。在 1192 年夏天，两人均为谈判穿针引线。

102. Baha al-Din, p. 231; Imad al-Din, pp. 388–91. 关于该协议的后果，参见：J. H. Niermann, 'Levantine peace following the Third Crusade: a new dimension in Frankish-Muslim relations', *Muslim World*, vol. 65 (1975), pp. 107–18.

103. Baha al-Din, pp. 235, 239, 243.

104. Hillenbrand, *The Crusades: Islamic Perspectives*, p. 195; Ibn al-Athir, vol. 2, pp. 408–9. See also: Lyons and Jackson, *Saladin*, pp. 361–74; Möhring, *Saladin: The Sultan and his Times*, pp. 88–104.

105. 关于理查晚期的生涯，参见：Gillingham, *Richard I*, pp. 222–348. 关于理查的传说，参见：B. B. Broughton, *The Legends of King Richard I* (*The Hague*, 1966).

第四部 为生存而战

1. Morris, *Papal Monarchy,* pp. 358–86, 452–62, 478–89; B. Z. Kedar, *Crusade and Mission. European Approaches towards the Muslims* (Princeton, 1984); R. I. Moore, *The Formation of a Persecuting Society. Power and Deviance in Western Europe, 950–1250,* 2nd edn (Oxford, 2007); M. D. Lambert, *Medieval Heresy: Popular Movements from the Gregorian Reform to the Reformation,* 3rd edn (Oxford, 2002); C. H. Lawrence, *The Friars: The Impact of the Early Mendicant Movement on Western Society* (London, 1994).

2. H. Roscher, *Innocenz III und die Kreuzzüge* (Göttingen, 1969); H. Tillman, *Pope Innocent III* (Amsterdam, 1980); J. Sayers, *Innocent III: Leader of Europe* (London, 1994); B. Bolton, *Innocent III: Studies on Papal Authority and Pastoral Care* (Aldershot, 1995); J. C. Moore, *Pope Innocent III: To Root Up and to Plant* (Leiden, 2003); J. M. Powell (ed.), *Pope Innocent III: Vicar of Christ or Lord of the World?* (Washington, DC, 1994); Morris, *Papal Monarchy*, pp. 417–51. 亨利六世还没来得及参加计划成熟的十字军东征就去世了。尽管如

此，一些德意志十字军战士确实在 1197—1198 年间在近东作战。C. Naumann, *Die Kreuzzug Kaiser Heinrichs VI* (Frankfurt, 1994).

3. Innocent III, *Die Register Innocenz' III*, ed. O. Hageneder and A. Haidaicher, vol. 1 (Graz, 1964), p. 503.
4. M. Angold, 'The road to 1204: the Byzantine background to the Fourth Crusade', *Journal of Medieval History*, vol. 25 (1999), pp. 257–68; M. Angold, *The Fourth Crusade: Event and Context* (Harlow, 2003); C. M. Brand, 'The Fourth Crusade: Some recent interpretations', *Mediaevalia et Humanistica*, vol. 12 (1984), pp. 33–45. Harris, *Byzantium and the Crusades*, pp. 145–62; J. Pryor, 'The Venetian fleet for the Fourth Crusade and the diversion of the crusade to Constantinople', *The Experience of Crusading: Western Approaches*, ed. M. Bull and N. Housley (Cambridge, 2003), pp. 103–23; D. Queller and T. F. Madden, *The Fourth Crusade: The Conquest of Constantinople, 1201–1204*, 2nd edn (Philadelphia, 1997).
5. J. R. Strayer, *The Albigensian Crusades* (Ann Arbor, 1992); M. D. Costen, *The Cathars and the Albigensian* Crusade (Manchester, 1997); M. Barber, *The Cathars: Dualist Heretics in Languedoc in the High Middle Ages* (London, 2000); G. Dickson, *The Children's Crusade: Medieval History, Modern Mythistory* (Basingstoke, 2008).
6. J. M. Powell, *Anatomy of a Crusade 1213–1221* (Philadelphia, 1986), pp. 1–50.
7. James of Vitry, *Lettres*, ed. R. B. C. Huygens (Leiden, 1960), pp. 73–4, 82; James of Vitry, '*Historia Orientalis*', *Libri duo quorum prior Orientalis…inscribitur*, ed. F. Moschus (Farnborough, 1971), pp. 1–258; James of Vitry, *Historia Occidentalis*, ed. J. Hinnebusch (Freiburg, 1972); C. Maier, *Crusade Propaganda and Ideology: Model Sermons for the Preaching of the Cross* (Cambridge, 2000).
8. 关于 13 世纪上半叶十字军诸国，参见: Mayer, *The Crusades*, pp. 239–59; J. S. C. Riley-Smith, *The Feudal Nobility and the Kingdom of*

Jerusalem, 1174–1277 (London, 1973); P. W. Edbury, *John of Ibelin and the Kingdom of Jerusalem* (Woodbridge, 1997); Cahen, *La Syrie du Nord*, pp. 579–652.

9. 关于萨拉丁去世后的阿尤布世界，参见：Holt, *The Age of the Crusades*, pp. 60–66; Hillenbrand, *The Crusades: Islamic Perspectives*, pp. 195–225; R. S. Humphreys, *From Saladin to the Mongols: The Ayyubids of Damascus 1193–1260* (Albany, 1977); R. S. Humphreys, 'Ayyubids, Mamluks and the Latin East in the thirteenth century', *Mamluk Studies Review*, vol. 2 (1998), pp. 1–18; E. Sivan, 'Notes sur la situation des Chrétiens à l'époque Ayyubide', *Revue de l'Histoire des Religions*, vol. 172 (1967), pp. 117–30; A.-M. Eddé, *La principauté ayyoubide d'Alep (579/1183–658/1260)* (Stuttgart, 1999).

10. 笼统来说，三大骑士团成员可分为 3 类：骑士有望拥有 3 至 4 匹马；军士的装备则略逊于骑士；还有"修士兄弟"，他们是被授予圣职的神职人员，不参加战斗，负责照看骑士兄弟的精神福祉。通常还有可能临时加入骑士团一段时间，例如一年。A. Forey, 'The Military Orders, 1120–1312', *The Oxford Illustrated History of the Crusades*, ed. J. S. C. Riley-Smith (Oxford, 1995), pp. 184–216; J. Upton-Ward (trans.), *The Rule of the Templars* (Woodbridge, 1992).

11. P. Deschamps, 'Le Crac des Chevaliers', *Les Châteaux des Croisés en Terre Sainte*, vol. 1 (Paris, 1934); Kennedy, *Crusader Castles*, pp. 98–179; C. Marshall, *Warfare in the Latin East, 1192–1291* (Cambridge, 1992).

12. James of Vitry, *Lettres*, pp. 87–8; D. Jacoby, 'Aspects of everyday life in Frankish Acre', *Crusades*, vol. 4 (2005), pp. 73–105; D. Abulafia, 'The role of trade in Muslim–Christian contact during the Middle Ages', *Arab Influence in Medieval Europe*, ed. D. A. Agius and R. Hitchcock (Reading, 1994), pp. 1–24; D. Abulafia, 'Trade and crusade, 1050–1250', *Cross-cultural Convergences in the Crusader Period*, ed. M. Goodich, S. Menache and S. Schein (New York, 1995), pp. 1–20.

13. D. Abulafia, *Frederick II: A Medieval Emperor* (London, 1988); W. Stürner, *Friedrich II*, 2 vols (Darmstadt, 1994–2000).
14. James of Vitry, *Lettres*, p. 102. 关于第五次十字军东征，参见：Powell, *Anatomy of a Crusade*, pp. 51–204; J. Donavan, *Pelagius and the Fifth Crusade* (Philadelphia, 1950); T. C. Van Cleve, 'The Fifth Crusade', *A History of the Crusades*, vol. 2, ed. K. M. Setton (Madison, 1969), pp. 377–428.
15. Oliver of Paderborn, 'The Capture of Damietta', *Christian Society and the Crusades 1198–1229*, ed. E. Peters, trans. J. J. Gavigan (Philadelphia, 1971), pp. 65, 70, 88.
16. Mayer, *The Crusades*, p. 223; Oliver of Paderborn, p. 72; James of Vitry, *Lettres*, p. 116.
17. James of Vitry, *Lettres*, p. 118.
18. Oliver of Paderborn, p. 88.
19. J. M. Powell, 'San Francesco d'Assisi e la Quinta Crociata: Una Missione di Pace', *Schede Medievali*, vol. 4 (1983), pp. 69–77; Powell, *Anatomy of a Crusade*, pp. 178–9.
20. Powell, *Anatomy of a Crusade*, pp. 195–204.
21. Abulafia, *Frederick II*, pp. 251–89; F. Gabrieli, 'Frederick II and Muslim culture', *East and West* (1958), pp. 53–61; J. M. Powell, 'Frederick II and the Muslims: The Makings of a Historiographical Tradition', *Iberia and the Mediterranean World of the Middle Ages*, ed. L. J. Simon (Leiden, 1995), pp. 261–9.
22. Abulafia, *Frederick II*, pp. 148–201; T. C. Van Cleve, 'The Crusade of Frederick II', *A History of the Crusades*, vol. 2, ed. K. M. Setton (Madison, 1969), pp. 429–62; R. Hiestand, 'Friedrich II. und der Kreuzzug', *Friedrich II: Tagung des Deutschen Historischen Instituts in Rom im Gedenkjahr 1994*, ed. A. Esch and N. Kamp (Tübingen, 1996), pp. 128–49; L. Ross, 'Frederick II: Tyrant or benefactor of the Latin East?', *Al-Masaq*, vol. 15 (2003), pp. 149–59.

23. H. Kluger, *Hochmeister Hermann von Salza und Kaiser Friedrich II* (Marburg, 1987).
24. 西卜特·伊本·贾乌兹（Sibt ibn al-Jauzi,pp. 273–5）描述了这番痛心疾首："失去耶路撒冷的消息传至大马士革，灾难冲击了伊斯兰大地。面对如此悲剧，人们举办了公众悼念仪式。" Roger of Wendover, *Flores Historiarum*, ed. H. G. Hewlett, 3 vols, Rolls Series 84 (London, 1887), vol. 2, p. 368.
25. Matthew Paris, *Chronica Majora*, ed. H. R. Luard, 7 vols, Rolls Series 57 (London, 1872–83), vol. 3, pp. 179–80. 关于这封信的真实性，参见：J. M. Powell, 'Patriarch Gerold and Frederick II: The Matthew Paris letter', *Journal of Medieval History*, vol. 25 (1999), pp. 19–26. Philip of Novara, *Mémoires*, ed. C. Kohler (Paris, 1913), p. 25; B. Weiler, 'Frederick II, Gregory IX and the liberation of the Holy Land, 1230–9', *Studies in Church History*, vol. 36 (2000), pp. 192–206.
26. 霍亨斯陶芬王朝诸王的头衔在形式上仍然得到承认，直至 1268 年。M. Lower, *The Barons' Crusade: A Call to Arms and its Consequences* (Philadelphia, 2005); P. Jackson, 'The crusades of 1239–41 and their aftermath', *Bulletin of the School of Oriental and African Studies*, vol. 50 (1987), pp. 32–60.
27. Rothelin Continuation, 'Continuation de Guillaume de Tyr de 1229 à 1261, dite du manuscrit de Rothelin', *RHC Occ.* II, pp. 563–4. 该文本有译文：J. Shirley (trans.), *Crusader Syria in the Thirteenth Century* (Aldershot, 1999), pp. 13–120.
28. Rothelin Continuation, p. 565.
29. Matthew Paris, *Chronica Majora*, vol. 4, p. 397. 关于路易九世的生涯和十字军运动，参见：J. Richard, *Saint Louis: Crusader King of France*, trans. J. Birrell (Cambridge, 1992); W. C. Jordan, *Louis IX and the Challenge of the Crusade: A Study in Rulership* (Princeton, 1979); J. Strayer, 'The Crusades of Louis IX', *A History of the Crusades*, vol. 2, ed. K. M. Setton (Madison, 1969), pp. 487–518; C. Cahen, 'St Louis et

l'Islam', *Journal Asiatique*, vol. 258 (1970), pp. 3–12. On Louis' piety see: E. R. Labande, 'Saint Louis pèlerin', *Revue d'Histoire de l'Église de France*, vol. 57 (1971), pp. 5–18.

30. John of Joinville, *Vie de Saint Louis*, ed. J. Monfrin (Paris, 1995). 该文本有译文：C. Smith (trans.), *Chronicles of the Crusades: Joinville and Villehardouin* (London, 2008). 同样可参见：C. Smith, *Crusading in the Age of Joinville* (Aldershot, 2006). 一部非常丰富的西方和阿拉伯文原始文献译文文集可见：P. Jackson (trans.), *The Seventh Crusade, 1244–1254: Sources and Documents* (Aldershot, 2007). 同样可见：A.-M. Eddé, 'Saint Louis et la Septième Croisade vus par les auteurs arabes' *Croisades et idée de croisade à la fin du Moyen Âge, Cahiers de Recherches Médiévales (XIIIe–XVes)*, vol. 1 (1996), pp. 65–92.

31. Jordan, *Louis IX and the Challenge of the Crusade,* pp. 65–104.

32. John of Joinville, p. 62; J. H. Pryor, 'The transportation of horses by sea during the era of the Crusades', *Commerce, Shipping and Naval Warfare in the Medieval Mediterranean*, ed. J. H. Pryor (London, 1987), pp. 9–27, 103–25.

33. John of Joinville, p. 72.

34. John of Joinville, pp. 72–6.

35. Matthew Paris, *Chronica Majora*, vol. 6, *Additamenta*, p. 158; Rothelin Continuation, p. 590; John of Joinville, p. 78; P. Riant (ed.), 'Six lettres aux croisades', *Archives de l'Orient Latin*, vol. 1 (1881), p. 389.

36. Humphreys, *From Saladin to the Mongols,* pp. 239–307.

37. Nizam al-Mulk, *The Book of Government or Rules for Kings*, trans. H. Darke (London, 1960), p. 121; Ibn Wasil, *The Seventh Crusade*, trans. P. Jackson, p. 134; D. Ayalon, 'Le régiment Bahriyya dans l'armée mamelouke', *Revue des Études Islamiques*, vol. 19 (1951), pp. 133–41; R.S. Humphreys, 'The emergence of the Mamluk army', *Studia Islamica*, vol. 45 (1977), pp. 67–99.

38. John of Joinville, p. 90; Ibn Wasil, *The Seventh Crusade*, trans. P.

Jackson (Aldershot, 2007), p. 141.

39. Rothelin Continuation, p. 596; Ibn Wasil, *The Seventh Crusade*, pp. 133–40; *Historiae Francorum Scriptores ad Ipsius Gentis Origine*, ed. A. du Chesne, vol. 5 (Paris, 1649), p. 428.
40. Rothelin Continuation, p. 600; Matthew Paris, *Chronica Majora*, vol. 6, *Additamenta*, p. 195; John of Joinville, pp. 100–102.
41. Rothelin Continuation, p. 602.
42. Rothelin Continuation, pp. 603–4.
43. Rothelin Continuation, pp. 604–5; Ibn Wasil, *The Seventh Crusade*, p. 144.
44. Rothelin Continuation, p. 606; John of Joinville, pp. 110, 116.
45. Rothelin Continuation, p. 608; John of Joinville, pp. 142–4.
46. John of Joinville, pp. 144, 150; Rothelin Continuation, p. 609.
47. Rothelin Continuation, p. 610. 也许，在这些晦暗的日子里，路易九世国王超越了理性的决断，转而求助上帝赐予奇迹。在十字军东征的背景下，这样的情形绝非不可想象。但考虑到路易在神助与实践人的职责之间寻求均衡的观点，他不太可能仅仅依赖神力的介入。
48. Sibt ibn al-Jauzi, *The Seventh Crusade*, trans. P. Jackson (Aldershot, 2007), p. 159; John of Joinville, p. 150.
49. Matthew Paris, *Chronica Majora*, vol. 6, *Additamenta*, p. 195; John of Joinville, pp. 156–8.
50. Sibt ibn al-Jauzi, *The Seventh Crusade*, p. 160; John of Joinville, p. 166.
51. *Historiae Francorum Scriptores ad Ipsius Gentis Origine,* p. 429.

第五部　东方的胜利

1. D. Ayalon, *Le phénomène mamelouk dans l'orient Islamique* (Paris, 1996); R. Amitai-Preiss, *Mongols and Mamluks: The Mamluk–Ilkanid War, 1260–1281* (Cambridge, 1995). 巴拜尔生涯的经典研究著作是 P. Thorau, *The Lion of Egypt: Sultan Baybars I and the Near East in the Thirteenth Century*, trans. P. M. Holt (London, 1992). 同样可参见：A. A.

Khowaiter, *Baybars the First* (London, 1978). 有关伊本・阿卜杜・查希尔的拜巴尔传记摘录的译文，参见：S. F. Sadaque, *The Slave King: Baybars I of Egypt* (Dacca, 1956). D. P. Little, *An Introduction to Mamluk Historiography* (Montreal, 1970); P. M. Holt, 'Three biographies of al-Zahir Baybars', *Medieval Historical Writing in the Christian Worlds*, ed. D. Morgan (London, 1982), pp. 19–29; P. M. Holt, 'Some observations on Shafi' b. ibn 'Ali's biography of Baybars', *Journal of Semitic Studies*, vol. 29 (1984), pp. 123–30; Y. Koch, 'Izz al-Din ibn Shaddad and his biography of Baybars', *Annali dell'Istituto Universitario Orientale*, vol. 43 (1983), pp. 249–87.

2. D. Morgan, *The Mongols*, 2nd edn (Oxford, 2007); J.-P. Roux, *Genghis Khan and the Mongol Empire* (London, 2003); P. Jackson, *The Mongols and the West, 1221–1410* (Harlow, 2005); J. Richard, *La papauté et les missions d'Orient au Moyen Âge* (Rome, 1977); J. D. Ryan, 'Christian wives of Mongol khans: Tartar queens and missionary expectations in Asia', *Journal of the Royal Asiatic Society*, 3rd series, vol. 8.3 (1998), pp. 411–21; P. Jackson, 'Medieval Christendom's encounter with the alien', *Historical Research*, vol. 74 (2001), pp. 347–69.
3. D. Morgan, 'The Mongols in Syria, 1260–1300', *Crusade and Settlement*, ed. P. W. Edbury (Cardiff, 1985), pp. 231–5.
4. P. Jackson, 'The crisis in the Holy Land in 1260', *English Historical Review*, vol. 95 (1980), pp. 481–513; Amitai-Preiss, *Mongols and Mamluks*, pp. 26–48; J. M. Smith, 'Ayn Jalut: Mamluk success or Mongol failure', *Harvard Journal of Asiatic Studies*, vol. 44 (1984), pp. 307–47; P. Thorau, 'The battle of Ayn Jalut: A re-examination', *Crusade and Settlement*, ed. P. W. Edbury (Cardiff, 1985), pp. 236–41.
5. Thorau, *The Lion of Egypt*, pp. 75–88.
6. Thorau, *The Lion of Egypt*, pp. 91–119.
7. Hillenbrand, *The Crusades: Islamic Perspectives*, pp. 225–46; D. P. Little, 'Jerusalem under the Ayyubids and Mamluks 1197–1516 AD',

Jerusalem in History, ed. K. J. Asali (London, 1989), pp. 177–200.

8. Thorau, *The Lion of Egypt*, pp. 103–5.
9. P. M. Holt, 'The treaties of the early Mamluk sultans with the Frankish states', *Bulletin of the School of Oriental and African Studies*, vol. 43 (1980), pp. 67–76; P. M. Holt, 'Mamluk–Frankish diplomatic relations in the reign of Baybars', *Nottingham Medieval Studies*, vol. 32 (1988), pp. 180–95; P. M. Holt, *Early Mamluk Diplomacy* (Leiden, 1995).
10. D. Ayalon, 'Aspects of the Mamluk phenomenon: Ayyubids, Kurds and Turks', *Der Islam*, vol. 54 (1977), pp. 1–32; D. Ayalon, 'Notes on Furusiyya exercises and games in the Mamluk sultanate', *Scripta Hierosolymitana*, vol. 9 (1961), pp. 31–62; H. Rabie, 'The training of the Mamluk Faris', *War, Technology and Society in the Middle East*, ed. V.J. Parry and M. E. Yapp (London, 1975), pp. 153–63.
11. 苏丹还试图发展象兵部队，但失败了。他还努力打造了一支马穆鲁克舰队——伊斯兰势力自从第三次十字军东征以来便几乎很少或根本没在地中海上出现过——但拜巴尔的船只似乎设计得相对较差，大多数在后来攻击塞浦路斯的尝试中沉没。
12. Thorau, *The Lion of Egypt,* p. 168.
13. 'Les Gestes des Chiprois', *Recueil des historiens des croisades, Documents arméniens*, vol. 2, ed. Académie des Inscriptions et Belles-Lettres (Paris, 1906), p. 766. 该文本的译文见：P. Crawford (trans.), *The 'Templar of Tyre': Part III of the 'Deeds of the Cypriots'* (Aldershot, 2003).
14. Ibn 'Abd al-Zahir, *Arab Historians of the Crusades*, trans. F. Gabrieli (London, 1969), pp. 310–12.
15. William of Saint-Parthus, *Vie de St Louis*, ed. H.-F. Delaborde (Paris, 1899), pp. 153–5.
16. Ibn al-Furat, *Arab Historians of the Crusades*, trans. F. Gabrieli (London, 1969), p. 319.
17. S. Lloyd, 'The Lord Edward's Crusade, 1270–72', *War and Govern-*

ment: Essays in Honour of J. O. Prestwich, ed. J. Gillingham and J. C. Holt (Woodbridge, 1984), pp. 120–33; Tyerman, *England and the Crusades*, pp. 124–32.

18. Thorau, *The Lion of Egypt*, pp. 225–9, 235–43.
19. L. Northrup, *From Slave to Sultan: The Career of al-Mansur Qalawun and the Consolidation of Mamluk Rule in Egypt and Syria (678–689 A.H./1279–1290 A.D.)* (Stuttgart, 1998); P. M. Holt, 'The presentation of Qalawun by Shafi' b. ibn 'Ali', *The Islamic World from Classical to Modern Times*, ed. C. E. Bosworth, C. Issawi, R. Savory and A. L. Udovitch (Princeton, 1989), pp. 141–50.
20. Amitai-Preiss, *Mongols and Mamluks*, pp. 179–201.
21. Richard, *The Crusades,* pp. 434–41; P. M. Holt, 'Qalawun's treaty with the Latin kingdom (682/1283): negotiation and abrogation', *Egypt and Syria in the Fatimid, Ayyubid and Mamluk Eras*, ed. U. Vermeulen and D. de Smet (Leiden, 1995), pp. 325–34.
22. Abu'l Fida, *Arab Historians of the Crusades*, trans. F. Gabrieli (London, 1969), p. 342; R. Irwin, 'The Mamluk conquest of the county of Tripoli', *Crusade and Settlement*, ed. P. W. Edbury (Cardiff, 1985), pp. 246–50.
23. Richard, *The Crusades,* pp. 463–4.
24. Abu'l Fida, *Arab Historians of the Crusades*, pp. 344–5; 'Les Gestes des Chiprois', p. 811; D. P. Little, 'The fall of 'Akka in 690/1291: the Muslim version', *Studies in Islamic History and Civilisation in Honour of Professor David Ayalon*, ed. M. Sharon (Jerusalem, 1986), pp. 159–82.
25. Abu l-Mahasin, *Arab Historians of the Crusades*, trans. F. Gabrieli (London, 1969), p. 347; 'Les Gestes des Chiprois', pp. 812, 814; Abu'l Fida, *Arab Historians of the Crusades*, p. 346.
26. Abu l-Mahasin, *Arab Historians of the Crusades*, p. 349; 'Les Gestes des Chiprois', p. 816; J. Delaville le Roulx (ed.), *Cartulaire général de*

l'ordre des Hospitaliers 1100–1310, vol. 3 (Paris, 1899), p. 593; Abu'l Fida, *Arab Historians of the Crusades*, p. 346.

结 语 十字军东征的遗产

1. M. Barber, *The Trial of the Templars* (Cambridge, 1978); N. Housley, 'The Crusading Movement, 1274–1700', *The Oxford Illustrated History of the Crusades*, ed. J. S. C. Riley-Smith (Oxford, 1995), pp. 260–93; N. Housley, *The Later Crusades* (Oxford, 1992).
2. E. Siberry, *Criticism of Crusading, 1095–1274* (Oxford, 1985). 历史学家尚未证明十字军东征时期的战争与其他中世纪冲突相比是否更暴力、更极端。这是一块急需进一步研究的重要领域。
3. 将十字军东征纳入更广阔的基督徒、穆斯林关系背景的可读性较强的尝试，参见：R. Fletcher, *The Cross and the Crescent* (London, 2003).
4. Hillenbrand, *The Crusades: Islamic Perspectives,* pp. 257–429; Housley, *Contesting the Crusades,* pp. 144–66; C. J. Tyerman, *Fighting for Christendom: Holy War and the Crusades* (Oxford, 2004), pp. 79–92, 155–70.
5. C. J. Tyerman, 'What the crusades meant to Europe', *The Medieval World*, ed. P. Linehan and J. L. Nelson (London, 2001), pp. 131–45; Tyerman, *Fighting for Christendom*, pp. 145–54.
6. J. S. C. Riley-Smith, 'Islam and the crusades in history and imagination, 8 November 1898–11 September 2001', *Crusades*, vol. 2 (2003), p. 166.
7. Constable, 'The Historiography of the Crusades', pp. 6–8; Tyerman, *The Invention of the Crusades*, pp. 99–118.
8. Hillenbrand, *The Crusades: Islamic Perspectives*, pp. 589–600; R. Irwin, 'Islam and the Crusades, 1096–1699', *The Oxford Illustrated History of the Crusades*, ed. J. S. C. Riley-Smith (Oxford, 1995), pp. 217–59.
9. E. Siberry, 'Images of the crusades in the nineteenth and twentieth

centuries', *The Oxford Illustrated History of the Crusades*, ed. J. S. C. Riley-Smith (Oxford, 1995), pp. 365–85; E. Siberry, *The New Crusaders: Images of the Crusades in the Nineteenth and Early Twentieth Centuries* (Aldershot, 2000); E. Siberry, 'Nineteenth-century perspectives on the First Crusade', *The Experience of Crusading, 1. Western Approaches*, ed. M. G. Bull and N. Housley (Cambridge, 2003), pp. 281–93; R. Irwin, 'Saladin and the Third Crusade: A case study in historiography and the historical novel', *Companion to Historiography*, ed. M. Bentley (London, 1997), pp. 139–52; M. Jubb, *The Legend of Saladin in Western Literature and Historiography* (Lewiston, 2000).

10. Riley-Smith, 'Islam and the crusades in history and imagination', pp. 155–6. 这种与中世纪的过往重新联系的渴望在巴黎郊外的凡尔赛宫有进一步的表达。法王路易·菲利普献出了宫殿中的5个房间——"十字军东征房间"（Salles des Croisades）——装饰源于十字军场景的纪念画作。拥有十字军东征的家族史的法国贵族被允许在房间内展现其纹章，当房间于1840年开放时，最初悬挂了316个徽章。然而，铺天盖地的非议导致它们几乎立刻被关闭了3年之久——为了让其他贵族家系能够列席。这激发了由一位精明投机者欧仁－亨利·库尔图瓦（Eugène-Henri Courtois）提供的伪造十字军家谱的交易（价格不菲）。直到1956年上述伪造才被发现。
11. Siberry, 'Images of the crusades in the nineteenth and twentieth centuries', pp. 366–8, 379–81; Riley-Smith, 'Islam and the crusades in history and imagination', pp. 151–2; J. Richard, 'National feeling and the legacy of the crusades', *Palgrave Advances in the Crusades*, ed. H. Nicholson (Basingstoke, 2005), pp. 204–22.
12. Siberry, 'Images of the crusades in the nineteenth and twentieth centuries', pp. 382–5.
13. E. Sivan, 'Modern Arab Historiography of the Crusades', *Asian and African Studies*, vol. 8 (1972), p. 112; Hillenbrand, *The Crusades: Islamic Perspectives*, pp. 590–92; Riley-Smith, 'Islam and the crusades

in history and imagination', p. 155.

14. Sivan, 'Modern Arab Historiography of the Crusades', pp. 112–13.
15. B. Lewis, 'License to Kill: Usama bin Ladin's Declaration of *Jihad*', *Foreign Affairs* (November/December 1998), p. 14.
16. Sivan, 'Modern Arab Historiography of the Crusades', p. 114; Hillenbrand, *The Crusades: Islamic Perspectives*, pp. 592–600.
17. E. Karsh, *Islamic Imperialism* (London, 2006), pp. 134–5; U. Bhatia, *Forgetting Osama bin Munqidh, Remembering Osama bin Laden: The Crusades in Modern Muslim Memory* (Singapore, 2008), pp. 39–40, 53.
18. Hillenbrand, *The Crusades: Islamic Perspectives,* pp. 600–602; Bhatia, *Forgetting Osama bin Munqidh, Remembering Osama bin Laden,* pp. 23, 52–3.

出版后记

进入21世纪以后，随着“9·11”事件在全球掀起反恐浪潮，“十字军东征”一词逐渐从中世纪史的一个术语走进了大众的视野。这段充满传奇色彩的往事在另一种历史叙事——基督教（西方）和伊斯兰教（东方）之间自古以来就存在着永恒的争斗（可参见汗青堂系列《两个世界的战争》一书中所做的历史耙梳）——中一直处于核心地位，甚至在去年令世人震惊的新西兰枪击案枪手作案枪支上的文字也反映了一点。本书作者鲜明地反对这种将中世纪与现代的冲突直接、不间断地联系在一起的看法。本书在众多十字军运动相关历史著作中脱颖而出的一点是，努力从基督徒和穆斯林双方的文献和视角重构这一段历史。

难能可贵的是，本书作者还非常擅长把最前沿的学术成果以清晰浅白的语言传递给读者。除本书外，我们将会陆续推出作者的《最伟大的骑士：威廉·马歇尔传》《黑死病：一场灾难和转变的全球史》，敬请读者期待。

服务热线：133-6631-2326　188-1142-1266

服务信箱：reader@hinabook.com

后浪出版公司

2020年5月

图书在版编目（CIP）数据

战争的试炼 / (英) 托马斯·阿斯布里奇 (Thomas Asbridge) 著；马千译. -- 北京：民主与建设出版社, 2020.3（2023.12重印）

书名原文: The Crusades:the War for the Holy Land

ISBN 978-7-5139-2918-9

Ⅰ. ①战… Ⅱ. ①托… ②马… Ⅲ. ①十字军东侵—历史 Ⅳ. ①K560.3

中国版本图书馆CIP数据核字（2020）第030139号

地图审图号：GS（2019）4932号

战争的试炼

ZHANZHENG DE SHILIAN

著　　者	［英］托马斯·阿斯布里奇
译　　者	马　千
责任编辑	王　颂
封面设计	墨白空间·陈威伸
出版发行	民主与建设出版社有限责任公司
电　　话	（010）59417747　59419778
社　　址	北京市海淀区西三环中路 10 号望海楼 E 座 7 层
邮　　编	100142
印　　刷	北京盛通印刷股份有限公司
版　　次	2020 年 3 月第 1 版
印　　次	2023 年 12 月第 6 次印刷
开　　本	889 毫米 ×1194 毫米　1/32
印　　张	23.5
字　　数	526 千字
书　　号	ISBN 978-7-5139-2918-9
定　　价	128.00 元

注：如有印、装质量问题，请与出版社联系。

Konya